白话资治通鉴

第三册

卷第五十二至卷第七十六

（汉纪四十四至魏纪八）

〔宋〕司马光 著

萧祥剑 主编

团结出版社

UNITY PRESS

目 录

资治通鉴卷第五十二　汉纪四十四

起甲戌（公元134年），止乙酉（公元145年），共十二年。

【题解】 本卷记录了汉顺帝阳嘉三年至汉冲帝永嘉元年间的历史，这一时期朝权落在梁后外戚之手。皇后之父梁商与儿子梁翼勾结宦官，兴大狱，朝政一片混乱。大臣纷纷谏言：太史令张建等建言皇帝勤俭为事，减少开支，亲贤远佞，总揽大政；李固建言选贤才任岭南郡守，兵不血刃便令岭南安定。梁商死后，昏庸的顺帝竟用梁冀为大将军，御史弹劾梁冀，被其怀恨在心。冲帝即位后，梁太后起用李固，时政有了一些好转。

孝顺皇帝下

阳嘉三年（甲戌，公元134年）

夏季，四月，车师后部司马带领后王加特奴到阊吾陆山谷袭击北匈奴，大获全胜并俘虏了单于的母亲。

五月，戊戌日（初四），由于春夏接连的旱灾，汉顺帝于是就大赦天下。顺帝坐在德阳殿的东厢，祈求降雨。由于尚书周举的学识渊博，于是就要他上奏回答。周举回答说："微臣听说如果阴阳隔绝，那么天地二气就会阻塞不通。陛下废弃了文帝和光武帝的典制，却尊崇了秦国的奢侈欲望，在皇宫里增加了许多幽怨的美女，这样在宫外就会有无妻的男子。从旱灾发生以来，就没有听到陛下改过的表现，只是盲目地劳烦至尊之体暴露在风霜中，这确实是没有益处啊。陛下只追求虚荣，而不追寻实际的效果，就好像爬到树木上寻找鱼，倒退行走却要求前行一般。确实是应该推行改革，推崇大道，并改变混乱的局面，将后宫中没有奉侍过君王的宫女都送出宫去，减免太官膳食的花费。《易传》记载：'阳气能感动上天，过不了多久就会有反应。'希望陛下能留意观察！”后来，顺帝再次召来周举，并当面询问他政治的得失，周举回答说：“应该仔细地选择官吏，除去贪官，并且远离谄邪的小人。”顺帝说：“那贪官和谄邪的小人是谁呢？”周举回答说：“微臣从下面的州郡中了解到，如果超越等级来参加机密大事，是不能辨别大臣的。但是在公卿大臣中有正直言辞的人，就是忠诚坚贞的大臣；阿谀奉承、苟且处世的人，就是谄邪的小人！”

太史令张衡也呈上奏折说：“前年京城发生地震、地裂。地裂了，威望也就分散了；地震了，人民也就困扰不安了。我私下里害怕圣上厌倦处理政务，制度由自己作出，恩爱不舍得割舍，和众人一同享受威权。但是威望不能分散，恩德不能共享。希望陛下能考察古时候的制度，尊崇旧时的典章，不能使刑德的八种大权不经过天子手中就作出，然后神明的意志就会充满天下，一旦灾祸消失了，就不会再来了！”

由于中兴以后儒生都争相学习图谶和纬书，张衡呈上奏折说：“《春秋元命包》有关于公输班和墨翟的记载，是战国时期的事；又记载说有益州，益州是在我汉朝的时代被设置的。刘向父子主持校正中秘阁的书籍中，评定的九家学术之中，也没有谶录的学术。由此就可以知道图谶和纬书的完成是在哀帝、平帝的时候，都是虚伪的人威胁世人，以此取得倚仗，欺骗百姓的，然而朝廷却没有人纠正并明察。并且律历、卦候、九宫和风角，多次被验证，世人却不肯去学，而是争相称赞不灵验的书籍，就好像画匠讨厌画狗、画马，却喜欢画鬼，这是因为实体形象不容易被描摹而虚无缥缈的东西可以信笔乱画的原因。所以图谶和纬书，应该一概被禁止，因此朱、紫就不会炫人眼目了，典籍也就没有瑕疵了！”

秋季，七月，钟羌良封等人再次入侵陇西、汉阳。顺帝下诏书命令前校尉马贤担任谒者一职，安抚各部落。冬季，十月，护羌校尉马续带领军队攻打良封，并打败了他们。

十一月，壬寅日（十一日），因为周举进言的关系，司徒刘崎、司空孔扶被免除了官职。同月乙巳日（十四日），顺帝任命大司农黄尚为司徒，光禄勋河东王刘卓担任司空。

耿贵人多次替耿氏求情，顺帝这才继续封耿宝的儿子耿箕为牟平侯。

四年（乙亥，公元135年）

春季，北匈奴呼衍王侵入车师后部。于是顺帝就命令敦煌太守派兵去救援他，但是出师不利。

二月，丙子日（十六日），第一次听说宦官可以让养子继承爵位。起初，顺帝的皇位恢复，都是宦官的功劳，因此就获得了宠信，并参与管理政事。御史张纲上奏书说："私自追寻到文、明二位皇帝的时候，道德教育很是隆重。中官常侍，只有两个人，所以赏赐宠幸的人也只不过几金而已，因此就能珍惜耗费，重视百姓，于是家家丰足，人人富裕。但是近年以来，没有成绩的小人都有了官职和爵位，这并不是爱护人民、重视人才、顺应天道的做法。"奏书呈上，顺帝并不理会。张纲，就是张皓的儿子。

同月发生了旱灾。

谒者马贤攻打钟羌，并打败了他们。

夏季，四月，甲子日（初五），太尉施延被免除了官职。同月戊寅日（十九日），朝廷任命执金吾梁商为大将军，任命前太尉庞参为太尉。

梁商称病不起有一年的时间，顺帝命令太常桓焉带着策文前去宅第，并立刻任命梁商，梁商这才前去宫廷接受任命。梁商年轻的时候通晓经传，恭敬谦顺，喜欢贤士，所以征集汉阳人巨览、上党人陈龟担任掾属一职，并让李固担任从事中郎，杨伦担任长史。

由于梁商柔弱和顺，很守分寸，不能有所整顿裁断，于是李固向梁商呈上书文说："近几年来，灾难和怪异的现象经常出现。孔子说过：'明智的人看到灾害就会想到它形成的原因，愚蠢的人看到怪异的现象就避免谈论。'天道没有亲疏，是值得敬畏的。如果能使得王纲一旦被整顿起来，运行大道，建立忠信，您就可以继承伯成的高名，并保全自己不朽的名声，这哪里是一般的外戚和沉溺于荣耀、喜好地位的人能够相比的呢！”梁商觉得不能采用。

秋季，闰八月，丁亥朔日（初一），发生日食。

冬季，十月，乌桓入侵云中，度辽将军耿晔追击，但是战事不利。十一月，乌桓在兰池城包围了耿晔，朝廷就派几千人前去救援，乌桓这才退兵。

十二月，甲寅日（三十日），京城发生地震。

永和元年（丙子，公元136年）

春季，正月，己巳日（十五日），皇帝更改年号，并且大赦天下。

冬季，十月，丁亥日（初七），承福殿发生火灾。

十一月，丙子日（二十七日），太尉庞参被免职。

十二月，象林蛮夷造反叛变。

同月乙巳日（二十六日），朝廷任命前司空王龚为太尉。

王龚憎恶宦官专制政权，于是就极力上书来陈述这种情形。各个黄门宦官派遣门客向顺帝诬告王龚的过错，于是顺帝就命令王龚赶快证实自己的清白。李固向梁商呈上书文说：“王公有坚贞的操守，反倒被小人所陷害，众人听到后，没有不感到害怕的。三公有尊贵的地位，就没有前去辩白诉冤的说法，一有细小的感慨，就会召来决断。按照以前的法典，如果没有大罪，就不能设立大狱来审问。如果王龚在仓促中有了其他的变化，那么朝廷就有伤害贤士的恶名，臣子们也就没有救助的气节了。古话说：‘有善行的人在灾祸中，需要被救的时候，就算饥饿了我们也顾不上进餐。’说的就是这个时候了！”于是梁商马上向顺帝进言，事情这才被解决了。

在这年中，顺帝任命执金吾梁冀为河南尹。梁冀天生喜爱喝酒，放任游乐，任职的时候常常放纵、残暴，不符合法度。与他的父亲梁商亲近的门客洛阳令吕放向梁商说了这些事，因此梁商就责备了梁冀。梁冀于是就派人在路上刺杀吕放，由于害怕被梁商知道，就说是吕放的仇人所做的，并请求任命吕放的弟弟吕禹为洛阳令，让他逮捕仇家；他还杀掉了吕放所有的家人、亲人和宾客一共有一百多人。

武陵太守上奏折说，由于蛮夷归服了，就可以像对汉人一样，来增加他们的赋税。参加议事的人都觉得是可以的。尚书令虞诩说："自古以来的圣王，不把不同风俗的国家看作是臣子。先帝的制度，贡献赋税的多少，已经由来很久了。如果现在增加了，就一定会有怨恨背叛的事发生。估计得到的赋税，还不能补偿所耗费的，这样就一定会让人后悔的。"顺帝没有听从他的话。澧中、溇中的蛮人都各自争着说贡献布匹不是旧日约定，于是就杀死了乡里的官员，因此全族都造反叛变。

二年(丁丑，公元137年)

春季，两万武陵蛮人围攻充城，八千人入侵夷道。

二月，广汉属国都尉攻破了白马羌。

顺帝派武陵太守李进攻打背叛的蛮族，之后就把他们平定了。于是李进就选择贤良的官吏来安抚蛮族，郡县的边境这才安定下来。

三月，司空王卓去世。同月丁丑日（三十日），朝廷任命光禄勋郭虔为司空。

夏季，四月丙申日（十九日），京城发生地震。

五月癸丑日（初六），山阳君宋娥被判了奸邪欺罔的罪，于是没收印绶，并将她送回乡里。黄龙、杨佗、孟叔、李建、张贤、史汎、王道、李元和李刚九位侯爵，被判和宋娥互相贿赂，谋求高官和增加食邑，被一同遣送回国，并减少了四分之一的郡国赋税。

象林蛮区怜等攻击县府，杀死了长官。交趾刺史樊演派交趾、九真一万多人的军队前去救援，但是士兵们都害怕出征远方，所以秋季七月，两个郡县的军队都造反叛变，并攻击他们各自的郡府。虽然郡府平定了造反叛乱的士兵，蛮夷的势力却变得更加强大了。

冬季，十月，甲申日（初十），顺帝驾车来到长安。扶风人田弱就向顺帝推荐了同郡人法真，说他学识渊博，通晓内、外的学问，但是他隐居民间，却不出仕做官，所以应该进加三公的职务。顺帝很谦虚，想要把他招来，前后征召了四次，但他始终不肯出仕。他的朋友郭正称赞他说："法真的名声是很容易听得到的，但是不容易看到他本人。虽然逃避名声，但是名声却越是跟着来，这可以说是千秋万代的师表了！"法真，就是法雄的儿子。

在丁卯日（十月无此日），京城发生地震。

由于中常侍张昉等人专擅国政、卖弄大权，太尉王龚就想进奏杀了他们。同宗的亲属中有人用杨震的事情向他进谏，王龚这才停下来了。

十二月，乙亥日（初二），顺帝从长安回到洛阳。

三年（戊寅，公元138年）

春季，二月，乙亥日（初三），京城和金城、陇西发生地震，有两个郡发生了山崩。

夏季，闰四月己酉日（初八），京城又发生地震。

五月，吴郡丞羊珍造反叛变，攻打了郡府，太守王衡将他攻破并斩了他。

侍御史贾昌和州郡联合军队征讨区怜，没有将他打败，却反被他们包围了，一年多的时间，兵力和粮食不能供应。于是顺帝就召集公卿百官和四府掾属，来讨论有没有什么好的计略。议论之后，大家都说应该派大将带领荆、扬、兖、豫四州共四万人前去拯救。但是李固反驳他们说："如果荆州、扬州没有战乱的话，发动他们还是可以的。但是现在二州的盗贼占据不散，再者，武陵、南郡的蛮夷还没有被平服，长沙和桂阳又多次被征调，如果再去打扰他们，就一定会有新的祸乱发生，这是第一点。兖州和豫州的人民，被征调到万里之外遥远的地方，还不知道什么时候能回来，诏书又催促得很急迫，这样就一定会招来叛乱的，这是第二点。南方水土温热，再加上有瘴气，那么十人中一定有四五人会死亡，这是第三点。跋涉万里长途后，士兵们都很疲劳，到了岭南之后，就不能再战斗了，这是第四点。军队走三十里算是一程，现在距离日南有九千多里，估计得三百天才能到达，如果每人供给五升米，那么就要用六十万斛米，这还没算将士和官吏们的驴、马的粮食，如果只是自己背着盔甲，就要花费这么多，这是第五点。有军队在的地方，死亡人数就一定会多，如果不能够抵御敌人，就要再派人去援助，这可是割舍心腹来补足四肢，这是第六点。九真和日南相距一千里路，如果发动他们的吏民都还不能忍受，更何况是要发动四州的士兵，让他们经历万里路途的艰辛呢？这是第七点。前中郎将尹就征讨益州叛变的羌族，益州有一句俗语说：'虏来尚可，尹来杀我。'（如果敌人来了，还可以过；如果尹就来了，那我们就活不了了）于是后来就征召尹就回来，让他把军队交付给了刺史张乔。张乔凭借原有将士的力量，用了十天半个月的时间就消灭了敌人。这是派遣大将没有效果，而州郡却可以被信任的经验。所以应该再选择有勇气、有谋略，充满仁爱品德的、能担当将帅的人做刺史、太守，并派他们一同前往交趾郡。如今日南的军力孤单也没有粮食，既不能驻守，也不能征战，现在可以将所有的官吏、人民向北迁移靠近交趾的地方，等事情平定之后，再命令他们回到本土；还可以招集蛮夷人，让他们自己互相攻击，朝廷提供金钱和布帛充当他们的财资。如果有能离间敌人内部、斩杀蛮夷首领的人，就给他封赠侯爵、分封土地的奖赏。前并州刺史祝良（长沙人），天生勇敢有决断；张乔（南阳人）在益州的时候，就有战胜敌虏的功劳，这两个人都可以被重用。先前的时候，太宗就在原地任命魏尚做了云中太守，哀帝就在原地任命龚舍为泰山太守，现在应该就在原地任命祝良等人，并让他们立马上任。"四府全都听从了李固的建议，马上任命祝良为九真太守，任命张乔为交趾刺史。张乔上任后，就发布告示，安慰诱导反叛的蛮人，于是他们就一起投降或解散了。祝良到达九真（即单车进入贼人的地方）之后，就设置策略，用威信使得他们投降，投降的有几万人，都替祝良建造官府。从此之后，岭外就再次获得了平定。

秋季，八月，己未日（二十日），司徒黄尚被免职。九月，己酉日（九月无此日），朝廷任命光禄勋长沙人刘寿为司徒。

丙戌日（十七日），命令大将军和三公举拔刚毅、勇猛，有计谋、能担当将领的贤士各二人，特进、卿以及校尉各举荐一人。

起初，尚书令左雄推荐冀州刺史周举担任尚书。之后，左雄担任了司隶校尉，又推举前冀州刺史冯直担任将帅。由于冯直曾经犯了接受赃物的罪过，受了罪刑，周举就因此弹劾左雄。左雄说："诏书命令我选拔勇猛的人，又不是命令我选拔清高的人。"周举说："诏书命令先生选拔勇猛的人，而不是命令先生选拔贪污的人！"左雄说："推举先生，正是能让我自夸的事。"周举对答："先前赵宣子任命韩厥为司马，韩厥就凭借军法杀掉了韩宣子的仆从，宣子对各个大夫说：'你们可以恭贺我！我推荐的韩厥能担当起政事。'现在先生不觉得推举的人没有才能，还将他提拔到朝廷中来，我不敢奉承先生，而成为先生的耻辱。我没有了解到先生的心思和宣子的不同！"左雄高兴了，就道歉道："我曾经侍奉冯直的父亲，和冯直的关系又很好，现在你因此进谏弹劾我，可以说是我的过错了！"百姓因此也就更尊重左雄了。

这时候，宦官都争相借着权势广施恩德，只有大长秋良贺清正廉洁、谦逊老实。等到诏书要求选拔勇猛的人的时候，只有良贺没有举荐，顺帝问他原因，他回答说："微臣生在乡下，而长在宫廷里，不仅没有知人的明智，也没有结交过士子。先前卫鞅是因为景监才能被进见，有才能的人知道他不会有好结局的。现在获得微臣举荐的人，没有荣誉，只是羞耻，因此我不敢推荐人才。"顺帝从此开始赏识良贺。

冬季，十月，烧当羌那离带领三千多骑兵进犯金城，校尉马贤将他们打败了。

十二月，戊戌朔日（初一），发生日食。

大将军梁商因为小黄门曹节（南阳人）等人在朝廷中当官，于是就派遣儿子梁冀、梁不疑和他们成为朋友。但是宦官都嫉妒曹节被宠信，想陷害他。中常侍张逵、蘧政、杨定等人和他们的助手一起制订计划，一同诽谤梁商和中常侍曹腾、孟贲，并说："梁商等人想要召集各位王子，计划废除君主，请求逮捕梁商等人，询问他的罪过。"顺帝说："大将军父子俩人，是跟我亲近的人；曹腾和孟贲，是我心爱的人，所以一定是没有这种事情的，只是你们这些人忌妒他们而已！"张逵等人知道自己的言辞没有被采用，害怕皇上追究，于是出宫之后，就假造了诏书，在宫中逮捕了曹腾、孟贲等人。顺帝听到之后，非常愤怒，于是就命令宦官李歙急速将曹腾、孟贲放了，逮捕张逵等人，将他们送进监狱。

四年（己卯，公元139年）

春季，正月，庚辰日（十三日），张逵等人伏法被诛。这件事牵连了弘农太守张凤、安平相杨皓，他们都被判了死刑。由于讼词而牵连、涉及了在位的大臣。梁商害怕会侵扰、冤枉更多的人，于是呈上奏折说："按照《春秋》的义理，功绩都在元帅身上，罪过只是为了刑罚首恶的人。大的案件一兴起，无辜的人就更多了，死囚会被长时间地拘禁，小事也能成为大罪，这不是迎接和气、统一政事、完成教化的方法。所以应该尽早地终止，并停止繁杂的逮捕行为。"顺帝采纳了他的建议，罪行只涉及连坐的人。

二月，顺帝任命梁商的小儿子虎贲中郎将梁不疑为步兵校尉。梁商上奏书推辞说："不疑幼稚得像孩童一样，难以处在成人的位置。先前晏平仲推辞了邶殿以此来保全他的富贵，公仪休没有接受赠送的鱼鲜，以此来稳固他的位置。微臣虽然才能不高，但也希望能在开明的时代中巩固自己的福禄！"顺帝这才任命梁不疑为侍中和奉车都尉。

三月，乙亥日（初九），京城发生地震。

烧当羌那离等人再次造反叛变。夏季，四月，癸卯日（初八），护羌校尉马贤前去征讨他，并且杀了他，获得了一千二百多颗敌人首级。

戊午日（二十三日），顺帝大赦天下。

五月，戊辰日（初三），顺帝任命前济北惠王刘寿的儿子刘安为济北王。

秋季，八月，太原发生旱灾。

五年（庚辰，公元140年）

春季，二月，戊申日（十七日），京城发生地震。

南匈奴句龙王吾斯、车纽等人造反叛变，入侵西河郡，诱惑右贤王并联合他的军队围攻美稷，并杀死了朔方和代郡的长官。夏季，五月，度辽将军马续和中郎将梁并等人带领边境的军队和羌人、胡人一起联合了两万多人前去袭击，并打败了他们。吾斯等人再次聚集起来，攻占城池。顺帝派使者斥责单于，本来单于没有参加叛变计划，所以就脱下帽子离开帐篷，前去梁并的军营道歉。梁并由于生病被召回京城，就任命五原太守陈龟代替担任中郎将。陈龟由于单于不能制伏部下，就逼迫单于和他的弟弟左贤王一起自杀。陈龟还想把单于的近亲迁到关内的郡县，这就使投降的南匈奴人更加狐疑不安了。结果陈龟被判进监狱，还免除了他的官职。

大将军梁商上奏折说："匈奴入侵背叛，知道自己罪大恶极。即使是穷困的鸟兽，也知道要挽救死亡，更何况是种族繁盛、没有竭尽的夷人呢！如今粮草辗转运输，需要人数天天增加，三军疲惫困苦，用尽了国内的财力，供给边疆之后，就对汉朝不利了。度辽将军马续，一直都是有智谋的，再者，他主持边境政事也很长时间了，能很深刻地了解军事的要妙。每次收到马续的书信，都发现和微臣的策略一致。所以应该命令马续将沟渠挖深、将壁垒增高，凭借恩德、信义来招降，并宣布悬赏，弄清订立的期限和约定，这样的话，敌人就能被降服了，国家就没有战争了！"顺帝听从了他的建议，于是就下诏命马续招降叛变的敌人。

梁商再次写信给马续等人说："现在国家安定，很久没有战争了。精良的骑兵大都晚上偷袭，选择交兵时迅速放箭，当时区分胜负，是戎狄所擅长的，但是这是我军的短处。运用强弩，进入城池来守卫，利用深沟、坚壁来固守军营，并且等待敌人气势衰竭的时候，这正是我军的长处，匈奴的短处。所以应该先做自己擅长的事，以此来观察他们的变化，并且设立悬赏，宣布朝廷招降的想法，激发匈奴的反悔之心，不能因为贪求小小的功劳，就扰乱了大的计划。"就这样，右贤王部抑鞮等一万三千人都前去马续的军营投降。

己丑晦日（三十日），发生日食。

起初，那离等人被平定之后，朝廷就任命来机为并州刺史，任命刘秉为凉州刺史。来机等人天生残酷苛刻，经常扰乱百姓，大量发动劳役。于是且冻、傅难种羌族因此造反叛变，进攻金城，和杂种羌人、胡人一起，肆意入侵三辅，并杀害当地的长官。于是来机等人被一起征调回京。之后就任命马贤为征西将军，任命骑都尉耿叔为副手，命令他们带领左右羽林五校士和各州郡军队共十万人，驻守在汉阳。

九月，朝廷命令扶风、汉阳建造三百所陇道堡坞，设立屯垦军队。

同月辛未日（十四日），太尉王龚由于年老多病就罢官了。

且冻羌入侵武都，烧毁了陇关。

壬午日（二十五日），朝廷任命太常桓焉为太尉。

匈奴句龙王吾斯等人拥立车纽为单于，往东诱使乌桓，往西收服羌人和胡人等几万人攻破了京兆虎牙营，杀死了上郡都尉和军司马，接着又入侵抢劫了并、凉、幽、冀四州。于是朝廷就将西河的治所迁徙到离石，上郡的治所迁到夏阳，朔方的治所迁到五原。十二月，派遣匈奴中郎将张耽带领幽州、乌桓各个郡的营兵在马邑攻打车纽等人，斩下三千人的头颅，并捕获众多俘虏。于是车纽请求投降，但是吾斯依然带领他的部队和乌桓一起进犯、抢劫。

起初，顺帝命令马贤征讨西羌，但是大将军梁商觉得马贤年纪大了，不如让太中大夫宋汉征讨西羌，顺帝没有听从。宋汉，就是宋由的儿子。马贤到军中之后，就停留不前进了。武都太守马融呈上奏折说："现在各个部落的羌族人，四处抢劫，所以应该趁着他们没有联合在一起，赶快派军队深入他们内部，攻破他们的各个分支，但是马贤等人却处处停留。羌人、胡人在一百里之外都可以看到他们的尘土飞扬，在一千里外都可以听到他们的声音，现在他们到处躲藏，等他们逃出以后，一定会入侵三辅，成为人民的大灾难。微臣希望能得到马贤没有用的五千关东士兵，只要能假借军队的名号，就尽力带领、激励，坚决不退，一直前进，作为官吏和士兵的前锋，在三十天之内，一定能攻破敌兵。微臣又听说吴起做将领的时候，天热的时候不撑伞，天冷的时候不穿皮裘；如今马贤驻扎在野外，设立帐篷，稀奇的菜肴从未间断，儿子侍妾侍奉左右，每件事都和古人相反。微臣担心马贤专心坚守一座城池，说是羌人攻打西面，却从东方攻打，他的将士就将不能听信他的命令，那么就一定会有像高克叛变、溃败那样的战乱。"安定人皇甫规也看到了马贤对军事不关心，就想到他一定会失败，于是呈上奏书，表述情形。朝廷没有采纳他们的意见。

六年（辛巳，公元141年）

春季，正月，丙子日（二十一日），征西将军马贤和且冻羌部落在射姑山交战，马贤战败，马贤和他的两个儿子都阵亡了，于是东、西羌族就会合了。正月，巩唐羌入侵陇西，于是到达三辅之后，就烧毁了西汉历代皇帝的陵园，杀死、抢劫了官吏和人民。

二月，丁巳日（初三），有彗星出现在营室星座。

三月，上巳日（上巳为癸巳，初九），大将军梁商在雒水设宴大会宾客，酒会过半之后，紧接着就演唱了《薤露之歌》。从事中郎周举听到之后，叹息着说："这就是所谓的哀乐失去了适宜的时机，这是不应该的事，估计灾祸就要来临了吧！"

武都太守赵冲追击巩唐羌，斩下四百多个首级，并且降伏了两千多人。朝廷下诏书命令赵冲率领河西四郡的军队，作为节度。

安定上计掾皇甫规呈上奏折说："微臣近年来，多次陈述有益的奏事：羌人没有行动之前，就料到他们会造反；马贤刚一出兵，我就知道他一定会失败的。不幸猜中的话语，确实可以考查得到。微臣每次一想到马贤等人，就想到他拥有军队四年，却没有成功的业绩，远征军队耗费的财物需要用百亿来计算，这都是由人民付出的，这些都被收进奸邪官吏的腰包，所以江湖之人成群结队地成了盗贼，青州、徐州闹饥荒，人民扶老携幼地行走在四方。羌戎的背叛，天下的不太平，都是由于边疆将帅安抚、统御的不恰当引起的，平常安定的日子经常被侵犯迫害，如果仅仅为了争夺小利，就会造成大的灾害；争取小的胜利，就虚伪地夸张斩得的首级；如果军事失败了，就隐藏不说。军士劳苦、怨恨，受制于奸猾的官吏。前行不能尽力作战以求得功业，后退不能得到温暖和饱足来保全性命，饿死在沟渠中，并且把尸骨暴露在原野中；只是看到王师出兵，却没有听到整个军队凯旋的鼓声。夷狄酋长悲伤哭泣，非常担心发生变故，因此安定的日子就不能长久，叛变的事情就会连年不断，这就是微臣顿足捶胸，并且不停悲叹的原因了。希望能借给微臣两个营的军队和两个郡县五千名驻守的士兵，出乎羌人意料之外，和赵冲首尾相接。土地和山谷的地理形势，是微臣所熟悉的；如何巧妙用兵，微臣已经有了经验；可以不必多费方寸的丝带和一尺布帛，最好的结果是可以去除灾患，最低限度也可以招纳降兵。如果觉得微臣年轻、官职卑微，就不值得信任，可是各位战败的将军，并不是官位不高、年龄不大。微臣忍不住表达最高的诚心，冒着死的危险向陛下陈述！"顺帝没有采用。

庚子日（十六日），司空郭虔被免职。丙午日（二十二日），顺帝任命太仆赵戒为司空。

夏季，派匈奴中郎将张耽和度辽将军马续带领鲜卑部众到谷城，前往通天山攻打乌桓，大获全胜。

巩唐羌部落入侵北地。北地太守贾福和赵冲迎击他们，但是不太顺利。

秋季，八月，乘氏忠侯梁商得了重病，对他的儿子梁冀等人说：“我活着的时候没有办法对朝廷有益，死后怎么能耗费国库的财物呢！衣被、饭含、玉匣、珠贝一类的东西，对枯朽的尸骨有什么益处呢？百官辛劳烦扰，奔波在道路上，只是增加了尘土而已。所以应该都推辞了。”丙辰日（初四），梁商去世，顺帝亲自前来吊丧。他每个儿子都想要听从他的教导，可是朝廷却不允许，赐给他东园棺木、银镂、黄肠和玉匣等。等到下葬的时候，还赏赐给他兵车、甲士，由皇后亲自送别。顺帝到达宣阳亭之后，就远望丧葬的车骑。壬戌日（初十），顺帝任命河南尹、乘氏侯梁冀为大将军，任命梁冀的弟弟侍中梁不疑为河南尹。

◆司马光说：成帝不能选派有贤能的人，就把政治交付给舅父，可以说是太昏庸了；但是他总还知道王立没有才能，摒弃他不加重用。顺帝把国家的大权交给了皇后的家族，梁冀顽固不忠，凶恶残暴，平常已经看得很明白了，却要他继承父亲的官位，最终造成叛逆的事情发生，颠覆了汉室；跟成帝比起来，顺帝又更加昏庸了！◆

起初，梁商病重的时候，顺帝亲自前去，问他有没有什么遗言。梁商回答说：“微臣的从事中郎周举，清正廉洁，忠心耿耿，是可以托付重任的。”顺帝因此任命周举为谏议大夫。

九月，各羌族入侵武威郡。

辛亥晦日（三十日），发生日食。

冬季，十月，癸丑日（初二），由于羌人盗匪到处横行，连凉部都震动恐惧，于是再次把安定的治所迁徙到扶风，将北地的治所迁到冯翊。十一月，庚子日（二十日），朝廷命令执金吾张乔代理车骑将军事务，带领一万五千士兵驻守在三辅。

荆州由于盗贼兴起，所以多年也不能平定。朝廷任命大将军从事中郎李固为荆州刺史。李固到任之后，派官员安抚境内人民，并赦免盗匪以前的罪行，给他们从头开始的机会。盗贼的首领夏密等人带领他的头目、党徒共六百多人将自己捆绑住，前去自首，李固都谅解了他们，并将他们遣送回乡，让自行互相招集，宣扬朝廷的威信法令。在半年的时间里，剩余的贼徒也都投降了，使州中太平了。李固上奏书弹劾南阳太守高赐等人收赃贪污，高赐等人多次贿赂大将军梁冀，梁冀为他们转下了一日千里的快速文书，但是李固坚持得更加紧急，于是梁冀就把李固调迁为泰山太守。当时泰山的盗贼已经聚集很多年了，郡中军队经常一千人一起前往追击，也不能制伏他们，李固到任之后，就将郡兵全部遣送回家种地，只留下一百多个能担任作战任务的人，依靠恩德、威信来招抚、诱降盗匪。还不到一年的时间，盗贼就全部都被消散了。

汉安元年（壬午，公元142年）

春季，正月，癸巳日（十四日），大赦天下，更改年号。

秋季，八月，南匈奴句龙吾斯和薁鞬、台耆等人再次叛变，入侵、抢劫并州。

丁卯日（二十一日），朝廷派遣侍中杜乔（河内人）、周举、守光禄大夫周栩、冯羡、魏郡人栾巴、张纲、郭遵和刘班分别到各个州郡去，表扬贤良的人，显耀忠诚和勤劳，对于犯贪污罪的，刺史、二千石以上的官吏用驿站开始传达他们的罪行，进谏弹劾。墨色绶带以下的官吏，被立刻逮捕举发。杜乔等人接受命令之后就前往各部，只有张纲把车轮埋在了洛阳的都亭，说："如今豺狼当权，怎么能只追问狐狸呢？"于是就进谏弹劾说："大将军梁冀和河南尹梁不疑，凭借外戚的关系蒙受皇帝的恩德，占据了阿衡的位置，却贪得无厌，为所欲为，没有节制，任用谄媚小人而陷害忠良之士，实在是天理难容，罪在不赦。我恭谨地列举了他们目无国君的十五件事，这些都是大臣们痛恨的。"上书进奏后，京城震动恐惧。当时皇后的宠幸正盛，每个梁姓亲戚都充满朝廷，虽然顺帝知道张纲的言语正直，却没有采用。杜乔到兖州之后，就立刻上表进奏说泰山太守李固的政治是天下第一的，于是顺帝就征召李固做将作大匠。八位使者所进奏弹劾的，大多是梁冀宦官的亲戚们及其党羽，互相请求救援，事情都停下来了。侍御史种暠（河南人）心怀痛恨，于是再次进行举发考察。廷尉吴雄和将作大匠李固也进谏说："八位使者所列举的，应该赶紧责罚。"顺帝这才颁下八位使者的奏折，命令官员考查，判定他们的刑罪。

梁冀怨恨张纲，想要陷害他。当时广陵的盗贼张婴在扬州和徐州地区作乱，已经有十多年了，二千石的官员都不能制止他。于是梁冀任命张纲为广陵太守。先前的太守大多要求兵马，只有张纲单枪匹马前去任职。到任以后，张纲直接前去了张婴营垒的大门。张婴很惊慌，急忙下令关闭了军门。张纲在军门外遣散了官吏和人民，只留下十多个亲近的人，用书信通知张婴，请求与他见面。张婴看到了张纲的至高诚意，才出来拜见他。张纲请他坐上座，向他解释说："二千石的官员，大多都贪污暴虐，所以就让你们心中怀有愤怒，互相聚集；二千石的官员确实是有罪的，但是你们这样做是不合义理的。现在君主仁爱开明，想要用恩德降服叛变的人，因此派太守来，想给你们爵位、俸禄的荣耀，不希望施加刑罚，现在真是祸害转变为福祥的机会啊。如果听到义理还不投降，天子就会愤怒，集合荆、扬、兖、豫的大军让你们身首分离，连后代都断绝了。这两种利害关系，你要仔细考虑一下！"张婴听后，流着泪说："边外愚蠢的人民，不能自求通晓朝廷，只是不能忍受被冤枉迫害，于是就互相聚集，苟且偷生，就好像鱼在釜中游，知道时日是不会长久的，只是获得暂时喘息的时间而已！现在听到您的话，才知道确实是婴等重生的时候了！"于是张婴辞别张纲，回到了军营。第二天，他带领一万多人的部众及妻子和孩子，反绑着自己前来投降。张纲单独进入张婴的军营，大摆宴席，饮酒作乐，张纲让张婴解散部属，让他们各自选择去向，并亲自替张婴建造了住宅，看好了田地；子孙中凡是有想做官的，都把他们召来并任命。人们都很开心，南方的州郡也都平安无事。朝廷评定功绩，应该封赠张纲侯爵，但是梁冀却阻止了。在郡中一年，张纲去世，张婴等五百多人，为他穿上了孝服，并办理了丧事，将他送到犍为，背负泥土，为他建造坟墓。顺帝下诏令任命张纲的儿子张续为郎中，并赐给他一百万钱。

这时，二千石的官吏擅长治理政事的，有洛阳令任峻、冀州刺史苏章（京兆人）、胶东相吴祐（陈留人）。洛阳令自从王涣之后，都不称职。任峻能选派文、武官员，发挥他们各自的才能，很快就举发了奸邪的事，百姓也就不再畏惧官吏了，他的威严禁令比王涣还凶猛，但是文理政教却比不上王涣。苏章担任冀州刺史，有位老朋友在清河郡做太守，苏章到了郡部之后，想要询问他奸邪贪赃的事，于是就请来太守，为他设立酒席，表述生平快乐的事。太守高兴地说："别人只有一个天，但是我有两个天！"苏章说："今天晚上和老朋友喝酒，是私人之间的事，明天冀州刺史来查问事情，就是公家的法制了！"终于检举判理了他的罪过，因此全州一片肃然。后来由于侮辱权贵豪门，违背了旨意，就被免除了官职。当时天下败坏，人民大多愁苦，参与这件事的人都日夜称赞苏章，但是朝廷却不再任用他。吴祐担任胶东相，在政治上清高、仁爱简洁，百姓都不忍心欺骗他。有位啬夫，名叫孙性，私自收了人民的税钱，并用这些钱买了衣服进献给他的父亲，父亲拿到之后，愤怒地说："如果有这样的长官，你怎么能忍心欺骗他呢？"于是催促他快点回去认罪。孙性很是惭愧并且恐惧地前去府衙，拿着衣服自首。吴祐清退了左右的人，问他原因，孙性把父亲的话详尽地讲出来了。吴祐说："掾属的官员因为亲人的关系，蒙受了贪污的名声，正所谓'观看所犯过错的情形，就可以知道有没有仁德了'。"于是命令他回去，并他向父亲道谢，还把衣服送给了孙性的父亲。

冬季，十月，辛未日（二十六日），太尉桓焉、司徒刘寿被免官。

罕羌部落五千多户人前去赵冲所在的地方投降，只有烧何种羌人占据参䜌，攻不下来。甲戌日（二十九日），朝廷撤销了张乔的驻守军队。

十一月，壬午日（初七），朝廷任命司隶校尉下邳人赵峻为太尉，命令大司农胡广为司徒。

二年（癸未，公元143年）

夏季，四月，庚戌日（初八），护羌校尉赵冲和汉阳太守张贡到参䜌攻打烧当羌，并且打败了他们。

六月，丙寅日（二十五日），顺帝任命南匈奴守义王兜楼储为呼兰若尸逐就单于。当时兜楼储在京城，顺帝亲自驾车到馆阁授给他玺印和绶带，并将他请上殿，赐给他车马、器物、金钱、布帛。下诏命令太常、大鸿胪和各国的侍子一并在广阳门外设立宴席饯行，有音乐、角力等各种游戏。

冬季，闰十月，赵冲在阿阳攻打烧当羌，并将他们打败了。

十一月，派遣匈奴中郎将马寔（扶风人）带领人刺杀句龙吾斯。

自从九月以来，凉州发生了一百八十次地震，山谷崩裂，城池和府衙毁坏，压死的百姓也很多。

尚书令黄琼认为从前左雄所奏上的孝廉选举办法，专门选出儒学和文吏，对于推举士子的意义仍有缺失，于是呈上奏折，要求增加孝悌和能从政成为四科，顺帝采纳了他的建议。

建康元年（甲申，公元144年）

春季，护羌从事马玄受到了各个羌族的引诱，带领羌族民众逃亡出塞，兼领护羌校尉卫琚追击马玄等人，斩下八百多人的首级。赵冲再次到建威鹯阴河追击叛变的羌人，军队渡过河之后，他所带领着的六百多名投降的胡人都叛变逃走了，于是赵冲带领几百人前去追赶，在途中遇到了羌人的伏兵，作战阵亡了。虽然赵冲战死了，但是前后多有斩获，从此羌人的势力就衰微了。顺帝下诏任命赵冲的儿子为义阳亭侯。

夏季，四月，命令匈奴中郎将马寔攻打南匈奴左部，并打败了他们。于是胡人、羌人和乌桓人都向马寔投降了。

辛巳日（十五日），立皇子刘炳为太子，更改年号，大赦天下。太子在承光宫居住，汉顺帝让侍御史种暠做太子宫的总管。中常侍高梵单车从宫中乘车出来迎接太子，当时太傅杜乔等人不愿意听从，但是也不能决定，于是种暠手握着剑，对着车子说："太子，是国家的储君，是人命所依靠的。现在没有诏书为信但是常侍来了，怎么能知道没有阴谋呢？今天只有一死了之！"高梵没有说话，也不敢回答，于是奔驰而去，呈上奏书。诏书拿回以后，太子才去。退朝之后，杜乔叹气，愧对种暠面对事情时的不慌乱；顺帝也称赞他的稳重，并称赞了他很久。

扬州、徐州盗贼成群结队地起来造反，并且接连不断地盘结不散。秋季，八月，九江人范容、周生等入侵、抢劫了城邑，占据了历阳，成了江、淮的大祸害，朝廷于是派御史中丞冯绲督率州中军队讨伐他们。

庚午日（初六），顺帝在玉堂前殿驾崩。太子登临皇帝位时（即汉冲帝），只有两岁。尊崇皇后为皇太后，由太后亲自治理朝廷，管理政事。丁丑日（十三日），朝廷任命太尉赵峻为太傅，大司农李固为太尉，参与主持尚书事务。

九月丙午日（十二日），将孝顺皇帝安葬在宪陵，庙号为敬宗。

这一天，京城和太原、雁门发生了地震。

庚戌日（十六日），朝廷诏命推举贤良方正的人士，策问政事。皇甫规回答说："我一想到孝顺皇帝刚刚即位时勤勉地施行圣王政治，统领四方，希望能使天下获得太平。后来遇到奸恶虚伪的人，威望就分散到与之亲近的小人手上，于是他们接受贿赂，出卖官位，宾客相互往来，天下扰乱不安，随从也到处惹事，官员和人民同时困乏，朝廷上下都空虚贫穷。陛下兼具了乾坤的美德，聪明才智，忠厚盛美，刚摄政事的时候选用忠诚坚贞的人士，其他纲要，大部分有所纠正，远近的人民都一同盼望能重见太平的日子，然而灾害并没有停止，而且盗贼还到处横行，大概是奸邪的臣子权势太重而造成的。其中最没有德行的常侍，就应该赶快将他们遣送出去，去除凶党，没收他们的财物，以此来抚平人民的怨恨，并且来回应上天的惩戒。大将军梁冀、河南尹梁不疑，也应该多多修习谦和的品德，并学习儒学，减去游乐等不急需的事务，削减对房屋无益的装饰。如果国君是舟船，那百姓就是河水，而臣子们就是乘坐舟船的人，梁将军兄弟就是掌握船桨的人。如果能够心平气和，并尽力使百姓度过艰难，就是所谓的祥福了；如果他们懈怠松弛了，就会被淹没到波浪中，能不谨慎吗？如果品德不符合爵禄，就好像挖开墙的墙脚，以此来增加墙的高度，这哪里是揣度力量、审度业绩、安定坚固的大道呢？各种奸猾小人、酒徒及戏客，都应该将其贬斥出去，以此来惩罚不守法的人，所以需要梁冀等人仔细思考获得贤士的祥福，以及失去人才的牵累。”梁冀感到很愤怒，于是就把皇甫规列为劣等，并任命他为郎中。皇甫规假装有病，就被免官回乡去了。州郡的官员承奉梁冀的旨意，一而再，再而三地想置皇甫规于死地，因此他十多年荒废在家。

扬州刺史尹耀和九江太守邓显在历阳征讨范容等人，在战斗中阵亡。

冬季，十月，日南蛮夷再次叛变，攻占、烧毁县城，交趾刺史夏方（九江人）诱导他们投降。

十一月，九江盗贼徐凤和马勉攻占并烧毁了城池，徐凤自称无上将军，马勉自称皇帝，在当涂山中建造军营，建立年号并设置百官。

十二月，九江盗贼黄虎等人攻占合肥。

这一年，盗贼们盗掘宪陵。

汉孝冲皇帝

永嘉元年（乙酉，公元145年）

春季，正月，戊戌日（初六），汉冲帝在玉堂前殿崩殂了。扬州、徐州盗贼正是兴盛的时候，梁太后想等到所征召的各王侯到了之后，再发布丧事。太尉李固说：“虽然皇帝年纪幼小，但仍然是天下百姓的君父。今天先帝崩殂了，人神感动，哪里有做人子女的要一同来隐瞒消息的呢？先前秦皇沙丘的谋略，和近日北乡侯的事，都是秘密不公布丧事的，这可是天下最大的忌讳，最不能做的事情！”太后听从了李固的话，于是当天傍晚就发布了丧事。

召集清河王刘蒜和渤海孝王刘鸿的儿子刘缵到京城来。刘蒜的父亲就是清河恭王刘延平，其中刘延平和刘鸿都是乐安夷王刘宠的儿子，千乘贞王刘伉的孙子。清河王为人严肃稳重，他的一举一动都合乎法度，公卿们都心悦诚服。李固对梁冀说：“现在立皇帝，就应该选择年纪大、高明、有德行，并能亲自担负起治理政事责任的人，希望将军能仔细揣量，学习周勃、霍光立文帝、宣帝的故事，禁止邓氏、阎氏推立幼小的计划，这样对自己有利！”梁冀没有听从，还是和太后在宫中制定策略。丙辰日（二十四日），梁冀拿着符节用王侯青盖车将刘缵迎接进入南宫。丁巳日（二十五日），刘缵被封为建平侯，同一天登临皇位，当时年仅八岁。事后刘蒜回到了郡国。

将要建造陵墓的时候，李固说：“现在到处都是盗贼，仅仅是军事行动就耗费很多了，又刚刚建造了宪陵，征收的赋税就不止一种了。皇帝年龄还很小，可以依照康陵的制度，在建陵墓地中建造陵墓。”太后听从了他的建议。己未日（二十七日），孝冲皇帝被葬在怀陵。

太后把政事交给宰臣，李固的建议，太后大部分都听从了，作恶的宦官一概应该被驱除出去，天下百姓都盼望整修太平，但是梁冀对他很痛恨。

起初，在顺帝的时候，所任命的官员大多不按照年次。等到李固主持政事的时候，进谏免除了一百多人的官职。这些人虽然心存怨恨，但又希望能符合梁冀的心意，于是一同写紧急奏折，共同诬告李固说：“太尉李固，假借公事，而徇私情；依据正理，却行邪恶之事；挑拨皇室和近亲的关系，壮大自己的党羽。在皇帝举行丧礼的时候，路人都掩面哭泣，但是只有李固在扑胡粉修饰妆容，搔头舞姿，生活安定和乐，举动很是悠闲，从容淡定，行走规矩，却没有一点悲伤的心意。山陵没有建成，违背了以前的体制，如果好的话就说是自己的功劳，如果有过错的话就将过错归向君主，他斥退亲近的臣子，使他们不能奉侍送葬。凭借职位，滥用权力，这样说来没有比李固更厉害的了。儿子的过错，没有比连累父亲更大的了；臣子的罪行，没有比毁坏君主更重的了，李固的过错，在刑事上应该给予诛死的刑罚。”奏书呈上之后，梁冀将此事禀告太后，希望领到诏书并办理。太后没有听从。

广陵盗贼张婴再次招集几千人造反，并占据了广陵。

二月，乙酉日（二十四日），大赦天下。

西羌战乱了好多年，军费用了八十多亿钱财。各将领大都减少了士兵配给，并私自盗用，来增加自己的收入，他们都用珍宝财物贿赂左右的近臣。上下都很放纵，却不关心军事，军士不该死的都死了，白骨堆满了原野。左冯翊梁并用恩德和诚信诱导引起叛乱的羌人，离湳、狐奴等五万多户人都向梁并投降了，陇右再次平定了。

由于徐州、扬州的盗贼更加昌盛，于是太后就广泛地寻求将帅之才。三公推举涿令滕抚（北海人），他有文武才能。于是朝廷任命滕抚为九江都尉，和中郎将赵序一同帮助冯绲，联合州郡几万人的军队共同征讨他们。又公开地悬出赏格，按照剿灭盗贼的功劳高下来赏赐金钱或食邑。又商讨派遣太尉李固出征，还没有前去。三月，滕抚等人进攻贼众，大败敌军，斩下马勉、范容、周生等一千五百人的头颅。徐凤带领残余的贼人烧毁东城县。夏季，五月，下邳人谢安接受朝廷的招募，带领他的宗亲设下埋伏，攻击并杀死了徐凤。于是封谢安为平乡侯。任命滕抚为中郎将，督理扬、徐两个州的军事。

三月，丙辰日（二十六日），朝廷下诏书说：“孝殇皇帝在位已经一年多了，君臣的礼节也都已经具备了。孝安皇帝沿袭着天下统一的王业，而前世的人却让恭陵在康陵之上，先后超越了本位，失去了该有的次序。所以现在就更正！”

六月，鲜卑入侵代郡。

秋季，庐江盗贼进攻寻阳，又攻打了盱台。滕抚派司马王章攻击并打败了他们。

九月，庚戌日（二十二日），太傅赵峻去世。

滕抚进攻张婴。冬季，十一月丙午日（十九日），打败了张婴，并斩获了一千多人。丁未日（二十日），中郎将赵序因为畏惧懦弱、虚报杀敌的数量，于是被判了死罪、暴尸街头。

自称为黑帝的历阳盗贼华孟，杀死了九江太守杨岑。滕抚进攻并打败了他们，斩下了华孟等三千八百人的头颅并俘虏了七百多人。于是东南地区全部平定，凯旋之后，朝廷就任命滕抚为左冯翊。

永昌太守刘君世，锻造黄金，将其做成有花纹的蛇，进献给大将军梁冀。益州刺史种暠将他纠举出来并逮捕了他，很快就通过驿站上奏朝廷。因此梁冀就怨恨种暠。刚好巴郡人服直聚集了几百人的党徒，自称为天王，种暠和太守应承前去讨伐、逮捕他，但没有成功，官吏和人民许多受到伤害。梁冀就因此陷害他，下令逮捕种暠和应承。李固呈上奏折说："微臣听说征讨逮捕所遭受的伤害，原本不是种暠、应承的意思，实际上由于县中官员害怕法令、罪过，不清楚贼匪的形势，于是就逼迫、驱使百姓，由于他们太过劳苦，才造成了这种不幸的事发生。等到盗贼成群结队起来之后，就到处作乱，种暠、应承首先举发了盗贼的奸恶，却跟着接受了惩罚，微臣恐怕沮丧损伤了州县检举的心思，他们以后就会一起掩饰，不再尽心了！"太后看了奏折，于是就赦免了种暠、应承的过错，只是免除了他们的官职而已。金蛇被送到司农府之后，梁冀从大司农杜乔那里借看，杜乔不肯借给他看。梁冀的小女儿死之后，要求公卿都去参加丧礼，只有杜乔没有去，梁冀因此就恨他了。

资治通鉴卷第五十三　汉纪四十五

起丙戌（公元146年），止丙申（公元156年），共十一年。

【题解】 本卷记录了汉质帝本初元年至汉桓帝永寿二年间的历史。桓帝受制于梁氏外戚，心有不甘而与宦官联合，大权又落于宦官之手。就这样，大权在宦官及外戚之手轮转，于是，皇帝、朝臣、外戚、宦官的权力之争陷入恶性循环之中。桓帝初期，梁冀外戚专权达到极盛，害名臣，起宅第，扩张势力。满朝乱象，桓帝依然不听谏言。鲜卑檀石槐侵扰北疆。

孝质皇帝

本初元年（丙戌，公元146年）

夏季，四月，庚辰日（二十五日），命令郡、国推荐通晓经学的鸿儒到太学，并命令大将军以下的职务都要将子弟送去接受教育。一年之后考试，按照成绩的高低授予官职。另外，俸禄上至千石，下至六百石、四府属官和三署郎，以及四姓中年幼受封却早已通晓经书的小侯，命令他们各自承袭一脉相传的家学，经过考试，成绩高等的在牒列名呈到朝廷，并依次进行封赏。从此治学的风气大为兴盛，太学生多达三万人。

五月，庚寅日（初六），册封乐安王刘鸿为渤海王。

海水泛滥，民宅被淹没。

六月，丁巳日（初三），朝廷大赦天下。

孝质帝虽然年龄小但聪明绝顶，曾在朝会的时候，眨着眼睛注视梁冀说："这是位专横的将军啊！"梁冀听到之后，对他深恶痛绝。闰月甲申日（初一），梁冀让质帝的左右侍从在汤饼中下毒后给质帝吃，质帝吃了之后，就感到气闷，痛苦至极，于是速召太尉李固。李固进入宫中后见状急忙走上前去，问质帝生病的原因。那时质帝还能说话，便说：“我吃了煮饼，现在肚里感到闷气，多喝些水，或许还可以活命。”当时梁冀也在边上，说：“喝了水恐怕会吐的，所以不能喝水。”还没等话说完，质帝就断气了。李固抱着质帝的尸体号啕大哭，事后追究检举侍医的罪过。梁冀害怕他的阴谋会泄露，因此就非常痛恨李固。

在商议立嗣人选之前，李固与司徒胡广、司空赵戒联名上书给梁冀说：“现在天下很是不幸，在数年之间，接连死了三个皇帝。如今又要立皇帝了，为天下立帝这件大事，我们深知太后很是关注，将军更是费神思虑，所以应当慎择人选，一定要考察其人是否圣明。可是愚臣等念念于此，在私下却独有所感。向远推及先世废帝立嗣的旧法，向近里说国家立君践位的前事，没有不询问公卿、广泛征求众人意见的，一定要使拥立的天子上能顺应上天的心意，下能符合大众的期望。经传上说：‘把天下交给一个人是件很容易的事，然而天下求得圣明的君王却是件很困难的事。’先前昌邑王被立为帝后，一天比一天昏暗荒淫。于是霍光忧愧发奋，深感痛悔，椎心泣血。如果不是博陆侯霍光忠贞勇猛，田延年奋发图强，汉朝的祭祀，差点就断绝了。立君嗣位，确实是件极其堪忧、极其重大的事，怎么能不深思熟虑？在天下万事中，唯有这件事对国家的关系最为重大。国家的兴盛衰败，就全靠这一举了。”梁冀看到奏书以后，召集三公和俸禄二千石以上的朝臣，以及位列侯王的权贵，共同商议立嗣大事。李固、胡广、赵戒及大鸿胪杜乔等，都觉得清河王刘蒜因为明德著闻，又是质帝的同父兄长，是尊亲，所以应该立他为嗣，朝廷群臣也没有不归心于他的。但中常侍曹腾曾晋见过清河王蒜，因为刘蒜对他不礼貌，所以宦官们都憎恶刘蒜。起初，平原王刘翼被贬到河间之后，他父亲河间孝王刘开祈求把蠡吾县分划给刘翼，任命刘翼为蠡吾侯，顺帝就答应了他。刘翼死后，让他的儿子刘志嗣位。梁太后想把妹妹嫁给刘志，因此就征召刘志来到了夏门亭，正好遇到质帝崩逝，梁冀想立刘志为皇帝。而现在众臣的议论与他的心意不合，不能如愿，因此就愤愤不乐，但又没有充分的理由排除众议。曹腾等人知道这件事之后，就在深夜前去游说梁冀说："将军世代都是皇后的近亲，主持国政，门下的众多宾客，经常会有超越礼法的行为。清河王廉洁公正，如果真立他为嗣，那么将军你在不久之后就一定会招祸上身了。所以不如立蠡吾侯为皇帝，这样将军的富贵才能长久啊！"梁冀觉得这番话说得很对，于是在第二天的时候，再次集会公卿，梁冀意气残暴，言语激切，从胡广、赵戒以下，没有不害怕他的威势的，都说："只听从大将军的命令！"然而只有李固、杜乔坚持原来的结论。梁冀大声地说了句："散会！"李固觉得众心所归，一直认为清河王一定会被立的，因此又奉书劝导梁冀，梁冀更加愤怒了。丁亥日（初四），梁冀劝动了太后，就先用策令撤免了李固的职位。第二天，戊子日（初五），改任命司徒胡广为太尉，司空赵戒担任司徒，与大将军梁冀一起参录尚书事。又任命太仆袁汤为司空。袁汤，就是袁安的孙子。庚寅日（初七），命令大将军梁冀持节用帝王的青盖车恭迎蠡吾侯刘志进入南宫，在当天，就登基了（即汉桓帝）。那时桓帝只有十五岁，所以就仍由太后主持朝政。

秋季，七月，乙卯日（初二），将孝质皇帝安葬在静陵。

大将军属官朱穆呈书进谏，劝诫梁冀说："明年岁次丁亥，刑罚和恩德都在北方的乾位，按照《易经》龙战之会来说，阳道将取胜，阴道将失败。希望将军能专心于国事，除去私欲，广泛地召集贤能才士，摒弃邪佞的小人，替皇帝选择师傅，一定得是忠诚小心、笃厚崇礼的贤士，将军应该和他一起入宫，参考、劝导、讲授，老师崇尚贤哲，效法古代圣贤。这样一来，将军就有了像倚南山、坐平原一样的安稳，还有谁能颠覆你的权位呢？议郎大夫的职位，本来应该用深通儒术、德行高尚的人士担任，而现在在职的却多半都不是适当的人选，九卿之中也有些不该任用的，希望将军能明察这件事！"又推举种暠、栾巴等人，梁冀却没有采用他的建议。朱穆，就是朱晖的孙子。

九月，戊戌日（九月无此日），桓帝追尊河间孝王刘开为孝穆皇，追尊他的夫人赵氏为孝穆后，庙称为清庙，陵园被称为乐成陵。蠡吾先侯被称为孝崇皇，庙园被称为烈庙，陵被称为博陵。陵庙都设置了令、丞，并让司徒拿着节、奉策书玺绶，用三牲来进祭祀。

冬季，十月，甲午日（十二日），尊桓帝的生母匽氏为博园贵人。

滕抚天生方正刚直，不愿与权势往来，而被宦官憎恶。就他讨伐盗贼的功劳而言，本应该加以封赏，但太尉胡广却奉承权贵的旨意上奏罢免了他，后来他就死在了家中。

孝桓皇帝上之上

建和元年（丁亥，公元147年）

春季，正月，辛亥朔日（初一），发生日食。

戊午日（初八），大赦天下。

三月，有龙出现在谯县。

夏季，四月，庚寅日（十一日），京城发生地震。

任命阜陵王刘代的哥哥勃遒亭侯刘便为阜陵王。

六月，太尉胡广被罢官，而让光禄勋杜乔担任太尉。自从李固被免职之后，朝廷上下为之消沉，群臣侧身站在朝堂，每个人都很害怕，只有杜乔正颜厉色，坚决不逢迎曲附，因此朝野都依赖仰望于他。

秋季，七月，渤海孝王刘鸿逝世了，他没有儿子。太后便任命桓帝的弟弟蠡吾侯刘悝为渤海王，以祭祀刘鸿做他的继承人。

由于立帝大功，桓帝诏令加封梁冀一万三千户采邑，封梁冀的弟弟不疑为颍阳侯，梁蒙为西平侯，任命梁冀的儿子梁胤为襄邑侯，又任命胡广为安乐侯，赵戒为厨亭侯，袁汤为安国侯。中常侍刘广等人也都被封了列侯。

杜乔进谏说："古代的圣明君主，都以重用贤才、奖赏公正为要务。亡国的君主，在他的朝廷中难道就没有坚贞贤臣、典策诏诰等奏议的篇章了吗？弊病在于得到贤才但没有采用他的计谋，压藏着奏书而不按照其中的建议实施政教，听到善言却不相信内含的道理，听到谗言后又不明察真伪是非。陛下从藩臣登基为天子，上天和百姓都归心，没有急于嘉奖礼贤，反倒先行对左右亲近封赏，梁氏一门和卑贱的宦官都得到了无功的封赐，让他们分享功臣的采邑确实是很不妥当的滥行恩典，其中的道理哪里又能说得完呢？这样说起来，如果有功不赏，会使行善的人灰心失望；如果不对奸邪加以究办，那么作恶的人就会肆无忌惮地行凶。所以即使摆放着利斧也没人害怕，即使颁赐爵位也不能诱使人因为劝勉而砥砺。如果照这样下去，就不仅仅是败坏政令、造成混乱了，丧生亡国，恐怕都在所难免，能不小心行事吗！”奏书呈上，桓帝却没有理会。

八月，乙未日（十八日），立梁氏为皇后（梁冀的妹妹）。梁冀想要用厚礼迎亲，杜乔根据古代的制度，坚决反对。梁冀又嘱咐杜乔举荐汜宫为尚书，杜乔觉得汜宫有贪赃罪行，就不举荐。因此一再违背了梁冀的意愿。九月，丁卯日（初九），京城发生地震。杜乔因为这次灾变而被策免。冬季，十月，任命司徒赵戒为太尉，任命司空袁汤为司徒，前太尉胡广担任司空。

宦官唐衡、左悺一起在桓帝面前诬陷杜乔说：“在陛下应当登位以前，杜乔和李固都提出了异议，觉得陛下不够格供奉汉室宗祀。”因此桓帝对杜乔也怀有了怨恨。

十一月，清河人刘文与南郡妖贼刘鲔互相勾结，妄言“应当由清河王统治天下”，想要共同拥立刘蒜。事情失败之后，刘文等就劫持了清河相谢暠，对他说：“你应该与我们共拥清河王为天子，如果你答应了，便立你谢暠为三公。”谢暠破口大骂，刘文就将谢暠杀死了。后来，刘文、刘鲔被捕处死。有司奏劾清河王刘蒜，刘蒜由于犯罪而被贬爵为尉氏侯，放逐到桂阳，刘蒜因此而自杀了。

梁冀便趁机诬告李固、杜乔，说他们与刘文和刘鲔有往来，请求下令逮捕他们并治罪。太后知道杜乔平日忠贞不贰，就不允许梁冀对付杜乔。梁冀便将李固关在狱中；李固的门生王调（渤海人）自戴刑具上书，来证命李固蒙冤，河内人赵承等数十人也腰系铁锁来到宫廷上诉。太后这才下诏赦免了李固。等到李固被释出狱，京城街市里巷中的民众都高呼万岁。梁冀听到之后，大为震惊，害怕李固的名声德望将危害到他，于是就反借李固纠合民众为凭据，再次呈上奏折告发李固与刘文、刘鲔相勾结的旧案。大将军长史吴祐因为李固蒙冤，就悲愤不平，于是与梁冀争辩。梁冀很是愤怒，根本就不听吴祐的忠告。告发李固的奏折，是由从事中郎马融主笔的，当时马融也在场，吴祐对马融说："李公的罪行，是由你一手造成的。李公如果被杀死了，我看你还有什么脸面去见天下百姓！"听过之后梁冀怒不可抑，于是起身入室，吴祐随即也走了。就这样李固屈死在狱中。他临死的时候，给胡广、赵戒写了封信说："我李固蒙受国家的厚爱，所以就竭尽人臣的心力，不顾个人的生死，一心只想帮助王室，希望能和文帝、宣帝时的隆盛相比。岂能料想梁氏一时执迷妄行，公等阿谀奉承，竟把吉当成凶，把成事当作败事呢？汉家的衰败，就是从现在开始的。公等承蒙主上赐予的高官厚禄，社稷危困却不去扶助，颠覆国家的大事，后世的良史怎么愿意歪曲事实来偏袒你们呢？我李固虽然死了，但在道德上却有所得，还有什么要求呢？"胡广、赵戒看了信以后，虽然悲痛羞惭，但也不过是长叹流泪。

梁冀又派人要挟杜乔说："如果你们识时务的话就应该趁早自杀，这样至少还能保全你妻子和儿子的性命。"杜乔没有理会他。第二天，梁冀派骑士到了杜家门口之后，没听到哭声，于是就在太后面前告了他一状，并将他拘囚了起来。后来杜乔也在狱中屈死了。

梁冀将李固和杜乔的尸体暴露在城北四通八达的大道上，并下令"如果有谁敢前去哭丧，就重罪惩罚"。李固的弟子郭亮（汝南人），还没有成年，但他左手拿着奏折和斧钺，右手握着铁锧，到宫廷上书，请求为李固收尸，但是奏折被压下并没有上报。郭亮与董班（南阳人）一同前去哭丧，并守在李固的尸首旁不肯离去。夏门亭长大声呵斥他们说："你们这两个书生是有多迂腐啊？竟然公开冒犯诏令，难道是想以身试法吗？”郭亮说：“道义所存，为所当为罢了，哪还能顾忌到性命？又何必用死来恐吓我们呢？”太后听到之后，并未加罪而是赦免了他们。杜乔以前的下属杨匡（陈留人），痛哭流涕，日夜兼程，来到洛阳之后，就戴上以前作为官吏时的赤色头巾，假装夏门亭吏，守护在尸体旁边，有十二天之久，都官从事逮捕了他并上报了朝廷，但是太后也赦免了他。杨匡因此到宫阙上书，请求为李、杜二公收尸，将他们葬在乡里，获得了太后的恩准。杨匡护送杜乔灵柩回乡，在安葬、守丧之后，就和郭亮、董班一起匿名隐逸了起来，终身不出来当官。

梁冀将吴祐贬为河间相，但是吴祐自动辞官回乡了，后来就死在了故里。

梁冀看到刘鲔作乱，就想到了当初朱穆的一番谏言，于是就任命种暠为从事中郎，推荐栾巴为议郎，因为朱穆考核成绩优秀而保举他，任命朱穆为侍御史。

在这一年，南单于兜楼储逝世，伊陵尸逐就单于车儿即位。

二年（戊子，公元148年）

春季，正月，甲子日（十九日），皇帝加冠。在庚午日（二十五日），大赦天下。

三月，戊辰日（二十四日），桓帝跟随皇太后来到大将军梁冀府。

白马羌人入侵广汉属国，杀死了地方官吏。益州刺史带领板楯蛮人将他们打败了。

夏季，四月，丙子日（初三），封皇弟刘顾为平原王，来奉祀孝崇帝皇，并尊崇孝崇皇夫人为孝崇园贵人。

五月，癸丑日（初十），北宫旁舍德阳殿和左掖门发生大火，桓帝迁到南宫。

六月，清河被改名为甘陵。封安平孝王刘得的儿子经侯刘理为甘陵王，来奉祀孝德皇帝。

秋季，七月，京城发生水灾。

三年（己丑，公元149年）

夏季，四月，丁卯晦日（三十日），发生日食。

秋季，八月，乙丑日（三十日这天），有彗星出现在天市星旁。

京城发生水灾。

九月，己卯日（十四日），发生地震。庚寅日（二十五日），再次发生地震。

郡国中有五座山发生了崩塌。

冬季，十月，太尉赵戒被罢职，并任命司徒袁汤为太尉，又任命大司农河内人张歆为司徒。

在这一年里，前朗陵侯相荀淑去世。荀淑少年的时候就博通诗书，德行高尚，当时有名的贤人李固、李膺等都尊他为师。在朗陵的时候，荀淑做事严谨公正，被人称为神君。他有八个儿子：俭、绲、靖、焘、汪、爽、肃、专，都很有声誉，闻名于当世，当时的人称他们为"八龙"。他们所居住的乡本名是西豪，颍阴县令苑康（渤海人）觉得往昔高阳氏有才子八人，因此将他们所居的西蒙里改为高阳里。

李膺天生朴实亢直，不攀附权贵，只把荀淑当作老师，与同郡的陈寔相结交。荀爽曾经拜访过李膺，因此就有机会为李膺驾车。回来之后，很高兴地说："今天有幸能为李先生驾车了！"由此可见李膺是如何的受人仰慕。

陈寔出身卑微，担任郡城西门亭长一职。在同郡有个叫钟皓的人以笃行著称，前后共九次被公府征召，虽然辈分远在陈寔之上，却把陈寔视为同辈的朋友。钟皓担任郡功曹时，被司徒府征诏。临行辞别的时候，太守问他："你觉得谁可以代替你的职务呢？"钟皓说："如果您一定要我推荐一个适当的人选的话，就是西门亭长陈寔了。"陈寔听到后说："钟先生好像并不推荐人，不知道为什么单单会推荐我？"太守因此任陈寔为功曹。当时中常侍侯览拜托太守高伦安插一个官吏，高伦便委任这个人为文学掾。陈寔知道这个人并非善类，于是就拿着高伦的命令请求晋见，而对高伦说："这个人本来就不可以任用，但是又不能违背侯常侍的托付，请允许我自行签署委派，太守实在是不值得为了这个人而玷污了大德。”高伦顺从了他。因此众人都责怪陈寔举用不当，但是陈寔始终没为自己辩解过一句话。高伦后来被任命为尚书，郡中的士大夫们都为他送行，到了纶氏县的时候，高伦才对众人说：“我前一段时为了受侯常侍的委托而用人，陈君偷偷拿着我的命令退还给我，并且由他自行签署委任，最近听说大家因为陈君用了这个人而轻视他，然而他被人这样呵责全是因为我害怕侯览的势力太大啊，陈君真可谓是一位‘把所有善行都归之于君，而将所有的过错都归于自己’的人啊！”实际上陈寔是代人受过，自取其咎，大家知道这件事以后，都对他赞不绝口，从此人人都钦佩他的德行。后来他做太丘县长的时候，用德行教化人民，政治宽松法令简单，百姓因此得以安居乐业。邻县有人来归附，陈寔总是先对他们加以劝导，然后令他们各自返回本县。有一次上级主管前来巡视，县吏害怕会有罪民上诉申冤，因此就呈请陈寔想要他下禁令。陈寔说：“诉讼为的就是求个公道，如果禁止他们上诉，那还能让他们到哪里去申冤讲理呢？实在是不应该阻止他们啊。”上级主管听到这话之后，赞叹着说：“陈君能说出这样的话来，难道还会让人蒙冤受屈吗？”事实上的确没有一个人上诉。后来由于沛相赋税违法，陈寔不肯附着，就因此辞职离开了。吏民都对他追念不已。

钟皓一直与荀淑齐名，李膺经常感叹道：“荀君有高明的见识，这是很难有人能超过他的。钟君有至高的道德，也足以成为人的楷模。”钟瑾的母亲，就是钟皓的嫂嫂，也是李膺的姑妈。钟瑾好学又向慕古圣先贤，有谦逊忍让的风度，与李膺一样大，都很有声望。李膺的祖父太尉李修经常说：“钟瑾真像是我们李家的后代，像他这样的人，正是孔子所说的‘在国家有道的时候，不会被废弃不用；而在国家无道的时候，也可免于刑罚’的人啊！”因此就将李膺的妹妹嫁了给他。李膺曾对钟瑾说：“孟子说过‘如果一个人没有是非之心的话，就不能算是个人了’。你对于黑白，为何分不清楚呢？”钟瑾曾将李膺的这番话告诉给了钟皓。钟皓说："元礼（李膺字元礼）的祖父和父亲都居于高位，他们整个家族都很兴盛，所以他才这样的吧！昔日的齐国大夫国武子喜欢直率地揭发别人的过失，因此被人怨恨憎恶，现在怎么是可以一味直道而行的时候呢？如果想要保全全家的话，还是你的办法明智。"

和平元年（庚寅，公元150年）

春季，正月甲子日（初一），桓帝大赦天下，并更改年号。

乙丑日（初二），太后下诏将政事归于桓帝，她不再临朝。二月甲寅日（二十二日），太后梁氏逝世。

三月，桓帝迁往北宫居住。

甲午日（三月无此日），安葬顺烈皇后，并增封大将军梁冀一万户食邑，与之前合并一共三万户，并册封梁冀的妻子孙寿为襄城君，兼任食阳翟县的租税，每年收入五千万钱，加赐红绂，比同长公主的衣服。孙寿善于用忸怩的姿态蛊惑梁冀，因此梁冀对她又怜又怕。梁冀宠爱监管家务的一个奴仆秦宫，因此让他的官位升到了太仓令，可以随便出入孙寿的宅子，秦宫势力因此大震，刺史和俸禄二千石的官员都经常地踵门请谒。梁冀与孙寿对街成宅，大兴土木，极其奢华，争相夸耀，奇珍稀石，堆满了一屋。又开垦园圃，堆砌土山，十里大道有九里紧傍池塘，林木深远，山涧流水好像天然生成的一样，还喂养了一些奇禽驯兽，在其间飞走。梁冀、孙寿经常一起坐着人拉的车子，在府院中游玩，还有许多歌妓跟随，一路饮酒唱歌，经常夜以继日地纵情淫乐。客人到门没有被通报的，都必须先贿赂门房才可以；一个门房竟然都有千金的家财。他们还开拓了很多林苑，遍及邻近的各个县，在河南城西建造兔苑，绵亘了数十里，下令各地征选活兔，以烙毛作为记号，如果有人侵害，可能被判处死刑。曾经有个西域的胡商不知道禁忌，误杀了一只兔子，经过转相指告，竟有十几个人被处死刑。另外，又在城西筑了栋房子，来收容奸民和亡命的人，强行掳掠善良的百姓并全都用作奴婢，一共聚集了数千口人，却称他们为自卖人。梁冀听了孙寿的话，罢黜了许多梁家人的官职，对外借此表示谦让，然而实际上是为了提高孙家亲人的地位。在孙氏宗亲中假冒虚名任职侍中、卿、校、郡守、长吏的就有十几个，都是些贪得无厌、凶狠淫乱的人，他们都各自私下派人调查并登记属县中的富人，给他们加上莫须有的罪名，将他们拘捕入狱，用鞭笞打，并让他们出钱自赎，财富不够、出钱少的人，甚至会被打死。有个扶风人士叫孙奋，虽然家产富厚但是生性吝啬，梁冀赠给他马乘，向他借五千万钱，但是士孙奋只给他了三千万。于是梁冀大怒，并因此一状告到郡县，一口咬定士孙奋的母亲就是他家看守府藏的婢女，说她盗窃了十斛白珠、千斤紫金，背叛主人，于是就把士孙奋拘禁了起来，并加以拷问，士孙奋兄弟就这样死在狱中，之后又没收他们一亿七千多万的家产。梁冀曾经派人周游各地，远到边塞地区，到处去搜寻奇珍异物，由于被派的人仗势横行逞凶，强夺民妇，殴打官吏，因此所到之处，没有人不深感怨愤痛恨。

侍御史朱穆觉得自己是梁冀的旧属，就上奏记劝谏他说："大将军你尊为国舅，好像申伯一样在众公之上，就好像一日行善，天下都会称赞你是位仁人，然而一天为恶，天下就会随之覆灭。最近官府和民间都感到匮乏，再加上虫害水灾，京城中官府费用增多，朝廷下令调用，有时候竟超出以前的十倍以上，大家竟然都说地方官府没有现金，这些费用都应该由百姓负担，于是鞭打剥削，逼迫百姓缴足所需的数目。公家的赋税已经够重的了，地方官吏又私下强行压榨，大部分牧守长吏并不是因他具有德行而被选任的，所以一个个贪得无厌，对待百姓就像是对付敌人一样，以致有的百姓因被鞭笞而死，有的迫于横征暴敛，忍受不了而自杀。在掠夺百姓财物的时候，他们又都说是奉大将军的命令行事，使得天下百姓对大将军恨之入骨，官民满怀酸痛苦楚，怨声载道。永和末年，朝纲稍微有废弛，百姓便大失所望，只不过短短的四五年，就使得国家财库空虚，居民流离失所，官员因此萌生离叛之心，才导致马勉等人乘乱造反，在荆州、扬州一带几乎造成了大灾害。幸赖顺烈皇后主持政事之初，就使政事节俭并减轻罪行，朝野齐心协力，才讨平叛徒，平定了天下。而如今百姓的困苦，比永和年间的还重，对内来说除非满怀仁爱的心意才能安民，对外来说除非有安邦定国的长远计划才能久安。这样说起来将相大臣，与国家君主同为体，就好像同车而驰，同舟共济，一旦车覆船翻，就患难与共了。怎么能弃明投暗，居危思安，天子孤幼而不给予帮助，时局窘困而不知忧虑呢？如今真的应该更换人选不当的县宰和郡守，节俭宅第园池的浪费，拒绝接受郡国各地进献的财物，既可对内借以彰显明德，也可对外借以消除人心的疑惑，更能让那些奸猾狡诈的官吏没有什么可依附的，可以让负责考察民情的官吏能恪尽职守。国法规章重申以后，天下统一，四海太平，而将军也一定会身尊事显，功德永垂，光耀千古了！”梁冀没有接受他的劝说。梁冀虽然专揽朝政，为所欲为，但是还极力地交结桓帝的近侍宦官，另一方面则让他的子弟、宾客担任州郡要职，想借此稳固自己的地位和桓帝对他的恩宠。朱穆曾经因为这件事而上奏并极力劝谏，但梁冀始终不知悔悟，并回书说：“按照你这样的说法，我简直可以说是一无是处了！”但是由于他一向器重朱穆，所以也没太怪罪他。

梁冀派人给乐安太守陈蕃送信，对他有所请求，但是陈蕃不见那人。被派去的人就假装是他的客人求见陈蕃，于是陈蕃大怒，就用鞭子把这个人打死了。陈蕃因此被贬为修武县令。

当时皇子生病了，下令让郡县收购珍贵药材，然而梁冀却派了个人带着信去见京兆尹，借机要他一并收购牛黄。京兆尹延笃（南阳人）下令逮捕来使，并说：“大将军是太后娘家的人，因此皇子生病，理应推荐医生，进献药物，怎么会派人借机到处去图利呢？”于是就把来人杀死了。梁冀恼怒万分，但又不敢说话。后来主管官吏奉旨调查这件事，因为延笃有病，就将他免职。

夏季，五月，庚辰日（十九日），尊崇博园匽贵人为孝崇后，所住宫室称永乐宫，设置了太仆、少府及僚属佐吏等官职，完全可以同长乐宫旧制相比，把巨鹿九县作为孝崇后的汤沐邑。

秋季，七月，梓潼县发生山崩。

元嘉元年（辛卯，公元151年）

春季，正月朔日（初一），众臣朝会，大将军梁冀带剑进入宫中。尚书张陵（蜀郡人）大声呵斥着赶他出去，并命令虎贲、羽林把他的佩剑夺下。于是梁翼就下跪赔罪，张陵没有理他，而是立即上奏弹劾梁冀，请求廷尉论罪并惩治。桓帝下诏，罚他用一年的俸禄来赎罪，百官对张陵肃然起敬。河南尹梁不疑曾推荐张陵为孝廉，因此对张陵说："我先前举荐过你，今天你却正好罚到我头上来了！"张陵说："大人不因为我张陵不孝，因此被误加拔擢序用，今天我伸张正义，正是借此来报答你对我的恩惠啊！"梁不疑面色有愧。

癸酉日（十六日），桓帝大赦天下，并更改了年号。

梁不疑喜欢读经书，喜欢结交士人，梁冀因此就憎恶他，将他调为光禄勋，让自己的儿子梁胤做河南尹。当年梁胤才十六岁，长得很丑，穿上官服以后不堪入目，路人看到他没有不嗤笑的。梁不疑耻于兄弟之间的怨隙，于是让位归第，与弟弟梁蒙闭门深居，只求自保。梁冀不想让他与宾客们往来，便暗中让人改换服装混到梁不疑家去，并随时记下日常和他往来的客人。南郡太守马融、江夏太守田明刚上任的时候，就来拜访梁不疑。于是梁冀便指使有司奏劾马融说他在郡中贪污，另外还捏造事实陷害田明，结果两人都受了髡笞的刑罚，并因此被放逐到朔方去。马融自杀未遂，田明则死在路上。

夏季，四月，己丑日（初三），桓帝微服出访，来到河南尹梁胤的家中。当天，突然起了大风，树都被连根拔起了，白昼像晚上一样昏暗。尚书杨秉上书说："微臣听说上天不会开口说话，而是借灾害异象来谴责并告诫天子。君王至为尊贵，天子出入要有一定的规矩，清扫道路之后再出行，清扫卧室之后再宿止，如果不是郊祀祭庙的大事，皇上不出去。所以诸侯进入众臣家中，《春秋》都记载下来作为君主的借鉴，更何况是穿着先王所规定的朝服私自外出游玩，这就使尊卑的地位混乱了，使贵贱的等级不容易区分，而让侍卫守在空宫之中，将国家大事交给女妾呢！万一有意外的变故发生，就比如说宣帝时任章叛乱一类的事件，难道不是对上有负于先帝，而对下将自悔莫及了吗？”桓帝并没接纳他的劝谏。杨秉，就是杨震的儿子。

京城发生旱灾，任城、梁国则大闹饥荒，到了人吃人的地步。

司徒张歆被免职，任命光禄勋吴雄为司徒。

北匈奴呼衍王入侵伊吾，将伊吾司马毛恺打败了，并攻入伊吾屯城。桓帝下诏命令敦煌太守马达带兵前去援救，救兵到达蒲类海，呼衍王就带兵离开了。

秋季，七月，武陵蛮人叛变。

冬季，十月，司空胡广辞官隐居。

十一月，辛巳日（二十八日），京城发生地震。桓帝诏令百官推荐志行高节的贤士。涿郡推荐崔寔，崔寔虽然到了公车署待命，却因为生病推辞了，没有应对策。回去以后写了篇文章来议论世事，名称为《政论》。文章写道：“但凡天下之所以不能治平，经常是由于人主继承太平的时日太久，因此风俗逐渐颓敝而没能察觉，政治日渐衰败而不加改革，习惯了危乱，疏忽怠惰而自己却不知道。有时候荒淫耽乐，纵情肆意，却不治理国政；有时是厌恶逆耳的良言，而喜欢听花言巧语，还忽略了至理善道；有时候是犹豫不决，在歧路之间徘徊，而不知从何所当；有时连亲信和近臣都闭口不说话，为的就是避免招怨麻烦，只求能长保爵禄；有时候对于平日疏远的大臣，由于他的地位卑贱，就不听从他的忠告；因此导致朝纲废弛于上，而智士被抑郁于下。说起来真是可悲啊！

“自从大汉兴起以来，至今已经有三百五十多年了，政令混乱，恶习不改，从上到下玩忽职守，使得百姓怨声载道，已经到了没有不殷切盼望中兴的气象再现来达到救国救民的地步了！拯救时艰、救济世人的方法，就在于弥补缺漏，去除弊端，支撑即将颓败的国家，因此必须因时制宜，主要是制定的一切方法都要针对怎么使天下臻于太平安乐的境界而已。所以圣人应该权宜行事，能按照当时的需要而定制法制，能按照治事步骤先后的次序而有不同的言论和设施，不能强人所难，放弃当前急切的事务而倾向于听闻的不急之务。所以孔子对叶公问政回答说使远处的人归服，对哀公问政回答说选用贤才，而对景公问政则回答要节省财用，这并不是在主张的根本上有什么不同，而是由于目前的急务有所差别啊。但低俗的人却拘于典章条文，被先王旧制牵制，而不能因时定制，只知一味地尊崇远古的条例，而轻忽了时势，又怎么能跟他们谈论国家大事呢？所以一些有关国事的言论，虽然符合圣上的心意，也很能听进去，却受到牵制阻碍，而不被君主接纳，那又是为什么呢？只是因为那些顽愚的人，不明白随时权变的事理，并且安于现状，因循成习，在一件事快要成功的时候，还不知道欢乐，更何况是未雨绸缪的预作谋划呢？一旦遇到事情，都只会说按照先王的典章法制处理而已。然而一些通达的人士，又或许是为了顾惜自己的声誉而嫉妒别人的才能，凡是有和自己意见不同的策谋议论时，便认为是耻辱的，于是就舞文弄墨地大放厥辞，颠倒别人所说的道理来反对。寡不敌众，导致忠言善策被摈弃不用，在这种情况之下，即使稷、契圣贤复生，有志之人也难伸展啊。这就是贤才智士的建议不被采纳，而常使他们感到怨愤抑郁、空怀大志而不能伸展的原因啊。

“治理天下的方式，无非是用至高无上的德行教化百姓，一般来说，如果政令严明就能治平了，政令宽缓就将混乱。怎么知道会是这样的呢？近来孝宣皇帝深明治国的大道，洞悉执政的至理，所以就采用严刑的峻法，从而使奸凶犯法的邪恶小人为之心惊胆战，使得海内清平，天下百姓宴安，按照实际的效果来说，确实在孝文皇帝之上。等到元帝即位的时候，多行宽容的政策，最终导致衰颓，威力大减，政权失落，成了一个为汉室植下祸乱根苗的君主。治理政治方式的得失，由此就可以明见了。先前孔子作《春秋》，表扬齐桓公，称赞晋文公，并赞叹管仲的功勋，难道说就不赞扬周廷、周武王的治道吗？是由于齐桓公他们能明白权变行事，拯救时弊的道理啊。圣人能随着时代的转变而不拘泥，低俗的人却苦于不知变通，竟然认为以上古结绳的法约，可以再次用来整治乱秦时代的政事，用周武王及夏禹时代舞干戚的方式，就足够解除高帝被匈奴围在平城的困厄了！再说古代的方士蓄气练功，就能使体态像大熊攀枝自悬一样，像飞鸟临空伸足一样，这虽是延年的方法，但并不是医治伤寒的良方。吸气呼气，吐故纳新，这虽然是延长寿命的方法，却不能当作是接骨的良药。实际上，治理国家的道理，就像养生一样，在平常就要善加调养，生病的时候就得服药医治了。刑罚其实就是治理混乱的医药；而道德教化，就是治平时期的粱肉美食。如果用德教来治除残暴，就相当于是给病人吃粱肉美食一样；而在太平盛世时用刑罚治国，就等于是用药石来养生一样啊。如今承上历代帝王的积弊，刚好是厄运聚合的时期，自前代几世以来，主上大多是申恩屈法，政令松弛，这就好像驾驭车辆而丢弃马缰，除去衔勒，任凭四马横冲直撞，即使在宽广的大路上行驶，也不免会遇险倾覆，正等待着握紧缰绳、扣紧车辕来及时救难，哪还顾得上鸾铃响声的节奏调不调和呢！先前虽然文帝废除了肉刑，却对原来当处斩断右趾的刑犯处以死刑，原本应该受鞭笞的人犯也常常被判死罪。由此可见文帝还是凭借严刑而使得天下太平的，并不是用宽政而让天下太平的啊。”崔寔，就是崔瑗的儿子。山阳仲长统，曾经看过他的这篇文章，于是叹息着说：“所有做君主的人，都应该抄写一篇，作为自己的座右铭。”

◆司马光说：汉朝的法令已经够严了，然而崔寔还认为太宽大了，这又是为什么呢？确实是因为衰世的君主，大多优柔软弱，并且庸碌愚昧的大臣只知苟且偷生，因此专权受宠的大臣，即使犯了罪也不被惩治，强硬狡诈的百姓，即使犯了法也不被诛杀；仁恩的实施，只限于现在；致使奸凶邪恶的小人为所欲为，王朝的纲纪也废弛了。所以我觉得崔寔的这番言论，实在是为了矫正一时的偏失而发的，并不能视为百世治国通用的道理啊。孔子说过：“如果政令宽贷，那么百姓就会怠慢法令，怠慢就应该用威令猛政加以纠正；如果政令猛苛，百姓就会感到暴虐，一旦感到暴虐就应该施恩宽贷。以宽济猛，以猛济宽，才能使政事和顺。”这才是千古不变的治国常道。◆

闰月，庚午日（十八日），任城节王刘崇去世，他没有儿子继承，因此就撤销了他的封国。

任命太常黄琼为司空。

桓帝想要嘉奖梁冀，就命令全朝俸禄二千石以上的官员共议礼制。特进胡广、太常羊浦、司隶校尉祝恬和太中大夫边韶等都说梁冀的功业可以和周公相比，应当赐给他山川、土地及附属于他的小封国。只有黄琼一人说：“以前梁冀因为迎立今上的功业，已经增赐他一万三千户食邑了；另外，对他的儿子梁胤也增加封赏。如今诸侯封田，是以户邑为限制的，而不是以里数为限的，对梁冀的赏赐，可以仿照邓禹，赏赐给他一共四个县的食邑。”朝廷便听从了他的说法。于是主管的官员根据这个拟订礼制上奏：“梁冀入朝不用趋行，并允许他佩剑着履上殿，晋见皇上不用自称姓名，一切礼仪和萧何一样；将定陶、阳成两县的余户也都全部增封给他，合并为四县，和邓禹一样；另外赏赐给他金钱、奴婢、彩帛、车马、衣服、甲第等，和霍光一样；以有别于其他元勋功臣。每次参与朝会的时候，梁冀与三公分开坐，以示尊位。每十天进宫一次，处理评议尚书上奏的事务。向天下宣告，让他成为万世的楷模。”但是梁冀还觉得所奏的礼仪太轻，心里很不高兴。

二年（壬辰，公元152年）

春季，正月，西域长史王敬在于寘被杀死了。当时，西域长史赵评在于寘的时候，生毒疮由于不治而死了。赵评的儿子前去迎丧，途经拘弥。拘弥王成国与于寘王建一向互为仇敌，因此对赵评的儿子说：“于寘王命令胡医把毒药放在你父亲的疮口中，这才送了你父亲的一条命的！”赵评的儿子相信了，回国之后，就把这件事告诉了敦煌太守马达。刚好王敬奉命前去代理长史，马达便命令王敬暗中调查于窴毒死赵评这件事的真假。王敬先到了拘弥，成国对他说："于窴国人想要推我成为王；现在正好借毒杀赵评的罪行将建处死，于窴一定会降服的。"王敬贪爱功名，到了于窴之后，就设席备宴，邀请于窴王建并想暗中谋杀他。有人将王敬的阴谋告诉了建，但是建不相信，说："我又没什么罪过，王长史为什么要杀我呢？"第二天，建带领数十名属官去拜见王敬，坐定之后，建就站起来敬酒，王敬命令左右侍从将他拘捕。但是官吏们没一个想杀于窴王建的，所以左右的官属都夺门逃逸了。当时成国的主簿秦牧跟随王敬在座，拿着刀站了起来，说："大事已经定了，还有什么好犹疑的呢？"随即快步冲向前去杀了于窴王建。于窴的侯、将输僰等人就聚集了士兵去攻击王敬，王敬拿着于窴王建的首级上楼宣告说："是皇上命令我来杀建的！"输僰不听，跑上楼去杀死了王敬，而后将他的头悬挂在市。输僰自立为王，但是又被于窴的国人杀死了，并拥立建的儿子安国为王。马达听到王敬被杀死的消息之后，就想带领诸郡的部队出塞去攻打于窴，但是皇帝不许，并将马达召回，派宋亮去接替敦煌太守的职位。宋亮到任之后，就为于窴国人开了条全新的道路，让他们自己把输僰杀掉。当时输僰死了已经一个月了，于窴国的人就把输僰的人头从尸体上砍了下来，送到了敦煌，而不告诉他们实情，后来宋亮才知道是他们使诈，但是直到最后也没能出兵征讨于窴。

丙辰日（正月无此日），京城发生地震。

夏季，四月，甲辰日（四月无此日），孝崇皇后匽氏去世，桓帝任命皇弟平原王刘石主持丧事，葬礼跟恭怀皇后一样。五月，辛卯日（十二日），安葬孝崇皇后于博陵。

秋季，七月，庚辰日（初二），发生日食。

冬季，十月，乙亥日（二十八日），京城发生地震。

十一月，司空黄琼被免职。十二月，任命特进赵戒为司空。

永兴元年（癸巳，公元153年）

春季，三月，丁亥日（十二日），桓帝驾车来到鸿池。

夏季，四月（案：《汉书》四月作五月，当从）丙申日（二十二日），皇帝大赦天下，并更改年号。

丁酉日（二十三日），济南悼王刘广去世。他没有子嗣，因此撤消了封国。

秋季，七月，郡国有三十二地发生蝗灾，并且河水泛滥。有数十万户百姓因饥饿穷困而流离失所，其中冀州的灾情最为惨重。桓帝诏令任命侍御史朱穆为冀州刺史。冀州的官吏听说朱穆渡河前来任职，立刻自动辞官而去的有四十多人。朱穆到任之后，就立刻上奏弹劾诸郡的贪官污吏，其中有的人畏罪自杀，有的死在了狱中。宦官赵忠的父亲死亡之后，就归葬在故里安平，僭越礼法用玉匣陪葬，朱穆下令郡守暗查，吏佐害怕朱穆的严厉，于是就掘墓剖棺，暴尸并取出玉匣。桓帝闻知后，很是愤怒，召令朱穆到廷尉受审论罪，并被谪供役于左校。太学书生刘陶（颍川人）等数千人赴朝堂上书替朱穆申诉说："我们认为被处罪行供役的朱穆，公正处事，为国担忧，在被任命为冀州刺史的时候，就立志要清除奸邪恶小。虽然常侍的地位尊贵，深受恩宠，但是他们的父子兄弟分散在州郡各地，竞相为虎作伥，虐待小民，所以朱穆是为了整治王纲，补好漏隙，并想要一网打尽残民祸国的奸臣，以顺应民心。因此内官贵宠都对他憎恨至极，并诽谤他，谗言频起，并给他最严厉的惩治，让他供役于左校。天下凡是识理明事的人士没有不认为朱穆功比禹、稷的，却受共、鲧的罪罚，如果死而有知的话，那么葬在崇山的唐尧一定会大为震怒，埋在苍梧的虞舜也一定会难耐愤恨！如今内官近臣，偷偷把持国政大权，对王侯爵位的封赐已经完全掌握在他们的手中了，王法刑罚，全靠他们开口而定，如果他们想赏赐某人，就可以让一个连饭都没得吃的贱役富于季孙，在仰俯呼吸之间就能让伊尹、颜回变成夏桀、盗跖。只有朱穆愤然不顾自身的利害，他并不是因为厌恶尊荣而甘受羞辱，也不是因为活得不耐烦了就乐于死亡啊，只因为感到王法不整，怕朝纲长久混乱，所以竭尽全力，满怀担忧，为陛下作深远的打算。微臣等甘愿接受黥刑，并戴上脚镣，替朱穆服刑、受苦役。”桓帝看了他们的奏折之后，就赦免了朱穆。

冬季，十月，太尉袁汤被罢职，并委任太常胡广为太尉。司徒吴雄和赵戒被免职，就委任太仆黄琼为司徒，任命光禄勋房植为司空。

武陵蛮詹山等人叛变，武陵太守应奉（汝南人）予以招降安抚。

车师后部王阿罗多与戊部候严皓大多时候意见不合，愤恨难抑，于是就起来反叛，围攻屯田，杀死了许多官兵。后部候炭遮却带领残余的人叛离了阿罗多，向汉朝的官吏投降。阿罗多看到情势急迫，就带领着一百多骑兵逃到北匈奴去了。敦煌太守宋亮上奏请求桓帝，并立后部前国王军就留在敦煌当人质的儿子卑君为王。后来阿罗多又从匈奴返回来了与卑君一起争夺国家，反倒聚集了不少的国人。戊校尉严详害怕他会招引北虏，扰乱西域，因此开诚布公地告示他，答应让他再做王，阿罗多这才向严详投降。于是就立阿罗多为王，而将卑君护送回敦煌，后部人三百余户让他统治。

二年（甲午，公元154年）

春季，正月，甲午日（二十四日），桓帝大赦天下。

二月辛丑日（初二），又恢复了刺史、俸禄二千石以上官员依法守丧三年的制度。

癸卯日（初四），京城发生地震。

夏季，发生蝗灾。

东海朐山发生山崩。

乙卯日（十六日），任命乳母马惠的儿子马初为列侯。

秋季，九月，丁卯朔日（初一），发生日食。

太尉胡广被罢职，于是委任司徒黄琼为太尉。闰九月，又任命光禄勋尹颂为司徒。

冬季，十一月，甲辰日（初九），桓帝在上林苑用木栏围兽的方式打猎，随后到函谷关去了一趟。

泰山、琅邪一带的盗贼公孙举和东郭窦等人叛变，并杀死了当地的官吏。

永寿元年（乙未，公元155年）

春季，正月，戊申日（十四日），桓帝大赦了天下，并更改年号。

二月，司隶和冀州闹饥荒，到了人吃人的地步。

太学生刘陶上书陈事说："上天和皇帝，皇帝和百姓，都好像是头和脚一样，必须相互配合才能行动。陛下看不见像商汤在鸣条征伐夏桀的战事，也没有听见过兵车隆隆的响声，天灾伤害不到陛下的肌肤，地震和日食也损害不到陛下的龙体，所以就从不在意日食、月食以及星辰陨落或者运行越轨的危险，也就轻视了上天因震怒而垂示的征兆。我想到高祖当年起事时，是一介平民的出身，聚集散亡的民众，帮助伤残的士卒，因此他能成就帝业，也可以说是辛劳到了极点。他的德业福泽流传在后世，一直流传到陛下这里。而陛下既没能发扬光大列祖列宗治国的大道，也忘记了高祖创业的辛苦，却任由下属胡乱颁赏行罚，甚至将国政大权也一并委托给他们，导致群小阉竖视民如草芥而任意伤害，就好像是放纵虎豹在小鹿围场中营窟，任凭豺狼在幼兽苑囿中产子一般，使得富商大贾变成了穷苦的冤魂，使得贫困饥民成了饥寒的穷鬼，已经死去的含悲于墓穴，还活着的怀忧于朝野，这就是微臣之所以嗟伤而长怀叹息的原因啊！再说当暴秦将要灭亡的时候，直言进谏的都被处以死罪，而谄佞谀媚的反倒受了赏赐，并封住了忠臣的口不允许他们进善言，朝令王法却是全凭谗佞奸小开口乱定的，于是就让阎乐在咸阳专权横行，授给赵高中车府令的高位。大权已经旁落了，可是他自己还没知没觉，势力已去，也不顾虑。古今的道理都是一样的，成败的形势也是一样的。只希望陛下能远观强秦的灭亡，近察哀帝、平帝的战乱，那么，得失福祸就昭然可见了。微臣又曾听国家遇到危困，除非是施行仁政德教，否则就无法扶持；国家遇到混乱的时候，除非圣上明智，否则便无法拯救。愚臣私下得知从前的冀州刺史朱穆（南阳人），曾担任乌桓校尉、与臣同郡的李膺，都是直道而行、清廉公正、忠贞高超、出类拔萃的贤士，这两位真的是中兴的良佐，国家的柱石啊，按道理就应被召返朝廷，来帮助王室。微臣敢大胆地向忌讳直言的朝廷说出这番不合时宜的话，就像是明知冰霜暴晒在烈阳之下，一定会被消灭一般；先前臣因天下的可悲而感到悲伤，而今天天下也即将为微臣的愚昧而悲伤了。”奏书呈上，桓帝没有理会。

夏季，南阳发生水灾。

司空房植被免职，于是任命太常韩縯为司空。

巴郡、益州郡发生山崩。

秋季，南匈奴左薁鞬台耆、且渠伯德等人叛变，入侵美稷。东羌也带领族人站起来响应。当时安定属国都尉张奂（敦煌人）刚到职，营中只有两百来人，听到这消息之后，就立即全兵出战。军吏们觉得自己兵寡力弱，是很难敌对的，于是就争相叩头劝阻。但是张奂不听，进兵驻守长城，召集兵士，派遣将领王卫引诱东羌投降，因此占领了龟兹县，使南匈奴无法与内外交往。东羌酋长们于是相率归降，和张奂共同攻击薁鞬等人，将他们打败了。伯德很是惶恐，便率领着剩下的将领投降了，郡境的边界就因此而安宁无事了。东羌酋长送给张奂二十匹马和八枚金耳环。张奂在东羌众人前洒酒于地并发誓说：“即使马匹比羊群还多，我也不取一匹养在私宅的马厩中；即使黄金像米粟一样多，我也不取一粒据为私有。”并将赠品如数归还了东羌。在张奂之前，先后的八任都尉都是贪财好货的官吏，都让羌人深以为患，苦不堪言。等到张奂端正自身，清廉克己，所以没有人对他不是心悦诚服的，因此威名教化大行。

二年（丙申，公元156年）

春季，三月，蜀郡属国夷人叛乱。

起初，鲜卑的檀石槐，勇猛有智谋，部落的人都敬畏信服他，檀石槐立法施禁，没一个人敢犯令作乱的，于是他就被推荐为部落酋长。檀石槐将朝廷立在弹汗山、歠仇水之上，离高柳有三百多里，兵马很多，东、西部酋长都主动归附于他。因此他出兵向南侵犯大汉边境，向北防御丁零狄人，往东边打退了夫馀，向西边进攻乌孙，完全占据了匈奴一万四千余里的土地。

秋季，七月，檀石槐侵入云中。朝廷任命前乌桓校尉李膺为度辽将军。李膺刚到达边境，就让羌、胡都闻风丧胆，将以前所抢掠的男女百姓，全都遣送回了塞下。

公孙举、东郭窦等聚集了三万多人，一起入侵青、兖、徐三州，破坏郡县。经过多年讨伐，也没能将他们讨平。尚书推举具有治乱平暴才能的人，司徒掾颍川人韩韶因此被派出任嬴县县长。贼寇向来听说韩韶贤能，就互相告诫不进入嬴县县境。其他各个县流亡的百姓，有一万多户进入了嬴县境界。于是韩韶下令开仓救济，负责守仓库的主管都认为不可以。韩韶说："如果能够救活这些难民，就算是被杀头，也可以含笑而死了。"太守向来知道韩韶很有德望，也没对他加以任何惩罚。韩韶和同郡的荀淑、钟皓、陈寔都做过县长，他们所到的地方都以德政著称，当时的百姓称他们为"颍川四长"。

当初，鲜卑入侵辽东，属国都尉威武人段颎带领着他的部队奔驰往征。后来顾虑到贼人会因为害怕而逃跑，就伪造了一通玺书，令驿站的骑兵持送前来召回自己，段颎假装在半路接到诏书回京，而实际上暗中埋伏在归途路边。敌人信以为真，就派兵追击段颎，段颎因此而大发伏兵，将敌人全部斩杀俘获了，却犯了伪造圣旨的大罪，应当被判死刑；但是由于他又立下了大功，所以只判了二年徒刑，刑满释放以后，被任用为议郎。直到现在，由于东方的盗贼昌炽，桓帝诏令公卿举荐文武兼备的才士为将帅。司徒尹颂便推荐了段颎，于是段颎被任命为中郎将，去讨伐公孙举、东郭窦等，结果打败了他们，并且还杀了公孙举与东郭窦，杀死一万多敌人，其余的贼党有的投降，有的逃跑，段颎因此被封为列侯。

冬季，十二月，京师发生地震。

桓帝封梁不疑的儿子梁马为颍阴侯，梁胤的儿子梁桃为城父侯。

资治通鉴卷第五十四　汉纪四十六

起丁酉（公元157年），止癸卯（公元163年），共七年。

【题解】 本卷记录了汉桓帝永寿三年至延熹七年间的历史。桓帝诛梁冀，终结外戚梁氏，单超等五宦官作为功臣被封侯，宦官势力大盛，清官凤毛麟角。太学生刘陶上奏，阻止了重币制造。边境遭侵扰，警报四起，桓帝被迫起用皇甫规、张奂等三大名将，惩治了一批在州郡任职的宦官子弟。

孝桓皇帝上之下

永寿三年（丁酉，公元157年）

春季，正月，己未日（正月无此日），桓帝大赦天下。

居风县令贪得无厌，县民朱达等人与蛮夷一同造反，攻城并杀了县令，聚集了四五千人。夏季，四月，又入侵九真郡，九真太守兒式战死。桓帝诏令九真都尉魏朗讨伐他们，才将他们打败。

闰六月，庚辰晦日（三十日），发生日食。

京城发生蝗灾。

有人进谏说："人民贫困，是因为钱币又轻又薄，所以应当铸造厚重的大钱。"桓帝就将此事交给三公府及大将军府群僚和太学中能言的学士共同商讨。太学生刘陶上奏说："现在的忧患，不是因为钱币的轻重厚薄，而在于人民饥馑挨饿。近年来，好的禾苗全都进入了蝗虫的口中，杼轴织出的布帛都被公家和官吏私人索取一空。百姓的担忧，哪里是钱币的厚薄和铢两的轻重呢？即使现在沙砾都变成了金子，瓦石都变成了和氏宝玉，但是如果百姓渴了没有水喝，饿了没有饭吃，就算是用天皇氏、伏羲氏纯美的德教，用唐尧、虞舜昌明的典章来治国，恐怕都不能使朝廷相安无事啊。小民百姓可以在百年里家无积财，但不能一天挨饿没有饭吃，所以如何解决百姓的吃饭问题，才是最急切的事。但商讨国事的人，根本就不谈农耕的问题，而只顾说铸钱的诸多好处。实际上万人铸钱，就算一个人夺用，都不会满足；更何况现在是一个人铸钱，而上万人夺用呢？即使草木都变为炭薪，万物都变成赤铜，然而劳动的是不吃饭的百姓，下令的是肚子不会饿的官吏，还是不能满足无厌的索求啊。如果真想要民富财足的话，首先应该立即停止百姓的劳役，严禁抢夺民财，才能使百姓免于劳役的穷苦而日渐富足。陛下为了怜悯天下百姓的忧伤痛苦，而想要用铸造货币的方式来救济弊端，那简直就像是在盛满沸水的鼎中养鱼，就像让鸟栖息在燃烧着的木柴上一样。水和树，本来就是鱼鸟栖息生存的场所，但在这种不适合的情况下，一定会使鱼烂鸟焦。只希望陛下能放宽苛刻的政令，将铸钱的事置后再说，多听听民间歌谣的反映，问问百姓内心的隐忧，仰观日月星辰的变化，俯察山崩水竭的预兆，那么民心的向背、政治的得失，便全都粲然明见，也不至于有遗漏不知道的了。我想到土地广阔也没有开垦种植，人口众多但是粮食不足，一群小人佞幸只顾争相钻营求进，篡位夺权，贪官污吏天下横行，就好像凶猛的鸟禽，只顾偷食求饱，连皮带肉，一起吞下也不满足。一旦有筑墙的役夫、穷匠扔下斧斤，登高振臂一呼，挺身起而革命，坐困愁城、满怀怨恨的民众云集响应，即使有一尺见方的钱币，又怎么能挽救这种危乱呢？”这才没铸造货币。

冬季，十一月，司徒尹颂去世。

长沙郡的蛮人造反，入侵益阳。

桓帝任命司空韩縯为司徒，任命太常北海人孙朗为司空。

延熹元年（戊戌，公元158年）

夏季，五月，甲戌晦日（二十九日），发生日食。太史令陈授借助小黄门徐璜上奏陈述“有日食变异的凶兆出现，都是由于大将军梁冀的罪行”。梁冀听说以后，就暗中命令洛阳县令拘捕考讯陈授，以至于陈授死在狱中。桓帝因此对梁冀心怀怨怒。

京城蝗虫成灾。

六月，戊寅日（初四），桓帝大赦天下，改元延熹。

举行大雩来祭求下雨。

秋季，七月甲子日（二十日），太尉黄琼被免职，并委任太常胡广为太尉。

冬季，十月，桓帝到广成苑打猎，后来又去了上林苑。

十二月，南匈奴各部落群起叛变，联合乌桓、鲜卑入侵旁边的九郡。桓帝任命京兆尹陈龟为度辽将军。陈龟临走前，呈上奏折说："微臣听说日、月、星三辰如果没有按轨道运行，就要提拔贤士做丞相；如果蛮夷民族不恭顺，就要提升士兵做将领。微臣并没有文、武的才能，却愧辱地担任了鹰扬武将的职位，即使是捐献躯体，也没有什么可以补益。现在西州的边远地带，土地贫瘠，人民经常遭到盗匪侵入，使得家庭残破，即使还有一口气，也实在是像枯骨朽尸一样。往年并州雨水过多，虫灾交替发生，使得农作物荒芜不生，赋税更是空缺。陛下把百姓当作是子女，怎么能不多加安抚照顾呢？古公亶父、西伯侯姬昌，天下人民都因为他们的仁义归向他们，哪里是用车子带着金银宝物、施行恩惠给人们的呢？陛下顺承了中兴的大统，继承了光武帝的德业，亲临朝廷，整治政事，却不能多多注意。并且州郡长官都不贤良，有的是由宦官推荐的，害怕违背君主的旨意，只希望能渡过眼前的难关。但如果人民呼喊和嗟叹的声音不断，就会招来灾害，胡夷敌虏天生凶悍，他们会抓住这个机会；因此就使得仓库完全吞没进豺狼的口中，功业没有一点的功效，这些都是由于将帅的不忠诚，以及奸人聚集造成的。前凉州刺史祝良，刚接受了任命，到了州中以后，纠举并惩罚了很多人，太守和长官被罢黜的有一半，还没有一季，政令显然就有了功效，确实是应该特别地奖赏，以此来劝勉功勋和有才能的将士；改派州牧和郡太守，拒绝奸邪害人的官吏；还应该再次选择匈奴、乌桓护羌中郎将、校尉，精心选举文武官员，授予他们法令；免除并、凉二州今年的赋税、劳役，赦免囚犯和奴隶，清除恶习，从头开始；那么善良的官吏就会知道奉公守法的好处，邪恶的官员就会发觉营私舞弊的祸端，胡人骑兵就不敢窥伺长城，边塞地区也就没有候望敌兵的祸患了。”于是桓帝另外选择幽州、并州刺史，从营、郡太守、都尉以下的，大多都被更换了，并颁下诏书，为陈将军免除并州、凉州一年的赋税，并将其赏赐给官吏、人民。陈龟到职以后，州郡官员非常害怕，节省下来的经费，每年可以以亿计。

桓帝诏令任命安定属国都尉张奂为北中郎将，来讨伐匈奴、乌桓等。匈奴、乌桓烧毁了度辽将军的军门，带领军队驻扎在赤阬，烟火相互照望，官兵大为恐惧，都想要逃走。然而张奂却安详地坐在军帐中，像平日一样和弟子讲诵事理，军士这才稍微安静下来。张奂暗中引诱乌桓人，和他们私下里讲和往来，要他们杀死匈奴和屠各的主帅，并且还攻破了匈奴的军众，使得各胡族全部都投降了。因为南单于车儿不能治理国家政事，于是张奂就拘捕了他，并上奏朝廷任命左谷蠡王为单于。诏书上说：“按照《春秋》的道理，皇帝刚登上皇位的时候，要顺从常理。车儿全心全意倾向教化，有什么罪过要罢黜他呢！应该被遣送回王庭！”

大将军梁冀和陈龟向来有仇，于是诽谤他毁坏国家的威望，独自求取功业名誉，不能受到胡人的敬畏，就被判罪征召回到朝廷，任命种暠为度辽将军。于是陈龟请求全身回到乡里，后来被再次征召为尚书。梁冀的残暴一天天加深，陈龟呈上奏折，表述他的罪状，请求杀了他，桓帝却不理会。陈龟知道，自己一定会受到梁冀的残害，所以七天不吃东西而去世了。种暠到军营之后，先宣布了朝廷的恩德，诱使各胡族投降，其中有不投降的就加以讨伐。敌对的羌人以前因为被捕留在郡县中做人质的，全部都被种暠遣送回国了。种暠心意诚恳地抚慰他们，由于奖赏分明，因此羌人和胡人都归顺了。种暠才撤除烽火台以及斥候瞭望措施。从此边境相安无事，不再有警报；种暠入朝之后，就做了大司农。

二年（己亥，公元159年）

春季，二月，鲜卑入侵雁门。

蜀郡夷人侵犯蚕陵。

三月，再次取消任刺史、二千石官员奉行三年的丧礼。

夏季，京城发生水灾。

六月，鲜卑入侵辽东。

梁皇后凭借着姐妹、兄长势力的庇护，十分放纵，奢侈华贵，超过了前代好几倍，只能自己被宠幸，妒忌成性，六宫的嫔妃都不能进见桓帝。等到太后崩殂的时候，桓帝对她的宠幸突然减少了。皇后没有后嗣，每当有宫人怀孕，都很少有能保全的。桓帝虽然害怕梁冀的逼迫，不敢发怒斥责，但是让皇后侍奉的时候变少了，皇后更加担忧。秋季，七月，丙午日（初八），皇后梁氏去世。乙丑日（二十七日），将懿献皇后葬在懿陵。

在梁冀一门中，前后有七位侯爵、三位皇后、六位贵人以及二位大将军，夫人、女食邑被称为君的有七人，有三人娶了公主，其他卿、将、尹、校有五十七人。梁冀独揽政治大权，凶恶、放纵，一天比一天厉害，宫中的卫士、近侍都是他亲信的人，桓帝的起居生活，无论多小的事情他都一定知道。其中四方的调发，一年四季的贡献，都把最好的送给梁冀，桓帝只能得到次一等的。官吏、人民带着财物来寻求官职和请求免除罪罚的，连绵不断。如果百官迁升、召集，就得先到梁冀家中呈上表章，表示感谢，之后才敢前往尚书台。下邳人吴树做了宛城的县令，上任之前向梁冀辞行，梁冀的宾客分布在县界，梁冀拜托他照顾他们，吴树说："如果小人奸恶害国，那即使是近邻都应该被诛杀。将军处在上将的位置，应该推崇善德贤良的人士来补助朝廷的缺失。自从我陪伴天子以来，没有听到您称赞过任何一位长者，而且您所托付的大多都不是人才，实在是我不想听到的！"梁冀默默地不说话，心里很不高兴。吴树到了县城之后，就杀死了几十个伤害人民的梁冀的宾客。后来吴树担任荆州刺史的时候，再向梁冀辞行时，梁冀让他喝下毒酒，出门后，就死在了车上。辽东太守侯猛刚接到任命的时候，没有进见梁冀，于是梁冀假借别的事情把他杀死了。郎中袁著（汝南人），十九岁的时候，前去宫门呈上奏折说：“四季的运转，每个季节都在达到极盛时就会选择退出，高贵的爵位、深厚的宠幸，很少有不会造成灾祸的。现在大将军的地位已经达到最高峰，在功业上也有了成就，应该看作是最需要警戒的，因此应该遵行关门悬车、不闻政事的礼节，高枕无忧，颐养精神。经传上说：‘果实丰盛的树木，就会使树枝裂断，并伤害树心。’如果不削减大权，将来就很难保全自己了！”梁冀听到后，就秘密地派人逮捕袁著，于是袁著更名改姓，假装生病死了，把蒲草编结成人形，还买了棺材，殡葬送出去了。梁冀知道他是骗人的，于是就找到他，将他鞭死了。太原人郝絜和胡武，喜爱发表正直的言论，他们和袁著交情很好，郝絜、胡武曾联名向三府陈上奏书，推荐国内的高明人士，却没有将推荐书送去梁冀府中。梁冀记起旧恨，下令给京师有关官员，发布檄令擒捕，杀死了胡武全家，死了有六十多人。最初郝絜逃亡，知道事不能避免，因此就抬着棺木到梁冀门中进陈奏书，奏书送进去之后，就吃下毒药死了，才保全了家里的人。安帝的嫡母耿贵人去世，梁冀向耿贵人的侄儿林虑侯耿承询要贵人的珍奇玩物，没有得到，于是梁冀就恼羞成怒了，杀了他全家十多人。涿郡人崔琦由于文章受到梁冀的赞美，就写了《外戚箴》《白鹄赋》来讽刺他，梁冀很是愤怒。崔琦说：“以前管仲做齐国的宰相，就喜欢听到讽刺的言辞；萧何辅佐汉朝的时候，就设立记述过错的官吏。现在将军已经做到了国家的丞相，责任和伊尹、周公相当，但是从来没有听说有德政出现，百姓生活困苦，不仅没有结交忠贞善良的人士来拯救灾害，反而想要堵住士子的口舌，蒙蔽君主的听闻，难道要使得天地玄黄改变颜色，使鹿马改变形体吗？”梁冀无法回答，就让崔琦回去了。崔琦很害怕，于是就躲藏起来，但是梁冀抓到他后，还是杀了他。

梁冀主持政事将近二十年，威望在朝廷内外盛行，天子已经拱手，不能亲自参与，桓帝已经心中不平了，尤其是陈授死后，桓帝更加愤怒了。和熹皇后堂哥的儿子、郎中邓香的妻子宣，生下了女儿邓猛，邓香去世后，宣又嫁给了梁纪。梁纪就是孙寿的舅舅。孙寿看到邓猛姿色美丽，就将她引进宫中，封为贵人；梁冀想认她做女儿，就把邓猛的姓改为梁。但是梁冀害怕邓猛的姐夫、议郎邴尊会坏了宣的心意，就派遣刺客杀死了他；他又想要杀宣，由于宣家和中常侍袁赦家相邻，于是梁冀的刺客就登上了袁赦的屋顶，想要进入宣家的时候，袁赦发现了，敲起鼓来，集合众人，通知了宣。于是宣奔驰进宫报告给桓帝，桓帝大怒，因此进入厕所，独自呼叫小黄门史唐衡，问他："左右的近臣和外舍的大臣不能和睦相处的，都有谁呢？"唐衡回答说："中常侍单超、小黄门史左悺和梁不疑有仇恨；中常侍徐璜、黄门令具瑗经常私下怨恨外舍大臣的放肆霸道，口中却不敢讲出来。"于是桓帝就把单超、左悺叫进内室，对他们说："梁将军兄弟专制朝廷政事，并威胁内外大臣，公卿以下的官员，都必须听从他的旨意，现在我想要杀了他，你们心中是怎么想的呢？"单超等人回答说："他们真的是国家十恶不赦的贼人，早就应该杀掉了；微臣等人软弱低劣，只是不知道皇上的意思怎么样。"桓帝说："经过仔细考虑必须这样做，所以你们要秘密地计划一下。"单超等人回答说："计划是不难的，只害怕陛下心中犹豫不定！"桓帝说："邪恶的臣子威胁国家，就应该受到应得的罪过，有什么好犹豫的呢？"于是就召来徐璜和具瑗，五个人一起制订了计划，桓帝将单超的手臂咬破，使其流出血来，作为盟誓。单超等人说："陛下，现在计划已经决定了，不要再多说了，以免被人怀疑。"

梁冀怀疑单超等人，八月，丁丑日（初十），命令中黄门张恽进入宫中值班，以防范意外的变故。具瑗命令官吏，以"突然从外面进宫，想要做出违法的事"为理由收捕了张恽。桓帝亲自来到前殿，召各尚书进宫，揭发这件事，并命令尚书令尹勋拿着符节安排丞、郎以下的官员，都带着兵器守在省阁，收取各种符节以后，送到宫中；命令具瑗带领左右厩的骑兵、虎贲、羽林、都候剑戟士，一共一千多人，与司隶校尉张彪一起包围梁冀的住宅；命令光禄勋袁盱拿着符节收回了梁冀的大将军印绶，并将他改封为比景都乡侯。当天梁冀和妻子孙寿都自杀了，梁不疑和梁蒙先死了。收捕了所有的梁氏、孙氏内外的宗亲送到监狱，不论老少全部被判死刑；其他被牵连的公卿、列校、刺史、二千石的官员，也死了几十人。太尉胡广、司徒韩縯和司空孙朗都被判攀附梁冀，不保卫宫廷，停留在长寿亭，减免了他们的死刑，罢黜官职，被贬为平民。梁冀的旧属官吏、宾客有三百多人被罢黜，整个朝廷都空了。当时，事情突然在宫中发生，使者争相奔驰，公卿失去了常态，官府和街里一连几天都动荡不安，几天以后才安定下来；人民没有不称赞，互相恭贺的。于是没收了梁冀的财物，让县官折价出卖，一共卖了三十余亿，以此来充当官府的用度，减免百姓一半的赋税，解散了他的庭园，分给穷人耕种。

壬午日（十五日），封梁贵人为皇后，废除懿陵，改为贵人冢。由于桓帝厌恶梁氏，就把皇后的姓氏改为薄氏，时间长了，才知道是邓香的女儿，这才恢复姓邓。

桓帝下令奖赏诛杀梁冀的功臣，单超、徐璜、具瑗、左悺、唐衡，都被封为县侯，又奖给单超食邑二万户，徐璜等人各一万多户，世人称之为“五侯”。仍然让左悺、唐衡做中常侍。又封尚书令尹勋等七人为亭侯。

桓帝任命大司农黄琼为太尉，光禄大夫祝恬（中山人）做司徒，大鸿胪梁国人盛允做司空。

当时，刚刚诛杀了梁冀，百姓都盼望政治改革，这时黄琼的地位是公卿第一，于是就进谏举发州郡中行为一向残暴和贪污的，受到死刑和流放的有十多人，朝野一同称赞。

黄琼召集推举汝南人范滂。范滂年轻的时候便鞭策自己，修炼清明的节操，州郡和乡里的人们都佩服他。范滂曾做清诏使，考察冀州政事的时候，范滂登上车子，握着缰绳，意气风发，有澄清天下的志向。郡守、县令中有贪污的，都远闻风声，解下印绶，辞去官职；他所进奏推荐的人，没有不压住众人议论的。刚好诏命三府掾属举发谣言，范滂进谏刺史、二千石的官员，权贵豪门党羽的就有二十多人。尚书斥责范滂所弹劾的人太多，于是就怀疑是有私人恩怨，范滂回答说："微臣所举发的人，如果不是贪赃枉法、残暴奸恶、成为人民灾害的，怎么会让他们来玷污我的奏章呢？因为近日在朝廷会见的时间急匆，所以就先举发紧急的，其中没有查证清楚的，要继续查实。微臣听说一旦农夫除草，庄稼就一定会茂盛；那么忠臣锄奸，王道就会因此而清明。如果微臣的话有差错，那么甘愿受到刑法的诛杀。"尚书不再责备他。

尚书令陈蕃呈上奏折，推荐了五位隐士，有豫章人徐稚、彭城人姜肱、汝南人袁闳、京兆人韦著、颍川人李昙。桓帝用安车、衣服，备齐礼仪，来征召他们，但他们都不愿来。

徐稚家中贫困，经常自己耕种，如果不是靠自己力量生产的食物就不食用，节俭恭敬，谦逊合群，邻近的人都佩服他的品德；公府多次征召他，但他不愿出来做官。陈蕃做豫章太守的时候，按照礼仪请他担当功曹，徐稚不好推辞，拜见以后就退避了。陈蕃性格方正峻急，从不接待宾客，只有在徐稚来的时候，特别设立一张坐榻，徐稚离开之后就悬挂起来。后来徐稚被举荐为有道之士，在家中被任命为太原太守，他都不肯接受。虽然徐稚不接受各个公侯的征召，但是一旦听到他们丧亡的消息，就背着箱子前去吊丧。经常在家中预先烧好一只鸡，用一两棉花浸在酒中之后再晒干，并用它来包着鸡，一直走到所要去的墓道外面，才用水打湿棉花，就有了酒气，再准备米饭一斗，用白茅托着，把鸡放在前面，把酒洒在地上，祭奠完以后，留下名片就离开了，并不见丧祭的主人。

姜肱和他的两位弟弟姜仲海、姜季江都因为孝顺友爱而出名，经常是在同一个被子里睡觉，也都不接受征召。姜肱曾经和弟弟姜季江一起前往郡中，晚上在道路口遇到了强盗抢劫，强盗就想要杀掉他们，姜肱说："弟弟年纪小，是受父母疼爱的，又没有娶妻生子，所以我愿意牺牲自己的生命来帮助弟弟脱离危险。"季江说："哥哥的年纪和品德都在我前面，是家中的珍宝，国家的人才，我请求自己被杀戮，来保全哥哥的生命。"于是强盗就把他们两个都释放了，只是抢走了他们的衣服路费。后来，郡中的官员看到姜肱没有衣服，就奇怪地问他原因，姜肱就用别的话推托过去了，始终不说是强盗的关系。强盗听到后，很后悔，于是就到精舍中求见姜肱，并叩头道歉，送还了所抢的东西。姜肱不但不肯接受，还摆酒设宴安慰他，然后将他送出去。桓帝没有征召到姜肱，于是就下令彭城县，要画工画出他的画像。但是姜肱睡在光线昏暗的地方，用被子蒙着脸，说是得了怕吹风的病，不敢外出吹风，画工竟然看不到他。

袁闳，就是袁安的玄孙，因为刻苦地修治品节，也不肯接受征召。

韦著选择隐居讲授学业，不管政事。

李昙的继母凶猛残暴，李昙对她更加恭谨，获得了四时珍奇的玩物，从来没有不先拜候就进献的，乡里都以他为榜样。

桓帝又召集安阳人魏桓，他的同乡劝他前去，但是魏桓说："得仕进官禄，是要实现自己的心志。现在后宫的人数要以千为计算单位，可以减损吗？马厩中有一万匹马，可以减少吗？左右权贵豪门，可以除去吗？"同乡都回答说："不可以！" 于是魏桓很感慨地叹息说："让桓活着出门，死了回来，对各位先生有什么好处呢？"终于终身不仕。

桓帝杀了梁冀之后，以前的臣子，跟梁冀有恩怨的人，大多接受了封赏。追封皇后的父亲邓香为车骑将军，封他为安阳侯；又任命皇后的母亲宣为昆阳君，皇后哥哥的儿子邓康和邓秉都做了列侯，他的宗族都做了列校、郎将，赏赐都以巨万计。中常侍侯览奉上五千匹缣，桓帝就赐给他关内侯的爵位，又假装借着参加商讨诛杀梁冀的功劳，封他为高乡侯；又册封小黄门刘普、赵忠等八人为乡侯。从此政权大势就全集中在宦官手中了。自此五侯更加贪财放肆，震动了朝廷内外。当时灾害常常出现，白马县县令甘陵人李云呈上不封缄的奏书公开上奏桓帝，并将副本送给三府，说："虽然梁冀倚仗着独揽大权，祸害了天下，现在由于罪过受到诛杀，就好像召来家臣加以扼杀罢了，却更多地封赠商讨事情的臣子，都在一万户以上；高祖听到后，能不怪罪吗？西北的各个将领，能不人心离散吗？孔子说过：'皇帝，是要审清万物的。'现在的官位错乱，就使得小人谄媚进身，公然舞弊财物，政治教育一天天败坏；任命官员的诏书，不经由皇帝过目，是皇帝想不要审明万物吗？"桓帝看到奏书之后，很是愤怒，就将其交给官员，下令逮捕李云，命令尚书都护剑戟士，将他送到黄门北寺狱，命令中常侍管霸和御史、廷尉从多方面审问他。当时弘农五官掾杜众因为李云忠心进谏却获得罪刑而痛心，于是上书说"我愿意和李云一起受死刑"。桓帝更为愤怒，于是就把他一同交付廷尉。大鸿胪陈蕃呈上奏折说："李云所说的，虽然不知道禁忌，冒犯了皇上、违背了旨意，但是他的心意终究是为了国家。先前高祖忍下了周昌不知避讳的进谏，成帝赦免了对朱云腰斩、断颈的刑罚，如果今天杀了李云，微臣恐怕剖开贤人心胸的讥讽，又要在现在议论了！"太常杨秉、洛阳市长沐茂、郎中上官资一起呈上奏章，祈求释放李云。桓帝非常愤怒，认为官员上奏是大不敬；于是诏书责备陈蕃、杨秉，免除了他们的官职，并让他们回乡；沐茂和上官资降二等禄秩。当时桓帝正在濯龙池，管霸等人进谏李云等人的事情，管霸跪下来说："李云是乡野间愚蠢的儒生，杜众是郡中很小的官吏，他们出于狂放愚直，是不能施加他们罪罚的。"桓帝对管霸说："'皇帝想要不审明万物'，是什么样的话？常侍是想要原谅他吗？"转头命令小黄门批准他的进奏，李云、杜众都死在了狱中，就使得宠幸的近臣更加横行。太尉黄琼度量自己的能力，由于不能制止宦官作乱，就托病不起，呈上奏折说："从陛下登上皇位以来，没有能胜过前代的政事，梁氏掌握大权，宦官占满朝廷，李固、杜乔由于忠诚的进言已经遭到残杀的横祸，并且李云、杜众又因为正道而受到诛杀，百姓悲伤恐惧，加上心中积攒的怨恨凝固不散，而朝野的人士把忠心作为忌讳的事。尚书周永，一向侍奉梁冀，假借他的威势，看到梁冀快要衰败了，才在表面上装着诋毁梁冀，来表示他的忠诚，最终奸计得逞，还取得了封侯的地位。还有，黄门宦官很邪恶，众人相互勾结，梁冀兴盛以后，就腹背相近，早晚都在计划，共同造成奸恶不守法的事发生；等到梁冀受到诛杀的时候，就没有方法设立巧诈，再次假托梁冀的罪恶来求得爵位赏赐。陛下没有经过清明的考查、仔细辨别真假，再次和忠臣同时受到显耀的封号，就使得粉墨合在一起，就是所谓的把金玉投进沙砾中，把珠玉摔在泥土中了，四方百姓听到后，没有不愤恨叹息的！微臣世代蒙受国家的恩德，身轻名微，地位重大，敢在快死的时候表述不知避讳的言辞。”奏书呈上，桓帝没有接纳。

冬季，十月，壬申日（初五），桓帝巡访，驾车来到长安。

中常侍单超生病了；壬寅日（十月无此日），任命单超为车骑将军。

十二月，己巳日（初三），桓帝从长安回到京城。

烧当、烧何、当煎、勒姐等八个羌族入侵陇西金城塞，护羌校尉段颎把他们打败了，并追到罗亭，斩下了他们酋长豪帅以下共二千人的头颅，捕获了一万多俘虏。

桓帝下诏再次派陈蕃做光禄勋，派杨秉做河南尹。单超兄长的儿子单匡担任济阴太守，倚仗着势力贪财放纵。兖州刺史第五种派遣从事卫羽审问单匡，得到了五六千万赃款，第五种立刻就上奏弹劾单匡，还一并弹劾单超。单匡困窘急迫，于是就贿赂朋友任方刺杀卫羽。卫羽发现了他们的奸谋，就逮捕了任方，把他囚禁在洛阳。单匡担心杨秉会穷究这件事，要任方等人秘密冲破监狱逃走。尚书召来杨秉质问，杨秉回答说：“任方等人的恶行重大，都是由单匡引起的，请求用槛车召来单匡，明查这件事，这样作奸犯科的踪迹一定立刻就能知道了。”杨秉竟然因此被判贬为左校。当时泰山的盗匪叔孙无忌掠抢徐州、兖州，由于州郡没有力量讨伐，单超就因此陷害第五种，第五种被流放到朔方；单超的外孙董援为朔方太守，正愤怒地等着他。第五种以前的下属孙斌知道第五种去了一定会死的，于是就聚合朋友追赶第五种，在太原追到了，并强迫他回去，第五种逃亡了几年之后，遇上了赦免令，这才免除一死。第五种，就是第五伦的曾孙。

这时，封爵的奖赏超越了法制，致使宫内受宠幸的人数过多。陈蕃呈上奏折说："在天上诸侯是二十八宿的象征，是要来拱卫帝王的；高祖的规定，不是功臣的就不能封侯。听说皇上要追封河南尹邓万世的父亲邓遵很小的功绩，又赐给尚书令黄俊先人将要被人遗忘的爵位，亲近的臣子用不合常理的做法给予封邑，左右的臣子因为没有功绩获得奖赏，甚至一家中会有几个人封侯，所以天象就失去了常态，天地就失去了次序。微臣知道封赠的事情已经做出来了，再说也来不及，实在是希望陛下能从此停止。再者，后宫中选取了几千个美女，吃着肉食、穿着罗绮，水粉胭脂，费用数不胜数。俗语说：'盗匪的出现，不过是在有五个女儿的家中产生。'因为女儿让家庭贫穷；然而现在后宫的美女，就不会使国家贫穷吗？"桓帝采用了他的进言，因此遣出五百多宫女；赐给黄俊关内侯的爵位，任命邓万世为南乡侯。

桓帝悠闲地问侍中爰延（陈留人）："我是什么样的君主呢？"爰延回答说："皇上是汉朝中等的国君。"桓帝说："为什么这样说呢？"爰延回答说："如果尚书令陈蕃能担当政事天下就能大治，中常侍黄门参与政事天下就大乱；因此陛下可以为善，也可以为不善。"桓帝说："先前朱云在朝廷中折断了栏杆强谏，现在侍中当面讲出我的过错，我听到我的过失了。"爰延被任命为五官中郎将，后来官至为大鸿胪。刚好遇上客星经过帝坐星，桓帝悄悄问爰延，爰延呈上密封的奏折说："陛下因为在登基以前与河南尹邓万世有旧交情，于是封他为通侯，受到的恩德在公卿中最厚重，受到的恩惠在宗室中最丰富；加上经常召见，和他一起对弈，上下亲密，有损于尊严。微臣听说：皇帝旁边的人，是用来咨询政治美德的。和良善的人在一起生活，每天就能听到美好的话语；和邪恶的人一起游玩，每天就会产生一些邪恶的想法。陛下只有远离谗邪的小人，接近忠言的人士，那么灾难就能消除了。”桓帝没有采用。爰延假装生病，罢职回乡去了。

三年（庚子，公元160年）

春季，正月，丙申日（初一），大赦天下，命令寻求李固的后代。起初，李固因为受到策命免除官职，知道不能避免灾害，于是就将三个儿子李基、李兹、李燮都送回了乡里。李燮当时十三岁，姐姐文姬是同郡人赵伯英的妻子，看到二位兄长回来了，详细地知道事情的原本，独自默默悲伤，说："李氏就要灭种了！从太公以来，已经累积了仁德，怎么还会有这种遭遇？”于是偷偷和二位兄长商量，先把李燮藏起来，托言回到城里去了，外人都相信了。不久之后，灾难发生了，州郡逮捕了李基、李兹，都死在了监狱中。于是文姬告诉父亲的门生王成说："先生秉正道侍奉先父，有古人的情操；现在把六尺孤儿托付给先生，那么李氏的生存和灭亡，就全在先生了！” 于是王成领着李燮，沿着长江东行，进入徐州，李燮更名改姓，做了酒家的工人；王成则在街上以卜卦为生，各自当作是陌生人，但在暗中相互来往。十多年之后，梁冀被诛杀，李燮才把事情的缘由告诉了酒家，酒家备好车辆，还送了重礼，送他回去，李燮不接受。于是回到乡里以后，追服丧服，姐弟相见的时候，悲伤得足以感动他人。姐姐告诫李燮说："我们家中血脉几乎都断绝了，弟弟很幸运能够保全，难道这不是天意吗？所以应该和众人断绝关系，不要再来往了，要谨慎小心，不能对梁氏有一句批评的话！批评梁氏就牵扯君主了，灾祸会重新降临的，只是招来罪过而已！”李燮恭敬地听从她的教诲。后来王成去世后，李燮按照礼仪埋葬他，每年四个祭祀的节日，都设立上宾的牌位来祭祀他。

丙午日（十一日），新丰侯单超去世了，桓帝赐给他东园棺木，棺木中有玉匣。等到出葬的时候，发动五个营的骑兵和将作大匠建造坟墓。后来四位侯爵就变得蛮横，天下百姓为他们造的语辞说："左回天，具独坐，徐卧虎，唐雨堕。”（左悺可以挽回上天的旨意，具瑗唯我独尊，徐璜好像猛虎睡着，唐衡流毒于天下）都争相建造住房，相互比较奢侈，连他们的仆从都坐牛车，跟在骑兵的队伍后面，他们的兄弟亲戚，做了州郡的大臣，在百姓中制造的罪恶，和盗匪没有什么差别，危害遍及天下；人民忍受不了，因此大多都成了盗贼。

中常侍侯览和小黄门段珪，在接近济州的地方都拥有田产，他们的仆从和宾客掠抢行人。济北相滕延全部把他们收捕了，并且杀了几十个人，把尸体陈列在街道上。侯览和段珪把这事告诉了桓帝，滕延被判征调到廷尉，接受惩罚，免除了官职。

左悺的兄长左胜做河东太守的时候，皮氏长赵岐（京兆人）感到羞耻，于是当天就辞掉官职回到了西方。唐衡的兄长唐玹担任京兆尹，一直和赵岐有仇，于是收捕了赵岐的家属宗亲，用重罪来陷害他们，把他们全部杀掉了。赵岐逃往各地，躲避灾祸，什么地方都去过，自己隐藏了姓名，在北海集市中卖饼；安丘人孙嵩看到后觉得他和众人不同，带着他一同回去，把他藏在夹墙中。等到唐氏兄弟死了以后，遇到赦命，才能出来。

闰月，西羌剩余的部众再次和烧何大酋长侵犯张掖。早晨逼近校尉段颎的军队。段颎下马大战，到了中午的时候，刀折断了，箭也射尽了，敌人也退兵了。段颎前去追赶，一边战斗一边前进，日夜攻击，割食生肉，饮食积雪，四十多天后，终于到达积石山，出了塞门两千多里，并杀了烧何羌的大帅，还让他们残余的部众降服了，这才回来了。

夏季，五月，甲戌日（十一日），汉中郡发生山崩。

六月，辛丑日（初九），司徒祝恬去世。

秋季，七月，任命司空盛允做司徒，任命太常虞放做司空。

长沙蛮人叛变，驻扎在益阳，零陵蛮人入侵长沙。

九真残余的贼人占据了日南，势力变得强盛起来了；桓帝下诏令再次任命桂阳太守夏方做交趾刺史。夏方一向凭借威信、恩惠出名，冬季，十一月，日南两万多贼人，相继向夏方投降。

勒姐、零吾种羌人包围允街，段颎攻击并打败了他们。

泰山贼人叔孙无忌杀死了都尉侯章，朝廷派遣中郎将宗资征讨并打败了他们。诏令召集皇甫规，任命他为泰山太守。皇甫规到任后，广泛地设立策略，敌寇全部被平定。

四年（辛丑，公元161年）

春季，正月，辛酉日（初二），南宫嘉德殿发生火灾；在戊子日（二十九日），丙署发生火灾。

同月发生大瘟疫。

二月，壬辰日（初三），武库发生火灾。

司徒盛允被免除官职，任命大司农种暠做司徒。

三月，太尉黄琼被免去官职；夏季，四月，任命太常沛国人刘矩做太尉。

起初，刘矩担任雍丘令，用礼仪谦让来教化人民。有诉讼的人到县府，经常被召到他面前来，耳提面命，让诉讼的人觉得愤怒是可以忍耐的，县官官府是不能进来的，让他们回去再想想。争讼的人常被他感动，总是各自作罢离去。

甲寅日（二十六日），任命河间孝王的儿子参户亭侯刘博为任城王，继承孝王的后嗣。

五月，辛酉日（初四），有彗星经过心宿星座。

丁卯日（初十），光武帝陵园原陵长寿门发生火灾。

己卯日（二十二日），京城下冰雹。

六月，京兆、扶风和凉州发生地震。

庚子日（十三日），岱山和博尤来山一起崩裂。

己酉日（二十二日），桓帝大赦天下。

司空虞放被免职，桓帝任命前太尉黄琼为司空。

犍为属国夷人入侵抢劫百姓，益州刺史山昱攻打并打败了他们。

零吾羌人和先零各个部落造反，入侵三辅。

秋季，七月，京城举行雩祭求雨。

朝廷减少公卿以下大臣的薪俸，借贷王侯一半的赋税，预计出卖关内侯、虎贲、羽林缇骑、营士、五大夫等官爵，价钱各有不同。

九月，司空黄琼被免除了官职，桓帝任命大鸿胪东莱人刘宠为司空。

刘宠曾经担任会稽太守，简化并免除了繁杂苛刻的政令，禁止不合法的事，郡中重新修治；朝廷征召他担任将作大匠。山阴县有五六位从若邪山谷中出来的老人，每人都拿着一百钱送给刘宠说："生活在山谷中俭朴的乡人，从来也不知道郡府中的事，在别的郡守，派官吏到民间求取财物，到晚上还不停，有时整个晚上狗都在叫，百姓也不能安居乐业。自从大人你到任之后，晚上狗从来不叫，人民也看不到官吏；年纪大的时候才遇到圣明的政治，现在听说您要离开我们了，所以相互搀扶来给您送行。"刘宠说："我的政治哪里能赶得上各位老先生所讲的呢？实在是太麻烦各位父老了！"于是就在每一个人手中拿了一个大钱，接受了。

冬季，先零、沈氏羌和各部落的羌人入侵并、凉二州，校尉段颎带领湟中自动随从的胡人讨伐他们。凉州刺史郭闳希望能共享功劳，于是就留下段颎的军队，让他不能前进；主动随从的胡人在军中太久，想念家乡，全部都背叛而逃回去了。郭闳把罪过全都归于段颎，于是朝廷就降罪征调段颎回京，并将他关在狱中，把他送往左校罚做苦役；任命济南相胡闳代为校尉。胡闳没有威信、谋略，于是羌人就猖狂起来，攻破了营垒，辗转互相联合，入侵各郡，灾祸更大。泰山太守皇甫规呈上奏折说："现在狡猾的贼人已经被消灭了，泰山稍稍平定，又听说各羌族都一同叛变了。微臣生长在邠、岐地区，已经五十九岁了，先前做过郡中官吏，一再经历羌族的叛变，预先策划，曾经有误中的言语。微臣一直有久治不好的疾病，怕是等到贱命穷尽的时候也不能报答皇帝的大恩了，只希望能得到一个闲散的官职，准备好军车，独自出使，到三辅召集人民，倡导国家的威望、德泽，凭借熟悉的地形、兵势，来帮助各个军队。微臣居处穷困孤独的生活中，静观郡中将领的做法已经数十年了，从鸟鼠到东岱，过失是一样的。努力追求克服凶猛的敌人，还不如求得政治的太平；勤劳地研究孙、吴兵法，还不如奉守法令。以前的灾害并不遥远，微臣实在担忧，所以超越自己的职守，来表达自己小小的心意。”桓帝诏命任命皇甫规为中郎将，拿着符节，监督关西军队，征讨零吾等族。十一月，皇甫规攻打羌族，并打败了他们，斩下了八百人的首级。先零各部落的羌族仰慕皇甫规的威望信誉，相互劝勉投降的共有十多万人。

五年（壬寅，公元162年）

春季，正月，壬午日（二十九日），南宫丙署发生火灾。

三月，沈氐羌入侵张掖、酒泉。于是皇甫规发动先零各部落的羌族，一同到陇右讨伐，但是由于道路不畅通，军中又发生了大瘟疫，死了十分之三四的人。皇甫规亲自进入帐篷，慰问将士，三军心中都感到高兴。于是东羌派遣使者请求投降，凉州再次恢复了交通。

在这之前，安定太守孙俊接受了贿赂，声名一片狼藉；属国都尉李翕和督军御史张禀杀死了很多投降的羌人；凉州刺史郭闳和汉阳太守赵熹都年老体弱，不能再担当官守，却都倚仗着权贵势力不遵守法度。皇甫规到任之后，就一条条详尽地进奏他们的罪过，他们有的人被免除了官职，有的人被诛杀了；羌人听到后，一同返回来，跟汉王朝亲善，沈氐羌大酋长滇昌和饥恬等十多万人再次向皇甫规投降。

夏季，四月，长沙出现盗贼，入侵桂阳、苍梧。

乙丑日（四月无此日），恭陵东阙发生火灾。戊辰日（四月无此日），虎贲掖门发生火灾。五月，康陵园寝发生火灾。

长沙、零陵的盗贼进入桂阳、苍梧和南海，交趾刺史和苍梧太守听到风声后逃走了，朝廷派御史中丞盛修督率州郡招募军队征讨他们，没有战胜。

乙亥日（二十三日），京城发生地震。

甲申日（五月无此日），中藏府丞掌管的俸禄署发生火灾。秋季，七月，己未日（初八），南宫承善闼发生火灾。

鸟吾羌人入侵汉阳，陇西、金城各郡军队征讨他们，并打败了他们。

艾县盗贼进攻长沙的郡县，杀死了益阳县的县令，部众聚集了一万多人；谒者马睦带领荆州刺史刘度攻击他们，失败了，马睦和刘度都逃走了。零陵蛮人也叛乱了。冬季，十月，武陵蛮人叛变了，入侵江陵，南郡太守李肃想要逃走，主簿胡爽拽住马头进谏说："蛮夷看到郡中没有警戒，所以就趁此时机进兵。大人是国家的大臣，掌管的城池连绵千里，您举起旗帜，敲响战鼓，回应的就有十万人，为什么要抛弃职责而成为逃亡的人呢？"李肃拔出刀对着胡爽说："掾官赶紧走开！太守现在很急了，哪里会有闲暇顾及这种计划？"胡爽抱着马坚定地进谏，于是李肃杀了胡爽后逃走了。桓帝听到后，召回李肃，在刑场上把他杀了；刘度和马睦减免死刑；胡爽的全家被免除赋税，并任命家中的一人为郎。

尚书朱穆举荐右校令山阳人度尚做荆州刺史。辛丑日（二十二日），朝廷任命太常冯绲做车骑将军，带领十多万军队讨伐武陵蛮人。在这之前，派遣出的将帅，宦官大多以折损军资来陷害他们，往往要补偿罪过，冯绲希望派遣一位中常侍来监督军中财物、费用。尚书朱穆进谏："冯绲因为财物自求谦抑，有失大臣的品行。"桓帝下诏命不要弹劾。冯绲请求前武陵太守应奉一起前往，应奉被任命为从事中郎。十一月，冯绲的军队到达长沙，盗贼听到后，都前去军营祈求投降。冯绲进兵攻打武陵蛮夷，斩下了四千多人的首级，十多万人投降，荆州被平定。桓帝下诏书赏赐给他一亿钱，冯绲坚决推托没有接受。凯旋到京城后，冯绲就把功劳推给了应奉，举荐他为司隶校尉；但是他上书请求还乡，朝廷没有答应。

滇那羌入侵武威、张掖、酒泉。

太尉刘矩被免除了官职，任命太常杨秉为太尉。

皇甫规拿着符节做将帅，并回乡督导，不仅没有个人的私爱，还多有进奏举发，又十分讨厌宦官，于是就不和他们往来。因此朝廷内外都怨恨他，一同诬告皇甫规买通了各羌族，让他们假装投降，于是桓帝责备的玺书接连不断地下来。

皇甫规上书为自己辩解说："去年秋天，戎狄蠢蠢欲动，长安百姓都震惊恐惧，朝廷考虑西方政事。微臣振兴国家的威望，羌戎也叩头投降了，节省经费一亿以上。我觉得忠臣的义理，不能自己诉说劳苦，所以不愿意用只言片语来禀报自己小小的功劳，但是和以前那些败军之将比起来，我就无罪无悔。前些天登上州界以后，首先进奏孙俊、李翕、张禀；调动军队，征讨南方，又上奏郭闳和赵熹，表述他们的过错，并执行死刑。这五个臣子的党羽，遍布了半个国家，从墨绶以下的其他人到小官吏，牵扯的又有一百多人。官吏借口替官长报仇，儿子想要洗雪父亲的耻辱，于是载着礼品，奔驰四方，带着粮食到处奔走，结交豪贵大臣，争相散布诽谤我的谣言，说是微臣答应各羌族，补给金钱财物。如果微臣是用私人财物，那么家中就会没有一石以上的余粮；如果是用官家的财物，那么就有文籍账簿记载，容易查证。也就是微臣愚蠢，不明常理，正如传言所说的，前代都把宫中姬妃赠送给匈奴，依靠公主镇伏乌孙；现在微臣只费了一千万来安抚叛乱的羌族，这正是良臣的谋略，是军事家所重视的事，有什么地方违背常理呢？从永初以来，将帅出关的人也不少，全军覆没的有五位，一次行动就耗费上亿财物，也有的封好财物整车送到自己家中，再运送给权贵大臣，因此建立功业，名声大振，大多被加封奖赏。现在微臣回到乡里，纠举各郡的官员，与之断绝交情，远离亲人，折辱旧日朋友，大家的诽谤，暗地的伤害，本来就是应该的！"

于是桓帝征召皇甫规回来，并任命他为议郎，评价他的功绩后，觉得应当封赏；可是中常侍徐璜、左悺想向他求取财物，多次派宾客去询问功劳的情形，皇甫规始终不肯出财物酬答。徐璜等人十分愤怒，于是拿前面诬告的事情陷害他，并把他交给官吏查问。他的部属想要聚集财物去道歉，但是皇甫规立誓不听。最终因为残余的敌寇没有断绝，被拘禁在廷尉，被论罪判处到左校服苦役。各公侯和太学生张凤等共三百多人，前去宫中辩解，遇到朝廷的赦免令，皇甫规才被释放回家。

六年（癸卯，公元163年）

春季，二月，戊午日（十一日），司徒种暠去世。

三月，戊戌日（二十二日），桓帝大赦天下。

任命卫尉颍川人许栩做司徒。

夏季，四月，辛亥日（初五），康陵东署发生火灾。

五月，鲜卑入侵辽东属国。

秋季，七月，甲申日（初十），平陵园寝发生火灾。

桂阳盗贼李研等人入侵州郡边界，武陵蛮人再次反叛，太守陈举征讨平定了他们。宦官向来厌恶冯绲，八月，冯绲因为带领军队回来以后盗贼再次作乱，被朝廷免官。

冬季，十月，丙辰日（十三日），桓帝在广成苑狩猎，随后驾临到函谷关、上林苑。光禄勋陈蕃呈上奏折进谏说："在太平的年代里，狩猎应该有节度，更何况现在有'三空'的灾难呢？田野空了，朝廷空了，仓库也空了。再加上军事战争没有停止过，四方百姓离散逃亡，正是陛下要焦虑担忧，坐等天亮的时候，哪里能显扬旗帜，炫耀武功，驾马奔驰，赏心悦目地观赏呢？再者，去年秋天雨多，百姓开始种植麦子，而现在耽误了耕种的时机却要他们供给驱赶禽兽、打扫道路的劳役，这不是圣贤担忧人民的心意。"奏书呈上，桓帝没有采纳。

十一月，司空刘宠被免官。十二月，任命卫尉周景做司空。周景，就是周荣的孙子。

当时宦官势力兴盛，周景和太尉杨秉进谏说："朝廷内外的官职，大多都不是合适的人选。按照旧日的典制来说，宦官的子弟，不能占有职位，掌管政权；但是现在宦官的族亲和宾客都被列在官署职位上，有很多年纪轻而才能平庸的人掌管郡守、县宰的政事；上下愤怒担忧，四方百姓愁苦。朝廷可以按照旧日的典章，辞退贪财凶恶的人，堵塞灾祸、谣言。我们请求下令让司隶校尉、中二千石、城门、五营校尉、北军中候，各自考查部属；应当被罢退的，主动把情形报告三府；如果考察有遗漏的，可以继续上呈。”桓帝听从了他的话。于是杨秉就分条进奏，弹劾牧、守、青州刺史羊亮等五十多人，有的被判死刑，有的被免官，天下呈现出一片整肃的景象。

桓帝下诏命令皇甫规做度辽将军。当初，张奂被认为是梁冀的官吏，被免官，并且终身不能录用，凡是各种以前有交情的朋友都不敢替他说话；只有皇甫规举荐他，前后七次上书，因此张奂被任命为武威太守。皇甫规做度辽将军的时候，刚到营中几个月，就上书推荐张奂：“他的才能谋略都很优秀，应该处在元帅的地位，以来顺应大众的期望。如果仍然觉得微臣能够承担军职的话，愿意请求给予闲散的职位，做张奂的附属官员。”朝廷听从了黄甫规建议。于是派张奂做度辽将军，派皇甫规担任使匈奴中郎将。

西州的官吏、百姓有很多人守在宫门口替前护羌校尉段颎申冤，正好遇到滇那等各部落的羌族势力更加兴盛，凉州几乎要灭亡了。于是朝廷再次派段颎做护羌校尉。

尚书朱穆憎恨宦官强横放肆，于是呈上奏折说：“按照汉朝以前的体制，由中常侍参与挑选士子，建武之后才被全部任用。自从延平以来，逐渐尊贵起来，凭借宦官貂珰的衣锦处在侍中的地位，朝廷的政事全部要经过他们的手。他们的权势震动海内，有说不尽的宠幸尊贵，他们的子弟、亲人一起担负荣耀的职位，放肆骄横，不能禁止，使得天下穷困破败，百姓空乏困穷。微臣以为可以全部制止，并遵循以前的制度，另外再选择海内清廉淳朴、通晓国家体制的人，来弥补他们的职位，那么亿兆百姓，就能蒙受圣明的教化了！”桓帝没有采纳他的意见。后来朱穆利用进见的机会，再次口头陈述说：“微臣听说汉家旧制，设立侍中、中常侍各一人，观阅尚书政事；设置黄门侍郎一人，传达并发布奏书，这些都要任用有名望的士子。自从和熹太后用女君主持政事以后，不接见公卿，才让阉人做常侍，小黄门连通两宫的政令。自此以后，宦官的权力胜过君主，使天下穷困，他们都应该被遣送出去，并广泛选拔年高德劭的儒者、有品德的人士，参与主持政事。”桓帝愤怒，没有答应。朱穆趴在地上不肯起来，左右传令：“出去！”很久之后，朱穆才快速地离开。从此宦官多次借着事情诏命诽谤他。朱穆向来刚正，由于不得意，过了没多久，就得疽病去世了。

资治通鉴卷第五十五　汉纪四十七

起甲辰（公元164年），止丙午（公元166年），共三年。

【题解】 本卷记录了汉桓帝延熹七年至永康元年间的历史。大司农刘祐等惩治贪残，反被下狱。刘瑜上奏不应分封，子弟不得任职。京师太学生与清忠之臣议朝政成风气。张俭等不受宦官请托，引发党锢之祸。窦贵人被立为皇后，其父亲近清忠之臣。李膺出狱后严厉惩治为恶宦官，又杀掉蛊惑桓帝的张成父子。宦官借机中伤，扰乱风俗。桓帝大怒，第一次党锢之祸酿成。

孝桓皇帝中

延熹七年（甲辰，公元164年）

春季，二月，丙戌日（二月无此日），邟乡忠侯黄琼去世。下葬时，四方远近的名士有六七千人聚集。

起初，黄琼在家设教的时候，徐稚就曾问道于他，等到黄琼尊显以后，徐稚就不再与他交往了。直到这个时候，徐稚前去吊祭，献酒礼拜，哀哭之后就离开了，没有一个人认识他。于是那些名士便问掌管丧礼的人，掌管丧礼的人说："早些时候有位书生来过，穿的是粗布衣，哭得非常悲痛，但并没留下姓名。"大家都说："那一定是徐孺子（徐稚字孺子）啊！"于是就派遣善于论道的陈留人茅容骑快马去追赶他，在路上追到他以后，茅容买了些酒肉，徐稚就跟他一块儿吃喝了一阵。当茅容问到国家大事时，徐稚一律不回答。换个话题问到有关庄稼的事时，徐稚才回答。茅容回来以后，把经过告诉了大家，于是就有人说："孔子说过：'可以与他深谈论道，却不能与他深谈，便失去了一个可以谈的人。'照这么说的话，徐孺子岂不是失去了一个可以谈道的人了吗？”太原人郭泰说：“其实不是这样的。孺子这个人，清正廉洁，他饥饿的时候，如果有人给他饭吃，他未必会吃；在他受冻的时候，如果有人给他衣服，他也未必会穿；但是他却愿意与季伟（茅容字季伟）一块儿喝酒食肉，这表示他早就已经知道季伟是位贤士，所以才愿意的啊！至于他不愿回答有关国事问题，正因为他的智慧是一般人能赶得上的，但是他那份大智若愚的造诣，却是别人不能赶得上的啊！”

郭泰学识渊博，善于讨论事情的权理。刚到洛阳时，人们都不认识他，但是陈留人符融一看到他就大为惊异，因此把他推介给河南尹李膺。李膺与他见面后，说：“我见过的贤士也够多了，但是还没有一个能比得上郭林宗（郭泰字林宗）的。他那深知远见的明智和高超渊博的学识，在全国中，很难找到一个可以与他匹敌的。”于是就和郭泰交为朋友，郭泰也因此而名震京城。后来郭泰回乡的时候，送他到黄河岸边的达官贤士就有好几千辆车子之多，李膺单独和郭泰同舟渡河，众宾客看着他们，就觉得像是两位神仙。

郭泰颇会识人，喜欢奖励劝导贤士，在郡国各地周游。茅容四十多岁时，有一天在田地里劳作，与农友们一块在大树下避雨的时候，大伙都随便地对坐着，只有茅容正襟危坐。郭泰看到后，很是惊异，因此就向茅容请求在他家借宿一晚。第二天的时候，茅容宰鸡做菜，郭泰觉得是用来招待自己的；结果茅容将半只鸡侍奉给他母亲吃，把剩下的半只收在橱柜里，自己又另外做了点蔬菜和客人一块儿吃。郭泰说：“你的贤德实在是在一般人之上！郭林宗还会分些奉养双亲的馔肴来招待宾客呢，而你竟然这样，你这个朋友我可是交定了。”说着就站起来，向茅容作揖以表示敬意，并劝导他要学习，最终将他培植成了一位道德高超的人。巨鹿人孟敏，居住在太原，肩上扛着的瓦甑不小心掉到地上摔破了，结果他看都没看一眼就走了。郭泰看到后就问他为什么连一点惋惜的意思都没有，孟敏说：“既然瓦甑已经摔破了，再多看一眼又会有什么好处？”郭泰觉得他处事有分寸，有决断，与他交谈之后，就知道他是个有德行的人，因此就劝导他游学，最终孟敏闻名于当世。还有个陈留人申屠蟠，家境贫寒，做油漆工；还有个鄢陵人庾乘，年轻的时候在县廷里做守门卒；郭泰见到他们后，对他们另眼相待，后来都被他举荐成为知名之士。其他一些出身于杀猪宰羊、卖酒或行伍之间的人，由于郭泰的栽培而成名的还有很多。

陈国有个叫魏昭的小孩请求郭泰说："经师容易得到，但是人师却难遇到，我愿意跟随在您的身旁，替您做些打扫的活。"郭泰同意了。有一天郭泰身体微感不舒服，就命令魏昭替他煮点稀饭吃，魏昭煮好之后，就恭恭敬敬地端给郭泰吃，郭泰大声斥责他说："给长辈煮粥，怎么能敷衍了事，煮出这样的饭，让我怎么吃呢？"于是就把碗往地下一摔。魏昭一声不响地又去煮粥，又一次恭敬地端来送上，又被郭泰大骂了一顿。他一共被骂了三次，魏昭的态度一点也没改变。郭泰才说："最初我看到的只是你的外表，从今往后，我了解你的内心了！"于是就将魏昭当作朋友一样并且对他非常的好。

左原（陈留人），是郡学的学生，由于犯法被斥退，郭泰在路上看到他，为他准备了酒菜，还安慰他。郭泰对他说："颜涿聚先前是梁甫山上的一个大盗，段干木原本是晋国的一个市侩，最后却做了齐国的大臣、魏国的名贤；蘧瑗、颜回也不能没有过错，更何况是一般人呢？你千万不能怀恨在心，而应该反躬自责才是啊！"左原听了他的劝告后就离去了。因此就有人讥评郭泰连坏人都不拒绝，郭泰说："一个没有仁德的人，如果再对他表示痛恶的话，会让他越来越坏并做出暴乱的事来。"后来左原突然又燃起恨意，约了一帮朋友，想去报复郡学。那天，郭泰正好在郡学中，左原羞愧自己辜负了郭泰先前的劝导，因此没闹事就离开了。后来这件事被人发现，大家都很感激郭泰，对他就更加敬佩了。

有人问范滂说："郭林宗是个什么样的人？"范滂说："虽然他隐居不仕，但并没有抛弃双亲不顾，品性高洁但是也并不和俗人隔绝，皇上未必能召他为臣，诸侯也不一定能与他交友，其他的我就不太清楚了。”

郭泰曾被举荐为有道，他却不愿意接受，同乡宋冲向来敬佩他的德行，他觉得从汉初以来，还没见过能与他相比的人，并劝告他当官。郭泰说：“我夜观天象，昼察人事，上天要废除这个朝代，不是人力所能挽回的，我现在只想优游自在过完这一辈子。”于是他仍然在京城广为交游，不停地劝导别人。徐稚写了封信劝诫他说：“大树如果要倒，不是靠一根绳子就能维系住的，既然这样为什么还要这样恓恓惶惶地不暇安居呢？”郭泰顿时有所感悟地说：“我以万分的敬意接受你这番劝诲，并把你作为我的表率。”

黄允（济阴人），因为俊才而知名于当世，郭泰见到他后就对他说：“你的才华远在众人之上，定能成大器，到四十岁以后，名声就会更加显著了。但要到了那个时候，你就应该深自戒惕，匡正己身。否则，美誉就将毁于一旦了！”后来司徒袁隗想替他侄女物色个丈夫，见到黄允后，便赞叹着说：“如果能有个像黄允这样的女婿的话，就能心满意足了。”黄允听到后，就要把他的妻子休回娘家去。于是他妻子便邀请了所有的宗亲，跟大家辞别，在这个时候，她当众激怒地数出了黄允的十五桩隐恶败行，然后才离开，黄允因此被人唾弃不齿。

那时，黄允与汉中人晋文经都倚仗着自己的才智扬名于远近，不应官府的征辟。托言住在京城治病，而不跟宾客往来，公卿大夫们让门生早晚都前去探望问候，一群郎吏们坐在门房中，却看不到他们一面；三公府征召官吏，都经常询问他们的意见，因此就顺着他们的好恶来定取舍。符融就对李膺说：“这两个人的德行和事业一点也没有听说，就以豪杰自居，竟然能让公卿派人探病问安，朝官列坐在他的门房中，我担心他们会伤害大义，让人只注重虚名，不顾实际的功德，所以应该特别注意这一点才对。”李膺觉得他说得很对。自此这两个人的名望与评价因此而渐渐衰减，进门访问的宾客也越来越少了，十天左右之后，他们自感羞愧，喟叹而逃了，后来他俩都因有罪被废弃。

仇香（陈留人），他道德美好，缄默自持，甚至是他的同乡都不大了解他。仇香四十岁的时候，担任了蒲亭长。有个叫陈元的乡民，只有他和母亲两个人住在一起，有一天他母亲跑到仇香那儿去告他儿子陈元不孝，仇香很吃惊地说："最近我曾路过陈元家，看到他家的房屋院落收拾得干干净净，还能规规矩矩地按时耕耘，像这种人绝对不可能是坏人，怎么可能不孝呢，那一定是没有好好教导他，才这样吧。做母亲的守寡养育儿子，一辈子饱受苦难，怎么可以因为一时的气愤，就忘记了这么多年来苦心的养育呢？再说做为人母，养育儿子，却不能教子成器，如果他父亲死而有知的话，那么百年之后，你用什么面目去见你死去的丈夫呢？"于是陈元的母亲就流着泪站起身来离去了。随后仇香就亲自到陈元家去，给他解说伦理孝道，还讲了些福祸报应的事作比喻，陈元这才明白了，最终变成了个孝子。考城县令王奂（河内人）调任仇香为主簿，并对他说："听说在蒲亭的时候，你没有对陈元惩罚，反倒去感化他，对没有礼貌的人本当加以严斥，就好像鹰鹯追逐鸟雀一般，在这方面你少了点威猛吧？"仇香说："我觉得与其威猛像鹰鹯，还不如像鸾凤会集百鸟那样，是我不想用惩罚的方式来治理人民。"王奂说："枳棘的树林不是鸾凤栖息的地方，百里的行程也不是贤士选作奔马的道路。"所以就拿了一个月的薪俸资助仇香，让他去太学。郭泰和符融都曾经投递名帖去拜见仇香，因此就在他那儿住了一夜。第二天早上，郭泰下床后，就向仇香拜揖说："您应该是我的老师，而不能当作是我同辈的朋友啊。"仇香学成回乡后，就算是在平日闲暇无事的时候，衣服也都穿得整整齐齐的，他的妻子对他像侍奉严君似的；妻子如果犯了过错，他就摘下帽子来以示自责，他的妻子就在庭院中谢罪思过，一直等到看见仇香戴上帽子，她才敢登上正堂，不管他是喜是怒，始终就没见过他有不同声色的表现。他不接受官府的征辟，最终老死在家里。

三月，癸亥日（三月无此日），有陨石落在鄠县。

夏季，五月，己丑日（十九日），京城下冰雹。

荆州刺史度尚召集了一些蛮夷去征讨艾县的盗贼，打败了贼人，投降的敌人有数万人。在桂阳长年为盗贼的卜阳和潘鸿等贼逃进了深山，度尚就紧追不舍，一直追了他们数百里路，攻破了三处贼窝，还俘获了大批的珍宝财物。但是卜阳和潘鸿的残余党羽气势依然很盛，度尚想要再次击杀，可是官兵骄怠，再说由于已经获得了许多财宝，所以就都没有了斗志。度尚想着只要略缓用兵，这些蛮夷一定不想再作战，如果强迫他们出战的话，一个个一定都会逃跑，于是就扬言道："卜阳、潘鸿做了十年盗贼，深知攻守的战术，如今我们兵寡力弱，不能轻易攻击，而应该等各郡所派发的士卒都到之后，再一起进攻贼人。"度尚下令军中听任他们出营狩猎，兵士们很高兴，上下都一呼而出。度尚暗自派他的亲信偷偷地到他们的营寨去放了把火，把所俘获的财宝全都烧光了，等兵士们打猎回来看到之后，没有不痛惜落泪的。度尚一一慰劳他们，并深表自责，于是趁机对他们说："卜阳等盗贼所有的财宝，多得可以用几辈子，只怕各位不能同心合力而已，被这场大火所烧掉的那一点点，怎么值得放在心上？"众人听他这么一说之后，就都振奋起来了。度尚因此命令他们喂饱马匹，提前做好了早餐，第二天天刚亮，就直进贼窝，卜阳、潘鸿等盗贼觉得营深垒固，就没有再设防，度尚趁着蛮夷吏士的一股锐气，最终攻破了贼营，并讨平了群贼。度尚出兵征讨贼人，在三年之内，就平定了群贼，并因此被封为右乡侯。

冬季，十月，壬寅日（十一月无此日），桓帝南下巡防；庚申日（十一月无此日），驾车来到章陵；戊辰日（初一），驾车来到云梦，到了汉水之后，就返回新野。一时跟随的公卿、贵戚，乘坐上万的车骑，沿途索求货物、召集劳役，简直就没有办法用数目来计算。护驾从事胡腾（桂阳人）上言说："天子所到的地方，就是行宫，皇上到哪里，哪里就是京城。微臣请求命令荆州刺史比同司隶校尉，并且请求命令臣比同都官从事。"桓帝批准了他。从此之后那些随从的公卿、贵戚这才分别警惕收敛，不敢再任意地扰乱郡县了。在南阳时，桓帝的左右侍从狼狈为奸，相互图利，致使桓帝一再下诏拜人为郎，太尉杨秉因此而上书谏阻说："太微宫五帝座后，蔚然有二十五星，被称为郎位，对于进奉宿卫，出牧百姓这种官职的授予实在应当割断不忍之恩，以此断绝人人欲求的奢望。"桓帝这才停止下诏拜官。

护羌校尉段颎讨伐当煎羌人，并将他们打败了。

十二月，辛丑日（初四），桓帝回宫。

中常侍汝阳侯唐衡和武原侯徐璜全都去世了。

起初，寇恂的曾孙侍中寇荣，本性矜持，洁身自爱，很少跟人交往，因此深受权贵们的厌恶。后来寇荣堂兄的儿子娶了皇妹益阳长公主，桓帝又把他的堂孙女纳入了后宫。左右的侍从对他更是嫉妒，终于被这批邪佞的小人共同诬陷入罪，让他与所有的宗族都一起受到革职免官、放回故里的惩罚，地方官吏们秉承权贵们的意愿，更是极力地迫害寇荣。在这种情况下，寇荣知道恐怕难免要受到杀身大祸，于是就进京当面向桓帝申诉。他还没到京城的时候，刺史张敬随后便诬告他擅离边境，并派人飞驰上奏，桓帝因此下诏逮捕了他。寇荣只能逃窜，几年以后，其间虽然遇到大赦，他却并没有被赦免，很长时间都很穷困，于是在亡命的生涯中上书说："陛下统治天下，管理万物，是百姓的父母，天下百姓没有不蒙恩受泽的；然而只有微臣兄弟，平白无故地竟被那些专权奸臣排斥暗算，还受到一群颠倒黑白、混淆善恶的小人的阴谋陷害，导致陛下好像曾母投杼下机般的误信谗言，并大发雷霆。于是那些残虐谄媚的官吏，设下机关陷阱，布下天罗地网，并争先恐后地陷害微臣，就像是奔赴前线歼敌邀功一样，甚至已经惩罚到微臣已逝的先人，连微臣祖坟上的松柏都被随意砍伐了，因此更是非得加罪于臣而使朝廷滥施重刑不可了；微臣不敢冒犯天威，所以只好藏在深山丛林，来等待陛下开张圣听，独具慧眼地明辨是非，挽救微臣这个可以信任的人，援救微臣沉溺于深水中的一命。万万没想到陛下的愤怒并未因春去夏来而平息，宿恨也没因岁时的变化而消减，竟然让邮驿急驰传令，公告远近各地，追捕微臣，严文苛令，对臣恨之入骨！导致追捕微臣的差衙，凡是人能到的地方，车辆可以过的地方，没有什么地方不能到达，即使以前楚王悬赏捉拿伍员，前汉追捕季布，都没有超过对我这样严厉的追捕。微臣自蒙冤受罚以来，曾经遇到过三次大赦除罪的机会，本没有任何犯罪实情可验，原本足以摆脱罪名；但由于陛下对微臣的疾恨越来越深，官吏对微臣的责罚也就更加积极，如果不逃就要被捕被杀，如果逃走就成了通缉要犯，就这样苟且地活下去，将永远是个穷独无告的人，如果立即死去，就变成了个不清不白的冤魂，上天无边，却没有微臣的藏身之处，土地广阔却没有臣的立足之地，在平地就有被诛杀的担忧，远离岩墙也躲不了被压倒的危险。如果觉得微臣是犯有滔天大罪的元恶，而被世人所不容，罪当斩首示众，暴尸在原野，陛下也应发布微臣犯罪的事实，借以消除世人内心的疑惑。微臣更想进京城，坐在外朝门外的肺石之上（《周礼·秋官·大司寇》记载：'以肺石达穷民。'注：'肺石，赤石也。'书上记载：'必使之坐赤石者，使之赤心不妄告也。'），让公卿朝士来替微臣平反冤情，但是却苦于九重宫门，而且每步都设有陷阱，一抬脚就会碰着法网，动一动就会受到罗网的阻碍，根本没有办法走到陛下的面前，永远也不会再有被信任的一天。真是可悲啊！这样活下去又有什么意义呢？自古以来就有忠臣为了使君王息怒而杀身、孝子为了使长辈消怨而舍命的事，因此大舜不避涂廪、掘井的危难，申生不否认俪姬谗邪的诽谤，微臣怎能忘了这种道理，不自求一死来消除圣上的心头之恨呢？只是微臣请求用一死承担罪过，请陛下饶了微臣兄弟的性命，使微臣一门之中留下个传宗接代的人，来报答陛下宽容饶命的大恩。微臣临死陈情，流着眼泪写下这篇章表！"桓帝看了这篇章表后更加愤怒，于是就杀了寇荣。从此寇氏衰落。

八年（乙巳，公元165年）

春季，正月，桓帝派遣中常侍左悺到苦县去祭祀老子。

渤海王刘悝，平日向来不顾一切地为非作歹，僭位越礼，骄傲自大，有许多不法行径。北军中候史弼（陈留人）上呈秘密奏折说："微臣曾听说帝王对于亲人，虽然厚爱但必须示以威严，皇亲国戚的身份虽然尊贵但也必须要受法令的限制，这样一来，自然就能和睦相处，并且不亏于骨肉之情了。微臣私底下听说渤海王刘悝，在外聚合了一批剽悍轻狂、包藏祸心而不得志的人，成天在家饮酒作乐，荒淫没有限度，进出无常，和他在一起的都是别人家抛弃而不教的浪子，又或者是被朝廷斥逐的邪佞奸小，将来一定会发生类似羊胜、伍被那样的变乱。州司不敢对他弹劾纠察，傅相对他也不能帮助，陛下对他情逾手足，也不忍心阻遏他，只怕他的祸心会因此而滋生蔓延，终将酿成大患。请求公开臣的奏书，昭示百官，并依法处置他。等待按法律定罪之后，陛下再颁下不忍心严惩的诏令；微臣再表示坚请按律行事，然后陛下再稍稍退让，稍微加重处罚来表示惩戒。这样一来，圣上既不用受到残害亲戚的讽讥，渤海王也能安享封国的尊荣；否则的话，就只怕一定会有重大刑狱的事件发生了。"桓帝没有听从。后来刘悝果然造反，有司上奏请求废立，桓帝下诏令将他贬为瘿陶王，又给他食邑一县。

丙申晦日（三十日），发生日食。桓公诏令公、卿、校尉推荐贤良方正的人才。

千秋万岁殿发生火灾。

中常侍侯览的弟弟（弟误作兄）侯参任职益州刺史，残忍贪婪，每年都贪赃数以亿计。太尉杨秉奏请用囚车征召侯参，但是侯参在途中畏罪自杀，搜查出了三百多辆重车，都装满了金银锦缎。杨秉因此上奏说："微臣按照国家旧典法制来说，宦官本该在内宫供使令，负责司昏守夜；如今多半都受到了过分的宠幸，而秉执政权，对附和他们的人就假公济私地加以褒举，而对违判他们的人就找借口生事恶意中伤，他们的房屋像王宫一般华丽，财富可与诸侯相比，食物罗列百味，妻妾成群。中常侍侯览的弟弟侯参，贪婪残暴，罪大恶极，自取灭亡；侯览当然知道事态的严重，并且一定会心生疑惧，按臣愚见认为不宜再让他有亲近陛下的机会。以前齐懿公将邴歜的父亲从坟墓里挖出来施以刖刑，又强夺阎职的妻子，仍使他们二人陪同乘车，最终发生了竹中之难。对侯览实在应该立即加以斥逐，把他投给饿虎，像这种人，绝对不能再施恩赦免，请求您立即罢免他的官职并将他送归本郡。”奏书呈上后，尚书征召杨秉的属吏，于是质问他说：“设立官职，每个人都有所掌管。三公率领外朝百官，御史巡查宫廷内官；如今太尉越职劾奏内侍，是根据什么经典与本朝制度呢？希望您公开答复！”杨秉让他回复说：“《春秋传》上记载说：‘为君王除恶，各自尽力就行。’邓通傲慢无礼，申屠嘉便把他召到府中严加责罪，文帝随后派人去为邓通讲情，并向申屠嘉谢罪。汉朝的旧制度，三公的职权，没有管辖不到的范围。”尚书无言以对，桓帝没有办法，终于下诏令撤免了侯览的官职。随后司隶校尉韩縯劾奏左悺的恶状罪行，和他的哥哥太仆南乡侯左称私下干求州郡，收敛钱财，贪赃枉法，放纵宾客，入侵吏民。左悺、左称都畏罪自杀了。韩縯又劾奏中常侍具瑗的哥哥沛国相贪具恭赃的罪行，具恭被征召下狱并由廷尉论罪。于是具瑗到狱中去谢罪，桓帝下诏追还具瑗东武侯的印绶，并将他贬为都乡侯。继承单超、徐璜、唐衡的爵位而受封的，也都一并降为乡侯，凡是子弟受封的都一概夺爵削土。刘普等人被贬为关内侯，尹勋等人也被剥夺了爵位。

桓帝的内宠很多，宫女有五六千人，而其他的随从和办事的超过这数目的一倍以上，邓后借着自己的地位尊崇，高傲嫉妒，和桓帝所宠幸的郭贵人彼此争相说对方的坏话。癸亥日（正月无此日），桓帝废立皇后邓氏，并将她打入冷宫，导致她忧愤而死。河南尹邓万世和虎贲中郎将邓会都被治罪下狱并被杀了。

护羌校尉段颎攻击罕姐羌人，并将他们打败。

三月，辛巳日（十六日），桓帝大赦天下。

宛陵豪族羊元群辞退了北海太守的职务，贪污的财物无以计数，连衙门厕所里比较新奇巧妙的东西他都装到车上带回家去。河南尹李膺上奏告发他的罪行，羊元群知道了这件事，于是就去贿赂宦官，结果李膺反倒被判了诬告罪。单超的弟弟单迁担任山阳太守，因为犯了罪就被关进监牢里，廷尉冯绲把他拷问致死；宦官们相互勾结，狼狈为奸，纷纷上奏折诬陷冯绲，结果冯绲被判了罪。中常侍苏康和管霸，垄断了天下的良田沃地，连州郡里的官员都不敢过问，大司农刘祐将奏书发送到有关州郡，并依法将这些田产没收入官；于是桓帝大怒，就将刘祐与李膺、冯绲一起谪入左校去做苦工。

夏季，四月，甲寅日（十九日），安陵园寝庙发生火灾。

丁巳日（二十二日），诏令拆了郡国中滥设的祀庙，只留下洛阳王涣、密县卓茂的两座祠庙。

五月，丙戌日（二十二日），太尉杨秉去世。杨秉一生，清正寡欲，曾经说："我不受酒、色、财这三样东西诱惑。"

杨秉死后，受他推荐的贤良广陵人刘瑜到京师上书说："宫中的宦官不应该一个个地分封土地，让他们领养子嗣，继承爵位。再者，婢妾宫女充满后宫，空吃闲饭，残害百姓，白白花费国帑。再者，凡是扩增住宅，穷极奇巧，挖山凿石，大兴土木的，都应下令用严刑惩治。然而州郡官府，各自执行政事，最容易诱使官吏作奸受贿。百姓都怨气郁结，群起而加入贼党，官府便兴兵征讨杀戮。贫穷的平民，甚至有的靠出卖家人的首级报功邀赏，导致父兄相继丧身，妻儿反目为仇。再者，陛下经常微服私幸亲狎近臣或宦官家中，导致这些人家中的宾客及采买人员气焰高涨，在道路街市横行，因此就暴虐纵恣，竟然没有不容他们为所欲为的了。只希望陛下能广开言路，接纳诤言，多多向古圣先王学习，远离邪佞小人，放弃纵情在郑、卫之声中的糜烂生活，那么一定能使朝廷臻于政通人和，恩德广散四方，天下自然就呈现出一片祥瑞的气象了。"诏令特召刘瑜询问灾咎的征兆。掌握朝政的官员想借此使刘瑜含糊其辞，于是再以其他的事策问，刘瑜又竭尽心思地作了一篇八千多字的对策，比先前的论述更加重要，因此被委任为议郎。

荆州士兵朱盖等叛变，与桂阳贼胡兰等联合再次进攻桂阳，太守任胤弃城逃走了，于是贼众就增加到了数万之多。他们随后又转攻零陵，太守陈球（下邳人）坚决拒抗。零陵地势低潮，城墙是用编木围成的，郡中人士都惶恐万分。属吏请陈球先把家人送出城去避难，陈球大怒说："作为太守，握有国家虎符，担负郡国重任，怎么能为了顾全妻室子女而丧失国威呢？谁如果再说这话，就立即斩死！"于是就下令用大木制弓，用羽矛当箭，扳动机关发射，杀伤了许多贼兵。贼人就引水淹城，陈球在城内每次都利用地势引水倒流淹没贼人，彼此相持了十多天，贼兵也没能攻下零陵。当时度尚已经被召回到京师，诏令重新任命度尚为中郎将，带领两万多步兵和骑兵前去救援陈球，同时派发郡兵两面夹击进攻，终于打败了贼兵，并砍杀了胡兰和贼兵三千多人，桓帝又下诏令委任度尚为荆州刺史。苍梧太守张叙被贼人俘虏，他和桂阳郡太守任胤被一同召回了洛阳，在街市上将他们处死。胡兰的党羽向南逃到苍梧，被交趾刺史张磐打垮，剩余的叛贼又逃回了荆州境界。度尚害怕由于没能将贼兵全部歼灭而被降罪，因此就上言谎称苍梧贼人侵入荆州境界，张磐因此被召回下狱问罪。在审讯查实还没有定刑的时候，遇到大赦被宽免了，但是张磐不肯出狱，紧紧拿着刑械而不愿被除下。狱官对张磐说："如今皇恩浩荡，国法严明，然而你却不肯出狱，怎么能这样呢？"张磐说："我作为刺史，职位跟方伯一样，因为被度尚歪曲事实陷害而背上罪名，系身监牢。说起来事情有真假，法律有是非，事实上我张磐并没有犯罪，大赦又赦的我是什么罪行。如果我就这样不明不白地接受了赦免，那就将永远蒙受着被侵辱的羞耻了，活着是个恶官，死了也是个恶魔。祈求传召度尚来见廷尉，让他跟我当面对质，辨明真假，这才能够区分是非真伪。如果不召度尚的话，我张磐就宁愿老死在牢狱中，也不愿一辈子就这样白受一场冤屈地出去，更不愿意活在世上终身含冤受屈！"廷尉把这个情形奏明了桓帝，桓帝下诏书征召度尚来到廷尉，度尚辞穷认罪，由于他以前立了大功，所以就特别宽容了他。

闰七月，甲午日（初一），南宫朔平署发生火灾。

段颎打败西羌，随后又进兵穷追，辗转在山谷之间，从春到秋，没一天不发动进攻的，终于将西羌打败了，共斩杀了敌人二万三千首级，还俘虏了数万人，有一万多户投降，朝廷因此封段颎为都乡侯。

秋季，七月，任命太中大夫陈蕃为太尉。陈蕃要把太尉之职推让给太常胡广、议郎王畅和正在服刑供役的李膺，桓帝都没有答应。

王畅，就是王龚的儿子，曾担任南阳太守，因为南阳当地有太多的贵戚豪族为忧患，刚到任的时候，就严刑峻法地大肆整顿，豪门贵族中如果有犯法的，就让属吏拆屋砍树，并填井平灶地毁坏他们的家业。功曹张敞奏记劝告他说："文翁、召父、卓茂等前辈，都用温厚的德教为政，并流传于后世。用毁屋砍树这种严厉威猛的方式，虽然是为了惩治罪恶，但最终难使令名远播。南阳原本是旧都，在王畿附近的侯甸区内，皇帝先人的四座庙都在章陵，光烈皇后、和帝阴后和邓后都是新野人，从中兴以来，功臣将相，世代传承，府昌第隆。微臣认为：秉公用法，还不如广施恩德；如果急于揭发奸情，还不如礼贤下士。虞舜任用皋陶，那些不仁的人就远离了，如果想感化人，主要还是在于德教，而不是严刑重罚。"王畅从内心深处采纳了他的意见，于是就改变作风，用宽政治民，从而使得教化大行。

八月，戊辰日（初六日），朝廷首次命令郡国按亩征收田税。

九月，丁未日（十五日），京城发生地震。

冬季，十月，司空周景被免职；任命太常刘茂为司空，刘茂是刘恺的儿子。

郎中窦武，就是窦融的玄孙，他有个女儿被立为贵人。采女田圣深受桓帝的恩宠，桓帝想立田圣为皇后。司隶校尉应奉上奏书说："皇后的地位非常重要，关系重大到足以影响国家的兴亡；先前汉成帝立赵飞燕为后，导致断绝了后嗣。实在应该读《关雎》中得淑女为乐的诗句，并力避五禁的忌讳。”（《韩诗外传》曰：“妇人有五种人不能娶：丧妇之长女不能娶，为的不受命；家有恶疾的不能娶，弃于天也；家中有罪人的不能娶，弃于人也；乱家女不能娶，人不正；逆家女不能娶，废人伦也。”）太尉陈蕃也觉得田氏出身微贱，窦氏原本是良家闺秀，因而固执力争。桓帝没有办法，就在辛巳日（二十日）册封窦贵人为皇后，并任命窦武为特进、城门校尉，并封他为槐里侯。

十一月，壬子日（二十一日），黄门北寺发生了火灾。

陈蕃多次替李膺、冯绲、刘祐申冤，请求宽赦他们，恢复他们原来的官职，陈蕃多次请求，辞恳意诚，以至于涕泗横流，但桓帝就是不理睬。应奉也上书说：“忠臣良将，就好像国家的心腹和脊梁。据臣所知，现在被罚在左校服刑供役的冯绲、刘祐和李膺等人，举发奸臣的罪行，是想将他们绳之以法；陛下不但没有听从他们的告发，查明事实，反倒相信那些奸小诬陷忠良的谗言，以至于使忠臣蒙受冤屈，并把他和元恶大凶一样加罪惩办，从春到冬，都没有得到陛下宽恕，朝野之人，耳闻目睹，没有人不为他们叹息。说到治国立政，最重要的事就在于永远想着他人的功劳，宽恕别人小小的过失；所以武帝（当作景帝）就任用正在服刑的韩安国为梁国的内史，而宣帝则任命畏罪亡命的张敞为冀州刺史。冯绲曾经平定过荆州的叛蛮，可以和吉甫征伐猃狁同功；刘祐多次担任司隶校尉，不后悔矜寡，不害怕豪强，颇有不欺软怕硬的亮节；李膺的声威震动幽州、并州，当地的人们直到现在还对他怀念不已，而今边疆的夷蛮蠢蠢欲动，而王朝的军队又不够精壮，祈求宽赦李膺等人，以防止发生意外的忧患。”奏折呈上以后，桓帝这才赦免了他们三人的罪刑。又过了很久，李膺才又被任命为司隶校尉。当时小黄门张让的弟弟张朔正担任野王县令，贪婪残暴，作恶多端，因为害怕李膺的威严，就径自逃回京城，躲在他哥哥张让家空心合柱的暗室里。李膺知道了这事之后，就带着官兵去张让家，砸坏了柱子将张朔抓了出来，并将他押送到洛阳的牢狱中，审讯结束以后，立即就将张朔斩首正法。张让就到桓帝那儿去诉冤，桓帝下旨召见李膺，责问他为什么事先没奏报请示就把张朔杀了。李膺回答说："先前孔子在鲁国做司寇，到任七天就杀死了少正卯。现在微臣到职已经十天了，私下里只害怕因积延案件而获罪，没想到反倒因为办案太快而获罪。微臣既然因此而获罪，明知死期就要到了，但是请求能宽缓五天，等到臣惩灭那些元恶大凶之后，就立即回来接受鼎镬酷刑，这才能了却微臣这一生的心愿啊。"这一番话让桓帝无话可说，他回过头来对张让说："这明明就是你弟弟的不是，司隶有什么不对的呢？"于是就命令李膺退下了事了。从此以后，黄门和常侍们都一个个小心谨慎，连大气都不敢出，休息沐浴的日子也没有敢出宫门一步的。桓帝觉得很诧异，就问是什么原因，大家都跪在地上叩头流着泪说："我们害怕李校尉啊。"那时候朝廷一天比一天混乱，纲纪颓废，只有李膺坚持要严肃法纪，惩除暴恶，端正风气，因此就以清高正直的名声显称于时，士人一旦被他容纳接待，都认为好像跃登龙门一般。

东海相刘宽被任命为尚书令。刘宽，就是刘崎的儿子，他先后共担任过三个郡的太守，为人温柔仁厚，很能体谅别人，即使在仓促急迫的时候，也从来都没有过疾言厉色。下属和百姓如果犯有过失，就只用蒲草编的鞭子责打他，以示羞辱而已，始终都没对他们用过苦刑。见到父老的时候，就和他们谈些乡里和庄稼的事，而见到少年的时候，就用孝悌的道理来训勉他们，每个人都心悦诚服地接受他的教化。

九年（丙午，公元166年）

春季，正月，辛卯朔日（初一），发生日食。诏令公卿和郡国推荐至孝的人才。太常赵典所推荐的荀爽说："以往圣人立教于天地之间名之为礼，在所有的礼法当中，又以婚礼为首位。阳性纯刚但能施行，阴性柔顺但能消化，用礼来节制安乐，固本养元，才会享有多子多孙以及养身长寿的大福。到了三代后期，君主荒淫无度，阳气衰竭在上，阴气闭隔在下，所以周公在《无逸篇》的戒条中就说过：'一时不慎，就会减短寿命。'而经传上也曾记载：'削足适履，怎么能说是至愚的行为？为了放纵情欲去丧身的人，跟削足的人比起来，难道不是更加愚昧吗？’这种人真让人深感痛惜啊。微臣私下听说后宫的采女有五六千人，从官和侍使还没有在内，朝廷向无辜的百姓征收赋税，用来供养这些没有用的女子，百姓贫穷于外，而阴阳阻隔于内，所以有伤于天地之间的和气，因此就一再有灾变事故发生。按愚臣所见凡是未蒙宠幸的采女，都应该把她们全都送出宫去，让她们各自择偶结婚，如果能这样做的话，那可真是国家的大福啊。”桓帝因此诏令委任荀爽为郎中。

司隶和豫州闹饥荒，有十分之四五的人都被活活饿死了，甚至还有因为全家饿死而绝后的。

桓帝任命张奂为大司农，再次委派皇甫规去接任度辽将军。皇甫规自己觉得连任高官，居处上位，因此就想隐退避祸，多次上奏称病辞官，都没被准许。刚好遇到一位友人去世，要出殡送葬，灵柩经过邻境，皇甫规就越界前去迎丧，并趁机让人去密告并州刺史胡芳，说皇甫规擅自离开军营，应当立即上奏废除。胡芳说：“威明（皇甫规字威明）想要辞官归乡，远离仕途，所以借故来激我罢了。我应当替朝廷惜才，怎么能中计而让他如愿呢？”因此对这件事根本不加追问。

夏季，四月，济阴、东郡、济北、平原一带黄河水清澈。

司徒许栩被免去职务；五月，任命太常胡广为司徒。

庚午日（五月无此日），桓帝亲自前往濯龙宫祭祀老子，用织花毛布作为坛饰，容器口上饰金，设立华盖座位，来祭天娱神。

鲜卑听说张奂离开，就联合了南匈奴与乌桓共同反叛。六月，南匈奴、乌桓、鲜卑分别由多条路线进兵入塞，入侵缘边九郡。秋季，七月，鲜卑再次发兵入塞，诱导东羌与他们订立盟誓。上郡沈氏和安定先零等异族也都联合起来，出兵进攻武威、张掖，边疆地区深受其害。桓帝下诏令又任命张奂为护匈奴中郎将，薪俸等同九卿，监督率领幽、并、凉三州及度辽、乌桓两个军营，并且督察刺史及俸禄二千石等级官员的能力高下，称职是否。

桓帝位处蠡吾侯时，曾经受学于甘陵人周福，等到即位以后，就将周福提升为尚书。那时候与周福同郡的河南尹房植已经在当朝很有名，甘陵人就编了歌谣：“天下规矩，房伯武（房植字伯武）；因师获印，周仲进（周福字仲进）。”因此房、周两家的宾客，就常常彼此相讥评，各树党派，逐渐形成了怨隙。从此甘陵就分成了南、北两派，评论时人的风气，也是由这个时候兴起的。

汝南太守宗资任命范滂为功曹，南阳太守成瑨任命岑晊为功曹，他们对这两个人都全心全意地信任，委托二人表扬善良，检举邪恶，整治郡府中的法纪。范滂待人尤其刚正，疾恶如仇。范滂的外甥李颂，向来行为不端，中常侍唐衡把他托付给宗资，宗资便让他在郡府里做一名小吏；但是范滂却把公文压下，不召见他。宗资误以为是被书佐朱零耽搁了，就很生气，于是把朱零找来加以拷打，朱零昂然地说：“范滂的决定是公正的，我宁愿今天被打死，也不能违背范滂的意思。”宗资这才停止拷问他。郡中不了解范滂的人，没有不怪他的。因此两个郡的人为他们编了首歌谣：“汝南的太守是范孟博（范滂字孟博），南阳宗资只负责在文书上签字；南阳的太守是岑公孝（岑晊字公孝），弘农成瑨只是闲坐着吟咏。”

太学里有三万多学生，郭泰与颍川的贾彪是他们的领袖，就和李膺、陈蕃、王畅等人互相推重。太学生们就编了歌说：“天下的楷模，李元礼；不惧强御，陈仲举；天下俊秀，王叔茂。”因此在京城内外形成了一种风气，大家都争着褒扬善良，抨击邪恶，从公卿大员以下，没有人不怕被他们贬损的，因此就争先恐后地结交他们。

宛县富商张汎，和一个后宫妃子有亲戚关系，又擅长雕刻些小玩意，就经常拿来送给宦官们，并因此而得到高位，仗势横行。岑晊和贼曹史张牧劝郎中成瑨逮捕张汎等人；后来虽然遇到了大赦，但成瑨还是把张汎杀了，并且还诛灭了他的宗族和宾客，一共杀了二百多人，之后才上奏朝廷。小黄门赵津（晋阳人），贪暴放肆，是县中的危害。太原太守刘瓆（平原人）派郡吏王允去收捕他，也是在大赦令颁下后将赵津处死的。因此中常侍侯览教唆张汎的妻子上书讼冤，宦官们就趁机告发成瑨和刘瓆。皇帝大怒，就把成瑨、刘瓆二人收进监狱。有司承颜希旨，因此奏成瑨、刘瓆罪该处死示众。

山阳太守翟超任命当地人张俭为东部督邮。侯览家住防东，虐待百姓；侯览因为母亲去世，就回家奔丧，大肆修建坟墓。张俭上奏告发侯览，但是被侯览从中拦截了下来，奏表就没能被送上去。张俭又拆毁了侯览家的住宅，没收了他的财产，上奏状告他的罪，但是奏表还是没能送上去。徐璜哥哥的儿子徐宣担任下邳县令时，暴虐到了极致。他曾经想娶前汝南太守李暠的女儿但是没有被允婚，因此就带着吏卒到李暠家中，把他女儿抢回来了，百般戏辱后将她杀死了。东海相黄浮（汝南人）听了这事之后，就把徐宣一家老小都抓了起来，并一个个地拷问。掾史以下都反对他这种做法，并极力争执，黄浮说："徐宣这个国贼，我今天就要把他杀了，就算明天就判我死罪，也可以让我瞑目了！"黄浮当场就定了徐宣的死刑，杀了他并将尸体暴露在原野。于是宦官们向桓帝诉冤，桓帝很愤怒，因此翟超、黄浮都被判了髡钳重刑，并贬到左校做苦工。

太尉陈蕃和司空刘茂联名诤谏，希望桓帝能宽恕成瑨、刘瓆、翟超和黄浮等人，桓帝听到后很不高兴。主管官吏奏劾陈蕃、刘茂，刘茂就不敢再说这件事了。于是陈蕃独自上书说："如今寇贼在外，就好像四肢有毛病，内政紊乱，纲要颓废，这才是心腹大患啊。微臣夜不能寐，食不下咽，实在是担心陛下对那些侍宦奸小一天比一天地亲信，从而使得敢于忠言诤谏的人一天比一天少，这就使得内患越积越多，外忧坚固难除。陛下从蠡吾侯登基继承帝位，平常的百姓都积有百万家产，如果是子孙败坏了祖业都还会感到羞愧，您的产业是兼及天下，更何况是从先帝那儿继承得来的，怎么能轻忽懈怠呢？即使不爱惜自己的名声，也该念及先帝得天下时的勤劳辛苦啊！从前梁氏一门的五位侯王害尽了天下百姓，于是上天就启发了陛下，把他们都诛灭了。天下的非议，才慢慢地平息下来；这件足以用来作为借鉴的事刚过去不久，陛下就重蹈覆辙，以至于让那批亲狎的权幸又继续起来作乱，相互勾结、狼狈为奸来蛊惑陛下。小黄门赵津和大奸臣张汎等人，贪婪残暴，肆意横行，奸诈狡猾，取媚阉宦。前太原太守刘瓆和南阳太守成瑨检举他们的罪行，并把他们都杀了，虽然说在大赦令颁布以后就不该再诛杀他们，但是想到这两位太守的用心，也是为国除恶的一片忠诚，杀了两个这样的元恶大凶，陛下又有什么好愤怒的呢？只因为小人道长，就让陛下受了他们的荧惑，陛下这才怒不可遏地大发雷霆，并且一定要惩办刘瓆、成瑨，这已经很过分了，更何况是严刑重罚，斩首处决呢？再者，前山阳太守翟超和东海相黄浮，秉公执法，不屈不挠，嫉恶如仇，因此翟超没收了侯览的财物，黄浮因徐宣罪大恶极就把他杀了，竟然都被降罪受刑，还毫不宽待。像侯览那样横暴放肆的人，只是没收他了的财物，这已经算是大幸了；而徐宣罪大恶极，死不足惜。以前丞相申屠嘉召责邓通，洛阳县令董宣令公主耻辱，但是文帝却为他请罪说情，光武帝也重加赏赐，从来没有听说这两位臣子被判擅自行权的罪名。如今陛下左右的小人，陷害忠良，党同伐异，朋比为奸，最终造成了这样的刑狱，听到微臣这样的想法，想必又要到陛下面前号哭谮诉了。陛下应该杜绝近侍、奸邪小人参与政事，并任用尚书朝士中有经验有才能的清高人士，斥黜谗佞奸邪的小人。只有这样才能参天地，使百姓祥和，那么四海升平的日子还会远吗？”桓帝没有理他。从此宦官就对陈蕃更加痛恨，但凡是陈蕃所举荐的贤才、所上的奏折，都常常是由宫中下诏斥回，长官以下的官员有许多因替陈蕃抵罪而降罪受惩，但毕竟陈蕃是朝廷有名的大臣，所以宦官们不敢直接加害于他。

平原人襄楷到京上书说：“微臣认为上天虽然不会开口说话，但是可以借天文现象垂教世人。微臣看到太微天庭五帝的星座间，竟然有金、火星出现，寒光闪闪，从占卜上来说，天子会有大凶；并且金、火星还入侵了房、心星座，这又是上天惩罚天子没有继嗣的凶兆。前年冬天气候非常寒冷，冻死了不少鸟兽和鱼鳖，洛阳京城旁近的松柏树叶都有了凋伤枯萎的现象。微臣曾听老师说：‘如果柏凋竹枯，那么不出两年，天子一定会有灾祸临头。’从今年春、夏两季以来，就接连不断地降霜下雹，大雨倾盆，雷电交加，这是因为臣下作威作福，刑罚苛刻而触怒上天的征兆啊。太原太守刘瓆和南阳太守成瑨，一心除暴安良，他们所诛灭的小人没一个不符合众望并且大快人心的。然而陛下竟听信阉宦奸小的谗言，下诏将他们逮捕治罪，三公上书请求宽免刘瓆等人，没有采纳明鉴，反而对他严加斥责，于是忠贞忧国的臣子都一个个三缄其口再也不想多说什么了。微臣也曾听过滥杀无辜，枉诛贤才，并将灾祸牵连三世。从陛下登位以来，就不断地诛杀，梁冀、寇荣、孙寿、邓万世等先后都被满门抄斩，被牵连的人还不知道有多少。李云上书，开明的君主本来不当忌讳他出言不逊；杜众继续用死谏，原本觉得一定能感悟圣君；然而竟毫不犹豫地都被处死，天下百姓人人都知道他们是被冤死的。从汉朝兴盛以来，还没有因为拒绝纳谏而诛杀贤士的，用刑苛刻还没有像现在这样的事。古时候周文王只有一个妻子，然而生的孩子多达十人，如今宫女有数千人之多，竟然没有听说有孕育的喜庆大事，实在是应该修德减刑，借求《螽斯》多子多孙的福祉了啊。再按照历史事实来说，从春秋以来，古代任何一位帝王执政的时期内，都没有河水自清的现象出现。微臣觉得黄河属于侯位，清属阳，而浊属阴。河水本来应该是浊的，竟然能自清，这是阴气即将取代阳气，诸侯想要夺位称帝的征兆啊。京房《易传》上虽然记载道：‘河水清了，天下就太平了。’但现在天垂异象，地生灾害，人间瘟疫横行，在这三种现象一同发生的时候，河水竟然自清，这就像春秋末季麒麟不应该出现却出现了一样，孔子感到很惊异，所以才记载下来了。我希望陛下在清闲的时候，能细加深思微臣所说的这番话。”奏折呈上，桓帝没有理会。

十几天之后，襄楷又上书说：“微臣听说因为殷纣好色，所以才有妲己的出现；由于叶公好龙，才有真龙游于门廷。如今黄门、常侍，本来是得罪上天而受腐刑的人，但是陛下对他们的关爱，竟然超过了对一般人的宠幸，如今后宫没有一个怀孕生子的，难道不是这个原因吗？又听说宫中有供奉黄、老、浮屠的祠堂，他们都主张清心寡欲，清静无为，好生恶杀，戒欲去奢。然而现在陛下嗜欲无度，赏罚过度，已经违反了他的道义，又怎么能获得福祉呢？浮屠在一个地方住宿，绝对不超过三晚上，为的是避免时间长了萌发爱恋的情意，而一心一意地修道，诚意专一到这种地步，所以才可以修成正道。如今陛下身边有成群的美女艳妇，极尽了天下的美色，美味佳肴、琼浆玉液极尽了天下的美味，又怎么能像黄、老一样清虚寡欲呢？”奏书呈上之后，就被立即召入宫中，桓帝诏令尚书详加审问。襄楷说：“古代本来并没有宦官，因为武帝晚年数游后宫，才设立了这种官职。”尚书为了迎合宦官，竟然上奏折说：“襄楷所说的，道理都不合正道，而且违反经艺，借着星象方位的说法，借以牵附他自己的意思，诬蔑皇帝，歪曲事实，请求下令司隶依法治罪，并将其收押在洛阳的狱中。”皇帝认为襄楷的言语虽然过于激切，但都是些天文常象的术语，所以就没有杀他，只是把他发配到边地去防敌人并服刑两年。从永平年以来，在臣民中虽然有信奉浮屠、研究法术的，但是还从来没有一个天子喜欢法术的；一直到了桓帝以后，才特别好此道，经常亲自祷告，因此信教的风气越来越盛，所以襄楷就提到了这点。

符节令汝南人蔡衍、议郎刘瑜由于上表救成瑨、刘瓆，言语过于激烈，也都因为这件事被免官。后来成瑨、刘瓆都死在了狱中。然而这两个人，向来刚毅正直，通达经术，并因此而闻名于世，因此天下人都为他们的冤死而深为痛惜。岑晊、张牧事先已经逃走了，才免了一死。

在岑晊逃亡期间，亲友们都争着隐藏庇护他；只有贾彪闭门不愿收留他，当时的人都埋怨贾彪，贾彪说：“《左传》上记载：‘凡事都应该适时而动，不能累及后人。’公孝因为得罪了君王而遭到灾祸，这是他咎由自取，我不举刀相待，已经很不对了，还怎么能收容匿藏他呢？”大家都觉得他的做法不失公正，因此就心服口服。贾彪曾担任新息县的县长，那里的百姓贫困，所以大多不愿养育子女。因此贾彪严定禁令，但凡是弃子不养的就与杀人同罪。有一次，城南有盗贼害人，城北有妇人杀孩子，贾彪前去查案，掾吏驾车往南行。于是贾彪大怒道："盗贼害人，这是理所当然的事；但是母亲杀害自己亲生的儿子，却是违背常理的事！"于是掾吏就驱车北行，查证事实，并根据情况判罪。城南的盗贼听了这事以后，就自行反绑着双手前来自首。在数年之间，百姓养育的人多达数千。大家都说："这都是贾父赐给我们的啊。"因此所生的小孩都取名为贾。

河内人张成，擅长看风水，卜测吉凶，他预测出朝廷要颁令大赦，于是就让他儿子去杀人。司隶校尉李膺命令手下逮捕了张成父子，果然不久之后就遇赦获免了；李膺愤怒到极点，最终还是判了他们死刑并将他们杀了。张成平时就靠着风水法术勾结宦官，桓帝也经常找他卜卦问疑；宦官就怂恿张成的徒弟牢修上书告状："李膺等人聚拢太学生和游士们，结交各郡的生员，彼此互相通声气，结成党羽，毁谤朝廷，扰乱民心。"桓帝因此大为震怒，于是就下令郡国，逮捕同党的人，并且公告天下，想要使天下百姓一同愤恨他们。诏书经过太尉、司徒、司空三府会稿，太尉陈蕃拒绝说："今天要收捕审问的这些人，都是海内人人称赞的忧国忧民、大公无私的忠臣，即使他们的子孙犯罪，也应该宽赦十代，哪里能查无实据就把他们逮捕起来并严加拷打呢？"于是桓帝更加生气，便把李膺等人关进了黄门北寺监狱，这件案子所牵扯的人，有太仆杜密（颍川人）、御史中丞陈翔及陈寔、范滂等二百多人。有逃跑而没捕获到的，都列出姓名悬赏捉拿，并派出使者四处搜寻。陈寔说："如果我不投案入狱，大家就会感到无所依恃。"于是就去自首坐牢。范滂被关到监狱的时候，牢卒头子就告诉他说："但凡是坐牢的，都要先拜一拜皋陶。"范滂说："皋陶在古代是正直的大臣，如果他知道我没有犯罪，将会主动在上帝面前为我辩护的；如果我真的犯了罪，那祭祀他又有什么好处呢？"其他的人也都因此不再祭祀皋陶了。陈蕃再次上书极力诤谏，桓帝觉得他的言辞激烈，于是就借口说他所推荐的人不恰当下令撤免了他的职务。

当时，由于党人案件牵连被捕的都是天下有名望的贤士，度辽将军皇甫规，觉得自己是西州的豪杰，自己没被牵扯进去简直就是耻辱，因此上书言道：“微臣先前举荐前任大司农张奂，这是微臣附和党羽的事实；再者，当微臣被罚在左校做劳役时，太学生张凤等人曾上书替臣申诉，这又是党人附和微臣的事实，所以微臣也应该受到牵连入狱治罪。”朝廷看到这份奏书后，却并没有追问。

杜密向来与李膺齐名，当时的人并称他们为“李杜”，所以被同时逮捕入狱。杜密曾经担任北海相，有一年春天，巡行所属各县去劝农赈济时来到高密，看到郑玄担任乡啬夫的官吏，知道他是个奇才以后，就把他召入郡中任职，不久之后就把他送去就学，使郑玄最终成了一代鸿儒。后来杜密辞官归乡，每次去拜见太守和县令的时候，常在他们面前贬谪恶人推荐善良的人。跟他同郡的刘胜，当时也从蜀郡辞官回乡，闭门辞客，不问世事。太守王昱就对杜密说：“刘季陵（刘胜，字季陵）可真是位清高的人啊，公卿们对他都大大称赞。”杜密知道王昱是借此来暗示他少管闲事，就回答王昱说：“刘胜是大夫，郡守以上的都用宾客之礼对待他，但是他知道某人善良正直却不举荐他，听说有人为非作歹也不相告，于是就隐善瞒恶只顾爱惜个人的名声，就好像寒蝉一样的缄默不语，这就相当于是朝廷的罪人。如今，凡是有志气的忠义贤士，我都向你举荐，让他也能有伸展抱负的机会；但凡是违离正道、有失操守的小人，我在你面前检举他的罪过，从而让太守你能赏罚得当，这对发扬你的令名美誉，不也能帮助一点吗？”王昱听了这番话之后，惭愧不已，并对他钦佩万分，从此就对他更加礼遇。

九月，朝廷任命光禄勋周景为太尉。

司空刘茂被免职；冬季，十二月，委任光禄勋宣酆（汝南人）为司空。

朝廷任命越骑校尉窦武为城门校尉。窦武在位时，任用了许多有名望的贤士，洁身自好，嫉恶如仇，从来都不接受贿赂；妻室子女仅仅只是不用考虑衣食而已，每次受到天子和皇后的赏赐，就全部都拿来分给太学生或救济贫民，因此大家都对他称赞不已。

匈奴乌桓听说张奂到了，就都前来归降，总共有二十万人之多；张奂只杀死了带头造反的几个头目，而对其他的人都善加抚慰收容。只有鲜卑出塞离开。朝廷因为不能制服檀石槐感到忧虑，因此就派使者拿着印绶去封他为王，并想要跟他和亲。檀石槐不肯接受，反倒大举入侵，大肆抄掠，并把他的领区分为三部：从右北平往东到辽东，连着夫馀、濊貊二十多邑，称为东部；从右北平往西到上谷之间的十多个食邑，称为中部；从上谷以西到敦煌、乌孙一带的二十多个食邑，称为西部，各部设立大人统领。

资治通鉴卷第五十六　汉纪四十八

起丁未（公元167年），止辛亥（公元171年），共五年。

【题解】 本卷记录了汉桓帝永康元年至汉灵帝建宁四年间的历史，这一时期东汉政治处于黑暗时期。第一次党锢之祸结束后，第二次党锢之祸由京师波及全国，被诬为党人的达数十万人。颍川名士贾彪入京劝说皇后父亲窦武与朝官联手抵抗宦官为党人申诉，于是桓帝释放了李膺等二百余人，但仍禁锢终身。灵帝继位后不满窦太后临朝，与宦官结盟，窦武等被诛，窦太后迁居南宫。全国范围清理党人，第二次党锢之祸开始，祸及万家。汉灵帝加冠，大赦天下，但唯独党人不赦。

孝桓皇帝下

永康元年（丁未，公元167年）

这一年六月才更改年号。春季，正月，东羌先零攻打祋祤，掠夺云阳，煎当各族再次叛乱。段颎在鸾鸟加以攻击，把他们打得溃不成军，于是就平定了西羌。

夫馀王夫台进攻玄菟，玄菟太守公孙域把他们打败了。

夏季，四月，先零羌入侵三辅，攻占了京兆虎牙营与扶风雍营，并杀了一千多人。

五月壬子晦日（三十日），发生日食。

陈蕃被罢职后，满朝文武大为震惊，再也没人敢替同党的人说话了。贾彪说："如果我不到洛阳去一趟的话，一场大祸就将在所难免了。"于是就去了洛阳，劝说城门校尉窦武、尚书霍谞（魏郡人）等人，请他们替党羽诉冤申讼。窦武便上奏折说："从陛下登位以来，没有听说推行过什么善教德政，只是一些常侍、黄门大小的宦官，争相施展诡计骗术，胡乱地任命一些不称职的人员。伏念西京时期（指西汉），由于小臣执政，最终失去了天下。现在不以前人的失败作为借鉴，反倒重蹈覆辙，微臣真担心秦二世亡国的大悲剧，一定会再次重演，并且赵高主使行刺二世的事变，早晚也会发生。最近奸臣牢修假造事实，诬告忠良，结党聚徒，诽谤朝廷，于是就把前司隶校尉李膺等人逮捕拷问，牵连了好几百人，经过接近一年的拘囚审讯，并没有确实的罪状可验。微臣觉得李膺等人都是些忠贞高节、一心一意报效王室的贤臣，这些人都是陛下的良佐，就像古代的后稷、契、伊尹、吕尚一样；却平白无故地被奸臣贼子诬枉陷害，天下的百姓都为这事深感寒心，并且对朝廷大失所望。伏希望陛下能留神澄清是非，明辨忠奸，并立即把这批枉受陷害的忠良释放出狱，来顺应朝野上下人士的心愿。如今陛下身旁的近臣，比如尚书朱寓、荀绲、刘祐、魏朗、刘矩、尹勋等人，都是忠贞的贤士，是朝廷的良佐；尚书郎张陵、妫皓、苑康、杨乔、边韶、戴恢等人，都是些文雅朴实、熟悉朝廷国典的贤士，无论在朝内朝外任职，都是一样优选的贤才。但是陛下却偏偏委任那些内宠狎邪奸小，并且专门重用一些贪官污吏，担任州郡的主管，而在城内的则被视为朝廷的骨干心膂，对这群奸小，实在应该贬斥黜退，按法惩办；另外就应该信任忠臣良将，公正无私地评定善恶，让正直的良臣受到称誉表扬，让邪恶的小人受到诋毁批评，各得所宜，并且要重视对官职的授予，选用有德行的贤才，这样才能够消祸根，才有望得到上天降福。最近有嘉禾、灵芝、黄龙等瑞兆出现，要知道瑞兆只应验在善人的身上，而上天赐的大福，一定是由于那人具有善德善行。所以这些征兆对有德的人来说是福兆，而对无德的人来说，则会带来灾祸。陛下的所作所为全都不合天意，实在不应当因而大肆庆祝。”奏折呈上以后，窦武便因缠病在身而托词缴还了城门校尉与槐里侯的授印。霍谞也同样上了奏折。这时，桓帝的怒气早就慢慢地消了一些，就派中常侍王甫到狱中去审问范滂等人，提审他们时，每个人都是颈上加了枷锁，戴着手镣脚铐，并且都把他们的头给蒙起来了，让他们站在阶下。王甫对他们依次详加审问说：“你们相互标榜，彼此庇护，究竟是有什么用意啊？”范滂说：“孔子曾说：‘看到别人有德行，就要像是来不及一样地去效法；看到别人有恶败的德行，就要像是伸手去试探沸水一般避之不及。’我范滂赞扬那些好人好事，为的是想让大家一同认清节操的可贵，鄙弃那些恶败德行的人，也只不过是想让大家都了解污浊恶行的可怕。本来以为这是推行王道仁政的圣君喜欢听的事，没想到反倒认为我们是在结党营私！古代的人修德行善，就能让自己得到更多的幸福，而现在的人修德行善，却招来了杀身大祸。我死以后，只希望能把我埋在首阳山侧，对上我没有辜负皇天，对下我也没有愧对伯夷、叔齐。”王甫听了他这番话后，被感动得悯然变色，这才把这一干人身上的刑械解除了。李膺等人应讯的时候，又把更多宦官的子弟牵扯了进来，宦官们因此感到恐惧，就把天时作为借口，说是应该大赦天下，请求桓帝下诏。六月，庚申日（初八），桓帝就诏令大赦天下，并改元“永康”； 二百多名党人都被释放出狱，放回乡里，但在三公府中登记了姓名，终身永不被录用。

范滂出狱后就去拜候霍谞，但是连一个“谢”字也没说。因此就有人责怪他，范滂说：“从前晋国的范宣子拘留叔向，祁奚替他申辩而获免，叔向出狱以后，都没有去看祁奚一次就独自归乡了，我要谢什么呢？”范滂向南回到汝南，在南阳有数千车辆之多的士大夫出城来迎接他，与范滂同乡的殷陶、黄穆二人在旁侍卫，迎接宾客。范滂就对他们二人说：“你们两个人跟着我，会加重我的罪过啊！”所以就独自一人偷偷地归隐乡里。

当时，桓帝诏令天下检举党人连带的关系人，各郡国奏报牵连有关的人士，多达近百，但是只有平原相史弼一个人也没有举报上奏。诏书一直督迫州郡，甚至对掾史施行髡刑鞭笞。州府里派来的从事史坐在驿舍中责问史弼说：“皇帝憎恶党人，下诏收捕，旨意明确。

青州附属的六郡，其中五郡都有他们的同伙，平原郡是怎么处理这件事的呢？为什么没有一个人举报？”史弼说：“先王治理天下，分别划出界线，各地的水土不一，风俗也不同。其他郡也都有他们的党羽，平原没有，这怎么能相提并论呢？如果是为了仰承上司的心意，诬陷善良的人，滥施刑罚，来满足不合理的要求，那么平原郡的百姓，家家户户都可诬告他们是党羽。我宁愿一死，也不能做出这种事！”从事史很是愤怒，当时就拘捕了平原郡的一些曹掾史，并上奏检举了史弼。这时，刚好遇到党禁中途撤销，史弼被扣薪赎罪，很多人都因为他的解脱而免于这场灾难。

窦武所推荐的人有：朱寓，沛郡人；苑康，渤海人；杨乔，会稽人；边韶，陈留人。杨乔的外貌奇伟秀丽，曾多次上奏章纵论国事，桓帝看上了他的容貌才德，就想将公主嫁给他，杨乔坚决拒绝，不愿意接受，于是就绝食七天而死。

秋季，八月，巴郡传言有黄龙出现过。刚开始，郡中有些人准备到水池中洗澡，看到池水很混浊，就彼此戏言恐吓着说：“水池里有黄龙啊！”于是这话就散播流传在民间，太守想把这个当为美事，所以才上书奏禀。郡吏傅坚劝告他说：“这不过是百姓闹着玩的一句话而已。”太守没有听从。

六月，发生大水，渤海海水倒灌。

冬季，十月，先零羌入侵三辅，张奂派司马尹端、董卓来抵拒，大败了先零羌，并且斩了他们的酋长，还俘虏了一万多人，最终平定了幽、并、凉三州。张奂按功劳来说应当受封赏，但由于他平日不攀附宦官就没受封，因此只赏赐给他二十万钱，并任命他家中的一人为郎。张奂谢辞没有接受，并请求调迁到弘农。以前的制度规定，边疆的人不能只是任职，因为张奂对朝廷有功，特下诏批准请求。并任命董卓为郎中。董卓，陇西人，性情粗犷，却很有计谋，羌胡都很害怕他。

十二月，壬申日（二十三日），恢复瘿陶王刘悝为渤海王。

同月丁丑日（二十八日），桓帝在德阳前殿驾崩。戊寅日（二十九日），尊崇皇后为皇太后，并由皇太后垂帘听政。那时，虽然是册封了窦后，桓帝却很少亲近她，但是对采女田圣等恩宠有加。窦后本性忌妒残忍，桓帝的灵柩还放在前殿的时候，窦后就把田圣给杀了。城门校尉窦武商议立嗣的事，召侍御史刘儵（河间人）前来，询问他皇亲国戚中谁最贤德，刘儵推举解渎亭侯刘宏。他就是河间孝王的曾孙，从他祖父淑、父亲苌以来，世代都被封为解渎亭侯。窦武便进宫去向太后禀报，而在宫禁定策，委任刘儵担任光禄大夫的职务，并和中常侍曹节一同持节率中黄门、虎贲及千人羽林军，去迎接刘宏进京，当时刘宏十二岁。

孝灵皇帝上之上

建宁元年（戊申，公元168年）

春季，正月壬午日（初三），任命城门校尉窦武为大将军。任命前太尉陈蕃为太傅，让他和窦武及司徒胡广三人一起处理尚书所奏报的事务。

当时刚遭大丧，国嗣还没有立定以前，尚书们因为畏惧权臣，大多都假装病而不上朝。陈蕃移书斥责他们说：“古人立节，视死若生。如今嗣位的帝王还没有立定，国家的政事日渐急迫，等待处理，诸位怎么能逃避荼蓼般艰苦的重任，苟且偷生，装病卧床，从道义上说，你们心安吗？”尚书们惶恐万分，这才都进朝视事。

己亥日（二十日），解渎亭侯来到夏门亭，派窦武拿着符节，用王青盖车把他迎进宫殿；庚子日（二十一日），登基称帝（即汉灵帝），改名为“建宁”。

二月，辛酉日（十三日），安葬孝桓皇帝安于宣陵，庙号为威宗。

辛未日（二十三日），大赦天下。

起初，虽然护羌校尉段颎平定了西羌，但是东羌和先零等族还没有归顺，度辽将军皇甫规和中郎将张奂连年征讨，这些羌贼降服之后又叛变。桓帝诏问段颎说："先零和东羌作恶多端，叛变，而皇甫规和张奂各自拥强兵，却不能及时出兵平定，如今想命令你移兵东讨，不知是不是合适，希望你拟定一个对策。"段颎进谏说："微臣伏见先零、东羌即使是一再叛服无常，但是已经有两万多户降服于皇甫规；羌人也善恶明辨。其余的盗贼也所剩无几。如今张奂之所以踌躇不发兵进攻，一定是考虑到羌虏表面上看来是彼此携离，但遇到缓急事故的时候，一定会复合为一，出兵征讨，他们联合拒抗，士卒定会惊溃。况且从去年冬天到今年夏天，士兵一直在严密防御的备战状态中，从来没有一日松懈，以至于人畜都疲困不堪，如果进军征讨，确实是居于自取败亡的劣势，所以仍旧想用招降的方式，抵制强敌罢了。但微臣觉得豺狼野性难改，绝对不能用恩德感化，虽然他们在势薄力弱的时候投降了，但是一旦撤兵离开，他们便又会叛变；对付他们唯一的办法就是用长矛挟胁，用白刃架在脖子上而已！东羌余寇总共不过三万户，都聚集在塞内附近地区，敌我之间并没有曲折险要的道路，他们之间更没有燕、齐、秦、赵那样纵横交错的情形，但是却长期扰乱并、凉二州，多次入侵三辅，西河和上郡都已经因此内徙，从而使得安定、北地又因此陷于危弱无援；从云中、五原，往西到汉阳两千多里，匈奴和诸羌占据了这一带所有的地区，这就等于是脓疮暗疾，隐藏在臂腋下一样，如果不尽早歼灭，一定会造成大患。如果用五千精骑、一万步卒和三千辆战车的兵力，就足够在三年两载之内将他们击溃，并平定灾祸，而总共的费用也不会超过五十四亿钱。这样，就可以把群羌全部破灭，就能让匈奴永久顺服，原本内徙的郡县，也可以迁回到本地去了。永初年间，各部羌族造反，总计有十四年之久，费用高达二百十四亿之多；永和末年，又过了七年的时间，花费了八十多亿。花费了这么长的时间与偌大的财力，还没能把贼寇全部破灭，反而使得其余孽复起，到今天为止仍在祸害中国。如今如果不让百姓受一时短暂的困苦，那就会永无安宁的一天。微臣希望能用尽低劣的才能，伏待下诏令，带兵出讨。"灵帝准奏，完全按照他上述的建议行事。于是段颎带领一万多士卒，携带着十五天的军粮，从彭阳直下高平，和先零等诸羌在逢义山作战。敌人兵力强大，段颎手下的士兵都惶恐畏缩。于是段颎就命令士兵们拿着长镞利刃，执长矛的士兵被列为三排，带着弓弩，而把轻骑分列在左右两边，就对士兵们说："现在离家有数千里的路程，如果奋勇猛进就一定能打胜仗，如果退缩逃走了大家就必死无疑，所以就努力向前冲啊，让我们一起建立功名吧！"因此就大声一呼，众人应声一齐冲向敌人，骑兵飞驰在两旁，冲出夹攻，敌军战败散逃，共斩杀了八千多敌人首级。太后赐诏表扬说："等待东羌全部平定之后，一定要论功行赏；现在暂且赐二十万钱给段颎，任命他家中的一人为郎中。"并下令中藏府调拨金钱、彩缎等物增加军需费用，并任命段颎为破羌将军。

闰三月，甲午日（闰三月无此日），追封皇祖为孝元皇，任命夫人夏氏为孝元后，封皇父为孝仁皇，并尊皇帝生母董氏为慎园贵人。

夏季，四月，戊辰日（初一），太尉周景去世，司空宣酆被免职；任命长乐卫尉王畅为司空。

五月，丁未朔日（初一），发生日食。

任命太中大夫刘矩为太尉。

六月，京城发生水灾。

癸巳日（十七日），编写论功策勋的名单，任命窦武为闻喜侯，任命窦武的儿子窦机为渭阳侯，并任命他哥哥的儿子窦绍为鄠侯，窦靖担任西乡侯，另外又任命中常侍曹节为长安乡侯，一共有十一人被封侯。

涿郡卢植上书劝告窦武说："足下对汉朝来说，就好像周公旦、召公奭在周室，帮助立圣主，来维系天下，大家都觉得在足下的功劳中，这一项最为重要。实际上同宗相继，按照家谱名牒，凭借宗亲关系的远近立嗣为帝，又有什么功勋可说？怎么能横夺天功据为己有，贪功受禄呢？确实应该坚辞重赏，来保全你的名声。"窦武没有接受他的劝告。卢植身高八尺二寸，声音像洪钟，性情刚强，有高风亮节。

年轻时曾经跟随过马融，马融本性豪暴奢侈，经常让一些倡女在庭前歌舞取乐，卢植在他那做了好几年的侍卫，从来就没有歪着头看她们一眼，马融因此对他非常尊敬。

由于陈蕃往日有功，太后特封他为高阳乡侯。陈蕃上书辞让说："据微臣所知，割地封侯，就是对有功德的人所加的优厚赏赐。微臣虽没有淳洁的操行，但私底下却非常仰慕孔子所说的'如果不用合于正道的方式，即使获得财富，也不能安享'这句话。如果我接受封爵而不辞让，厚颜前去封邑就食，就让皇天震怒，普遍降灾给百姓，那么微臣本人又能到哪里去安身呢？"太后没有听，陈蕃坚持，前后上了十次奏折，最终还是没接受封爵。

段颎带领轻兵追击羌虏，一直追到桥门，并日夜兼程追杀，一再与东羌在奢延泽、落川、令鲜水岸作战，连连告捷；又在灵武谷战斗，这才使羌虏大败崩溃。秋季，七月，段颎到达泾阳的时候，四千多户余寇，全都逃散到汉阳的山谷中了。

护匈奴中郎将张奂进谏："东羌虽然被击破了，但是余众却难以消灭，段颎轻谋刚毅，应当考虑到胜败无常，应该施恩招降，才不至于追悔莫及啊。"朝廷下诏召见段颎，段颎又进谏说："微臣也知道东羌人口众多，但其软弱并且易于制服，所以之前曾陈述愚见，是想为永远的安定做打算；而中郎将张奂却认为敌人势力强盛，难以攻击，适宜用恩德招降。多亏圣朝明鉴，听了微臣的愚计，因此臣的谋略才行，而张奂的计谋没被采纳。事情与他的愿望相违背，而事实的结果又跟他的想象完全相反，于是就心怀猜忌和怨恨，竟然听信叛羌的谣言，精巧饰词意，说微臣的军队是'累受破损创伤'，又说：'羌族也是受上天的气所生的，而不能把他们赶尽杀绝，山谷宽广，但是也不能空静无人，血流原野，有伤天地之间的和气，一定会招致灾祸。'微臣伏念周、秦时代，戎狄的祸害最大，从大汉兴盛以来，羌贼更为猖獗，无论如何也杀不完，投降后又叛乱。如今先零杂种，多次反复无常，攻破县邑，抢夺良民，劫取财物，掘冢盗墓，使尸骨暴露，殃及生死，上天大怒，只不过是借我的手诛罚他们而已。往日邢国的所作所为不合正道，卫国便出兵去征讨他们，原本卫国久旱不下雨，但在举兵攻伐的时候，大雨倾盆而下；自臣兴兵以来，已经一年，然而在夏天甘霖普降，谷物丰收，百姓没有疵疫。上卜天心，也没有因此动用干戈而降灾害；下观人事，师旅合作并屡战屡胜。况且从桥门以西、落川以东，各个郡的县城，道路相互连通，这一带并不是深山峻岭，道路崎岖，人迹罕至的地方，车辆坐骑能安然行驶，根本就没有所谓折损创伤那回事。实际上，张奂作为汉朝官吏，而且是一名武将，驻守边境两年之久，也没有平定敌寇，然而只是空喊着要用修文息武的方法来招降凶猛的敌人，这简直就是信口开河，毫无根据的说法。为什么要这么说呢？以前先零作乱，赵充国命令降贼内徙居到金城，煎当冒犯边疆，马援把降贼迁置到三辅，这些羌贼开始投降最终叛乱，至今还是祸患，所以但凡是有远见的人士，没有不深以为忧的。如今边郡人口稀少，一再受到羌贼的祸害，竟然想让归降的羌人与他们杂居一处，这相当于是在良田里种枳棘，在屋里养蛇虫啊。所以臣为发扬我大汉的雄威，而制定长久之计，只有把凶贼一举歼灭，阻断根本，而不能让他们的种族再延续下去。原先预计三年的军费，大概需要五十四亿；现在刚刚一年，还没有用到一半，然而残余的贼寇，就即将消灭。微臣一再接奉诏书，其实军队在外出征，根本不能由内朝控制，对于这件事，只希望言尽于此，完全交给微臣处理，微臣才能因时制宜，并不失权衡变通的方便。”

八月，司空王畅被免职，任命宗正（官名，以皇族担任，掌管序录皇戚国族亲属嫡庶远近等事）刘宠为司空。

等到太后临朝听政的时候，无论政务大小，都交给陈蕃处理。陈蕃与窦武齐心合力地帮助王室，征集名满天下的贤才李膺、杜密、尹勋、刘瑜等人，让他们在朝廷任官，一同参与政事。因此全天下的人没有不期盼着太平盛世来临的。可是皇帝的乳母赵娆和一些女尚书，整天包围在太后身边，而中常侍曹节、王甫等人又相互勾结，朋比营私，只知道谄媚奉承太后，太后竟因此而宠信他们，多次下诏封他们爵位，提升他们的官位。陈蕃和窦武对这些人很是憎恶。有一天在朝堂聚合议事的时候，陈蕃私下对窦武说："曹节、王甫这些人从先帝（指桓帝）时就掌控国家大权，使得天下大乱，如果今天不把他们除掉，将来就更拿他们没办法了。"窦武也觉得是这样。陈蕃很高兴，一手推开椅子猛地跳了起来。于是窦武约了跟他们志同道合的尚书令尹勋等人共同商讨大计，决定计策。

刚好遇到有日食变异的现象，陈蕃就对窦武说："元帝的时候，一个宦官石显，就让御史大夫萧望之受害被杀了，更何况今天像石显那样的人就有好几十个呢！我陈蕃今年八十岁了，只是想替将军你除害而已，现在正好可以凭借日食的现象罢黜宦官，就说是为了顺应上天的旨意。"于是窦武便对太后说："按照先例，黄门、常侍只管负责供役给宫禁，严防宫廷的门户，主要管理中藏府、尚方、内省诸署的事；如今却让他们参与朝廷政事，掌控大权，家人子弟，充满天下，专门贪赃残暴。天下议论纷纷，正是为了这事的原因，确实该论罪诛杀或撤职查办，以清除朝廷中的妖孽。"太后说："汉初以来的旧制，历代都设有宦官，只是应该对有罪的加以诛罚，怎么能全部都罢黜他们的官职呢？"中常侍管霸，很有才略，在宫中独断专权，窦武便请求太后收押了管霸及中常侍苏康等人，都按罪判了他们死刑。窦武多次要求太后杀了曹节等人，太后一直犹犹豫豫、于心不忍，因此这事耽搁了很久也没下文。陈蕃便上书说："如今京城舆论哗然，民间喧哗，都说侯览、曹节、公乘昕、王甫和郑飒等人，跟赵夫人（指赵娆）及一些尚书相互勾结，计谋混乱了天下，附和他们的人，就给升官晋爵，违判他们的人，就会被诬陷中伤，满朝的大臣就像是泡在河水中的木头一样，随波逐流，只知道贪恋官位，只害怕遭祸受害。如果今天陛下不赶紧铲除这群小人，将来一定会发生变乱，危及社会，并因此造成难以预测的后果。请把臣的这份奏章宣告给左右的近侍，并让天下所有的奸邪都知道微臣对他们的痛恨。"但是太后并没听从他的说法。

这个月，太白星进犯房宿中的上将星，并且侵入太微星座。侍中刘瑜对天文向来很有研究，觉得这种征象很不吉利，并深以为忧，于是就给皇太后上书说："按《占书》记载来看：在这种情况下，就应该紧闭宫门，这种现象，表示对将相都有不利；而奸臣就围绕在君主的身旁，所以应立刻紧急的严加防范。"又上书给窦武和陈蕃，觉得星辰错缪，对大臣很不利，应该立刻商定大计，并制定措施。于是窦武、陈蕃就任命朱寓为司隶校尉，任命刘祐为河南尹，又任命虞祁为洛阳县的县令。窦武又上奏请求撤销黄门令魏彪的职务，并派他亲信的小黄门山冰替代这个职位，并且让山冰奏请收留长乐宫尚书郑飒，押送到北寺狱。陈蕃对窦武说："这群小人应当抓来了就杀，还有什么好审问的呢？"窦武不赞同这种做法，就派山冰和尹勋，以及侍御史祝瑨审问郑飒，郑飒的供词牵扯到曹节、王甫。尹勋、山冰便上奏请求收押曹节、王甫等人，并托刘瑜呈递奏折。

九月，辛亥日（初七），窦武出宫来到大将军府。掌中书的人早就已经把窦武上奏折的事告诉了长乐宫五官史朱瑀，朱瑀就趁窦武出宫的机会，偷偷看了他呈上的奏折，骂着说："宫里的宦官有为非作歹的，自然是应该被治罪法办，可是到底我们是犯了什么罪，竟然要把我们满门抄斩？"因此大声喊叫着说："陈蕃、窦武上奏折给太后要废除皇上，可真是大逆不道啊！"还连夜召集了他平常亲信的长乐宫侍从官史共普、张亮等共十七人，对天盟誓，预谋要杀害窦武等人。曹节报告灵帝说："外边的情况十分危急，请求皇上出宫在德阳前殿坐镇。"并让灵帝拔出剑来装作刺杀的样子，而命令乳母赵娆等人跟在身边护驾，佩戴虎符腰牌，把所有的宫门都关闭起来。又找来了尚书府的属员，拿着刀威胁他们，让他们写诏令，派王甫做黄门令，然后派王甫拿着任官的符节到北寺狱去逮捕尹勋和山冰。山冰怀疑命令是假的，因此抗命拒捕，于是王甫当场就把他杀了，接着又杀死了尹勋；随后就放出了郑飒，随即带兵回营去胁迫太后，夺取玉玺。并命令中谒者（宫内的守门官）坚守南宫，紧闭宫门阻断通往北宫各道的交通。又命令郑飒等人持节率侍御史谒者去逮捕窦武等人。窦武没有接受诏令，飞马驰入步兵营，和他哥哥的儿子步兵校尉窦绍联合射杀了来人。随后召集了北军五路校士数千人镇守于都亭，向士兵们发布号令说："黄门、常侍叛乱，极力除暴的人都论功封侯重赏。"陈蕃听说发生变乱后，就带领着属下的官员及八十多个太学生，每个人都手持大刀冲入了承明门，到了尚书门的前面，就举臂高呼道："大将军窦武一直忠心卫国，造反的是黄门的阉宦，怎么能说是窦氏大逆不道呢？"这时王甫刚好走了出来，和陈蕃碰了个对面，又正好听到这几句话，就责问陈蕃说："先帝才去世没多长时间，陵墓还没有修好，窦武有什么功劳呢？让他们兄弟父子三人都封为侯王？而他自己在国丧期间，依旧奏乐饮宴，还带走了后宫的一些宫女，大概十天，就发了大财，像这样的大臣，能说不是大逆不道吗？您身为宰辅大臣，却胡乱地阿谀奉承他，还说什么清肃奸贼？"于是就命令武士逮捕陈蕃，但是陈蕃拔出宝剑，大声斥责王甫，声色俱厉。武士最终还是将陈蕃拿了下来，并把他送进了北寺狱。黄门侍从骑士对陈蕃连踢带骂："该死的老鬼，看你还怎么裁减我们的员额，削减我们的薪俸？"他们当天就把陈蕃给杀了。当时护匈奴中郎将张奂接受诏令初抵京师，曹节等人认为张奂刚来，并不知他们已定的阴谋，就假传诏令派少府周靖兼车骑将军，授给他符节，命令他与张奂一同率领五营校尉府的士卒去讨伐窦武。第二天天刚亮的时候，王甫就率领虎贲、羽林军等共一千多人，从南宫到北宫去镇守在朱雀掖门，跟张奂等人会合，后来又把所有的兵士全部转移到宫阙下，跟窦武的列阵对立。王甫的兵势逐渐增强，士气逐渐兴盛，于是命令军士们向窦武的士兵大声喊话说："窦武造反，你们原本是禁兵，就应该守卫宫廷，为什么要追随造反的国贼呢？率先投降的人有赏！"营帐中的士兵，向来畏服宫中宦官，于是窦武手下的士兵就都先后归附了王甫，从清早到正午，差不多所有的士兵都投降了，窦武与窦绍都逃走了，各路的军士包围追捕，窦武、窦绍迫不得已自杀了，并被枭首在洛阳都亭；随后又逮捕了窦家的宗亲、宾客和姻亲，并把他们全都杀了，另外侍中刘瑜和屯骑校尉冯述，也都被满门抄斩了。宦官又诬陷虎贲中郎将刘淑（河间人）、前尚书魏朗（会稽人），说他们是跟窦武勾结的同谋，二人也被迫自杀了。又把皇太后迁入南宫，把窦武的家属迁徙在日南；从公卿以下，凡是陈蕃、窦武以前所推荐的，以及他们的门生和旧属，一律给予革职永不录用的惩处。议郎巴肃（渤海人），原本是窦武等人的同谋，但是曹节他们并不知道，只受到永不录用的处分，后来曹节他们才发现，因此就下令拘捕他们。巴肃就坐车到县府中自首，县令看到巴肃来了，入小门，解下绶印，想要和巴肃一起逃匿。巴肃说："作为臣子，有所计谋不敢隐而不言，犯了罪也不能逃避刑罚，我既然不否认原先与窦武他们所商定的策谋，又怎么敢逃避刑罚呢？"于是就被杀了。

曹节被提升为长乐卫尉，封为育阳侯。王甫被任命为中常侍，仍然担任黄门令的职务。朱瑀、共普、张亮等六人被封为列侯，除此之外又封了十一位关内侯。于是小人得志，士大夫都因此而心灰意冷。

陈蕃的朋友陈留人朱震替他收尸安葬，并把他的儿子陈逸藏匿了起来，被发觉后，不仅朱震因此被捕下狱，而且他全家人也都被拘囚入狱。虽然朱震受到了严刑拷打，但是他誓死不说，陈逸因此得免一死。窦武大将军府中的一员属吏胡腾（桂阳人），因为替窦武收尸入棺，并替他出殡发丧，就受到了永不录用的处分。窦武的孙子窦辅，那时才两岁，胡腾就谎称是他的儿子，与大将军府中的令史张敞（南阳人），一起设法将窦辅藏匿在零陵境内，这才让他免于一死。

张奂被提升为大司农，因功封侯。张奂痛恨被曹节等人利用，坚决推托而不肯接受。

灵帝任命司徒胡广为太傅，处理尚书所上奏的事务，并调任司空刘宠为司徒，任命大鸿胪许栩为司空。

冬季，十月，甲辰晦日（三十日），发生日食。

十一月，太尉刘矩被免职，而任命太仆闻人袭（沛国人）为太尉。

十二月，鲜卑和濊貊侵犯幽、并二州。

这一年，疏勒王的叔父和得杀死了疏勒王并自立为王。

乌桓大人上谷难楼有九千多户百姓，辽西丘力居有五千多户百姓，都自立为王。辽东苏仆延拥有一千多户百姓，就自称峭王。右北平乌延有八百余户百姓，就自称为汗鲁王。

二年（己酉，公元169年）

春季，正月，丁丑日（正月无此日），大赦天下。

灵帝将董贵人从河间接进宫中。三月，乙巳日（初三），封她为孝仁皇后，居住在永乐宫；并且任命她的哥哥董宠为执金吾，又任命董宠的儿子董重为五官中郎将。

夏季，四月壬辰日（二十一日），有条青蛇出现在灵帝的座椅上。癸巳日（二十二日），狂风四起，冰雹降落，霹雳大动，有一百多棵大树被连根拔起。因此诏令公卿以下，各上秘折陈事，探究这种变异现象的原因。于是大司农张奂上书说："以前成王想把周公葬在成周，由于不合礼法，所以上天借雷电大风来示威。如今窦武、陈蕃忠心为国，没有被明察，而冤死以后，又没有被宽宥，种种怪异现象的发生，都是因此啊。确实是应该急速下令替他们收尸，妥加安葬，并且把他们的家属迁回，而对其他受到牵连的，被判永不录用处分的人也应一律赦免。另外，虽然皇太后是住在南宫，但并没有受到任何皇恩礼遇，朝中的大臣没有一个敢为这事而进谏的，使得远近吏民大失所望。陛下理应顾全大局，对皇太后有如同身受养育一样的报答。"灵帝在心里对张奂的这番话大为赞许，但是当他问到诸常侍的时候，这些左右近侍都对张奂的说法深感厌恶，因此灵帝一个人也没办法照他的话去做。张奂又和尚书刘猛等联名推荐王畅、李膺，说这两个人可被列为三公的人选之中，曹节等人对他们的这次荐举，更加痛恨，于是就下诏深加呵责。张奂等人便自己到廷尉请求囚禁降罪，好几天以后，才把他们放出来，并命令每个人用三个月的薪俸为自己赎罪。

郎中谢弼（东郡人）上奏折说："据微臣所知，《诗经》上记载说：‘梦到蛇虺，就是生女的瑞兆。’伏念太后当初在宫闼之内制定计策，册封了圣明的陛下继承帝位。《书经》上记载说：‘即使亲如父子兄弟，如果有人犯罪，也不应该互相连及。’即使窦武是因罪被杀，又怎么能把他的罪过延及于太后呢？如今陛下隔绝太后，让她独居空宫，悲伤忧愁，感动了上天，如果一旦忧郁成疾，就会一病不起，陛下还有什么脸面面对天下？孝和皇帝不忍割断窦氏恩情的事，前人引为美谈。《礼经》上记载说：‘继人后即位，就好像是人的儿子一样。’如今陛下继位，既然以桓帝为父，又怎么能不视太后为母呢？伏希望陛下能仰慕虞舜恪守孝道的善行，并且常怀《诗经·凯风》篇所咏叹的责己慰母的孝道。微臣又想到《易经》上记载说：‘不管是立国还是承家，都不能重用小人。’今天功臣长久在外，没有蒙赐爵晋级，而乳母赵娆却因为受私宠，竟然享受封爵的荣耀，大雨风雹，也是原因之一啊。再者，前太傅陈蕃，一生勤劳效力于王室，由于被群小构陷，一旦说杀就杀死了，这种滥用酷刑的做法，天下为之震惊；而陈蕃手下的门生和旧属，竟然全都一并连带受到流徙禁锢的处分。陈蕃已经被杀死了，即使再多杀一百个人，也没有办法为他赎罪啊！实在应该把他们的家属都迁回，并收回永不录用的成命。再说宰相大臣，身兼国家命脉，如今在位的四位公相，只有司空刘宠一个人专默精诚地坚守善道，其他都是尸位素餐足以招寇的人，才不能胜任，力也不能胜任，一定会导致覆国大难，现在正好可以趁天降灾异的时候，把这三人一起罢黜，并征召前司空王畅和长乐少府李膺两人补缺，共同治理国政，也许只有这样，才能消除灾难，使国家的福祉永存。”宦官近侍对谢弼的这番话，都深感憎恶，把他调离京城出任广陵郡丞，谢弼因此辞官归家，并回到了东郡故里。曹节的侄子曹绍当时在做东郡太守，就加给谢弼一个莫须有的罪名，把他逮捕下狱，并拷问致死。

灵帝用蛇妖出现的事，问光禄勋杨赐，杨赐上奏折说：“福善是不会无故而来的，灾害也不会无由发生。帝王心有所想，即使没有表现在容色之间，但是五星却因此而推移，阴阳也为之变化。由于国政有失中和，不能治国理事，所以就有龙蛇妖孽出现，《诗经》上记载说：‘梦到蛇虺，就是生女的瑞兆。’希望陛下时念乾坤刚柔务须调和适中的道理，来分别内外，使各得其所，抑制嬖幸们的权势，以周幽王私宠皇甫的事为戒；去除对美色的迷恋，用褒氏亡国之祸自惕，那么蛇妖出现的灾害，自然就能消除了，就即将有福祥的事可发生了。”杨赐，是杨秉的儿子。

五月，太尉闻人袭和司空许栩都被免职；六月，任命司徒刘宠为太尉，任命太常许训（汝南人）为司徒，太仆刘嚣（长沙人）为司空。刘嚣向来曲附于诸常侍，所以能获得致公卿宰辅的高位。

诏令派谒者冯禅去说服散居在汉阳一带的羌贼投降。段颎觉得正值春耕时期，百姓遍布在田野，虽然羌贼暂时投降了，但是县府中没有那么多的粮食供应，羌敌一定会再次反叛而复为盗贼，不如乘虚带兵进击，一定能把他们一举歼灭。于是段颎擅自把军队向前移进，并在距羌敌屯聚的凡亭山四五十里的地方扎营，派骑司马田晏和假司马夏育带领五千人向前进击，打败了羌贼。贼人溃散东逃，到射虎谷后，他们又集合起来了，并且分兵坚守上、下谷口，段颎计划把他们一举消灭，也不让他们再有散亡奔逃的机会。秋季，七月，段颎派遣一千士卒在西县编木为栅，长四十里、宽二十步（古制一步六尺），用来阻止羌贼逃跑，然后派田晏、夏育等带领七千人衔枚夜上西山，挖壕扎营，距敌人仅一里多地，又命令司马张恺等领兵三千直上东山，这时候才被羌贼察觉。段颎因此与张恺等挟东、西山，从两面带兵奋击，大败羌贼，并一直追到山谷上下门，在穷山深谷之中，处处破寇，斩下了羌帅等一万九千多贼人的首级。此外，冯禅等所招降的四千羌贼，分别安置在安定、汉阳、陇西三个郡中。从此就平定了东羌全族。段颎一共经过了一百八十次大小战役，斩了敌人三万八千余首级、俘获各种牲畜四十二万七千多头，耗费军资四十四亿，仅四百多军士死亡。并因此改封他为新丰县侯，食邑万户。

◆司马光说：《周书·泰誓》上说：“天地，就是万物的父母。只有人为万物之灵，在万民中，就该选立最聪明睿智的人为帝王，并以帝王为百姓之父母。”如此说起来，蛮夷戎狄，虽然是禀气不同的异类，但是他们避害趋利，乐生厌死的心理，也与常人一样啊。用合乎正道的方式来统制他们，他们就会服从顺服，用不合正道的方式去对待他们，他们自然会叛乱侵扰，这是理所当然的事。所以先王治政，叛变就加以讨伐，归顺就用施恩怀柔，让他们居于四方边远地区，不让他们前来混乱中原礼仪之邦就是了。如果把他们视如草木禽兽，不能区分善恶，不能辨别顺逆，就一律格杀勿论，这难道是上天的旨意，让他成为百姓父母的用意吗？况且羌族之所以叛逆，是因为郡县对他们任意侵侮凌虐，导致衔冤怀恨的原因啊；既然有叛逆的举动，不应该立即诛杀叛贼，那是由于将帅所用非人的原因啊。如果能选任良将，把他们远驱到塞外，然后选用良臣善加治理，那么驻守边疆的武臣，又怎么能专以大肆杀人为快呢？再说用不合正道的方式治理政务，即使是华夏百姓，也一定会群起为寇，难道也能把中原百姓全都杀光吗？既然这样，那么段纪明（段颎，字纪明）作为大将，虽说是能大战敌人，对国有功，但毕竟是君子所不齿的啊。◆

九月，江夏蛮叛变，被当地的州郡讨平。

丹阳山越进攻太守陈夤，被陈夤打败了。

当时，李膺等人虽然被革职并且受到永不录用的处分，但是天下的士大夫都一致推崇他们的德行而批评朝廷的不对，而仰慕他们的人，好像唯恐不及一样，对他们争相加以赞扬，给这些忠贞义士取了些称号：称窦武、陈蕃、刘淑这三个人为“三君”，君就是被当代奉为典型的人物；称李膺、荀翌、杜密、王畅、刘祐、魏朗、赵典、朱寓八人为“八俊”，俊就是说人群中的豪杰；称郭泰、范滂、尹勋、巴肃和南阳人宗慈、陈留人夏馥、汝南人蔡衍、泰山人羊陟为“八顾”，顾就是说能用自己的德行来引导别人；称张俭、翟超、岑晊、苑康和山阳人刘表、汝南人陈翔、鲁国人孔昱、山阳人檀敷为“八及”，及是说能引导别人追求典范的人；又称度尚和东平人张邈、王孝、东郡人刘儒、泰山人胡母班、陈留人秦周、鲁国人蕃向、东莱人王章为“八厨”，厨是说能布施财物救人贫困。后来到陈蕃、窦武执政掌权的时候，才又举荐了李膺等人；陈蕃和窦武被杀之后，李膺等人再次被废革职。

宦官们对李膺等人深恶痛疾，所以每次下诏颁令的时候，都不忘重申逮捕党人的前令。侯览对张俭的怨恨尤其大，侯览同乡朱并，是个一向专攻谗媚的小人，由于曾被张俭斥逐，所以就逢迎侯览的心意，上奏折告发张俭和与其同乡的二十四人互相别署称号，结成党羽，试图危害社稷，并以张俭作为领袖。于是就诏令削减告发人的姓名，并依据这份奏书传令下去，逮捕张俭等人。

冬季，十月，大长秋曹节因此暗中教唆主办官员奏请：“所有相互勾结的前司空虞放和李膺、杜密、朱寓、荀翌、翟超、刘儒、范滂等罪犯，请求下诏令让各地州郡审讯治罪。”那时，灵帝才十四岁，就问曹节等人说：“勾党是什么意思？”曹节说：“勾党的意思，就是互相勾结为党羽啊。”灵帝又说：“党人有什么罪，非要把他们都杀掉呢？”曹节说：“他们彼此相互标榜举荐，并且阴谋不轨。”灵帝又问：“他们究竟是想做什么不轨的事呢？”曹节回答说：“他们想要夺权篡位。”灵帝这才批准了这份奏折。

因此就有人对李膺说：“现在你可以逃走了。”李膺说：“做事不能害怕困难，有罪不能躲避罪刑，这是做臣子应有的情操。我已经六十岁了，生死自有天命，又能逃到哪去呢？”于是就到狱中投案自首，由于被严刑拷打，而死在狱中；他的门生与以前的下属也一并受到永不录用的处罚。侍御史景毅（蜀郡人）的儿子景顾是李膺的学生，由于名单上没列出他的姓名，因此就没被牵连受罚，景毅感怀万千地说：“我原本以为李膺是个贤才，所以才让我儿子拜他为师，怎么能因为名单上漏列了他的名字，就苟且偷生了事呢？”于是就上奏表辞职归乡。

汝南督邮吴导奉诏令拘捕范滂，到范滂的家乡征羌以后，就在驿馆中关着门，带着诏书，趴在床上偷偷流泪，全县的人都不知道他为什么哭。范滂听到这件事后就说：“这一定是为了我的事啊。”于是就亲自到县狱去自首。县令郭揖很是惊讶，走出来后，解下绶印，拉着范滂和他一起逃跑，他对范滂说：“天下如此大，为什么你一定要留在这里呢？”范滂说：“如果我死了，灾祸就没有了，我怎么能把罪名连累到你身上，还要让我的老母亲流离失所呢？”范滂的母亲前来和他的儿子诀别，范滂就对他母亲说：“仲博很孝顺，足以奉养您老的了。我到黄泉路上以后就跟着龙舒君，这样我们一家人无论是死是活就都有了适当的安排。只希望您老人家能阻断母子不忍之情，不要太悲痛！”仲博，就是范滂的弟弟；龙舒君就是范滂的父亲范显，曾任相龙舒侯，所以才这样称呼。范滂的母亲就对范滂说：“你今天能跟李膺、杜密齐名，就算是死了，也没有什么好遗憾的了。既然已经得到了令名美誉，却还想要求长寿，哪里能两全其美呢？”于是范滂跪下来接受了他母亲的教训，拜了两次，就辞别而去了。又转过头来望着他儿子说：“如果我要教你做坏事，那实在是不应该的；如果我要教你依循正道行事，那我就不能做出因为逃避一死而枉顾国法的事来。”路过的人听到这几句话，没有不流下眼泪的。

当时被列为党人的罪犯，一共被逼死了一百多人，妻儿全都被发配到边疆，天下的豪杰和有义行的儒学者，都被宦官诬指为党羽；导致仇家借机诬陷，私人的怨恨，也被卷进党祸之中。州郡奉旨行事，如果没有托人向宦阉们说情的，也不免受到灾害，因此被处死、流徙、革职和被处永不录用的又有六七百人。

郭泰听说党人被害死的消息后，私下里痛惜地说：“《诗经》上记载说：‘贤才去世，就是邦国的一大损失。’眼看着汉室就要灭亡了，只是不知道天下将落于何人手中而已。就好像《诗经》上所说的‘看那些乌鸦，将栖止在谁家的屋上’啊！” 虽然郭泰喜欢批评别人的善恶，却不愿意正言深论国家大事，所以才生于乱世而不致招怨受害，惹祸上身。

张俭四处流亡，情况十分紧急窘迫，看见故旧人的大门，就进去投奔他，因为尊重他的名望与德行，大家甘愿冒破家灭族的危险而收容他。后来辗转流亡到了东莱，就投身到李笃家里。外黄县令毛钦带着利器来到李家，李笃宴请毛钦入室就座后对他说："张俭是因为犯罪而逃亡的，我李笃怎么敢窝藏朝廷钦犯呢？即使他真的在我这，那么这个人也是有名节的人，明府你甘愿逮捕他、应该逮捕他吗？"毛钦听到他的话后，站起来，用手抚着李笃的肩膀说："蘧伯玉因他一人为独行君子而引以为耻，足下为什么偏想一个人独行仁义呢？"李笃说："现在我就想和你均分，请明府你带走一半吧。"于是毛钦就叹息着走了。后来，李笃就指引张俭投奔到北海的戏子然家，并由戏子然掩护，从渔阳逃到了塞外。在张俭逃亡期间，仅是路过的人家，遇到诛杀的有十来人，因受牵扯被逮捕下狱，进行拷打审讯的到处都有，他的宗族亲戚也都被消灭了，郡县也受到了破坏。张俭与鲁国的孔褒是旧友，逃亡的时候曾经去投奔孔褒，刚好孔褒不在家，那时孔褒的弟弟孔融才十六岁，就将他藏起来了。后来事情泄露了之后，张俭幸运逃脱，鲁国国相便抓捕了孔褒、孔融，并将他们关入监狱，但没有办法确定该判谁的罪。孔融说："收留张俭，将他藏在家里的人是我，所以应该判我的罪。"孔褒说："他是来求我收留的，这并不是我弟弟的错。"官吏就问他们的母亲，她说："家里面的事，本来就应该由家长负责，当然应该由我抵罪。"他们一家人都争着担任死罪，郡县里的官员犹犹豫豫不能判定，于是就向朝廷请示，最后朝廷下诏治孔褒入罪。一直等到党禁解除之后，张俭才回到了他的家乡，后来又担任了卫尉，他去世时，是八十四岁。先前夏馥听说张俭到处逃亡，就曾经叹息地说："自己作的孽，让一些善良的人士平白无故地受到连累，一个人躲避死亡，却让万家人替他遭殃，这样活着又有什么意思呢？"于是夏馥就剪掉了胡子，改变了外貌，躲在林虑山中，隐姓埋名，在一家铁匠铺里干活，经过烟熏炭烤，使得形容憔悴，两三年之后，都没人能认出他是谁。后来他弟弟夏静带了些丝织品，装在车里到处去找他，要把这给他送去，但是他不肯出面接受，还说："老弟啊！你为什么要装一车灾害来送给我呢？”在党禁还没解除之前他就死了。

那时，中常侍张让的父亲去世了，归葬在颍川，虽然全郡的人都前去祭吊，但是没有一位知名的人前去，张让觉得这是种耻辱，当时只有陈寔前去祭吊。等到诛杀党人的时候，张让看在陈寔的分上，就包涵宽容还救了不少人。南阳人何颙，和陈蕃、李膺的交情向来很好，所以在搜捕的名单里，何颙更名改姓隐藏在汝南一带，他往日曾替袁绍奔走效命，由于有这份交情，所以就经常潜入洛阳，和袁绍一起商量，并设法替被卷入灾祸的名士们求救，出主意、想办法，让他们能逃走的逃走，能隐藏的就隐藏，接受他援救而得以免祸活命的人有很多。

那时候，太尉袁汤有三个儿子：袁成、袁逢和袁隗，袁成的儿子名绍，袁逢的儿子名术。袁逢和袁隗都很有名望，受人称赞，年轻的时候就担任高官。当时有个中常侍袁赦觉得袁逢、袁隗出生在相府，又跟他同姓，所以就对他们兄弟极为推崇，想让他们做自己的外援，因此袁氏一门在当时甚为显贵得宠，家产优厚，穷奢极侈，并凌越在其他公族之上。袁绍体貌雄壮并有威仪，爱好贤士矜名，才导致贤才俊秀从四面八方前来归附于他，朱轮和柴毂，塞满街巷，前后相连。袁术也凭借颇具侠义之风而闻名于世。袁逢堂兄的儿子袁闳，年纪虽轻但是有操守，平时以耕读为业，袁逢和袁隗曾经多次馈赠给他财物，他都没有接受。袁闳看见世局危乱，然而家门富资兴盛，就经常叹息着对兄弟们说：“我们的先公（指袁安）凭借福德立家，保佑子孙，然而后代不但不能以德守家，反倒个个极尽骄奢，竟在乱世中以争权夺势为能事，这样的做法，其结果一定会像晋国的三郤一样。”（三郤，指晋大夫郤锜、郤犨、郤至。郤世是晋卿，三郤借着家庭背景，骄奢淫逸，最终被厉公所杀。）等到党祸事发，袁闳想要遁迹到深山丛林中去，但是由于母亲年迈，不适宜远行，于是就在庭中建了一间土室，没有设立门户，就从窗口递送食物。母亲想他的时候，就只能去窗口看看他，母亲离开后，他就把窗子关上，兄弟妻儿他一律不见。隐居十八年，最后死在了土室中。

当时，范滂等攻击朝政，从公卿以下都受到影响而有所改变，太学生们都仰慕他的风范，并认为学术将因此而振兴，有德的才士一定会再被重用。只有申屠蟠独自叹息着说："先前在战国时代，有才学的布衣之士开言阔谈，导致列国君王卑躬屈膝地对待他们，却带来焚书坑儒的大祸，按照现在的情况，正是历史重演啊。"因此就隐藏于梁、砀之间，在野外树林中搭建了间房子住，亲自操佣工贱役。两年之后，范滂等人果真遭到了党锢之祸。只有申屠蟠超然于事外，没有受到攻击。

◆司马光说：以前天下有道的时候，君子可以在朝廷中发扬大道，来匡正小人的罪行，没有人敢不顺从；天下无道的时候，君子就应该容忍缄默以免受到小人的陷害，即便这样，都恐怕还难免遭祸。这群党人生当乱世，又没有高位实权，然而在四海混浊，滔滔者天下都是的时候，想凭借舆论匡救时弊，评论人物的高低，抑恶扬善，这就好比用手挑逗虺蛇的头，用脚踩虎狼的尾巴，致使身受酷刑，殃及朋友，忠义之士即使被歼灭，国家在不久也随之灭亡，不也很可悲吗？只有郭泰能明哲保身，只有申屠蟠能见机行事，立刻隐身避难，这种卓然超群的方法，真不是一般人能赶得上的！◆

庚子晦日（十月无此日），发生日食。

十一月，太尉刘宠被免职；任命太仆郭禧（扶沟人）为太尉。

鲜卑侵犯并州。

在长乐太仆曹节病重的时候，下诏令任命他为车骑将军。可是没过多长时间，他的病就好了，于是就缴还绶印，仍然担任中常侍，并赐位特进，年俸两千石。

高句骊王伯固进攻辽东，玄菟太守耿临出兵攻打并降服了他们。

三年（庚戌，公元170年）

春季，三月，丙寅晦日（三十日），发生日食。

诏令段颎返回京城，任命他为侍中。段颎在边疆待了十余年，从来没有上床好好睡过一觉，因为他能和将士们同甘共苦，所以将士们也乐于替他拼死作战，以至于所向无敌，多建战功。

夏季，四月，太尉郭禧被免职，任命太中大夫闻人袭为太尉。

秋季，七月，司空刘嚣被撤免；八月，封大鸿胪桥玄（梁国人）为司空。

九月，执金吾董宠因假借永乐太后的名义对人有所请托，事情泄露被降罪，进狱处死。

冬季，郁林太守谷永凭借德威诚信招降了十余万乌浒夷人，并且都归降了中原，迁到境内，接受了冠带教化，并为他们设立了七个县城。

凉州刺史孟佗（扶风人），派从事任涉带领五百敦煌士兵，跟戊己校尉曹宽、西域长史张宴等所带领的焉耆、龟兹、车币前、后部，共计三万多人征讨疏勒，带兵攻打桢中城，接连四十多天，都没能攻破，就带兵退回了。从此以后，疏勒王不断入侵杀人，朝廷对他们没有一点办法。

起初，中常侍张让养了许多监奴，替他治理家事，这群监奴倚权挟势，声势显赫。孟佗财物富饶，遍交监奴，倾尽所有馈赠贿赂他们，一个也没有遗漏。监奴们都对他感激不尽，就问他有没有什么事要他们效劳的，孟佗说："我只想请你们帮助我拜见中常侍一面！"当时求见张让的宾客，每天都有数百上千辆车，孟佗去见张让，由于去晚了，所以根本轮不到他进门，监奴便带领着一些仓头恭恭敬敬地在路旁迎接他，他的车就在前呼后拥的情况下被送进了大门，宾客们看到后，都大为吃惊，并认为孟佗比张让更得人望，于是大家都争着把珍玩送给他。孟佗每次得到后，都会分给张让，张让很高兴，因次任命孟佗做凉州刺史。

四年（辛亥，公元171年）

春季，正月，甲子日（初三），由于灵帝加冠，就大赦天下，只有党人没被赦免。

二月，癸卯日（十三日），发生地震。

三月，辛酉朔日（初一），发生日食。

太尉闻人袭被免职；任命太仆汝南人李咸为太尉。

发生瘟疫。司徒许训被免职；任命司空桥玄为司徒。夏季，四月，又任命太常南阳人来艳为司空。

秋季，七月，司空来艳被免职。

癸丑日（七月无此日），册封贵人宋氏为皇后。她就是执金吾宋酆的女儿。

司徒桥玄被免职；任命太常宗俱（南阳人）为司空，又任命前司空许栩为司徒。

灵帝因想到窦太后有助立之功，冬季，十月戊子朔日（初一），带领群臣在南宫朝拜太后，亲自奉上饮食为太后祝寿。黄门令董萌因此一再替太后申冤，灵帝都听从了，并且对太后的供养资奉比以前也好了很多。曹节和王甫心怀怨恨，于是就诬陷董萌谤讪皇上生母孝仁董太后，结果就把他逮捕下狱处死。

鲜卑人进攻并州。

资治通鉴卷第五十七　汉纪四十九

起壬子（公元172年），止庚申（公元180年），共九年。

【题解】本卷记录了汉灵帝熹平元年至光和三年间的历史。熹平五年，第三次党锢之祸兴起。窦太后死，汉灵帝礼葬，民间流言窦太后被宦官所杀。段颎投靠宦官后大肆抓捕千余所谓流言者。熹平五年，灵帝下诏追究党人，罪及五服，这是第三次党锢之祸。灵帝立《熹平石经》倡导儒学，颁布三互法。灵帝好文学，设鸿都门学与太学相抗。灵帝又设立卖官所，各类官职标价出售。陈球等谋诛宦官事泄，下狱死。

孝灵皇帝上之下

熹平元年（壬子，公元172年）

春季，正月，灵帝祭奠光武帝的陵墓。司徒掾蔡邕（陈留人）说："我听说古代的天子是不到陵墓上祭奠的。如今，朝廷有天子祭奠陵墓的礼节，刚开始我觉得这个礼节可以去掉；如今我看到祭奠时的威仪节度，研究这个礼节的本意后，才知道恢复这种祭奠礼节的孝明皇帝是非常孝顺并且有恻隐之心的，这种礼节确实不能随便去掉。礼节中即使有繁缛而不可减省的，大概就是这个吧。"

三月，壬戌日（初八），太傅胡广逝世，享年八十二岁。三十多年来胡广先后做过太傅、太尉、司徒、司空四公，侍奉过安、顺、冲、质、桓、灵六位皇帝，朝廷对他的待遇极为优厚，免职从来没有满一年，就又会高升。他所任用的人大多是天下有名的人士。他和旧时的属吏陈蕃、李咸都做三公。他通晓史事，熟知朝廷的章法制度。所以在京城有个谚语说："万事不治理，问伯始（胡广字）；天下中庸，有胡公。”（“万事不能治理，就只需要问伯始；天下之所以和平永宁，只是因为有胡公”）但是他为人温厚谨慎，一直以言语谦逊、态度恭谨，而获得当时人的赞赏，没有忠贞正直的表现，天下人都因此轻视他。

五月，己巳日（十六日），灵帝大赦天下，把年号改为熹平。

长乐宫太仆侯览由于专权骄傲奢侈而犯罪，灵帝下令收回他的印信，侯览随后自杀。

六月，京城发生大水。

窦太后的母亲在比景去世，太后因为忧伤思念就得了疾病，癸巳日（初十），在洛阳南宫云台去世。宦官们对窦氏有很深的怨恨，于是就用衣车带着太后的尸体，把尸体放在城南市镇的房屋中。几天以后，曹节和王甫要用殓贵人的礼节来替太后发丧，灵帝说：“是太后亲自立的我来继承天下的伟业，而我现在用殓贵人的礼仪为太后送终，这怎么合适呢？”于是就发丧，完成殓太后的礼仪。

曹节等人想把太后葬到别处，不跟桓帝合葬，并把冯贵人的牌位放在桓帝的宗庙里配享。灵帝命令公卿们全部在朝堂聚集讨论，并且让中常侍赵忠主持会议。当时太尉李咸正巧生病，收到命令后，就立刻扶着车子站起来，并把椒药捣碎，随身携带，对妻儿说：“如果皇太后不能跟桓帝受祭享，我就吞下椒药自杀，绝对不活着回来！”会议开始以后，朝廷里坐着几百人，大家观望了很久，没有一个人愿意先发言。赵忠说：“现在就该决定了！”廷尉陈球说：“皇太后凭借自己盛大的德行，再加上家世又好，才被立为国母，应该和先帝受祭享，这是毋庸置疑的事。”赵忠笑了一阵后说：“陈廷尉应该马上拿笔把具体的理由写出来。”陈球就说：“从前皇太后做皇后的时候，就表现出了不凡的智慧和国母的风仪；后来遭到不幸的时代，先帝逝世，于是就扶立当今圣上继承宗庙，功业很大。先帝去世后不久，由于受到大案的牵累，就被迁到空旷的南宫，而现在不幸去世了，虽然窦家曾经获罪，但这和太后没有关系，如果现在不和先帝合葬，而是葬在别处，确实是会让天下人失望的。再者说冯贵人的坟墓曾经被人挖掘，使得尸体暴露在外面，和贼人放在一起，灵魂已经受到玷污，并且对国家也没有功绩，怎么能配得上天子呢？”赵忠仔细看了陈球的议论，脸上立刻就变了颜色，低下了头后又仰起头讥笑着说：“陈廷尉所说的议论很是坚强有力！”陈球说：“陈、窦两家蒙冤受屈，皇太后没有缘故地被幽禁，我一直感到痛心，天下人也都感到愤慨！今天我说了这些话，回去以后即使获罪，也是我平生的心愿！”李咸说：“我原本也认为是这样的，陈球的意见和我的意见相同。”于是公卿们都遵从陈球的意见。曹节和王甫还在继续争论，他们认为：“先前梁皇后家犯了忤逆凶恶的罪，梁皇后逝世后，就埋葬在懿陵，并没有和桓帝葬在一起。武帝曾经废除了卫皇后，后人就以李夫人配武帝受祭享。如今窦氏的罪行深重，怎么能和先帝合葬？”李咸又上奏书说：“我俯首伏地思考从前章德窦皇后虐害恭怀梁皇后，窦皇后逝世后，并没有和帝另葬的说法；安思阎皇后家里犯了凶恶造反的罪，阎皇后去世后，顺帝一天也没有贬降的文字。说到卫皇后，是孝武皇帝亲自废弃的，不能拿来作为对比。现在长乐太后还享有尊号，又曾经代理天子的事务，并且扶立当今的圣上，发扬皇室的禄位。太后把陛下当作儿子，陛下怎么就不能把太后当作母亲？儿子没有呵斥母亲的道理，臣子没有贬谪国君的道理，所以太后应该跟先帝合葬，完全遵从原有的制度。”灵帝细看了奏折，并听从了李咸的建议。

秋季，七月，甲寅日（初二），把桓思皇后葬在桓帝的陵墓。

有人在朱雀阙上写：“天下要大乱了，曹节和王甫幽禁、杀害太后，满朝大卿只食俸禄不做事，没有一个敢进言的人。”灵帝命令司隶校尉刘猛逮捕书写的人，十天聚集商讨一次。刘猛觉得诽谤的文字说得很正直，所以不愿意积极追捕。一个多月的时间，连写的人的名字都没有查出来，于是刘猛就被贬为谏议大夫，并任命御史中丞段颎替代他的职务。段颎就命人四面追捕，把太学里的学生都抓来了，一共抓了一千多人。曹节又让段颎用另外一件事情来上奏章弹劾刘猛，刘猛经过论罪后被送往左校服苦役。

起初，司隶校尉王寓依靠宦官的权威，求他们将自己举荐给张奂，但是张奂拒绝了，于是王寓就用党罪来诬陷他，阻断他的仕途。张奂曾经和段颎争着攻打羌人，两人很不和睦，现在段颎担任司隶校尉，想要把张奂赶回敦煌并杀死他，张奂就上了一个奏文给段颎，向他祈求，才免去灾祸。

起初，魏郡人李暠做司隶校尉的时候，由于以前的怨恨杀死了扶风人苏谦；苏谦的儿子不韦就把他的尸体简单地埋掉了，没有棺椁，也没有举行葬礼，然后就更名改姓，结交剑客替父亲报仇。李暠被提升为大司农后，苏不韦就藏在他家的柴房里，并从柴房凿一个地洞通往李暠的寝室，杀掉他的妻妾和他的小儿子。李暠非常害怕，就用木板铺在地上，一个晚上换了九次睡觉的地方。苏不韦又挖掘李暠父亲的坟墓，并把他父亲的头割下来，标明身份后摆在市镇上示众。李暠尽力逮捕凶手，但是始终没有捉到，最终因为气愤吐血而死。后来苏不韦遇到赦免，回到家后，又补行丧礼埋葬父亲。张奂向来和苏家很融洽，段颎和李暠关系很好。李暠死后，段颎就任命苏不韦为司隶的属员，苏不韦很害怕，就假装有病不去。段颎听后很生气，就命令他的下属张贤到苏家杀死了苏不韦，并且把毒酒交给张贤的父亲说："如果张贤没有杀死苏不韦，你就喝掉它！"于是张贤就把苏不韦连同他一家六十多人抓起来，一块杀掉。

渤海王刘悝被贬谪到瘿陶后，就委托中常侍王甫设法恢复封国，并且答应事成后以五千万金钱酬谢；不久后，桓帝就有遗诏，命令恢复刘悝的封国，刘悝知道这不是王甫的功劳，就不肯给他谢钱酬金。中常侍郑飒、中黄门董腾经常和刘悝来往，王甫偷偷地侦察到，就把此事告诉了段颎。冬季，十月，段颎逮捕了郑飒，并把它送到北寺狱，并让尚书令廉忠向天子诬奏说："郑飒等计划迎立刘悝为天子，确实是大逆不道。"于是天子就诏令冀州刺史逮捕刘悝调查实情并逼问他，最后命令他自杀；他的妃妾有十一人，子女有七十人，伎女有二十四人，都一起死在了狱中，傅、相以下的官员，也都受到诛杀。

王甫等十二个人都因为有功而被封为列侯。

十一月，会稽的盗贼许生在句章起事，并自称为阳明皇帝，官兵上万人；灵帝派扬州刺史臧旻、丹阳太守陈寅前去征讨。

十二月，罢黜司徒许栩的官职；任命大鸿胪袁隗为司徒。

鲜卑侵入并州。

这一年，单于车儿逝世，他的儿子屠特若尸逐就单于继位。

二年（癸丑，公元173年）

春季，正月，暴发瘟疫。

同月丁丑日（二十七日），司空宗俱去世。

二月壬午日（初三），赦免天下。

任命光禄勋杨赐为司空。

三月，免去太尉李咸的官职。

夏季，五月，任命司隶校尉段颎做太尉。

六月，北海发生地震。

秋季，七月，免去司空杨赐的职务；任命太常颍川人唐珍为司空。唐珍，就是唐衡的弟弟。

冬季，十二月，免去太尉段颎的职务。

鲜卑侵入幽、并两州。

癸酉晦日（二十九日），发生日食。

三年（甲寅，公元174年）

春季，二月，己巳日（二十六日），赦免天下。

任命太常东海人陈耽为太尉。

三月，中山穆王刘畅逝世，由于没有儿子，封国就被撤除了。

夏季，六月，任命河间王刘利的儿子刘康为济南王，实行孝仁皇帝的宗庙祭祀。

吴郡司马孙坚（富春人）招募一千多精锐的士兵，帮助各州郡征讨许生。冬季，十一月，臧旻、陈寅在会稽把许生打败了，并斩掉了许生。

任城王刘博逝世，由于没有儿子，就撤除了封国。

十二月，鲜卑侵入北地，北地太守夏育带领屠各追击，大败鲜卑。夏育被提升护乌桓校尉。鲜卑又入侵并州。

免去司空唐珍的官职，任命永乐少府许训为司空。

四年（乙卯，公元175年）

春季，三月，天子命令所有的儒者校正《五经》，命令议郎蔡邕把《五经》用古文、篆体、隶体三种文字书写，并刻在石头上，竖立在太学门外，让后儒晚学都有取法的准则。石碑刚立起来的时候，每天都有成百上千的人来观看和摹写经文，把大街小巷都堵塞了。

从前，朝廷认为各州郡之间经常互相勾结，讲究私人感情，相互结党营私，于是就规定有婚姻关系的家族和幽、冀两州的人士不得相互做官，从此就有了所谓的“三互法”。严禁趋向严密，选人也就困难了。幽、冀两州的刺史长期空着，不能补充。蔡邕看到这种现象，就上奏书说：“幽、冀两州，原来是出产铠甲和良马的地方，近几年来因为兵荒马乱，已经渐渐地减少了。现在刺史一职已经空缺很久，官吏和人民都翘首盼望，但是三公府对于人选，一个多月也没有决定。我很奇怪就问这是什么原因，他们回答说是要避免和‘三互法’相冲突。其中十一个州有禁令，只能用在这两州而已。又因为，两个州的人士，有的又加上了时间的限制，犹犹豫豫，因此错失良机，导致两州刺史的职位长期空缺，万里边疆一片萧条，没有人去治理。我觉得‘三互法’，是禁令中比较苛刻的。现在只要能伸张正义，严整法令，两州的人交换为官，还有所畏惧不敢营私，更何况是‘三互’的关系，哪里有嫌疑呢？先前韩安国从囚徒起身，朱买臣出身卑微，但是两个人都是因为有才能才回到本土做主官，哪里还能顾及‘三互’，受到这种毫不重要的制度的牵连呢？我希望陛下能效仿先帝，去除近时的一些禁令，各州有才能的刺史就可以互换，没有必要局限在时间和‘三互’，希望能选用到适当的人才。”朝廷并没有采用。

◆司马光说：叔向曾说：“国家快要灭亡的时候，禁令一定会很多。”圣明的国君治理政治，是谨慎地选择忠诚贤能的人加以任用。但凡是朝廷内外的臣子，只要有功就给他赏赐，如果有罪就进行惩罚，没有一丝偏私，法令并不复杂，天下却能被治平。这是什么道理呢？就是能够掌握治国根本的原因。到了衰世的时候，对于百官的任用，不能选择合适的人才，但是禁令却越来越多，防范也越来越严，有功的人碍于禁令就得不到赏赐，作恶的人巧于弄法也受不到惩罚，上下辛苦烦扰但弄得天下大乱。这又是什么道理呢？是追逐治国的枝末的原因。孝灵帝的时候，刺史和两千石的官吏，像豺虎一样贪婪，残害百姓，然而朝廷还在紧守着“三互”的禁令。在今天看来，难道不是很能让人发笑，并且也深值得人引以为戒吗？◆

任命河间王刘建的孙子刘佗为任城王。

夏季，四月，有七个郡国发生大水。

五月，丁卯日（初一），赦免了天下。

成帝的陵园发生火灾。

鲜卑侵入幽州。

六月，弘农、三辅发生螟灾。

于寘王安国攻击拘弥，把拘弥打得大败，并且杀掉了拘弥王。戊己校尉、西域长史都派兵来帮助拘弥王入侍天子的儿子定兴，并立他为王，只有一千人民。

五年（丙辰，公元176年）

夏季，四月，癸亥日（四月无此日），赦免天下。

益州郡夷人叛变，太守李颙平定了。

朝廷举行祭祀祈雨大典。

五月，免去太尉陈耽的官职；任命司空许训为太尉。

闰月，永昌太守曹鸾上奏折说：“在党人中，有些是德高的，有些是士大夫中的佼佼者，都是应该辅佐王室、参与大计的人，却长时间地被禁绝仕途，屈辱地居住在草野。即使是谋划造反这种大逆不道的事，还能够受到原谅，那么党人犯了罪，竟然得不到宽恕？所以灾害的频频出现、水灾旱灾频频产生，都是这个原因造成的。因此应该施以大恩来赦免他们，来迎合天意。”灵帝看到奏书后，非常气愤，于是就诏令司隶校尉、益州刺史用囚车逮捕曹鸾，并把他送到槐里的监狱，打死了他。又命令各外郡更考查党人的学生以及以前的属吏、父子、兄弟，只要是在朝做官的，一律被免除官职，断绝仕途，一直推到五等亲。

六月壬戌日（初三），任命太常南阳人刘逸为司空。

秋季，七月，免去太尉许训的官职；任命光禄勋刘宽做太尉。

冬季，十月，免去司徒袁隗的官职；十一月，丙戌日（十一月无此日），任命光禄大夫杨赐为司徒。

这一年，鲜卑侵入幽州。

六年（丁巳，公元177年）

春季，正月，辛丑日（十五日），赦免天下。

夏季，四月，发生大旱灾，有七个州发生蝗灾。

天子命令三公逐条上奏各地方首长中暴戾贪污的人，然后免去他的官职。平原相阳球（渔阳人）由于严苛而犯罪，被召到廷尉受审。灵帝认为以前阳球做九江太守的时候讨伐山贼有功，于是就特别给予赦免，并任命为议郎。

鲜卑入侵东西北三面的边境。

有几十个商人和老百姓聚集一起做桓帝的孝子，灵帝下令都拜为太子舍人。

秋季，七月，免去司空刘逸的官职；任命卫尉陈球为司空。

起初，灵帝很喜爱文学，曾写过一篇《皇羲篇》，一共有五十章，因此就引进一些能够写文章辞赋的儒生，一齐在鸿都门下等待命令；后来一些能够写公文书信以及擅长写鸟虫书、篆字的人都被引召，共有几十个人。侍中祭酒乐松、贾护引进很多品行恶劣的人，这些人喜欢说一些乡里的小事；但是灵帝很喜欢听，不按照常序给予他们提拔的职位；灵帝又长时间没有亲自举行郊祭庙祭的礼节，正巧遇到诏令群臣各个陈述治政的要点，于是蔡邕就呈上秘密奏折说："在东南西北中五个郊野中，迎接春夏秋冬的气息，在清静严肃的宗庙祭祀，在天子所设的太学里侍奉老人，这都是皇上的大事，是祖宗所恭敬奉行的。然而官吏们常常因为蕃国远亲的丧事，宫里妇女的生产，小吏皂隶的生老病死，废阙但并不举行，忘记了尊敬的大事，信任禁止的书籍，拘泥于小节，就损害了大的制度。从今往后斋祀的仪节应该依照原有制度，这样也许能应对频频发生的风雷灾害的异状。再者，古代的天子选取的人才，一定要让诸侯每年贡献一次。孝武帝的时候，每个郡县都选拔孝廉，还有贤良和文学的选举，因此名臣不断产生，文武都很兴盛。汉代获取人才，就只有这几条路而已。士人会诗词书赋，但只是小才，不一定有匡正国家治理政事的能力。陛下刚上位的时候，首先涉猎经书，每天听政之外，观看一些文章作品，只不过是为了散心寄意来代替赌博、下棋，不能作为教化人民选取人才的根本。然而一些儒生竞逐利益，人多势众，德行稍微高一点的还能够引用经书训诰讽刺比喻的文字，德行卑下的则满篇的俗语，就像是戏子，有的更是抄袭别人的文章，加上自己的姓名。我每次在盛化门接受诏书的时候，看到他们考校士人，都按次序分类并加以登录，考试不及格的，也都跟在后面被授予官职。朝廷既然已经施与恩德，就很难再收回更改了，只要他们谨守职务，那么朝廷对他们的德义已经很大了，不能再让他们治理人民，不能再做州郡的主官。先前孝宣帝在石渠阁聚集所有的儒者，章帝在白虎观聚集学士，解释经书、讲明道理，这种事情是多么美好伟大的啊。经书所记载的都是文王武王的大道，确实应该遵循。至于小技能和小长处，虽然也有值得观赏的地方，但是孔子觉得这种小道要想推用广远就行不通，所以君子就应该专注于大道。又把以前那些愿意做桓帝的孝子的人任命为太子舍人，我听说孝文帝制定丧礼，是为天子服丧以三十六天为度，即使是继位的君主，父子之间的至亲骨肉，受过恩宠的公卿臣子，都忍耐哀情、遵从制度，不敢超越。现在这些虚伪的小人，根本就不是至亲骨肉，既没有受过桓帝的恩宠，又没有担任过朝廷的官职，他们所表现出的这种爱心，丝毫没有道理可说。甚至竟然有一些犯法作乱的人混在里面；桓思皇后下葬，灵柩上车辞别祖先时，东郡有一个偷人家妻子的人，竟逃亡到孝子的行列中，经过追捕，才认罪服法。像这种虚伪的事情，讲也讲不完。君主的下属，应该选择有美德的人来担任，怎么能取用一些墓陵旁边假名孝子的凶恶之人呢？这种不吉祥，没有比这个更大的了。应该把他们都遣归乡里，让大家知道他们的诡计。”奏书呈上以后，灵帝就亲自到北方的郊野迎接冬气，并在太学里举行侍奉老人的礼节。又命令做桓帝孝子封为舍人的，都改成了丞、尉。

护乌桓校尉夏育上奏折说：“鲜卑入侵边界，从春季以来已经有三十多起了，祈求陛下征用幽州各郡的兵出塞攻击，经过一个冬天、两个春天，一定能够被消灭。”在这以前，护羌校尉田晏因为犯罪而被判刑，受到原谅，想要为国家立功，就委托中常侍王甫向朝廷要求做讨伐鲜卑的将领。王甫就因此建议朝廷出兵，派田晏和夏育一起讨伐贼人，于是灵帝就任命田晏为破鲜卑中郎将；大臣中有很多人不赞同，于是就诏令百官在朝堂商讨。蔡邕辩论说：“讨伐异族，是一件很重要的事。时期有同也有不同，形势可以有也可以没有，所以谋略有利有不利，战事就会有成功有失败，都是不能一概而论的。凭借武帝那样的聪明英武，将帅的优良勇敢，财物的充实，边疆的扩大，经过几十年，对匈奴用兵，官方和民间全都缺乏，武帝还有后悔的意思。更何况今天人力和财力都缺乏，并且战势也不如从前呢？匈奴逃走之后，鲜卑日渐强盛，占领匈奴以前的土地，军队有十万人，武力也非常强大，计谋也日渐增多；再加上关塞不是很严紧，法令有很多漏洞，国家优良的铜铁，都被贼人拥有，汉人中犯罪逃亡的人，都成了他们主要的谋划者，他们兵器的锋利，战马的速度，都超过了匈奴。先前段颎是一位优秀的将领，熟悉军事擅长作战，但是对西羌用兵，也经过十几年才得以胜利，现在夏育、田晏才能智谋不一定超过段颎，鲜卑人也不比先前柔弱，然而按照夏育、田晏不确定的估算，认为两年就能成功，如果兵连祸结，战事没有办法停止，难道中途能停下不管？那不然是要征用人民，辗转运输不止，这种做法显然是耗尽中国的国力，来和蛮夷拼杀。边境的灾祸，就像是手脚上的疥疮；而中国的困境，就像是腹背上的毒瘤，现在连各郡县的盗贼都无法禁绝，更何况是这么强大的鲜卑，又怎么能够平服呢？以前高祖忍受被困平城的耻辱，吕后不计较单于辱骂书信的羞耻，和现在的情况比起来，哪个比较严重呢？上天创造了高山大河，秦朝筑成长城，汉代建立关塞，都是为了区别内外，分开和中国风俗不同的蛮夷。只要没有倾危国家的内患就行了，为什么还要和虫蚁一样的胡虏计较胜败的次数呢？即使打败了他们，难道就能灭尽他们，然后才能让汉朝人安心吃饭吗？先前淮南王刘安劝阻攻伐越地时说：'如果越人拼死前来迎战，那么服贱役的士兵只要损失一个，即使得到越王的头，也是大汉的耻辱。'现在想要用大汉的平民来交换胡虏，用皇帝的威严来屈辱外夷，如果真是这样，也够危险了，何况胜败还无法预测呢？"灵帝没有听从。八月，派夏育出高柳，命令田晏出云中，匈奴中郎将臧旻带领南单于出雁门，每人各率领一万骑兵，分三路出塞两千多里。鲜卑领袖檀石槐命令东、西、中三部的首领各自带领军队迎战，夏育等被打败，丢失了节符、信物和辎重，每人各率领几十个骑兵逃奔回来，十分之七八都死了。三个将领都被送进了监狱，本来应该被判死罪，但最后用金钱赎罪，于是被废为平民。

冬季，十月，癸丑朔日（初一），发生日食。

免去太尉刘宽的官职。

辛丑日（十月无此日），京城发生地震。

十一月，免去司空陈球的官职。

十二月，甲寅日（初三），任命太常河南人孟郁为太尉。

庚辰日（二十九日），免去司徒杨赐的官职。

任命太常陈耽做司空。

辽西太守赵苞（甘陵人）到任时，派使者迎接他的母亲和妻儿，快要到郡城，经过柳城的时候，正好遇上一万多鲜卑人进入边塞侵扰掠夺。赵苞的母亲和妻儿就一齐被劫去作为人质，鲜卑人用车带着他们攻打辽西。赵苞带领两万骑兵和贼人对阵，贼人就推出赵苞的母亲给他看，赵苞号啕大哭，对母亲说："儿子不孝，本来想要用很少的俸禄奉养母亲，不料却给母亲带来了灾祸。先前我是母亲的儿子，现在我是朝廷的臣子，从道义来说，不能只顾私情，放弃对国家的忠义贞节，我实在是应该万死，除此以外没法弥补罪过。"母亲遥遥地对他说："威豪（赵苞字），每个人都有自己的命运，何必为了顾私情而损害忠义，你要多多激励自己啊！"于是赵苞立刻进兵，把贼人全部打败，但是他的母亲妻儿也都被贼人害死。赵苞亲自上奏折请求回到故乡埋葬母亲，皇帝派使者吊祭慰问，任命赵苞为鄃侯。赵苞完成母亲的葬礼后，对乡人说："拿了国家的俸禄却逃避灾难，这是不忠；牺牲了母亲来保全节义，这是不孝。这样的话，还有什么脸面活在这个世上呢？"于是吐血而死。

光和元年（戊午，公元178年）

春季，正月，合浦和交趾郡乌浒的蛮人造反，引诱九真、日南的人民攻占了很多郡县。

免去太尉孟𫚥的职务。

二月，辛亥朔日（初一），发生日食。

癸丑日（初三）的时候，任命光禄勋陈国人袁滂做司徒。

己未日（初九），发生地震。

设立鸿都门学，学生毕业后都由朝廷命令各州郡、三公举荐征辟，有的到各个州郡做刺史、太守，有的在朝廷里担任尚书、侍中，甚至还有获得封侯、赐爵的；因此士君子都觉得与他们为伍是可耻的。

三月，辛丑日（二十一日），赦免天下，把年号改为光和。

任命太常常山人张颢为太尉。张颢就是中常侍张奉的弟弟。

夏季，四月丙辰日（初七），发生了地震。

侍中官府中的母鸡变为公鸡。

免去司空陈耽的职务；任命太常来艳为司空。

六月，丁丑日（二十九日），有一股黑气笼罩在灵帝所住的温德殿东面的院子里，有十几丈长，像龙一样。

秋季，七月，壬子日（七月无此日），有一条青虹出现在了玉堂后殿的院子里。天子下令召集光禄大夫杨赐等到金商门，询问他们灾害的原因以及消除灾变恢复常态的方法。杨赐回答说：“《春秋谶》记载说：‘天上落下霓虹，天下人都很怨恨，使得海内一片混乱。’加上汉朝四百岁的期限，就要到了。现在妾妇、宦官的首长共一千人一同整治国政，欺骗圣上；再者，鸿都门下召集的一群小人，擅长写作辞赋文章，并一时得宠，相互推荐援引，在很短的时间里，就受到举用。乐松担任常伯，任芝官处纳言，郤俭、梁鹄每个人都受到了丰官厚爵和不按照次序提拔的恩赐，就使得一些官宦委屈地隐藏在草野，虽然他们嘴里说的尧、舜的言论，做的却是超越世俗的行为，但是被抛弃于沟壑之中，并没到一点恩宠。这就好像帽子和鞋子颠倒来用，高陵和深谷易位而居，承蒙皇天垂示形象责告我们的过错。《周书》记载说：‘天子见到怪异现象就要修明德行，诸侯见到奇怪的现象就修明政治，卿大夫看到怪异的现象就要修明职守，士人见到怪异的现象就要修明言行。’希望陛下能远离谗佞巧言的臣子，赶紧征用有高尚德行而为人所称赞的人物，禁用不经天子阅览的诏书，制止游乐，以请求上天收回威怒，一切灾害就可以消除了！”

议郎蔡邕回答：“我低下头思考所有的灾异，都是亡国的怪象。上天对于大汉委曲求全，所以频频出现奇怪现象来作为惩罚，想要让君王感动省悟，转变危险，趋向平定。现在霓虹从天上落下，母鸡变成公鸡，这都是女人干预政治造成的。先前的乳母赵娆，高贵得不得了，但是喜欢进谗言，表现极为谄媚骄傲并且自满，后来又出现了永乐门史霍玉，依赖一切城狐社鼠的小人，为非作歹。现在道路上到处议论，都说又有一位程大人，观看她的风望和声名，将成为国家的祸害，应该特别提防一下，清楚地设立法令，思考赵娆、霍玉的事情，并以此作为警戒。现在的太尉张颢，就是霍玉所举荐的；光禄勋伟璋，出了名的贪婪；另外长水校尉赵玹，屯骑校尉盖升，都很走运，变得非常富足；应该记得小人在位时的灾害，而且想到退身让贤的幸福。廷尉郭禧，纯洁忠诚老成持重；光禄大夫桥玄，聪明正直；以前的太尉刘宠，忠厚老实；这些人都应该作为朝廷策谋的主体，常常受到天子的询问。朝廷的宰相和大臣，就好像是国君的手足，任命官职，督导成功，他们才能的优劣已经很清楚，不应该听信小人的话，削减大臣而形成其罪过。再者，尚方工匠的作品，鸿都门学生写的文章，可以暂时停止，来表示思念忧患。宰府里所任用的孝廉，都是士人中的精英，最近因为任用不严谨，三公都受到严厉责备。如今都让小文章登用，越级选举，开启了请辞的门路，违背了天子圣明的制度，大家心里都很不服，却没有人敢说。我希望陛下能狠下心来摒绝，注重万事，来应答天意。圣明的天子约束并激励自己，左右亲近的大臣也应该被感化，人人贬低自己，以弥补罪过，这样天道就会亏损骄满，然而鬼神就降福谦虚了。君臣不慎密，君主就有失言的危险，臣子就有失去性命的灾祸。希望陛下能搁起我的奏折，不要让尽忠的官员受到奸恶仇家的怨恨。”奏折呈上，灵帝看后叹息了一阵，就起来更换衣服，曹节在后面偷偷看到，把这些都告诉了左右亲近，事情就这样被泄露出去了。那些被蔡邕删裁罢免的人，都恨得牙痒痒的。

起初，蔡邕和大鸿胪刘郃一直不和，叔父卫尉蔡质又和将作大匠阳球有冤仇。由于阳球是中常侍程璜的女婿，于是程璜就叫人紧急上奏章说：“蔡邕、蔡质经常让刘郃帮忙办私事，刘郃没有接受。蔡邕怀恨在心，就想要中伤刘郃。”于是灵帝诏令尚书召蔡邕询问详情。蔡邕上奏折说：“我实在是太愚蠢了，没有考虑到以后的灾祸，陛下不顾及忠臣直言，也应该加以严守隐藏，现在突然诽谤来临，而陛下就因此猜疑责怪。我已经四十六岁了，孤单的一个人，能够得到忠臣的声名，即使因此而死了，也觉得很荣耀，只是害怕陛下从此再也听不到至善的言论了！”于是就把蔡邕和蔡质下放到洛阳监狱，判他们“带着仇怨从事公职，设计诬陷大臣，犯了大不敬的罪过，应该在街市上斩头”。案子呈上去后，中常侍吕强（河南人）怜悯蔡邕无罪，就尽力地为他申冤、请求。灵帝也想到他的那篇奏折，于是就下诏书说：“减免死刑一等，和家属剃去头发戴上刑具放逐到朔方，不能因为大赦而除刑。”阳球派了几个刺客去追赶，要在路上刺杀蔡邕。刺客有感于蔡邕的气节，都不肯替阳球做这件事。阳球又贿赂了一路的州牧郡守，让他们害死蔡邕，这些受到贿赂的人反倒把这个情形告诉了蔡邕，让他警戒，蔡邕因此才免于死亡。

八月，有彗星出现在了天市星宿。

九月，免去太尉张颢的官职；任命太常陈球为太尉。

司空来艳逝世。冬季，十月，任命屯骑校尉袁逢做司空。

宋皇后失去宠幸，后宫的宠姬们一同进谗言毁谤她。渤海王刘悝的妃子宋氏，是宋皇后的姑妈。中常侍王甫害怕皇后怨恨他，因此就诬说皇后用邪术诅咒灵帝；灵帝相信了他的话，就命令他收回皇后的印玺。皇后就把自己关进暴室监狱，忧郁而死，父亲不其乡侯宋酆和他的兄弟全部都被杀。

丙子晦日（三十日），发生日食。

尚书卢植上奏折说：“第一那些因党祸而受禁锢的人大多没有罪过，可以给予宽恕，以洗雪他们的冤枉。第二，宋皇后的家属都因为无罪被杀，尸体暴露在外边，没有办法收尸埋葬，应该命令家属收拾尸体，以使灵魂能够安宁。第三，郡守、刺史在一个月中几次迁调，应该按照规章来升降，以表明他们有没有才能。这样，即使不能做到九年，也能做满三年再迁调。第四，朝臣请求私下里拜见天子，对天子有所企图，应该一律被禁止，关于选举人才的事情，就应责成主其事的官吏去办。第五，天子的制度，在道理上没有私人的积攒，应该发扬大政务，而摒弃一些小事情。”灵帝没有理会。

十一月，免去太尉陈球的官职。十二月，丁巳日（十二日），任命光禄大夫桥玄为太尉。

鲜卑侵入酒泉，种族和人众一天天增多，边郡没有不受到灾祸的。

天子命令中尚方替鸿都门文学乐松、江览等三十二人画像立赞，以此来鼓励求学的人。尚书令阳球劝告说："经我考查，乐松、江览等出身卑微，是才能低下、器量狭窄的小人，凭借着亲戚的关系，依靠于权贵的势力，阿谀奉承，在这个清正的时代，侥幸求见。有的献了一篇辞赋，有的写了几张鸟篆，而官位却升到郎中，容貌竟然上了图画；也有的笔也没有碰过纸，字都不认得几个，文章是让人代做的，字也是请人代写的，很奇怪，但是没有一个人不受到天子特殊的恩宠，因此就从微贱一跃而成显贵，所以有志之士都掩口而笑，天下人都哀叹不已。我听说设置图像的目的在劝勉警告后人，要让人君以此为鉴而注意自己一行一动的得失，从来没有听说过竖子小人假作一两篇颂扬文字就可以骗到高官获得画像的。现在太学和东观，足以发扬圣明的教化，我希望能停止选用鸿都门的学生，来消除天下人的非议。"奏书呈上后，天子没有理会。

这一年，发生了西邸卖官的事情，官位的价格各有不同：二千石的官位是二千万，四百石的官位是四百万。那些按照品德高低选择的官职，只需要出一半或者三分之一的钱；并在西园建立仓库来贮存这些钱。如果亲自到天子的宫殿上奏书要想做县令县长，就要看县的好坏来决定价钱的高低。富有的就要先交钱，然而贫穷的就先做官，然后交双倍的钱。天子又私底下命令左右的人卖公卿职位，公值一千万，卿值五百万。起初，灵帝还是侯的时候，经常因为没有钱而感到痛苦，等到上位以后，经常慨叹桓帝没有私家积蓄，竟然一点私房钱也没有，所以才卖官集钱以作为私人的积蓄。

灵帝曾经问侍中杨奇："我跟桓帝比起来怎么样？"杨奇回答说："陛下和桓帝相比，就好像是拿虞舜和唐尧比一样。"灵帝不开心地说："你简直是硬骨头，不愧是杨震的后辈，死掉以后，一定又会招来大鸟。"杨奇，就是杨震的曾孙。

南匈奴屠特若尸逐就单于逝世，他的儿子呼徵继位。

二年（己未，公元179年）

春季，瘟疫肆意流行。

三月，免去司徒袁滂的官职，任命大鸿胪刘郃为司徒。

乙丑日（二十二日），免去太尉桥玄的官职，任命为太中大夫；任命太中大夫段颎做太尉。桥玄的小儿子在大门外边玩，但是被贼人所劫持，盗贼上楼向桥玄要赎金，但是桥玄不给。司隶校尉、河南尹率兵围守在桥玄的家，不敢靠近。于是桥玄张大眼睛大声地说："盗贼罪大恶极，我桥玄难道要因为一个孩子就放走国贼吗？"催他们向贼人进攻，贼人死了，桥玄的儿子也死了。桥玄因而上奏折说："凡是天下有劫持人质的事件，劫人和被劫的人宁愿都一齐杀掉，也不能用财物赎回，打开作恶的途径。"从此劫持人质的事就消失了。

京兆发生地震。

罢去司空袁逢的官职；任命太常张济做司空。

夏季，四月甲戌朔日（初一），发生了日食。

王甫、曹节等凶狠暴虐，滥用职权，舞动朝廷内外，太尉段颎附和他们。曹节、王甫的父子兄弟担任九卿、校官、外牧、郡守、县令、县长的人，布满了天下，没有一个不贪污残暴的。王甫的养子王吉担任沛相，极其残酷，但凡杀掉人，就撕裂尸体放在车上，连同罪名，一起送到各属县让大家观看，夏天如果尸体腐烂了，就用绳子把尸骨系起来，走遍全郡所有的县后才停止，看到的人没有不害怕的。他任官治事五年，一共杀掉了一万多人。尚书令阳球常常用手拍打股骨愤慨地说："如果我阳球担任司隶校尉，怎么能放过这一干小子呢？"不久之后阳球就迁升司隶校尉。

王甫教门生在京兆界内总括获得官方的财物七千多万，京兆尹杨彪发现他的恶行，就报告给了司隶校尉。杨彪，就是杨赐的儿子。这个时候王甫刚刚到私人的住宅中度假，段颎也因为日食的事自己请求处分。阳球亲自到宫阙向天子谢恩，因此就向天子报告王甫、段颎以及中常侍淳于登、袁赦、封昺的罪行。辛巳日（初八），王甫和段颎等全被逮捕并送进洛阳监狱，王甫的儿子永乐少府王萌和沛相王吉也在其中。阳球亲自审问王甫等人，他的四肢和身体受遍了五种罪刑；王萌曾经担任司隶校尉，就对阳球说：“我们父子既然都应该被杀，但是也应该按照先进后进的道理，对我老父宽容一点，少用毒刑。”阳球说：“你的罪恶重大到无法用语言表达，死都不能抵挡你的罪过，竟然想要论先进后进求宽容啊！”王萌骂道：“你以前就像奴仆一样侍奉我们父子，奴仆竟然敢反叛主人吗？今天我们遇到困厄，你竟然排挤我们，马上就要轮到你了。”阳球让人用泥土堵塞王萌的嘴，竹鞭、木棍就纷纷地落下来，王甫父子就死在了杖下；段颎也因此自杀了。于是就在夏城门分解了王甫的尸体，并竖立一块大木板，上面写着“贼臣王甫”几个大字，还没收了他的全部财产，他的妻儿也都流放到比景。

阳球杀死王甫以后，想要依次地表述曹节等人的罪状，就命令中都官从事说：“暂且先去掉权贵大奸，再来议论其他的人。像袁家这些公卿大族，从事自己去整治他们，为什么要我司隶校尉呢！”权贵们听到后没有不害怕的。曹节等人甚至不敢回家。恰逢顺帝的虞贵人出葬，百官集合行完丧礼后回来，曹节看到了路边王甫分裂的尸体，悲伤地说：“我们可以自己相互吞食，怎么能让狗来舐我们的血呢？”于是就对所有的常侍说：“今天我们一块入宫，别回家。”曹节就进宫，并对灵帝说：“阳球本来是一个残酷暴戾的官吏，先前三公曾经奏说该当免官，但是由于在九江讨贼有一点小功，就又受到重用。一个已经有过失的人，喜欢胡作非为，不应该让他担任司隶校尉，而肆意地表现他的毒害。”于是灵帝就改派阳球做卫尉。这时刚好阳球出京拜见先帝的陵墓，曹节下令尚书令召阳球拜谢，不能延迟公文。阳球收到急召，因此求见灵帝，说：“我没有清高的德行，却担任擿奸发状的司隶的职务，前些天虽诛灭了王甫、段颎，只不过是些狐狸小恶，不足够来宣告天下。希望能给我一个月的时间，一定让那些豺狼鸱枭都得到他们应得的罪。”叩头到了流血的地步。殿上传出斥责的声音说：“卫尉是不能违抗诏命的啊！”这样一次又一次，阳球这才受诏拜谢。

于是曹节、朱瑀等的权势又兴盛起来了。曹节兼任了尚书令。郎中审忠（梁人）上奏书说：“陛下刚登基的时候，不能整治朝政，皇太后顾念抚慰的感情，暂且代理政务，所以中常侍苏康、管霸马上遭受诛杀。太傅陈蕃、大将军窦武追问他们的余党，立志要澄清朝廷的政治。华容侯朱瑀知道事情要败露了，灾祸就要降临自己身上，因此就产生了造反的计划，扰乱王宫，蹂躏宫禁，夺下了太后的印玺，并胁迫陛下，聚合群臣，挑拨陛下骨肉母子的恩情，于是就诛杀陈蕃、窦武和尹勋等。因而一同割裂土地，这些城狐社鼠就相互封赏，父子兄弟，都得到显赫，平常所宠幸的人物，都分布在各州各郡，有的登上了九卿，有的做了三公。他们没有想一下自己俸禄厚重职位崇高的责任，而苟且地管理私人的事情，尽力地积攒钱财货物，建造的住宅，整个乡里整条巷子都是，偷官苑里的水做鱼池，来享受渔钓的乐趣，车马服装古玩，可以跟王家相比。所有的公卿，都闭口不出声，没有人敢说话；州牧郡守，奉承他们的旨意，征用选拔人才，不用贤士而用愚昧的人。所以螟灾蝗灾就因此而产生，蛮夷盗贼也因之而起事。上天的愤恨已经积攒了十几年，所以年年上有日食，下有地震，目的就是为了谴责警戒人君，要让他觉悟，去除这些恶行昭彰的奸人，从前殷高宗因为野鸡停在鼎上啼叫，就警告而修明道德，所以才能完成中兴的事业。最近神灵提示陛下，陛下突然发怒，因此王甫父子立刻被诛，不管路人是男是女，都没有不叫好的，就好像是报了杀害父母的大仇一样高兴。大家对陛下竟然能容忍奸臣的同类，不把他们一齐诛杀，感到很惊奇。先前秦二世信任赵高，因此就危害了国家；吴王馀祭用了宦官，就遇到了杀身之祸。如今陛下重感情不忍心杀害他们，就赦免了他们应该夷宗灭族的大罪，将来等到他们奸恶的谋略一成功，又哪里来得及后悔呢！我做了十五年郎官，这都是亲耳听到亲眼看到的，朱瑀的所作所为，实在是连皇天都不能赦免他的。希望陛下能空出片刻的时间听我陈述，裁夺采纳我的奏章，去除妖类，来应答上天的威怒。应该就把朱瑀抓来审问，如果我说得不对，甘愿接受死刑，妻儿也都一块放逐异乡，来断绝胡乱上言的道路。”奏章呈上以后就被搁置下来，并没有呈报灵帝。

中常侍吕强清正廉洁、奉公守法，灵帝按照常例任命他为都乡侯，吕强坚决推辞不愿接受，因而上奏书陈述政事说：“我听说高祖规定，不是功臣就不得封侯，目的是为了尊重天子的爵位，发挥劝告的作用。中常侍曹节等大臣福薄，品格卑微，人又低俗，谄谀媚惑君主，巧言令色获得宠幸，他们都像赵高一样能为国家带来灾祸，竟然还没有受到车裂的惩罚。陛下不明白，还随便赠予他们封地，他们建立邦国继承家业以后，专门用小人，又牵连他们的家人，都是身处高位，结成党羽和一些佞邪的小人狼狈为奸，导致阴阳不和，农田荒废，人事之所以不顺利，没有不是因此产生的。我明白封爵的事情已经过去了，现在来说已经迟了，我之所以敢冒死罪触犯陛下来陈述我愚蠢的忠言，确实是希望陛下减损和改正已有的错误，并保证不再发生。我又听说后宫里有几千个采女，衣食的费用每天都需要几百金，近来虽然谷物便宜，但是人民还有挨饿的情形。按理说，米粮应该贵但现在反而更便宜，这是因为赋税太多，人民只有卖掉谷物好向县官缴税的原因。因此天冷了不敢多穿，饿了不敢多吃，人民有这样的困苦竟然没有人怜悯。宫女没有用处，却充满了后宫，天下人即使再怎么努力耕种，还是无法供应。再者，前些时候曾召议郎蔡邕到金商门问答，蔡邕不敢怀抱大道而迷惑国家，所以就用直白的言辞并毫不保留地来回答，讽刺贵人，斥责宦官。陛下没有把他的进言保密，最终使得它泄露，一群邪僻的小人遂无所顾忌地加以谗言诋毁，大家都争着要打击他，因此就写了一些匿名信来诬告他。陛下接受了他们这种毁谤，于是就给蔡邕定了罪，全家都被放逐了，使得老幼流离失所，这样难道不是辜负了忠臣？现在群臣都以蔡邕为戒，在上怕招来无法预料的大难，在下怕遭到剑客刺杀的灾害，我觉得朝廷再也听不到忠言了！前太尉段颎，英武勇敢超越了当世的人，了解边界的事务，还是小孩的时候就从军，到头发白了才完成功业，侍奉过两位君主，功业特别显赫。陛下已经依次任用，位居三公而被司隶校尉阳球所诬害，本人已经自杀而死，妻儿又被下放到远方，天下人都为他惆怅，功臣们都因此感到失望。因此应该征召蔡邕对他授官任用，找回段颎失散的家属，这样一来，忠贞的道路打开了，大家的怨恨也就因此消除了。”灵帝知道他的忠贞，但是不能采用他的忠言。

丁酉日（二十四日），赦免天下。

上禄县长和海上奏折说："依照礼仪，同一曾祖父的兄弟，可以分开居住，并且分割财产，由于恩义已轻，亲属关系已经疏远。如今同党的人受禁锢牵连到五族，既违背经典的文字，又违背了平常的法令。”灵帝看到奏折而了悟，因此党人的禁锢从同曾祖父兄弟以下被解禁。

五月，任命卫尉刘宽为太尉。

护匈奴中郎将张修和南单于呼徵关系不好，张修擅自斩杀了呼徵，另外立右贤王羌渠做单于。秋季，七月，张修因不先请示而擅自诛杀的罪名，被用囚车送到朝廷，被廷尉判处死刑。

十二月，任命光禄勋杨赐为司徒。

鲜卑侵入幽、并二州。

起初，司徒刘郃的哥哥侍中刘儵和窦武共同谋事，一块被判处死刑。永乐少府陈球劝说刘郃说："你和天子同族，位居三公，被天下人所仰望，是坚守国家的人物，怎么能和其他人一样，跟同别人的意见而不稍违拗呢？现在曹节等肆意作恶，却长久地在天子的身边，再者，你的哥哥侍中被曹节等所害，现在你可以上表请求把卫尉阳球迁为司隶校尉，按次序地把曹节等收捕起来杀掉，这样一来，政令出自圣君，那么天下的太平在不久就可以实现了！”刘郃说："这些凶恶的小人耳目众多，恐怕事情还没成功，就先受到灾害了。”尚书刘纳说："作为国家的栋梁，就像是做瞎子的助手一样，如果瞎子跌倒了或是遇到危险，却不去扶持一下，为什么要用那个助手呢？”于是刘郃就答应了，和阳球联手谋划。阳球的小妾是程璜的女儿，因此曹节等能够稍微得到一点消息，就重重地贿赂程璜，并且施以胁迫。程璜害怕受到他们的胁迫，于是就把阳球的计划告诉了曹节。曹节等就一块向灵帝报告说：“刘郃和刘纳、陈球、阳球等书信往来，图谋造反。”灵帝非常生气。冬季，十月甲申日（十四日），刘郃、陈球、刘纳、阳球都被送进监狱并被判处死刑。

巴郡板楯蛮造反，天子派遣御史中丞萧瑗带领益州刺史讨伐，但是没有成功。

三年（庚申，公元180年）

春季，正月癸酉日（正月无此日），赦免天下。

夏季，四月，江夏蛮造反。

秋季，酒泉发生地震。

冬季，有彗星出现在了狼、弧二星之间。

鲜卑侵入幽、并二州。

十二月，己巳日（初五），册封贵人何氏为皇后。召集皇后的哥哥颍川太守何进做侍中。皇后原本是南阳屠户人家的女儿，由于被选入宫廷，生了皇子刘辩，所以就被立为皇后。

这一年，建立了罼圭苑、灵昆苑。司徒杨赐劝谏说：“按照先帝的制度，在左面开凿鸿池，在右面建造上林苑，既不奢侈，也不节俭，来合于礼的中道。现在随便规划城郊来建造苑囿，破坏了肥沃平广的土地，废弃了农田园圃，赶走了居民，并来畜养禽兽，这恐怕就不是所谓的‘如保赤子’的道理。现在城外的苑囿已经有五六处了，可以称心如意，来顺应四时的狩猎了。应该想念夏禹宫室的简陋，以及文帝不建露台的用意，来安慰人民的劳苦。”奏书呈上以后，灵帝想停止建造，就询问侍中任芝和乐松。两个人都回答说：“从前文王的苑囿有百里之大，人民觉得很小；齐宣王的苑囿只有五里，但是人民却觉得很大。所以不管苑囿的大小，只看能不能和人民共享。如果现在和百姓共享，对政治是不会有害的。”灵帝非常高兴，就决心建造了。

巴郡板楯蛮叛变。

苍梧、桂阳的贼人攻击郡县，零陵太守杨琁准备了几十辆马车，并用袋子装满石灰放在车上，在马尾上系了布条子；又准备好兵车，上面放着张满的弓弩。到作战的时候，命令让马车在前面，顺着风向撒播石灰，使得贼人张不开眼睛，趁这个时候，点起火来燃烧布条，使得马吃了惊，就往贼人阵营中奔驰而去，并命令后面的车子弓弩齐发，战鼓响声震地，贼人四散而逃，被官兵追逐砍杀死伤的不计其数，并把他们的首领斩首示众，于是全郡清平了。荆州刺史赵凯诬告说杨琁实际上并没亲自打败贼人，企图占有破贼的功劳，杨琁也因此上书自辩。由于赵凯在朝廷中有同党的帮助，杨琁就被抓进囚车送进监狱，由于防范得很严密，没有办法亲自争辩；于是就咬破膀臂，用血写字在衣服上当作奏折，详细地表述击破敌人的情形，并说到赵凯所诬告的情状，暗自叫亲属到宫阙呈上去。诏书颁下来后，杨琁得到了宽恕，并被拜为议郎；赵凯则被判了诬告罪。杨琁就是杨乔的弟弟。

资治通鉴卷第五十八　汉纪五十

起辛酉（公元181年），止丁卯（公元187年），共七年。

【题解】 本卷记录了汉灵帝刘宏光和四年至中平四年间的历史。张角领导的黄巾大起义爆发，汉灵帝解除党锢，在皇甫嵩、朱儁、卢植等人的努力下，扑灭黄巾起义。反贼边章、韩遂、张纯等乘机勾结羌族、乌桓，祸乱西北雍凉和北疆幽并，官军征讨不能取胜。汉灵帝依旧昏暴贪残，十常侍封侯拜爵，斥逐有功将士，蒙冤诛杀正直大臣，甚至公然卖官鬻爵，等等。

孝灵皇帝中

光和四年（辛酉，公元181年）

春季，正月，开始设置管理马房的官吏，并接受各个郡国所征发的马。但是由于权贵的操控，一匹马卖到了两百万钱。

夏季，四月，庚子日（四月无此日），赦免天下。

交趾乌浒蛮长期作乱，州牧郡守都不能制止。交趾人梁龙等又造反，攻陷了郡县。任命兰陵县县令会稽人朱俊做交趾刺史，击败了梁龙，并把他斩掉了，有几万贼人投降，不久之后就完全平定了；因为朱俊有功，被封为都亭侯，并征他为谏议大夫。

六月，庚辰日（十九日），天上落下的冰雹就像鸡蛋一样大。

秋季，九月，庚寅朔日（初一），发生日食。

免去太尉刘宽的官职；任命卫尉许馘为太尉。

闰月，辛酉日（初二），北宫东面，也就是嫔妃所居的地方永巷署发生火灾。

免除司徒杨赐官职。冬季，十月，任命太常陈耽为司徒。

鲜卑侵入幽、并二州。鲜卑的首领檀石槐死后，他的儿子和连替代为首领，和连的才能赶不上父亲，并且贪财好色。后来攻打北地，北地人打死了他。由于他的儿子骞曼还小，就让他的侄子魁头立位。骞曼长大后，就和魁头争国，人民都离散。魁头死后，他的弟弟步度根立位。

这一年，灵帝在后宫建造了成列的店铺，让所有的宫女贩卖货物，宫女们相互偷窃争斗；灵帝穿着商人的衣服，与她们一起饮酒作乐。又在西园遛狗，头上戴着进贤的帽子，身上戴着印绶。又驾着四只驴的车，灵帝自己拿着缰绳，赶着车来回跑。京城人辗转效仿，因此驴的价钱就贵得和马一样。

何皇后生性倔强猜忌，由于后宫王美人生了皇子协，所以就毒杀了王美人。于是灵帝大怒，几乎要废除皇后，由于所有的宦官苦苦地请求，这才放弃废后。

大长秋华容侯曹节去世，中常侍赵忠代任大长秋。

灵帝喜欢摆弄私人的积蓄，收藏天下的珍奇宝物，每个郡国进献东西，都要先疏通宫中的官员，也叫“导行费”。中常侍吕强上奏折劝谏说：“天下的财物，没有不生于阴、阳二气，归向陛下，哪里还有公私之分？现在中尚方收集各郡国的珍宝，在中御府聚积天下的丝帛，在西园收取司农的收藏，在中厩收聚太仆的马匹，然而郡府有所贡献，经常有导行费，征调广泛，但是人民穷困，费用多然而贡献得少，奸诈的官吏因此得取利益，老百姓却受到灾害。再者，阿谀奉承的臣子，喜欢献出他们的私人积蓄，谄媚姑且偷安的小人，从此就有了晋升的阶梯。旧制规定：选举人才的事委托给三公之府，尚书只能接受奏书并加以征用；人才都要经过考试才能任用，并要求他们有所表现，没有表现的，就交给尚书纠举弹劾，请求付给廷尉，询问虚实，并给予惩罚。因此三公每次征选人才，参议属官们，都要考察他们的德行，权衡他们的才能。即便如此还有旷职废官的，荒废也不能治理。现在只有尚书能征用，或者直接凭借诏书任用，这样一来，三公才得以免除选举的职责，尚书也不会受到牵连，刑责赏赐没有归属，谁还愿意白白地劳苦呢？”奏书呈上后，灵帝没有理会。

五年（壬戌，公元182年）

春季，正月辛未日（十四日），赦免天下。

诏公卿借着谣言，纠举陷害人民的刺史、二千石的官吏。太尉许𫐐和司空张济奉承内官，收受贿赂。那些宦官的子弟和宾客虽然都贪污，但没有人敢过问，虚妄地纠举边远小郡清廉而有德政的共二十六人，官吏、人民都到宫阙请求。司徒陈耽上奏折说：“公卿所纠举的，都是有偏私的，而所谓放掉恶鸟鸱枭，囚固灵鸟鸾凤。”灵帝因此责备许𫐐、张济，所有那些因谣言而被纠举的人，都被拜为议郎。

二月，暴发大瘟疫。

三月，罢免司徒陈耽的职务。

夏季，四月，天下大旱。

任命太常袁隗做司徒。

五月，庚申日（初五），永乐宫的宫署发生大火。

秋季，七月，有彗星出现在了太微星宿。

板楯蛮人入侵攻占巴郡，经过多年讨伐，没有得胜。灵帝想要大举进兵，就询问益州上计的官吏汉中人程包，程包回答说：“板楯有七个姓，从秦代建立功劳以来，就免除了他们的赋税。他们英猛善战。永初年中，羌人侵占汉中，各个郡县受到破坏，得到板楯的援助，羌人死伤无数，羌人都称他们为神兵，捎话给他们的同类，不能再南行。到建和二年的时候，羌人又大举侵入，也靠着板楯连连击破他们。前车骑将军冯绲向南征占武陵，也是依靠板楯才完成了任务。最近益州霍乱，太守李颙也凭借板楯而讨平。他们这样忠心，本来就没有恶心。只是长吏乡长、亭长的赋税太重，把他们当作仆役并加以鞭打，超过了奴隶和俘虏，他们中有的嫁妻卖子，有的自杀，虽然向州郡陈情了，但是州牧郡守不替他们通报，朝廷又离得远，由于自己没有办法上奏报，心含怨恨，没有地方诉说，因此部落相继叛乱，但并不是有谋主僭号谋图不轨。现在只要能选举贤明有才的州牧郡守，他们自然就安宁和集，不用派兵征伐！”灵帝听从了他的建议，任用太守曹谦，下诏书赦免了他们，因此他们很快就全部投降。

八月，在阿亭道建造了四百尺高的大楼。

冬季，十月，罢免太尉许䬀的官职；任命太常杨赐做太尉。

灵帝到上林苑狩猎，经过了函谷关，于是就在广成苑狩猎，十二月回来，并巡视太学。

桓典担任侍御史，宦官们都害怕他。桓典经常乘坐青白色相间的马，京师因此流传着一个谚语：“行行且止，避骢马御史！（走走停停，就是为了躲避骑着青白色马的御史）”桓典，就是桓焉的孙子。

六年（癸亥，公元183年）

春季，三月辛未日（二十一日），赦免了天下。

夏季，天下大旱。

册封皇后的母亲为舞阳君。

秋季，金城的河水溢出了堤防，流了二十多里远。

五原发生山崩。

起初，巨鹿人张角研究黄帝、老子之学，传授给人的妖术，被称为“太平道”。用咒符给人治病，让有病的人跪拜，自己述说罪过，有时候也能治好病，因此人民都把他当神一样来信仰。张角命令弟子，到四方去相互欺诳引诱。十几年间，有几十万徒众，青、徐、幽、冀、荆、扬、兖、豫八州的人，没有不响应的。有的人甚至变卖财产，流离失所来投奔，道路都堵塞了，没有赶到地方在路上病死的就有上万人。州牧郡守都不知道真相，却说张角用善道教化人民，是人民归心所向。

当时太尉杨赐做司徒，上奏书说：“张角欺骗老百姓，受到赦免后也没悔改，并逐渐扩展声势。如果现在下令各州郡追捕讨伐，恐怕会引起更大的骚乱，会加速灾害的造成。应该命令刺史、二千石等官员，筛选分散流民，保护他们回到自己的郡，来孤立削弱他们的党羽，然后征讨他们的首领，这样可以不费力就平定了。”恰逢杨赐去职，所讨论的事情就留在宫中，司徒掾刘陶又上奏书陈述杨赐以前的议论说：“张角等的计谋日渐严重，人们私下传言说张角等偷入京师，窥探朝政。各地党羽私下互相呼应，各个州郡都害怕，因此不想把事实报告给朝廷，只是相互传告，不肯表现在公文上，所以应该下诏书，重新招集张角等一干人，封赏他们土地，如果有回避的，就和张角一同判罪。”灵帝很不在意，反倒诏令刘陶编写《春秋条例》。

张角设置三十六方。方，就如同将军。大方有一万多人，小方有六七千人，每个都有首领。他们传言说：“苍天已死，黄天当立，岁在甲子，天下大吉。”用白土在京城的各机关和各州郡官府门上都写上“甲子”两个字。大方马元义等先聚集了荆州、扬州几万人，约好了时间在邺地起事。马元义经常在京师往来，要中常侍封谞、徐奉等作为内应，就约好在三月五日这天内外一起行动。

中平元年（甲子，公元184年）

春季，张角的弟子济南人唐周上奏书告发他，于是就逮捕了马元义，在洛阳处以分裂之刑。命令三公、司隶校尉查明宫廷中的宿卫和老百姓信奉张角邪道的一千多人，诛杀他们；又下令冀州逮捕张角等。张角等知道事情已经败露，就派人日夜奔告各方，同时一起起事，他们的人头上都戴着黄色的头巾，作为标志，所以当时的人称他们为“黄巾贼”。二月，张角自称天公将军，他的弟弟张宝被称为地公将军，张宝的弟弟张梁被称为人公将军。所到的地方，烧毁官府，抢掠城镇，州郡也都失守了，长官大多都逃跑了；很快天下就都响应，京城为之震动。安平和甘陵两地的人都逮捕了他们的王来响应贼人。

三月，戊申日（初三），任命河南尹何进做大将军，封他为慎侯，带领左右羽林、五营的士兵，驻守在都亭，修理器械，驻守京师。设立函谷、太谷、广成、伊阙、轘辕、旋门、孟津、小平津八关的都尉。

灵帝召集群臣讨论。北地太守皇甫嵩觉得应该解除党禁，就拿出禁中的钱和西园马厩中的马，分发给军士。皇甫嵩就是皇甫规的侄儿。灵帝问中常侍吕强该怎么办，吕强就回答说：“党锢的祸太久了，人人心怀怨恨，如果没有赦免，就容易和张角合谋，危害就更大了，到那个时候后悔也来不及了。现在请求先杀死皇帝身边贪污的人，赦免党人，然后再考察刺史、二千石的官吏是否贤能，那么盗贼就没有不平定的。”灵帝很害怕而听从了他。壬子日（初七），赦免了天下的党人，放出了所有被放逐的党人的妻子；只有张角没有被赦免。于是征调天下的精锐军队，派遣北中郎将卢植征讨张角；左中郎将皇甫嵩和右中郎将朱俊征讨颍川的黄巾军。

这时候中常侍赵忠、张让、夏恽、郭胜、段珪、宋典等都被封侯，显赫而得宠，灵帝经常说：“张常侍是我的父亲，而赵常侍是我的母亲。”因此宦员官们都无所忌惮，建造房屋，模仿宫室的样式。灵帝曾经想登上永安宫的瞭望台远眺，宦官害怕皇上看到他们所住的地方，就叫宫中叫作尚但的人阻止说：“天子不能登高，登高就会使百姓离散。”灵帝从此就不敢登上台阁。后来由于封谞、徐奉的事爆发，灵帝就斥责所有的常侍说：“你们常说党人要图谋不轨，都要禁锢他们，有的还被杀了。现在党人为国家所任用，你们反倒和张角私通，该不该被斩头？”宦官们都跪下说：“这是王甫和侯览做的！”于是所有的常侍都要退身自保，各个郡都召回还在州郡的宗亲和子弟。

赵忠、夏恽等就一同诽谤吕强，说他和党人一同议论朝廷，经常阅读《霍光传》，吕强的兄弟所在的地方都贪污。灵帝命令中黄门带兵召见吕强。吕强听到灵帝要召见他，就愤怒地说：“我死后，灾祸就要起来了！大丈夫只要为国家尽忠就行了，怎么能够面对狱官的审问呢？”说完就自杀了。赵忠和夏恽又诽谤说：“吕强被召见，他还不知道要问什么，就在外面自杀了，很明显这是有奸情。”于是就逮捕了他的宗族亲戚，并没收了他的财产。

侍中向栩（河内人）上奏折，讽刺灵帝左右的人。张让诬告向栩和张角同心，想要作为内应，向栩就被逮捕送到黄门北寺的监狱，被判死刑。郎中张钧（中山人）上奏书说：“我觉得张角能兴兵作乱，人民之所以很乐意服从他们，其根本原因就是十常侍把他们的父兄、子弟、婚亲、朋友下放到各州去做首长，贪图利益，侵占百姓的财物，使得百姓的冤苦没有办法诉说，因此才会图谋不轨，集聚在一起做盗贼。应该斩杀十常侍，把他们的头悬挂在南方的郊外，以此向百姓谢罪，并命令使者公告天下，这样就可以不需要军队而让大盗自然消除。”灵帝把张钧的奏折拿给所有的常侍看，他们都摘下帽子，脱下鞋子，叩头以谢罪，主动要求投入洛阳监狱，并且拿出财物来充当军费。灵帝让他们戴上帽子，穿上鞋子，按照以前做事。并且灵帝很生张钧的气说：“这可真是一个狂人啊！十常侍里难道一个好人都没有吗？”御史接受灵帝的旨意，就诬奏张钧学黄巾军的邪道，并把他逮捕而加以毒打，最终死在狱中。

庚子日（三月无此日），南阳黄巾军张曼成攻击杀死了太守褚贡。

灵帝向太尉杨赐询问有关黄巾军的事，杨赐照实回答，灵帝很是不高兴。夏季，四月，杨赐因为黄巾叛乱的事就被免除了官职。任命太仆弘农人邓盛为太尉。不久之后，灵帝翻阅以前的奏折，看到杨赐和刘陶有关张角的奏折，就任命杨赐为临晋侯，刘陶为中陵乡侯。

罢免司空张济的官职；任命大司农张温做司空。

皇甫嵩、朱俊联合带领四万多人，共同讨伐颍川，他们各带领一军。朱俊和黄巾军波才作战，打了败仗，皇甫嵩就进兵保护长社。

汝南的黄巾军在邵陵打败了太守赵谦。广阳的黄巾军杀死了幽州刺史郭勋和太守刘卫。

波才在长社围攻了皇甫嵩。皇甫嵩士兵少，军中士兵都很恐惧。黄巾军靠着草丛扎营，刚巧起了大风，皇甫嵩就命令士兵把苇草束成火炬登上城楼，派遣精锐的士兵秘密地跑出围外，并放火大喊，城上的士兵都举着火把响应，皇甫嵩从城里带领士兵敲鼓呐喊而出，攻打黄巾军的阵营，黄巾军很害怕，就在慌乱中四散逃走。恰逢骑都尉沛国人曹操率兵到达。五月，皇甫嵩、曹操和朱俊联合部队跟黄巾军作战，黄巾军被打得大败，并斩了好几万的首级。皇甫嵩因此被封为都乡侯。

曹操的父亲曹嵩，是中常侍曹腾的养子，没办法详细地了解他的生平事迹，但是有人说他是夏侯氏的儿子。曹操小时候很机灵，有权义，并且行侠仗义，放荡不羁，没有担任任何职业来维持生活，当时都没有人重视他。只有太尉桥玄和南阳人何颙尤其赏识他。桥玄就对曹操说："天下将要发生战乱，如果不是才高一世的人，是没有办法救济的。我想能够平定祸乱的，就只有你了吧！"何颙看到曹操后，叹息说："汉室就要灭亡，能够平定天下的，一定是这个人。"桥玄对曹操说："你现在还没有名气，可以和许子将往来。"许子将，是许训的侄儿许劭。许劭喜欢讨论伦理道德，擅长识人，他的堂兄许靖也有很高的名气，喜欢一同讨论乡里间的人物，每月都更换评论，所以汝南有每月初一批评的风俗。许劭曾经是汝南郡的功曹，府中的人听到后，没有一个人不重视操行的。曹操就去拜访许劭而问他说："我是怎样的一个人？"由于许劭瞧不起他，就不肯回答。于是曹操就找了一个机会威胁他。许劭说："你是治世的功臣，乱世的奸雄。"于是曹操就非常高兴地离开了。

朱俊攻击黄巾军的时候，他的护军司马傅燮（北地人）上奏折说："我听说天下的灾祸不是从外面产生的，而是在里面产生的。所以虞舜就先除去四凶，然后再用八元八恺十六个相，来表示如果恶人不离开，善人就没有办法被重用。现在张角在赵、魏惹事，黄巾军在六州发生战乱，这都是在宫廷里发生灾祸而逐渐扩展到四海。我接受军事任务，奉旨征讨罪人，刚到颍川的时候，没有不打胜仗的。黄巾军的势力虽然强大，但是不足够成为朝廷的忧愁。我所害怕的，是治水如果不从水的源头开始，末流将增加它的宽广。陛下仁德宽厚，对人不忍，所以宦官摆弄职权，忠臣得不到任用。即使张角被平定，枭首示众，黄巾军屈服投降，我所担忧的就更多了。这是什么原因呢？因为邪人正人不应该同在一个朝廷，就好像冰炭不能同在一个器皿中。他们知道在正人的功劳显赫的时候，其危亡的征兆就将出现，一定会巧言美词，制造一些虚伪的事来毁谤。一句话重复说了三次，连孝子都会遭到怀疑；三个人说市上有虎，大家就都相信，如果不仔细地考察真伪，恐怕忠臣将会又有白起在杜邮自杀的事情发生了！陛下应该想想虞舜举发四凶的罪状，尽快除去邪佞之人，那么善人就能替朝廷效力，奸人就自然消失了。”赵忠看到了他的奏书后就厌恶他。傅燮攻击黄巾军，有很多功劳，应该受封，而赵忠却诽谤他。灵帝记得傅燮的话，因此没有加罪给他，但是一直也没有给他任何封赏。

张曼成在宛县城下驻守了一百多天。六月，南阳太守秦颉发起攻击，斩掉了张曼成。

交趾有很多珍贵的财物，前后刺史都没有清正的操行，财物贪足了以后就请求调职，因此官吏、人民因积怨而造反，逮捕了刺史和合浦太守来达，他们的首领自称柱天将军。三府选了京县县令贾琮（东郡人）担任交趾刺史。贾琮到部之后，询问人民造反的情形，大家都说：“由于赋税太重，老百姓没有不空闲的。京城又很遥远，想要告冤也没有办法，人民的生活没有依靠，因此就聚集在一起做盗贼。”于是贾琮就出文书告示，命令人民做他们原来的职业，召集安慰流散的人民，免去人民的徭役，斩除了大害的首领，挑选良好的官员，驻守各县，一年之内就平定了乱事，老百姓因此得以安宁。大家都歌唱他说：“贾父来晚，让我先反；今见清平，吏不敢饭！（贾父来晚了，使得我们先造反了；现在太平了，官员都不敢到人民家吃饭！）”

皇甫嵩和朱俊乘胜追击汝南、陈国的黄巾军，在阳翟追打波才，在西华讨伐彭脱，把他们都打败了，剩下的贼人有的投降，有的逃离，因此三郡完全平定。皇甫嵩就上奏折陈述战争的情形，把功劳归向朱俊，于是灵帝就封朱俊为西乡侯，又移镇贼中郎将。命令皇甫嵩征讨东郡，朱俊攻占南阳。

北中郎将卢植接连打败张角，并斩掉了一万多人，张角等人保卫广宗县。卢植建造围墙凿穿沟道，铸造云梯，就在要攻下城的时候，灵帝命令小黄门左丰视察军情，有人劝卢植送给左丰财物，但是卢植不愿意。回去之后左丰对灵帝说："广宗的乱贼很容易被击破，卢中郎驻守堡垒，让兵士休息，来等待贼人自然消灭。"灵帝听后发怒了，就用囚车逮捕卢植，并判减除死刑一等，让东中郎将董卓（陇西人）代替他。

巴郡人张脩用妖术替人治病，方法大概和张角相同，命令病家拿出五斗米，号称"五斗米"。秋季，七月，张脩召集群众造反，侵占郡中各县，当时的人们称他为"米贼"。

八月，皇甫嵩和黄巾军在苍亭作战，并俘虏了首领卜巳。董卓进攻张角没有效果，应该受罚。同月乙巳日（初三），命令皇甫嵩讨伐张角。

九月，安平王刘续犯了大逆不道的罪，被杀害，国土也被收回了。

起初，刘续被黄巾军俘虏，国人就用金钱把他赎回，朝廷议论后恢复了他的国土。议郎李燮说："刘续驻守藩国不称职，侮辱了朝廷，不能恢复国土。"朝廷没有听从。李燮犯了诽谤宗室罪，被送到左校服苦役。还没有服满一年，刘续就因犯罪被杀了，于是李燮又被拜为议郎。京城人为他编了一个谚语说："父亲（李固）不愿意拥立皇帝，儿子不愿意拥立国王。"

冬季，十月，皇甫嵩和张角的弟弟张梁在广宗作战，张梁的军队英勇善战，皇甫嵩没有得胜。第二天，皇甫嵩关闭了营门，命令士兵休息，以此来观望敌人的变化。知道黄巾军稍微放松了，就暗中在夜里整顿军队。鸡叫的时候，就奔赴到敌人的营地，一直战到了晡时，大胜了敌人，斩杀张梁，获得了三万首级，黄巾军有五万多人跳河死了。在此之前张角已经病死了，于是就打开棺木对尸体用刑，把首级送到了京城。十一月，皇甫嵩又在下曲阳攻打张角的弟弟张宝，将他斩杀，并杀掉了十多万人。因此就任命皇甫嵩为左车骑将军，带领冀州州牧，封为槐里侯。皇甫嵩爱惜士兵，每次军队出行休息的时候，一定要等营帐建好了，才回到自己的住处，士兵们都吃完饭后，他才吃饭，因此所到之处，都有功绩。

北地的先零羌和枹罕、河关的一群盗贼造反，大家一同拥立湟中自愿跟随的胡人北宫伯玉、李文侯做将军，杀掉了护羌校尉泠徵。金城人边章、韩遂在西州一直有很显著的声名，这群盗贼就诱惑他们并劫持，让他们负责军政，杀掉了金城太守陈懿，攻击烧坏了各州郡。

起初，武威太守依靠权贵，肆意地贪污暴虐，凉州从事苏正和（武都人）考察并追究他的罪行。刺史梁鹄很惊恐，想要杀掉苏正和来免除他的责任，就询问汉阳长史盖勋（敦煌人）。盖勋一直和苏正和有仇恨，于是就有人劝盖勋趁机报仇，盖勋说："替人家谋事而杀掉忠良，这是不忠贞；乘人之危，这是不义。"就劝梁鹄说："养鹰和隼，是需要它们凶猛。已经凶猛了再把它们烹杀掉，那还有什么用呢？"梁鹄就停止了这个想法。苏正和知道后，就去拜见盖勋，盖勋不愿意见他说："我是替梁使君策划，不是替苏正和策划。"因此还是像以前一样怨恨苏正和。

后来刺史左昌偷盗了好几万军粮，盖勋劝告他。左昌愤怒，命令盖勋和从事辛曾、孔常在阿阳屯守来抵挡贼人，想要借助军事来治他的罪；而盖勋多次有战功。北宫伯玉攻陷金城的时候，盖勋劝左昌来救援，但是左昌没有听。陈懿死后，边章等进兵到冀城包围左昌，左昌就召盖勋来救助，辛曾等怀疑他不肯救助，盖勋愤怒地说："先前监军庄贾延误军期，司马穰苴就把他杀掉了，现在的从事，难道比古代的监军还重要吗？"辛曾等因为害怕就听从了他。盖勋到冀州后，就斥责边章等背叛的罪行。边章等说："如果左使君早听了你的话，派兵来攻打我们，我们还能改正，现在罪恶已经深厚，想投降也没有办法了。"因此就解围而去。

反叛的羌人在畜官攻打校尉夏育，盖勋和州郡集合军队救援夏育，到狐槃后，被羌人打败了。盖勋的军队只剩下不到一百人，虽然身上受了三处伤，但是还坚持坐在地上不逃走，指着木头做的标志说："杀了我后，就把我的尸首放在这里。"句就种羌滇吾就用兵器阻止大家说："盖长史是位贤士，你们谁杀掉他，就相当于背叛上天。"盖勋抬头就骂他说："死反贼，你懂什么啊！快来杀了我。"大家就你看我，我看你，感到很奇怪。滇吾就下马并将马让给了盖勋，盖勋不愿意上马逃走，于是就被羌人俘虏。羌人佩服他的情操、勇敢，不愿意加害他，就把他送回汉阳。后来刺史杨雍任命盖勋做汉阳太守。

张曼成的余党再次拥立赵弘为首领，势力又强盛起来了，徒众达到了十几万，占领了宛城。朱俊和荆州刺史徐璆等集合军队围攻，一直从六月攻到八月，也没有办法攻下，官吏就上奏书请求召集朱俊并惩罚。司空张温上奏折说："先前秦国用白起，燕国重用乐毅，都是经过很多年才克敌制胜的。从前朱俊在颍川讨贼，已经有了功绩，现在率领军队到南方，战争的策略早已设计好，如今临到作战改换将领，这是兵家的大忌，所以假以时日，他定成功。"灵帝才停止征召。朱俊带兵攻击，并斩掉了赵弘。

贼人的首领韩忠又占领宛城抗拒朱俊，朱俊敲起战鼓攻击他们的西南方，贼人全部都奔赴西南方；朱俊带领精锐士兵，来掩袭他们的东北方，登上城墙而进入城中。于是韩忠退兵保护小城，害怕得请求投降，将士们都接受，朱俊说："本来战事就有形式相同而态势不同的情况。秦朝末年楚汉相争的时候，百姓没有固定的君主，所以赏赐归附的人，以此劝人来投奔。现在天下统一，只有黄巾贼造反，接受投降就不能鼓励善人，征讨它，才能惩罚恶人。如果现在接受，就更加开启叛逆的思想，对贼人有利就进攻作战，不利就祈求投降，放纵敌人，来增长他们的势力，这实在不是一个好的计谋。"因此紧急攻打，接连作战，也没有获胜。朱俊登上土山远眺，转头对司马张超说："我明白了，现在贼人外面受到坚强的围困，里面遭逢紧急的威胁，请求投降，但是没有被接纳，想要突围又没有办法，所以才奋力作战。万人齐心，还没办法抵挡，更何况是十万人？不如撤除围困，带领所有的军队入城，韩忠看到围困被解除，一定会主动出战，战斗意志就会松散，这就注定要吃败仗。”不久之后就解除了围困，韩忠果真出战，朱俊因此加以攻击，斩杀了一万多首级。

南阳太守秦颉杀死了韩忠。黄巾军的剩余力量又奉孙夏为首领，还驻守宛城。朱俊紧急攻打，司马孙坚带领士兵首先登城。于癸巳日（十一月无此日），攻下了宛城，孙夏也逃走了，朱俊就追到西鄂县的精山，把他打败了，并斩掉了一万多首级，于是黄巾军就分散了。其余州郡被杀死的，平均一郡就有几千人。

十二月，己巳日（二十九日），赦免天下，更改年号为中平。

豫州刺史王允（太原人）打败了黄巾军，得到了张让的门客和黄巾军往来的书信，呈给灵帝。灵帝因此大怒，斥责张让；张让叩头谢罪，最后灵帝竟也没有治他的罪。因此张让就借其他的事来中伤王允，王允就被收捕下狱，遇到大赦，回到豫州做刺史；但是不到十天，就又因为其他的罪名被逮捕。杨赐不想让他经历痛苦屈辱，就命令人辞谢他说：“你因为张让的事，在一个月中受到两次征召，凶险实在是难以衡量，希望你能做深远的打算。”一些尊崇气节的下属都流着泪，拿着药献给他。王允大声地说：“作为人臣，如果得罪了天子，就应当受大刑来谢天下，哪里有吃药求死的道理呢？”于是就丢掉杯子站起来，出来后就上了囚车。到了廷尉以后，大将军何进就和杨赐、袁隗一起上奏书请求，因此减除死罪。

二年（乙丑，公元185年）

春季，正月，流行了大瘟疫。

二月，己酉日（初十），南宫的云台发生火灾。庚戌日（十一日），乐城门起火。

中常侍张让、赵忠劝告灵帝收天下田地的赋税，每亩十个钱，用来修筑宫室，制造铜人。乐安太守陆康上奏书劝告说：“先前鲁宣公抽取田亩的赋税，因此发生蝗灾，鲁哀公增加田地的赋税，但是孔子加以批评，哪里有收敛人民的财物来制造没有用的铜人，放弃圣人的告诫，使用亡国之君的法令呢？”内侍们诽谤陆康，说他用亡国之君来比喻圣明的天子，犯了大不敬之罪，因此就用囚车把他逮捕送到廷尉。侍御史刘岱上表替陆康解释，因此遭到免官回归故乡。陆康就是陆续的孙子。

又命令征发各州郡可用的木材和有纹理的石头，分别送到京城。黄门常侍动不动就责怪不合规格的东西，因此强令他们折价，用低廉的价格买进，仅仅是原价的十分之一，然后再将它卖出去。等到木材送到的时候，宦官们又马上不接受了，木材就到了堆积腐烂的地步，宫室好多年都建不了。刺史太守又私自增加税收，老百姓穷苦不已。又命令西园的骑士分开督促，惊动了各个州郡，还接受了很多贿赂。刺史、二千石和茂才、孝廉免除了官职，就要收取助军、修宫廷的钱，大的郡要两三千万，其他的也各有等级。本该赴官上任的，都要先到西园讲好价格，才能上任。一些操守清正的，要求不到官上任的，都逼着他们去。当时巨鹿太守司马直（河内人）被除了官职，因为有清明的声名，就减收三百万。司马直接到诏书后，很惆怅地说：“身为人民的父母，反倒剥削老百姓，来应适时的需求，我实在是不忍心。”就因生病推辞了，但是并没有得到准许。来到孟津的时候，就极力上奏书陈述当时的缺失，最后吞药自杀了。奏书呈上后，灵帝就因此暂时终止收取建宫室的钱。

任命朱俊为右车骑将军。

从张角作乱后，各地盗贼纷纷兴起，博陵张牛角、常山褚飞燕和黄龙、左校、于氐根、张白骑、刘石、左髭文八、平汉大计、司隶缘城、雷公、浮云、白雀、杨凤、于毒、五鹿、李大目、白绕、眭固、苦蝤等，数不胜数，势力大的有两三万人，势力小的也有六七千人。

张牛角、褚飞燕集合军队，攻打瘿陶，张牛角被流箭射中，快死的时候，就任命他的徒众奉褚飞燕做领袖，并改姓张。褚飞燕名燕，因为勇敢矫捷，所以军中都称他为“飞燕”。山谷中的盗贼都归附他，部下的人渐渐地多了起来，差不多接近一百万，被称为“黑山贼”，河北各个郡县都受到了灾害，朝廷也没有能力征讨。于是燕就派人到京城送上奏书，祈求投降；就任命燕为平难中郎将，命令他治理河北各山谷的事，每年都可以推举孝廉、计吏。

免除司徒袁隗的官职。三月，任命廷尉崔烈为司徒。崔烈就是崔寔的堂兄。

这个时候，三公的职位往往靠着常侍、阿保送钱到西园才能得到。虽然段颎、张温等有功劳名誉，可是都是先赠送财物，然后才登上三公之位的。崔烈让灵帝的乳母送五百万钱进去，所以才能做司徒。到任官的那天，灵帝驾临到平室，百官集合，灵帝转头对亲信们说："很后悔没有稍微吝惜一下，否则就可以达到千万！"程夫人在旁边附和说："崔先生是冀州的名人，怎么能用钱买官？他是靠着我才得到这个官职的，你不满意吗？"崔烈声誉立刻衰落。

北宫伯玉等侵入三辅，命令左车骑将军皇甫嵩镇守长安，并讨伐。

这时，凉州不停地闹兵荒，朝廷也不停地征收徭役和赋税，崔烈觉得应该放弃凉州。命令聚集公卿百官来议论，议郎傅燮大声地说："只有斩掉司徒，天下才能安定！"尚书上奏傅燮在朝廷侮辱大臣。灵帝因此就问傅燮，傅燮回答说："樊哙由于冒顿叛乱，愤恨而想振奋，也没有失去大臣的节度，季布还说'樊哙应该斩掉'。凉州现在是天下的要道和国家的藩篱。高祖刚兴盛的时候，派遣郦商平定陇右；武帝开拓边疆，设置了四个郡，议论的人觉得这是砍断匈奴的右臂。现在州牧刺史们不合，才使得一州造反。崔烈作为宰相，不去替国家想出消弭祸乱的计策，竟然要舍弃一方万里的土地，我感到很疑惑！匈奴的士兵强劲，铠甲坚硬，若借这个地方来作乱，就是天下最大的灾祸，是国家最深的忧虑。崔烈如果不知道这种情况，他就是极端的愚蠢；如果知道这种情形，还故意这样说，他是不忠城。"灵帝觉得傅燮的话很对，就听从了他的建议。

夏季，四月，庚戌日（十二日），下了一场大冰雹。

五月，免除太尉邓盛的官职；任命太仆河南人张延做太尉。

六月，因为讨伐张角有功，封中常侍张让等十二人为列侯。

秋季，七月，三辅发生螟灾。

皇甫嵩征讨张角的时候，经过了邺城，看见中常侍赵忠的住房超过制度，就上奏书请求没收。再者，中常侍张让私底下向皇甫嵩调五千万钱，皇甫嵩不愿意给。赵忠、张让就因此奏告皇甫嵩年年作战，但是没有战功，耗费过多，于是就征召皇甫嵩返回京城，收回他的左车骑将军绶印，削掉了六千户。八月，任命司空张温做车骑将军，任命执金吾袁滂为辅佐，来征讨北宫伯玉；任命中郎将董卓为破虏将军，和荡寇将军周慎一起接受张温的统领。

九月，任命特进杨赐为司空。冬季，十月庚寅日（十月无此日），临晋人文烈侯杨赐逝世。派遣光禄大夫许相做司空。许相就是许训的儿子。

谏议大夫刘陶上奏折说："先前天下遇到张角的叛乱，后来遭到边章的侵扰，现在西羌已进入河东，恐怕势力要逐渐转盛，骚扰京城。人民有逃走退死的想法，却没有挺身作战求生的念头，西方的敌人逐渐前行，车骑将军张温势单力薄，如果失利，就没有办法救助。我知道话多就要遭到厌烦，但是还不减少言语的原因，是为了国家的安宁，如果臣下蒙受幸福，国家遇到危险，那么臣下也先要死亡。现在仔细陈述当今重要紧急的事情八件。"大概是说天下大乱，都是因为宦官。宦官们一同诽谤刘陶说："以前张角发生乱事，命令恩威并施，从此之后，各各悔过。现在天下安宁，然而刘陶疾害圣明的政治，专谈论妖孽的事情。各个州郡并没有上奏折，刘陶怎么会知道这件事？我们怀疑刘陶和贼人互通情报。"于是就逮捕刘陶，下放到黄门北寺的监狱，并拷打审问，一天接着一天。刘陶对使者说："我只恨和伊尹、吕尚不同类，而就以殷朝三位仁人为模范。现在杀掉了忠贞直言的臣子，人民受苦受难也将是不久以后的事情了，如果到那个时候，后悔又怎么来得及呢？"于是就闭住呼吸死了。前司徒陈耽为人忠厚老实，宦官都怨恨他，也陷害他，于是陈耽就死在了狱中。

张温带领各郡的军队，十多万步兵、骑兵，驻守在美阳，边章、韩遂也向美阳进兵。张温和他们作战，经常打败仗。十一月，董卓和右扶风人鲍鸿等合军攻打边章、韩遂，将他们打得大败，于是边章、韩遂就向榆中逃走。

张温派周慎率领三万人追赶。参军事孙坚对周慎说："贼人在城中没有粮食，就一定要到城外运送粮食，我愿意带领一万人切断他们运粮的道路，将军带领大军随后赶来，贼人一定因困乏而不敢作战，进入羌中，然后再合力征讨他，凉州就可以平定了。"周慎没有听从，带领军队围攻榆中城，而边章、韩遂分别驻守在葵园峡，反倒切断了周慎的粮道。周慎害怕了，于是就抛弃车辆辎重逃走了。

张温又派董卓带领三万人，征讨先零羌，羌人、胡人在望垣的北面围攻董卓，董卓的粮食吃光了，就在所渡的水里建造石堰来捕鱼，而暗自从石堰下边通过军队，等到贼人追到的时候，水已经很深了，不能过去，于是就守扶风。

张温下诏书召见董卓，董卓等了很久之后才去拜见；张温就斥责董卓，董卓应对的时候态度很不恭敬。孙坚就向前对着张温的耳朵说："董卓态度嚣张，高谈阔论，接受了诏令不按时到达，按照军法就应该斩掉他。"张温说："董卓在河、陇之间，向来有威名，今天杀掉他，将来我们西行就会没有依靠。"孙坚说："您亲自带领王师，震慑天下，有什么好依靠董卓的呢？听今天董卓所说的话，并没有借你一点辞色，蔑视上位没有礼节，这是第一大罪状；边章、韩遂在外跋扈多年，应该按时进兵讨伐，但是董卓说不可以，使军心士气沮丧，迷惑了部众心理，这是第二大罪状；董卓受命以来，一直没有功劳，接受诏命又拖延时间，并且意气亢奋而自傲，这是第三大罪状。古代的名将都用斧钺领导士兵，从来没有不用刑就能成功的。现在您对董卓表示谦虚，如果不马上杀掉他，损害军威军法的情况，恐怕就要因此而产生了。"张温不忍心发命令，就说："你先回去，董卓会怀疑我们的。”孙坚这才出去了。

这一年，灵帝在西园筑造了万金堂，把司农的金钱、缯帛堆在堂里，又在小黄门、常侍的家里各藏了几千万钱，还在河间买了土地房产，筑造了住宅楼阁。

三年（丙寅，公元186年）

春季，二月，江夏的士兵赵慈叛变，杀掉了南阳太守秦颉。

庚戌日（十六日），赦免天下。

罢免太尉张延的官职。派使者带着符节，在长安任命张温为太尉。作为三公而在朝廷之外，是从张温开始的。

任命中常侍赵忠为车骑将军。灵帝派赵忠评定讨伐黄巾军的功劳大小，执金吾甄举对赵忠说："以前傅南容在东军时有功劳，没有被封侯，天下百姓都感到失望。现在将军亲自承担重大的责任，应该推荐贤士，伸张冤屈，以符合大家的心愿。"赵忠采用了他的话，就让他的弟弟城门校尉赵延，向傅燮表达殷勤的心情，赵延就对傅燮说："南容对我们常侍稍稍好一点，万户侯是不值得提起的。"傅燮义正严辞地说："有功但得不到评定，这是注定的，傅燮怎能够请求私下的赏赐呢？"于是赵忠更加怨恨他，但是害怕他的高名不敢加害他，就把他下放做汉阳太守。

灵帝派遣钩盾令宋典修建南宫的玉堂殿，又命令掖庭令毕岚铸造四个铜人，又造了四口钟，都能承受两千斛。在平门外的桥东边，又建造了能够吐水的天禄兽和蛤蟆，然后把水引到宫里。又在桥的西边筑造了水车和名叫渴乌的汲水器，用来洒南北的郊路，觉得可以节省老百姓洒道的费用。

五月，壬辰晦日（三十日），发生日食。

六月，荆州刺史王敏征讨赵慈，并斩掉了他。

罢免车骑将军赵忠的官职。

冬季，十月，武陵蛮叛变，郡中的军队把他打败了。

前太尉张延被宦官诽谤，就下狱而死了。

十二月，鲜卑侵犯幽、并二州。

征召张温回京城。

四年（丁卯，公元187年）

春季，正月，己卯日（二十一日），赦免天下。

二月，荥阳的贼人杀死了中牟县县令。三月，河南尹何苗攻打荥阳的贼人，并打败了他们，任命何苗做车骑将军。

韩遂杀死了边章和北宫伯玉、李文侯，有十多万人的军队，进兵围攻陇西，太守李相如造反，和韩遂联合起来。

凉州刺史耿鄙，带领六郡的军队讨伐韩遂。耿鄙重用治中程球，程球作奸犯科因而得利，军民都怨恨他。汉阳太守傅燮对耿鄙说："你主持政治时间太短，人民还未得到教化。贼人听到大军要来，一定会万人一心。边疆的士兵大多勇敢善战，他们的锋芒难以抵挡；而你刚刚集合了军队，上下并没有一致，万一发生了变化，到了那时，即使懊悔也来不及。不如停止进军，修养德行，赏罚分明，贼人得到宽赦一定认为我们害怕，一群恶人相互争权夺势，就能肯定他们一定会分离。然后再带领已经受到教化的人民，征讨分离的贼人，这样功绩就唾手可得了。"耿鄙没有听从。夏季，四月，耿鄙带领军队走到狄道，州别驾叛反来响应贼人，于是先杀死了程球，又害死了耿鄙。贼人进兵围攻汉阳，汉阳城里士兵很少，粮食又吃光了。傅燮还是坚持防守。

当时北地有几千胡人的骑兵跟着贼人攻打汉阳郡，这些胡人的骑兵很早就受到了傅燮的恩德，他们都在城外磕头，并要求护送傅燮回到他的故乡。傅燮的儿子傅幹，那时只有十三岁，就对傅燮说："国家战乱，就使得父亲在朝廷里不能容身。现在军队不足够固守，应该听从羌人和胡人的请求，返回到故乡，慢慢地等待有道的国君来帮助他。"话还没说完，傅燮就感叹地说："你知道我一定会因为守城而死，圣人能够显现节操，低一等人能够谨守节操。殷朝纣王残暴，伯夷不愿意吃周朝的米粮而饿死。我遇到乱世，不能培养宏大的志向，既然拿了国君的俸禄，又怎能想逃避灾难呢？我能到哪里去呢？我一定会死在这里的！你有才能，多多自勉！主簿杨会就是我的程婴，他一定会保护你。”

狄道人王国任命前酒泉太守黄衍游说傅燮：“天下已经不归汉室所有，你愿意做我们的首领吗？”傅燮用手拿着剑大声地叱责黄衍说：“你是剖符的功臣，反倒替贼人来游说啊！”于是就指挥左右进兵讨伐，在阵地上战死了。耿鄙的司马马腾（扶风人）也领军造反，和韩遂联合，一同推王国做首领，侵占三辅。

因为太尉张温没有平定贼人，就被免除官职。任命司徒崔烈为太尉。五月，任命司空许相为司徒；派遣光禄勋沛国人丁宫做司空。

起初，张温发动幽州能够冲锋陷阵的三千骑兵，征讨凉州，前中山相张纯（渔阳人）请求带领他们，张温没有听从，而是派涿县县令公孙瓒（辽西人）率领他们。军队到了蓟城后，乌桓的骑兵因为得不到粮食，很多都叛变回到本国。张纯愤恨做不了首领，就和同郡人前泰山太守张举以及乌桓的官吏丘力居等联盟，在蓟城掳掠抢劫，并杀死了护乌桓校尉公綦稠、右北平太守刘政、辽东太守阳终等人，军队达到十几万，驻守在肥如。张举被称为天子，张纯被称为弥天将军、安定王。移书各个州郡，说张举应该代替汉室，掌控天下，让天子避位，命令公卿立即迎接。

冬季，十月，长沙的贼人区星自称将军，有一万多徒众；派遣议郎孙坚做长沙太守，孙坚就平定了他。任命孙坚为乌程侯。

十一月，罢免太尉崔烈的官职；任命大司农曹嵩做太尉。

十二月，屠各胡造反。

这一年，出卖了关内侯，值五百万。

前太丘县长陈寔逝世，国内去吊丧的就有三万多人。陈寔平时在乡里，管理事情非常公平，乡里中有争执诉讼，也经常请他分辨是非，判定曲直，没有一个人心存怨恨，甚至惊叹道：“宁可受到刑罚，也不愿被陈先生批评！”杨赐、陈耽每次拜见公卿，所有同事们都前来祝贺；杨赐、陈耽就感慨陈寔没有登上大位，为自己先登上大位而感到惭愧。

资治通鉴卷第五十九　汉纪五十一

起戊辰（公元188年），止庚午（公元190年），共三年。

【题解】本卷记录了汉灵帝刘宏中平五年到汉献帝刘协初平元年间的历史。灵帝突然病逝，皇子刘辩即位，无法掌控政局，何太后临朝，外戚何进掌权，优柔少断，宦官先下手诛杀何进，袁绍带兵诛尽宦官；何进引狼入室，董卓入京，废少帝刘辩，杀何太后，立陈留王刘协；董卓倒行逆施引天下诸侯不满，关东诸侯起兵讨伐董卓；董卓挟献帝刘协西迁长安，火烧洛阳，诸侯罢战，割据征伐，东汉由治世转入乱世，东汉王朝名存实亡。

孝灵皇帝下

中平五年（戊辰，公元188年）

春季，正月，丁酉日（十五日），赦免天下。

二月，有彗星出现在了紫宫星座。

黄巾军残余部队郭大等在河西白波谷起兵作乱，侵犯太原、河东。

三月，屠各胡攻占并州，并杀死刺史张懿。

太常刘焉（江夏人），看到王室事多，就向灵帝进谏说："四方兵乱的形成，是因为刺史威望太轻，既不能禁止他，又所用非人，导致这些人往往背叛。应该改立州牧州伯，选择有德行的重臣来担任这个职务。"刘焉想做交趾牧。侍中董扶（广汉人）私下里对刘焉说："京城将要发生乱事，在益州区域有天子的气象。"于是刘焉改求益州。刚巧益州刺史郤俭，由于税收烦多，谣言又传得很远。而耿鄙、张懿都被盗贼所杀死了，朝廷就听从刘焉的建议，挑选列卿、尚书做州牧，每个人都以本身的官俸赴任。任命刘焉做益州牧，派遣太仆黄琬做豫州牧，任命宗正东海人刘虞为幽州牧。州官地位的加重，就是从这时开始的。刘焉，是鲁恭王的后代；刘虞，是东海恭王的五世孙。刘虞曾担任过幽州刺史，人民和夷狄都怀念他的恩德，所以就任用他做幽州牧。董扶和太仓令赵韪，都舍弃官职，跟着刘焉进入蜀地。

诏令把南匈奴的士兵配给刘虞，征讨张纯，单于羌渠派左贤王带领骑兵到幽州。匈奴人害怕无止境地调发军队，因此右部醯落造反，就和屠各胡联合起来，一共有十多万人，攻打羌渠，并把他杀死了。国人都拥立他的儿子右贤王於扶罗担任持至尸逐侯单于。

夏季，四月，罢除太尉曹嵩的官职。

五月，任命永乐少府樊陵（南阳人）做太尉；六月，罢除他的官职。

益州的贼人马相和赵祇等，在绵竹发兵，自称黄巾，杀死了刺史郤俭，举兵攻击巴郡、犍为郡，在不到一个月，破坏了三个郡，有几万徒众，并自称天子。益州从事贾龙带领官吏人民进攻马相等，几天后马相兵败逃跑了，益州境内也恢复了平静。于是贾龙就选择官吏士兵来迎接刘焉。

刘焉把郡政府迁往绵竹，来安抚并接纳叛变的人，致力推行宽容而有爱心的政治来收聚人心。

有七个郡国发生了大水灾。

前太傅陈蕃的儿子陈逸和术士襄楷在冀州刺史王芬的座上见面，襄楷说："天文对宦官没有好处，黄门、常侍就要灭族了。"陈逸听后很高兴。王芬说："如果是这样，我愿意驱赶他们！"因此就和豪杰们辗转互相招集，上奏书说黑山贼侵略郡县，想要借此起兵。正好灵帝想到北方巡视河间的旧居，王芬等人就计划用兵来劫持灵帝，杀掉所有的常侍、黄门，并废除灵帝，册封合肥侯，并把这个计谋告诉议郎曹操。曹操说："废除皇帝，是天下最不好的事。古人有权衡得失、考虑利害之后才这么去做的，那就是伊尹、霍光。伊尹、霍光都是用最忠贞的心，依靠着宰相的势力，凭借着主持政务的重位，来顺应大家的心愿，所以才能实施计划，完成事情。现在各位只是看到了以前的容易，但是没有看到现在的困难，想要做非常的事情，如果欲望不能完成，不会很危险吗？”王芬又叫平原人华歆、陶丘洪一同商定计划。陶丘洪想去，但是华歆阻止他说：“废除天子是件大事，伊尹和霍光都觉得困难。王芬本性粗心大意也不懂军事，这件事情一定不会成功。”因此陶丘洪就不去了。正巧北方半夜里有红气冲天，一直延伸到了东西方的天际，太史就上告说：“由于北方有阴谋，因此不适合到北方去。”灵帝就不去了。就命令王芬停止用兵，不久之后又征召他。王芬害怕，就解除了印绶逃走了，到了平原，就自杀了。

秋季，七月，让射声校尉马日磾做太尉，马日磾是马融的族孙。

八月，设置西园八个校尉。让小黄门蹇硕做上军校尉；任命虎贲中郎将袁绍为中军校尉；派屯骑校尉鲍鸿做下军校尉；让议郎曹操做典军校尉；任命赵融为助军左校尉；冯芳做助军右校尉；命令谏议大夫夏牟做左校尉；让淳于琼做右校尉，都受蹇硕的管辖。灵帝从黄巾军起事的时候，就开始留心兵事；蹇硕健壮还有兵略，灵帝宠幸他，即使是大将军也要服从他。

九月，罢除司徒许相的官职，让司空丁宫做司徒，光禄勋南阳人刘弘为司空。

任命卫尉条侯董重为骠骑将军。董重，是永乐太后的侄儿。

冬季，十月，青州、徐州的黄巾军再次起事，侵占各郡县。

望气的人觉得京师当有大的兵乱，两宫会有流血的灾害。灵帝想破除这个现象，于是就大举征集四方的兵力，在平乐观下习武，筑造了大的高坛，在上面建了十二层五彩色的坛盖，有十丈高。在大坛的东北边的小坛，也建造了九层的五彩色的坛盖，有九丈高。陈列几万步兵、骑兵，结成营阵。甲子日（十六日），灵帝亲自检阅军队，驻守在大坛盖下面，大将军何进驻守在小坛盖下面。灵帝亲自披上甲胄，马也披上了铠甲，被称为“无上将军”，在巡行行阵三圈后才回来，并把兵权交给了何进。灵帝询问讨虏校尉盖勋说："我这样习武，怎么样？"盖勋回答说："我听说先王只发扬德政，从不检阅军队。现在贼寇在远方，却在近地设置兵阵，这不足够显示战胜敌人的决心，只是黩武而已！"灵帝说："很好！真是相见恨晚啊，大臣以前没有说过这种话的。"盖勋就对袁绍说："皇上很聪明，只是被左右蒙蔽了而已。"就和袁绍一同策划诛除灵帝左右受宠幸的人，由于蹇硕害怕，就把盖勋下放为京兆尹。

十一月，王国围攻陈仓。诏令又任命皇甫嵩为左将军，带领督前将军董卓，共四万人来抵抗。

张纯和丘力居抄掠青、徐、幽、冀四州，诏令骑都尉公孙瓒去讨伐。公孙瓒和他们在属国的石门山作战，张纯等人大败，于是抛弃了妻儿，逃过边塞走了，所掠夺的男女全部被找到。公孙瓒深入没有后援，反倒被丘力居等围困在辽西的管子城，过了两百多天，粮食没了，徒众逃散，十分之五六的士卒都死了。

董卓对皇甫嵩说："陈仓的围攻很紧急，请赶快来救助。"皇甫嵩说："不可以，百战百胜，还不如不战而屈人之兵。虽然陈仓很小，但是城池守备都很坚固，不容易被攻下。虽然王国强盛，但是攻不下陈仓，他的士兵一定会疲乏，疲乏后再攻击他们，这才是全胜的策略，为什么要救援？"王国攻打了陈仓八十多天，始终攻不下。

六年（己巳，公元189年）

春季，二月，在王国的士兵们疲惫不堪，解围后离开，皇甫嵩进兵攻打他们。董卓说："不可以！兵法上说，穷寇不能追，归兵不能追。"皇甫嵩说："不是这样的，以前我没有攻击，是要躲避他的锋锐；现在我攻击，是乘他衰弱的时候，现在我所攻打的是一支疲惫的军队，不是归兵。王国的军队多并且正要逃走，没有士气，用我们的整齐攻他们的混乱，他也不能算是穷寇。"因此就单独进兵攻击，要董卓做后援，和王国作战，打败了王国，斩掉了一万多首级。董卓非常惭愧，因此就和皇甫嵩有了间隙。

韩遂等一同废除王国，并劫持了前信都县令阎忠（汉阳人），要他统领各部。阎忠病死之后，韩遂等就逐渐地争权夺利，相互杀害，因此势力就日渐衰弱。

幽州牧刘虞到任以后，派使者到鲜卑地区，告诉他们其中的利害关系，让他们把张举和张纯的头送来，并对他们进行赏赐。丘力居等听说刘虞到任后，很是高兴，每个人留下了译员后，就各自带兵回去了。张举和张纯逃出边塞，剩下的人都投降或者溃散。刘虞上奏折请求停止所有的驻守军队，只剩下降虏校尉公孙瓒，带领一万多步兵骑兵驻守右北平。三月，张纯的门客王政杀死了张纯，并把首级送给了刘虞。公孙瓒立志要消灭乌桓，而刘虞想用恩信招降他们，因此刘虞跟公孙瓒就有了嫌隙。

夏季，四月，丙子朔日（四月无此日），发生日食。

免除太尉马日磾的官职，派使者拜幽州牧刘虞为太尉，并封他为容丘侯。

蹇硕嫉恨大将军何进，和所有的常侍一同游说灵帝，派何进带兵向西攻打韩遂，灵帝听从了他们的建议。何进知道他们的阴谋以后，就奏请袁绍集合徐、兖二州的军队，等袁绍回来以后再向西行，用这种方式拖延行期。

起初，灵帝多次失去皇子，何皇后生了个儿子叫刘辩，把他放在道人史子眇家里养着，称为“史侯”。王美人生了个儿子叫刘协，董太后亲自抚养，称为“董侯”。群臣请求册封皇太子。灵帝觉得刘辩轻浮没有威仪，想要立刘协为皇太子，就在犹豫不决的时候，正巧病重，就把刘协托付给蹇硕。丙辰日（十一日），灵帝在嘉德殿驾崩。当时蹇硕在宫内，想先杀了何进，再去立刘协，就命令人迎接何进，说要和他商量大事，何进驱车前往。蹇硕的司马潘隐和何进从前就认识，迎接时，就用眼睛向何进示意。何进害怕，就从小道奔驰回到了营中，引兵驻守百郡邸，称有病而不入宫。

戊午日（十三日），皇子刘辩继承皇位（即汉少帝），当时十四岁，尊崇皇后为皇太后。太后垂帘听政，赦免天下，改元为光熹。册封皇弟刘协为渤海王，刘协当时九岁。任命后将军袁隗为太傅，和大将军何进一起处置尚书的事务。

何进既主持了朝廷的政权，又愤恨蹇硕图谋自己，于是就暗自计划杀死他。袁绍通过何进亲近的门客张津，劝何进消灭所有的宦官。何进觉得袁家世世代代都显贵受宠幸，因此袁绍和他的堂弟虎贲中郎将袁术，都是豪杰所归属的对象，就信任并且重用了他。又广泛地举荐智谋之士何颙、荀攸和河南人郑泰等二十多人，任命何颙做北军中候，派荀攸做黄门侍郎，任命郑泰做尚书，和他们同心同德。荀攸，就是荀爽的堂孙。

蹇硕怀疑也不安宁，就和中常侍赵忠、宋典等上奏折说："大将军何进兄弟主持了国政，现在和天下的党羽计划诛杀先帝身边的人，消除我辈，只是因为蹇硕管理宫中的军队，因此迟疑不决。现在应该关闭省阁所有的门，赶紧捕捉并杀掉他。"中常侍郭胜与何进是同郡人，太后和何进的显赫宠幸，郭胜都有功劳，所以他亲近何氏，和赵忠等商量，没有听从蹇硕的计划，而是用书信告诉了何进。庚午日（二十五日），何进命令黄门令收捕了蹇硕，并杀死了他，且统领他所有的军队。

骠骑将军董重和何进的权势相互冲突，宫中的宦官依靠董重作为援助。董太后每次要参与政事的时候，何太后就阻止她，董太后很愤怒，骂道："今天你能这么跋扈，全是凭借你哥哥！我要骠骑将军斩断何进的头，就好像翻手那么容易！"何太后听后，就告诉了何进。五月，何进和三公一同上奏折说："孝仁皇后派以前的中常侍夏恽等和各州郡交往，操控包揽财物，把全部财物都收入了皇后所在的西省。依照传统，蕃属的皇后是不能留在京师的，请求让皇后回到本国。"奏折获得许可。辛巳日（初六），何进举兵围攻骠骑将军的府池，逮捕了董重，并免除了他的官职，董重自杀而死。六月，辛亥日（初七），董太后由于忧愁害怕，突然去世了。民间因此就不亲附何氏。

辛酉日（十七日），埋葬孝灵皇帝于文陵。何进想到蹇硕以前的阴谋，就假称有病，不进宫行丧礼，也不送葬。

发生水灾。

秋季，七月，任命渤海王刘协为陈留王。

罢免司徒丁宫的官职。

袁绍又劝说何进道："以前窦武想要杀掉宫里的宠员，结果反倒被宦官所害，只是因为语言被泄露。五营的兵士都害怕宦官，而窦氏反倒利用他们，这就是自取灭亡。现在将军的兄弟，都带领着精锐的军队，部队里的将校官员都是英俊名士，很乐意为你效命，事情都在掌握之中，这是上天帮助你的时候。将军应该替天下除掉所有的灾害，以留名后世，不能失去这个机会！" 于是何进向太后报告，请求免除所有中常侍以下的人物，派遣三署中的郎官弥补职务。太后没有听从，说："宫中的宦官带领禁省，从古至今，都是这样的，这是汉家的旧事，不能废除。再说先帝刚逝世，我怎么能抛头露面和士人共同讨论国事呢？"何进难以抵抗太后的意思，想只消除其中跋扈的宦官。袁绍觉得宫中的宦官亲近天子，发号施令，现在如果不把他们全部废除，将来一定会成为祸患。而太后的母亲舞阳君和何苗经常接受宦官们的礼物，知道何进要消除他们，多次要太后保护他们。又说："大将军专门杀害太后身边的人，专权来削弱朝廷的权势。"太后心中疑惑，觉得这话很对。何进刚刚显赫，平常就害怕宫中的宦官，虽然在外面声名大振，但是内心却没有决断力，因此这件事长时间也没决断。

袁绍等又替何进计划，召集了四方的猛将和所有的豪杰，要他们带领军队到京城来威胁太后。何进觉得很对。主簿陈琳（广陵人）劝谏说："谚语说道：'蒙眼睛捕鸟雀'，一个小东西还不能够因为得意而欺骗它，更何况是国家大事，怎么能用欺诈的方式完成呢？现在将军总领皇帝的威势，掌控军事大权，气势威武，想怎么做就怎么做，这就好像鼓动大的火炉燃烧毛发一样容易。只要能赶快行使大权，并立刻决断，这样天人就会顺从。现在反倒委弃兵权，征求外力援助。大兵聚会之后，强的就变成了首领，所谓倒着拿兵器，把柄交给别人，事情一定不能完成，只是造成祸乱的阶梯而已！”何进没有听从。典军校尉曹操听到后就笑着说：“宦官，是古今都有的，只是天子不应该给他们权势宠幸，让他们到达这种地步。既然要治他们的罪过，就应该消除元凶首恶，只要一个狱官就够了，为什么要纷乱地召求外兵呢？要想完全消除他们，事情一定会泄露的，我看这件事情一定会失败。”

起初，灵帝派遣董卓做少府，董卓上奏折说：“我带领湟中自愿跟随的人以及秦、胡的官兵都对我说：‘国家的薪饷不发，粮食用尽，使得妻儿都挨饿受冻。’于是就拉着我的车子，让我不能前行。羌人、胡人性情着急，宁愿像狗一样，我却没有办法阻止，只能好言安慰他们，如果事情变化严重，再呈上奏折。”朝廷没有办法制裁。等到灵帝生病的时候，下诏书派董卓做并州牧，命令他带领士兵隶属于皇甫嵩。董卓又上奏折说：“我蒙受天子的恩德，掌控十年军事，大大小小的士兵，由于长时间的相亲，都依赖我养育的恩德，愿意替臣牺牲生命，我请求带领这些士兵到北方的边郡，到边远地区为国家效命。”皇甫嵩的侄儿皇甫郦对他说：“天下的兵权，都掌控在大人和董卓手里。现在你和董卓已经结下了仇恨，是没有办法并存的。董卓接受了诏书但是按兵不动，上书有所要求，这是违抗命令。他衡度京城政治混乱，因此敢不出兵讨伐胡人，这是有奸心的。这两者，都是不能被刑法赦免的。并且他为人凶狠残暴也不亲爱，将士们都不附和他。大人现在是元帅，可以凭借国家的威严来声讨他，上可以显示出忠义，下可以消除灾害，没有不成功的。”皇甫嵩说：“董卓违抗命令，纵然有罪，如果我出兵征讨他，专门诛杀，我也有责任。不如将这种情形奏报朝廷，让朝廷来裁决。”于是就上报给灵帝。灵帝因此斥责董卓。董卓也没有接受诏书，驻守在河东，来观察时事的变化。

何进召集董卓，命令他带兵到京师。侍御史郑泰劝告说："董卓强横残暴，缺乏道义，欲望没有穷尽，如果让他参与朝政，把国家的大事交给他，将会放纵他的凶恶和欲望，一定会危害到朝廷。你凭借亲属的重位，掌控伊尹的权势，可以按照自己的意思独断专行，消灭有罪的人，真的不应该凭借董卓为援助！再说事情拖延下去就会发生变化，窦武的事情，就是一个例子，应该赶紧决定。"尚书卢植也说不应该召董卓，何进都没有听从。于是郑泰抛弃官职离开了，并对荀攸说："何先生不容易辅助成功。"

何进府里的属官王匡和骑都尉鲍信，都是泰山人，何进命令他们回到故乡招募军队，又召令东郡太守桥瑁驻守成皋，派武猛都尉丁原带领几千人入侵河内，烧坏孟津，火光照耀了全城，都把诛除宦官作为借口。

董卓听说要征召他，就马上出发，并上奏折说："中常侍张让等人，蒙受天子的宠幸，但是扰乱国家。我听说如果要开水停止滚沸，与其激荡它，不如把柴火抽掉；痈疽破了虽然疼痛，但总胜过向内侵蚀肌肉并渐渐扩大。先前赵鞅发动晋阳的甲士来驱逐国君身边的恶人，我现在就敲响了钟鼓到洛阳，请求逮捕张让等，来清除奸恶！"太后还是没有听从。何苗对何进说："我们当初一块从南阳来，都很贫贱，都是依靠宫里的人才得到富贵，至于国家的事情，谈何容易啊。水洒到地面上就不能再收回了，你应该好好地考虑，先和宫里的人和好吧！"董卓到渑池后，何进更加怀疑他了，就命令谏议大夫种邵公布诏书让他停止。董卓没有接受诏命，于是就前进到了河南；种邵迎接慰问他，并命令他回军。董卓怀疑有了变化，就让他的军士用兵器胁迫种邵。种邵生气了，陈述诏书斥责他们，军士们都四散离开了，种邵就上前质问董卓，董卓没有办法回答他，于是就回到夕阳亭。种邵就是种暠的孙子。

袁绍害怕何进改变计划，就威胁他说："现在怨恨已经形成，形势已经显现出来，将军还在等什么呢？为什么不早一点决定呢？时间长了事情就会发生变化，就又会变成窦氏了！”于是何进就派袁绍担任司隶校尉，拥有旄节，专门负责隔断内外的事情。从事中郎王允担任河南尹。袁绍派遣洛阳方略武吏负责观察宦官们，就促使董卓等人赶快上奏章，要进军平乐观。太后这才害怕，罢免了所有的中常侍、小黄门，让他们回到自己的住处，只留下何进信任的人守护宫禁。这些常侍和小黄门都到何进那里谢罪去了，听由何进处置。何进对他们说：“现在天下议论汹汹，正在担忧诸位。董卓快到了，你们为什么不早一点各自回到故乡？”袁绍就劝说何进在这个时候消除他们，并且一次次地劝告，何进都没有答应。袁绍又写信给各州郡，假称是何进的意思，让他们逮捕宦官们的亲属，并拷问他们。

何进策划了很多天，消息泄露出去了一点，宦官们都害怕并想闹政变。张让的儿媳妇就是太后的妹妹，于是张让就向他的儿媳妇叩头说：“我现在犯了错，应该和儿媳妇一起回故乡。只是想到受了皇帝几代的恩德，现在要远离皇宫，心里依依不舍，希望能再一次进宫值班，短暂地侍奉太后，趋承颜色，之后回去，即使死掉也没有遗憾了！”他的儿媳妇就把这些话告诉了舞阳君，于是舞阳君就进宫报告给了太后。太后就命令所有的常侍，全部进入宫中值宿。

八月，戊辰日（二十五日），何进进入了长乐宫，报告给了太后，希望能杀掉所有的常侍。中常侍张让、段珪相互说：“先帝逝世的时候，大将军谎称有病，既没有参加丧礼，也没有送葬，现在突然进宫，他是要做什么呢？窦氏的事情难道又要发生了吗？”于是就派人去偷听，等完全听到何进的话之后，就带领他们几十个同党，带着兵器，小心地从侧门进入，埋伏在宫门旁边，如果何进出来，他们就谎称太后的诏令召何进，进宫坐定后，张让等就责问何进说：“如今天下混乱，也不全是我们的罪过。先帝曾和太后很不愉快，几乎到了决裂的地步，我们都哭着求解救，每个人拿出千万家财作为礼物，取悦皇上，只是想托身在你的门下而已。现在你竟然要消除我们的种族，不是太过了吗？”因此尚方监渠穆拔剑在嘉德殿前把何进斩掉。张让和段珪等假造诏书，任命以前的太尉樊陵为司隶校尉，派少府许相做河南尹。尚书得到诏令后，就起了疑心，说：“请大将军出来，一同议事。”中黄门把何进的头丢给尚书说：“何进图谋造反，已经被杀死了。”

何进的将士吴匡、张璋在宫外，听到何进被害的消息，想要带领军队入宫，但宫门已经关闭。虎贲中郎将袁术和吴匡一起进攻，宫中的黄门拿着兵器驻守在阁。碰巧天黑了，袁术因此烧毁了南宫的青锁门，想要用这个方式逼迫张让等出来。张让等进宫报告太后，说大将军的军队要造反，并烧毁了宫门，攻打尚书门，因此挟持太后、少帝和陈留王，并劫持了宫里的官员，从复道向北宫逃走。尚书卢植在阁道窗下，手上举着兵器，仰脸陈述段珪的罪状；段珪害怕，于是就释放了太后，太后走向阁里这才免于灾害。袁绍和他的叔父袁隗，假造诏书征召樊陵、许相，把他们一块斩掉。袁绍和何苗带领军队，驻守在朱雀阙的下面，逮捕到赵忠等，杀了他们。吴匡等向来就怨恨何苗不和何进同心同意，还怀疑他和宦官同谋，就下令军中说：“杀死大将军的就是车骑将军何苗，官兵们能替大将军报仇吗？”大家都流着泪说：“我们愿意效死命！”于是吴匡就带领军队和董卓的弟弟奉车都尉董旻，一起进攻何苗，并把他杀掉了，把他的尸体抛弃在宫苑里。袁绍就关闭北宫的门，强迫军队收捕所有的宦官，不管是年少的还是年长的，都一并杀掉，总共杀了两千多人，还有一些人由于没有胡须而被误杀死。因此袁绍进兵宫禁，甚至爬上端门的屋顶，来攻占宫中。

庚午日（二十七日），张让、段珪等看到情况紧急，就挟持了少帝和陈留王，几十个人步行走出了谷门，夜里就到了小平津，但是六个玉玺都忘了带，公卿中没有一个能够跟随，只有尚书卢植、河南中部掾闵贡在夜里赶到了黄河边。闵贡大声地训斥张让等，说：“如果现在不快点自杀，那么我就要杀死你们！”因此拿剑斩死几个人。张让等害怕，就一再拱手作揖，向少帝叩头告辞说：“微臣死后，希望陛下自己保重！”然后就投河死了。

闵贡搀着少帝和陈留王，夜里前行，跟着萤火虫的光向南方走，想走到宫里，走了几里后，得到了老百姓家里一辆没有盖子的车子，就一起坐在上面，到了宫里才停止。辛未日（二十八日），少帝独自乘坐一匹马，陈留王和闵贡一同乘坐一匹马，从雒舍向南方走，几个公卿逐渐到了。董卓到了显阳苑以后，远远地看到火燃烧起来，知道有了变化，就带领军队急急前进。天还没有亮，就到了城西，听说少帝在北边，就和公卿到北芒阪的下面去迎接。少帝看见董卓带着军队来了，害怕得哭了。公卿们就对董卓说："皇帝下诏令要你退兵。"董卓说："各位都是国家的大臣，不能辅佐王室，导致国家动荡不安，我为什么还要退兵呢？"董卓和少帝说话，他的话少帝都听不懂；于是就和陈留王说话，问陈留王灾祸的起因，陈留王回答，从开始到结束，没有一点过错。董卓很高兴，觉得陈留王很贤能，并且是由董太后养育的，董卓自以为与太后是同族，就有了废除少帝的想法。

这一天，少帝回到宫里以后，就赦免天下，把光熹年号改为昭宁。大乱中丢失了传国玉玺，但是其他的玉玺都找到了。任命丁原做执金吾。刚好骑都尉鲍信从泰山招募士兵回来，就劝袁绍说："董卓有强盛的兵力，就会有异心，如果不早一点图谋，将来一定被他所控制；趁他现在还疲劳偷袭他，这样就能擒住他！"由于袁绍害怕董卓，因此不敢发令。于是鲍信带领军队回到泰山。

董卓进入京师的时候，步兵骑兵也不过三千人，嫌自己兵力太少，害怕不被远近的人所服从，四五天就在半夜里偷偷地率领差不多一营人出城，到第二天早上，就陈列很多旗鼓回来，让人误以为西方的军队又来了，洛阳城里并没有人知道这件事。不久之后何进和他弟弟何苗的部队都归顺于董卓，董卓又暗地里命令丁原的部曲司马五原人吕布杀掉丁原，并合并他的部队，于是董卓的兵力开始大盛。就暗自讥讽朝廷，以长时间下雨为由，下诏书免除了司空刘弘的职务并由自己代替。

蔡邕被流放到朔方的时候，刚巧遇到大赦才得以回来。五原太守王智，是王甫的弟弟，奏报蔡邕诽谤朝廷，蔡邕就亡命江海，漂泊了十二年。董卓听到蔡邕的大名后就召辟他，蔡邕假称有病不去。董卓发怒地骂道："我能消灭人的全族！"蔡邕由于害怕就应命前往，到了之后，就被封为祭酒，很受敬重，三天之内，经历了三台的官位，最后升为侍中。

董卓对袁绍说："天下的君主，应该让贤明的人来做，只要一想到灵帝，就让人愤恨！董侯感觉还可以，现在我想拥护他，不知道能不能胜过史侯？当然人都会有小时候聪明，长大后痴呆的情形，谁知道他以后会怎么样？如果现在他也不可以，刘氏的后代也就不值得我们再扶助了！"袁绍说："汉家君临天下已经有四百多年，恩宠深厚，百姓拥戴。现在君主年龄很小，并且没有不善的行为暴露在天下。如果你要废嫡立庶，恐怕大家不会听你的意见！"董卓手拿着宝剑，大声地呵斥袁绍说："你小子竟敢这样！天下的事情难道不是由我决定吗？如果我这样做，看谁不听？你觉得董卓的刀不利吗？"袁绍勃然大怒说："全天下雄健的人，难道就只有董先生一个人？"于是拔出刀剑，作了一个横揖，就出去了。因为董卓刚好到都城，看到袁绍有大家风范，因此不敢加害他。袁绍把旄节挂在上东门，就逃到了冀州。

九月，癸酉日（九月无此日），董卓召见百官，抬头说："皇帝昏庸柔弱，不能奉承宗庙，担任天下的君主。现在我要效法伊尹、霍光，改封陈留王为君主，怎么样啊？"公卿以下都很害怕，没有人敢回答。董卓高声说："先前霍光决定废除昌邑王的计略，田延年按剑商议。如果有人敢阻止我的大计，都用军法来处置！"全座的人为之震惊。尚书卢植独说："先前太甲既立位，表现昏庸；昌邑王有一千多个罪名，所以才出现了废立事件。现在君主年纪很轻，行为上也没有失德的地方，不是以前的事情能比的。"董卓愤怒，并停止了会议。快要杀卢植的时候，蔡邕替他求情，议郎彭伯也劝告董卓说："卢尚书是国内的大臣，人人都仰望的人物。如果现在先害了他，天下都要害怕了。”董卓这才停止，仅仅是免去了卢植的官职，卢植就逃到上谷隐居。董卓把废除天子的议论给太傅袁隗看，袁隗同意了。

甲戌日（初一），董卓又在崇德殿前集合百官，要挟太后策令废除少帝，说：“皇帝在丧期时，没有人子之心，威严又不像人君，现在废为弘农王，立陈留王刘协为皇帝。”袁隗解下少帝的玉玺和印绶，献给陈留王，扶持弘农王下殿，在北面称臣。于是太后哽咽流泪，群臣都心怀悲伤，没有人敢说话。

董卓建议说：“太后逼使永乐宫，导致董太后忧郁而死，违反了媳妇侍奉婆婆的礼节。”于是就把太后迁往永安宫。赦免天下，把年号昭宁更改为永汉。丙子日（初三），董卓毒死了何太后，公卿以下都没有穿布衣服丧，举行葬礼的时候，也仅仅穿了白色的衣服。董卓又挖出了何苗的棺木，并翻出他的尸体，把他肢解成了一截一截地，丢弃在路旁，还杀死了何苗的母亲舞阳君，并把她的尸首丢弃在苑里枳木的篱笆中。

诏令任命公卿以下的子弟为郎，以此来补充宦官的职务，在宫殿上服侍。

乙酉日（十二日），派遣太尉刘虞做大司马，封为襄贲侯。董卓自任太尉，代领前将军的事务，加赐节传、斧钺、虎贲，改封为郿侯。

丙戌日（十三日），任命太中大夫杨彪为司空。

同月甲午日（二十一日），任命豫州牧黄琬为司徒。

董卓带领所有的公卿上奏书，请求追问审理陈蕃、窦武以及所有党人的事，并恢复他们的官位，派遣使者来吊祭，重用他们的子孙。

从六月开始就一直下雨，直到现在（九月）。

冬季，十月，乙巳日（初三），安葬灵思皇后。

白波的贼人侵入河东，董卓命令他的将领牛辅去讨伐。

起初，南单于於扶罗登位以后，国人杀死了叛变他父亲的人，共同拥立须卜骨都侯担任单于。於扶罗就到宫里来请求审理。刚巧灵帝去世，天下大乱，於扶罗带领几千骑兵，和白波的贼人联合起来侵入各郡县。当时人民都很团结，他们没有抢掠到什么财物，士兵反倒受到挫伤。他们想回国，但是国人不接受他们，于是就停在了河东的平阳。须卜骨都侯担任单于，一年就逝世了，南单于的朝廷因此空虚王位，就由老王治理国事。

十一月，任命董卓为相国，朝拜不需要说出姓名，入朝的时候，不用快走，可以带着宝剑穿着鞋子上殿。

十二月，戊戌日（十二月无此日），任命司徒黄琬为太尉，派遣司空杨彪做司徒，任命光禄勋荀爽为司空。

起初，尚书周毖（武威人），城门校尉汝南人伍琼游说董卓矫正桓帝和灵帝的政治，选用天下的名士来收揽民心，董卓听从了他的建议。就命令周毖、伍琼和尚书郑泰、长史何颙等消除邪恶的小人，任用幽滞的君子。于是就任用隐士荀爽、陈纪、韩融、申屠蟠。又任命荀爽为平原相，到宛陵的时候，就升为光禄勋，才治理事务三天，就被拜为司空。从收到征命到登上三台，一共用了九十三天。又任命陈纪为五官中郎将，派遣韩融做大鸿胪。陈纪，就是陈寔的儿子；韩融，就是韩韶的儿子。荀爽等都害怕董卓的暴虐，没有敢不应招的，申屠蟠得到征召的书信时，别人都劝他，然而申屠蟠只微笑却不回答，董卓最终也没有屈服他，申屠蟠活到七十几岁，因长寿而终。董卓又任命尚书韩馥为冀州牧；派遣侍中刘岱做兖州刺史；派陈留人孔伷做豫州刺史；任命东平人张邈为陈留太守；颍川人张咨担任南阳太守。董卓所亲信的人，并没有在显著的地位，只是做了中郎将、校尉而已。

下令废除光熹、昭宁和永汉三个年号。

董卓性情残暴，在朝中专主政权，掌控国家的军队、珍宝，威慑天下，欲望更是无穷尽。他曾经对宾客说："没有哪个宰相能比我显贵！"侍御史扰龙宗去见董卓报告事情，没有去除配剑，董卓就立刻命令将他打死。

这时，洛阳城里的贵戚，住宅都相连，至于金帛财物，家家都很充足，董卓对他的士兵很放纵，进到他们家里，就掠夺财物，玷污妇女，不论他是不是皇亲国戚，一概不放过。因此人心惶惶，大家都感到朝不保夕。

董卓悬赏逮捕袁绍，周毖、伍琼对董卓说："废除天子是件大事，不是一般人能理解的。袁绍不明大体，由于害怕而奔出，也没有其他的志向。现在悬赏捉拿他，一定会逼得他叛变。袁家四代都有恩德，他的学生、原来的属吏遍布天下，如果聚集豪杰，聚合徒众，英雄依靠他起事，那么崤山以东地区就不是你所能掌控的了。还不如赦免他，封他做一个郡守，袁绍高兴你免除了他的罪过，就一定没有祸患了。"董卓觉得很对，于是就任命袁绍为渤海太守，封为邟乡侯。又任命袁术为后将军，派曹操做骁骑校尉。

袁术害怕董卓，就奔到南阳。曹操改变他的姓名，从小路偷偷回到东方。经过中牟县的时候，遭到亭长怀疑，于是就抓住他，把他送到县里。那时县里已经接到董卓追捕曹操的文书，只有功曹知道他是曹操，但他觉得时局正混乱，不应该逮捕天下的豪俊，因此就向县令报告并释放了他。曹操到陈留后，就分散家产，得到了五千士兵。

这时，天下的豪杰都想起兵征讨董卓，而袁绍在渤海起兵，冀州牧韩馥派几个郡国从事来防守，冀州因此而稳固，不能动摇。东郡太守桥瑁假造了京师三公的文书送给各州郡，陈述董卓的罪过，书信中说："受到逼迫时，却没有办法自救，希望能够举兵起义，解除国家的灾难。"韩馥看到文书后，就请所有的从事来商讨，问他们说："现在我们应该帮助袁氏，还是董氏呢？"治中从事刘子惠说："我们兴兵是为了国家，还分什么袁氏、董氏！"韩馥听后脸上很惭愧。刘子惠又说："战争是危险的事情，不能够带头来做。现在应该关注其他的州，如果有人发动，我们才响应。冀州比起其他州的势力不算差，功劳也没有超过冀州的。"韩馥觉得很对，就写了一封信给袁绍，陈述董卓的罪过，并且听他举兵起义。

孝献皇帝甲

初平元年（庚午，公元190年）

春季，正月，关东各个州郡都起兵来征讨董卓，推渤海太守袁绍做盟主；袁绍自称车骑将军，由于无法奏报天子，所有的将领都接受了官号。袁绍和河内太守王匡驻守河内，冀州牧韩馥留守在邺城，提供军粮。豫州刺史孔伷驻守颍川，兖州刺史刘岱、陈留太守张邈、张邈的弟弟广陵太守张超、东郡太守桥瑁、山阳太守袁遗、济北相鲍信和曹操都驻守酸枣，后将军袁术驻守鲁阳，都有几万人的军队。英雄豪杰都归顺袁绍；鲍信单独对曹操说："才略超过当世并能够拨乱反正的只有你。如果不是像你这样的人来统领，即使势力再强大也一定会失败。恐怕你是上天所生吧！"

辛亥日（初十），赦免天下。

癸酉日（正月无此日），董卓命令郎中令李儒毒死了弘农王刘辩。

董卓商讨大举发兵来讨伐山东。尚书郑泰说："治理政治在于道德，而不在武力。"董卓不高兴地说："依照你的说法，兵力没有用处吗？"郑泰说："我不是这个意思，我觉得山东不值得用大兵来讨伐。您从西州来，年轻时就做将帅，熟悉军事。袁绍（字本初）是公卿的子弟，生在京师；张邈（字孟卓）是东平的长老，坐不斜视；孔伷（字公绪）高谈阔论，能够把死的说活，活的说死。这些人没有军事才能，临阵决定胜负，也不是您的对手。何况也没有受到王者的封赏，没有尊卑的秩序，如果凭借兵力，就会独立观望成败，不愿意同心协力，同进同退。况且山东承平的时间太长，百姓不懂作战；关西刚遭到了羌人的入侵，妇女都能拿着弓箭战斗，天下所害怕的，没有能超过并州、凉州的人和羌、胡自愿跟着的人了。而您让他们做爪牙，这种情形就好像驱使老虎、犀牛去追赶犬羊，鼓起强风来清扫枯叶，谁还敢来抵挡您呢？如果没有战事，而征用军队惊扰天下，让害怕服役的人相聚在一起为非作歹，丢弃道德，按照武力，这是自己亏减威严。"

董卓听了之后才高兴起来。

董卓觉得山东兵力强盛，想迁都来躲避，公卿们都不愿意迁都，但是没有人敢说话。董卓表奏河南尹朱俊为太仆作为自己的辅佐。使者召见，朱俊就推辞，不愿意接受，并说："国都向西迁，一定会辜负天下人的希望，而形成山东的祸根，我不知道这怎么能行！"使者说："召见你但你拒绝了；没有问你迁都的事但你陈述这些，为什么呢？"朱俊说："副相国，不是我能担任的官职；迁都，并不是好的计划，这是紧迫的事情。推托我所不能的，讲述紧急的事情，这才是臣子该做的。"因此不愿意做副相国。

董卓召集公卿议论，说："高祖选择在关中建都，一共有十一世；光武选择在洛阳建都，到如今也有十一世。依照《石包谶》所说，应该迁都至长安，来顺应天人的意思。"官员都默不作声。司徒杨彪说："迁都改制，是天下的大事，因此盘庚迁都到亳，殷朝人民都怨恨。先前关中遭到王莽的摧残，因此光武把洛邑作为都城，经历的时间已经很长了，百姓都很安定。现在却无缘无故地离开宗庙，离开陵园，百姓受到惊吓，一定会有很大的骚乱。《石包谶》是邪恶的书，哪里能采用呢？"董卓说："关中土地肥沃，所以秦国能吞并六国。况且陇右盛产木材，武帝时杜陵有烧陶器的炉灶，一起来经营，很快就能成功。老百姓哪里会计较呢？如果有障碍的话，我用大兵来驱赶，即使让他们赴汤蹈火，他们也不敢推托。"杨彪说："天下动乱是很容易的，但是要安定却很困难，希望您能好好考虑！"董卓脸上变色地说："你要阻断国家的大计吗？"太尉黄琬说："这是国家大事，因此杨先生的话，是很值得思考的！"董卓没有回答。司空荀爽看到董卓很坚定，害怕要加害杨彪等，就从容地说："相国哪里是愿意迁都呢？只是由于山东起兵，不是一天能消除的，所以应该借助迁都来图谋，这是秦、汉时候的情形。"董卓的怒意这才稍稍平息。黄琬回去之后，又写了驳斥迁都的文章。二月，乙亥日（初五），董卓用灾害为借口奏免了黄琬、杨彪等的官职，任命光禄勋赵谦为太尉，派太仆王允做司徒。城门校尉伍琼和督军校尉周毖坚决地劝告迁都的事，董卓愤怒地说：“我董卓当初进朝的时候，两位劝我起用善士，我董卓听从了，然而各位到官后，竟然举兵算计我。两位出卖我董卓，我哪里对不起你们了？”同月庚辰日（初十），逮捕了伍琼、周毖，斩了他们。杨彪、黄琬害怕了，就来拜见董卓谢罪，董卓也后悔杀死了伍琼、周毖，因此又表奏杨彪、黄琬担任光禄大夫。

董卓征用京兆尹盖勋做议郎。这时候左将军皇甫嵩带领三万军队，驻守扶风，盖勋偷偷地和皇甫嵩计划征讨董卓。恰巧董卓也征召皇甫嵩做城门校尉，皇甫嵩的长史梁衍对皇甫嵩说：“董卓掠夺京城，任意地废立天子，现在召集将军，将军去后，大则有灾祸，小则受侮辱。趁董卓现在在洛阳，天子也要来到西边，凭借将军的兵力来迎接天子，奉天子的命令征讨叛逆，向所有的州牧郡守征集军队，袁氏威逼董卓的东面，将军威逼他的西面，这样他就一定会被捕了！”皇甫嵩没有听从，于是接受征召。因为盖勋兵力太弱，不能独立作战，也回到京城。董卓任命盖勋为越骑校尉。河南尹朱俊替董卓陈述军事，董卓侮辱他说：“我百战百胜，心里自有判断，你别再乱说，再乱说你就要弄脏我的刀了！”盖勋说：“先前武丁那么圣明，还求箴言谏诤，更何况像你这样的人，还想要堵人的嘴吗？”董卓就向他道歉。

董卓派兵到阳城，碰到人民在社下聚会，士兵们就把他们都杀掉了，驾着他们的车，载着他们的妇女，并把他们的头系在车轮上，一路上歌唱欢呼，回到洛阳后，就说是攻打贼人而得到的战利品。于是董卓就烧掉了这些头颅，并把妇女许配给穿铠甲的士兵做婢妾。

丁亥日（十七日），汉献帝的车驾向西转移，董卓逮捕了所有的富户，凭借各种罪名杀死他们，并没收了他们的财产，死掉的人数不胜数；把剩余的几百万人迁到了长安，步兵骑兵相互逼迫，相互践踏，饿了就抢劫，路上堆满了尸体。董卓驻守在毕圭苑，烧了所有的宫庙、官府、住家，二百里以内的范围，房屋荡然无存，连鸡犬都没了。又命令吕布挖掘所有皇帝的陵墓以及公卿以下的坟墓，收取其中的宝物。董卓俘获了山东的士兵，把猪油涂在十几匹布上，并把布缠在士兵身上，然后就用火烧他们，先从脚开始烧。

三月，乙巳日（初五），汉献帝的车进入了长安，住在京兆府的房屋里，后来才修建宫室来居住。当时董卓还没有到任，大小的朝政都由王允来主持。在外面王允要融和不同的意见，在里面要维护王室的安宁，很有大家风度，从汉献帝到朝中的百官都依赖他。王允委屈地奉承董卓，董卓也很信任他。

董卓由于袁绍的关系，在戊午日（十八日），杀死了太傅袁隗、太仆袁基和他家里婴儿以上的五十多人。

起初，荆州刺史王睿和长沙太守孙坚，一同攻击零陵和桂阳郡的贼人，王睿觉得孙坚是一位武官，言语中很轻视他。等各州郡举兵征讨董卓的时候，王睿和孙坚也都起兵作战。王睿向来和武陵太守曹寅不和，起兵的时候，放言应该先杀掉曹寅。曹寅害怕，就假借按行使者的名义写了一道檄文送给孙坚，陈述王睿的罪过，命令孙坚逮捕他，行刑以后，就把情形报告上来。孙坚接到檄文后，就开始整理军队，偷袭王睿。王睿听说军队要来了，就登楼观察，责问："要干什么呢？"孙坚前面的军队回答说："士兵在外长时间作战太劳苦了，想要拜见刺史要点封赏！"王睿看到孙坚后吃惊地说："士兵自己求赏钱，孙府君怎么也会在里边？"孙坚说："我接到使者的檄文要来杀你！"王睿说："我有罪吗？"孙坚说："你犯了'无所知'的罪。"王睿非常窘迫，就刮了金子用水喝下去死了。孙坚前往南阳，军队已经有几万人了。南阳太守张咨不愿意供给军粮，孙坚用计诱他，之后杀了；郡中的人都害怕，因此孙坚所求的都得到了。前行到鲁阳的时候，就和袁术合兵。因此袁术能够占据南阳，就表奏孙坚担任破虏将军，另外做豫州刺史。

诏令北军中候刘表担任荆州刺史。这时盗贼肆意妄为，道路都阻塞了，刘表一个人骑着马进入宜城，请南郡的名士蒯良、蒯越，和他们商讨说："现在江南宗部宗伍的贼人势力强盛，各自拥有徒众但不附服，如果袁术要利用他们，那么灾祸就产生了。我想要召集军队，害怕不能集齐，该怎么办呢？”蒯良说：“群众之所以不归顺，是由于行仁不够；亲附但不能治理，是由于行义不够。如果仁义之道能够推进，老百姓归顺，就好像水向下流，还害怕征不到兵吗？”蒯越说：“袁术骄傲但没有计谋，宗党贼人的首领大多贪财残暴，被他们的下面人所担忧，如果派人用财来诱惑他们，他们一定会来归附。你替他们诛除无道之人，安慰并拔用，一州中的人有求生的心，听到你的威望品德，一定会抱着子女来投奔。军队聚集了，群众归顺了，南边占据江陵，北边占据襄阳，荆州的八个郡很快就能传送檄文来平定了。即使袁术来了，也没有什么作为。”刘表说：“好！”就派蒯越引诱宗贼的首领，有五十五个人来了，把他们都斩掉并取得他们的徒众。于是就把州府迁移到襄阳，安抚各郡县，江南就被完全平定了。

董卓在洛阳时，袁绍等各军都害怕他的强大，没有一个敢先进兵的。曹操说：“我们举兵来消除暴乱，大兵已经聚集了，各位还有什么疑虑？以前如果董卓依靠王室，占领原来的京城，注意东方来掌控天下，即使用无道来行政，还值得担忧。现在焚烧了宫室，威胁天子迁都，全国都震动了，人民不知所措，这是天要亡他，只要一战天下就能平定了。”于是就带兵西行，占领成皋，张邈派将领卫兹带兵跟随。进兵到荥阳汴水的时候，遇到董卓的将领徐荣（玄菟人），就跟他作战，曹操的军队打了败仗，曹操被流箭射中，他所乘坐的马也受伤了。因此他的堂弟曹洪就把自己的马给他，曹操没有接受。曹洪说：“天下可以没有我，但不能没有你啊！”于是就步行跟随曹操，在夜里逃离。徐荣看见曹操带领的军队很少，力战了一整天，觉得酸枣不容易攻下，也带领军队回去了。

曹操到酸枣后，各路十几万人的军队，每天都安排酒席宴会，不思进取。曹操就斥责他们，并替他们谋划说：“各位能够听从我的计划，促使袁绍带领河内的军队到孟津去，在酸枣所有的将领驻守成皋，占领敖仓，堵塞轘辕、太谷，完全控制了险要地带，让袁术率领南阳的军队驻扎在丹水、析县，进入武关，来震惊三辅，都筑造高垒深壁，不和敌人交战，作为疑兵，展示天下的形势，都被我们掌控了，这样用顺诛逆，就可以立刻平定天下。现在我们的军队因为道义而发动，反倒犹疑不决，让天下人失望，我为诸位感到惭愧！”张邈等没采用他的计划。曹操就和司马夏侯惇（沛国人）等到扬州，招集七千多人的军队，回兵驻守河内。

不久以后，酸枣各路军队的粮食都用完了，大家就分离了。刘岱和桥瑁相互妒忌，于是刘岱就杀死了桥瑁，派王肱兼任东郡太守。青州刺史焦和也起兵征讨董卓，拼命地进兵要追赶酸枣的所有将领一起西行，没有保护青州的人民，大兵刚好渡过黄河，黄巾军就已经进入青州境内。青州向来富庶，军队也强大，每次焦和看到贼人就逃跑，从来没有交锋作战。他喜欢占卜，相信鬼神，长于清谈，但对政事赏罚混乱，于是青州逐渐开始萧条，最终完全成为废墟。不久之后，焦和就病死了，袁绍就派遣臧洪（广陵人）兼治青州，来抚慰人民。

夏季，四月，派遣幽州牧刘虞做太傅，由于道路堵塞，命令没有到达。在这之前，幽州要救济荒外的人民，所需的耗费很多，每年都要分青州、冀州二亿多赋税来补充。这个时候处处都断绝了，一切东西都运送不到，然而刘虞穿着破衣草鞋，吃饭没有肉味，却致力于推行宽松的政治，劝说人民耕种，开放上谷的关市和胡人贸易，开辟渔阳的盐铁来谋利益，人民心悦口服，年年丰收，每一石粮食，就只有三十钱，青州、徐州的人为了逃难选择归附刘虞的有一百多万人，刘虞都收容并安抚他们，替他们安家立业，让这些流民忘记自己是由外地迁徙来的。

五月，司空荀爽去世了。六月，辛丑日（六月无此日），任命光禄大夫种拂做司空。种拂，就是种邵的父亲。

董卓派大鸿胪韩融、少府阴修、执金吾胡母班、将作大匠吴修、越骑校尉王瑰安定集合关东，晓谕袁绍等。胡母班、吴修、王瑰到了河内后，袁绍就派王匡把他们全部逮捕并杀了。袁术也杀死了阴修，只有韩融由于有道德的声名而免于灾害。

董卓废除了五铢钱，又铸造小钱，收集了所有洛阳和长安的铜人、钟虡、飞廉、铜马之类的东西来铸造，因此钱就不值钱，但是物价很贵，一石谷子就卖到了几万钱。

冬季，孙坚和官员们在鲁阳城的东面聚会饮酒，董卓带领几万步兵、骑兵突然来临，孙坚正在敬酒、说笑，看到这种情形后，一方面谈笑风生，另一方面整理部队，不允许一个人乱动。后来骑兵逐渐地多起来，孙坚慢慢地停止聚会，带领大家入城，就对大家说："刚才我之所以不马上起身，就是害怕士兵们互相践踏，各位就不能进城了！"董卓看见孙坚的军队很整齐，就不敢进攻而带兵回去。

王匡驻守河阳津，董卓偷袭他，将王匡打得大败。

左中郎将蔡邕议论说："自孝和帝以下庙号称宗的，都应该除去，来遵从旧有的典章制度。"献帝听从了他的建议。

中郎将徐荣把同郡人前冀州刺史公孙度举荐给董卓，董卓任命他为辽东太守。公孙度到任以后，就用严法杀死了郡中一百多家的名门大姓，全郡害怕，又向东讨伐高句丽，向西攻打乌桓，对他所亲信的官吏柳毅、阳仪等说："汉朝的禄位就要断绝，我应该和诸位图谋正事。"于是就把辽东分为辽西、中辽郡，各郡都设立了太守，渡过海并收取了东莱各县，设立了营州刺史。自从立为辽东侯、平州牧后，就建立了汉高祖、世祖的宗庙，秉承先前的制度，祭祀天地，并且亲自耕田来劝说天下，坐着鸾车，设立了旄头、羽骑卫侍。

资治通鉴卷第六十　汉纪五十二

起辛未（公元191年），止癸酉（公元193年），共三年。

【题解】 本卷记录了汉献帝刘协初平二年到初平四年间的历史。董卓被关东军逐出洛阳，西走长安，被王允用计诛灭。董卓残部李傕、郭汜兵入长安，杀王允，劫掠长安，长安、洛阳成为废墟。天子西迁，朝纲崩坏，关东诸侯残兼并杀，不断混战，烽烟四起，军阀割据，格局初显。

孝献皇帝乙

初平二年（辛未，公元191年）

春季，正月，辛丑日（初六），赦免天下。

所有关东的将领聚在一起商讨，他们认为献帝年龄尚幼，又遭受到董卓胁迫，而且远隔关塞，是生是死都无从知晓，而幽州牧刘虞堪称宗室中的贤才俊士，因此想要拥戴他做天子。曹操说："我们之所以起兵反叛而四方一呼百应，正是因为我们的举动是出于道义。而如今君主年幼微弱，惨遭奸臣的控制，而且并没有昌邑王亡国之类的事情发生，假如在一夕之间就改立新君，那么天下还有谁能够安下心来呢？各位要想向北依附于刘虞，那我便独自一人向西拥护天子。"韩馥、袁绍给袁术写信说："皇帝并非孝灵帝的子嗣，我们想要师法先代绛侯周勃和灌婴废掉少主，拥立代王的事迹，咱们就一道推举大司马刘虞做皇帝吧。"因为袁术私底下有做皇帝的心思，如果国家出现一位年长的君主，这将对他十分不利，所以他在表面上假托公义拒绝了他们。袁绍在给袁术的信中说道："如今西方名义上有一位幼主，他并没有宗室的血脉，公卿以下的臣僚也都只是一味地献媚于董卓，怎么可以仍然信赖他呢？我们现在唯一应该做的是派兵去驻守那些险要之地，让那些人都自困而死；之后我们就在东边推举一位英明的天子，这样才能有太平的希望，如此还有什么可怀疑的呢？此外，我们家人惨遭杀戮，我们不仿效伍子胥报这血海深仇也就算了，还怎么能够再向北称臣去侍奉他呢？”袁术回答说：“现在的天子就很聪明，大有先代周成王的才干，董卓老贼只是凭借危乱迫使百官臣服，这只是汉家遇到的小困难，你竟然说‘现今的天子没有宗室血亲’，难道不是错了吗？你还说‘家里的人已经被他杀害了，你们怎么还可以再恭敬地侍奉他’，其实杀害你家里人的事情是董卓做的，哪里是天子的本意呢？这就是我很忠诚的赤子之心，我的志向在于消灭董卓，我不了解其他的事情！”在袁术回答之后，韩馥、袁绍竟然派出以前的乐浪太守张岐等人，携带着大家议论的结果，前往觐见刘虞，并且奉上了刘虞天子的尊号。刘虞看到张岐等人，脸色很严厉地叱责他们说：“现在正是天下混乱之时，主上正蒙受着屈辱，我接受了国家的重恩，却没有能够洗刷国家的耻辱；诸位官员各自占据了州郡之地，应该共同努力，为王室尽心尽力，怎么反而设计出叛逆的计谋来污辱我呢？”刘虞就坚决地对此事加以拒绝。韩馥等人又力荐刘虞兼管尚书的事务，使他承天子的命令来主持封拜的事务，刘虞还是不听从他们的建议，想要逃奔到匈奴以求自己与这件事情绝无关联，这样袁绍等才停止。

二月，丁丑日（十二日），献帝封董卓做太师，让他的地位在所有的侯王之上。

孙坚派士兵屯守梁县的东面，却被董卓的将领徐荣击败了，孙坚又集合了分散的士兵，前往驻扎阳人。董卓派遣出时任东郡太守的胡轸攻打孙坚，让他率领步兵、骑兵一共五千人来攻打，却派吕布做了骑兵的首领。由于胡轸和吕布不和，作战也不能一心，因而当孙坚出兵迎战之时，把胡轸与吕布他们打得大败，并且杀掉了他们的首领华雄，把他的头颅示之众人。

有人对袁术说：“孙坚如果得到了洛阳，就没有办法对他的势力再加以控制了，这种行为无异于除掉狼而得到虎。”袁术于是对孙坚产生了怀疑，就不再运送军粮给孙坚。孙坚因军粮之急夜里骑马奔驰而来，觐见袁术，当面和袁术分析利害说：“我之所以挺身而出，不顾生命奋战的原因，上是为了替国家讨伐贼人，下是为了安慰将军家门的私下恩怨。孙坚和董卓并没有很深切的仇怨，而将军因他人的谗言，竟然怀疑我，这是什么原因呢？”袁术因而感到局促不安，于是就调发军粮给孙坚。

孙坚回到军营之中屯守阵地，董卓委派将军李傕游说孙坚，表示自己想要和孙坚和亲，指示孙坚上表奏请自己的子弟做刺史、郡守，董卓将会答应录用他们。孙坚说：“董卓违背天意行事，实属大逆不道之人，现在不灭你三族，而且把你杀掉，悬首给天下人看，我死也不瞑目，我又怎么会肯和你和亲呢？”孙坚又进军大谷，距离洛阳九十里。董卓亲自出兵，和孙坚在几个陵寝间交战，董卓打了败仗被迫逃走，退兵驻扎在渑池，并在陕县集合军队。此后孙坚进兵洛阳，攻击吕布，又把吕布击败赶出洛阳。此后，孙坚开始了扫除宗庙，用太牢来祭祀等行动。孙坚的军队在城南甄宫井中得到了传国玉玺，又分兵前往新安、渑池之间拦击董卓。

董卓对长史刘艾说：“关东的军队常常和我交战时打败仗，他们都害怕我，因而不能有什么作为。唯有孙坚稍微有点才能，他很能够任用人才，应该把这些告诉所有的将领，使他们知道对他有所警戒。我曾经在金城和周慎西征边让、韩遂之时，告诉过张温，要求让我自己引领我所率领的军队，给周慎做后援，张温不听从我的建议。张温又把我派去讨伐先零反叛的羌人。我知道我们没办法打胜羌人，但无法停止这场战争，于是就出发了，留下了别部司马刘靖率领步兵、骑兵共四千人，屯驻在安定来作为支援的声势。反叛的羌人想要截断我的退路，我对他们施以小小的攻击，他们就逃走了，因为他们害怕安定有我方的军队。胡人认为安定有几万人的军队，却不知道其实只有刘靖罢了。而孙坚跟随周慎出行时，他对周慎说先率领一万军队前往金城，让周慎带领两万人作为后援，边让、韩遂怕周慎的大量军队，于是不敢随便地和孙坚进行战争，而孙坚的军队人数足以截断敌方军队运粮的道路。如果周慎、张温这些小子重用了他，凉州也许能被他们平定，张温既不能重用我，周慎又不能重用孙坚，凉州之战终于因此被打败。孙坚仅仅是一个佐军司马，他的见解却大致能够和我相同，固然他的才能很值得重用，但是他无缘无故地跟随姓袁的那些无能之人，最后也只有死路一条罢了。”于是就派遣东中郎将董越驻扎在渑池，中郎将段煨驻营于华阴，中郎将牛辅驻扎在安邑，其余所有的将领都布置在其他的县，以抵御来自山东的兵力。这些人中，牛辅是董卓的女婿。董卓率领军队回到长安，与此同时，孙坚修整了所有的陵寝后，带领军队回到鲁阳。

夏季，四月，董卓到了长安，公卿大臣都在董卓的车下迎接他。董卓拍拍手对御史中丞皇甫嵩说：“义真，你害怕不害怕我？”皇甫嵩说：“明公您用道德辅佐朝廷，重大的喜庆才刚刚到来，有什么好怕的呢？你如果滥用刑法来逞一时之心，快一时之意，天下的人都将会害怕您，那又岂止我皇甫嵩呢？”董卓的党羽们想要尊奉董卓，把他和太公相比，称他为尚父时，董卓就问蔡邕此事是否可行，蔡邕说：“你既有威严的仪表，又有高尚的道德，实在是很伟大，但是要想和太公相比，我认为还不可以，至少应该等到关东平定了，天子回到了原来的京城，我们再来讨论此事。”董卓于是就停止了此封号之事。

董卓委派司隶校尉刘嚣登记吏民里如果有做儿子不孝顺父母，做臣子不忠贞于君主，做官不清廉奉公，做弟弟而不顺从哥哥的人，把他们都杀掉，财物都没收到官府里。很多人互相诬告牵引，因此而冤死的人达上千之多，老百姓深感忧虑和恐惧，在路上大家见了面，也都不敢讲话，只用眼睛来示意。

六月，丙戌日（二十三日），发生地震。

秋季，七月，献帝免除了司空种拂的职务；派遣身为济南人的光禄大夫淳于嘉担任司空。罢除了时任太尉的赵谦的职务，派遣太常马日磾担任太尉一职。

起初，何进曾经派遣云中人张杨回到并州召集军队，刚好碰到了何进失败，张杨就留在了上党，他的手下有徒众几千人之多。由于袁绍在河内，张杨就赶过去投奔他，和南单于於扶罗屯守漳水。韩馥认为天下的豪杰都臣服于袁绍，心里对他忌恨，私底下减少上交给他的军粮，想要使得他的手下分散。那时刚好韩馥的将领麴义进行兵变，韩馥就和他之间发生战争，但是被他打败了，袁绍因此就和麴义相结合。

袁绍的门客逢纪对袁绍说："将军你要举大事，却仰望着别人的供给，如果你不自己占据一个州，那是没有办法保全自己的。"袁绍说："冀州的兵力很强，我的士兵疲惫饥饿而又困乏，我大概不能得到这个地方，如果不仰望别人的供给就没有办法容身立足。"逢纪说："韩馥不过是一个庸才，我们可以秘密地邀请公孙瓒，要他去攻打冀州，韩馥必定会心生恐惧，此后我们派遣一个善辩之士，前去为韩馥陈述祸福，韩馥因为受到窘困的逼迫，必定会把冀州让给你。"袁绍觉得此话很对，于是就写了封信给公孙瓒。公孙瓒于是率领军队来到冀州，表面上托词要讨伐董卓，实际上是想要攻击韩馥，韩馥在和他作战时，战况不利于自己。刚好这个时候董卓进入关中，袁绍就率领军队返回延津，派遣外甥陈留人高幹和韩馥所亲信的颍川人辛评、荀谌、郭图等人游说韩馥说："公孙瓒率领燕、代两地的军队，乘胜来到南方，而各郡都响应他的号召，他的锋芒实在没有办法遮蔽了。袁绍率领军队向东来到冀州，他的用意我们不容易衡量，在此种情景之下我们认为将军的处境很危险！"韩馥很恐惧，说："那么我们应该怎么办呢？"荀谌说："你自己衡量一下，若是论及宽厚仁爱，容纳群众为天下人所归附，自己比起袁绍来怎么样？"韩馥说："我不如他。"荀谌说："那么若论及临到危险，能够谈吐不凡，有奇谋良计、有策略，以及智勇过人这些方面，你和袁绍比起来又怎么样？"韩馥说："我也赶不上他。"荀谌说："那倘若论及世世代代施布恩德，使得全天下每一家都受到他的恩惠，你和袁绍比起来又怎么样？”韩馥说：“我还是不如他！”荀谌说：“袁绍是雄霸一时的豪杰，将军如果想凭借这样三个不如他的形势，长久占他的上位，他一定不会心甘情愿地做你的部下。冀州原本就是夺取天下的重要凭借，他如果此时预谋和公孙瓒并力来攻打冀州的话，将军马上就会陷入危险的境地。然而袁绍曾经是你的旧交，并且也是当初我军讨伐董卓的同盟，依照目前形势，现在的计划是，如果将军把冀州让给袁绍，他一定会十分感激你，因而厚厚地报答你，公孙瓒也就不能和你争夺冀州了。如果依此计行事，大家提及，只会让将军你有退让贤人的声名，而自己也能够处于像泰山那样的安宁之中。”韩馥原本就是生性恐惧、畏缩之人，因而认为他的策略很正确。韩馥的长史耿武、别驾闵纯、治中李历听到此番话就劝阻韩馥说：“冀州有优秀的士兵百万余人，城内的粮食可以支持十年之久。而袁绍原本只是一个孤单的人，他的军队又疲困于此，完全是仰承我们的鼻息，这就好像是一个婴儿在我们的手上，只要断绝他的哺乳，他立刻就会饿死，我们怎么可以想要把冀州让给他呢？”韩馥却说：“我原来就只是袁氏的旧官，并且才能也不如袁绍，我衡度才德而让位于他，这是古人所尊敬的行为，诸位为什么这般不赞成呢？”在此之前，韩馥的从事赵浮、程涣率领精兵一万人屯守在孟津，听说了这件事情后，就率领军队，迅速赶回来了。当时袁绍在朝歌清水一带，赵浮等从他军队的后面过来，所驾驶的船有一百艘，士兵有一万多人，整顿了军队插上帅旗打响军鼓，夜里经过袁绍的帐营，袁绍因此很讨厌他。赵浮等到了冀州后，就对韩馥说：“袁本初军中已经连一斗的粮食都没有了，士兵们都已离散他地，军中虽然有张杨、於扶罗刚刚归附于他，可是都不肯为他所用，袁绍他们实在不是我们的对手。我做从事的请求就拿我现在所拥有的兵力来对抗他，几天之内一定会让他的军队土崩瓦解！将军只要开着边门，枕着高高的枕头休息就好了，有什么好忧虑、有什么好惧怕的呢？”韩馥还是不听从他的建议，于是就让位给袁绍，自己搬出去，住在中常侍赵忠以前的房子里，派遣他的儿子把冀州的印信送给袁绍。袁绍将要到冀州之时，韩馥的从事中十几个人争着抛弃韩馥而去，只有耿武、闵纯拿着刀对抗袁绍，可是没办法阻止他入城，只好停止；最后袁绍把他们都杀死了。袁绍于是领了冀州牧成为冀州之主，仰承君主的命令，委任韩馥为奋威将军，可是没有分配军队给他统领，也没有分配给他官吏下属。此后袁绍还派出广平人沮授做奋武将军，派他监督管理所有的将军，对他的待遇很丰厚。魏郡人审配、巨鹿人田丰，都因为为人正直，在韩馥处于冀州牧时很不得志，袁绍就派遣田丰做别驾，审配做治中，同时还使得南阳人许攸、逢纪、颍川人荀谌，都成为谋划的骨干。

袁绍派河内人朱汉担任都官从事。朱汉最开始得不到韩馥的欣赏，现在又想暗自逢迎袁绍的心意，于是就擅自率兵围守韩馥的住处，并且亲自拔刀登上屋顶，韩馥逃到楼上躲避了，朱汉捉到了韩馥的大儿子，打断了他的两只脚；袁绍立刻逮捕了朱汉，把他处死。然而韩馥还是忧愁恐惧，于是就向袁绍请求离开冀州，前去投靠张邈。后来袁绍派遣使者到张邈那里，因有事商谈，便和张邈附耳密语，韩馥当时也在场，认为这是要谋害他，一会儿就起身到厕所里，用削书简的刀自杀了。

鲍信对曹操说："袁绍做盟主，凭借着他的权势，如果独享利益，将会产生祸乱之灾，如此等于是天下又出了一个董卓。如果我们压制他，力量又不足以制裁他，那就会招来灾祸。现在我们可以暂且规划大河的南方，来等待他的变化。"曹操认为此策略很好。此时刚好黑山、于毒、白绕、眭固等十几万徒众侵略东郡，王肱招架不住。曹操于是引兵进入东郡，在濮阳攻打白绕，击败了王肱。袁绍因而上表请示让曹操做东郡太守，以东武阳作为郡政府所在地。

南单于劫持张杨，反叛袁绍，驻守黎阳。董卓封张杨做建义将军、河内太守。

太史观望气象，说当有大臣被杀死。是年，董卓派人诬陷卫尉张温和袁术有所往来。冬季，十月，壬戌日（初一），董卓派人在市镇上将张温打死，来应和这个预言。

青州的黄巾军进犯渤海，有部众三十多万人，想要和黑山的势力会合。公孙瓒率领步兵、骑兵共两万人，于东光的南面迎上去攻击他们，将他们打得惨败，砍掉了三万多人的头颅。黄巾军抛弃了他们的辎重细软，争着渡河；公孙瓒趁他们渡河渡到一半之时攻击他们，黄巾军又大败，死了几万人，就连河水都被染成了红色，捉到活口七万多人，所得的车辆、铠甲、财物，多到无法计算，公孙瓒因此而声名大振。

刘虞的儿子刘和做侍中之时，献帝想要向东搬到洛阳，于是就让刘和假装逃避董卓，偷偷地离开武关去朝见刘虞，命令他率领军队来迎接献帝。刘和到了南阳，袁术想利用刘虞作为后援，就扣留了刘和不让他走，并且答应他等军队到了，和他一起带兵向西，然后命令刘和写封信交给刘虞。刘虞得到刘和的信件以后，就派出几千名骑兵到刘和那里。公孙瓒知道袁术有异心，试图阻止刘虞，无奈刘虞不听从他的建议。公孙瓒害怕袁术知道了此事而埋怨自己，也委派自己的堂弟公孙越带领一千名骑兵去见袁术，私下让袁术逮捕刘和，霸占他的军队，从此刘虞和公孙瓒就有了仇隙。刘和从袁术那里逃走，到了北方又被袁绍所收留。

这个时候关东各州郡的君主都致力于互相兼并来壮大自己的势力，袁绍和袁术也彼此分开了。袁术派出前去攻击董卓的孙坚尚未回来，袁绍派会稽人周昂担任豫州刺史，偷偷袭击孙坚所统率的阳城。孙坚慨叹说："我们当初一起发动义兵，是因为想要救国家，现在逆贼马上就要被灭掉了，而我们这些人却都是如此的表现，我现在应该和什么人一起努力呢？"于是率领军队攻打周昂，但是战事不顺利。袁术委派公孙越帮助孙坚攻打周昂，在对抗中公孙越被流箭射中最终死掉了。公孙瓒发怒说："我弟弟的死亡，都是因为袁绍。"于是出兵驻扎在磐河，上奏书数说袁绍的罪状，并且进兵攻打袁绍。冀州各城也都叛离袁绍而跟从公孙瓒，袁绍因此心生恐惧，于是将自己所拥有的渤海太守的印信给了公孙瓒的堂弟公孙范，派他到渤海郡，公孙范此时背叛袁绍，率领渤海的军队来援助公孙瓒。公孙瓒就亲自任命了他的将帅严纲担任冀州刺史，田楷做青州刺史，单经做兖州刺史，又全部更换了各郡的郡守，以及各县的县令。

起初，祖籍为涿郡的刘备，是中山靖王的后人，小时候父亲就辞世而去了，家里生活十分贫苦，刘备和母亲以卖鞋子为生。刘备身高为七尺五寸，手垂下来可以越过膝盖，并且自己可以看到自己的耳朵；刘备自小就心怀大志，很少说话，喜怒不形于色。刘备曾经和公孙瓒共同拜卢植为师，因此在这个时候前去投奔了公孙瓒。公孙瓒于是派刘备和田楷去攻打青州，此后刘备因有功而担任了平原相。刘备小时候和河东人关羽、涿郡人张飞彼此亲近和善，于是就派出关羽、张飞做别部司马，各自统领军队。刘备与他二人同床而眠，对他们的恩爱犹如兄弟，而且在众人广座的地方，关羽和张飞整天都在刘备的身边站立着，随着刘备多方周旋，从来都不逃避艰难危险。常山人赵云是他所在之郡率领士兵的官吏，就去拜见公孙瓒，公孙瓒说："听闻你所在州中的人都愿意追随袁氏，你为什么却独独能够迷途知返呢？"赵云说："天下议论不断，不知道追随什么人才对，百姓像是有倒悬着的危难，而我们州中人都议论着，应该跟随仁政所在的地方，这并不是因为轻视袁氏而有爱于你，而是因为在乎仁政。"刘备见到赵云，十分珍惜他的才能，于是和他结交，赵云跟随着刘备到了平原，为刘备领导骑兵。

起初，袁术夺取了南阳之时，南阳城内有户口几百万，但是袁术奢侈淫乐、放纵欲望，征收赋税没有限制，老百姓颇受其害，于是渐渐地离开南阳而去了。后来袁术又和袁绍有了仇隙，各人都建立起自己的党羽来谋害对方。袁术结交了公孙瓒，而袁绍结交了刘表，豪杰多亲附于袁绍。袁术发怒说："这些小子不跟随我而跟随我的家奴吗？"又在给公孙瓒的信中说："袁绍不是袁家的儿子。"袁绍听了以后大为愤怒！

袁术派孙坚攻打刘表，刘表委派他的将领黄祖在樊、邓之间迎战孙坚，孙坚打败了黄祖，于是围困襄阳。刘表命令黄祖夜里偷偷出城发动军队，黄祖率领军队准备回城之时，恰好与孙坚碰上了，于是黄祖就跟孙坚作战，最后黄祖大败，逃跑到岘山。孙坚乘胜，夜里追赶黄祖，黄祖部下的士兵从竹林里偷偷射击孙坚，杀死了他。孙坚所推举的孝廉长沙人桓阶拜见刘表，请求他让自己为孙坚发丧，刘表认为他很有义气，于是就答应了他。与此同时，孙坚的侄儿孙贲率领他的手下，投奔了袁术。袁术又上表奏请让孙贲担任豫州刺史。袁术从此在道义上无法胜过刘表。

起初，董卓入关，留下朱俊把守洛阳，而朱俊私底下和山东的将领们互通计谋，他害怕被董卓攻击于是出逃到荆州。董卓派弘农人杨懿做河南尹，朱俊又带领军队回到洛阳，攻打杨懿，将他赶出洛阳城。朱俊认为河南残旧破烂，没有什么可依靠的，于是向东驻兵于中牟，向各州郡发出书信，请求他们派兵来征讨董卓。徐州刺史陶谦上表推荐朱俊做车骑将军，并且派出三千精锐军队来援助他，其他的各州郡也都派了一些军队。陶谦是丹阳人。朝廷因为黄巾军侵入徐州，就任用陶谦担任徐州刺史。陶谦到了徐州以后，将黄巾军打得惨败，并将他们赶出徐州城，徐州境内从此宁静了。

刘焉在益州私下图谋特殊的计划。沛人张鲁，自祖父张陵以来，世世代代从事于五斗米道教，居住在蜀地。由于张鲁的母亲通邪术，并且经常往来于刘焉的家里，刘焉就派张鲁担任督义司马，张脩担任别部司马，和他们集中兵力掩杀了汉中太守苏固，断绝了斜谷阁之路，谋害了汉室的使臣。刘焉上书献帝说："米贼断绝了道路，不能够再交通。"又假托其他的事情，谋害了州里的豪强王咸、李权等十几个人，来树立自己的威望，立下新的法令。犍为太守任岐和校尉贾龙因为此事而起兵攻打刘焉，刘焉还击任岐、贾龙，并把他们都杀害了。刘焉想要做皇帝的意图渐渐明显，他新建了车乘一千多辆，刘表上奏章，里边有“刘焉犹如子夏当初在西河所做的比拟圣人之举”的言论。当时刘焉的长子刘范担任左中郎将，刘诞担任治书御史，刘璋担任奉车都尉，都追随献帝在长安，只有小儿子别部司马刘瑁跟随刘焉。献帝就委派刘璋告知刘焉此事，刘焉扣留了刘璋不让他回献帝身边。

公孙度在海外威名很大，中国人士逃避灾难都前去投奔他，北海人管宁、邴原、王烈都去归附于他。管宁小时候和华歆是朋友，并且曾经和华歆一起种菜，在一次锄地之时管宁看到一块金子，但是他继续挥动锄头看也不看，就和看到砖瓦石块没有什么区别，但是华歆就过去把它拿了起来，看了看才又将它丢掉，人们因此知道他们品格的高低之别。邴原到很远的地方去游学，在那里待了八九年以后要回家乡去，师友们以为邴原不喝酒，于是大家就收集了米和肉送给他，邴原说：“其实我本来能够喝酒，只是害怕因此而荒废了学业，所以断绝了喝酒的行为。现在我即将远离了，我们可以喝一次。”于是他和大家坐下来一起喝酒，喝一整天都没有醉。管宁、邴原二人都因为道德高尚而有名气，因此公孙度空着房舍来等候他们的到来。管宁拜见公孙度以后，就在山洞里建了一个房子自己住。当时逃避灾难的难民都居住在郡的南边，而管宁独自居住在郡的北面，来表示自己没有回去的心愿，后来前来逃难的人都跟随着他，不到一个月，管宁所住的地区就成了一个邑镇。管宁每一次见到公孙度，和他所谈论的都只是经典，不谈世事。管宁回到山里，专门讲说诗书，教人学习礼节，不是前来学习的人他一律不接见。因此公孙度对于他的贤能感到很安心，同时也受到他的道德感化。邴原性情很刚直，经常议论人物并且指正他人的错误。公孙度手下的人，心里都感到不太安宁。管宁因此对邴原说：“潜在水下面的龙，因为隐藏自己而不现，所以才修养成自己的道义，讲话不符合时宜，是招来灾祸的原因。”秘密地告诉邴原逃回去，公孙度知道了，也不追赶邴原。王烈的器量与德业都很优秀，年轻之时，他的声名就在邴原、管宁之上。王烈善于教导他人，乡里有偷牛的人，牛的主人抓住了他，强盗就请求牛的主人治自己的罪说："我心甘情愿接受你的惩罚，但是请求你不要让王烈（字彦方）知道！"王烈听到以后，就派人去答谢他，送给他一块布。有人问王烈这其中的原因，王烈说："强盗害怕我知道他的过错，这是有羞于为恶心理的表现，既然他已经知道羞于为恶，那么善心必然将会萌生出来，所以我赠送他一块布，以此来劝勉他行善。"后来有一位老人家在路上丢了一把剑，有一个人看到了老人家丢的剑，于是守在剑的旁边，一直等到晚上，老人家回来找到了剑，他才离去。老人家感到很奇怪，于是就将这件事情告诉了王烈，王烈叫人去寻找守在剑旁的这个人，后来得知，他原来就是以前偷牛被抓到的那个人。很多人互相争执彼此的是非曲直，想要请王烈来裁决，有的人在前去的半路上就离开了，有的则是看到王烈的住处就离开了，都互相推让说对方是正确的，因为他们不敢让王烈知道。公孙度想要派王烈担任长史，王烈推辞了，他选择从商来玷污自己，因而能够免于灾祸。

三年（壬申，公元192年）

春季，正月，丁丑日（正月份无此日），大赦天下。

董卓委派牛辅带领军队驻扎在陕县，牛辅分别派出校尉北地人李傕、张掖人郭汜、武威人张济带着步兵、骑兵几万人在中牟大胜朱俊。接着又派他们掠夺陈留、颍川各个县城，在其所经过的地区杀人抢掠，没有一丁点遗漏。

起初，荀淑有个孙子叫荀彧，荀彧从小就很有才气和声名，何颙见到他之后十分珍惜他，说："这是辅佐君王的才干啊！"在天下大乱时，荀彧对他家乡的父老乡亲说："颍川现在是一个各方敌人都要进攻的地方，大家应该赶快逃离这里。"乡里的人民都安于故土，不肯离开，荀彧独自率领他宗族中的人去依靠韩馥。袁绍抢夺到了韩馥的地位以后，就拿用来接待上宾的礼节接待荀彧。荀彧私下得觉袁绍最后不能做成大事，他听闻曹操有雄才大略，于是就离开了袁绍，前往投靠曹操。曹操和他谈话后，非常开心，于是说："这是我的张良啊！”于是曹操派他做奋武司马。他那些留在乡里不走的人，最后都被李傕、郭汜等杀死了。

袁绍亲自带兵对抗公孙瓒，双方在界桥南边二十里的地方展开了战斗。公孙瓒率领的军队有三万余人，军队的战斗力非常强。袁绍命令麴义带领精锐的士兵共八百人率先冲上去，他们后面紧跟着拿着强劲弓弩的一千名士兵。公孙瓒看麴义带领的军队人数很少，于是就很轻视他，只放出了骑兵向他冲过去。麴义带领的军队潜伏在盾牌下面不动，等到公孙瓒的军队冲到与他们相距十几步的距离时，他们就同时从地上爬起来，大声喊叫，其呼声之大震动天地，公孙瓒的军队大败而去。麴义斩掉公孙瓒所设置的冀州刺史严纲，获得带有铠甲的士兵的首级一千多个。麴义追到界桥附近，公孙瓒集结军队予以还击，麴义又把他打败，进而攻到公孙瓒的军营，拔掉了他衙门中的军旗，剩下的士兵都逃走了。

起初，兖州刺史刘岱和袁绍、公孙瓒同时相交，袁绍因而命令自己的妻子儿女居住在刘岱管理的地方，公孙瓒也派出从事范方带领骑兵前去帮助刘岱。等到公孙瓒打败了袁绍的军队，就要求刘岱把袁绍的妻子儿女送来，又单独命令范方说：“如果刘岱不把袁绍的家人送过来，你就带领骑兵返回，等我平定袁绍以后，就会掉转军队去打刘岱。”刘岱和下属们议论此事，接连几天都没有办法决定如何是好，最后刘岱听闻东郡人程昱很有智谋，就把他召来询问。程昱说：“如果放弃了距我们较近的袁绍的援助，而寻求离我们遥远的公孙瓒的帮助，这就好像在我们此地的人要求越地的人来救助自己沉在水里的儿子一样。公孙瓒并不是袁绍的对手，虽然现在他打败了袁绍的军队，但是最后他终究会被袁绍所擒服。”刘岱听从了他的建议。于是范方带领着他的骑兵返回了，他们尚未到达目的地，公孙瓒就已经兵败了。

曹操的军队屯守顿丘，于毒等围困东武阳。曹操就带领着自己的军队向西入山前去攻打于毒等人的大本营。所有的将领都请求曹操应该先解救武阳，曹操说：“假如贼人听说我带兵向西进攻他们的大本营因而返回军队加以救援，武阳的围困自然就解除；如果他们不还军救援，我也能攻克他的大本营，于是敌人也一定不能攻克武阳。”于是曹操就继续前进。于毒听到这番军报以后，就放弃了东武阳返回大本营。曹操于是带兵向内黄进攻眭固和匈奴的於扶罗，并且将他们打得惨败。

董卓任命他的弟弟董旻做左将军，侄儿董璜做中军校尉，共同管理军事，宗族内外的人员都在朝廷里担任官职。甚至于董卓的侍妾所生之子还在怀抱里就被封侯了，把授予他的金印紫绶拿给他玩耍。董卓的车服与天子相似，呼叫三台、尚书以下的官员都要亲自到董卓的相府报告政事。董卓又在郿县修建了一座城堡，城墙的高和厚都是七丈，城堡内堆积了可以吃三十年的粮食，董卓自己说：“事情成功可以拥有天下；如若不成功，我就守着这个地方也足以颐养天年。”

董卓杀人残忍凶暴，将领们言辞之中稍微有所失误，董卓就在自己面前将他杀死，军中人人都没有办法保全性命。司徒王允和司隶校尉黄琬、仆射士孙瑞、尚书杨瓒秘密地图谋除掉董卓。中郎将吕布擅长骑射，力量过人，董卓自以为待人没有礼节，害怕被人谋害，于是办事时常常派吕布护驾，并且很宠爱信任他，互相立誓成为父子。可是董卓的性情刚强猛烈而又做事急躁，吕布做过一件不如董卓之意的小事情，董卓拔出佩戴的小戟向吕布投掷过去，吕布敏捷地躲开了，而且端正容颜，向董卓谢罪，董卓的怒意才消除。吕布因此事心里暗暗怨恨起董卓。董卓又派遣吕布守护自己的内室，然而吕布因此和董卓的亲近婢女私通，于是吕布更感到不安。王允平常待吕布很好，吕布见到王允，就主动诉说董卓曾经几乎杀掉他的情形，王允于是把他们要除掉董卓的计划告诉了吕布，让吕布作为他们的内应。吕布说：“可我们是父子，这种除掉他的事怎么能办呢？”王允说：“你自己姓吕，本来跟他也不是骨肉之亲，现在你担忧自己的性命都来不及，还谈什么父子之情呢？他拿小戟投向你之时，哪里还有什么父子之情呢？”

吕布于是答应了他。

夏季，四月，丁巳日（四月无此日），献帝生病刚刚痊愈，在未央殿大会群臣。董卓穿了朝服、乘着车子进入宫内，路的两边排列着军队，一直从他的营地到宫中都是，其中路的左边是步兵，右边是骑兵，周围也有侍卫保护，并且命令吕布等人在前后保卫自己。王允命仆射士孙瑞亲自写诏书送给吕布，吕布命令与他同郡的骑都尉李肃和勇士秦谊、陈卫等十几个人，穿着侍卫的衣服，守在北掖门里面等候董卓。董卓进门以后，李肃用戟来刺杀他，但是董卓里边穿着铠甲，戟刺不进去，只是伤到了膀臂，董卓从车上跌落下来，回头大声叫喊道："吕布在哪里？"吕布说："有诏书命令我们讨伐叛逆的臣子！"董卓大骂吕布说："笨狗！你敢这样做吗？"吕布应声拿着矛刺向董卓，然后催促士兵上前斩掉他的头颅。主簿田仪和董卓的仆人前去抢夺董卓的尸体，吕布又除掉了他们，一共杀掉了三个人。吕布拿出怀里的诏书命令官吏、士兵说道："诏令讨伐董卓罢了，其余的人都不必过问。"官吏、士兵都端端正正地站着不动，高声呼叫吾皇万岁。百姓们听说董卓被刺死后都在路上唱歌跳舞，长安城里的女士中，卖掉自己的珠玉衣服来购买酒肉互相庆祝的人，充满了街道。董卓的弟弟董旻、侄儿董璜等以及在郿县的宗族老弱一干人等，都被他们下面的人所杀死。董卓的尸首被暴晒在市镇上，这时候天气开始变得炎热，董卓又是肥胖的人，身上的油脂都被晒得流到地上，守尸的官吏做了一个大大的灯芯，把他放在董卓的肚脐眼里，点燃之后，灯芯散发的光亮一直亮到第二天早上，而且这种情形持续了很多天。袁氏的门生把所有被杀掉的董氏尸体聚集在一起，焚烧了之后，把所烧的灰扬在路上。郿地的城池里面所拥有的金子有两三万斤；银子有八九万斤；锦绣绮罗、珍奇古玩堆起来像山那样高。献帝诏命王允担任录尚书事，吕布担任奋威将军，对于他们所秉持的旄节、仪节等同于三司，封他们为温侯，共同治理朝政。

董卓被刺死时，左中郎将高阳侯蔡邕正在王允家中做客，听到了此消息之后就吃惊感慨。王允愠怒地改变了脸色，责备他说：“董卓是国家的一大贼人，曾经几乎灭亡了汉室王权，你身为天子的臣下，本来应该同天下人一起憎恨他，现在竟然因为怀念他私下里对你的礼遇，而表现出如此的伤痛，岂不是等同于和他共同做叛逆之事吗？”于是扣留了他，把他交给廷尉。蔡邕谢罪说：“我虽然这样做对皇帝不忠，但是从古至今的大义，耳朵里还是经常能够听到的，自己的嘴里还是经常讲的，哪里会背叛国家而去拥戴董卓呢？我希望你仅仅刺我的脸、砍我的脚，留着我的性命让我能够继续完成汉史。”士大夫都努力营救他，可是没有办法。太尉马日磾向王允说：“蔡伯喈才华俊逸，天下少有，而且他知道很多汉代的史事，应该留着他，让其继续完成《汉史》，使其所著之作成为一代典籍；而且他所犯的罪很小，杀掉他，恐怕会失去人心吧！”王允说：“从前武帝不杀司马迁，才让他有机会写出毁谤武帝的文字，并且流传于后代。现在国祚衰微，战争频繁，军队都在郊野，不能让佞幸之臣拿着笔在年幼的君主身边，这样既对天子的恩德没有好处，又会使我们这些臣子蒙受他的侮辱。”马日磾回去后就告诉别人说：“王先生恐怕以后是没有后代了吧！善待有才之人是国家的纲纪，制作史书是国家的法则，消灭纲纪，废除法则，如此一来哪里还能够维持长久呢？”蔡邕于是死在狱中。

起初，黄门侍郎荀攸和尚书郑泰、侍中种辑等人谋划说：“董卓为人十分孤傲、寡断，行事残忍而没有爱心，虽然现在依靠着强大的兵力，然而他实在只不过是一介匹夫罢了，我们可以直接刺死他，不用有所顾虑。”谋划之事快要完成之时被人发觉了，于是荀攸就被逮捕进监狱，郑泰投奔到袁术那里。荀攸在监狱里说话、饮食跟平时一样，刚好此后不久董卓就遇刺而死，荀攸因此才得以免除灾祸。

青州的黄巾军进犯兖州，刘岱想要对其施以攻击，济北相鲍信劝告刘岱说：“现在黄巾军有数百万人之多，百姓们都感到恐惧，士兵们没有斗志，我们现在还不能与之交战。但是黄巾军的军队没有军费，他们只是依靠掠夺的资源作为军资。现在我们不如蓄养士兵的战斗力，先做好防守，让他们想作战没有办法，想进攻又没有能力取胜，这样黄巾军形势上必定会开始分散，我们再选拔些精锐的军队，把守险要的地方对他们加以攻击，采用这样的策略就可以轻易地打败他们了。”刘岱不听从他的建议，当即便和黄巾军作战，最后果然被黄巾军杀死了。

曹操的部将、东郡人陈宫对曹操说：“现在的兖州没有领导者，而皇帝的命令又无法下达，不如我去游说州里那些重要的官吏，使他们让你来担任兖州的州牧，如此一来，你可以凭借兖州，收取天下，这是成为霸王的事业。”陈宫此后就去游说兖州的别驾、治中说：“现在天下处于分裂之中，而本州没有领导者，曹操有经世治国之才，如果你们迎他来做州牧，一定能够使人民安宁。”鲍信等也认为陈宫说得很对，就偕同州里的属吏万潜等前往东郡，迎接曹操做兖州刺史。曹操于是进攻寿张东面，攻击黄巾军，但是战事结果不利。黄巾军十分强悍，而曹操所带领的军队又少又弱。曹操对将士们加以安抚并激励他们，因而设置了赏罚分明的办法，于闲暇时设置奇兵，日夜和黄巾军对抗，每次进行战争都有所虏获，黄巾军于是败退。鲍信在战斗中牺牲了，曹操找不到他的尸身，于是命人拿一块木头刻成鲍信的容貌，祭祀他并且哭泣不已。献帝下诏任命京兆人金尚担任兖州刺史，在他将要到达兖州之时，曹操迎上去对其施以攻击，金尚因而逃奔投靠袁术。

五月，献帝诏命征西将军皇甫嵩担任车骑将军。

起初，吕布劝王允除掉董卓的所有部下，王允说：“他们没有罪，我们不要这样赶尽杀绝。”吕布想把董卓的财物赏赐给公卿、将校，王允又不听从他的意见。王允向来以对待剑客之礼节对待吕布，吕布自负除掉董卓有功劳，经常向众人夸耀自己，现在王允所做之事不能如他所愿，渐渐地，吕布心里对王允感到不服。王允原本就是生性刚猛方正的人，他痛恨恶人，以前十分害怕董卓，所以委屈自己的志气和礼节对他谦卑低下。董卓既然已经遭到歼灭，王允认为自己不会再有其他的灾难，为人颇为骄傲自满，因此他的下属们都不是很亲附于他。

王允最开始和士孙瑞商议后，特别下达诏令准备赦免董卓的部下，不久又对此决定产生怀疑说："部下向来是跟随他们主人的。现在已经称他们为恶逆反而又赦免了他们，恐怕会使他们深深地怀疑和忧虑，这并不是使他们安宁的方法。"于是就停止了赦免诏令。然后又商议要解散董卓原来所掌握的所有军队，有人此时对王允说："凉州人向来忌惮袁氏，并且害怕关东的将军，现在如果我们这么早就解散了董卓的军队，等我方打开了关门，城内一定会人人自危。您可以任命皇甫义真担任将军，率领这批军队，让将士们留在陕地以安抚他们。"王允思考后说："这样不行。那些在关东举义兵的人，都是和我们这一类人相似的，现在如果让他们驻扎在我军险要的陕地，虽然可以使得凉州人安宁，但是如此却会令关东的民众产生疑心，这一定是不可以的。"

当时老百姓中传布谣言说朝廷要除掉所有的凉州人，于是曾经效忠于董卓的将士们互相转告，都为此事产生恐惧并大为震动，将士们都牢牢地掌握着自己的军队保卫自己，并且互相之间都说："蔡伯喈只是因为董公曾经对他亲密厚爱就被定下罪，现在他们竟然不赦免我们却又要求我们解除自己的兵力，如果今天我们解除自己兵力的话，那么明天我们就要变成他们的鱼肉了。"吕布委派李肃前往陕地，打算利用诏书除掉牛辅，牛辅等人和李肃对抗，李肃大败，于是逃到弘农，吕布就乘机除掉了他。牛辅因此而恐惧离开职守，刚好那时军营里无缘无故地惊恐喧闹起来，牛辅想要乘机逃走，被身边的侍从谋害了。李傕等人回来时，牛辅已经死了。李傕等失去了依靠，派人前往长安请求赦免。王允说："在同一年里不能赦免你们两次。"不答应赦免他们。李傕等人因而更为恐惧，不知道该如何是好，他们想要全体解散，从小路返回乡里，讨虏校尉武威人贾诩说："如果各位放弃了自己的军队单独行走，那么随便一个亭长就可以把你捆绑逮捕起来，不如大家一起带领军队向西行，先攻打长安，为董公报仇，如果此事成功了，我们就侍奉天子来匡正天下，如果不成功，我们再逃走也不算晚。”李傕等认为贾诩说得很对，于是就互相联盟起来，带领着几千军队，日夜向西行走。王允思忖着胡文才、杨整修都是凉州内颇具声望的人，于是想让他们到东方去解释，并且一点也不假以辞色，对他们说：“关东的这些鼠辈之人，这是准备做什么？你们两个过去把他们叫回来！”于是两个人到东方去了，但是实际上他们是召集了军队来长安。

李傕一路上集结各方人士整编军队，等到了长安，已经有十多万人，李傕联合董卓曾经的部下樊稠、李蒙等人，合力进攻长安城，由于长安城城墙很高久攻不下，围攻了八天左右。此时吕布的军中有蜀地的军队叛逆。六月，戊午日（初一），李傕率领军队进入城内，纵容军队抢劫掳掠。吕布在城里和他们对抗，不能得胜，于是吕布便率领着几百骑兵将董卓的头拴在马鞍上，逃出城去了。吕布在青琐门外停下来，要王允和他一起出逃。王允说：“如果托江山社稷的保佑，能够使国家安宁，那是我的夙愿；如果不能达到我的愿望，那么我愿意奉献自己的身体为国家而死。天子现在还年幼不能理事，保佑江山社稷就要靠我了，若是临到灾难却苟且地请求避免，这是我不忍心做的。你代我向关东的诸位先生表达我诚挚的谢意，希望他们以国家为念！”太常种拂说：“我身为国家的臣子，既然对内不能够阻止暴戾之臣民，对外又无法抵抗外来侮辱，竟然让战争进入了皇宫之内，纵使现在我们逃走了，又能逃到哪里去呢？”于是和董卓的部下所带领的军队交战而死。

李傕、郭汜把守着南边的宫门，除掉了太仆鲁馗、大鸿胪周奂、城门校尉崔烈、越骑校尉王颀等人，官吏以及百姓死掉的有一万人之多，城内道路上到处都是尸体。王允搀扶着皇帝登上宣平门躲避叛乱的士兵，李傕等人在城门之下，身体伏着地向献帝叩头，献帝对李傕等人说："你们放任手下的军队为非作歹，你们想干什么？"李傕等人说："董卓忠心于陛下却无缘无故地被吕布谋害了，我们将士要为董卓报仇雪恨，不是我们胆敢做，我们请求皇帝准许我们在把此事做完以后，由我们自己前往廷尉接受属于我们的刑罚。"李傕等人围住了献帝所在的门楼，共同请求献帝把司徒王允交出来，献帝问楼下的臣子："太师究竟犯有何罪？"王允看到当时献帝与群将军对峙的情势十分窘迫，于是就自己下楼来会见他们。己未日（初二），献帝大赦天下，派李傕担任扬武将军，郭汜担任扬烈将军，樊稠等都担任中郎将。李傕等逮捕了司隶校尉黄琬，除掉了他。

起初，王允派出同郡人宋翼担任左冯翊，王宏担任右扶风。李傕等想要除掉王允，但是又害怕这两个郡的人报仇，于是首先召集宋翼、王宏。王宏派人对宋翼讲："郭汜、李傕因为我们两个人在城楼外面，所以这才没有谋害王公，如果今天我们接受了李傕的征召，明天我们就将会一起被人灭族，那又该怎么办呢？"宋翼说："虽然将来的祸福很难预测，可是前来征召我们的是皇帝的诏令，我们怎么可以逃避？"王宏说："关东义兵的愤怒不断汹涌，他们一直想要想杀死董卓，现在董卓已经死了，曾经效忠于他的党羽如今变得很容易制伏。如果我们一起发兵讨伐李傕等人，并且和山东反叛的兵力相互照应，这将成为我们转祸为福的机会。"宋翼不听从他的建议，王宏自己不能成为大的势力，于是王宏就和宋翼一起接受了李傕的征召。甲子日（初七），李傕逮捕了王允、宋翼、王宏，将他们一起杀死了，王允的妻子和儿女也都被谋害了。王宏在行刑之时骂宋翼说："宋翼你这个愚蠢的儒生，不能和你一起商量大计谋。"李傕将王允的尸体暴露在集市上，没有谁敢去为其收殓；王允以前的下属官吏平陵县县令京兆人赵戬，放弃了自己的官职，收殓了他的尸体并将他埋葬。起初，王允独自霸占讨伐董卓的功劳，士孙瑞让功因而没有被册封为侯，所以在此才能够幸免于灾难。

◆司马光说：《易经》称："有功劳并且还谦让的君子，会得到吉

祥。”士孙瑞就因为有功而又不夸耀，因而保住了性命，我们能够不称其为智者吗？◆

李傕等派贾诩担任左冯翊，而且想要封他为侯，贾诩说：“这不过是为了救自己性命才出的计谋，我哪里有什么功劳呢？”坚决推辞而不接受册封自己为侯。李傕等又想要派他做尚书仆射，贾诩说：“尚书仆射，是朝廷之下的官吏们的师长，享受着天下人的景仰，但是我的声名向来不大，不能服人。”于是就派他担任了尚书一职。

吕布从武关逃到南阳，袁术待他厚爱有加。吕布倚仗着曾经对袁术有很大的功劳，就放纵手中的军队抢夺百姓，袁术因此感到十分忧虑，吕布也觉得不得安宁，于是就离开袁术，前往河内追随张杨。李傕等人悬赏捉拿搜求吕布的事态十分严重，吕布于是又逃走，投奔了袁绍。

丙子日（十九日），派前将军赵谦担任司徒。

秋，七月，庚子日（十三日），委任太尉马日磾为太傅，录尚书事；八月，委任车骑将军皇甫嵩担任太尉。

献帝下诏任命太傅马日磾、太仆赵岐持节前往安抚关东百姓。

九月，委任李傕担任车骑将军，领司隶校尉之衔，秉持旄节；郭汜担任后将军，樊稠担任右将军，张济担任骠骑将军，都册封为侯。李傕、郭汜、樊稠等人共同管理国家的朝政事务，张济出守弘农。

罢除司徒赵谦的官职。

甲申日（二十九日），派遣司空淳于嘉担任司徒，光禄大夫杨彪担任司空，录尚书事。

起初，董卓进入关内之时，就游说韩遂、马腾和他们一起谋划在山东称霸一方，韩遂、马腾带领着手中的军队抵达长安之时，刚好碰上董卓被谋害，李傕等委派韩遂担任镇西将军，命令他回到金城管事；派马腾担任征西将军，命令他把守郿地。

冬季，十月，荆州刺史刘表派出使臣向献帝进贡。献帝派刘表担任镇南将军荆州牧，册封为武侯。

十二月，献帝免除了太尉皇甫嵩的官职，派光禄大夫周忠担任太尉，参录尚书事。

曹操追赶黄巾军，到达了济北，全部收服了他们，缉获了可以作战的士兵三十几万，男、女一百多万人，筛选其中最为精锐的士兵，组成军队号称青州兵。

曹操征召陈留人毛玠担任治中从事，毛玠对曹操进言："现在天下的局势分崩离析，天子常常流离失所，人民都抛弃了自己祖上传下来的事业，忍受着饥饿，而公家所储藏的粮食都不足以维持一年，百姓们处于如此乱世没有安全感，更没有坚定的心志，这种纷乱的情形之下皇帝的王权是难以持久的。军队之中要讲求道义，才能获得胜利，地位要依靠钱财才能守得住，将军您应该侍奉天子来号令那些不遵守臣子节操的割据群雄，您应该重视耕种来积蓄培养军队所需要的物资，这样霸王的事业就可以如此完成了。"曹操采纳了他的话，就派出使者前去见河内的太守张杨，想要向他谋取机会前往长安，张杨不肯。

定陶人董昭向张杨说："袁、曹虽然现在是在一起了，但在形势上他们是不可能长久相合的。虽然曹操现在势力薄弱，但他实在是可以号令天下的英雄，所以我们应该找个机会和他结交。既然现在已经有了如此的机缘，那我们应该通融他想要前去进献上奏章的道路，并且上表举荐他，如果此事能够成功，那你就因此可以和他成为挚友。"张杨于是让曹操的使臣通过了，并且亲自写上奏表推荐曹操。董昭为曹操写信给李傕、郭汜等，以他们地位的轻重表达了委婉的意思。

李傕、郭汜召见了曹操的使臣，认为关东的人想要自己设立天子，虽然现在曹操派遣使臣前来觐见，但这并不是他的真心，他们计划扣留曹操的使臣。黄门侍郎钟繇对李傕、郭汜说："现在各地英雄纷纷涌现，大家都假借天子的命令，独自管理一方天下，只有曹操还忧心着王室，如果现在我们违拂了他的忠心，恐怕不符合我们未来的愿望！”李傕、郭汜于是对曹操施以丰厚的报答。钟繇是钟皓的曾孙。

徐州刺史陶谦和各郡的首长一起上奏章，推崇朱俊担任太师，因而传递文书给州郡的首长，想要商讨共同讨伐李傕等人，奉迎天子。刚好李傕选用了太尉周忠、尚书贾诩的计谋，召朱俊入朝觐见，朱俊因此就推辞了陶谦的建议而接受了李傕的征召，又出任太仆。

公孙瓒又派兵攻打袁绍，到达龙凑后，被袁绍打败了，于是就返回幽州，不敢再贸然出兵了。

扬州刺史汝南人陈温离世了，袁绍委派袁遗管理扬州；袁术将他击败了，袁遗于是逃到了沛地，最终还是被士兵杀死了。袁术就派下邳人陈瑀担任扬州刺史。

四年（癸酉，公元193年）

春季，正月，甲寅朔日（初一），发生了日食。

丁卯日（十四日），大赦天下。

曹操的军队屯守在鄄城。袁术因为刘表的逼迫，带兵前去驻扎封丘，在商丘地区黑山的一支军队偕同匈奴的於扶罗都归附于他。最终的结果是，曹操打败了袁术的军队，于是就围困封丘；袁术首先逃到襄邑，后又逃亡到宁陵。曹操在他们的后面穷追不舍，连连击败了他的军队。袁术逃亡到九江时，担任扬州刺史的陈瑀拒绝接纳袁术。于是袁术就撤退至保阴陵，在淮北地区聚集军队，后又进攻到寿春；陈瑀见局势危急，十分害怕，就逃到了下邳，袁术于是坐拥扬州城，并且兼任徐州伯。由于李傕想要和袁术结为盟友，于是委任袁术担任左将军，册封为阳翟侯，秉持旄节。

袁绍和公孙瓒所任命的青州刺史田楷接连作战了两年，他手下的士兵们都困乏了，囤积的粮食也被吃光了，于是开始竞相掠夺百姓的财物，田野里就连禾苗都被拔光了。袁绍于是派自己的儿子袁谭担任青州刺史，田楷因此和他作战，但是没有胜利。刚好赵岐前来和解关东的战事，公孙瓒于是就和袁绍彼此协商缓和了关系，各自带领军队离开了。

三月，袁绍停留在薄落津。魏郡的士兵们开始谋逆，并且偕同黑山的贼人于毒等几万人，一起攻克了邺城，杀死了邺城太守。袁绍于是带领士兵返回并屯守在斥丘。

夏季，曹操领军返回定陶。

徐州治中东海人王朗和别驾琅邪人赵昱对刺史陶谦说："想要获得各位王侯的拥戴，最好致力于侍奉皇帝，现在天子远在西京，我们这些为臣子的应该委派使臣向皇帝纳贡。"陶谦于是派出赵昱奉奏章前往长安。献帝于是下诏命令陶谦担任徐州牧，另外升迁为安东将军，并且册封为溧阳侯。委任赵昱担任广陵太守，王朗担任会稽太守。

此时，徐州的百姓很多，粮食也颇有富余，于是各地流散逃亡的灾民都来归附，可是陶谦把小人作为亲信却疏远忠诚正直的人，因此徐州城内的政治很不安宁，徐州也就在这样的情形中渐渐地混乱了。许劭逃到广陵时，当时在广陵的陶谦对他十分亲近厚爱，许劭于是对他的学生说："其实陶恭祖在表面看来享有美好的声名，但是他的内心却不是真正地正直，虽然现在他待我厚爱有加，但是以后的恩情肯定会很小。"于是就离开了陶谦前往别处。后来陶谦逮捕了所有避居在徐州的人士，人们这才领悟到许劭之前的先见之明。

六月，扶风下了大冰雹。

华山崩塌破裂了。

罢免太尉周忠的职位，派遣太仆朱俊担任太尉，录尚书事。

下邳人士阙宣聚集了民众达几千人，自称为天子，陶谦因此与他交战并且最终把他杀掉。

大雨连绵不绝地下了二十几天，百姓的房屋都被大水冲走或者淹没了。

袁绍出兵挺进朝歌的鹿肠山，征讨于毒，持续围困了那里五天，最终击败了他，杀死了于毒和他的手下共几万人。此后袁绍就沿着山向北前进，率兵进攻贼人左髭丈八等，最后把他们都除掉了。后又进攻刘石、青牛角、黄龙、左校、郭大贤、李大目、于氐根等人，又灭了几万人，并且把他们手下军营之中的人都杀掉了。于是袁绍和团聚在黑山的贼人张燕以及四营匈奴种族屠各、雁门人乌桓等在常山交战。张燕掌握着精锐部队几万人，战马几千匹。袁绍和吕布合力进攻张燕，持续攻打了十几天后，张燕的士兵虽然有很多死伤的，但是袁绍的军队也疲乏了，于是他们各自退兵而归。

吕布的将士大都性情暴力乖张而且十分强横，袁绍为此十分忧心，吕布因而请求允许返回洛阳。袁绍依照天子规定的制度委任吕布为司隶校尉，派出壮士为吕布送行，但是暗中却想要谋害他。吕布派人冒充自己在帐子内弹筝，自己私下里秘密地逃走，送他的人半夜起来前去查看，发现帐中人并非吕布，于是把帐内弹琴之人砍碎了。第二天早上，袁绍听说吕布并没有被谋害掉，就十分害怕，关闭起城门来防守。此时吕布带领军队又前往归附张杨。

前太尉曹嵩前往琅邪躲避战乱，他的儿子曹操命令泰山的太守应劭前往迎接。曹嵩所带的财物足足有一百多车，当时陶谦手下的一个将领把守着阴平，那位将领的士兵们贪图曹嵩的财宝，于是就在华、费之间袭击了曹嵩的人马，抢劫了财物，杀死了曹嵩和他的小儿子曹德。是年秋季，曹操带领军队进攻陶谦所在领地，攻克了十几座城池，在彭城地区和陶谦大战，最终陶谦败了，带领军队撤退逃往郯县。

起初，京、洛正在遭受董卓的兵乱，当地人民纷纷逃亡，向东前行，逃到了徐州，曹操到了此地后，就在泗水大肆屠杀男女百姓共几十万人，最后泗水都为尸体所堵塞了。

曹操攻不下郯县，于是带领军队离去，最后攻取了应县、睢陵、夏丘，并且将三县内的百姓全部杀光，连鸡犬之类的生物都不留下，直到城邑里面再没有任何人的踪迹。

冬季，十月，辛丑日（二十二日），京师发生地震。

有彗星出现在天市星座。

罢免司空杨彪的官职。丙午日（二十七日），任命太常赵温担任司空，录尚书事。

刘虞和公孙瓒之间的关系一直不太友好，公孙瓒多次和袁绍互相攻击。刘虞对其加以阻止，但是没有办法制止他，因此就稍稍地减少了发给他的粮食货物。公孙瓒大怒，多次违背刘虞下达的命令，时常侵犯百姓。刘虞无法控制他的反抗行为，就派出专门送公文的人向献帝呈送奏章陈述他暴戾掠夺的罪状，公孙瓒也向献帝呈上奏章陈述刘虞输送粮食不够齐备的行为。两个人的奏章此起彼伏地呈上，彼此互相批评毁谤，朝廷之内也只是对他们两方面都表示认同，无法做出彻底的决定。公孙瓒于是在蓟城的东南方修建了一座自己的城池，居住在里面，刘虞多次请他出城会商事情，但是公孙瓒屡屡推托有病而不能答应他的邀请。刘虞唯恐他最后预谋叛逆，于是就带领军队十万人之多，一起征讨他。当时公孙瓒的士兵都在城外散乱地驻扎着，无法及时营救他，仓促之间，公孙瓒企图挖掘东城以逃脱围攻。刘虞所带领的军队军纪不严，而且还不熟悉战争情况，刘虞又爱护人民的房屋财物，下令士兵不可以随便地焚烧房屋，刘虞告诫军士说："不要伤害其他无辜的百姓，只要杀掉一个公孙伯珪就可以了。"因此刘虞的军队围攻了东南城很久，却始终没有攻下。公孙瓒于是召集了精锐的士兵几百人，顺风放起一把火，一直朝着刘虞的军队冲过去，刘虞的军队被打得惨败。刘虞和他手下的官僚们向北逃到居庸关城内，公孙瓒又追赶着攻击居庸关，围攻三天后，居庸关城池陷落，公孙瓒逮捕了刘虞和他的妻儿返回蓟城，但是仍旧让刘虞统领着全州的文书。刚好献帝下达诏书派出使者段训来晋升刘虞的封邑，命令他监督领导六州的军事；拜公孙瓒担任前将军，册封为易侯。公孙瓒于是趁机诬陷刘虞曾经和袁绍等共同图谋做天子的叛逆之事，威胁段训下达命令，在蓟城集市上斩掉刘虞和他的妻子儿女。前常山相孙瑾、常山掾张逸、张瓒等围聚在刘虞左右，大家都不停地骂公孙瓒，最终都被公孙瓒谋害了。公孙瓒下令将刘虞的头送到京师，刘虞曾经的吏属尾敦在半路上劫持了刘虞的头，回去之后将它葬掉。由于刘虞对待百姓恩厚有加因而得到群众的敬服，听说了刘虞被谋害一事，北州城内不管是原本就在当地的还是后来流亡过来的百姓，没有一个不为之哀痛的。

起初，刘虞想要派出使臣前往长安城呈送奏章，却难以找到恰当的人选，大家都说："右北平人田畴，今年二十二岁，虽然他年龄小，却有特殊的才能。"于是，刘虞准备了礼物，前去会见他，想要请求他做自己的属吏。给他备下了车马，马上就准备启程之时，田畴说："现在天下的道路不通畅，到处都是强盗，如果我自称官家的使臣，反会成为强盗们的目标。因此我希望自己以私人的身份赶路到长安，我们的目的不过是在于能够到达长安罢了，希望您允许。"刘虞听从了他的建议，于是田畴挑选了家客二十个人，骑着马一起前往西关，出了边塞，顺着北山，直奔朔方，顺着小路抵达长安，最终完成了使命。

献帝下诏，拜田畴为骑都尉。田畴认为天子现在正流亡在外，圣上都没有安宁，自己不可以承受这种荣耀，于是就坚决地推辞没有接受任命。得到天子的回复之后，就奔驰着返回。等到他回来，才得知刘虞已经死了，田畴于是就拜祭刘虞的坟墓，并向他呈上了天子的章报，哭泣着离去了。公孙瓒因此发怒，四处悬赏寻找田畴，最后终于逮捕了田畴，于是对他说："你为何不把章报送给我，这是什么原因呢？"田畴说："现在汉室衰颓，天下人人都是各怀异心，只有刘先生始终坚守着他忠贞的节操。章报里所讲诉的内容，对将军没有什么好处，而且恐怕那些并不是将军你所想要听到的，所以我就没有把它送给你。再说将军你既已经杀死了我没有罪的主公，又杀死了为主公守节义的属下，我恐怕如此下去的话，天下的有才之士都会自己跳东海而死，而没有人想要跟随将军了。"公孙瓒于是就放了他。

田畴向北返回无终县，带领着宗族以及归附于他的几百人，扫地盟誓说："如果不能报主人的仇，我就不会苟活于世！"于是带领着大家进入徐无山，寻找幽深险要但是平敞的土地来居住，亲自耕种来奉养父母，于是附近的老百姓都前来归附他，几年之内前来归附的人家已经累积到五千多。田畴对父老们说："我们现在的人已经多到可以形成一个邑镇，但是我们还没有统一起来，而且也没有法令来管理，恐怕这不是可以维持长久安宁的方法。我有一个计划，想要和诸位一起施行，不知道可以吗？"大家都说："可以！"田畴于是自己制定了法令，从此凡是杀伤、偷盗、诉讼的人，都依据其所犯事情的轻重来判其刑罚，罪过较重的可以判为死刑，凡此条文总共十几条。此后又规定了婚姻嫁娶的礼节，以及学校讲授的课业，全部颁布推行，大家都觉得实施如此法令很便利，城内最终达到了路不拾遗的程度。北方边境的人都敬仰于他的威信，乌桓、鲜卑都派使臣前来致送馈赠，田畴一一收纳并且对他们都加以安抚，命令他们不可以侵夺。

十二月，辛丑日（二十三日），地震。

罢免司空赵温的官职。乙巳日（二十七日），让卫尉张喜担任司空。

资治通鉴卷第六十一　汉纪五十三

起甲戌（公元194年），止乙亥（公元195年），共二年。

【题解】 本卷记录了汉献帝刘协兴平元年至兴平二年间的历史。此时军阀乱战，烽烟遍及全国。袁绍、曹操联手，互为后盾。曹操战河南，兵分两路，一路屠徐州，败陶谦，陶谦让位刘备。一路与吕布争兖州，吕布不敌，败投刘备。袁绍与公孙瓒交战河北，袁绍逼反臧洪，公孙瓒趁机占领幽州。袁术经营淮南，孙策兴起江东。李傕、郭汜内讧关中，又屠长安，献帝趁机东归，驻跸河东。

孝献皇帝丙

兴平元年（甲戌，公元194年）

春季，正月辛酉日（十三日），大赦天下。

甲子日（十六日），献帝加冠。

二月，戊寅日（初一），相关官员上呈奏章请求为妃子修建长秋宫。献帝下诏书说："现在我母亲的坟墓还尚未建好，我又哪里忍心去谈这些选择后宫妃子的事情呢！"壬午日（初五），三公上呈奏章请求改葬皇母王夫人，并且追加她的尊号为灵怀皇后。

陶谦向田楷告急求助，于是田楷和平原相刘备前来救援。刘备掌握着士兵几千人，陶谦又将自己在丹阳的四千军队赠予了刘备，于是刘备就离开了田楷转而归附于陶谦，陶谦上表推荐刘备担任豫州刺史，驻扎在小沛。曹操军队中的粮食也消耗光了，于是就带领军队返回了。

马腾私下里向李傕有所请求，但是李傕没有让他达到目的，因而马腾就愤怒了，想要举兵进攻李傕；献帝派来使者调解他们之间的关系，马腾不听从其调解。韩遂带领着军队来和马腾会合，不久之后李傕就和马腾和好了。谏议大夫种邵、侍中马宇、左中郎将刘范谋划着想要联合马腾一起偷袭长安，让马腾担任内应，一起来除掉李傕等人。壬申日（二月无此日），马腾带领着军队驻扎在长平观。种邵等人的阴谋不幸泄露了，最后他潜逃到了槐里。李傕派出樊稠、郭汜还有自己的侄儿李利来还击，最终马腾失败，返回凉州；樊稠等人又进攻槐里，其余参加此次谋反的种邵等人都死去了。庚申日（二月无此日），献帝下令赦免了马腾等人。夏季，四月，委任马腾担任安狄将军，韩遂担任安降将军。

曹操委任司马荀彧、寿张令程昱守护鄄城，自己则前去进攻陶谦，于是一路到达琅邪、东海，并且在他所到之处都进行了大肆屠杀，带领军队返回郯东击败刘备。陶谦于是害怕曹操的军队，想要逃回丹阳。刚好担任陈留太守的张邈背叛曹操归附了吕布，曹操于是带领军队返回。

起初，张邈年少之时，喜欢行侠仗义，当时袁绍和曹操都和他交好。等到袁绍成了盟主后，就渐渐地对人有了骄傲的态度，张邈于是义正词严地责备袁绍；袁绍顿时发怒了，就命令曹操杀掉他。曹操没有听从，说："张孟卓一直都是我们的好朋友，虽然现在他有了那么点错误，但是我们应该宽恕他。更何况现在我们还未平定天下，怎么可以自相残杀呢？"曹操曾经在攻打陶谦之时就有不死不归的志气，他对家人说："如果我此次没有回来，你们可以去投靠张孟卓。"后来返回见到张邈，两人相对着流下眼泪。

陈留人高柔对乡里的人说："曹将军虽然现在只不过统治着兖州，但是他原本就有着图谋四方的志向，所以他是不会安坐着把守这个小地方的。而张邈由于有陈留做靠山，必定会乘着空隙图谋叛变，我想和诸位躲避开这场灾祸，大家觉得怎么样呢？"大家都认为曹操、张邈一直互相亲善，而高柔只不过是个少年，于是就对他的话不是很在意，高柔的堂兄高幹从河北来叫高柔，高柔于是举家迁去投奔了他。

吕布离开袁绍归附于张杨之时，曾经拜访张邈，临别之时，两个人共同握手发誓，一定互相结交为盟友之好；袁绍听说此事之后，非常愤怒。张邈害怕曹操最终会因为袁绍而杀掉自己，心里很不安。曾经担任九江太守的陈留人边让做过讥评曹操之事，曹操听说之后就杀掉他，而且还杀掉了他的妻儿。边让一向很有才华，因此兖州的士大夫们都感到非常恐惧。陈宫虽然是性情刚直壮烈之人，但是内心也有一点疑惧，于是就和从事中郎许汜、王楷及张邈的弟弟张超，一起谋划着想要背叛曹操。陈宫对张邈说："现在天下正是四分五裂之时，英雄豪杰纷纷图谋自立，你手下拥有着千里土地之内的百姓，而且又占据了十分显要的地方，按剑四顾，你也足以算是天下之间的豪杰，却受到别人的控制，这样的境遇，不是太鄙陋了吗？现在兖州的军队正在前去东征徐州，兖州正是地方空虚之时，吕布是位壮士，而且又善于作战，如果我们暂且迎接他来和我们一起掌管兖州，以观察天下之形势，等待着事实之变迁，如此一来，您也可以算作纵横一时的英雄了。"张邈于是听从了他的建议。

当时曹操委派陈宫带领军队留在了东郡，陈宫于是就以他的军队偷偷迎接吕布做了兖州牧。吕布到了兖州之后，张邈就委派自己的党羽刘翊跟荀彧说："吕将军是前来帮助曹使君进攻陶谦的，我们应该赶快给他的军队供应粮食。"大家对此事都有所怀疑，荀彧感觉到了张邈将要叛乱，于是命令军队严加防范，并且将东郡太守夏侯惇赶快从濮阳召到了兖州；夏侯惇到了兖州之后，吕布就趁机占领了濮阳。当时曹操将兖州城内所有的军队都带领着前去攻打陶谦，留在城内的士兵很少，而城内的将领、大的官员都和张邈、陈宫互通了计谋。夏侯惇到了兖州之后，当夜，就杀掉图谋叛逆的几十个人，如此一来大家的心里才稍稍安定。

豫州刺史郭贡带领着几万军队来到了兖州城下，有人说他是前来和吕布共谋的，大家听说后很惊恐。郭贡请求与荀彧会见，荀彧即将前去与其会见，夏侯惇等说："你现在是全州所有人都倚重的人物，如果前去会见一定会很危险，所以你最好不要去。"荀彧说："郭贡和张邈等人之间的情分向来就不是很合得来，现在他来得如此之迅速，他们的计划一定还尚未做出最终的判决，我在他还没有做出决定之时前去游说他，纵使他最终不能为我们所用，我们也可以通过沟通使他采取中立的态度。如果我现在不去，就会先让他产生怀疑，他一定会因此而愤怒，进而会决定最终的计划。"郭贡看到荀彧表现得十分从容，没有惧怕的意思，认为鄄城肯定不容易攻克，于是带领军队返回了。

此时，兖州各郡县之百姓都响应吕布的号令，只有鄄城、范、东阿三县不为所动。吕布军中从别的军队投降过来的士兵说："陈宫想要自己带领军队前去攻克东阿，又委派汜嶷去进攻范县了。"吕布手下的官吏、人民都十分恐惧。程昱是东阿人，荀彧于是对程昱说："现在全州的百姓都已叛逆，只有这三个城池坚守着，陈宫等想要动用重兵去攻打他们，如果我们没有办法深深地团结城内的民心，这三座城内的百姓一定会动摇。你是人民所仰望和信服的人，应该前去安慰他们。"程昱于是就返回东阿，途中经过范县，游说范县县令靳允说："我听闻吕布逮捕了你的母亲、弟弟、妻子和儿女，你身为孝子肯定为此事没有办法安心。现在天下正是大乱之际，群雄崛起，这其中肯定有名高一世而且又能平息天下祸乱的人，这是睿智的人所应该详细筛选的。身为臣子的我们，如果能够得到好的君主就能昌盛，如果没有好的君主那就会使天下灭亡。陈宫背叛了自己的主公迎接吕布，而且各城百姓都互为响应，这样的情形好像他是能够有所作为的；可是你觉得，吕布在品德上是怎样的一个人呢？吕布不仅粗心而且对待别人缺少亲爱，刚强有余但是礼节不足，他不过只是一介匹夫之雄罢了；陈宫等人不过是因为目前的形势所逼，表面上和他共同谋事，其实他们之间互相都不心服，因为他们没有办法确定彼此之间的君臣等级；他们带领的军队虽然多，但是最后一定不会成功。曹使君是才智过人之人，这是上天授予他的。你一定要牢牢地守住范县，我则坚决地把守东阿，那么田单的功劳就可以建立了。这哪里算是违背忠贞呢，这与跟随恶人而最终母子都被害死相比哪个是上策呢？希望你详细地考虑之后再行动啊！”靳允流泪说：“我是不敢有贰心的啊！”当时汜嶷已经驻扎在范县，靳允此时去会见汜嶷，并且埋伏了士兵刺杀了汜嶷，靳允回去以后就整顿军队，坚固城内的防守。

◆徐众评论说：靳允和曹公之间，实际上并没有成为君臣的关系；然而母亲是自己最亲爱的人，在道义上说，此时他应该离开城池以拯救自己的母亲。卫国的公子开方在齐国担任官职，此后很多年都没有回去，管仲认为他竟然连自己的亲人都不敬爱，又怎么会爱戴自己的国君呢！所以大家认定如果想要寻求忠心的臣子，一定要在孝子之中选择；由此推断，靳允应该先救自己最亲爱的母亲。徐庶的母亲被曹公扣留了，刘备于是就委派徐庶回到北方，要想治理天下的人应该能够体谅自己臣子为人子的心情；曹公也应该派靳允先拯救自己的母亲才对。◆

程昱又派出骑兵前去截断仓亭津，因此等陈宫到了之后，就无法渡过。程昱到了东阿之后，东阿县令颍川人枣祗已经带领着官吏并且奖励官吏、人民依靠自己的城池，坚固防守阵地，终于牢牢地控制了三座城等待曹操的归来。曹操回来以后，抓着程昱的手说：“如果没有你的力量，我现在就无法安身于此了。”于是上表请求献帝让程昱做东平相，把守范县。吕布无法攻下鄄城，于是向西驻扎在濮阳。曹操说：“吕布可以很快地得到一州之地，但是绝不会占据东平的。他原本可以截断亢父、泰山的通道，凭借险要地理优势攻击我，但是他竟然屯守在濮阳，因此我知道他是不会有什么作为的。”于是就领兵进攻吕布。

五月，献帝委派扬武将军郭汜担任后将军，安集将军樊稠担任右将军，都与三公一样建立自己的府署，和三公合称为六府，而且都参与了选拔人才的过程。李傕等人都想要任用自己所推举的人，如果众人有丝毫违背他们意愿的地方，他们就愤怒不止，当时主管此事的人都感到很忧虑，于是按照他们的顺序任用他们所推举的人。先从李傕所推举的人用起，其次是郭汜所推选的人，再次是樊稠，三公所推举的人，反而没有得到选用。

由于河西的四郡都离凉州的州政府很远，再加上中间被黄河一带的强盗所阻隔了，因此四郡上奏书请求献帝另设新州。六月，丙子日（初一），献帝下诏委任陈留人邯郸商担任雍州刺史，来对此地加以治理。

丁丑日（初二），京师发生地震；戊寅日（初三），又有了地震。

乙酉晦日（乙酉为初十，晦日在乙巳，三十日），发生日食。

秋季，七月，壬子日（初七），罢免太尉朱俊的官职。

戊午日（十三日），委派太常杨彪担任太尉，录尚书事。

甲子日（十九日），派镇南将军杨定担任安西将军，跟三公一样建立府署。

从四月到六月，长安城内一直没有下雨，城内的谷子一斛卖到了五万钱之多，长安城里人吃人。献帝命令侍御史侯汶发放太仓之内的米和豆为穷人做粥来救济难民，可是城内还是有人像从前一样挨饿。献帝怀疑所发的救济粮食数目不实在，于是就把米和豆子各自量了五升，命人在自己前面做成粥，各做了两盆，发现的确比侯汶所做多得多。于是命人将侯汶打了五十杖，最终老百姓都得到了救济。

八月，冯翊所掌管的羌人入侵了其所属的郡县，郭汜、樊稠等带领军队将他们打败了。

吕布手下的一支军队驻扎在濮阳的西面，曹操在夜里对这支此军队发动偷袭并且获得了胜利，但是在曹操还没有来得及带领军队返回之时，刚好碰到了吕布，于是吕布就亲自上阵和曹操的军队作战，两支军队从早晨一直战斗到太阳偏西，经过几十次的交战，双方依旧是不分胜负，紧紧相跟。曹操于是就招募人准备冲出军队，司马陈留人典韦带领应召的人发起进攻，此时吕布手下的军队四处发射弓箭，射出的箭像雨一般，典韦对此看都不看，告诉大家说："等到敌人前进到十步之内时，再告诉我。"大家说："现在已经十步了！"典韦又说："那就等到和敌人相距五步时再告诉我！"敌人再次前进时，大家都恐惧了，就赶快对典韦大喊："敌人已经到五步了！"典韦手持长戟大叫一声，挺身而起，其所到之处，敌人没有不应手而倒的，吕布的士兵因为典韦的勇猛进攻而被迫后退。刚好此时天色已晚，曹操才得以顺利地引兵离去；归去后就册封典韦为都尉，命令他要经常带领几百亲兵，在大帐的四周巡查。

吕布占领濮阳后，濮阳城内大姓田氏家族是曹操的间谍，曹操因此得以再次进攻濮阳城，进入城内后，就焚烧了濮阳的东门，表示誓死不归，自绝退路。两军交战后，曹操的军队被吕布打败了，吕布的骑兵抓住了曹操却不认识他，以为他只是个小兵，于是就问他说："曹操在哪里？"曹操回答说："刚刚那个骑着黄马逃跑了的就是曹操。"吕布的骑兵于是就放了曹操，而去追赶那个骑着黄马的人。曹操这才冒着火逃了出来，到了自己军营之中，亲自慰劳军队，命令军中迅速建造攻击的兵器，再次进兵濮阳。再次进攻濮阳时，和吕布僵持了一百多天。这个时候蝗虫大肆泛滥成灾，老百姓因受灾粮食歉收，因此非常饥饿，吕布军队中的粮食也用完了，于是就各自引兵离去，暂时休战。九月，曹操回到了鄄城。吕布回到了乘氏县，被乘氏县人李进所打败，于是向东把守山阳。

冬季，十月，曹操到了东阿。袁绍派遣使者来游说曹操，想劝告曹操举家搬迁到邺地；曹操此时刚刚丢了兖州，军队之中的粮食又耗尽了，于是想要答应袁绍。程昱就说："我想将军是因为遇到此等大事因而产生恐惧了吧？不然，为什么没有深刻地思考而做事呢？袁绍有侵吞天下的野心，但是他的智谋不足以使他达到目的，将军自己衡量您愿意居于袁绍之下吗？将军您是有着龙虎威仪之人，难道可以委屈地做他的韩信、彭越吗？虽然现在的兖州城有些残破，但是我们毕竟还有三座城池，我们手中可以作战的士兵，也有不少于一万人，拥有这些基础再加上将军的神武和荀彧以及我程昱等收集仁人志士加以运用，将军的霸王事业就最终可以完成，希望将军您三思而行啊！"

曹操于是就放弃了先前的打算。

十二月，免除司徒淳于嘉的职位，委派卫尉赵温担任司徒，录尚书事。

马腾进攻李傕，刘焉的两个儿子刘范、刘诞都因这场战争而死掉了。议郎河南人庞羲，一向与刘焉关系交好，于是就招募人带领着刘焉的几个孙子躲避到蜀地。蜀地此时刚好碰到天火，大火烧毁了绵竹城，刘焉就把州政府迁移到了成都，不久，由于背上长毒疮不治而亡。益州大吏赵韪等人，认为刘焉的儿子刘璋温顺仁厚，对人仁爱有加，于是想对其加以利用，就共同上书主张拥护刘璋担任益州刺史，但献帝的诏书却下令封颍川人扈瑁为刺史。刘璋手下的将领沈弥、娄发、甘宁等企图谋反，进攻刘璋，但并没有取得胜利，于是他们就逃到荆州；献帝下诏委任刘璋为益州牧。刘璋册封赵韪为征东中郎将，带领军队攻打刘表，驻守朐䏰。

徐州牧陶谦病危之时对别驾东海人麋竺说：“现在除了刘备没有人有能力安定这个州。”陶谦去世后，麋竺就代表全州的人邀请刘备前来治理。刘备不敢答应治理之事，就说：“袁术就在附近的寿春，你可以将徐州托给他管理。”典农校尉下邳人陈登说：“袁术为人十分骄傲而且行事跋扈，不是可以治理祸乱的领导者，现在我们想为您招募步兵、骑兵十万，这样，您上可以辅助天子，拯救黎民百姓；下可以拥有土地，守卫州郡。但是如果您不接受我的建议，我也不敢如此毫无成效地接受您的拒绝。”北海相孔融对刘备说：“袁术他哪里是一个忧虑国家之事的人呢？他虽然家族里有过四代五公之士，但那都已经成了坟墓中枯朽的骨头了，哪里还值得一提！如今的情形，老百姓要推选贤能的人来领导，上天赐予的机会如果您不把握，到时候追悔就来不及了。”刘备于是领有了徐州。

起初，太傅马日磾和赵岐都奉天子之命出使寿春，赵岐是一个守志不屈的人，袁术十分害怕他，马日磾如果对袁术有所要求时，袁术就做事污辱他，向马日磾借他的符节来观看，并且趁机夺取了符节不还给他，列举了自己军队之中的十几个人，要马日磾召辟他们。马日磾向袁术要求让自己离开，袁术非要留下他，不放他走，又意图逼他做自己的军师；马日磾因为懊悔自己失去符节之事，最终吐血而死。

起初，孙坚娶了钱塘人吴氏的女儿，婚后生了四个儿子，他们分别是孙策、孙权、孙翊、孙匡，还有一个女儿。孙坚常年在外地从军作战，把家人留在寿春。孙策在十几岁之时，就已经因为结交豪杰而颇有声名。舒城人周瑜和孙策生辰为同一年，也英明俊达而且早有所成，由于听到孙策的声名，就从舒城专程赶到寿春拜访孙策。两人于是推心置腹结为至交，周瑜就劝孙策迁居到舒城，孙策听从了他的建议。周瑜就将自己家在路边的大房子让给孙策住，在大堂之中拜见孙策的母亲，时常和孙策互通有无。等到孙策之父孙坚被黄祖杀死时，孙策已经十七岁了，于是就扶着孙坚的灵柩回葬到曲阿。丧葬之事完成之后就渡过江，定居于江都，结纳当地的豪杰志士，立志要为父亲报仇雪恨。

丹阳太守会稽人周昕和袁术互相仇恨，袁术于是就上表奏请使孙策的舅舅吴景做丹阳太守，然后进攻周昕，夺取丹阳郡，委任孙策的堂兄孙贲担任丹阳都尉。孙策于是把弟弟和母亲托付给广陵人张纮照看，自己直奔寿春前去拜见袁术，对袁术哭泣着说："亡父曾经从长沙地区讨伐董卓，和将军您约定于南阳会合，彼此结为盟好，但是由于我父亲不幸遇难，没有完成进军会合的大事。我现在感念您和我父亲之间的旧恩情，想要归附于您，希望您能够体察我的一片诚挚之心！"袁术表示出对他很重视的样子，但是不肯将他父亲曾经带领的军队交还给他，他对孙策说："我任用你的舅舅，让他担任丹阳太守，你的堂兄伯阳担任都尉，他们所在的地方向来都是产生精兵的地方啊，你可以前去依靠他们，然后招募自己的军队。"孙策于是就和汝南人吕范以及族人孙河迎接母亲前往曲阿，依靠舅舅，然后招募军队，最终招募到了几百人，但是不幸被泾县大帅祖郎暗中袭击了，军队几乎陷于溃散的边缘，于是孙策又前去拜见袁术。袁术就把孙坚从前所领导的余下的军队一千多人还给了孙策，上表奏请册封孙策为怀义校尉。孙策的骑兵犯了罪，逃到袁术的营中，躲藏在内厩里，孙策亲自带人去制伏他，派人在原地将他砍杀了，事情完成后，就前去拜见袁术向他谢罪。袁术说："士兵们向来喜欢叛变，我们从军之人原本就应该一起痛恨这种叛变的行为，你又何必向我谢罪呢？"从此军队之中的士兵便更畏惧孙策了。袁术起先答应委任孙策担任九江太守，但是不久之后又另外任用了丹阳人陈纪。后来袁术想要攻打徐州，向庐江太守陆康求借三万斛的米粮作为军需，但是陆康不肯给他，袁术大怒，想要委派孙策进攻陆康，于是就对孙策说："以前是我失误，任用了陈纪，常常自我悔恨没有能顺从自己最初的意愿，现在如果你俘获了陆康，那么我们攻下庐江之后，它一定会归你所有。"孙策攻打陆康，并且又攻下了庐江，但袁术最终还是任用了自己以前的官吏刘勋担任庐江太守，孙策因此更加感到失望了。

侍御史刘繇，是刘岱的弟弟，向来就享有盛名，诏书任用他为扬州刺史；州政府之前一直是在寿春，自从袁术占有寿春以后，刘繇就想向南渡江，另外设置州政府，吴景、孙贲迎接他之后将他安置到曲阿。等到孙策攻下了庐江，刘繇听说之后，暗中以为吴景、孙贲是袁术在自己身边安置的间谍，于是害怕自己被袁术、孙策所并吞，就和吴景、孙贲有了隙嫌，此后就找了借口逼走了吴景、孙贲。吴景、孙贲退居历阳，刘繇又派出自己的将领樊能、于麋驻守横江，张英驻守当利口来对抗他们。袁术于是就任用自己以前的官吏惠衢担任扬州刺史，委任吴景担任督军中郎将，和孙贲共同带领军队进攻张英等人。

二年（乙亥，公元195年）

春季，正月，癸丑日（十一日），大赦天下。

曹操在定陶打败了吕布。

献帝诏命委任袁绍为右将军。

董卓刚死之时，三辅地区的百姓还剩余几十万户，等到后来李傕等放纵手下的士兵抢夺掳掠，再加上当时常常发生饥荒，两年之后，百姓之间互相残杀吞食，最后几乎都没有人了。李傕、郭汜、樊稠常常互相夸耀自己的军功，争夺军权，多次都想攻击对方，贾诩每次都让他们顾全大局不得如此行事，因此虽然他们的心里并不想和好，但是在外表只能互相容忍。

樊稠进攻马腾、韩遂之时，李利在作战中很不卖力，樊稠于是叱责他说："如果人家要砍你老子的头，你也是如此不卖力，我能不斩你吗？"等到马腾、韩遂被打败之后，樊稠追到陈仓之地，韩遂对樊稠说："本来我们进行战争所争夺的也不是咱们两人私人之间的恩怨，我们不过都是为了王家的事情罢了。而且我和你又是同乡，我想和你好好地谈谈。"于是双方各自命令骑兵们退后，两人向前马头相接，互相把臂而谈，说了很久的话才分别。军队回来之后，李利就告诉他的叔父李傕说："韩遂与樊稠交马谈话，我们也不知道他们两个讲了些什么，但是从谈话看起来两人之间的情谊好像很密切。"李傕原本就因为樊稠勇敢而且得到群众的拥护，心里忌惮于他，听说此话之后就更是如此了。樊稠此时想要带领着军队往东出关，于是向李傕请求派遣军队支援。二月，李傕邀请樊稠来商讨事项，乘机在座中将他杀死了，从此李傕手下的将领们对李傕都产生了猜疑而有了贰心。

李傕常常摆设酒席宴请郭汜，或者是留郭汜住宿，郭汜的妻子因为害怕郭汜常常在李傕处待着会爱上李傕的婢妾，于是就想出计谋来离间他们。此后刚好碰到李傕派人送食物来，于是他的妻子就说李傕送的豆豉是毒药，然后把那毒药拿出来给郭汜看说："一个鸡窝里是不能有两只公鸡的，我就怀疑你是不是太相信李公了。"此后李傕又邀请郭汜赴宴喝酒，喝得大醉之后，郭汜怀疑李傕在酒食里下了毒，于是就在酒食里搅拌了粪汁让李傕喝下，此后两人结怨，他们就各自治理军队互相攻打。

献帝委派侍中、尚书想要为李傕、郭汜二人调解矛盾。李傕、郭汜两人都不听从别人的调解。郭汜计划把献帝迎接到自己的营中，夜里军营之中有人逃亡，便把郭汜的计划报告给了李傕。三月，丙寅日（二十五日），李傕委派侄儿李暹带领几千人的军队围攻禁宫，想要用三辆车子迎接献帝。太尉杨彪说："古往今来就没有帝王居住在臣子家这样的事情，诸位将军怎么可以如此行事呢！"李暹说："将军迎接皇帝的计划已经决定了。"于是朝廷之内的群臣都步行跟随着迎接献帝的车出了皇宫，李暹的军队在献帝离开之后就进入宫殿，劫持宫内女眷以及献帝的宝物等。献帝进入李傕的营中后，李傕又把皇宫之中的金银财物以及衣帛等迁徙到自己所住的军营之中，然后放火焚毁宫殿、官府以及人民的住宅，宫殿等都被大火烧光了。献帝再次派出公卿为李傕、郭汜调和矛盾，郭汜趁机把杨彪和司空张喜、尚书王隆、光禄勋刘渊、卫尉士孙瑞、太仆韩融、廷尉宣播、大鸿胪荣部、大司农朱俊、将作大匠梁邵、屯骑校尉姜宣等皇帝派来调解的人，扣留在自己的军营里做人质，当时被扣留的朱俊因为愤懑生病而去世了。

夏季，四月，甲子日（四月无此日），册立贵人琅邪人伏氏为皇后；派皇后的父亲侍中伏完担任执金吾。

郭汜宴飨公卿多次，讨论攻打李傕的计谋。杨彪说："现在天下群臣之间互相争斗，李傕一个人挟持了天子，而你又一个人扣留公卿作为人质，这样的行为可以吗？"郭汜听闻之后勃然大怒，想要除掉杨彪，杨彪说："你是一个连天子都不尊奉的人，我这样的无名小卒哪里还敢乞求留我性命呢！"中郎将杨密十分坚决地制止他，郭汜才不得已停止了除掉他。李傕召集了几千个羌人、胡人，先将天子财物和彩帛赐给他们，然后又答应他们，将来会将抢来的宫女和嫔妃赐予他们，想要借此命令他们进攻郭汜。郭汜私底下和李傕党里的中郎将张苞等计划里应外合地攻打李傕。丙申日（二十五日），郭汜带领士兵在夜间攻打李傕的营门，所射出的弓箭刺穿了皇帝的门帘，又刺穿了李傕的左耳。张苞等人放火焚烧房屋，但是大火始终没有燃烧起来。杨奉在营外抵抗郭汜，郭汜手下的士兵只好逃走了，张苞等人都带领着自己的军队前去归附郭汜。

这一天，李傕把献帝的车乘转移到北坞，委派校尉把守坞门，献帝由此内外都被与世隔绝了。献帝身边的侍臣们都面有饥色，于是献帝向李傕讨要五斗米、五具牛骨头想要赐给左右的人。李傕说："你住在这里，早晚都给你送上了饭，现在还跟我要米，你要用米干什么啊？"因此李傕就命人拿臭的牛骨头给献帝。献帝一时之间大怒，要想前去责问李傕，侍中杨琦劝阻献帝说："李傕他原本就知道自己所犯的是大罪，现在正预谋把您的车驾辗转迁移到池阳的黄白城，在这样的关节点，我希望陛下您能够忍耐这件事情。"献帝这才作罢。司徒赵温写信给李傕说："你之前已经让王城陷落，而且还杀戮了很多大臣，现在又因为一些微小的嫌隙，就跟郭汜形成了深仇大恨，现在朝廷命令你与他和解，你又不遵从皇帝的诏命，反而预谋将天子转移到黄白城，这些行为实在是我所不能理解的事情。《易经·大过》里说，一次已经过甚，再次就要交涉灾难，犯了三次而不改，那就要遭到灭顶之灾了。不如你早一天和郭汜和解吧。"李傕听闻之后大怒，想要杀死赵温，他的弟弟李应劝阻他不能如此行事，几天之后李傕才打消这个念头。

李傕信任巫觋邪曲之法术，常常摆放着猪、牛、羊三牲作为祭品，在宫门之外祭祀董卓；每次面对献帝或者称董卓为"明陛下"，或者称其为"明帝"，并且还向献帝讲述郭汜的罪状，献帝也随着他的意思迎合他的意愿。李傕十分满意，自以为已经得到了献帝的欢心。

闰月，己卯日（初九），献帝委派谒者仆射皇甫郦为李傕、郭汜调和矛盾。皇甫郦首先到郭汜那边调解，郭汜听从了他的命令准备和解；然后又到李傕这边进行调解，李傕不肯听从调解，李傕说："郭汜他是什么人，只不过是一个盗马的小贼罢了，这样的人怎么敢和我放在一起呢？我一定要带兵灭掉他！你看以我的智谋和战争策略还有我手下的士兵，难道无法将郭汜制伏吗？郭汜还劫持了朝廷的公卿作为人质，其所作所为是如此的不堪，即使如此你还想要这样随便地帮助他吗？”皇甫郦说：“不久之前董卓的势力如此之强大，这是将军你所知晓的，当时吕布承受他的恩德却反而转过来图谋除掉他，尽管董卓如此之强大，却在转眼之间，就落得一个被谋害而身首异处的下场，这就是有勇无谋的结果。现在将军身为上将，身上担着国家的荣宠，郭汜他不过是将公卿作为人质，但是将军却胁持了皇帝，两者相比较，哪一个罪状更大呢？张济和郭汜都是有智谋的人。杨奉、白波他们只不过是贼人的一个首脑罢了，但是就连他们都知道将军如此行事是不对的，因此虽然将军对他们恩宠有加，但是他们仍旧不为你所用。”李傕听他此番话后大怒，斥责他出去。皇甫郦出去后，进宫向献帝报告说：“李傕不仅不肯遵从您的诏命，而且言辞之间很不恭顺。”献帝害怕李傕听到之后再生是非，于是急急地命令皇甫郦赶快离去。李傕委派虎贲王昌前去把皇甫郦带回来，想要除掉他，王昌知道皇甫郦为人十分忠直，就私下里将他放走了，回来答复李傕，说：“没有追赶上他。”

辛巳日（十一日），委任车骑将军李傕担任大司马，其地位在三公之上。

吕布的将领薛兰、李封驻守巨野，曹操进攻巨野，吕布前来援助薛兰等，但是没有取得胜利，只得领兵撤退了，于是曹操就斩掉薛兰等。曹操的军队驻军在乘氏，又由于当时陶谦已经去世，因此想先攻下徐州城，再平定吕布。荀彧说：“以前高祖把守关中，光武占据着河内，他们都是先巩固自己的地盘为根本然后控制天下，如果采取进攻足以战胜敌人，退守足以巩固防守，所以虽然遭遇了困顿失败但是最终得以完成大业。将军本来是因为兖州而成事，后来又平定了山东黄巾之灾祸，百姓中无人不归附于您而且心中佩服的。况且黄河、济水之间向来是天下最为险要之地，虽然现在看来有些残破，但是依靠此地容易自保，这个地方就是将军的关中、河内，将军您不可以不先平定此地。现在将军您已经击败了李封、薛兰，如果继续抽出兵力攻击陈宫的话，陈宫必定不敢再顾及四方了，我军可以在这个空隙，收取城内成熟的麦子，收集食物，积蓄谷类，如此一来获得了军需物资，此后一举就可以击败吕布。等我军击败了吕布，然后向南方与扬州人士联合起来，共同征讨袁术，兵临淮、泗。但是如果我们此时舍弃了吕布而向东攻打徐州，那么军营之中多留些兵的话进攻则不够用，少留兵的话若是依靠人民固守城池那就无法去采樵生活，倘若吕布乘虚来侵略，民心就会变得更为混乱，在那样的情形之下恐怕只有鄄城、范城、卫城还尚可保全，其余的城池恐怕就不是我们所能保有的了，如此一来就等同于失去兖州了。倘若在前方我军又没有攻下徐州，那么将军您那时应当回到哪里呢？再说陶谦虽然已经去世了，但是徐州依旧是一个不容易攻下的地方，他们鉴于过去的失败，必定会产生恐惧然后互相团结，互为表里，团结一致。现在东方地区都已经收割了麦子，必定会坚壁清野来与将军对抗，将军您想要攻打不能克服，即使攻克了也没有什么收获，如此一来，不出十天，则我方十万大军，还没有作战就已经先困顿了。之前我们攻打徐州，实行严重的惩罚，而且杀戮也十分之多，徐州城内的子弟想起自己父兄的耻辱，必定会人人坚持作战而没有投降的心意，所以即使我们最终能够击破徐州，还是不能够控制这个地方。事情原本就是失之东隅，而收之桑榆的，用大的收获来换取小的收获也可以；用安宁来替换危险也可以；但是权衡目前的形势，而不忧虑自己的根基、不巩固自己的势力也可以。现在三样事情之中，没有一件是有利的，希望将军您仔细地考虑考虑再行事。”曹操于是停止了想要攻打徐州的意念。

吕布又从东缗县和陈宫带领着一万多人前来与曹操交战，曹操的士兵此时都出去收割麦子了，留在营里的还不到一千人。当时的营寨也不牢固，但是营寨的西边有一个大的堤坝，堤坝的南边树木很茂盛幽深，于是曹操就把军队藏在堤坝里面，命令一半的兵力留在堤坝外面；吕布渐渐地逼近军营之后，曹操便命令士兵挑战，等到开始作战时，埋伏的士兵就全部登上了堤坝，然后步兵和骑兵一起冲上前去，将吕布打得大败，一直追赶到了吕布的军营之中才返回来。吕布乘着夜色逃走了，曹操又攻下了定陶，分散兵力之后平定了各县。吕布向东前去投奔刘备，张邈追随着吕布，并且命令他的弟弟张超带领家属把守雍丘。

吕布最初见到刘备时，很敬重刘备，对刘备说："我和你同属于边地人，我看到关东起兵之后，便想要诛灭董卓，我杀掉董卓之后带领军队向东方走，无奈关东所有的将领之中没有一个愿意收纳安置我的，他们都想要杀掉我。"于是亲自请刘备到自己所在的军帐之中，让刘备端坐在妻子的床上，并且命令妻子向刘备下拜，给刘备倒酒准备饮食，称呼刘备为弟。刘备见吕布言语之中有些过度，虽然在外表表示赞同他，但是在内心其实非常不喜欢他。

李傕、郭汜经过几个月的互相攻打，双方的军队死掉的人已经上万了。六月，李傕的将领杨奉预谋想要杀掉李傕，事情泄露之后，杨奉带领自己的军队背叛了李傕，李傕的势力因此而稍稍减弱。庚午日（六月无此日），镇东将军张济从陕县赶来，想为李傕、郭汜调解他们之间的矛盾，并且将天子献帝的车乘迁移到弘农。献帝也十分想念原来的京都洛阳，于是就委派使臣宣示告谕，经过十多次的来回往复，郭汜、李傕终于答应和好，但是又意图互相拿爱子做人质。李傕的妻子由于特别疼爱自己的儿子而不肯答应，当时合约还没有决定，而且羌人、胡人多次前来窥视宫门，说："天子已经在里面了啊！李将军曾经答应要赏赐给我们的宫女，现在在哪里呢？"献帝因此而忧虑，就派出侍中刘艾对宣义将军贾诩说："你以前一直都是奉守自己的职务公正而且忠贞的，所以一直受到国家所赐予的恩宠。现在羌人、胡人到处都是，你要想个解决的办法来回报国家啊。"贾诩于是召来羌人、胡人的首领，宴请他们前去喝酒吃饭，并且还答应给予他们封赏，羌人、胡人便都带领着自己的军队离去了，李傕从此势力便更薄弱了。于是当有人再次提到和解之事时，李傕就答应了，于是他和郭汜都拿彼此的女儿作为人质。

秋季，七月，甲子日（七月无此日），献帝所乘坐的车驾出了宣平门，到达渡桥之时，郭汜手下有几百人拦住桥问："车驾之中的是不是天子？"车驾因被堵住而无法前行。李傕手下的几百名士兵，拿着大戟站在车驾的前面，想要和郭汜的士兵交战，此时侍中刘艾大声地喊说："这正是天子啊！"于是命令侍中杨琦高挑起献帝的车帘，献帝说："诸位士兵，你们怎么敢如此近地逼近至尊呢？"郭汜的士兵听到献帝的话之后才退后，等到献帝渡过桥以后，所有的士兵都高呼皇帝万岁。夜里抵达霸陵之时，献帝的随从们都饥饿了，于是张济便按照他们的身份发给他们粮食，其中各有差等。李傕出京驻守池阳。

丙寅日（七月无此日），任命张济担任骠骑将军，并且像三公一样地建立自己的府署；郭汜担任车骑将军，杨定担任后将军，杨奉担任兴义将军，而且都册封为列侯。然后派牛辅曾经的部下董承担任安集将军。

郭汜想要使车驾前往高陵，公卿和张济都认为应该前行到弘农，于是大家开会来讨论这件事，最后也没能决定。献帝委派的使臣告诉郭汜说："弘农接近郊庙，不要犹豫此事了！"郭汜不听从他的话。献帝因此整天不吃饭以表示抗议。郭汜听说之后就对献帝说："可暂且到附近的县城。"八月，甲辰日（初六），车驾到达了新丰。丙子日（八月无此日）郭汜又计划威胁献帝带他回到郿城，然后以郿城为首都，侍中种辑知道之后，私下里告诉杨定、董承、杨奉，让他们在新丰聚会。郭汜知道自己的计划泄露了，于是抛弃了军队，藏入终南山。

曹操围困雍丘，张邈逃到袁术那里请求救援，他还没有到达之时，就被他的下属杀掉了。

冬季，十月，派曹操担任兖州牧。

戊戌日（初一），郭汜的党羽夏育、高硕等人预谋胁迫天子的车驾往西行走。侍中刘艾看到当时的大火焚烧不止，就请求献帝到另一军营之中躲避大火。杨定、董承于是带领军队迎接天子转移到杨奉的营中，夏育等带领军队想要阻止献帝的车驾，杨定、杨奉十分努力地与之作战，最终打败了他们，冲出重围。壬寅日（初五），献帝抵达华阴。

宁辑将军段煨准备了衣物、车辆以及公卿以下要食用的粮食，希望献帝到他的营中。段煨和杨定有矛盾，杨定联合种辑、左灵谋说段煨要造反，太尉杨彪、司徒赵温、侍中刘艾、尚书梁绍等人对献帝保证说："段煨绝不会造反，我们愿意以性命做担保。"董承、杨定威胁弘农的督邮令说郭汜来了，就在段煨的营帐中，献帝很是怀疑，于是就在路的南面露天而宿。

丁未日（初十），杨奉、董承、杨定将要攻打段煨，于是派遣种辑、左灵请求献帝发放诏令，献帝说："段煨并没有很大的罪责，杨奉等人要围攻他，却要命令我来发放诏令吗！"种辑意志坚决地请求，一直到深夜，还无意停止，献帝也一直没有答应。杨奉等于是擅自率军攻打段煨的军营，结果十几天都没有攻下来。段煨一直供给献帝的膳食，并且供给朝中百官们的粮食，没有异心。献帝下诏命侍中、尚书告谕杨定等与段煨和解；杨定等接受诏命，退回自己的营地。

李傕、郭汜后悔让献帝的车马东行，听闻杨定要攻打段煨，互相招集军队来共同援助，想劫持献帝再回到西边。杨定听闻李傕、郭汜来了，想回到蓝田，被李傕拦截，于是一个人逃向荆州。张济和杨奉、董承有间隙，于是又和李傕、郭汜联合。十二月，献帝一行到达弘农，张济、李傕、郭汜一起在后方追赶，在弘农的东涧发起战事，董承、杨奉的军队被打败，战死的百官士卒无以计算，于是抛弃了御用的物件，符信、书策、典章、图籍，一样都没有留下。射声校尉沮俊受伤落马，李傕问身边的人说："他还能活吗？"此时沮俊就骂他说："你们这群凶恶逆臣，劫持了皇帝，使得公卿受到灾害，宫人流离失所，乱臣贼子，都没有你们这种情形！"李傕一刀就杀死了他。

壬申日（十二月无此日），献帝在曹阳露天而宿。董承、杨奉就骗李傕等与他们和解，暗地里派遣使者到达河东，招来前白波军的统帅李乐、韩暹、胡才以及南匈奴右贤王去卑，并且率领他们的徒众共几千骑兵和董承、杨奉一同攻打李傕等，将李傕等打得落花流水，斩掉他们几千人的首级。

这时董承认为已经击败了李傕等，可以再向东行进。庚申日（二十四日），献帝的车马向东行进，董承、李乐负责保护献帝的车马，胡才、杨奉、韩暹、匈奴右贤王尾随其后。李傕等又来攻击，杨奉等被打得大败，死去的兵马比在弘农东涧的战役中的还要多。光禄勋邓渊、廷尉宣播、少府田芬、大司农张义等都在战役中死去了。司徒赵温、太常王绛、卫尉周忠、司隶校尉管郃被李傕徒众所阻截，李傕想要杀死他们，贾诩说："他们都是国家的重臣，你怎么能够害死他们呢？"李傕这才停止。李乐说："状况紧急，陛下最好乘坐马匹行进。"献帝说："我不能够抛弃众臣而独自逃跑，他们犯了什么罪呢！"军队一路马不停蹄地前进了四十里才到达陕县，于是就在那里安营防守。

经过了惨败，虎贲、羽林部队只剩不到一百人，李傕、郭汜的士兵们围绕着营帐大声呼叫，官吏、士兵脸色都变了，都有分散各自逃跑的意思。李乐害怕了，想让献帝坐船沿黄河经过砥柱山，出孟津，杨彪认为河道太险阻，不是献帝所适于行走的；于是就派遣李乐率兵夜里偷渡过河，悄悄地准备好船只，举火为暗号。献帝和公卿步行走出营帐，皇后的哥哥伏德搀扶着皇后，一个手挟持了十匹绢。董承命符节令孙徽从人群中砍杀他，杀死了旁边的侍从，鲜血溅到了皇后的衣服上。河岸高达十几丈，军队无法下去，于是用绢做成车辇，在前面背负皇帝，其他的人都匍匐而下，有的从上面直接跳下去，帽子和包头发的头巾都被弄破了。到了河边以后，士兵们争先恐后地抢着上船，董承、李乐用戈捣击他们，船中被斩下的手指多得都能用手捧起来。于是献帝坐上船，与其共同渡河的人，只有皇后、杨彪以下才几十个人，其他的宫女、大臣和百姓是没有办法渡河的，他们都遭到士兵们的抢夺，衣服都被剥光了，头发也被剪断了，冻死的人无法计算，卫尉士孙瑞也被李傕杀死。

李傕看见黄河的北面有灯火闪烁，于是派出骑兵探查情况，正好见到献帝渡河，就大声说："你们是不是要陪同皇帝离去啊！"董承害怕他们放箭，于是把被子做成帷幔来保护献帝。到达大阳之后，献帝来到李乐的军营，河内太守张杨派遣几千人背着大米前来进贡。乙亥日（十二月份无此日），献帝坐着牛车来到安邑，河东太守王邑上贡了绵帛布匹，公卿以下的官僚都分得了一点。册封王邑为列侯，命胡才担任征东将军，张杨为安国将军，他们都秉持旄节，建立府邸。其他军中一些主帅都争着前来求拜官职，刻印都没来得及，以至于直接用锥子画印。

献帝居住在用篱笆围着的房屋里，大门没有办法关住，献帝和重臣聚会商讨之时，兵士们常常趴在篱笆上偷看，互相拥挤着喧笑。

献帝又派太仆韩融到弘农与李傕、郭汜等和解，李傕就把关闭的公卿百官放回，将俘虏来的宫人、车辆以及器皿服饰，一并归还。不久粮食吃完了，宫人们只得以蔬菜果品来果腹。

乙卯日（十九日），张杨从野王县来叩见献帝，想恳请献帝回到洛阳；所有的将领都不听从，张杨只得无功而返回到野王县。

正在这个时候，长安城里空了四十几天，强者四面逃散，弱者互相吞食，两三年间，关中都没有人迹了。

沮授对袁绍说："将军您是累世台甫，代代忠义。现在皇帝迁徙在外地，朝堂残破，各州郡虽然表面上托名义兵，心里实际上是在互相图谋，没有忧患国家、体恤百姓的意思。现在冀州大致已经安定，军队强大，士民归顺，我们可以西迎皇帝的圣驾，就在邺城定都，挟持皇帝以此来号令诸侯，畜养士兵马匹来征讨不服从的人，谁还能抗拒我们呢？"颍川人郭图、淳于琼说："汉室衰微，已经很久了，现在要让它重新兴盛，岂不是太难了吗？而且各地英雄雨后春笋般出现，各自占据了州郡，召集了徒众，都有上万人，所谓的秦朝失去天下，先得到的就是王。现在将皇帝迎到身边，动辄就要呈奏书报告，听从了他就权势减弱，违背了他就是违抗圣令，实在不是一个极妙的策略。”沮授说：“现在迎接皇帝，既符合道义，也恰逢时机，如果不早做决定，必定有先于我们而行动的人。”袁绍不听从他的意见。

起初，丹阳人朱治曾经做孙坚的校尉，看到袁术没有树立政治德教，就劝诫孙策回去收取江东。正在这个时候吴景率军讨伐樊能、张英等，一年多都没有办法打败他们。孙策就对袁术说：“我们家在江东有旧恩，我愿意帮助我舅舅讨伐横江；攻克横江以后，面向本乡招兵买马，可以招募到三万军队，来协助你一统天下。”袁术知道他忌恨自己，但由于刘繇占领了曲阿，王朗在会稽，认为孙策未必能够剿灭他们，于是就答应了他，上书命孙策担任折冲校尉。孙策率领一千多人、几十匹马，一路上一边走一边招募将士，到了历阳，已经募至五六千人。当时周瑜的伯父周尚是丹阳太守，周瑜率领军队迎接孙策，并且送来粮食帮助他，孙策非常高兴地说：“我得到了你，事情就等于成功了。”于是出兵攻打横江、当利，都将它们一一攻克，樊能、张英都惨败逃跑了。

孙策渡江以后辗转于各类战斗之中，所到之处都被他一一击破，没有人敢碰触他的锋芒。老百姓听到孙郎来了，都吓得魂飞魄散。官吏们都抛弃了城池，逃窜躲藏在深山草丛里。等孙策到了以后，士兵们严守他的命令，不敢杀伤抢夺，鸡、犬、菜、茹，一点都不侵犯，当地百姓才大为高兴，争着用牛肉、美酒来慰劳孙策军队。孙策英俊潇洒，谈笑风生，心胸宽广，能够接受别人的意见，善于用人，所以士兵、百姓看到他没有不倾心服从，甘愿为他效命的。

孙策攻打刘繇屯驻在牛渚的军营，抢到了仓库里全部的粮食、战具。那时彭城相薛礼、下邳相丹阳人笮融仰仗着刘繇为盟主，薛礼占领了秣陵城，笮融屯守在县的南面，孙策都一一击破他们。又在梅陵击败刘繇的别将，旋而掉转军队进攻湖孰、江乘，将他们全部攻下，又进兵到曲阿攻打刘繇。

刘繇的老乡太史慈当时从东莱来探望刘繇。恰巧孙策到了，有人就劝告刘繇任用太史慈做大将。刘繇说:“如果重用子义的话,许子将岂不要嘲笑我吗?”于是仅仅派遣太史慈探查孙策的兵马有多少。当时太史慈只带了一个骑兵在神亭子遇到了孙策,那时孙策带领了十三个骑兵,他们全部都是孙坚的旧将辽西人韩当、零陵人黄盖等。太史慈便冲上前去战斗,正好孙策相对,孙策就不断地刺太史慈的马,从而捉住了太史慈颈子上的兵器,而太史慈也掳到了孙策的头盔。正在这时,双方的步兵、骑兵都气势汹汹地奔跑而来,于是双方就解散了。

刘繇和孙策交战,刘繇军队被打败,向丹徒逃跑。孙策进入曲阿,慰劳犒赏众将士,发布诏令,告示所有的郡县说:“凡是刘繇、笮融等从前的部下前来投降的,一概既往不咎;乐意就此从军的,只要是一个人,就免去全家的赋役;不愿意从军的,也不会勉强。”十多天的时间,众人从四面八方像云一般地聚集而来,共得到士兵两万多人、马一千多匹,威震江东。

丙辰日(二十日),袁术上书命孙策担任殄寇将军。孙策的将领吕范对孙策说:“现在将军的事业如日中天,徒众渐渐多起来,可是纪律还有许多不整齐的地方,我愿意暂时做你的都督,帮助将军整治军纪。”孙策说:“子衡已经是士大夫,再加上手下已经有了重兵,而且在外面又立下了功劳,怎么可以让你再屈居小的职位,打理军中的小事呢?”吕范说:“这样说不对,此刻我离开故土来投靠将军,并非为了妻儿老小,而是要想救济世事,为天下苍生做些实事。我们就如同小船渡海,一件事情不稳固,都会受到灾难,这也是为我自己计划,不单单是为了你。”孙策笑了,没有什么可以回答。吕范出去,便脱掉单衣,换上戎服,拿着马鞭来到孙策的屋前禀告事务,称自己是都督,于是孙策就给他符信,将相关事务委托给他;因此军中整肃而和睦,威令大行。

孙策任命张纮担任正议校尉,命令彭城人张昭做长史,经常命令他们一个人在城内守护,另一个人随从征伐,以及广陵人秦松、陈端等人也参与了这个计划。孙策以对待师友的礼仪对待张昭，文武百官的事情，全部都交付给他打理。张昭每每收到北方士大夫的书信，信中都赞美张昭，孙策听说之后，非常高兴地笑说："以前管仲担任齐国的宰相，齐桓公是有一件事情就说告诉仲父，两件事情还说要告诉仲父，而桓公最终成为春秋首霸。现下子布具有贤能才干，我能够用他，那么他的功名能不归于我吗？"

袁术任命他的堂弟袁胤担任丹阳太守。周尚、周瑜都返回了寿春。

刘繇从丹徒即将奔赴会稽，许劭说："会稽这个地方很富裕充实，是孙策所贪图的，而且会稽僻处在海边，我们不可以前去。那里还比不上豫章，豫章北边连接着豫州的土地，西边与荆州接壤；即使聚集他们的官吏、平民，派遣使臣向皇帝纳贡，和曹兖州相通，即便有袁公路在中间阻隔，可是这个人像豺狼一般贪婪，他不会得势很久的。你接受王命，曹孟德、刘景升一定会前来加以救援。"于是刘繇就接受了他的建议。

起初，陶谦任命笮融做下邳相，命令他督查广陵、下邳、彭城的粮运。于是笮融阻截三郡运送的物资归自己所有，广建佛寺，令人诵读佛经，招揽了临近各郡五千多户信佛的人。每当浴佛会之时，往往设置很多的食物，在路上布置筵席，绵延长达几十里，费用无法计算。等到曹操打败了陶谦，徐州变得不再安宁了，笮融就率领着男女一万多人，逃到广陵，广陵太守赵昱用宾客之礼来对待他。在此之前，彭城相薛礼被陶谦逼迫，驻守在秣陵，笮融贪图广陵的钱财，于是趁着酒酣杀掉了赵昱，放任士兵大肆抢掠，之后过江投靠薛礼，不久又将薛礼杀掉。

刘繇派遣豫章太守朱皓攻击袁术所任命的太守诸葛玄，诸葛玄退保西城。等到刘繇溯江西上，屯兵在彭泽以后，就派遣笮融帮助朱皓攻打诸葛玄。许劭对刘繇说："笮融出兵，是不考虑什么名义的。朱文明喜欢推诚来信任别人，我们应该秘密地防范笮融。"笮融到了以后，果然使诈杀死了朱皓，并代理豫章郡的事务。刘繇进兵征讨笮融，笮融大败而逃，躲进山里，被百姓杀死。诏派前太傅掾华歆担任豫章太守。

丹阳都尉朱治赶跑了吴郡太守许贡从而霸占了吴郡，许贡向南投靠山贼严白虎。

张超在雍丘，曹操紧紧地围攻着他，张超说："只有臧洪应该会前来救我。"大家说："袁绍、曹操正在和好之时，臧洪被袁绍所推用，肯定不会败坏袁、曹的和好而招来祸患。"张超说："臧子源是天下的有义之士，绝不会抛却根本；恐怕他是受到强有力的压迫威胁，无法前来营救罢了。"臧洪当时担任东郡太守，听到这个消息，就光脚步行涕泗横流地请求袁绍出兵营救，将要奔赴前往救援，袁绍不分配给他军队；他就恳请带领自己的军队去，袁绍始终没有答应。雍丘因此也被曹操击破，张超自杀，曹操斩杀了他的三族。

臧洪为此非常痛恨袁绍，并和他断绝关系。袁绍派遣军队围攻臧洪，连年攻打不下，袁绍命令臧洪的老乡陈琳写信告诫他，臧洪回信说："我是一个小人，本来没有什么大志；因为战争的缘故，蒙袁绍将军不嫌弃，与我相交，情深义厚，这才被推举为大州的首领，哪里愿意今天与袁绍兵刃相见呢？接受任命之初，自己认为毕竟是大事，应当共同尊崇王室，哪里想到我州受到敌寇攻击，郡守张超遇难身亡，我请求救兵却遭到拒绝，想要辞行而去又被阻拦，终于使得我以前的主人死亡，我这个小小的志节，无法伸张，哪里还能顾及交友的道理，而有损忠孝的名节呢？这就是我之所以忍住悲伤，不再哭泣，挥动刀戈，以此来向你告别的原因。再见了，孔璋兄，你到境外去追求名利财富，我替国君效命；你依附袁绍，我为皇帝尽忠，你说我身败名裂，我也笑你活着却默默无闻！"

袁绍看到臧洪的书信，了解到他丝毫没有投降的意思，于是增加军队，加紧攻打。城中的粮食已经吃完了，外面又没有强大的救援，臧洪思量一定会葬身于此地，于是就召集将领士民对他们说："袁氏不讲道义，图谋不轨，而且不救助我们的郡守，我在大义方面，不得不死；想到诸位本来是无辜的，何必白白地卷人这次灾祸，所以大家可以在城还没有被攻破之时，率领妻子儿女逃难出城。”大家都流着泪说：“你和袁氏本来没有什么仇怨，现在为了我朝郡守的原因，而弄到如此难堪的境地，官民们怎么忍心舍弃你而离去呢？”起先还能够挖出老鼠煮筋角来吃，之后便实在是没有什么可吃的了。主簿打开内厨取出余下的三升米，请求能够做一点粥来吃。臧洪感叹说：“我怎么能独自享用这个呢？”于是就下令将其煮成十分稀薄的粥，发放给所有的士兵民众饮用，又杀死自己的爱妾给将士们吃，将士们都流泪，没有哪一个人敢抬头看。男女七八千人，一个个互相枕藉而死，没有一个背叛离去的。城被攻破后，臧洪被活捉，袁绍召集了所有的将领召见臧洪，对他说：“臧洪！你为什么要这样辜负我呢？今天你到底服了没有？”臧洪睁大了眼睛坐在地上说：“袁家侍奉汉室，四代五公，受到的恩惠可以说是很深重，如今汉王室衰微，你非但没有辅助之意，还想因缘际会，贪图非分的希望，杀死众多忠良的人，来树立你自己的威望，我臧洪亲眼看到你与张邈称兄道弟，那么张超也理当是你的弟弟，你应当与他同心协力，为国家除害。怎么竟然手握重兵却眼睁睁地看着人家屠杀了他而无动于衷呢？我只恨自己力量过于薄弱，不能亲自拿刀为天下报仇，还说什么服与不服！”袁绍本来很喜欢臧洪，原想命令他屈服就不计前嫌原谅了他，此时看到臧洪的言辞如此急切肯定，知道他终不会为自己所用，于是就将他杀死了。

臧洪的老乡陈容，儿时就很敬佩臧洪，当时正在座位上，突然起身对袁绍说：“将军正值举兵行大事之际，要为天下除暴安良，而现在如果先诛杀忠义之士，这哪里符合天意呢？臧洪的言行都是为了郡守，怎么能够杀死他呢！”袁绍感到很惭愧，于是就叫人将其拉出去，对陈容说：“你不是臧洪的同伙，为什么也这样呢？”陈容回过头来看着袁绍说：“仁义哪里有常道，实行它就是君子，违背它就是小人，今天我宁愿和臧洪同日死去，也不愿意和将军同日而生！”于是陈容被杀死。在座的人没有不为之叹息的，私底下互相讨论说道："袁绍怎么能够在同一天杀掉两位烈士呢！"

公孙瓒杀死刘虞后，完全掌控着幽州的土地，志气更加旺盛，他凭借着丰厚的财力，丝毫不体恤百姓，记住别人的过错，却忘掉人家的好处，一点点的小仇怨都要加以报复。显贵善士，凡是声名在他之上的，他必定要想方设法用严法去害他们；有优秀的人才，他必定会设法压抑他们使他们生活疾苦。问他这是由于什么原因，公孙瓒说："显贵的人都认为自己命里应该是富贵的，而不感谢别人的恩惠。"所以他所宠爱的大都是商贩、平庸的人，他和他们结为兄弟，或者与他们结成姻亲，所到之处，必定侵扰老百姓，老百姓没有不怨恨他的。

刘虞的从事渔阳人鲜于辅等，联合州兵想共同为刘虞报仇，鉴于燕国人阎柔一向有恩信，威望大，大家就推选他担任乌桓司马。阎柔率领了胡人、汉人几万人马，和公孙瓒所任命的渔阳太守邹丹在潞北会战，斩杀邹丹等四千多人。乌桓峭王也带领他的族人，以及鲜卑七千多骑兵，跟随着鲜于辅向南迎接刘虞的儿子刘和，同袁绍的将领麴义联合军队十万人攻打公孙瓒，在鲍丘将公孙瓒击败，斩掉两万多首级，于是代郡、广阳、上谷、右北平都各自杀掉公孙瓒所设立的官吏，又和鲜于辅、刘和等联合军队，公孙瓒的军队多次被打败。

在此之前有童谣说："燕南垂，赵北际，中央不合大如砺，唯有此中可避世。"（燕地的南边，赵地的北边，中间不结合，大得就像磨刀石，只有在这里面才可以躲避乱世纷争。）公孙瓒觉得易县能够应和童谣里的地方，于是就迁徙到易县，在四周挖了十层的深沟，并在沟里构筑高丘，每一个高丘都高达五六丈，又在高丘上建造楼台；中间一个沟，所造的土丘，高达十丈，自己住在里头。用铁做门，斥退了左右的侍从，男人七岁以上的不允许进门，只同他的妻妾住在里面，全部的文书、簿记都要用绳子引上去，就像是汲水一样。命令妇女练习大声说话，要让自己的声音传到百步之外，以此来传达命令。这样公孙瓒逐渐疏远了宾客，身边没有什么能够亲信的人，谋臣猛将逐渐反叛分散而去。自此以后，很少作战。有人问他原因，公孙瓒说："以前我在塞外驱逐叛逆的胡人，在孟津横扫黄巾军，那时，觉得天下很容易就能够平定。直到今日，战事方兴未艾，看到这个情形，平定天下并不是我的能力可以决定的，还不如休息军队，倾心倾力于耕种，以挽救凶年。兵法上说，百层高的楼是不能够被攻打下来的，现在我的各个军营楼台有几十层，储备的粮食有三百万斛，用完这些粮食，足够等到天下事情平定了。"

南单于於扶罗逝世，弟弟呼厨泉立位，居住在平阳。

资治通鉴卷第六十二　汉纪五十四

起丙子（公元196年），止戊寅（公元198年），共三年。

【解读】本卷记录了汉献帝刘协建安元年至建安三年间的历史。袁绍、曹操联盟，幽州公孙瓒未灭，袁绍已大致兼并河北冀、并、青、幽四州。曹操迁汉献帝到许，挟天子以令诸侯，实行屯田，两次南下荆州，败张绣，灭吕布，命钟繇监督关中诸将，招抚马腾、韩遂，安定西北。吕布暗算刘备，刘备丢失徐州，投靠曹操。曹操占有河南兖、豫、司、徐四州。袁绍、曹操两人发展势力，矛盾加深。袁术在淮南称帝，众叛亲离，又被曹操不断攻伐，势力大减，毙亡之日不远。孙策脱离袁术，争战江东，败刘繇，灭严白虎，得周瑜，势力大增，开始独霸江东。

孝献皇帝丁

建安元年（丙子，公元196年）

春季，正月癸酉日（初七），大赦天下，改年号为建安。

董承、张杨想把汉献帝送回洛阳，杨奉、李乐不愿意，因而各将领间互相猜疑互不信任。二月，韩暹率军进攻董承，董承逃跑到野王。韩暹驻守在闻喜，胡才、杨奉去到坞乡。胡才想要攻打韩暹，献帝派人命令他停止攻打。

汝南、颍川的黄巾军何仪等带领手下徒众归附袁术，曹操击破了他们。

张杨派遣董承先整修洛阳的宫殿。太仆赵岐为董承游说刘表，要刘表派出士兵到洛阳，帮助董承整修宫室；军中的物资粮食，络绎不绝地供输而来。夏季，五月，丙寅日（初二），献帝派遣使者抵达杨奉、李乐、韩暹的军营，要求送自己到洛阳，杨奉等听从诏命。六月，乙未日（初一），献帝车马到达闻喜。

袁术想要攻打刘备来与之争夺徐州，刘备派遣司马张飞护守下邳，自己率领军队在盱眙、淮阴奋力抵抗袁术军队，双方相持几个月，互有胜负，不相上下。下邳相曹豹，是陶谦以前的将领，与张飞发生了矛盾，张飞杀死了他，城内发生混乱。袁术给吕布信件，劝说他偷袭下邳，并答应帮助他运送军粮。吕布很是高兴，于是率领军队从水陆两路东下。刘备的中郎将丹阳人许耽打开城门迎接。张飞兵败退走，吕布虏获了刘备的妻儿，以及将官们的家属。刘备听到了这个消息以后，就率领军队回来，到了下邳，被吕布打败。刘备整理好残余的士兵东取广陵，与袁术交战，又被打败，于是就屯守海西，饥饿困乏交加，官兵互相吃人，从事东海人麋竺拿家财帮助军队。刘备向吕布请求投降，吕布也忌恨袁术没有继续运送粮食，就召刘备前来，又派刘备做豫州刺史，和刘备协作共同攻打袁术，要他屯守小沛。吕布自称徐州牧。

吕布的将领河内人郝萌夜晚偷袭吕布军队，吕布没有戴帽子，也还没有穿外衣，走进都督高顺的营帐。高顺就整饬军队进入府中征讨郝萌，郝萌失败而逃；到了天亮，郝萌的将领曹性杀掉了郝萌。

庚子日（初六），杨奉、韩暹奉从汉献帝东归，张杨带着粮食在路上迎接圣上车驾。秋季，七月，甲子日（初一），汉献帝的车马到达洛阳，到先前中常侍赵忠的宅邸。丁丑日（十四日），大赦天下。八月，辛丑日（初八），汉献帝到达南宫的杨安殿。张杨认为自己立了大功，所以将这个宫殿改名叫杨安殿。张杨告诉全部的将领说：“天子应该与天下人共有，朝廷的事情自有官僚料理照管，我应该领兵抵御外难。”于是返回野王，杨奉也出京驻守在梁县，韩暹、董承都留守在京都值宿警卫。癸卯日（初十），任命安国将军张杨为大司马，杨奉为车骑将军，韩暹为大将军，领司隶校尉，都秉持旄节大斧。

这个时候，宫殿被焚烧光了，百官都依傍着荆棘，靠在墙壁之间居住，各州郡都持有强大的兵力，粮食无法运到首都；百官饥饿困乏交加难耐，尚书郎以下的官吏都需要自己出去采摘野生的禾苗，有的官吏饿死于墙壁之间，有的则被士兵杀死。

袁术因为谶言说“代汉者当涂高”，便认为自己的名和字都应验。他又觉得袁氏本出于陈国，应属舜的后代，用黄色替代赤色，亦合五德转运的次序，于是就有了僭称皇帝的谋划。后来他听到孙坚得到传国玉玺，就抓捕了孙坚的妻子然后抢走了玉玺。后来他又听闻天子在曹阳兵败，就召集所有的下属谈论称尊号之事，无一人敢去搭腔。主簿阎象说：“从前周朝从后稷一直到文王，是积累下功德，才三分天下有其二，而且还得服侍殷朝。而你虽然几代显荣，毕竟还是比不上周朝的强盛；汉室虽然衰微，但也没有殷纣的暴戾！”袁术默然无语。

袁术聘请隐士张范出山，张范不去，派他的弟弟张承前来辞谢。袁术对张承说：“我凭着广袤的土地，众多的百姓，想向齐桓公求福，同汉高祖媲美，你觉得如何？”张承说：“得天下的关键在于是否有德而不在于兵力是否强大。施行德政以顺从天下人的盼望，即使从一个平民百姓的根基，去成就霸王的功业，也不算困难。如果非要违背礼义，逆天而行，这是遭到大家鄙弃的，试想谁还能使他兴盛呢？”袁术听了很不乐意。

孙策听到此事之后，就写信给袁术说：“成汤讨桀，称夏朝多罪；武王伐纣，说殷有重罪，汤、武这两位君王，虽然有圣明的德政，纵然当时的国君没有失道的过错，也是无法得占天下。现在君主并没有暴露于天下的恶行，只是因为幼小受到强臣的威胁，这不同于汤武之时。而且董卓贪婪淫侈，其骄矜已然凌驾于君王之上，心志大得没影，还尚且不敢废掉君主而自立，天下由此就已经一齐疾恨他了，更何况那些效法他而且比他更甚的人呢？我还听说幼君主聪明机智，很有早慧；天下虽然还没有蒙受到他的恩泽，但是都已心服于他。您家五代相承，为汉朝的宰相，这样的荣宠，无人可比，你更应该奉献忠心，坚守节操，来报效王室，这样就大可以完成周公旦、召公奭一样的功绩，这也是全天下人所期望的。然而现在的人很多被图谶纬书的文字所蛊惑，随意地说些不伦不类的话，随便地奉承主子，讨他的欢心，而不管事情的成败，这是古往今来都警惕的，还能不仔细考虑吗！忠直的言论不容易被采纳，与众人相左的意见也往往招来憎恨，但是如果这些话对您有好处的话，我还是不得不说。”袁术起先自以为拥有淮南的群众，料想孙策必定会与自己联手，等收到他的书信，变得忧愁沮丧而生了病。孙策看袁术不能接受自己的劝告，就和袁术断绝了往来。

曹操在许昌，计划着迎接天子。大家觉得“山东尚未平定，韩暹、杨奉又自认有功，恣行暴虐，短时间内是制伏不了的”。荀彧说：“从前晋文公接纳周襄王而诸侯服从，汉高祖为义帝服丧而让天下百姓心悦诚服。如今天子播迁在外地，你首先倡导义兵，仅仅因为山东扰乱，所以无暇奔赴远地。而今天子回转銮驾，东京荒芜，义士都有安定根本的想法，兆民皆有感念故旧的伤悲。如果趁此时机侍奉主上，顺从人民的期望，这是大顺事；秉持大的公义来使天下人服从，这是大的谋略；辅助大义而招揽才俊，这是大道德。四方虽然也有叛乱违逆之举，他们又会有什么大的作为呢？韩暹、杨奉又哪里值得您去忧虑呢？如果不趁此时做出决定，而使得豪杰之士产生异心，纵然将来再计划，恐怕也来不及了。”曹操就派遣扬武中郎将曹洪率领军队向西迎接天子，董承等占据险地以抗拒曹洪，使曹洪无法前进。

议郎董昭认为杨奉的兵马最强壮但是党羽不丰，就替曹操写信给杨奉说：“我听到你的声名，崇敬你的节义，就推诚相交。如今你解除天子的困境，护送天子返还旧都，这辅佐的功劳，举世无双，是多么了不起啊！而今一群恶人扰乱华夏，使天下不得安宁，天子的地位非常重要，事事都需要辅助，必须要大家同心协力来清明政治，这不是一个人所能完成的事，就好像是心腹和手足四肢一样，其实是互相依赖的，如果有一样不具备，就有了缺陷。将军在朝廷里主持一切事务，我就在外面作为援助，现在我有粮草，你有军队，我们互通有无，足够互相帮衬，我们生死与共、祸福相连。”杨奉收到书信很高兴，就对将领们说：“兖州各军近在许昌，有兵士、有粮草，这是国家所应该倚仗的。”于是一同上书推荐曹操做镇东将军，承袭他父亲费亭侯的爵位。

韩暹自恃有功，专横跋扈，董承很是忧虑，因而暗地召曹操前来；曹操就率领兵士去洛阳。到那之后，就陈说韩暹、张杨的罪过。韩暹害怕被诛，一个人骑马前去投奔杨奉。汉献帝认为韩暹、张杨有保护车驾的功劳，下令不再追究。辛亥日（十八日），派曹操领司隶校尉一职，录尚书事。曹操于是斩杀了尚书冯硕等三人，这是讨伐有罪之人；封卫将军董承等十三人为列侯，这是赏赐有功之人；并追赠射声校尉沮俊为弘农太守，这是表彰为守节而死之人。

曹操拉董昭坐在一块，问他：“现在我来到此地，应该再用点什么计谋呢？”董昭说：“你发起义兵来灭除暴乱，入京朝见天子，辅佐王室，这是春秋五霸一样的功绩。这里所有的将领，意见各异，未必服从你，你留在这里辅助天子，情势都不利，唯有迁移车驾到许昌才宜。可是朝廷刚刚历经动乱，回到旧京，远近的人都踮脚企盼，希望获得安宁，如果现在迁徙车驾，不能满足大家的意愿。可是一个人只有做出非同寻常的事情，才有非同寻常的功业，希望你筹划利多害少的事情去做。”曹操说：“这是我的本心，杨奉近在梁县，听闻他的兵士很是精良，他可以不成为我的累赘吗？”董昭说：“杨奉党羽不丰，内心非常想和我们结交，你做镇东将军，承袭费亭侯的事，都是由杨奉决定的，你应该经常派使者送出厚礼答谢他，以安抚他的心。你就说：‘京都粮食不足，想要天子的车驾暂时迁到鲁阳，鲁阳接近许昌，转运粮食比较容易，可以减去粮食不足的忧虑。’杨奉为人勇敢而思虑不足，肯定不会怀疑，等到使臣往来的这段时间，就足以决定大计，杨奉还怎么成为累赘呢？”曹操说：“好！”就派使者去见杨奉。庚申日（二十七日），天子车驾出轘辕关向东，遂将国都迁到许昌。己巳日（八月无此日），天子驾临曹操的军营，并任命曹操做大将军，封武平侯，开始将宗庙社稷建在许昌。

孙策即将攻取会稽，吴人严白虎等各拥有徒众一万余人，屯守在各地，将领们想要先攻打严白虎等人。孙策说：“严白虎这一干强盗，志向不大，他们很容易被我方擒获。”于是他率兵渡过浙江。会稽功曹虞翻对太守王朗说道：“孙策擅长用兵，咱们不如避开他。”王朗不听他的话，发动军队在固陵抵御孙策。

孙策几次渡水作战都不能攻克。孙策的叔父孙静对孙策说道：“王朗倚仗险固的城池防守，很难快速攻下。查渎在城南几十里，我们应该从那里袭击它的腹地，这就是所谓的攻其不备，出其不意。”孙策听从了他的建议，夜间，点燃许多火把作为疑兵，兵分多路向查渎前去偷袭高迁屯。王朗惊恐万分，派遣原丹阳太守周昕等率军迎战，孙策击破了周昕等人，并斩杀了他们。王朗败走；虞翻跟随在侧保护王朗，渡海到东野，孙策在后面追杀，将王朗打得惨败，王朗于是就向孙策投降了。

孙策自己领会稽太守，又任命虞翻做功曹，用朋友之礼待他。孙策爱好打猎，虞翻就劝告他说：“你素爱轻骑出营，微服出访，侍从的官吏都没来得及戒备，官吏和士兵常常以之为苦。一个人如果不庄重就不威严，所以白龙着鱼服，被豫且射伤；白蛇轻易出动，被刘邦所杀。希望你稍微注意！”孙策说：“你的话很对。”可是没有办法改变。

九月，司徒淳于嘉、太尉杨彪、司空张喜都被免除了官职。

天子的车驾向东迁移的时候，杨奉要从梁县加以拦击，但没来得及。冬季，十月，曹操讨伐杨奉，杨奉向南奔向袁术，曹操于是进攻梁地的军营，并攻占了它。

汉献帝下诏给袁绍，责备他“土地广袤，兵卒众多，却专门树立党羽，而不起兵勤王，只是擅自相互征伐”。袁绍上书为自己辩白。戊辰日（十月无此日），汉献帝派袁绍做了太尉，封他为邺侯。袁绍因觉官位在曹操之下而感到耻辱，就发怒道："曹操好几次都本该死掉，全靠我救活了他，现在他居然挟持天子来命令于我吗？"他上表推辞不受封。曹操害怕，便请求将自己的大将军一职让给袁绍。丙戌日（十月无此日），汉献帝命曹操做司空，行车骑将军的事。

曹操任命荀彧做侍中，守尚书令。曹操问荀彧有没有什么谋划的人才，荀彧举荐了他的侄子蜀郡太守荀攸和颍川人郭嘉。曹操征聘荀攸做尚书，他和荀攸交谈，备感高兴，说："荀公达，不是个寻常之人，我能够跟他一起谋划事情，天下大事还有什么可以忧愁的呢！"就让他做了军师。

刚开始，郭嘉去见袁绍，袁绍很敬重他。过了十来天，郭嘉对袁绍的谋臣辛评、郭图说："一个聪明的人会审慎细致地衡量主人，所以能够事事周全而建立功名。袁绍只是想效法周公谦虚待人，却不懂得用人的诀窍，事情虽然做得很多却掌握不住要点，爱好谋划却不擅长做决定，想要和他一同匡扶天下，完成霸王的事业是很不容易的。我将再寻主人，你们何不离去呢？"两个人说："袁家有恩于天下人，人们大多归附于他，况且现在他的势力最为强大，离开他要到哪里去呢？"郭嘉知晓他们不能醒悟，也就不再多说，于是就离开了。曹操召见了他，同他讨论天下事情，然后很高兴地说："能让我完成大业的，必定是这个人。"郭嘉一出来，也高兴地说："曹操才真正是我的主子。"曹操上表拜郭嘉做了司空祭酒。

曹操派山阳人满宠去做许昌的主官，曹操的堂弟曹洪有一位宾客在许昌的边界多次违反律法，满宠将他拘捕并加以审理，曹洪写信给满宠替他说情，满宠不听。曹洪将此事告诉曹操，曹操召见满宠，满宠心知曹操将会宽恕这位宾客，于是马上处死了他。曹操很高兴地说："做事难道不该如此吗？"

北海太守孔融，自负于自己高尚的气节，立志要平定祸乱，可是志向广大却才能疏略，所以一直没有成功。他高雅的谈吐，清明的教化，满载官府；文章清新雅致，可以玩赏而吟诵，但是将其付诸实践却很难逐一推行。他能用人然而标准不够严格，虽一时能得到人心，可时间一长，人家就不愿听命于他。他喜欢任用标奇立异的人，所以他的手下很多都是些肤浅的小才。他崇敬名儒郑玄，对他施以子孙的礼节，改换他乡里的名称“郑公乡”，当时的才俊之士左承祖、刘义逊等，都只是身在他的座席上而已，却从不和他们讨论政事，言说：“他们是人民所瞩目的人物，不能失去！”

黄巾军进犯，孔融战败，退守都昌。当时袁绍、曹操、公孙瓒首尾相连，孔融兵弱粮少，孤立于一角，不和他们相通。左承祖劝诫孔融应依附强国，孔融非但不听还杀死了他，刘义逊就弃他而去。青州刺史袁谭进攻孔融，战争从春季一直打到夏季，孔融的兵卒只剩下几百人，即使乱箭四射，孔融还是靠着几案读书，谈笑自如。城在夜里陷落，孔融连夜奔赴东山，他的妻儿被袁谭俘虏。曹操和孔融原有老交情，就召他做将作大匠。

袁谭刚到青州之时，他的领地从黄河向西，不超过平原。袁谭北边破除田楷，东边击败孔融，威望很盛；之后由于他信任一干小人，任意骄奢淫逸，他的声望又逐渐地衰弱下去。

中平以后，天下纷乱，百姓抛下农业，各处的军队纷纷起事，但都缺乏粮食，不够一年的储蓄，饿了就劫掠，饱了就丢掉剩余的，四分五裂、到处流离，所以还没遭受敌人攻击自己就已瓦解的，数都数不清。袁绍在河北，军人依靠桑葚果腹；袁术在江淮，食用蒲草和田螺，人民则大多相互吃人，乡里一片萧条败落。羽林监枣祇请求设置屯田的官吏，曹操听从了他的建议，就派枣祇做了屯田都尉，又任命骑都尉任峻做典农中郎将。招收人民在许昌种田，后来的谷物收成就有百万斛。于是各州郡也按例设置田官，所在的地方积累谷物，把仓廪都装满了。所以曹操征讨四方，不受运粮的劳苦，遂可以吞并群雄。军中、国家都非常富庶，这开始于枣祇而成功于任峻。

袁术怕吕布成为自己的祸患，于是就为他儿子向吕布的女儿求婚，吕布应允了他。袁术派出将领纪灵等率领步兵、骑兵三万人攻击刘备，刘备求救于吕布。将领们就对吕布说："将军您常想除掉刘备，现在可以借袁术之手实现。"吕布说："不行。袁术如果击破了刘备，那么他在北方就可以联合泰山所有的将领，我就会处在袁术的包围之下，所以我不得不解救刘备。"于是吕布率领步兵、骑兵一千多人，前去救援。纪灵等听说吕布到了，就暂且收兵。吕布在沛城的西南屯兵，他派出侍卫去请纪灵等，纪灵等也请吕布过去，吕布就去了，和刘备一同吃饭。吕布对纪灵等人说："玄德，是我的弟弟，受到各位的围困，所以我赶来救他。我本性不喜战斗，却好调解战斗。"于是就让军候在营门立一根戟，吕布拉弓回头对大家说："各位请看我吕布射这戟的小支，如果射中了大家就解散军队，如果不中大可以留下来一决胜负。"吕布就引弓射箭，箭正中戟的小支，纪灵等都吃惊地说："这是将军天生的神威！"第二天他们又聚在一起欢宴，然后各自罢兵。

刘备募集军队得到一万多人，吕布憎恶他，就出兵攻击刘备。刘备兵败而走，归附于曹操，曹操厚待于他，派他担任豫州牧一职。有人对曹操说："刘备胸怀英雄般的志向，如果不早点除掉他，将来必定会成为您的祸患。"曹操就问郭嘉，郭嘉说："有这种情况。可是您起义兵为百姓除暴，靠推诚心讲信用来招引天下豪俊，就这还怕人家不来；现在刘备身具英雄的声名，因为穷困前来归附而遭杀害，这是以杀害贤达而出名。如此，智士就会怀疑，因而改换心意另谋他主，那么您还和什么人一同平定天下呢？除掉一个人的祸患而丧失天下人的期望，这可是安危的关键，不能不弄清楚。"曹操笑着说道："你说对了！"于是就给刘备增加士兵，给他供应粮食，让他向东到沛郡，收集散落的士兵以图谋吕布。

最初，刘备在豫州，举荐陈郡人袁涣做茂才。袁涣被吕布所羁留，吕布要袁涣写信辱骂刘备，袁涣不答应，吕布再三勉强他，他也不听从。吕布大怒，持兵器胁迫袁涣说："写就能活命，不写就死！"袁涣面不改色，笑着回答他说："我只听说过用德可以污辱人，还不曾听过用辱骂的！如果刘备是一个君子，他将不耻将军的话；如果他是一个小人，他将回信骂将军，那么受辱的是你，却不是他。况且若我将来侍奉刘将军，就如同今天侍奉你一样，一旦有朝一日离开这里，再反过来辱骂将军，可以吗？”吕布感到羞愧而作罢。

张济率兵从关中进入荆州边界，攻打穰城，被流箭射中而死。荆州的官吏都向刘表道贺，刘表说：“张济因为穷困前来投奔，主人没有按礼相迎，导致双方交战，这并非我的初衷，我只接受吊唁，不接受庆贺。”刘表派人接收他的官兵；官兵们听到都很感动，也都为之心服。张济同族的儿子建忠将军张绣率领他的手下，屯守宛城。

起先，汉献帝离开长安之后，宣威将军贾诩就交还了印绶，去华阴投靠段煨。贾诩一向很出名，为段煨军中的人所仰望，段煨很周到地礼遇他。贾诩暗自谋划投奔张绣，有人对他说：“段煨待你不薄，你离开他要往哪里去呢？”贾诩说：“段煨生性多疑，有妒忌我的心思，待我的礼节虽然优厚，但是不会持久，将来我会为他所害。我一离去他必定欢喜，又希望我在外面结识强大的援手，肯定会厚待我的妻儿；张绣一直没有为他谋划的人，希望得到我，那么我的家庭和个人必定都能得以保全。”贾诩于是投奔张绣，张绣对他施以子孙的礼节，段煨果然厚待贾诩的家人。贾诩游说张绣归附于刘表，张绣听从了他。贾诩去见刘表，刘表用对待客人的礼节待他。贾诩说：“刘表是太平盛世的宰相之才，但是没有见过事变，怀疑多，且没有决断力，不会有什么作为！”

刘表爱护人民蓄养士人，很能够自我保护，境里没有战争，关西、兖州、豫州的学士投奔他的有上千人。刘表就设立学校，发扬经术，命前雅乐郎河南人杜夔创作雅乐。雅乐完备了，刘表就要在庭中观赏，杜夔说：“现在将军还不是天子，集合了雅乐在庭中吹奏，恐怕不可以吧！”刘表就停止了。

平原人祢衡，年少时就有学问辩才，可是任性而行，为人刚直傲慢，孔融将他推荐给曹操。祢衡辱骂曹操，曹操大怒，对孔融说：“祢衡这小子，我若杀他，就如同杀麻雀、老鼠罢了！可是这个人还有点虚名，一旦我杀了他，远近的人将觉得我没有容人之量。”于是曹操就将祢衡送给刘表，刘表用礼节延请他，把他奉作上宾，祢衡对刘表赞不绝口，可是喜欢讥评贬抑刘表亲近的人，那些人因此毁谤祢衡说：“祢衡称赞将军的仁德，文王也不能超过，还说您只是不善决断，您将来终不能成大业，必定是出于这个原因。”这些话实则是说刘表的缺点，但并不是祢衡的话。刘表因此恼怒，他认为江夏太守黄祖生性急躁，就将祢衡送给黄祖，黄祖也善待祢衡。后来祢衡当众羞辱黄祖，黄祖将他杀死了。

二年（丁丑，公元197年）

春季，正月，曹操进攻张绣，在清水驻扎军队，张绣率领手下投降曹操。曹操收纳了张济的妻子，张绣对他怀恨于心；曹操又给张绣骁勇的将领胡车儿金钱，张绣听到这个消息之后又疑惑，又恐惧，就偷袭曹操的军队，还杀死曹操的长子曹昂。曹操也中了流箭，兵败逃跑。校尉典韦同张绣死命作战，左右的人都快死光了，典韦身负几十处伤痕。张绣的士兵上前攻打他，典韦两个膀子挟着两个人，将他们打死，自己睁大眼睛大骂而死。曹操收集散失的兵卒，回驻到舞阴，张绣领兵随后追来，曹操击败了他，张绣败走穰城，又与刘表联合。

此时，曹操的各军大乱，平虏校尉泰山人于禁独自率领整齐的军队返回，路上碰到青州的士兵抢掠百姓，于禁数落他们的罪状并攻击他们；青州的士兵逃跑，拜见曹操。于禁到了之后，先建造营垒，并不立刻拜见曹操。有人告诉于禁：“青州兵已在曹操面前控诉你，你应该马上去找曹公辩白。”于禁说：“现在贼人就在身后，随时随地可以追来，如果不事先做好准备，如何防御敌人，再说曹公为人聪明，毁谤又怎会行得通！”他慢慢挖好了壕沟，安扎好营寨，才进帐谒见曹公，详细地描述当时情形。曹操高兴地对于禁说：“清水的灾祸，我现在还感到狼狈，将军能在混乱之中保持完整，讨伐暴戾、坚固营垒，有不可变更的节操，即使是古代的名将，又如何能超越你！”于是记录于禁前前后后的功勋，封他做益寿亭侯。曹操率军回到许昌。

袁绍在写给曹操的信中，言辞傲慢。曹操对荀彧、郭嘉说：“现在将要讨伐袁绍的不义，然而力量无法与他匹敌，这该如何是好呢？”荀彧、郭嘉回答说：“刘、项势力不能相敌，这是您知道的。汉高祖只因为智力胜过项羽，所以即使项羽势力强大，最终还是被汉高祖所擒服。如今袁绍有十个可败的因素，你有十个可胜的因素，所以袁绍纵然强大，不能有所作为。袁绍讲究繁文缛节；然而您听任自然，这是道术胜他。袁绍以叛逆而动；而您承奉天子来统领天下，这是节义胜他。自打桓、灵以来，政治失于过宽，袁绍以宽救宽，所以散漫不整；而您用猛厉来纠正，使得上下明晓节制，这是政治胜他。袁绍表面宽大而内心妒忌，用人而又怀疑，他所起用的只是亲戚子弟；而您外在简易却内心机明，用人不疑，只看才能适不适合，而不管关系的亲疏远近，这是度量胜他。袁绍多计谋少决断，不能把握时机；您得到计谋就能施行，应变无穷，这是谋划胜他。袁绍推崇议论，以礼待人来钓取名誉，喜欢浮言却无真才实学的士人多归附他；然而您诚心待人，不做虚浮假事，忠正有远见而有真才实学的士人，都愿意为您驱遣，这是德行胜他。袁绍看到人饥寒交迫，就体恤他，表现在颜色上，他见不到的，就无法考虑到；而您对当前的小事，时有忽略不计较，至于大事，就和四海相连，恩泽广布，远远超过了他们的期望，即使是那些看不到的事情，考虑没有不周到的，这是仁心胜他。袁绍的大臣争权夺利，进献谗言；而您用道控御属下，毁谤也不能行得通，这是清明胜他。袁绍不辨是非；而您对于对的就按礼节加以任用，不对的就按律法加以制裁，这是文才胜他。袁绍好虚张声势，不晓得用兵之道；而您以少胜多，用兵如神，军人仰仗您，敌人惧怕您，这是武略胜他。”曹操笑着说：“如你所说，我如何担待得起！”郭嘉又说：“袁绍正在北方进攻公孙瓒，大可以趁他远征之时，向东攻取吕布；如果袁绍进犯，吕布做他的后援，就是很大的灾祸了。”荀彧又说：“如果不先取吕布，河北就不易谋得。”曹操说：“是的，我所困惑的，是忧虑袁绍侵扰关中；西边羌人、胡人作乱；南方诱使蜀汉入侵，这样我要单独用兖、豫两州来对抗天下六分之五的势力，这可怎么应付呢？”荀彧说：“关中的将领差不多有十个，却不能互相统属，只有韩遂、马腾最强，他们看到山东正遇争战，必定个个拥兵自保，现在如果用恩德安抚他们，派使者同他们联合，虽然不能得长久安宁，但在您安定山东之前，是不会有什么变动的。侍中、尚书仆射钟繇有谋略，如果将西边的事务交托与他，您就可以高枕无忧了。”曹操就上表拜钟繇为侍中守司隶校尉，秉持旄节督导关中各路兵马。并特别要他行事不必拘于常法。钟繇到了长安，写信给马腾、韩遂等人，向他们陈述祸福。马腾、韩遂各派遣自己的儿子前去侍奉天子。

袁术在寿春称帝，自立国号为“仲家”，任命九江太守做河南尹。设立公卿百官，对天地行郊祀礼。沛相陈珪，是陈球的侄儿，儿时和袁术交往；袁术就写信召陈珪，并劫持了他的儿子做人质，希望陈珪屈服。陈珪回信说：“曹将军正在兴复典刑，将会惩治凶恶，我原以为你会和曹将军同心协力，匡扶汉室，想不到你现在竟然图谋不轨，自找灾祸上门，还想要我营私服从于你，这是我宁愿死也不能做的。”袁术又想任用前兖州刺史金尚做太尉，金尚不答应而逃走，被袁术捉到将他杀死了。

三月，汉献帝下达诏令将作大匠孔融秉持旄节拜袁绍做大将军，兼督导冀、青、幽、并四州。

夏季，五月，有蝗灾。

袁术派出使者韩胤将称帝一事告诉吕布，因而要求迎娶媳妇，吕布就命女儿随韩胤而去。陈珪深恐徐、扬合纵，遗患无穷，就去游说吕布：“曹操奉迎天子，辅佐朝政，将军应该和他一起谋划，共商大计。而现在您却和袁术结为姻亲，必定会得到不义之名，将会有极大的危险！”吕布也怨恨袁术当初没能容纳自己，而女儿已经在路上，吕布就将她追回并断绝了姻亲，还将韩胤囚禁起来送往许昌斩首示众。

陈珪要派他的儿子陈登去拜见曹操，吕布坚决不许，正碰上献帝下诏派吕布做左将军，曹操又亲自写信，派人送于吕布，对他深加勉慰接纳。吕布大为高兴，于是就派陈登奉奏章前去谢恩，并答复曹操的书信。陈登拜见曹操，述说吕布为人有勇无谋，和人离合无常，应当及早图谋。曹操说："吕布是狼子野心，当真难长久蓄养，如果没有你的话就无法了解真伪！"曹操就增加陈珪禄位到中二千石，拜陈登做了广陵太守。临别之时，曹操拉着陈登的手说："东面的事情，就交托给你了。"并命令他暗中集合部属作为内应。

起先，吕布凭借陈登向曹操要求徐州牧而没有达到目的，陈登回来以后，吕布发怒，拔戟砍斫几案说："你的父亲劝说我协助曹操，与袁术断绝婚姻；此刻我所要求的都还没有获得，而你们父子皆已富贵显达，我只不过被你们出卖罢了！"陈登丝毫不畏惧，脸色也没变，慢慢地回答吕布说："我拜见曹操之时说：'养将军就如同养虎，理当拿肉来喂饱它，不喂饱它就会咬人。'曹公说：'不像你说的那样。养将军就好比养老鹰，饥饿时就为我们役使，饱了就飞走了。'他是这样说的。"吕布的怒意这才消减。

袁术派出他的大将张勋、桥蕤等和韩暹、杨奉联合，步兵、骑兵几万人趋向下邳，七路攻击吕布。当时吕布仅有三千士兵、四百匹马，害怕一己之力无法抵御，就对陈珪说："现在招来袁术的军队，都跟你有莫大的关系，怎么办呢？"陈珪说："韩暹、杨奉和袁术，只不过是仓促联合的军队罢了！平常并无决定发兵的计策，他们之间是无法互相维系的，我的儿子陈登正计划此事，将他们比作一群公鸡，一定不会一块待在鸡窝里，很快就能让他们分崩离析。"吕布采纳陈珪的计谋，给韩暹、杨奉写信说："两位将军亲自护驾，而我亲手杀掉了董卓，我们都树立了功名，而今怎么能够与袁术一块做起盗贼呢？倒不如我们同心协力击败袁术，为国家除害。"而且允诺事后将袁术的军队和粮食一起给他们。韩暹、杨奉十分高兴，转而听从吕布。吕布进军，距离张勋的军营还有百步之时，韩暹、杨奉的士兵同时叫喊，一起攻进张勋的军营，张勋等人四散逃跑，吕布的士兵在后面追击，斩杀他的十个将领，其余的人几乎全被杀伤落入水中淹死了。吕布与韩暹、杨奉联合军队向寿春推进，水、陆并进，到达钟离，他们所经之处到处掠夺，回军淮北，留下辱骂袁术的书信。袁术带领步兵、骑兵五千来到淮上，吕布的骑兵全部都在淮水的北面，大声地嘲笑一番才回去。

泰山贼人的首领臧霸在莒县袭击琅邪相萧建，将他打败了。臧霸缴获了萧建的财物，答应送给吕布，可是并没有送，吕布前去索要这些财物。吕布的督将高顺阻止他说："将军的威名显扬，远处和近处的人都害怕您，您要什么没有，而非要亲自去索求财物！如果目的没有达到，难道不会损害到您的威名？"吕布没有听从他的劝阻。到了莒县之后，臧霸等人不知道吕布的用意，坚强地防御，吕布无获而还。

高顺做人清明而有威严，讲话很少，他带领的七百多名士兵，号令整齐，逢战必胜，称为"陷陈营"。后来吕布疏远了高顺，因为与魏续有亲戚的关系，就夺了高顺的军队给魏续，待到作战之时，任命高顺来带领，高顺也始终没有对他怀恨在心。吕布生性多变，他的所作所为没有一定标准，高顺时常劝告他说："将军的举动，不愿详加思考，得失无常，动不动就会犯错，而错误哪能一犯再犯呢？"吕布虽然知晓他的忠贞但是也没有听从他的建言。

曹操派出议郎王誧拿诏书将孙策封作骑都尉，承袭其父亲乌程侯的爵位，领会稽太守，下令让他和吕布以及吴郡太守陈瑀一起征讨袁术。孙策要想得到将军的名号来抬高自己的声誉，王誧就秉承天子的制命授予孙策明汉将军之职。

孙策治理行装，抵达钱塘。陈瑀私底下图谋袭击孙策，悄悄地联合祖郎、严白虎等人，要他们作为内应。孙策发觉了此事，就派出他的将领吕范、徐逸在海西进攻陈瑀；陈瑀被击败，单枪匹马前去投奔袁绍。

起先，陈王刘宠有勇，善于射箭。黄巾军作乱，刘宠管理军务防守自己的土地，国人害怕他，不敢逃离背叛。陈国相会稽人骆俊对人一直都是恩威并施，此时王侯不仅失掉了地租的收入，还时常受到掠夺，有的人两天才能吃到一天的食粮，辗转死在沟壑之中，而陈国独独富强，邻郡的人都来依附，有十多万人民。待到各州郡起兵做事，刘宠带领士兵屯守阳夏，自称辅汉大将军。袁术向陈国要粮食，骆俊拒绝了他，袁术十分恼恨，就派人用计杀死了骆俊和刘宠，陈国自此衰落下去。

秋季，九月，司空曹操向东讨伐袁术。袁术听闻曹操来了，弃军而逃，留下他的将领桥蕤等在蕲阳抵抗曹操；曹操击败了桥蕤等人，并将他们全部杀掉。袁术渡过淮水，当时天旱年岁饥荒，人民饥寒交迫，从此袁术就衰弱下去了。

曹操征辟了陈国人何夔作为属掾，并问他袁术怎么样，何夔回答说："上天所助之人顺利，人民所助之人信实。袁术毫无信实、顺利的本事，却希冀天人的帮助，这怎么可能呢？"曹操说："治理国家一旦失掉贤人就会灭亡，袁术不能任用你，他遭受到灭亡的下场不是很应该吗？"曹操生性严厉，属官常常因为公事受到责打；何夔时常随身携带一包毒药，发誓宁死也不要受到侮辱，因而侮辱始终没有降临他的身上。

沛国人许褚，勇敢过人，聚集了少年和宗族几千人固守壁垒防御外寇，淮、汝、陈、梁间的人都害怕他。曹操讨伐淮、汝之时，许褚带领他的军队投靠曹操，曹操说："这是我的樊哙！"当天就封他做了都尉，引入军营，值守宿卫，所有跟随许褚的侠客，都被用作了虎贲之士。

先前的太尉杨彪和袁术有婚姻的关系，曹操憎恶他，就诬害他说他想废掉天子，上奏请求将他逮捕入狱，治他大逆不道之罪。将作大匠孔融听说之后，没来得及穿朝服，就去见曹操说："杨公身兼四代的清明大德，是全国人民所仰望的。《周书》说，父子兄弟，有罪都不相连及，更何况现在将袁氏的罪归到杨公身上呢？”曹操说：“这是皇帝的意思。”孔融说：“假若成王杀召公，周公能说不知道吗？”曹操任命许昌令满宠审理杨彪的案子，孔融和尚书令荀彧都托付满宠说：“只要录口供，不要拷打。”满宠没有问一句话，依照法令对杨彪加以拷打，几天过后满宠求见曹操，对曹操说：“杨彪经过拷打，仍然没有说什么话，这个人在世间很有名气，假如犯了罪不给他弄清楚，必定会违背大夫、人民的愿望，我很替你可惜。”曹操当天就放出了杨彪。起先，荀彧、孔融听到满宠拷打质问杨彪，都非常愤怒；等到知道因此关系杨彪才能出狱，就更加善待满宠了。杨彪见到汉室衰微，政令完全被曹家所掌控，于是假装称自己的脚筋肉萎缩，连续十几年不能行走，因而得以幸免。

马日磾的灵柩抵达京师，朝廷内外议论纷纷，要想增加礼节来吊祭他，孔融说：“马日磾以上公的尊位，秉持旄节的使臣，居然委屈地谄媚奸臣，为奸臣所牵连，王室的大臣，怎么能够拿受到胁迫当作借口呢？圣上怜悯旧臣，不忍心追查此事，可是也不应该提到再增加礼节。”朝廷采纳了。金尚的灵柩到达京师，诏令百官吊祭，册封他的儿子金玮做郎中。

冬季，十一月，曹操又攻击张绣，攻下了湖阳，俘获了刘表的将领邓济；随后又攻打舞阴，也被他攻下了。

韩暹、杨奉在下邳，常常侵扰抢掠徐、扬一带，军士饥饿，辞离吕布，想到荆州去，吕布不听从。杨奉知晓刘备和吕布有旧仇，私下暗通刘备，想要和他一起攻击吕布，刘备假装答应了他。杨奉就带领军队到达沛县，刘备请杨奉进城，饭还没吃到一半，就在座上将杨奉捆起来，斩杀了他。韩暹丧失了杨奉，势力单薄，于是就带领十几个骑兵归奔并州，结果被杼秋令张宣杀害。胡才、李乐留守在河东，胡才被仇家杀死，李乐因病而死。郭汜被他的将领伍习杀死。

颍川人杜袭、赵俨、繁钦到荆州躲避战乱，刘表都以宾客之礼对待他们。繁钦多次受到刘表的赞赏，杜袭告诉他说：“我所以和你一起来到这里，只是想保全性命以等待时机罢了，而不是认为刘表是能够平乱治祸的人物劝你来投奔他的。你如果无穷无尽地展现自己的才能，那么你就不属于我们这一类的人，我就断绝和你的关系。”繁钦慨然地说：“敬受你的教命！”等到曹操迎接汉献帝立许昌为首都，赵俨对繁钦说：“曹镇东必能大救华夏，我们知道归身的地方了。”于是就回来拜见曹操，曹操任命赵俨担任朗陵县长。

阳安都尉江夏人李通妻子的伯父犯了法，赵俨将他逮捕审问，判他死刑。当时杀生的大权掌握在州牧郡守手里，李通的妻儿向李通哭诉，李通说：“我正在与曹公一起尽力为国效力，不能够因为私事荒废公事！”夸赞赵俨执法的公正无私，于是和他成了亲密的朋友。

三年（戊寅，公元198年）

春季，正月，曹操回到了许昌。到了三月，曹操准备再次举兵攻打张绣。荀攸觐见曹操说：“由于张绣和刘表互相依靠，所以他们表面上看起来很强大；但是张绣用游散的军队为刘表提供粮食，而刘表不能供应粮食给张绣，最后他们一定会分离的。不如我军暂且不进攻张绣以静观其变，那么最后我们就可以引诱并俘获他；如果现在迫切地攻打张绣，那么在情势上他们一定会互相救援。”但是曹操没有采纳荀攸的意见，最终曹军在穰城围住了张绣。

夏季，四月，天子派使者仆射裴茂诏令戍守关中地区的包括段煨在内的所有将领讨伐李傕，并灭杀了他三族。天子又令段煨做安南将军，并封他为闅乡侯。

起先，袁绍每次得到天子的诏书，都会担心诏书对自己不利，因此，袁绍想将天子居住的都城迁到靠近自己的地方，于是他就派人游说曹操：“我们认为许昌地势低洼，空气潮湿，而洛阳城很残破，所以应该将国都迁到鄄城以确保国家安全稳固。”但是曹操拒绝了袁绍的游说。田丰又向袁绍进言说：“既然迁移国都的计划行不通，那么主公您就应该及早图谋许昌，以许昌之地作为国都来奉迎天子，这样一来您就可以依靠天子的诏书号令全国，这是上策啊。否则我们最终都会被别人擒获，等到那个时候即使再懊悔也来不及了。”袁绍没有听从田丰的意见。

恰好袁绍逃亡的士兵拜见曹操，士兵就对曹操说了田丰劝袁绍偷袭许昌的事，于是曹操撤回了围困穰城的兵力准备返回许昌。这时张绣看到曹操的军队突然撤退，就率领着士兵追赶曹操。到了五月，刘表派军队去救援张绣，并让他们驻守在安众，以守住险要的地区来断绝曹军的归路。曹操写了一封信给荀彧，告诉他说：“我到达安众后，就一定要击破张绣。”不久，曹军到达了安众，但是曹操的军队却腹背受敌，于是曹操就在夜里加紧挖掘险道假装逃走以迷惑刘表、张绣，刘表、张绣率领所有的军队来追赶假装逃跑的曹操，于是曹操出动步兵、骑兵来夹攻他们，最后取得了胜利。后来，荀彧问曹操：“主公您事前预计贼人一定会被击破，是什么原因？”曹操说：“敌人阻止我们的军队回师，想置我于死地，所以我知道一定能够取得胜利。”

张绣准备追赶曹操之时，贾诩阻止他说：“您不能追赶曹军，追赶曹军的话我军最后一定会吃败仗的。”但是张绣没有听从贾诩的建议，执意举兵和曹军交战，最后被曹操打得大败而归。贾诩登上城楼对张绣说：“请您赶快带兵再去追赶曹操，再与曹军交战，我们一定能够取得胜利。”张绣向贾诩谢罪说：“我没有听你的话，以致落到了这种地步，我现在已经被曹操打败了，为什么又要去追赶曹操呢？”贾诩说：“兵事无常而多变化，赶快带兵追赶吧！”张绣一向听从贾诩的话，因此他赶紧收集散失的士兵再次追击曹操，再次和曹操交战，最后果然取得了胜利。张绣回来后问贾诩：“我以前率领精兵追赶撤退的曹军，而你说我一定会吃败仗；那么现在我以败兵打击胜兵，而你说我一定会取胜，结果和你说的完全一样，是什么原因呢？”贾诩回答说：“这很容易理解的，将军虽然善于用兵，但还不是曹操的对手。曹操的军队刚刚撤退，他一定会自己断后，所以我知道你一定会被曹操打败。曹操攻打你时，并没有失算的地方，然而曹操的军力没有完全耗尽就突然退兵，一定是国内有了变化的缘故。曹操已经打败了将军，他必定会率领军队快速前进，曹操留下了所有的将领断后，虽然他的将领们很勇敢，但都不是将军你的对手，所以你虽然用败兵去追赶也一定能够胜利。”张绣很佩服贾诩。

吕布又和袁术交好，并派他的中郎将高顺和北地太守雁门人张辽一起攻打刘备；曹操派将军夏侯惇来救援刘备，最后夏侯惇被高顺等人击败。秋季，九月，高顺等人攻破了沛城，并俘获了刘备的妻子和儿子，最后刘备一个人逃走了。

曹操想亲自领兵攻打吕布，将领们都劝曹操说：“刘表、张绣在后面，而您到离我营很远的地方攻击吕布，一定会非常危险的。”然而荀攸对曹操说：“刘表、张绣刚刚被打败，他们一定不敢轻举妄动，而吕布很骁勇，他又依靠袁术，如果他在淮、泗之间纵横，豪杰们必定会响应他，现在趁他刚刚反叛，人们对他的心意还没有齐一，我们现在去攻打他的话一定可以打败他。”曹操听了荀攸的话以后笑着说：“好！”等到曹军出发去攻打吕布之时，泰山的首领臧霸、孙观、吴敦、尹礼、昌豨等都已经归附了吕布。不久，曹操和刘备的军队在梁地相遇，两军一起进兵到了彭城。此时，面对来势汹汹的曹、刘两军，陈宫对吕布说：“我们应该迎击曹操，以逸待劳，一定会取胜的！”吕布说：“我们不如等着他来，这样的话就可以在泗水中逼攻他。”冬季，十月，曹操屠杀了彭城内所有的士民。广陵太守陈登率领郡中的士兵为曹操做前驱，他们进兵到了下邳，吕布率领军队多次和曹军交战，都被曹军打得大败，最后吕布只能带着剩下的士兵返回驻地以保护城池，不敢再出战。

曹操派人给吕布送了一封信，为他陈述了叛逆天子的利害；吕布看完信后非常恐惧，想要投降曹操。陈宫对吕布说：“曹操率大军长途跋涉而来，一定不能坚持很久。如果将军率领步兵、骑兵驻守在城外；而我率领其余的人关闭城门在城内防守。如果曹操攻向将军，我就率领士兵攻击他的背后；如果曹军只是攻城，那么将军在城外救援我。过不了一个月，等到曹操军中的粮食用尽了，我们再去攻打他，就可以将他打败了。”吕布赞同他的说法，并让陈宫和高顺守城，自己带领骑兵去截断曹操的粮道。吕布的妻子对吕布说：“陈宫、高顺两人向来不和，将军一旦出城，陈宫、高顺一定不会同心守城的，如果城内有意外发生，那么将军该如何自处呢？再说曹公对待陈宫就像对待赤子一样，最后陈宫仍然舍弃了曹操而归附了我们。现在将军对陈宫的厚待并没有超过当初曹操对他的厚待，将军这样轻易地就把全城委托给他，并抛弃了妻子和儿子孤军远出，如果突然之间城内发生了变化，我还能够像现在这样做将军的妻子吗？”于是吕布就停止了孤军远行，并暗地派他的下属许汜、王楷向袁术求救。袁术说：“吕布不把他的女儿送给我，按理说他应该被打败，为什么现在他又来求我呢？”许汜、王楷说：“如果现在你不去救吕布，那么最后就会造成自己的失败；一旦吕布被曹操击破，唇亡齿寒，你很快也会被击破的。”于是袁术迅速整顿军队，为吕布做声援。吕布害怕袁术会因为自己当初没有送女儿给他不派兵援助自己，现在就用棉被缠在自己女儿身上，并捆在马背上，夜里亲自送女儿出城，路上和曹操的守兵相遇，两军互相攻击，最后因为箭太多没有办法过去，于是吕布又回到了城中。

河内太守张杨一向与吕布交好，张杨想率兵营救吕布，但是没有能力，于是张杨只能出兵东市，为吕布做声援。十一月，张杨的将领杨丑杀掉张杨来归附曹操，不久，张杨的别将眭固又杀掉了杨丑，并率领他的部下向北与袁绍会合。张杨是一个性情仁慈并待人宽厚的人，一向没有威严，他的下属谋反被他发觉后，他只是对他们哭泣，并不加责问，所以最后遭到了杀身之祸。

曹操令士兵挖掘深沟以围攻下邳，时间一久，士兵们都感觉很疲惫，于是曹操想撤回军队。荀攸、郭嘉对曹操说：“吕布有勇气而没有谋略，现在他多次与我军交战都了吃败仗，所以他的锐气已经衰弱了。又因为三军以统帅为主，统帅都已经衰弱了，那么军队就没有振奋的意志了，虽然陈宫有智谋，但是他的性情很迟疑，现在我们应该趁着吕布的锐气尚未恢复而陈宫的计谋尚未决定之前，赶紧攻打他们，吕布就可以被打败了。”于是曹军就引沂水、泗水灌城，一个多月之后，吕布更加窘困了，他只能登上城楼对城下的曹军说：“请你们不要围困我了，我要向明公投降。”然而陈宫气愤地对吕布说：“逆贼曹操，他算什么明公！今天你向他投降，就是以卵击石，怎么能够保全自己呢？”

吕布的将领侯成丢失了他的名马，不久后又找到了，于是将领们送来礼物向他祝贺，酒宴上，侯成从面前拿出一份酒肉先献给吕布。吕布愤怒地说：“我下令禁止百姓酿酒而你们却违反，你们想要用酒来谋害我吗？”侯成听完后又愤怒又恐惧。十二月癸酉日（二十四日），侯成和宋宪、魏续等将领们一起捉住了陈宫、高顺两人，并率领他们的部下投降了曹操。吕布和他的部下一起登上白门楼。由于曹操的军队围攻得很紧，所以吕布就命令身边的人取下他的首级去见曹操，他身边的人不忍心杀害他，于是吕布就下楼投降了曹操。

吕布见到曹操后说：“从今天以后，天下将会安定了。”曹操问：“你这话怎样讲？”吕布说：“你所担心的不过是我吕布罢了，而现在我已经归附了你。如果你让我率领骑兵，你率领步兵，那么天下很快就会平定的。”吕布又回头对刘备说：“玄德，你是座上的客人，而我只是阶下的俘虏，绳子紧紧地捆着我，难道你就不为我说一句话吗？”曹操笑笑说：“用绳子捆绑老虎不得不紧啊。”然后就命令人放松吕布的绳索。刘备对曹操说：“不能放松绳子，你不知道以前吕布侍奉丁建阳、董太师的事吗？”曹操微微点头。于是吕布瞪着刘备说：“你就是个大耳儿，最不能让人信赖了！”

曹操对陈宫说：“公台您平生自认为智谋过人，现在的情况你怎么看呢？”陈宫指着吕布说：“是他不听我的话，以至于落到了这种地步。如果当初他听从我的话，现在也未必能被你擒住。”曹操对陈宫说："现在你怎样安顿你的老母亲呢？"陈宫说："我听闻以孝道治理天下的人不会加害别人的双亲，我的老母亲现在能不能活命，完全在于你，而不在于我。"曹操说："那你又怎样安排你的妻子和儿子呢？"陈宫说："我听闻用仁政治理天下的人，是不会断绝别人的后代的，我的妻子和儿子是否能活命，也在于你，而不在于我。"曹操没有再问他。陈宫对曹操说自己甘愿接受刑戮的惩罚，于是他头也不回地走了出去，曹操为他流下了眼泪，最后陈宫和吕布、高顺一起被绞死了，曹操把他们的首级送到了许昌。最后曹操召来陈宫的母亲并赡养她终生，又嫁掉了陈宫的女儿，抚养了他的全家，一切待遇都比当初陈宫跟随曹操之时还优厚。

前尚书令陈纪和他的儿子陈群都在吕布的军中，吕布归附曹操以后，曹操都以礼节来任用他们。张辽率领他的部下投降曹操后，曹操任他为中郎将。臧霸逃走以后躲了起来，曹操通过悬赏的方式找到了他，并让臧霸招来了吴敦、尹礼、孙观等人，最后他们都归降了曹操。曹操就将琅邪、东海分成了城阳、利城、昌虑郡三个地方，并派臧霸等人做这三个地方的郡守、郡相。

当初，曹操在兖州之时，令徐翕、毛晖做兖州的将领。后来兖州发生了战乱，徐翕、毛晖都叛变了。兖州平定以后，徐翕、毛晖逃跑并投靠了臧霸。曹操告诉刘备让臧霸将徐翕、毛晖两个人的首级送来，臧霸却对刘备说："我之所以能够自立，就是因为不做这样的事情。因为我蒙受着主公让我活命的恩德，所以不敢违抗主公的命令；可是能够称王称霸的君主，我们可以和他讲道义，希望将军能为我们说几句话。"刘备把臧霸的话告诉了曹操，曹操叹息着对臧霸说："这些都是古人的事情，而你却能够身体力行，这是我希望的啊。"于是曹操就派徐翕、毛晖做了郡守。陈登因为立了功，曹操加封他为伏波将军。

刘表和袁绍结交很深，而治中邓羲劝刘表不要和袁绍有太深结交，刘表说："我在内向天子纳贡，在外不背弃盟主，这是天下的通义，唯有治中你奇怪什么呢？”于是邓羲就称病退下了。

长沙太守张羡，性情倔强，因此刘表并不礼待他。郡中人桓阶游说张羡让他凭借着长沙、零陵、桂阳三郡来抗拒刘表，并让张羡派人拜见曹操，向曹操表示归附，张羡采纳了他的意见。

孙策派他的正议校尉张纮向天子进献地区的土特产，曹操想把孙策收归己用，于是就上表让孙策做讨虏将军的官职，并封他做了吴侯；曹操又把自己的侄女许配给了孙策的弟弟孙匡，又让儿子曹彰娶了孙贲的女儿；他又用礼节召来了孙策的弟弟孙权和孙翊两人，并派张纮做了侍御史。

袁术派周瑜做居巢的县长，又派临淮人鲁肃做东城的县长。周瑜、鲁肃知道袁术最后一定不会成功，于是两人都抛弃了官职并归附了孙策，孙策让周瑜做建威中郎将。鲁肃定居在了曲阿。

曹操给天子上表想召王朗归附自己，于是孙策就把王朗送来了。最后曹操派王朗做了谏议大夫，并让他参与司空的军事。

袁术让使者把印绶带给丹阳的首领祖郎等人，并令他们鼓动山越地区的民众，一起攻击孙策。起先，刘繇逃到豫章之时，太史慈正躲藏在芜湖的山中，而太史慈称自己是丹阳太守。孙策平定宣城以东的地方之后，只有泾水以西的六个县没有归附，因此太史慈就驻守在了泾县，山越地区的民众大多依附于他。于是孙策就亲自率领军队到陵阳讨伐祖郎，最后俘获了他。孙策对祖郎说：“你曾经偷袭我，并砍掉了我的马鞍；而现在我创建了军队准备兴立大业，我现在抛弃旧恨，只是想寻求能为我所用的人，不仅是对你这样，对天下的人都是如此。请你不要害怕。”听完孙策的话，祖郎赶紧向孙策叩头谢罪，于是孙策就为他除去了身上的械具，并让他做门下管理贼人的官吏。不久，孙策又到勇里讨伐太史慈，也俘虏了他。孙策除去了束缚太史慈的绳索，并抓住他的手说：“你还记得我们在神亭时的事情吗？如果当时你捉到我会怎么样呢？”太史慈说：“这样的事情是没有办法预测到的。”孙策大笑着说：“今天所有的事情，我应当和你共同承担，我听闻你很有节义，是天下人都敬佩的有智谋的人，而现在落到这个地步，只是因为没有依靠适当的人罢了。我是你的知己啊，你不要担心会不称心。”于是就让他做了门下的督军。孙策率军队回去之时，祖郎、太史慈都做了军队的前导，军内的士兵都以他们两人为荣。

这时恰逢刘繇在豫章去世，留下部下一万多人，于是这些人想奉豫章太守华歆做他们的领导人；华歆认为“趁时机专擅命令，这不是人臣应该做的”，这一万多人守了他几个月，他最终辞谢了他们并将他们遣走了，因此这一万多人就没有了可依附的人。孙策知道后就令太史慈去安抚他们，孙策对太史慈说：“刘繇曾经责备我替袁氏攻打庐江，由于那时我父亲有几千个士兵全部在袁术那里，而我的目的在于创造一番事业，怎么能不违背心意地依附袁术而向他有所求呢？后来他不遵照作为臣子的节义，僭称帝号，我曾劝谏他，但是他没有听从我的劝谏。大丈夫因为道义而相互结交，如果有了大的变故，那么就不得不分离。我结交袁术以及后来的和他断绝，前后情形就是这样的啊，只可惜我没来得及在刘繇活着之时和他一起论辩。我知道他的儿子现在在豫章，你替我去探望他吧，你到了豫章以后，一定要向刘繇的部下传达我的意思，如果他的部下有愿意来我这里的，你就带他们一起来；对于不愿意来的人你就安抚他们吧。办完这件事以后你再看看华子鱼统领下属的方略怎么样。去豫章你需要带多少士兵，都按你的意思办。”太史慈说：“我犯了不可赦免的罪，而将军您和齐桓、晋文一样宽宏大量，我一定会以死报答您的大德，现在各地没有发生战事，兵不宜多带，只需让我带去几十个人就够了。”孙策身边的人都说：“太史慈到达北方后一定不会回来了。”孙策说：“子义已经抛弃了我，现在我还能依靠什么人呢？”孙策与太史慈在昌门饯别，孙策抓住太史慈的手腕说：“你什么时候能够回来呢？”太史慈回答说：“不超过六十天我就回来了。”太史慈走了以后，纷纷议论的人还在说派太史慈去不是一个恰当的安排。孙策说：“诸位不要再多说了，这件事情是我经过详细考虑之后决定的。太史子义虽然有胆识，但他并不是一个善于言辞诡辩的人，他在心里秉持着道义，严守承诺，一旦他把心意许给知己，即使死了也绝不会背叛我的，诸位不要再担心了！”太史慈果然按照期限回来了，他对孙策说：“华子鱼是一个品德高尚的人，可是他没有特别的方略规划，看来只能够自守啊。丹阳人僮芝在庐陵擅权执事，于是番阳人民的领袖另外建立了宗部，他们对华子鱼说：‘我已经在海昏的上缭另外设立了郡县，不会接受你的召命了。’华子鱼也只是看着他们罢了。”听完后孙策鼓掌大笑，于是有了吞并他的意向。

袁绍连年攻打公孙瓒，但是都无法打败他，于是就写信给公孙瓒，想和他摈弃前嫌而相互交好；公孙瓒没有回答，而是更加修缮守备，公孙瓒对长史太原人关靖说：“如今四方都有战争发生，没有人可以在我的城下和我相守多年，这一点我是很清楚的。袁绍又能奈我何！”于是袁绍就发动了很多的兵力来进攻公孙瓒。此前，公孙瓒曾有一个将领被敌人围困，但是公孙瓒没有去救援，他说：“如果我们去救一个人，那么会使后来的人依靠救援，不肯努力作战了。”等到袁绍来攻打了，那个将领没有办法守住公孙瓒南方边界其他的军营，他又知道公孙瓒一定不会来救援，所以有的士兵投降而有的却溃败而逃了。袁绍的军队一直攻打到易京的城门外，公孙瓒派他的儿子公孙续向黑山的首领们求救，而他自己带领能够突击敌阵的骑兵，和他们一起出城依靠西山，最后公孙续率领黑山的众徒攻下了冀州，截断了袁绍的后路。关靖劝阻公孙瓒说：“现在将军您的将士没有一个不是怀着失败的心情，所以还是能够守卫的，只是因为他们眷恋故乡的老少而投靠将军，并甘愿让将军领导罢了。如果能够坚守一段时间的话，或许我们还可以让袁绍退兵；如果袁绍抛弃易京而出去，那么以后就没有重镇可以防守了，想让易京失陷，就很容易了。”公孙瓒于是停止了进兵。袁绍的军队渐渐地逼近，而公孙瓒的士兵却一天天地减少。

资治通鉴卷第六十三　汉纪五十五

起己卯（公元199年），止庚辰（公元200年），共二年。

【题解】本卷记录了汉献帝刘协建安四年至建安五年间的历史。袁绍、曹操官渡大战，基本结束北方的混乱局面，曹操统一北方。刘备第二次得到徐州，不久无奈丢失，淮南袁术被灭，孙策平定江东。孙策被杀，年幼的孙权临危受命继承父兄之业，选贤用能，果断平叛，掌握大权。刘表趁曹操无暇南顾之机，清除亲曹异端，攻杀长沙太守张羡，巩固统治。西部关中情势稳定，汉中张鲁脱离益州刘璋控制割据一方。

孝献皇帝戊

建安四年（己卯，公元199年）

春季，黑山军的首领张燕和公孙续统率十万军队，兵分三路来救援公孙瓒。他们还没有到达的时候，公孙瓒秘密地派人带书信给公孙续，让他率领五千精锐的骑兵埋伏在北方地势低下潮湿的地方，并以起火作为暗号，公孙瓒想从城内带着兵出城攻打。袁绍的斥候得到这封书信以后，就严格遵照约定的限期起火了。于是公孙瓒以为救兵到了，马上率领士兵出城作战。袁绍埋下伏兵攻击公孙瓒，结果公孙瓒大败，只能回城防守。袁绍又令人挖掘地道，一直挖到楼下，用木头做支撑，估计已经挖到了城楼的一半，于是袁绍就放火燃烧木柱，楼因而倒塌了，所以袁军渐渐地到达了易京的中心。公孙瓒断定自己一定无法保全，于是他将自己的姐妹、妻子、儿女一起缢死了，最后他引火想焚烧自己。袁绍领着士兵登上楼台，杀死了公孙瓒。田楷也战死了。关靖慨叹地说："如果我以前不阻止将军的计划，未必不能成功啊。我曾听闻君子如果让别人陷入危险的地步，自己就一定要和他同赴灾难，我怎么可以独自生存呢？”于是就骑马奔赴到袁绍的军中，被袁军杀死了。最后公孙续也被屠各人杀死了。

渔阳人田豫劝太守鲜于辅说：“曹操挟天子来号令诸侯，到最后定能将天下平定，你应该早些投奔于他。”于是鲜于辅就领着他的下属来接受天子的命令。天子诏派鲜于辅做了建忠将军，并任幽州六郡都督。

最初乌桓王丘力居逝世，当时他的儿子楼班年龄尚幼，他的侄儿蹋顿很有武艺和谋略，蹋顿代他即位，统治上谷大人难楼、辽东大人苏仆延、右北平大人乌延等人。当时袁绍攻打公孙瓒，蹋顿曾率领乌桓兵去协助袁绍。等公孙瓒灭亡之后，袁绍就秉承制命赐给蹋顿、难楼、苏仆延、乌延等单于印绶；又由于阎柔得到乌桓人的服从，因此让阎柔前去安慰安宁北方的民众。后来难楼、苏仆延尊奉楼班做单于，而派蹋顿做了这几个地方的大王，但蹋顿还是保持着他的计划。

眭固驻守射犬。夏季，四月，曹操进兵黄河，并派将军史涣、曹仁渡过黄河攻打他。曹仁是曹操的堂弟。眭固率领军队向北去求袁绍解救，途中他和史涣、曹仁在犬城相遇，史涣、曹仁就攻击并杀死了他。于是曹操渡过黄河，围攻射犬；最后射犬投降，曹操带军回到了敖仓。

先前，曹操在兖州推举魏种做孝廉。兖州叛乱后，曹操感慨地说：“唯有魏种不会背叛我啊！”后来曹操听闻魏种逃走了，就愤怒地说：“如果魏种没有向南逃到越地或者向北逃到胡地，我是绝对不会放过他的！”曹操攻下射犬以后，活捉了魏种，曹操说：“我还是很欣赏他的才能啊！”于是就除掉了魏种身上的绳索并重用了他，派魏种做了河内太守，最后还将河北的事情委托给了他。

曹操又派卫将军董承做了车骑将军。

袁术称帝后，淫乐奢侈就更加过分了，光是媵妾就有数百人，没有一个滕妾不是天天穿着罗纨，顿顿吃饱粱肉的，而他的下属饥饿难耐，他却不救助他们。不久以后财物就用完了，袁术不能养活自己，于是就烧毁了他的宫室到灊山准备投奔他的部下陈简、雷薄两人，最后被陈简等人拒绝了，于是袁术就更为窘迫了，他的士兵四散逃亡，袁术忧愤得不知道该怎么办。最后他派使者将帝号送给了他的堂兄袁绍，并对袁绍说："汉室失去禄位已经很久了，袁氏应该接受天命做王，而符瑞显现得已经很清楚了。现在你拥有四州的土地，控制的户口就有百万之多了，如今我把大命送予你，就是期望你可以重振帝业。"袁谭从青州来迎接袁术，想要和袁术一起从下邳的北方经过。曹操派刘备和将军清河人朱灵一起拦击，袁术没有办法过去，又回到了寿春。六月，袁术到了江亭，他坐在没有席子的床上慨叹地说："我袁术竟然落到了这种地步！"最后愤恨生了病，吐血而亡。袁术的堂弟袁胤因害怕曹操不敢居住在寿春，就率领他的部下护着袁术的灵柩和他的妻子儿女逃奔到了皖城庐江太守刘勋那里。原广陵太守徐璆得到了传国玉玺，并把它呈献给了天子。

袁绍灭掉公孙瓒以后，内心逐渐骄矜起来，他给天子的进贡也变得越来越少。主簿耿包曾秘密地向袁绍报告说："您应当顺天应人，接帝位称尊号啊。"袁绍把耿包报告的事情传示到了军中，下属都说耿包妖言惑众，应该受到诛戮之刑的惩罚，袁绍不得已杀掉了耿包来使自己解脱。

袁绍选了十多万精兵、一万匹马，想用他们攻打许昌。沮授劝阻他说："最近讨伐公孙瓒，加上我们连年地出兵，百姓已经很疲惫了，仓库没有了粮食，就不能行动啊。您应该致力于农事，使人民得到休息，您先派使者贡献战利品给天子；如果没有送到，再上奏天子说曹操阻拦我们尊奉王室的道路，再进兵驻守黎阳，以后逐渐向黄河南岸发展，并多造舟船，修理兵器，分别派遣精锐的骑兵扰乱他的边邑，使他不能得到安宁，最后我们反而很安逸，这样一来，您就可以坐着平定天下了。"郭图、审配说："以您的神武，并用河朔强大的兵力来讨伐曹操，就很容易了，您又何必这样做呢？”沮授说：“救济灾难、诛除暴戾的士兵叫作义兵；依恃众多、凭借强大实力的士兵叫作骄兵。义兵是没有敌手的，而骄兵自己最先灭亡。曹操挟天子以号令天下，如果我们现在发兵攻打他，从道义上是行不通的。再说战争稳操胜券的方法，不在于兵力的强弱。曹操既然可以实行法令，士兵又都很精良，不是像公孙瓒一样坐在那里受人攻击的人啊。现在我们抛弃非常安全的策略而发动那出师无名的军队，我很为你担忧啊！”郭图、审配说：“当初武王伐纣，不算是不道义；何况我们讨伐曹操怎么说是无名呢？再说以您今天的强大势力，将士都会振奋起来的，不趁这个时候来谋定大业，所谓‘天给予而不收取，反而会得到灾祸的’。这就是越国之所以称霸而吴国之所以灭亡的原因啊。监护军队在于持重，而不在于了解时事知道事机的变化。”袁绍接受了郭图的意见。郭图等人因此诽谤沮授说：“沮授监护内外，威震三军，假如他渐渐强大起来，我们怎么能够制得住他呢？臣下和君主威权不相上下的必定会灭亡，这是黄石公最忌讳的一点啊。再说他在外面统领着军队，不应该再把持里边的策划。”于是袁绍把沮授所统领的军队分为了三个都督，并派沮授以及郭图、淳于琼各管理一军。骑都尉清河人崔琰劝谏说：“天子还在许昌，百姓都愿您能顺天行事，不能攻打曹操啊！”袁绍没有听从。

许昌的将领们听闻袁绍想要进攻许昌后都十分恐惧，曹操说：“我了解袁绍的为人，他志向虽然很大，但是智谋不行，他表面上很强大胆气却很弱小，他又好胜，在军中又缺少威望，军队很多都划分混乱，他的将领骄矜而且政令又不统一，他的土地很广大，粮食也很丰盛，很适合为我们提供给养啊。”孔融对荀彧说：“袁绍有广袤的土地，又有强盛的军队，田丰、许攸是有智谋的人，他们又替袁绍谋划；审配、逢纪是袁绍忠贞的臣子，负责袁绍的事务；颜良、文丑是袁绍勇猛的将领，统领着袁绍的军队，恐怕我们很难攻克他吧！”荀彧说：“袁绍士兵虽然很多，但是他们的法令不统一；田丰虽然刚强但是常常冒犯长官；许攸很贪婪，所以不能处理事务；审配喜欢专权又没有谋略；逢纪虽然很果敢但他暗藏私心，这几个人一定不能互相容纳，他们的内部一定会发生矛盾。至于颜良、文丑只是徒有匹夫之勇罢了，只要打一仗就可以将他们擒获了。”

秋季，八月，曹操进军黎阳，并派臧霸等人率领精锐的军队进入青州来守卫东方地区，曹操又留下于禁戍守在黄河的上面。九月，曹操回到了许昌，他又派兵防守官渡。

袁绍派人招降张绣，并且给贾诩写了封书信希望和他结为盟好。张绣正想答应之时，贾诩恰在张绣的座上，于是贾诩公开地对袁绍的使臣说：“你回去替我拜谢袁本初吧，他的兄弟他都不能够相容，这样的人能容纳天下的国士吗？”张绣吃惊地问：“你为什么要讲这些话呢？”张绣私底下对贾诩说：“如此一来，我们应该归附什么样的人呢？”贾诩回答说：“不如归附曹操吧。”张绣说：“袁绍很强大，而曹操很弱小，我们曾经和曹操是仇敌，怎么能归附他呢？”贾诩说：“这就是应该归附他的原因啊。曹操挟天子以令诸侯，这是应该归附他的第一点；由于袁绍很强大，如果我们凭着很少的士兵去依附他，他一定不会看重我们，正是因为曹操势力很弱小，如果他得到了我们，是一定非常高兴的，这是应该归附他的第二点；一个拥有霸王之志的人，一定会摒弃前嫌而对天下人布施德惠，这是应该归附他的第三点。我希望将军莫再犹疑不决了！”冬季，十一月，张绣带领他的部下投降了曹操以后，曹操激动地抓住张绣的手，并和他快乐地宴饮，又让自己的儿子曹均娶了张绣的女儿为妻，曹操又让张绣做了扬武将军，并上表天子推荐贾诩做了执金吾，封为都亭侯。

关中的将领们都认为袁绍和曹操正处在争战之际，于是保持中立的态度来观望。凉州牧韦端派从事天水人杨阜到达许昌，杨阜回去以后，关西的将领们就问他：“袁绍和曹操胜败的关键在哪里呢？”杨阜对他们说：“袁绍虽然对人宽和，但是做事不果断，他虽然也善于谋略但是缺少决断力；人不果断就不会显示出威严，缺少决断力就会误事，现在袁绍虽然很强盛，但最后他是不能完成大业的。曹操不但有雄才远略，决定事情又毫不犹豫，法令统一，军队又很精良，他能够重用和自己无半点关系的人，并且他所任用的人都能够尽心竭力，他是一个可以成大事的人啊。”

曹操派治书侍御史河东人卫觊镇抚关中地区，这时候从四面八方避难回来的百姓有很多，于是关中的将领们都招他们做了自己的部下。卫觊写信给荀彧说：“关中地区的土地非常肥沃，最近因为那里遭遇荒乱，迁入荆州的就有十万多人家，听说现在本土安宁了，人民都盼望着要回来；而回来的人又没有办法谋得生存，于是将领们都争着招来他们并让他们做了自己的部下，郡县政府贫穷又弱小，自然不能和他们竞争，因此他们的军队日益强盛，一旦那里有了变化，将来一定是个很大的灾难。盐是国家最重要的宝物，现在的买卖都很混乱，我们应该和从前一样设置官吏监督买卖，然后我们就用所赚的钱买犁和牛，如果有人民回来，就将这些分给他们，让他们勤奋耕田，囤积粮食，就可以丰足关中了，这样一来远地方的人听到了一定会赶着回来的。然后再派司隶校尉留在关中进行治理以主宰这个地方，那么将领们的势力就逐渐衰弱了，官民也日渐强盛了，这是强本弱敌的好方法啊。”荀彧将这件事情告知了曹操，曹操就接受了他的意见。曹操开始派谒者仆射作为监盐的官吏，又派司隶校尉治理弘农，关中因此而归顺了曹操。

袁绍派人向刘表求援，刘表答应了他的求救，但一直不发援兵，也不帮曹操。从事中郎南阳人韩嵩、别驾零陵人刘先都劝刘表说：“现在袁绍、曹操两雄并立，天下的重心都在将军这里。如果您想有一番作为的话，可以趁他们衰败之时振兴自己；假如您不愿这样，就应该选择归附的对象。我们怎么可以徒有十万甲兵而观望别人的成败呢？人家向我们求援，而我们不能给他们提供帮助，这样贤德的人就不肯归附了！而他们两方面的怨恨一定会集中在你的身上，恐怕想要中立也不可能了。曹操善于用兵，才郎俊杰都归附了他，在这种情势下曹操一定能打败袁绍，然后曹操转移军队到达江、汉地区后，恐怕将军不能抵御他。现在最好的办法，就是用荆州来争取让我们归附曹操，曹操一定会感激你的大德，这样你就可以长久地享受福禄了，并可以传给你的后代，这是保你万全的策略啊。”蒯越也劝他。但刘表仍然犹豫不能决定，最后刘表就派韩嵩到许昌去了，走之时对他说：“现在天下混乱的局势还不知道由什么样的人来平定，曹操拥护当今天子，建都在许昌，你替我到许昌去观察他有没有雄心。”韩嵩说：“圣人通晓节操，次一等的人坚守节操。我是一个坚守节操的人，既然君臣的名分已经定了，我就用生命来保守节操，现在我作为你的臣子，只听从你的命令，纵使赴汤蹈火，我也在所不辞。依我来看，曹操一定能够控制天下。将军能够在上顺从天子，在下归附曹操，派我出使是可以的；如果你还要犹豫，等我到了京都，天子给我一个职务，我是没有办法推辞的，那么我就成了天子的臣子，转而成为将军的旧吏。我在国君前任职，就要为国君效力，那时我只能奉天子的命令，在道义上就不能为你效劳了。希望你详加考虑啊，不要辜负了我的意思！”刘表认为他是怕出使许昌。韩嵩到了许昌后，天子诏他做了侍中，并做了零陵太守。韩嵩回来以后，极口赞叹朝廷和曹操的德行，并劝刘表让刘表的儿子入朝侍奉。刘表听后大为愤怒，以为他怀有贰心，于是就大会群臣，陈列刑具，秉持旄节，想要斩掉韩嵩，刘表责备韩嵩说：“韩嵩你怀有贰心吗！”大家都很畏惧，想让韩嵩向刘表谢罪。韩嵩听完后一点儿也不惧怕，他慢慢地对刘表说：“是将军辜负了韩嵩，但韩嵩并没有辜负将军！”于是就把先前的话说了一次。刘表的妻子蔡氏劝告刘表说：“韩嵩是楚国所尊敬的人，再说他所说十分有理，你杀掉他是没有理由的。”刘表还是很气愤，于是就拷打并诛杀了跟他一起出使的人，后来刘表知道韩嵩没有其他的意思，就没杀他将他囚禁了起来。

扬州贼人的首领郑宝要想掠夺当地的百姓后逃奔江南，他觉得淮南人刘晔是出自望族的名人，于是就想劫持他，他提出的这个计划使刘晔很担心。恰逢曹操派使者到扬州来查问事情，于是刘晔就邀请他回了家，郑宝也来慰问使者，刘晔就将郑宝也留了下来和使者一起宴饮，席间刘晔亲手杀死了郑宝，并斩掉了他的头。刘晔又用郑宝的头颅来命令郑宝的部众说："曹公有令，谁敢蠢蠢欲动就和郑宝同罪！"郑宝的几千手下都害怕刘晔并服从了他，于是又推刘晔做他们的领导。刘晔就将这批人给了庐江太守刘勋，刘勋感到很奇怪，于是就问刘晔原因，刘晔说："郑宝没有设立法度，他的属下一向用抢劫掳掠的方式生存，我没有名位做他们的依靠，所以没有办法整顿他们，他们一定会胸怀怨恨的，因此他们很难长久地服从我，所以我带他们来交给你！"刘勋认为袁术的军队数量太多，没有办法满足自己的粮食需求，所以他就派他的堂弟刘偕到上缭向各宗的首领请求供应给他大米，结果各宗首领没有满足刘偕所求的数目，于是刘偕就和刘勋一起偷袭他们了。

孙策忌惮刘勋兵力的强大，于是孙策表面上低声下气地对刘勋说："上缭各宗的人民多次欺侮本郡，我很想攻打他们，只是道路不方便啊。上缭富庶，物质又很充实，我希望你能讨伐，我愿意出兵作为你的外援。"孙策又拿出珠宝布帛来贿赂刘勋。刘勋很高兴，里里外外的人都来向他祝贺，只有刘晔不去向他祝贺，刘勋就问他不去的原因是什么，刘晔回答说："上缭虽然很小，但是城池很深，难以攻克，很容易防守，一个月之内很难攻下。军队在外很疲惫，国内又很空虚，如果孙策趁我们空虚而偷袭我们城内的话，那么我们的后方就不能够坚守了。这样一来，将军你前进就会受到敌人的阻拦，后退又没有了归路，如果大军一定要出动的话，灾祸马上就会产生。"刘勋没有听从劝告，他率领军队到达了海昏，各宗的首领听说以后都留下空虚的军营逃走了，所以最后刘勋一点东西都没有得到。当时孙策正带领军队向西攻打黄祖，走到石城之时，听闻刘勋在海昏，于是就派他的堂兄孙贲、孙辅带领八千人驻守在了彭泽，而自己和兼任江夏太守的周瑜一起率领两万人偷袭了皖城，攻下后，俘获了袁术、张勋的妻子儿女以及他们的部下三万多人；孙策又上表让汝南人李术做了庐江太守，并给了他一支三千人的军队来戍守皖城，然后又把所获的人民都迁徙到了吴地。刘勋回到彭泽以后，孙贲、孙辅拦截住他，最后把他打败了。刘勋退到流沂向黄祖求救，黄祖派他的儿子黄射带领五千人的船军来帮助刘勋。孙策又攻击刘勋，最后刘勋大败，只能向北归附曹操了，黄射也逃跑了。

孙策收编了刘勋留下的两千多人的军队，以及船只一千艘，于是孙策又进军攻打黄祖。十二月，辛亥日（初八），孙策率军到达沙羡以后，刘表派他的侄儿刘虎和南阳人韩晞率领五千人的长矛军队去救黄祖。甲寅日（十一日），孙策和他们作战，并将他们打败了，孙策斩杀了韩晞。最后黄祖脱身逃走了，孙策俘获了黄祖的妻子儿女以及六千艘船只，而士兵被孙策杀死或者被淹死的就有几万人之多。

孙策带领着强大的军队，想要攻打豫章，当时他戍守在椒丘，孙策对功曹虞翻说："华子鱼很有声名，但不是我的敌手。假如他不开门把城让出来，那么攻击的号角一响，就不会没有伤害啊。你可以前去详细地说明我的意思。"于是虞翻就去见华歆说："我听闻你和以前本郡的郡守王朗在中州齐名，都被海内人士所敬仰，虽然我生在东方的边陲，但是一直对你怀有仰慕之心。"华歆说："我比不上王会稽啊。"虞翻又说："不知道豫章的粮食兵器、士民的勇敢果决和鄙郡会稽比起来怎么样呢？"华歆说："远远比不上。"虞翻说："你说他们都比不上王会稽，这是谦虚的话啊；你说军队的精良不如会稽，说得不错。孙策讨逆的智慧和谋略超过当今世上的所有人，他用兵如神，先前刘扬州被击退是你亲眼目睹的；南方平定鄙郡会稽也是你亲眼目睹的。而今你想守卫孤单的城池，你已经知道物资、粮食不够了，如果不早一点做打算的话，将来你一定会追悔莫及的。现在孙策的大军已经驻扎在了椒丘，我就要回去了，明天正午之时我会等候你的檄文，如果等不到的话，我就会和你辞别了。"华歆说："我住在江南地区很久了，很想回到北方，既然孙会稽来了，我就可以回去了。"于是华歆晚上写好檄文，第二天一早，他就派官吏带上檄文前去迎接孙策。于是孙策带兵到了城内，华歆头戴葛布头巾前来迎接孙策。孙策对华歆说："您年高德厚，远近的人民都愿意归服您；我孙策年纪幼小，理当向您施以子弟的礼节啊。"于是孙策就向华歆下拜，最后孙策礼待了华歆，并将他奉为上宾。

◆孙盛说：华歆既没有伯夷、四皓隐居的德行，又丧失了自身躬行正臣的节操，他听从了邪儒虞翻的劝说，并和骄傲自大的孙策搭臂交欢。最后他的地位下落了，而名节也毁坏了，还有什么罪过比这更大吗？◆

孙策分豫章为庐陵郡，并派孙贲做了豫章太守，孙辅做了庐陵太守。恰逢僮芝生病，于是孙辅就进兵攻打庐陵，并让周瑜镇守巴丘之地。

孙策攻下了皖城，并安抚袁术的妻子儿女；孙策进入豫章以后，又办理了刘繇的丧事，厚待他的家人。因此士大夫们都称赞孙策。

会稽功曹魏腾曾经违背了孙策的意思，孙策想杀了他，大家都很害怕，可是又想不出办法阻止孙策的行为。孙策的母亲吴夫人站在井旁对孙策说："你刚到江南，事业尚未完成，理当优待贤人，礼遇士人，赦免犯错的人，任用有功的人啊。魏功曹在官府之时为你用心谋划，而你现在居然要杀掉他，那么明天人家就会全都背弃你的，我是不忍心眼看着大祸来临，现在我就先跳入这口井中！"孙策大惊，立刻放了魏腾。

先前，吴郡太守会稽人盛宪推举高岱做孝廉，许贡来接管吴郡之时，高岱曾率领盛宪到营帅许昭家中避祸。乌程人邹佗、钱铜以及嘉兴人王晟各聚集了徒众一万多人或几千人，他们都不服从孙策。于是孙策带兵攻打他们，将他们都击破了。孙策又进攻严白虎，严白虎兵败后向余杭地区逃走了，最后他投奔了许昭。程普恳请攻打许昭，孙策说："许昭待旧君是有道义的行为，他对朋友很守信用，这是大丈夫的志节啊。"于是孙策没有攻打他。

曹操又带兵驻守在了官渡。曹操身边的武士徐他等人谋划杀害曹操，他们进入曹操的军帐后遇见了校尉许褚，于是徐他等人吓得脸色都变了，许褚发现了端倪就将他们杀死了。

以前，车骑将军董承说曾经接到汉献帝衣带中的秘密诏书，他想和刘备一起谋划以诛杀曹操。曹操从容地对刘备说："当今天下的英雄，只有使君和我曹操两人罢了，袁本初等人实在不值得一提！"当时刘备正在吃饭，他听完曹操的话后，手上的汤匙和筷子都掉在了地上；恰好天上打了响雷，因此刘备对曹操说："圣人说：'迅急的雷，强烈的风一定会变色的。'实在是很有道理啊。"于是就和董承及长水校尉种辑、将军吴子兰、王服等人一起开始筹划。恰逢曹操派刘备和朱灵拦击袁术，程昱、郭嘉、董昭等人都劝阻说："刘备是不能放走的！"曹操也后悔了，他马上派人追赶，但是已经来不及了。袁术向南逃跑以后，朱灵等人回来了。刘备杀死了徐州刺史车胄，又留下关羽镇守下邳，并掌管太守的事务，刘备回到了小沛。东海贼人昌豨以及各郡县的民众都背叛了曹操而归附了刘备。刘备的手下已经有了几万人，于是刘备就派使者去和袁绍的军队联合。曹操派司空长史沛国人刘岱、中郎将扶风人王忠攻打他们，没有取胜。刘备就对刘岱等人说："即使像你们这样的有上百人到来，也拿我没办法；如果是曹操自己来的话，那就不能预测结果了。"

五年（庚辰，公元200年）

春季，正月，董承攻击曹操的谋划泄露了；壬子日（正月无此日），曹操杀死了董承以及王服、种辑等人，又灭了他们三族。

曹操想领军讨伐刘备，将领们都说："同你争夺天下的人是袁绍。现下袁绍正领兵前来，您竟然想抛弃这里，而去东征刘备，袁绍从后面乘虚攻击我们怎么办？"曹操说："刘备是人中豪杰，现在不攻击的话，将来一定会成为忧患的。"郭嘉说："袁绍生性迟缓而又多疑，要来的话速度也一定不会很快。刘备现在刚刚崛起，人心还没有归附他，我们应该加紧攻打他，他一定会被打败的。"于是曹操的军队向东出发了。冀州别驾田丰对袁绍说："曹操和刘备交战，他们不会很快停战的。如果你发动军队偷袭他的后方，那么一出兵就可以决定大事了。”袁绍以儿子生病为借口，没有出兵。田丰举起手杖敲打着土地说：“唉！你遇到了一个千载难逢的机会，却因为婴儿生病而失去了这个机会，那么你的大势已经去了啊！”

曹操攻打刘备，将刘备击破后俘获了刘备的妻子和儿子；曹操又进军攻打下邳俘虏了关羽；他又攻打昌豨，并打败了他。刘备逃奔到了青州，凭着袁谭的关系而归附了袁绍。袁绍听闻刘备来了，他就出邺城两百里迎接刘备；过了一个多月，刘备所散失的士兵才渐渐地回来。

曹操带领军队回到官渡以后，袁绍就按计划准备攻打许昌，田丰说：“曹操已经击破了刘备，许昌不会再像以前一样空虚了，况且曹操善于用兵，他的兵法又变化多端，军队虽然很少，但是我们不可以轻视，现在我们不如和他长久地相持下去。这样，将军在内就可以依靠山河的险固和四州的人民，在外可以联合各地英雄豪杰，并积极整顿农事战具，然后你就可以挑选精锐的军队，趁他空虚之时不断地出兵侵扰河南地区，如果他去救右边那么我们就去攻打他的左边；如果他去救左边那么我们就攻打他的右边，这样就会使敌人疲于奔命，人民不得安乐了，我们还没有劳苦而他们已经疲惫了。不到三年，我们就可以很轻松地打败他们。现在你放弃身在庙堂就可以取胜的策略，而希望在一次战争中就取得胜利，如果失败了，恐怕你后悔也来不及了啊。”袁绍没有听从田丰的意见，田丰坚决地劝阻袁绍，因而忤逆了袁绍，袁绍认为他在使士气丧失，就用刑具捆了他。同时袁绍又送军事文书到各州郡，陈列了曹操的恶行。二月，袁绍进军到了黎阳。

沮授临出发之时，集聚了他的宗族，并将财产分给他们，又对他们说：“事情成功，威令就无所不加；事情失败，恐怕连一条性命都保不住了，我很哀伤啊！”他的弟弟沮宗说：“曹操的人马和我们相比差得很远，你何必害怕他呢？”沮授说：“曹操有深明的战略，他又挟天子以令诸侯，我们攻克了公孙瓒，士兵实在是很疲竭，而现在主人很骄傲，将领又很自大，军队的溃败恐怕就在此一行了。扬雄曾说：‘六国悖乱，削弱了周室，帮助了秦国。’说的就是今天的这个情形吧！”

振威将军程昱带领七百名士兵防守在鄄城。曹操要为程昱再增加两千人，程昱不愿意，他对曹操说：“袁绍有十万军队，他自以为所向无敌，现在见我兵少，必定会轻视我，不会来攻打我的。如果现在你增加我的军队，袁绍经过之时就不能不攻打我了，他一攻打就一定能攻下我，白白地损失我和你两方面的势力，我希望你不要顾虑我了。”袁绍听闻程昱的兵力很少，果然没有攻打他。曹操对贾诩说：“程昱的胆气已经超过孟贲、夏育了。”

袁绍派他的将军颜良到白马攻打东郡太守刘延。沮授说：“颜良性情急躁，他虽然骁勇善战，但是不能单独担当此重任啊。”袁绍没有听从他的意见。夏季，四月，曹操带兵向北救援刘延，荀攸说：“现在军队很少，我们必然会敌不过他们的，一定要分散他们的兵势才行啊。你到了延津以后，假装要渡河奔向他的后面，袁绍一定会带领军队向西迎战，然后你就可以率领精锐的骑兵偷袭白马地区，这样就可以攻他个措手不及，颜良就可以俘获了。”曹操听从了他的意见。袁绍听闻曹操的军队将要渡河，就分兵向西来拦击曹军。曹操就带领军队快速地奔向白马地区，距离白马十多里时，颜良大为恐惧，赶紧来迎战。曹操先派张辽、关羽登岸攻击。关羽看见颜良的旌旗伞盖以后，马上就鞭马向前，并在万军之中刺死了颜良，又斩下了他的首级，而袁绍的军队没有一个人能够抵挡。于是就解除了白马的围困，从那里迁走的人民都顺着黄河向西前行。

袁绍想要渡河追击，沮授劝阻他说：“胜败变化，我们不能不详尽地考虑啊。现在您应该留守延津，并分兵攻打官渡，如果您能够取得成功，再回来迎接大军也不迟啊。现在您这样渡河追击，如果出现灾难，军队就没有办法回来了啊。”袁绍没有听从他的意见。沮授在临渡河的时候慨叹地说："在上位的志得意满，而在下位的贪功急进，长长的黄河，我能够渡得过去吗？"于是他就借生病推辞不去。袁绍没有允许，心里开始怨恨他，最后袁绍就削减了他的军队，并将他们和郭图的部下合在了一起。

袁绍的军队到达延津南方地区以后，曹操命令士兵在白马山南边山坡的下面扎营，并派人登上营垒观望，回答说："袁绍有五六百骑兵。"不久，又报告说："骑兵渐渐地增多了，而步兵没有办法数清楚。"曹操说："不要再说了。"他就命令骑兵解下马鞍，并把马都放走了。这个时候，从白马西迁的辎重也在路上走着了。将领们认为敌人的骑兵太多了，还不如回军以保护军营呢，荀攸说："他们这是在引诱敌人，您怎么能够离去呢？"曹操回头微笑着看看荀攸。袁绍的骑兵将领文丑和刘备带领五六千骑兵先后来到。将领们对曹操说："我们可以上马了。"曹操说："还不能。"不久，袁绍的骑兵到得更多了，已经有一部分去攻取辎重了，曹操说："可以上马了！"于是曹操和将领们一起上了马。这个时候，曹操的骑兵只有不到六百人，发动攻击以后，曹军将袁绍打败了，并斩杀了文丑。文丑和颜良都是袁绍的名将，只是两次交战就将他们全部杀死了，袁绍的军队士气因而衰弱了。

起先，曹操很佩服关羽的为人，曹操观察后知道他没有长久留下的意思，于是曹操就让张辽拿这种情形来问他，关羽慨叹地说："我知道曹公待我不薄，可是我曾受刘将军的恩德，并发誓和他同生共死，所以我不能背叛他。我不会留下的，但是我会立功报答曹公以后才离去。"张辽把关羽的话报告给了曹操，因此曹操更佩服关羽的节义了。等到关羽杀死了颜良，曹操知道他一定会离开，就加重赏赐了关羽。关羽把曹操所有的赏赐封在一起，留下书信以后就离开了，向袁绍的军中奔去寻找刘备。曹操身边的人想要追赶关羽，曹操说："他忠于主人，你们就不要追了。"

曹操领军回到了官渡，阎柔派使臣拜见曹操，曹操让阎柔做了乌桓校尉。鲜于辅亲自到官渡拜见曹操，于是曹操又让鲜于辅做了右度辽将军，回去镇守幽州。

广陵太守陈登将射阳作为郡政府的根据地，孙策攻打黄祖之时，陈登就开始引诱严白虎的余党，以图谋偷袭孙策的后方。于是孙策就回军攻打陈登，军队到达丹徒之时，孙策正等待着粮食的补给。孙策曾经杀死了吴郡的太守许贡，因此隐居在民间的许贡的门客们要想替许贡报仇。孙策喜欢狩猎，经常出去打猎，他所乘的马非常精良，侍从的马追不上他，仓促之间孙策遇到许贡的三个门客，最后三个门客射中了孙策的脸颊，后面的侍从赶到后才将三名刺客杀死。但是孙策受伤很重，于是他就召集张昭等人并对他们说："中原正在混战，我们以吴、越的军队，凭借三江的坚固，足以观望成败了，你们要好好地协助我的弟弟！"于是他就喊孙权过来，并把印绶佩在他的身上说："带领江东的军队在两阵之间决定时机，并和天下英雄争胜败，这一点你不及我；但是推举贤人、任用有能力的人，并使他们尽心竭力地守护江东，这一点我不如你。"丙午日（初四），孙策逝世，时年二十六岁。

孙权悲痛欲绝，因此没有到职治事，张昭说："孝廉，现在不是哭泣之时呢！"于是他替孙权改换服装，并扶着他上马，让他出去巡视各个军营。张昭带领同僚们上奏章给朝廷，又写书信给各郡县，以及里里外外的将士，令他们坚守各自的职务。周瑜从巴丘率领着军队来奔丧，于是就留在了吴郡，他以中护军的身份与张昭共同处理政事。虽然孙策拥有会稽、吴郡、丹杨、豫章、庐江、庐陵等地方，但是其中幽深险僻的地方没有完全服从他，迁徙寓居吴地的人士也都拿个人的安危为由决定去留，对孙策没有君臣之心，而张昭、周瑜认为孙权可以和他们共同完成大事，于是就用心地服侍孙权。

秋季，七月，天子立皇子刘冯为南阳王；壬午日（十二日），刘冯逝世。

汝南黄巾军刘辟等人背弃了曹操响应了袁绍，袁绍派刘备带领军队协助刘辟，各郡县都很响应。袁绍派人令阳安都尉李通担任征南将军，刘表也在暗地里招他，但是李通拒绝了。有人劝李通归附袁绍，李通手按着剑大声地斥责："曹公聪明睿智，一定能平定天下；袁绍纵然强盛，最后一定会被他俘虏。我宁肯死掉也绝不会变心。"他就杀掉了袁绍的使臣，又把印绶送给了曹操。

李通加紧收取各户的捐税，朗陵的首长赵俨见到李通说："现在各郡都叛变了，唯有阳安服从，您此刻又加紧地收他们的绵绢，小人会借机制造混乱，恐怕会造成不好的影响吧！"李通说："现在曹公和袁绍相持得很紧，邻边的郡县都叛变了，假如我们不征收绵绢输送给曹公的话，大家一定以为我存心观望，有所图谋。"赵俨说："你考虑得很对，可是您应当权衡轻重。不妨稍微缓慢地征收捐税，我能为你解决这个难题。"于是赵俨就写信给荀彧说："现今阳安郡百姓贫困，邻边的县城都叛变了，阳安很容易动摇，这是一方安危的关键。而且这一郡的人都保持忠贞，他们在身处险境之下毫无贰心，国家应该安慰他们，现在居然更加紧地收取他们的绵绢，这样怎能劝勉善人呢？"荀彧就把信上说的报告给了曹操，于是曹操就把所有的绵绢还给了人民，阳安的人民都十分高兴，郡内因而很安定了。李通攻击瞿恭等一千多贼人将他们一一打败，于是他平定了淮水、汝水一带。

当时曹操制定出新的法令颁发给了各州郡，新的法令较为苛刻，所以征收绵绢很紧。长广太守何夔对曹操说："先王分别以九服的赋税来区分亲疏远近的关系，并制定三典的刑法来平定祸乱，我觉得各郡应该根据地方的远近、归附的先后制定法典，民间的小事可以让长官因时制宜，这样在上可以不违背正常的法令，在下可以顺从百姓的心意。三年后，人民安于他们的事业，则可以用统一的法令来治理。"曹操听从了他的意见。

刘备经过汝水、颍水之间时，许昌以南的官民都不安宁，曹操很担心。曹仁说："南方因为大军远离的关系才出现眼前的紧急情形，这种形势是无法消除的，刘备带领强大的兵力到这个地方，这个地区背叛我们是情理之中的。刘备刚刚统领袁绍的军队，没有得到士兵的心服，我们此刻去攻打他，能够将他打败。”于是曹操就命令曹仁率领骑兵去攻打刘备，刘备被击溃，因此曹操将所有叛逆的县城都收了回来。

刘备回到袁绍军中，私自准备离开袁绍，他就游说袁绍控制的南方地区和刘表联合。袁绍派刘备率领原来的军队回到汝南，刘备就和贼人龚都等人联合，手下竟有了几千人。曹操派将领蔡杨攻打刘备，最后被刘备杀死了。

袁绍的军队到达阳武后，沮授对袁绍说：“北方的军队纵然众多，可是没有南方军队强劲；南方军队粮草匮乏，而物资比不上北方军队；南方宜于快速作战，而北方宜于持久作战，我们应当采取持久作战的办法。”袁绍没有采纳他的意见。八月，袁绍把军营稍稍向前移动，凭借着沙堆扎营，东西连续几十里。曹操也把军营分成和袁绍军营相同的数目。

九月，庚午朔日（初一），有日食出现。

曹操带兵和袁绍作战，结果没有得胜，他回来后下令加固壁垒。袁绍建造高楼，并堆积土山向曹操的军营射箭，曹操军营中的人都拿着盾牌遮面而行。曹操建造了霹雳车，并发石头来攻击袁绍的高楼，最后把他建的高楼一一击破了。袁绍又挖地道进攻曹操，曹操就在营内挖了长长的深沟来抗拒袁绍。由于曹操的军队数量很少，粮食也吃光了，士兵们都很疲惫，老百姓被赋税弄得很穷困，很多人叛离曹操归附了袁绍。曹操很担心，写信给荀彧，说他准备回到许昌以引诱袁绍的军队。荀彧回信说：“袁绍带领所有的部下聚集在官渡，想和你一决胜败。您以非常弱小的势力抵挡他非常刚强的势力，如果您不能够控制他，一定会被他所乘，这是天下变化的关键啊。况且袁绍只是一个普通的领导人罢了，他只能够聚集人而不能任用人。而以您的神武、明智并且处于大顺的情势来看，有什么不能成功的呢？现在您粮食虽然很少，却并不像楚、汉在荥阳、成皋之间的情形。当时刘邦、项羽没有谁肯先退走的，因为先退的一方在形势上就处在下风，您用十分之一的兵力镇守一定的土地，抑制住袁绍的咽喉使他不能前进已有半年。到了势穷力竭之时，一定会有变化发生的。这是用奇兵之时，您不可以丧失这个机会。”曹操采纳了他的意见，开始坚固壁垒，加以防守。

曹操看到运粮的人就安抚他们说：“再过十五天，我替你们打败袁绍，就不再辛苦你们了。”袁绍几千辆运谷的车子到达官渡。荀攸对曹操说：“袁绍运粮的车子很快就到了，他的将领韩猛虽然锐利，但是很轻敌，您去攻击他就可以将他击败！”曹操说：“派什么样的人去呢？”荀攸说：“您可以派徐晃去。”于是曹操就派偏将军河东人徐晃和史涣一起拦击韩猛，将他打败后烧毁了他的辎重。

冬季，十月，袁绍又派车辆运输谷物，并派他的将领淳于琼等人带领一万多的士兵护送，他们驻扎在离袁绍军营以北四十里的地方。沮授对袁绍说：“可以派蒋奇组成一支辅佐的军队和淳于琼相为表里，来断绝曹操的抄掠。”袁绍没有听从。

许攸说：“曹操的军队很少，但他全部用来抵抗我们，许昌由他所剩的军队镇守，内部一定空虚柔弱。假如我们分别派精锐的军队连夜赶路去偷袭许昌，许昌就可以攻克了。攻克许昌以后就能够奉迎天子来征讨曹操，曹操就会被我们擒住了。如果没有攻克许昌，也可以使曹操疲于首尾奔命，我们一定能够将他打败。”袁绍没有听从他的意见，袁绍说：“我们应当先攻取曹操。”恰逢许攸家人犯了法，审配就将他收捕拘禁了起来，许攸很愤怒，于是就投奔了曹操。

曹操听闻许攸来了，没来得及穿鞋子光着脚就出去迎接他了，曹操鼓掌笑着说：“子远，你来了我的事就可以成了。”他们入座以后，许攸对曹操说：“袁绍的军力强大，你如何抵抗他？您现在还有多少粮食？”曹操说：“还可以维持一年。”许攸说：“没有这么多粮食，你再说！”曹操又说：“可以维持半年！”许攸说：“你不想击破袁绍吗？为什么不说实话？”曹操说：“刚才我说的话是开玩笑的，实际上只能支撑一个月，现在我该怎么办呢？”许攸说：“你孤军防守，在外没有救援而粮食已经吃光了，这是十分危急的时刻。袁绍有一万多辆辎重，它们就停在故市、乌巢，而守卫的军队没有严格的戒备，假如您派装备轻便的士兵去偷袭的话，在他们想不到之时就到了，然后将他们的辎重都烧了，这样不超过三天袁绍就会失败。”曹操非常高兴，他让曹洪、荀攸戍守军营，自己带领步兵、骑兵五千人，并打着袁绍军队的旗帜，人衔枚、马衔镳，他们夜里从小路出发，而人人抱着一束薪材，所经过的道路上，如果有人询问，就告诉他说：“袁公害怕曹操偷袭后面的军队，因此派士兵来增加防备。”听到的人信以为真，一切按计行事。到达目的地以后，他们围困了营寨，一起放火，而袁绍营中的士兵惊恐慌乱。恰好天明了，淳于琼等人见曹操的兵士非常少，便冲到军阵的门外，曹操赶紧攻打他们，淳于琼退守军营，于是曹操又进攻他们的军营。

袁绍听说曹操攻击淳于琼后，就对他的儿子袁谭说：“就算曹操打败了淳于琼，假如我们拔下他的军营，那么他就无路可了退！”于是袁绍派他的将领高览、张郃等人攻击曹操的军营。张郃说：“曹操带领精兵前去，一定会击败淳于琼等人，淳于琼等人被击败以后，大事就完了，我请求先去救援淳于琼。”而郭图坚持恳请进攻曹操的军营。张郃说：“曹操的军营坚固，攻打它的话一定会攻打不下。如果淳于琼等人被曹操擒获，我们全都要成为俘虏了。”袁绍只派装备轻便的骑兵去救淳于琼，而派重兵攻打曹操的军营，但没有攻下。

袁绍的骑兵到达乌巢后，曹操身边的人说：“贼人的骑兵渐渐地接近了，请您分兵来抵抗他们。”曹操愤怒地说：“贼人到了背后你们再报告！”曹操的士兵都拼死作战，因而打败了淳于琼的军队，并将淳于琼等人杀死了，又烧掉了他们所有的粮食，俘获了一千多人，曹军将他们的鼻子割了下来，又割下了牛马的唇、舌来给袁绍的军队看。袁绍军中的将士都很害怕。郭图对自己计划的失败感到很惭愧，他又在袁绍面前诽谤张郃说：“张郃军队就快被打败了。”张郃既恼怒又害怕，于是他就和高览烧毁了进攻的兵器，并一起到曹操的军营中请求投降。曹洪怀疑他们，不敢接受。荀攸说："张郃因为计划没被采纳，愤怒而来投奔，您还有什么好疑虑的呢？"于是曹洪就接受了他的投降。

这样一来袁绍的军队很惊慌，最后遭到了完全的溃败。袁绍和袁谭等人头上戴着幅巾，乘着马匹，带着八百骑兵渡过黄河。曹操追赶不上他们，便收取了袁绍所有的辎重、图书、珍宝，并将其余投降的人坑杀掉了，前后杀死的人加起来就有七万之多。

沮授没来得及同袁绍一同渡河，最后遭曹操的军队俘获，沮授就大叫着说："我并没有投降，只是遭你们俘虏罢了！"曹操和他有旧交，于是就迎接他，并对他说："我们所处的环境不同，因而隔绝了，没想到我今天竟俘获了你！"沮授说："袁绍不听我的计策，导致溃败，而今我的智慧、力量都已经困乏了，被你俘虏是情理之中。"曹操说："袁本初没有智谋，他不采用你的计策，到现在死伤祸乱还未真正停止，我应该与你共同谋划。"沮授说："我叔父、弟弟的性命都掌控在袁绍手上，如若蒙你不弃，请尽快杀了我，这才是我的福气。"曹操叹息着说："如果我能早些得到你的辅助，天下就不值得担心了。"曹操赦免了他并厚待他。沮授后来又准备归附袁绍，于是曹操把他杀死了。

曹操查收袁绍的书信，当搜查到许昌以及军营中的人给袁绍写的投降信时，曹操就将它们一起烧掉了，他说："袁绍强盛之时我都不能自保，更何况其他人呢！"

冀州各地的城邑，有很多向曹操投降了。袁绍逃到了黎阳的北岸，并进到他的将军蒋义渠的军营里，袁绍握住他的手说："我将项上人头交给你了！"于是蒋义渠就把军帐让给了袁绍，而自己住到了别处，并让袁绍发号施令。大家听闻袁绍在此，渐渐地都归附了他。

有人对田丰说："你肯定会受到重用的！"田丰说："袁绍外表宽厚而内心却很猜忌身边的人，他不相信我的忠诚，而且我多次对他直言顶撞，如果他获胜的话，一高兴还能赦免我；现在他打了败仗一定很愤怒，他内心的猜忌将会迸发，我毫无活命希望了。”袁绍的军士都捶胸哭泣着说：“以前如果田丰在这里的话，我们一定不会吃败仗的。”袁绍对逄纪说：“冀外所有的人闻说我的军队被曹操打败了一定会牵挂我的，以前只有田丰劝诫过我，他的表现和别人不同，现在我感到羞愧。”逄纪说：“田丰听说将军败了，却拍手大笑，庆幸他说中了。”于是袁绍对下属们说：“当初我没有采用田丰的话，现在又被他讥笑。”于是袁绍就杀掉了田丰。起先，曹操听说田丰没有在军队里，就很高兴地说：“袁绍肯定会吃败仗的。”等到袁绍逃跑之时，曹操又说：“如果袁绍采用了田丰的计谋，结局是很难预料的。”

审配的两个儿子被曹操擒住，袁绍的将领孟岱对袁绍说：“审配在他的职位上专擅政令，他的家族很大，军队又强，而且他的两个儿子在南方，他一定怀有反叛之心。”郭图、辛评也认为是这样。袁绍就令孟岱做监军，代替审配戍守邺城。护军逄纪素来和审配不和，袁绍就拿此事来问逄纪，逄纪说：“审配天性刚直，很仰慕古人的操守，他肯定不会因为两个儿子在南方地区而自己做出不合道义的事情。希望您不要怀疑他。”袁绍说：“你不是很讨厌他吗？”逄纪说：“我们俩之间的争执是因为私事，而今我对您所讲的是国家大事。”袁绍说：“好！”袁绍就没有废除审配，因此审配和逄纪越来越亲近。冀州背叛袁绍的各个城邑，袁绍又逐渐收复并平定了。

袁绍为人虽然心胸宽大，有气量，喜怒不表现脸上，可是他生性高傲、狠戾，自命清高，不喜欢听从他人的劝告，所以导致了他的失败。

冬季，十月，辛亥日（十二日），彗星出现在大梁星座。

庐江太守李术攻下了扬州，并杀掉了扬州刺史严象，庐江人梅乾、雷绪、陈兰等在江淮之间汇聚了几万徒众，曹操上表让沛国人刘馥担任扬州刺史。当时扬州只有九江一个地方，刘馥一个人去了合肥空城，并建立了州政府，他又安抚了梅乾、雷绪等人，这些人都争先为他效力。几年之内恩德教化大为流行，流亡在外的成千上万人民都回来了。于是他们又广泛地垦殖土地，兴修河道，官府和人民都有了存蓄。他们又把年轻人聚集起来，并建立了学校；还加高了城墙，积累了很多木材、石头为战争做准备。

曹操听闻孙策死了之后，就想趁丧事举办之时攻打吴地。侍御史张纮劝阻他说："乘人家的丧事攻击人家，既不符合古代的道义，最后又成了仇敌，何不趁此机会厚待于他呢？"曹操就上表让孙权做了讨虏将军，并做会稽的太守。

曹操想令张纮劝说孙权服从自己，于是就派张纮做会稽东部的都尉。张纮到了吴郡后，太夫人觉得孙权年纪还太轻，于是就委托张纮和张昭共同辅助孙权。张纮心思缜密，明察秋毫，知道的事没有不做到的。太夫人问扬武都尉会稽人董袭说："江东能够保住吗？"董袭说："江东有巩固的山川，而讨逆将军孙策又施恩德给人民，讨虏将军孙权继承了基业，百官都能效命于他，张昭管理所有的事务，我董袭等人作为他的辅助，这正是地利人和之时，一定会万无一失的。"孙权派张纮到他的部中，有人觉得张纮本来接受的是曹操的任命，认为他的志趣不在这里，孙权没有介意。

鲁肃准备回到北方，周瑜想阻止他，就把鲁肃举荐给孙权说："鲁肃的才能理应辅佐时君，你应当广泛招揽像他这样的人才来帮助你成就功业。"孙权就接见了鲁肃，并和他谈话，两人相谈甚欢。宾客都退了之后，孙权单独同鲁肃在一个榻上相对而饮，他说："现今汉室处于危险的境地，我想建立齐桓、晋文一样的功业，你准备怎样协助我？"鲁肃说："从前汉高帝要想侍奉义帝而又不能侍奉，就是因为遭受项羽的迫害。如今的曹操，就像那时的项羽，将军如何能够做齐桓、晋文呢？我暗自盘算，汉室再也无法兴盛起来了，也无法尽快除去曹操，我为将军计划，唯有守住江东以等待天下的变化。如果现在趁北方混乱，铲除黄祖，你进军攻打刘表，并完全占有长江一带，这才是王者的大业。"孙权说："现在我尽力占据一方，就是希望能够辅佐汉室，你的话我做不到。”张昭批评鲁肃年纪轻，而且心思疏略又不细腻，孙权则更加尊重鲁肃，赏赐给他很多财物以供他储蓄待用，使其恢复以前的富庶。

孙权清理一些没有能力的小将军和士兵，把他们的兵力合在一起。而别部司马汝南人吕蒙，他的军容很整齐，士兵又熟悉作战，孙权很高兴，于是就增加他的兵力，重用了他。

功曹骆统劝孙权尊敬贤人、接纳士人，并勤奋地求教政治得失，宴飨赏赐之时，人人都能觐见，要用诚恳的态度关心他们的生活状况，劝他们多讲话，观察他们的志向。孙权采纳了他的意见。骆统是骆俊的儿子。

庐陵太守孙辅害怕孙权不能保住江东，于是暗地里派人带着书信引曹操来攻打江东。出使的人就把这件事报告了孙权，孙权把孙辅亲近的人都杀掉了，并分散了他的部下，将孙辅迁到了吴郡的东边地区。

曹操上表召华歆做议郎，并参与司空的军事。庐江太守李术不肯归附孙权，他接纳了许多叛逆孙权而逃到庐江的人，于是孙权就将这个情况告诉了曹操说：“严刺史是您从前所任用的人，然而李术却将他杀害，并且您还放任他惨无人道的行径，您应该尽快把他杀掉啊。现在李术一定会用虚假的话求救于您，而您承担着伊尹的重任，又受到举国人民的敬仰，希望您命令身边的人，不要听信他的话啊。”因此孙权就在皖城发兵攻打李术。李术向曹操求救，曹操不理他。最后孙权灭掉了他的城池，并杀掉了李术，割下了他的头颅示众，将他的两万多部下一起调走了。

刘表讨伐张羡，但是连年攻打不下。曹操正与袁绍对峙，所以无暇前去救援。张羡病死以后，长沙人拥戴了他的儿子张怿。刘表攻打张怿以及零、桂二地，最后都平定了。于是刘表拥有几千里的地方，穿甲胄的兵士就有十多万人，便不再向天子纳贡，并祭祀天地，他的居室、衣服、食用都和天子所拥有的一样。

张鲁因为刘璋昏暗怯懦，不再服从于他，就攻击刘璋的别部司马张修，杀死并吞并了他的下属。刘璋恼怒，杀了张鲁的母亲和弟弟，自此张鲁凭借占据汉中，同刘璋成了仇敌。刘璋派出中郎将庞羲进攻张鲁，未能取胜。刘璋就派遣庞羲做了巴郡太守，屯守阆中来守卫张鲁。庞羲聚集了汉昌的賨民并将他们编入军队，有人在刘璋面前诬陷庞羲，刘璋就起了疑心。虽然赵韪多次劝谏，但刘璋并不听从，赵韪因此怀恨在心。

起初，有几万家南阳、三辅的人民流亡到益州，刘焉收留了他们，并将他们编入军队，称作东州兵。刘璋生性宽厚柔弱，没有威严、智谋，东州的人侵害益州原有的百姓，刘璋不能阻止。赵韪素来很得民心，他在益州兵民怨恨之时，趁机作乱，带领几万士兵进攻刘璋；同时赠送刘表许多财物，和刘表联合起来。蜀郡、广汉、犍为也都响应了赵韪。

资治通鉴卷第六十四　汉纪五十六

起辛巳（公元201年），止乙酉（公元205年），共五年。

【题解】本卷记录了汉献帝刘协建安六年至建安十年间的历史。官渡之战后，各军阀调整战略，全国形势基本稳定。荆州继续安民保境，江东、益州、汉中，平定内乱，巩固统治。孙权拒绝曹操，没有遣人质入朝。官渡之战后袁绍忧病而死，刘备南依刘表。袁绍废长立幼，袁氏兄弟相残，曹操各个击破，最终统一北方。建安十年，袁绍外甥高干反叛，引发河东骚乱，使曹操北征乌桓的脚步延缓。

孝献皇帝己

建安六年（辛巳，公元201年）

春，三月，丁卯朔日（三月份无此日，疑误），发生日食。

曹操移军到粮草丰富的安民地区。因为刚刚击败袁绍，曹操想要利用这个空当，进攻刘表。荀彧说："袁绍刚刚遭遇失败，他的军队军心涣散，理应趁他困顿之时将他剿平。但现在您竟要远征江、汉一带，假如袁绍重整残军，趁我方空虚之时攻击我们的后方，那么您的伟业可就完了。"曹操这才停止。这年夏季，四月，曹操在黄河上行军，并夸耀其兵力，进而攻打袁绍的仓亭军，并将其击溃了。这年秋季，九月，曹操回到许昌。

曹操亲自率军到汝南进攻刘备，迫使刘备投奔刘表，使得龚都等都逃散了。刘表一听刘备来了，亲自到郊外迎接他，并使用上宾的礼节厚待他，又增派他的人手，派他屯扎并戍守新野。刘备在荆州住了几年，一天他在刘表的座上起身上厕所，很是感慨地流下眼泪。刘表很是奇怪，就问他，刘备说："因为往常我的身体不曾离开马鞍，所以大腿上没有一点肉，而如今没有骑过马，大腿上的肉都长出来了。岁月就如流水一般，我快要老了，但还未建功立业，所以才感到悲伤。”

曹操派夏侯渊、张辽到东海进攻昌豨，几个月之后，粮食吃完了，他们就讨论带领军队回去。张辽对夏侯渊说：“几天以来，每次巡视外面之时，昌豨就对着我看，而且射箭也慢慢地变少；这肯定是昌豨在犹豫不定，因此没有奋力作战，我想和他谈话，或许能够诱使他投降。”于是张辽就遣人对昌豨说：“曹公有命令，派我张辽来传达。”昌豨果然从城楼上下来和张辽交谈。张辽就趁机对他说曹操神勇威武，正以恩德怀柔天下四方，先附从追随的人可以得到非常大的奖励。昌豨于是就答应了投降。张辽还孤身一人到三公山上昌豨的家中，拜访了他的妻子和孩子。昌豨很高兴，就跟随张辽拜见曹操。后来曹操也放昌豨回去了。

赵韪在成都围攻刘璋。东州人害怕受到牵连，就一起奋力作战，赵韪因此战败退走了，东州人追到江州杀死了赵韪。庞羲害怕了，就派遣属吏程祁对他的父亲汉昌令程畿宣读旨意，索要賨兵。程畿说：“全郡召集队伍，本来不是为了叛乱，即使有谗言毁谤，重要的是各自尽表诚心，假如因而心怀二心，我不敢听从其命令。”庞羲又派遣程祁劝说程畿，程畿说：“我蒙受刘璋的恩德，应当为他尽忠，你做庞羲的官吏，应当为他效力，不义的事情，就是死我也不做。”庞羲非常生气，遣人对程畿说：“假如你再不听我的话，灾难就会降临你的家里。”程畿说：“从前乐羊吃下自己儿子的肉，不是没有了父子之情，只不过为了君臣大义。现在就算你将我的儿子程祁做成羹汤让我喝，我也只好喝下去了。”庞羲被迫无奈，只好送上厚礼并向他道歉。刘璋提升程畿做江阳太守。

朝廷听闻益州发生骚乱，就任命五官中郎将牛亶做益州刺史。征用刘璋进京做卿，刘璋推辞不就。

张鲁用神鬼之道邪术教化引导人民，要那些患病的人述说自己的罪过，为他祈祷；事实上这对治病并无益处，然而小民愚昧无知，竟然争相侍奉他。那些犯法的人，经过三次原谅仍然不知悔改，然后才用刑；虽然没有设立长官，但是全部以其教中的祭酒来治理。人民、夷狄都喜欢他这种制度，流亡迁徙寄居在此地的人，都不敢不信奉天师道。之后张鲁偷袭获取了巴郡，朝廷没有多余的力量征讨他，于是只有安抚张鲁并任命他做镇民中郎将，兼领汉宁太守，张鲁只不过纳贡罢了。

有人从地下得到一枚玉印，张鲁的部众下属就想尊奉张鲁做汉宁王。功曹巴西人阎圃进谏劝阻说："汉川的人民，户数超过十万，财物丰富，土地肥沃，地势四面险峻而坚固；最好是上能辅佐天子，并能成就齐桓、晋文那样的伟业，其次做窦融，也不会失掉富贵。现在承受制命设立官职，必然会断送好的道路，无须假借王号。希望你暂时不要称王，先不要招来祸患。"张鲁听从了阎圃的建议。

七年（壬午，公元202年）

春季，正月，曹操驻扎在谯县，又到达浚仪，整修睢阳渠。派遣使者用太牢的规格祭祀已故桥玄。随后率军进到官渡。

袁绍自从在官渡打了败仗之后，日益感到羞愧愤怒，生病吐血；这年夏季，五月，袁绍逝世。

起初，袁绍生有三个儿子，即袁谭、袁熙、袁尚。袁绍的继室刘氏偏爱袁尚，时常在袁绍面前夸赞他，袁绍想让袁尚做继承人但是未曾明白地说出来。就让作为长子的袁谭过继给他的兄长，派出去担任青州刺史。沮授劝阻说："世人常说一万个人追赶兔子，唯有一个人可能得到，即使贪心的人一起收敛贪欲，是因为名分已经被确定的缘故。袁谭是长子，应当作为继承人，而排斥他并使其居住在外地，祸患从此就会产生。"袁绍说："我想要各儿子每人占据一州，以考察他们的能力。"于是就任命次子袁熙担任幽州刺史，外甥高幹担任并州刺史。

逢纪、审配向来受到袁谭的嫉妒，辛评、郭图都攀附袁谭，而和审配、逢纪存有隔阂。等到袁绍过世后，大家觉得袁谭是长子，都想拥戴他继位。审配等害怕袁谭继承王位而辛评等要谋害他们，于是诈称是袁绍的遗命，尊奉袁尚作为继承人。袁谭到达了之后，得不到王位，就称自己为车骑将军，镇守黎阳。袁尚只给了他很少的兵力，并且任命逢纪跟随他。袁谭要求增加军队，审配等谋划着不给他。袁谭非常生气，杀死逢纪。秋季，九月，曹操渡过黄河进攻袁谭，袁谭向袁尚告急求助，袁尚留审配在邺城镇守，自己带领军队去助袁谭并和曹操抗战。经过多次交战，袁谭、袁尚被击败数次，不得已退兵，坚守城池。

袁尚派遣所设立的河东太守郭援和高幹、匈奴南单于一同进攻河东，并派出使者和关中的马腾等各将领联合军队，马腾等私下里答应了他，郭援所经过的城池都被攻克。河东郡郡吏贾逵守卫绛县，郭援进攻得很紧急；在城池快要守不住之时，城中的父老和郭援相互约定，不要杀害贾逵，他们才投降。郭援就答应他们了。郭援想使贾逵担任将领，就用武力胁迫他，贾逵不听命，左右的人押着贾逵叫他磕头，贾逵怒斥他们说："哪里有国家的长官给贼人磕头的道理！"郭援恼怒，想要杀死他，有人趴在贾逵的身上来救他。绛城的官民听闻郭援将要杀死贾逵，都登城大喊说："违背我们的约定，杀死我们贤明的长官，我们宁愿和他一块拼死！"郭援于是将贾逵囚禁于壶关，关在一个土窖中，用车轮覆盖在上面，贾逵对看守他的人说："这里莫非没有壮士吗？竟然让义士死在这个监牢中？"有一个叫作祝公道的人，刚好听闻他的话，就在夜里前去，救出了贾逵，弄断了囚禁他的器械，放了贾逵，祝公道并没有说出自己的姓名。

曹操任命司隶校尉钟繇在平阳围攻匈奴南单于，还未攻克之时，对方援兵到达了。钟繇派遣新丰县令冯翊人张既劝说马腾，对他讲述利害关系。马腾犹豫不定。傅幹对马腾说："古人有句话说：'听从有德的人就昌盛；违背有德的人就灭亡。'曹公尊奉天子，诛除暴乱，法律严明，政治安宁，上下都听命于他，可以说是顺从道德了。袁氏依靠他的强大，背叛天子的命令，勾结胡人来侵略中原，可以算是违背道德了。现在将军既然侍奉有道有德的人，而心里却怀有两端的计划，想要坐观成败，我恐怕成败决定之后，尊奉天子的旨意，出兵征讨罪人，将军就要成为第一个被出兵征讨的人了！”马腾听后害怕了。傅幹趁机说：“聪明的人能够将祸患转变成福运，现在曹公和袁氏相持不下，而高幹、郭援联合攻击河东，曹公即使有万全的计策，也不能够阻止河东处于没有危险的境地。将军假如能够带领军队出兵征讨郭援，内外夹击，我们一定会得到胜利。这么一来，将军一发兵就折断了袁氏的膀臂，消除了一方的困境，曹公肯定会感激将军的大德，将军的功名就没有人可以相比了。”于是马腾就派遣他的儿子马超带领一万多军队与钟繇会合。

起初，将领们觉得郭援的兵力强大，想要抛弃平阳离开。钟繇说：“袁氏现在正强大，郭援来之时，关中的将领同他暗中勾结，他们之所以没有完全悖逆我们，只不过是顾忌我的威名罢了。假如我现在丢掉城池离开，向他们示弱，各个地方的人民，哪一个不成为我们的仇敌？即使我们想要返回，又有哪里能去呢？这是仗还未打，就先自取其败。何况郭援刚愎好胜，肯定轻视我们的军力，假如我们渡过汾水作为驻扎之地，在他们还未渡河之时，就加以攻击，可以大获全胜。”郭援到达了，果然径直向前渡汾水，大家劝阻他，郭援不听。还未渡到汾水一半之时，钟繇就开始攻打，大破郭援的军队。战事结束后，大家都说郭援战死了却无法找到他的首级。郭援是钟繇的外甥。过了一会儿，马超的校尉南安人庞德在盛弓矢的袋里取出一颗头颅来，钟繇看了之后就哭了起来。庞德向钟繇请罪，钟繇说：“郭援即使是我的外甥，但他是国家的罪人，你有什么罪过呢？”南单于因此投降了。

刘表派刘备向北边征战，到达叶县，曹操派遣夏侯惇、于禁等前来抵御。一天，刘备突然焚烧军营离开，夏侯惇等率军追赶。裨将军巨鹿人李典说：“贼人无故撤退，我怀疑其中一定有埋伏。而且南方的道路狭窄，草木也很深密，不可追击。”夏侯惇等不听劝，就任命李典留守而自己带领军队追赶，果然落入了刘备的埋伏，惨遭败绩。李典前去解救，刘备才退了兵。

曹操给孙权写信，要孙权送儿子到许昌来做官当人质。孙权召集所有的属官开会，张昭、秦松等人犹豫不决。孙权就领着周瑜到吴夫人那里商量大计，周瑜说："从前楚国刚开始接收封地之时，土地也不过一百里。后代的国君贤能，开疆拓土，之后便占据了荆州、扬州，传承基业，延长禄位，总计九百多年。现今将军继承了父兄的基业，还有六郡的人民，军队精良、粮食富余，将士用命，开山造铜，煮海造盐，国家富裕，人民不想作乱，还有什么事情逼迫你要送儿子去做人质呢？人质一旦送过去，就必须与曹操连为一体。与曹操连为一体，那么有什么命令来召唤就不得不去，如此的话，便受到了别人的控制。最多也不过得到一个侯印、仆从十几个人、车子几辆、马几匹而已，怎么能和南面称王相比呢？不如不要派遣人质，慢慢地观察时势的变化。假如曹氏能够行道义来匡正天下，将军那个时候侍奉他还不算晚；假如他图谋作乱，他自己救自己都来不及，怎么还能害人呢？"吴夫人说："公瑾的想法十分正确。公瑾和伯符同岁，只是小一个月罢了，我把他当作自己亲儿子看待，你要用兄长的礼节来侍奉他。"孙权于是决定不送人质。

八年（癸未，公元203年）

春季，二月，曹操进攻黎阳，同袁谭、袁尚在城下作战，袁谭、袁尚兵败而走，退回到邺城。夏季，四月，曹操一路追到邺城，收获了邺城的麦子；将领们要乘胜追击，郭嘉说："袁绍喜爱这两个儿子，但无法决定立哪一个。现在两个人的权力相等，各有依附的党羽，假如攻得太紧，他们就会团结在一起相互保护；假如放松了压抑，他们就会产生相互争斗的心理。倒不如南向荆州进攻刘表，以待他们的变化；等到发生变化了再来进攻他们，可以一举而将他们打败。"曹操说："好！"五月，曹操回到许昌，留下他的将领贾信镇守黎阳。

袁谭对袁尚说："我的铠甲兵器不精良，因此之前被曹操击败。

此刻曹操的军队已经退走，人人怀有返回家乡的心思，当他们还未过河之时，我们出兵从后面加以掩护偷袭，能够令他们溃败，这个战机不能白白失掉。”袁尚对袁谭的计策感到怀疑，所以既不增加他的兵力，也不更换他的铠甲兵器。袁谭十分恼怒，郭图、辛评趁机对袁谭说：“使你父亲将将军当作兄长继承人的，都是审配的计策。”袁谭于是带领军队进攻袁尚，在门外交战，袁谭失败退走，带领军队回到南皮。

袁谭别驾北海人王修，带领官吏、百姓从青州去援救袁谭。袁谭想要回头重新进攻袁尚，王修说：“兄弟就好比是左右手，假如人将要战斗之时而斩掉了自己的右手，然后说‘我肯定能胜利’，可以吗？抛下兄弟而不去疼爱，天下有谁还疼爱他！那些奸佞的人，离间别人的骨肉来求得暂时的利益，希望你堵住耳朵，不要听信，假如杀死几个奸佞的人，兄弟再相互亲爱和睦来共同治理四方，就可以横行于天下了。”袁谭没有听信。袁谭的将领刘询在漯阴起兵背叛袁谭，所有的县城都响应他。袁谭感叹地说：“如今全州都背叛我，难道我没有恩德吗？”王修说：“东莱太守管统，纵然身处海外，他不会背叛，必然会来追随的。”之后过了十多天，管统果然抛下妻儿前来投靠袁谭，而他的妻儿都被贼人杀死。袁谭改派管统做乐安太守。

秋季，八月，曹操进攻刘表，军队驻守在西平。

袁尚亲自带领军队进攻袁谭，大败袁谭，袁谭逃到平原，巡视城墙，加固守卫。袁尚围攻得很紧，袁谭派辛评的弟弟辛毗到曹操那里请求解救。

刘表写信劝说袁谭：“君子避难不逃到仇人的国家，绝交也不会口出恶语，更何况你是忘掉先人的仇恨，抛弃亲戚的友善，而做出万世都引以为戒的事情，令同盟者都倍感羞辱的事情呢！假如冀州袁尚有不尽弟道的傲慢，你应当委屈自己的心志，忍受耻辱，将达成大业作为目标，大事成功之后，让天下人评判孰对孰错，这不也算是高尚的节操吗？”他又给袁尚写信说：“金、木、水、火四种，因为刚柔相辅相成，然后能得到和谐，所以才够为人所应用。青州袁谭天性严肃急切，不能辨明是非；你宽厚大量，绰绰有余，应该以大包容小；以优包容劣，先除掉曹操以雪洗你父亲的仇恨，事情完成之后，再议论事情的是非曲直，不也是很好的事吗？假如迷惑却不知晓回头，那么胡人、夷人将会有讥讽的语言，何况我们同盟还会团结协作为你效劳吗！这就是俊犬韩卢、狡兔东郭相互追赶，两败俱伤而遭猎人捕获的原因。”但袁谭、袁尚都没有听从。

辛毗到西平拜见曹操，转述袁谭的意思，曹操手底下的人大多数觉得刘表强大，应当先将他平定，袁谭、袁尚的势力不值得担心。荀攸说：“天下正值变乱的时期，而刘表单单坐镇江、汉之间，他没有收复四方的大志是可以知道的。袁氏占据着四州的土地，带甲的士兵有几十万，袁绍待人宽厚，得到民众的拥护；假如两个儿子和睦相处而谨守他们父亲的事业，那么天下的祸患就没有停止之时。现如今他们兄弟结仇，这种形势肯定不能够两全，假如有一个被吞并，那么力量就集中于一处，力量一旦集中一处就难以图谋了；此刻趁他们内乱之时而进攻他们，天下就可以平定了。这个大好时机不能失掉。”曹操采纳了他的意见。

之后过了几天，曹操又要想先平定荆州，而让袁谭、袁尚相互进攻彼此削弱，辛毗看见曹操的表情，知道有了变化，就告诉郭嘉。郭嘉报告曹操，曹操对辛毗说：“袁谭一定可以信任，袁尚一定可以克服吗？”辛毗回答说：“你不要问袁谭是否值得信任，只应当论目前的形势。袁氏兄弟相互进攻，本来他们以为别人不会利用他们的矛盾来攻击他们，而是觉得吞并对方可以完成大业进而平定天下。现下袁谭忽然求救于你，这种情势的窘迫就可想而知了。袁尚看见袁谭有困难而且很窘迫却不能够攻取他，这是他的力量衰竭的缘故。军队在外面吃了败仗，谋臣在里边惨遭杀戮，兄弟相互诋毁攻打，地盘一分为二，连年不断的战乱，士兵的铠甲上生了虱子，再加上旱灾、蝗灾，饥饿同时产生。上有天灾，下有人为的灾难，人民不管是聪明的、愚蠢的都知道国家即将土崩瓦解，这是上天想要灭亡袁尚的时候。现在去围攻邺城，袁尚不派兵解救，邺地就不能守卫；回兵解救，袁谭就在后面追击。凭你的威望对付穷困的敌人，攻打疲劳的盗寇，就好比是秋风扫落叶一样轻而易举。天将袁尚给予你，你不去攻取而要进攻荆州，荆州粮食丰富、人民和睦、国家没有嫌隙，因而没有可以进攻的机会。仲虺有句话说：'混乱的就加以进攻，有灭亡征兆的就加以侵占。'此刻袁氏兄弟不致力于深谋远虑却相互图谋，可以说是混乱了；居住在国内的人没有东西可吃，想要出国的人却没有米粮，这是灭亡的前兆了。百姓朝不保夕，生命无法延续下去，然而你不去平定他，却要等待之后再去进攻；假如之后年岁丰收，袁氏兄弟知道自己将会灭亡而修养他们的德行，我们就失掉动兵的机会了。现在趁袁谭求助而加以安抚，没有比这个利益更大的了。再说四方的盗贼再没有比河北更强大的了，河北平定，收取他们的军资，那么六军强盛而天下就震动了。"曹操说："好！"然后就应允袁谭的请求。

冬季，十月，曹操到达了黎阳。袁尚听闻曹操渡过黄河，就从平原撤围回到邺城。袁尚的将领吕旷、高翔背弃袁尚归顺曹操，袁谭又私自刻了将军的印信，送给吕旷、高翔。曹操知晓袁谭的诡计，就要儿子曹整娶袁谭的女儿，来安定袁谭的心，而带领军队回许昌。

孙权向西进攻黄祖，攻破黄祖的水军，只不过城池还未攻下，而山寇又蠢蠢欲动了。孙权就带领军队返回，途中经过豫章之时，任命征虏中郎将吕范平定鄱阳、会稽，荡寇中郎将程普征讨乐安，建昌都尉太史慈治理海昏，任命别部司马黄盖、韩当、周泰、吕蒙等人担任那些很难治理的县城的长官，出兵征讨山越，将他们全部平定。建安、汉兴、南平的民众发生叛乱，各县汇聚了一万多徒众，孙权就命令南部都尉会稽人贺齐出兵征讨，将他们全部平定，重新建立了县邑，挑选了士兵一万人；并任命贺齐做平东校尉。

九年（甲申，公元204年）

春季，正月，曹操渡过黄河，阻塞淇水使其进入白沟以畅通运粮的道路。

二月，袁尚又到平原进攻袁谭，留下他的将领审配、苏由守邺城。曹操进军到洹水，苏由想要作为内应，但是计划泄露，便逃出投奔了曹操。曹操进军邺城，建造土山，开凿地道，来进攻邺城。袁尚的武安县县令尹楷镇守毛城，以沟通上党的粮草道路。夏，四月，曹操留下曹洪攻打邺城，自己带领军队进攻尹楷，将他打败，又派军到邯郸进攻袁尚的将领沮鹄，攻下了邯郸。

易阳的县令韩范、涉县的县令梁岐都将他们的县献给曹操。徐晃对曹操说："袁氏兄弟还未击败，因此没有攻克的城池中的人都在注意听投诚者的消息，应当嘉奖这两个县的首长，来给其他县城的人看看。"曹操听信了他。韩范、梁岐都被封为关内侯。黑山军的首领张燕派遣使者前去向曹操求助，曹操命他做了平北将军。

五月，曹操损坏了土山、地道，此外还在城的四周挖掘深沟，周围有四十里。刚开始命令挖得很浅，觉得可以越过。审配看见了，就嘲笑他，不出城同曹操对战。曹操经过一夜的加紧挖掘，将沟挖得宽和深都有二丈，引导漳水来灌邺城，进而断绝邺城内外的联系；城里超过一半的人都被饿死。

秋季，七月，袁尚带领士兵一万多人回来救邺城；还未到达，想让审配获知外面的动静，就先派遣主簿巨鹿人李孚先进入邺城。李孚就砍断一根问事的木杖，将它系在马的旁边，自己戴着齐平的头巾，带领三名骑兵，天将要晚之时，就到邺城的下面；称自己是都督，经过北方的围城，一路顺着标记向东行走，步步责怪守围的将士，按照他们所犯错误的轻重执行处罚。于是经过曹操军营的前面，到达了围城的南方，面对着邺城的章门，又发怒责怪守围的人，逮捕捆绑了他们。因此解开围困，奔跑到城下，呼叫城上的人，城上的人用绳索将他们引到城上，李孚因而得以进城。审配等人见到李孚，既伤心又高兴，击鼓喧闹称万岁。守围的人将这情况报告曹操，曹操笑着说："他们不仅要进去，而且还会出来。"李孚知道外面的围困更加紧密，不可以再冒险，就请求审配将城中的老人和小孩全部送出城外以节省粮食，夜里挑选了几千人，叫他们都举着白色的旗子，从三个门一起出城投降。李孚又带领三个骑兵身着投降人的衣服，跟着他们在夜里出城，突围而去。

袁尚的军队已经来到了，曹操的将领们都以为："这是回城的军队，一定会为了自己而拼死作战，不如躲避他。"曹操说："袁尚假如从大路来，就应当躲避；假如顺着西山来，他就要被我抓获了。"袁尚果然顺着西山而来，东到阳平亭，离邺城十七里，面对滏水驻扎。夜里，升起火给城中的人传递消息，城里的人也举起火来呼应。审配在城的北方出兵，要想与袁尚里外夹攻，溃决围困。曹操就加以迎击，审配战败回城，袁尚也被击败逃走，靠着曲漳驻扎，曹操又围攻他。还未交战，袁尚就害怕了，遣人请求投降；曹操不听从，围攻得更厉害。袁尚夜晚逃走，退守祁山，曹操又出兵围攻；袁尚的将领马延、张顗等人临阵投降，袁尚的部下彻底溃败，袁尚逃跑到中山。这样曹操完全收取他的辎重，获得了袁尚的印绶、旄节、斧钺和衣服，拿出来给城中的人看，城内军心沮丧。审配命令士兵们说："大家坚持守卫，拼死作战，曹操的军队已经疲劳了，袁熙的军队马上就要到达了，何必担心没有主人呢？"曹操出营巡察围困的情况，审配埋伏起来用弓箭射他，差点就射中了他。

审配的兄长的儿子审荣做东门校尉。八月，戊寅日（初二），审荣在夜里开门引导曹操的军队进城。审配在城中反抗，被曹操的士兵活捉了。辛评的家族被关押在邺城的监狱里，辛毗跑过去，想要救助他们，可是他们已经全被审配杀掉了。曹操的士兵将审配捆绑着送至曹操的军帐里，辛毗迎上去用马鞭抽打审配的头，骂道："奴才！你今日真是死期到达了！"审配回头看着他说："狗类！正是因为你们，曹操才攻下我们的冀州，我真恨不得杀了你；且说今日你有能力处置我吗？"没过多久，曹操见了审配，对审配说："前天我巡视围困邺城的军队，你们的弓弩好多啊！"审配说："我还恨它太少了，没有将你射死！”曹操说：“你对袁氏忠心，也不得不如此！”心中想要放他一条生路，审配意气豪壮贞烈，自始至终没有讲一句屈服的话，而辛毗等人号哭不止，曹操因此杀死了他。冀州人张子谦先投降，张子谦向来和审配不合，就笑着对审配说：“正南，你和我比起来怎么样？”审配高声说：“你是一个投降的人，可我审配是忠臣，即使死了，又怎么会羡慕你苟且偷生呢？”快要行刑之时，审配就大声命令手持兵器的人让自己面向北方，说：“我的主人在北方。”此后曹操就亲自祭祀袁绍的坟墓，痛哭流涕，慰劳袁绍的妻子，还将宝物还给袁绍的家人，赏给他们各种丝帛，并由公家给他们供应粮食。

起初，袁绍和曹操一块起兵，袁绍问曹操说：“假如事情不能成功，那么哪里可以占据呢？”曹操说：“你的意思是什么？”袁绍说：“我向南依靠黄河，向北阻断燕、代，兼有戎狄的人口，向南可以争天下，大概可以取得成功吧！”曹操说：“我用智谋取得天下，以道德治理它，任何地方都可以。”

九月，汉献帝诏派曹操兼领冀州牧；曹操就让还兖州。

起初，袁尚命令从事安平人牵招到上党督运军粮，还未返回之时，袁尚就逃跑到中山，牵招劝说高幹在并州迎接袁尚，联合兵力观察变化，高幹没有听从。牵招就向东去拜见曹操，曹操又命他做冀州从事。又召辟崔琰做别驾，曹操对崔琰说：“昨日考查户籍，有三十万人，因此冀州实在是一个大州。”崔琰回答说：“如今九州分裂，二袁兄弟大动干戈，相互残杀，冀州的百姓尸骨暴露在野外，没有听闻王师加以慰问，解救他们的困苦反而计算甲兵，唯独关注这些，这哪里是本州的男男女女希望您做的呢？”曹操端正脸色，向崔琰道歉。

许攸自恃有功，骄傲而且无礼，曾经在许多人在座之时直呼曹操的小名说：“阿瞒，如果没有我，你是得不到冀州的！”曹操笑着说：“你说得十分正确。”然而内心却很不悦，之后真的杀掉了他。

冬季，十月，有彗星在东井星座出现。

高幹用并州投降，曹操又任命高幹担任并州刺史。

曹操进攻邺城之时，袁谭又背叛了曹操，攻占了甘陵、安平、渤海、河间。又到中山进攻袁尚，袁尚失败了，逃至故安，跟随袁熙；袁谭集齐他所有的士卒，回师屯守龙凑。曹操给袁谭去信，责怪他违背盟约，并与他断绝婚姻，将他女儿送还，然后发兵征讨。十二月，曹操扎营在其门，袁谭攻下平原，带领平原的兵力退守南皮，临着清河扎营。曹操进入平原，收复了所有的县。

曹操上表拜公孙度做武威将军，封他为永宁乡侯。公孙度说："我在辽东称王，何必做永宁侯呢？"就将印绶藏在仓库中。这一年，公孙度去世，他的儿子公孙康继位，就将永宁乡侯封给弟弟公孙恭。

曹操因为牵招曾经担任过袁绍的领乌桓突骑，就派遣他到柳城安抚慰劳乌桓。正好乌桓的峭王整顿五千骑兵想要协助袁谭。此外，公孙康派使者韩忠将单于的印绶送给峭王。峭王聚集所有的部落首长开会，韩忠也在座。峭王就问牵招说："从前袁公说接受天子的命令，拜我做单于。而今曹公也说要报知天子，拜我做真单于，辽东又遣人送印绶于我，如此一来，哪一个才是真正的主呢？"牵招回答说："先前袁公秉承天子的制命，能够给人拜官，因为他中间悖逆了天子的命令，所以现在由曹公来替代他，曹公说报知天子，再拜你做真单于。辽东是下等的州郡，怎么可以专擅拜官呢？"韩忠说："我们辽东在沧海的东面，拥有一百多万军队，又有扶馀、濊貊人让我役使，如今的情形是势力强的人就强大，曹操怎么能够单独做此事呢？"牵招大声地责备韩忠说："曹公诚信、恭谨、明智、睿哲，拥护天子，征伐叛贼，安抚归顺之人，安定了四方。你们君臣凶狠愚笨，现今借着险固并且路途遥远，悖逆了天子的命令，想要专擅拜官，亵渎了天子，作威作福，真应当受到杀戮，怎么敢污蔑毁谤大人呢！"就按住韩忠的头在地上撞击，拔出刀来要杀死他。峭王害怕了，光着脚下来抱住牵招以来救韩忠，峭王旁边的人也吓得变了颜色。牵招这才回到座位上，对峭王等人讲述成败的得失、祸福的趋势；峭王身旁的人都离开席位，伏跪在地，恭敬地接受告诫教令，拒绝了辽东的使者，并解散了严格整顿的骑兵。

丹阳大都督妫览、郡丞戴员杀死太守孙翊。将军孙河镇守京城，听到消息后就跑到宛陵。妫览、戴员又将他杀死；遣人迎接扬州刺史刘馥，要他驻守历阳，自己以丹阳来和他呼应。

妫览进入原先孙翊军府中居住，想要强行迎娶孙翊的妻子徐氏。徐氏骗他说："恳求你等到月底，等陈设完祭祀后我脱掉了丧服，再服从你的命令。"妫览应允了她。徐氏偷偷地派亲信告诉孙翊的亲信旧将孙高、傅婴等人，同他们计划除掉妫览。孙高、傅婴哭泣着答应了，秘密地召集孙翊生前侍奉左右而得到厚待的二十几个人，与他们结盟发誓一起谋划。到了月底，徐氏陈设祭祀，哭泣得很是悲痛，完了之后，就脱掉丧服，焚烧沉香、沐浴，谈笑风生，家里上上下下的人都非常伤心，对徐氏的表现感到很奇怪，妫览偷偷地观察，没有一点怀疑。徐氏就叫孙高、傅婴躲藏在房间里，命人将妫览叫过来。徐氏出房拜见妫览，刚拜了一拜，就大叫说："二位将军可以行事了！"孙高、傅婴一起从房中出来，杀死妫览，其余的人就在外面杀死戴员。徐氏又穿上之前的丧服，拿着妫览、戴员的头来祭祀孙翊，全军的人都为之震动惊恐。

孙权闻说有乱，从椒丘返回，到达了丹阳，就将妫览、戴员的余党、族人全部杀掉。升孙高、傅婴做牙门，余下的人都有不同的赏赐。

孙河的儿子孙韶，十七岁，收集了孙河余下来的士兵镇守京城。孙权带领军队回到吴地，夜里到达京城下营，遣人进攻京城来惊动孙韶的士兵，想试试孙韶的才干；孙韶的士兵都上了城墙，传送军事文书，防备警戒，喊声动地，不断地射城外的人。孙权命人通知他，孙韶这才停止射箭。第二天孙权召见孙韶，封他为承烈校尉，统领孙河的部队。

十年（乙酉，公元205年）

春季，正月，曹操进攻南皮，袁谭出城作战，曹军死掉了很多士卒。曹操想暂时停止进攻，议郎曹纯说：“如今我们是孤军深入，很难长期维持下去，假如进攻没有得到胜利，退后一定会失掉军威。”于是亲自敲鼓来激励进攻的人，因此攻下了南皮。袁谭出城逃跑，曹操追到后就杀死了他。

李孚称自己为冀州主簿，拜见曹操说：“现下城中以强凌弱，人心慌乱，我觉得应当在新投降的人中，选派一个为大家所信服的人来宣扬你的清明教诲。”曹操就任命李孚进入城中，告诉官吏和人民，让他们各自安定于自己原有的事业，不要相互欺凌，城中这才安定了下来。曹操于是杀死郭图等及其妻儿。

袁谭派遣王修到乐安运输粮食，王修听闻袁谭的情况危急，就带领自己的士兵前去解救，到达高密，听到袁谭已经死去，就下马大声地哭泣说：“如果没有你，我还能归附谁呢？”于是就拜见曹操，乞求收敛埋葬袁谭的尸体，曹操答应了他，又派王修回到乐安监督军粮。袁谭所统治的各城都投降归顺了，唯有乐安太守管统不肯归降。曹操让王修在督运粮食之时，杀掉管统，取下管统的首级。王修觉得管统是亡国的忠臣，就解开他的绳索，要他去拜见曹操，曹操很高兴地赦免了他，命王修做司空掾。

郭嘉劝说曹操多征用青、冀、幽、并各州的名士为下属，让人心归附，曹操听从了他的意见。官渡之战后，袁绍叫陈琳写讨伐曹操的军事文书，写下曹操的全部罪恶，陈琳写作之时，牵连了曹操的家世，对他极尽污辱和毁谤。等到袁绍战败，陈琳归顺曹操，曹操说：“你从前替袁本初写文书，可以责怪我一人的罪状，为何还要连及我的父亲、祖父呢？”陈琳向曹操请罪，曹操放过了他，命令他和陈留人阮瑀一同管理记室。

从前渔阳人王松占领了涿郡，郡人刘放劝说王松举郡归顺曹操，曹操任命刘放做参司空军事。

袁熙被他的将领焦触、张南攻击，就与袁尚一块逃至辽西的乌桓。焦触自己号称幽州刺史，带领各郡的太守、县长，背叛袁尚归附曹操，陈列几万军队，同各首长白马盟誓，他下令说："有谁胆敢背叛的就杀掉他！"无一人敢抬头看他，各人依次歃血。别驾代郡人韩珩说："我深受袁公父子的恩德，如今他们灭亡了，我的智慧救助不了他们，我的勇气不能和他们一起牺牲，在道义方面来说已经有了缺失，假如现在要我向北侍奉曹氏，这是我做不到的。"在座之人都为韩珩的言语吓得变色。焦触说："成大事就应当建立大的道义，事情能否获得成功，不在于一个人，我们让韩珩保持他的节操以砥砺侍奉君主的人。"于是就赦免了他。焦触等人于是都归降了曹操，都被封为列侯。

夏季，四月，黑山贼的首领张燕带领他的部下十多万人投降，被封安国亭侯。

故安人赵犊、霍奴等杀掉了幽州刺史和涿郡太守，三郡的乌桓在犷平进攻鲜于辅。秋季，八月，曹操征战赵犊等，杀死他们；就渡过潞水解救犷平，乌桓逃跑出塞外。

冬季，十月，高幹听到曹操攻打乌桓，又以并州叛变，逮捕了上党太守，发兵守壶关口。曹操命令他的将领乐进、李典进攻他。河内人张晟带领一万多个手下，侵略崤、渑之间，弘农人张琰发兵响应他。

河东太守王邑受到朝廷征召，郡中的属官卫固和中郎将范先等人拜见司隶校尉钟繇，希望让王邑继续担任河东太守。钟繇不答应。卫固等表面上是恳请王邑留任，而实际上和高幹串谋。曹操对荀彧说："关西的将领们表面服从，内有二心，张晟侵略崤、渑一带，南方私自串通刘表，卫固等人又凭借他，将会成为重大的祸患。今天的河东，是天下重要之处，你替我推选一位贤才来驻守这里。"荀彧说："西平太守京兆人杜畿，其勇气可以抵挡灾难，其智慧也能够应付万变。"曹操就命令杜畿担任河东太守。钟繇督促王邑交出郡府，王邑却携带着印绶直接从河北到许昌，向朝廷报到。

卫固等人带领几千士兵阻断了陕津渡口，杜畿到达了陕津，几个月都无法渡过。曹操命令夏侯惇征伐卫固等，还未到，杜畿说："河东有三万家，并非都要作乱。只是此刻受到兵力的紧逼，即使是想从善也没有一个可以领导的人，肯定会因为害怕才听从卫固。卫固等人专权强势，势必拼命作战，假如我们征伐他得不到胜利，那将造成无穷无尽的灾难；征伐他而能够获得胜利，所残害的是整个郡的百姓。况且卫固等并无明显违背天子的命令，他们表面上以请求原来的太守作为名义，一定不会陷害新的太守，我一个人直接去，出其不意，卫固为人多有计策，可是没有判断力，肯定表面上接纳我，如果我能够居住在郡里一个月，用计策来拉拢他们，事情便成功了。"于是就偷偷地绕道渡河。

范先要杀死杜畿来镇压群众，就先看看杜畿去留的情形，在郡府门前杀掉主簿以下三十几人，杜畿的行为依旧无丝毫变化。于是卫固说："杀死他对我们没有好处，只不过白白地招致坏的声名，不如控制他留在我们身边。"于是奉他做太守。杜畿对卫固、范先说："卫、范两家，是河东人所景仰的家族，我靠着两家完成事情。然而君臣之间有一定的道义，成败有共同的关系，郡中的大事，我与你们一起商量。"就任命卫固做都督，行郡丞的事情，领功曹；将校官兵三千余人，都要范先来督导。卫固等人高兴，虽在表面上侍奉杜畿，但没有将他放在心上。卫固想要大举征募士兵，杜畿很担心，就对卫固说："而今大举征收士兵，人民的心里肯定不安，不如慢慢地用钱招募士兵。"卫固觉得十分正确，就听从了他，征到的士兵很少。杜畿又对卫固等说："人的心里很顾念家里，将领们和属官可以分别让他们休息，等紧急之时，召集他们也不是难事。"卫固等人很怕悖逆了大家的意愿，所以又听从了他。于是善人在外面，暗地里作为自己的援手；恶人分散了，各自返回家中。

恰逢白骑进攻东垣，高幹来到濩泽。杜畿知道各县都归附自己，就出城去，单独带领几十个骑兵奔赴前线，利用坚固的壁垒来守卫，各地官民大都倾城出动援助杜畿。几十天后，得到四千多人，卫固等人和高幹、张晟一起进攻杜畿，无法攻下，经过的各个县，也没有收获。曹操命令议郎张既向西征召关中的将领马腾等人带领军队会合攻打张晟等，将他们打败，杀死卫固、张琰等人，余下的党羽一律赦免。

在这时杜畿治理河东，崇尚宽厚仁爱。人民有讼事，杜畿给他们讲述道理，放他们回去细细考虑，父老们都自我责备，不敢兴讼；杜畿又规劝人民耕种，教导人民畜牧，老百姓家家户户丰盛殷实；然后他兴办学校，推举孝悌，练习战事，讲求武艺，河东郡自此安宁。杜畿在河东十六年，他的治绩从来都是诸郡里边最好的。

秘书监、侍中荀悦，写了《申鉴》五篇，呈献给天子。荀悦，是荀爽的兄长的儿子。那时政令完全在曹氏手中，天子只是南面端坐罢了，并没有实事可做。荀悦的志向在于贡献善道，淘汰不好的政令；然而他的智慧和谋略没有机会施展，因此才写了此书。书的主旨是："治理政治的办法，先要消除四个忧患，然后再崇尚五项政事。虚伪会扰乱风俗、自私会败坏法令、放荡会凌越正轨、奢侈会破坏制度，这四样如果不除去，政令就无法施行，这就称作四个忧患。振兴农事来养活生命，重视好恶来端正风俗，宣扬文教来彰显德化，建立武装来执守威仪，严明赏罚来统一法令，这就称作五种政事。人民不害怕死亡，不能用刑罪吓他；人民没了生存的意趣，不能用善道劝他。因此身居上位的人，先要使人民的财物丰厚，来让他们的心志安宁，这称作养活生命。善恶合乎功罪，毁誉合乎准则，听他的言语还要要求他的行事，知道他的声名还要观察他的实际，不要用虚伪令百姓的心志动荡。这样才会消除世俗中的怪异，人民没有淫风，这称作端正风俗。荣辱是赏罚的精华，因此礼教荣辱施在君子身上，这是从内心对他们加以感化；桎梏鞭打施在小人身上，这是从形体对他们加以感化。假如教化败坏，这是让中等的人也沦为小人的境地；教化能够推行，这是引导中等的人升到君子的境地，这叫作彰明德化。身居上位的人，一定要用武力来防备不测，国家安定之时就用之于政事；有事之时就用之于军旅，这是执守威仪。赏罚是推行政令的依据，人君不乱赏，并非爱惜财物，而是由于乱赏，善人就无法得到鼓励。不乱罚，并非怜惜恶人，而是因为由于乱罚，恶人就无法得到惩罚。赏赐失掉鼓励作用，这称作阻止行善；刑罚失掉惩戒作用，这叫作放纵罪恶；在上位的人能够不阻止下面的人行善，不纵容下面的人行恶，国法就建立了。这就叫统一法令。四个忧患已经除去，五项政事又能建立，再用诚实来做推行，用固直来守卫，简单而不松懈，粗疏而无失误，垂拱揖让，无为而治，天下就能安定了。”

资治通鉴卷第六十五　汉纪五十七

起丙戌（公元206年），止戊子（公元208年），共三年。

【题解】本卷记录了汉献帝刘协建安十一年至建安十三年间的历史。曹操灭高干，平定三郡乌丸，灭袁尚、袁熙，扫除袁氏残余势力，巩固北方统治。之后便大举南下。孙氏政权，此时已完全统治江东，并在二〇八年春攻打荆州，歼灭江夏太守黄祖，报杀父之仇。南依刘表的刘备，三顾茅庐，请出卧龙诸葛亮，诸葛亮献隆中对策，第一步也是夺取荆州。曹操南下占领荆州，于是孙、刘联军与曹操在赤壁展开大战，曹操大败，荆州三分，三国鼎立的序幕就此拉开。

孝献皇帝庚

建安十一年（丙戌，公元206年）

春季，正月，有彗星出现在北斗星座。

曹操亲自带领军队进攻高幹，留下世子曹丕守卫邺城，派遣别驾从事崔琰协助他。曹操进攻包围壶关，三月，壶关投降。高幹亲身去匈奴，请求解救；单于没有接受，高幹单独和几个骑兵逃亡，想向南逃到荆州，上洛县的都尉王琰抓到了他，并杀掉了他，并州全部平定。

曹操派陈郡人梁习以别部司马的身份担任并州刺史。当时荒乱过后，胡人、狄人强大并且嚣张，官民叛逃，都进入了他们的部落，各部落有权有势的凭着自己的武力，到处侵掠做坏事。梁习上任之后，劝诱招纳，对地方豪强都用礼征召，有少数人逐渐得到举荐，让他们到州府里任职。这些豪强没有了，其次再募集他们之中强壮的人口，作为志愿军。又借着大军出征，下令所有的将领分别请这些志愿军参与战事。官吏和士兵离去之后，逐渐地迁移他们的家庭，前前后后送到邺城，一共有几万人，那些拒绝听从命令的人，就出兵前来征讨，杀死一千多人，投降的有上万人。单于因而老实顺从，各部落的首长也投降，服役纳贡同普通民众一般。边境整肃之后，老百姓都进入农田，勤恳地耕作，令出必行，有禁必止。长老都称赞歌颂，觉得自从有见识之后，没有一个像梁习这样的刺史。梁习于是将避难在并州的名士像河内人常林、杨俊、王象、荀纬以及太原人王淩等人，举荐给朝廷，曹操全部任命他们做了县长，这些人之后都十分有声望。

起初，山阳人仲长统游学到并州，拜见高幹，高幹厚待他，问他世事。仲长统对高幹说："你胸怀大志却没有大才，喜好士人却不能挑选人才，这是你应当十分警惕的。"高幹平时很高傲，很不喜欢仲长统的话，仲长统就离开了他。高幹死后，荀彧推荐仲长统担任尚书郎。仲长统写的论文称为《昌言》，其中谈及治乱，大概是说："一个应合天命的豪杰，不见得有取得天下的命分，没有取得天下的命分，而勉强要获取天下，因此战争接连不断地兴起。较量智谋的人都因此枯竭智慧；较量力量的人都因此失败，等到形势不足以相抵，力量不足以相抗，才低头投降，接受我的控制。等到继位之时，豪杰想要获取天下的心已经死了，人民的心志也已经安定，显贵都有固定的家世，权势集中于天子一人手中。此时，即使愚蠢的人在位，还是可以使得恩同天地，威齐鬼神，周公、孔子即使有几千之多，也无法再展示他的圣德；孟贲、夏育即使有百万之多，也无法再展现他的勇力。那些后代愚蠢的君主，看见天下无人敢于违背他们，就自觉得会像天地一样长存而不会遭受灭亡，于是肆意放纵自己的爱好，发展自己的欲望，君臣公开淫乐，上下共同作恶，懈怠了朝政，遗漏了人才。他们所信任的人，全都是那些谄媚讨人喜欢的人；他们所重视的人，全都是后妃姬妾的家人。以至于搜刮天下的民脂民膏，残害百姓的生命，百姓埋怨且痛恨，生活又无依靠，战乱于是同时产生，中原混乱不安，四夷侵掠叛变，像土崩瓦解，一朝之间大势已去。从前那些受我们抚养的子孙，现在都成了吸我们血的敌人。等到这种命运改变，大势已去，还不有所觉悟的人，难道不是由于富贵而产生麻木不仁之心，陷溺才导致愚昧无知的疾病吗？因此存亡不断更替，治乱自此周而复始，这就是长久不变的大道理。”

秋季，七月，武威太守张猛杀了雍州刺史邯郸商；州里的军队出兵征讨张猛并杀死了他。张猛是张奂的儿子。

八月，曹操向东征讨海贼管承，到达了淳于，派遣将领乐进、李典打败了他，于是管承逃到了海岛。

昌豨又反叛，曹操命令于禁去征讨并且将他杀掉。

同一年，汉献帝立原琅邪王刘容的儿子刘熙担任琅邪王，除掉齐、北海、阜陵、下邳、常山、甘陵、济阴、平原等八个封国。

乌桓乘天下大乱之时，侵占而拥有十几万家汉族的百姓，袁绍将他们的酋长都立为单于，将平民人家的女儿认作自己的女儿，嫁给单于做阏氏。辽西的乌桓蹋顿尤为强大，被袁绍优厚招待，所以袁尚兄弟之后都去归顺了他，蹋顿时常进入边塞侵凌，想要协助袁尚恢复从前的土地。曹操想要进攻他，就先开凿平虏渠、泉州渠以通畅运输。

孙权进攻山贼麻、保二屯，将他们平定。

十二年（丁亥，公元207年）

春季，二月，曹操从淳于返回邺城。丁酉日（初五），曹操上奏章赏封大功臣二十几个，汉献帝都封他们为列侯；趁机表奏万岁亭侯荀彧的功劳。三月，增加荀彧的封地一千户，又要授给荀彧三公，荀彧叫荀攸深深地表示自己的谦让之意，反复让了十几次，曹操这才打消意念。

曹操想要进攻乌桓。将领们都说：“袁尚只不过一个逃亡的人罢了，夷狄贪婪而不亲爱。怎么能够为袁尚所用呢？此时深入夷狄之区而进攻他，刘备肯定劝说刘表趁机来偷袭许昌，万一事情有了变化，就无法后悔弥补了。”郭嘉说：“曹公即使威震天下，胡人因为地区遥远，一定不会有所备，乘着他们没有防备，仓促之间进攻，就能够将他们一举消除。况且袁绍对百姓、夷狄都有恩德，而袁尚兄弟尚在。现今四州的人民，是因为害怕我们的武力而服从，我们并没有加给他们恩德，假如放弃这个地方而向南征战刘表，袁尚借着乌桓的势力，招集那些甘愿替主人牺牲的臣下，胡人一旦有了行动，百姓、夷狄一同响应，蹋顿就会因此产生异心，形成觊觎的计划，恐怕青州、冀州不会再为我们所有了。刘表只不过一个坐着言谈的人而已，知晓才干不能够控制刘备，一旦重用他，却又害怕控制不了他；若是轻用他，刘备也不会为他所用，因而我们倾尽全国的兵力，到遥远之地去征战，也不会有什么担心。”曹操就采纳了他的建议。军队到达易县，郭嘉说：“用兵贵在快速。现在到千里之外偷袭别人，辎重太多，难以取得利益，再说他们一旦听到了，肯定设立守备；倒不如留下辎重，带领轻装急行的军队，日夜兼程赶到那里，出其不意地攻击他们。”

先前，袁绍多次命人到无终征召田畴，又授予他将军的印信，要他安抚所统部众，田畴都拒绝了他。等到曹操平定冀州，河间人刑颙对田畴说：“黄巾起事二十几年，全国混乱，百姓流离。如今听闻曹公法纪严明，百姓憎恨混乱，混乱到极点就会安宁，我愿意率先表现。”于是就整装返回乡里。田畴说：“刑颙真是百姓之中的先知先觉者。”曹操派刑颙担任冀州从事，田畴憎恨乌桓杀死很多本郡的士大夫，心里想进攻乌桓而力量不够，曹操派遣使者召辟田畴，田畴告诉他的门下赶紧整理行装。他的门客说：“先前袁公很是仰慕你，礼节命令五次到来，然而你却很有节义地拒绝顺从；而现在曹公的使臣一来而你就好像等不及的样子，这是什么原因呢？”田畴笑着说：“这个是你所不能理解的。”于是他就跟随使者到军中，曹操拜他做蓨县县令，跟随着军队在无终居住。

当时正是夏季，雨水非常多，滨海地区地面潮湿，道路泥泞而无法通行，敌人也占据道路的要点，军队无法前进。曹操很是担心，就问田畴的计策，田畴说：“这条路，秋季、夏季经常有水，浅之时不能通行车马，深之时也不能通行舟船，很久以前就形成困难。从前的北平郡郡政府在平冈，经过卢龙，到了柳城；自建武以来，这条路毁坏坍塌已经快有二百年，可是还有小路可走。此时敌人觉得我们的大军应当无法通行无终，无法前进必然会后退，所以他没有戒备。假如我们偷偷地回军，从卢龙口越过白檀的险要，经过他们的空虚之地，道路近而且便利，趁敌人没有防备之时而加以攻击，蹋顿一定会不战而俘。”曹操说：“好！”于是带领军队从无终回去，而将大木牌竖立在水旁路边，上面写着：“正值夏季暑热之时，道路不通，暂且等到秋冬之时，再行进军。”敌人的斥候骑兵看见了，真的觉得曹操大军已经离去。

曹操就命令田畴带领他的部下做向导，上徐无山，挖山埋谷，行走了五百多里，经过白檀，越过平冈到达鲜卑庭，向东直指柳城。还差两百多里地时，敌人才知悉（曹军的到来），袁尚、袁熙和蹋顿以及辽西单于楼班、右北平单于能臣抵之等带领几万骑兵迎战曹操的军队。八月，曹操登上白狼山，匆忙之间和敌人遭遇，敌人的军队十分众多。曹操的辎重在后面，身披铠甲的士兵也很少，身边的人都十分害怕。曹操登上高处，看到敌人的阵容并不十分整齐，于是就发动军队进攻，命令张辽做前锋，敌人的军队溃败，杀死蹋顿以及各部落首长以下的人，胡人、汉人投降的有二十几万。

辽东单于速仆丸和袁尚、袁熙逃走投奔辽东太守公孙康，他们的手下还有几千骑兵追随。有人劝曹操趁机进攻，曹操说：“我正命令公孙康斩了袁尚、袁熙的首级，不需要出兵动用军队。”九月，曹操统领军队从柳城班师。公孙康想抓到袁尚、袁熙，以这个作为功劳，就先在马厩里面安置了精锐的勇士，然后邀请袁尚、袁熙进来，他们还未坐下，公孙康就大喊着让埋伏的士兵抓住他们，于是斩掉袁尚、袁熙同速仆丸的首级一起送于曹操。将领们有人问曹操：“你回来了，公孙康才斩杀袁尚、袁熙，这是什么意思呢？”曹操说：“公孙康向来害怕袁尚、袁熙，假如我胁迫他，他就和袁尚、袁熙联合起来；假如对他放松警惕，他就为自己图谋，现在的形势就是这样。”曹操将袁尚的首级悬挂示众，下令三军：“有人胆敢为他们哭泣的，就斩掉他！”牵招独自设立了祭礼，痛哭流涕，曹操觉得他非常有节义，就推荐他做茂才。

那时天气酷寒而且干旱，二百里以内没有水，军队又缺少粮食，就杀死几千匹马作为军粮，凿地三十几丈才得到水。返回之后，曹操就查问之前劝阻他伐乌桓人的姓名，大家不知道是什么原因，人人都很害怕。曹操都厚赏曾经劝谏的他们，说：“我上一次出兵，冒着危险而侥幸得胜，纵然取胜，也是靠上天的帮助，实在不能作为常情。诸位的劝谏，真真正正才是万分安全的计划，所以厚赏诸位，之后不要害怕劝谏。”

冬季，十月，辛卯（初三），有彗星出现在鹑尾星座。

乙巳（十七日），黄巾军杀死济南王刘赟。

十一月，曹操到达易水，乌桓代郡部落的单于普富卢、上郡部落的那楼都来庆贺。

军队返回之后，论功行赏，以五百户封田畴为亭侯。田畴说：“我刚开始是为刘公报仇，才带领部下逃走，现在不能建立志向、表显节义，反而借此谋取一己私利，这并不是我原本的心意。”坚决推辞不愿意接受，曹操知道他是出于本心，就答应了他的推让而没有强迫他。

曹操北伐之时，刘备劝说刘表偷袭许昌，刘表没有采用他的计策。等到听闻曹操回来，刘表对刘备说：“因为没有采用你的话，所以才失掉这个大好时机。”刘备说：“现今天下分裂，连年征战，机会的产生，怎么会完呢？假如之后能够掌握运用，那么此次机会失掉也没有什么值得悔恨的。”

这一年，孙权向西进攻黄祖，俘获了他的百姓才回去了。

孙权的母亲吴氏病情加重，召见张昭等人，将后事嘱咐给他们后才死。

起初，琅邪人诸葛亮居住在襄阳的隆中，经常将自己比作管仲、乐毅；当时人都不以为然，唯有颍川人徐庶和崔州平觉得十分恰当。崔州平是崔烈的儿子。

刘备居住在荆州，向襄阳司马徽寻找人才，司马徽说：“儒生俗士，如何会通晓时务，懂得时务的人唯有俊杰，而此地就有伏龙、凤雏两位俊杰。”刘备问他们是什么人，司马徽说：“是诸葛亮和庞士元。”徐庶在新野拜访刘备，刘备很重用他，徐庶就对刘备说：“诸葛亮是卧龙，将军您愿意见他吗？”刘备说：“你同他一起来吧！”徐庶说：“这个人只能您去见，而不能委屈地召他前来，将军应当屈尊去见他。”

刘备因此而去拜见诸葛亮，前后一共去了三次，才见到他。刘备于是斥退身旁的人说：“汉室败落，奸臣窃取了政权，我不估计自己的德行和力量的大小，想要向全天下伸张正义。然而我智慧浅陋，因此才困顿颠沛，一直到今天。但是心中的志向还未消退，你觉得该怎么办呢？”诸葛亮说：“如今曹操已经拥有百万大军，挟持天子来号令诸侯，这种情形之下实在不能与他抗争。孙权占据江东，已过了三代，国家险要且人民听从，贤达都能为他所用，这种情形你大可同他相互结为援手，而不能互相谋取。荆州北方靠着汉水、沔水，地势之利一直延伸到了南海，东边连着吴郡、会稽郡，西边一直通到巴、蜀，这实在是一个用武之地，而他的主人刘表却不能有效防守，这恐怕是上天拿来资助将军的吧！益州巩固而且闭塞，有绵延千里肥沃的土地，是一个非常富庶之地。刘璋昏庸而且懦弱，北边的张鲁，人民殷实、国家富足却不懂得怜恤，有智力才干的人希望能有一位贤明的君主。将军既然是帝室的后裔，信义彰显于四海，假如跨有荆州、益州等地，守护它的险要，安抚好戎人、越人，与孙权结为盟友，对内修明政治，外面观察时事的变化，如此霸业就能够达成，而汉室就能够恢复起来了。”刘备说：“好！”于是他和诸葛亮的感情日渐亲密。关羽、张飞看见了十分不悦，刘备对他们解释说：“我获得了孔明，就好比是鱼儿获得了水，希望你们不要再多说什么。”关羽、张飞这才停止。

司马徽，清明高雅而且有知人之明，同县的庞德公向来享有很高的声名，司马徽用兄长之礼对待他。诸葛亮每次到庞德公的家中，独自在床下拜见他，庞德公一开始也不叫他停止。庞德公的侄儿庞统，儿时朴质钝拙，没有重视他的人，唯有庞德公和司马徽看重他。庞德公常常觉得诸葛亮是卧龙，庞士元是凤雏，司马德操是水鉴；因此司马德操和刘备谈话而称赞诸葛亮。

十三年（戊子，公元208年）

春季，正月，司徒赵温起用曹操的儿子曹丕。曹操上表说：“赵温起用我的子弟作佐属，拔举他们不依照事实。”于是天子下令免除赵温的官职。

曹操返回邺城，修建玄武池来练习舟师。

起初，巴郡人甘宁带领奴隶和宾客共八百人归顺刘表，刘表只是个儒士，并不熟悉军事，甘宁发现刘表的形势最后必然会失败，恐怕有一天手下人逃散，自己也会连带受到灾难，就想向东进入吴地。当时黄祖在夏口，军队无法渡过，于是留下来依靠黄祖三年，但黄祖将他当作一般人对待。孙权进攻黄祖，黄祖的军队失败逃走，孙权的校尉凌操带领军队在后面急追黄祖。甘宁擅长射箭，带领军队在后面，用箭射杀了凌操，黄祖因而得以免祸。战争结束后，返回营中，黄祖对待甘宁还和从前一样。黄祖的都督苏飞多次举荐甘宁，黄祖都不录用；甘宁还是想要离开，又害怕不能脱身；苏飞于是告知黄祖，任命甘宁做了邾县县长。甘宁借机就逃亡投奔了孙权，周瑜、吕蒙一起向孙权举荐他，孙权用特殊的礼节厚待他，就如同对待旧臣一般。

甘宁向孙权献策说：“眼下汉朝的禄位逐渐衰微，曹操终究会变成篡位的盗贼。南方荆州的土地，占据着有利的形势，实在是我们国家在西方的屏障。我观察刘表，他的谋虑也不远大，他的儿子又笨拙顽劣，并非可以继承事业的人。您应当尽早地图谋，不能落后于曹操。夺取荆州的计划，应当首先攻打黄祖。黄祖现在十分昏庸老弱，财物粮食也都不充足，左右的人贪婪放纵，官吏士兵心怀怨恨之意，舟船等战争工具，毁坏了却不修理，荒怠农耕，军队目无法纪，您此刻去攻打他，一定能将他打败。一旦击败黄祖的军队，乘势向西进占楚关，大势就更加广阔了，你就可以慢慢地谋划蚕食巴、蜀了！”孙权很是赞同。张昭当时在座上，就为难他说：“眼前吴下十分危险，假如军队真的出征，恐怕会招来混乱。”甘宁对张昭说：“国家托付给你萧何之任，你居住在国内守卫却担忧混乱，哪里还能和古人相比呢？”孙权拿起酒给甘宁说：“兴霸，今年就出兵征讨，就如同这杯酒一样，我决定将此事托付给你。你只管尽力谋划方法战略，若能攻克黄祖，你就立了大功，又何必在乎张长史所说的话呢？”

孙权于是向西攻打黄祖。黄祖横放两艘蒙冲大船扼守沔口，用棕榈搓成绳子捆紧石头作为船碇，船上有上千人，一起用弓弩轮番射箭，箭像雨点一样落下，孙权的军队无法前行。偏将军董袭和别部司马凌统担任先锋，各自带领敢死队一百人，每个人身着两层铠甲，乘坐着大船，冲进蒙冲大船里。董袭亲自用刀砍断两根大绳，蒙冲的大船就失控横流，大军因而得以前进。黄祖下令都督陈就带领水军迎敌。平北都尉吕蒙带领军队往前冲锋，亲自将陈就斩首。于是将士们乘胜追击，水陆一块前进，逼近黄祖的城池，一同加紧攻击，于是攻陷全城后屠灭了全城百姓。黄祖冲出包围逃跑，孙权的兵士在后追上并杀死了他，俘获了男女几万人。

孙权提前造了两个木盒，想要用来盛黄祖和苏飞的人头。孙权为将领们设立酒筵，甘宁走下席位叩头，血泪交流，对孙权述说了苏飞先前于自己有恩，说道：“我甘宁如果没有遇到苏飞，生命早已埋没在沟壑里了，怎么还能替您效力呢！而如今苏飞有罪应当杀戮，但我特地向将军请求免他一死。”孙权听了他的话，非常感动，就对他说：“我现在为了你放过他，假如他逃走怎么办呢？”甘宁说：“苏飞一旦消除了身首异处的灾难，接受了再造之恩，赶他也一定不会走的，怎么还会谋划逃亡呢？假如真是如此，我甘宁的首级就代替他的放到盒子里。”孙权于是赦免了苏飞。凌统记恨甘宁杀死他的父亲凌操，经常想杀死甘宁；孙权命令凌统不能仇恨甘宁，命令甘宁带领军队驻扎在其他地方。

夏季，六月，汉献帝罢黜了三公的官职，又设立丞相、御史大夫。癸巳日（初九），以曹操担任丞相。曹操任命冀州别驾从事崔琰担任丞相西曹掾，司空东曹掾陈留人毛玠担任丞相东曹掾，元城县县令河内人司马朗担任主簿，司马朗的弟弟司马懿担任文学掾，冀州主簿卢毓担任法曹议令史。卢毓，是卢植的儿子。

崔琰、毛玠都掌管选拔人才的职务，他们所选用的皆是清廉端正的人士，当时即使有盛大的声名而行为不顾根本的人，也最终无法得到提拔重用。他们所拔举的都是朴实敦厚之人，所排斥的都是虚伪浮华之辈，所选用的都是中和谦虚之人，所压制的都是阿谀党附之辈。所以天下的人士没有谁不拿廉节来自我勉励的，纵然是显贵受宠幸的大臣，那些人的车辆、衣服不敢越过制度，甚至于做地方长官后回来的，他们也是面目污垢、衣服破烂，单独乘坐着简陋的柴车，军官进入府中，穿着朝服徒步行走。居高位的官吏廉洁，民间的风俗因此转变。曹操听闻了，感叹地说：“用人如果都像这样子，天下的人就都能够自我治理，还要我做什么呢？”

司马懿，儿时聪慧明达，有雄才大略。崔琰对他的哥哥司马朗说：“你的弟弟聪明诚信，刚毅杰出，处事果断，是你所不及的！”曹操听闻司马懿有才干就召用他，司马懿借口身患风湿病推托。曹操很生气，想要逮捕他，司马懿畏惧，只得接受职务。

曹操派遣张辽镇守长社，快要出发的时候，军中有人反叛，夜里营中惊乱起火，全军都骚动不安。张辽对旁边的人说：“不要动！并非全营的人都作乱，肯定有造事之人，想用这个方式来惊扰所有人罢了。”就下令军中：“不造反的人安心静坐。”张辽带领亲近的士兵几十个人，站在军阵的中央，不一会儿，全军都安定了下来，并抓住了主谋的人，而将他杀死。

张辽在长社，于禁屯守在颍阴，乐进屯守在阳翟，三个将领意气用事，相互不和睦协助。曹操派遣司空主簿赵俨参与他们三人的军事，每一件事都加以解释说明，于是他们三人就相互亲爱和睦。

开始，前将军马腾和镇西将军韩遂结为异姓兄弟，之后由于双方的部下相互侵占，于是变成了仇敌。朝廷派遣司隶校尉钟繇、凉州刺史韦端为他们和解，征用马腾屯守槐里。曹操将要出兵征讨荆州，就派遣张既前往劝说马腾，命令他解散部队，返回朝廷，马腾答应了。不久又开始犹豫，张既怕他变卦，于是就下令各县赶紧运送粮食待用，命令二千石的官吏在郊外迎接，马腾不得已向东出发入朝。曹操上表举荐马腾担任卫尉，任命他的儿子马超担任偏将军之职，统领他父亲的部下，将他的家属全部迁移到邺地。

秋季，七月，曹操向南征讨刘表。

八月，丁未日（二十四日），任命光禄勋山阳人郗虑担任御史大夫。

壬子日（二十九日），太中大夫孔融被判处在街市上斩首。孔融自恃才干名望，经常戏耍辱骂曹操，说话偏激放荡，屡次违抗曹操。曹操顾忌孔融四海闻名，表面上容忍，而在内心十分讨厌他。而且孔融又上奏书说："应当依照古代王畿的制度，京城千里范围之内不可以建立侯国。"曹操怀疑孔融所议论的会渐渐扩大范围，更忌讳他。孔融和郗虑存在间隙，郗虑尊承曹操的意旨，组织他的罪名，命令丞相军谋祭酒路粹上奏书说："孔融从前在北海，看见王室不安宁，就招集徒众，意图不轨。之后与孙权的使臣谈话时，毁谤朝廷。又先前同白衣祢衡毫不检点地放荡言论，相互夸赞对方，祢衡夸赞孔融为'仲尼不死'，孔融回答说'颜回复生'，这种大逆不道，应当受到重刑。"曹操于是抓捕孔融，连同他的妻儿一起杀死。

开始时，京兆人脂习和孔融关系好，经常劝告孔融太过于刚直，一定会遭遇祸患。等到孔融死了，许昌无一人为他收尸。唯独脂习前往且摸着孔融的尸体说："孔文举弃我而死，我还如何能够活着呢？”曹操抓捕了脂习，想要杀死他，之后又赦免了他。

开始，刘表有两个儿子，即刘琦、刘琮。刘表为刘琮娶他后妻蔡氏的侄女做妻子，蔡氏于是喜爱刘琮而厌恶刘琦。刘表妻子的弟弟蔡瑁、外甥张允都获得刘表的宠信，每天一起毁谤刘琦而夸赞刘琮。对此刘琦深感不安，就找诸葛亮商量保全自己的计策，诸葛亮没有回答。之后同诸葛亮一起登上高楼，刘琦就命令人将楼梯撤去，对诸葛亮说："今日上面摸不到天，下面到不着地，话从你的嘴里说出来，而进入我的耳朵里，没有其他人听得见，你可以说了吗？"诸葛亮说："你没有看见申生在国内就危险，重耳在国外却安全吗？"刘琦明白诸葛亮的话，就暗中谋划外出的计划。正值黄祖死了，刘琦请求替代他的职务，刘表就派刘琦做了江夏太守。刘表之后病情加重，刘琦回来探病，蔡瑁、张允害怕刘琦看见刘表而父子间相互产生感触，更会产生交托后事之意，就对刘琦说："将军让你管理江夏，这个责任十分重大；现在你舍下了手下擅自返回，肯定会受到你父亲的谴责惹他生气，既会伤害父亲对你的爱意，更会加重他的病情，这不是孝敬父亲的方式。"于是就将他拦在门外面，不让他面见刘表。刘琦流泪离开。刘表过世之后，蔡瑁、张允等让刘琮作为继承人。刘琮将侯印授给刘琦，刘琦发怒，将它扔在地上，准备借奔丧的机会发难。正好遇到曹操的军队南下，刘琦就逃跑到江南。

章陵太守蒯越和东曹掾傅巽等都劝刘琮投降曹操："忤逆和顺从都有其重大的道理，强盛和羸弱也有一定的情势。以臣子的身份而反抗君王，这是违抗的做法；以刚刚占领的荆楚而抵御中原朝廷，这一定是危险的；拿刘备来抵抗曹公，这是敌不过的。三样都不如对方，我们将怎么抵御敌人呢？再说了将军自己相比起刘备怎么样？假如刘备还不足够抵抗曹公，那么即使拿全部荆楚的力量也不足以保全自己；假如刘备足够抵御曹公，那么他就不会委屈于此给将军当手下了。"刘琮听从了他的话。九月，曹操到达新野，刘琮于是用全荆州投降，拿自己的符节迎接曹操。曹操的将领们都怀疑这是一场骗局，娄圭说："当今天下混乱，每个人都贪图天子的命令来求自保，而今他拿符节来，一定是出于诚心。"曹操于是准许了刘琮的投降，继续进兵。

当时刘备屯守樊城，刘琮不敢对刘备说已经投降曹操的事情。刘备很久之后才发觉，就派出亲信问刘琮，刘琮派遣下属宋忠到刘备那里说明旨意。当时曹操已经兵临宛城，刘备非常惊恐，对宋忠说："你们这些人怎么这样子做事，不早一点对我说，现在大祸临头了才告诉我，不是太过分了吗？"就拿着刀对宋忠说："此刻就是砍掉你的头，也不足以消除我心头之恨，而且耻于临别之时还杀死你们！"放了宋忠回去。刘备就召集部下共同商议，有人劝刘备进攻刘琮，就可以得到荆州。刘备说："刘荆州死之时，将遗孤托付给我，为了救自己的性命而背信弃义，这是我所不愿做的，等将来死了之后，我还有何颜面去见刘荆州呢？"刘备带领他的手下离开，途径襄阳，就停住了马喊刘琮；刘琮很害怕，站都站不起来。刘琮的随从以及荆州人大多投奔刘备。刘备去了刘表的坟墓，哭泣着走了。等到达了当阳，手下已有十多万人、辎重几千辆车，每天只能行走十多里，另外派出关羽带领着几百艘船，命令他在江陵会合。有人对刘备说："应当赶快走以保住江陵，现下虽然拥有大批的百姓，可是身着铠甲可以作战的士兵太少，假如曹操的军队到达了，还怎么抗击？"刘备说："一个成大事的人一定把人看作根本，此刻人们都来投奔于我，我怎么忍心舍弃他们而离去呢？"

◆习凿齿议论说：刘玄德虽然颠沛流离，饱受危难，但是能够使信义更加明显；形势紧急，事情危险，而他所说的话却不违背他的德行。念及从前刘景升的恩德，真情感动三军，爱护有道义的人士，甘心和他们一起失败。刘备最终完成大业，不是很应当的吗？◆

刘琮的将领王威对刘琮说："曹操听闻将军已经投降，且刘备已经逃走，就松懈并且没有戒备，轻装行军而单独挺进。假如给我王威数千骑兵，在险要之地拦击他，曹操就可以被抓住。抓住了曹操，就能够威震四海，这不仅仅是保住今天的功绩而已。”刘琮不肯采用。

曹操觉得江陵有军队所需的粮食和器械，害怕被刘备抢先占有，于是抛下车辆重物，带领装备轻便的军队追赶到襄阳。听闻刘备已经过去了，曹操就带领五千精锐的骑兵加紧追赶，一天一夜行了三百多里，到达了当阳的长坂。刘备抛下妻儿，与诸葛亮、张飞、赵云等数十个骑兵逃走。曹操抓获了大批的人员和车马。

徐庶的母亲被曹操抓获，徐庶不得已辞别刘备，指着自己的心说：“本来想用这个方寸之地与将军一同谋划王霸的事业。而目前已经失掉了年老的母亲，心中慌乱，再做事情也不会有任何好处，请求自此分别。”于是前往投靠曹操。

张飞带领二十个骑兵断后，依仗水边弄断桥梁，瞪着眼睛横着长矛高声说道：“我是张益德，你们可以同我一决生死！”曹操的士兵无一人敢上前接近他。

有人对刘备说：“赵云已经向北逃跑。”刘备就拿手里的小戟投掷他说：“赵子龙不会抛下我而逃走。”不久之后，赵云抱着刘备的儿子刘禅，同关羽的船会合，因此渡过沔水，遇到刘琦带领手下一万多人，遂一同到达夏口。

曹操带军到江陵，命令刘琮担任青州刺史，封列侯，连同蒯越等，封侯的一共有十五人。释放了韩嵩，用对待朋友的礼节对待他，要他列举并品评州人的优劣，都加以提升而录用。命韩嵩担任大鸿胪，蒯越担任光禄勋，刘先担任尚书，邓羲担任侍中。

荆州大将南阳人文聘领军屯守在外地，刘琮投降之时，喊文聘，想同他一起投降。文聘说：“我保全不了荆州，唯有等待惩罚！”曹操渡过汉水，文聘就拜访曹操。曹操说：“为什么来得如此之晚啊！”文聘说：“从前不能协助刘表来为国家出力；刘表虽然过世，我一直希望镇守汉川，保全荆州全境，这样，活着也没有辜负孤儿弱子，死了之后对地下的刘表也没有什么愧疚。然而形势不由自己计算，所以才到了今天这个地步，内心实在非常悲痛惭愧，没有颜面早来拜见罢了！”说完就唏嘘哭泣。曹操为此事也感到伤心，就写字给他说：“仲业，你实在是个忠臣！”用厚礼对待他，命令他带领本来的军队，做江夏太守。

起初，袁绍在冀州之时，派遣使者迎接汝南的士大夫。西平人和洽觉得冀州的土地平坦而广袤，人民也十分强悍，是豪杰们认为可以好好利用发展之地，不像荆州土地险要，人民柔弱，适合作为托身之所，于是归顺刘表。刘表将他当作上等客人来对待。和洽说：“我之所以没有归顺袁本初，就是为了躲避引起争夺之地。昏世的君王，不可过分地接近，长久而不离去，就会产生谗毁邪恶。”于是向南到达武陵。刘表任命南阳人刘望之担任从事，而刘望之的两个朋友都由于受到诽谤被刘表杀害，刘望之又因为正直的谏诤，无法和刘表相处，于是就乘驿车回家了。他的弟弟刘廙对他说：“赵国杀掉鸣犊，孔子掉转车子回头不再拜见赵简子，今日兄长你既然无法效仿柳下惠与世浮沉，随遇而安，就应当模仿范蠡迁徙到外世，自为变化，而今仅仅同时事断绝关系，唯恐不行。”刘望之没有听从，不久又被害了，刘廙逃跑到扬州。南阳人韩暨躲避袁术的征召，迁移到山都山。刘表又召用他，于是又逃走隐居孱陵。因此刘表非常痛恨他，韩暨害怕了，就答应他的诏命，刘表任命他担任宜城县长。河东人裴潜也受到刘表的礼遇尊重，裴潜暗地里对王畅的儿子王粲以及河内人司马芝说：“刘表并无霸王之才，居然想以西伯文王自居，他的失败可能就在眼前了。”于是向南到达长沙。在这时曹操命令韩暨担任丞相士曹属，裴潜为参丞相军事。和洽、刘廙、王粲都做掾属，司马芝做菅县县令，这是为了顺从百姓的意愿。

冬季，十月，癸未（初一），发生了日食。

开始，鲁肃听闻刘表过世，就对孙权说：“荆州和我们国土相连，地势险要，有广袤肥沃的田地，有殷实富有的人民，假如占据了荆州，就是成就帝王事业的基础。现在刘表刚刚过世，他的两个儿子又不和睦，军队里的将领们分成两派。刘备是天下的枭雄，因为和曹操对立，才暂时居住在刘表那里，刘表忌恨他有才干而不能重用他。假如刘备和他们同心协力，上下合作，就应当去安抚他们，和他们结成同盟；假如他们离心离德，就应当分别谋划他们，成就咱们的大业。我请求奉您的命令去吊唁刘表的丧事，并犒劳他们军队中的主要领导人，以及说服刘备使他安抚刘表的属下，齐心协力地对付曹操，刘备一定高兴而认可。假如成功，就能够决定天下的大势了。如果此时不赶快去，恐怕会被曹操抢了先。”孙权就马上派鲁肃前往。

鲁肃到达了夏口，听闻曹操已经向荆州出发，于是日夜兼程赶路，等到达南郡，听说刘琮已经投降，刘备又向南逃跑，鲁肃就径直去迎接他们，在当阳的长坂和刘备会面。鲁肃就传达了孙权的意思，谈论天下大势，向刘备表达了殷殷的致意，并且问刘备说：“刘豫州现在打算到何处去呢？”刘备说：“我和苍梧太守吴巨素有旧交，想去投靠他。”鲁肃说：“孙讨虏聪明仁慈，尊敬贤者，礼贤下士，江南的英雄豪杰都归顺他，而且已经占据有六个州郡，士卒精良，粮食充裕，足够建立大业。如今替您打算，不如派出一位亲信和他结好来东吴一起挽救危局。而您居然想要去投奔吴巨。吴巨是一个十分平凡的人，且居住在偏远之地，眼看着就要被人吞并，哪里还能够让你托身呢？”刘备听了十分高兴。鲁肃又对诸葛亮说：“我是子瑜的朋友。”就和诸葛亮共同成了朋友。子瑜，是诸葛亮的哥哥诸葛瑾，因为避乱到江东，担任孙权的长史。刘备采用鲁肃的计划驻守在鄂县的樊口。

曹操即将向东从江陵顺着长江进军，诸葛亮对刘备说：“形势危急了，请您派我到孙将军那里请救兵吧！”于是就和鲁肃一起去拜见孙权。到达了柴桑见到孙权，诸葛亮见到孙权就对他说：“自从天下大乱以后，将军在大江以东起兵，刘豫州也在汉水以南汇集军队，和曹操一同争夺天下。如今曹操铲平了主要的强敌，北方大致已经平定，现在又攻下了荆州，威震四海，使得英雄感到缺乏施展本领之地，因此刘豫州才逃到此处，希望将军衡量自己的力量来应对眼前的局势。假如能用吴越的军队同中原争胜的话，不如及早断绝同曹操的关系；假如不能，何不收起军队，放下兵器向北而投降他呢？现在虽然将军您表面上服从于他而心中却犹豫不定，事情已经万分危急，还不能当机立断，恐怕就要大祸临头了。”孙权说：“照你这么说，刘豫州为何不肯向他投降呢？”诸葛亮说：“田横只是齐国的一个壮士而已，还可以坚守节义，不愿受辱，何况刘豫州身为汉室的后代，才干又举世无双，民心归附他，就像江河归向大海一般。即便是事情不能成功，这也是天意，怎么可以屈服于他呢？”孙权立刻脸色大变，生气地说：“我掌控着全部东吴的土地、十万的军队，怎能接受别人的控制。我的主意已定，除了刘豫州之外就没有人能够一同对抗曹操；然而刘豫州刚刚打了败仗，怎么能够抵挡这个强大的敌人呢？”诸葛亮说：“刘豫州的军队纵然在长坂打了败仗；现在归队的战士和关羽的水军，还有精兵一万人，刘琦聚集江夏的兵力也足有一万。曹操的军队，远道而来，疲惫不堪，听闻追赶刘豫州的骑兵一天一夜就走了三百多里路，这就是所谓的‘强弩之末势不能穿鲁缟’。所以《兵法》上最忌讳这样行事，说如此一定会丧失主将。何况北方人不习惯水上作战，加上荆州的百姓投靠曹操，是被武力所迫使的，并非心甘情愿。现在将军如果真的能够派出勇猛的将领，带领数万大军和刘豫州联合起来一同御敌，就一定可以将曹操打败。曹操打了败仗，肯定会退回北方，如此一来，荆州和东吴的势力就增大了，天下三分的局面就形成了。成败的关键就在今天。”孙权听了这番议论很高兴，就召集他的部下开会商量。

此时，曹操遣人给孙权送了一封信说：“最近我奉朝廷的命令出兵征讨有罪之人，旌旗刚向南指，刘琮就已经投降。如今我正训练水军八十万之多，打算到江东与你较量一番。”孙权将这封信传给大臣们看，大家都非常吃惊，脸色大变。长史张昭等人说：“曹操像豺狼虎豹一样，他挟持皇帝并假托他的名义到处动兵，动不动就说是朝廷之命；这种情形之下，我们对抗他，这事一旦传到朝廷，对我们会更加不利。何况将军用来抵抗曹操的，不过是长江的天险。此时曹操到达了荆州，占据了长江一带险要之地，他将刘表训练的水军，大小战船几千只，全部沿江摆开，外加上步兵，就可以水陆并进，如此一来，所谓长江天险已和我们共同占有了；而且就兵力的大小来说，我们也是不能和他相抗。我们看眼前的形势不如及早迎接曹操。”唯有鲁肃不说一句话。这时孙权起身去更衣，鲁肃追到屋檐下。孙权知晓他的意思，就握着他的手说：“你有什么想说的？”鲁肃回答说：“我刚才思考大家的意见，觉得全部都在引导将军走上一条错误的道路，实在不能与他们共商大计。今日我鲁肃可以投降曹操，将军您却绝对不可以这样做。这话怎么说呢？今日我投降曹操，曹操可以命令我回到乡里，借着我的声名和地位，总还可以谋得一个官府里的低级小官，乘坐着牛车，携带随从，同读书人做朋友，时日一久积累功劳还能够被提拔为州郡的长官。将军假如投降了曹操，会得到什么样的结果呢？希望你尽早定下大计，不要听信那些人的谈论！”孙权感叹说：“那些人所阐发的议论，很让我失望，现在你的深谋远虑，正与我意见一致。”

这时周瑜正奉命到番阳，鲁肃劝孙权将他召回来。周瑜回来之后，就对孙权说：“即使曹操表面上托名是汉朝的宰相，但实为汉朝的奸贼。用将军的神圣、英勇和雄才大略，又继承了父兄的事业，割据江东，拥有数千里广袤的土地，有足够多的精锐军队，英雄豪杰都愿意替您效力，您便应当横行天下，替汉朝铲除暴贼，消除祸患；更何况曹操是自己来送死，怎么能够向他投降呢？让我来为您分析研究一下：目前北方还未平定，马超、韩遂还在关西，这是曹操的后顾之忧；他又舍弃了骑兵、步兵的优势，依靠水军，与吴、越一争高下；此时正是酷寒时节，战马缺乏草料；迫使中原的军队到很远的江、湖纵横的南方来打仗，水土不服，肯定会产生疾病，以上几点都是用兵的大忌，然而曹操却不顾一切地做了。将军要活捉曹操，应当就在今日。我周瑜恳请带领几万精锐的军队，进驻夏口，一定替将军消灭了他。”孙权说：“老贼想要废去汉朝自己称帝的心思已经很久了，只不过害怕袁绍、袁术、吕布、刘表和我这几个人而已；如今那几位都已被他灭掉，唯有我还存在。我和老贼势不两立，你说应当迎战，同我的意见非常符合，这是上天将你赐给我的啊！”就拔出刀来，砍向前面的书案说：“文武官员中有谁还敢再说应当向曹操投降的，就同这张书案一般！”于是就散会了。

这天夜里，周瑜又去拜见孙权，说：“那些人只是看到曹操在书信上说共有水陆大军共八十万就恐惧起来，而不去探究他说的真假，就提出这个投降的看法，这真是极没有道理。现在我根据实际情况对比了一下，曹操所率领的中原部队不多于十五六万，并且都已经长久疲惫不堪；而他所收服的刘表的部队，最多也不过七八万人罢了，况且还都带着怀疑恐惧的心理跟着他。曹操用这些疲惫不堪的军队去驾驭军心不定的队伍，人数虽然众多，却实在没有足以让我们害怕的地方。我周瑜只需要精兵五万人，就自信能够打败曹操，希望将军您不要担心！”孙权抚着周瑜的背说：“公瑾，你说到的这些话，都很契合我的意思。张子布、秦元表这些人，只知道担忧他们妻子儿女的安危，抱着他们自己的考虑，让我深深地感到失望；只有你和鲁子敬的意见和我一样，这是上天派遣你们两个人来支持我啊！五万人马，难以一下子就集合起来，现在已经选好了三万人马，船只、粮草、作战的武器都已经准备好了。你和子敬、程公就领军出发，我一定继续调动军队前往，多送物资粮草，为你们做好后方支援。你们能打败他的话就和他决战，如果交战不顺利，就回来找我，到那时候，我就要和曹孟德决战。”于是孙权派遣周瑜、程普做左右都督，带领军队和刘备合力迎战曹操；并且派鲁肃做赞军校尉，帮助他们制定作战方略。

刘备军队屯扎在樊口，他每天都派巡逻的士兵到江边瞭望并等待孙权军队的到来。士兵远远地看到周瑜的船，就急忙跑着去向刘备报告，刘备派遣人去安慰犒劳周瑜。周瑜说：“我有军事要务在身，不能擅离职守，如果刘豫州愿意屈驾光临，我确实非常欢迎。”于是刘备就乘坐一只小船去见周瑜，一见面就问周瑜：“现在决定与曹操对抗，我深深地认为对策完全正确，你带来多少作战军队？”周瑜说：“三万人。”刘备说：“可惜太少了。”周瑜说：“这些军队就足够用了，豫州请您看我怎么打败曹操好了。”刘备想叫鲁肃出来一起商议，周瑜说：“他也有军事要务在身，不能擅离职守，如果您想见子敬，可以去他那里看他。”刘备听了之后，深深地感到既羞愧又惊喜。

孙、刘联军出发向前驶进，在赤壁和曹军相遇。

这时，曹操军队中的士兵大部分已经生病，刚开始交战，曹操军队就不顺利，故而退兵至长江北岸。周瑜屯兵驻守在长江南岸，周瑜部下的将领黄盖说：“现在敌众我寡，难以和敌人维持长久战争。曹操的军队正把战船首尾连在一起，我们可用火攻，打败曹操军队。”周瑜采纳了他的计策，于是取出十艘蒙冲战舰，在船上装满干草、枯柴，并在上面灌上油，用帐篷裹起来，在上面插上旌旗，此外预先准备一些快船，系在那些战舰的后面。黄盖先写了一封书信送给曹操，假意说要投降。在这时东南风吹得非常急，黄盖将十艘战船放在最前面，等到了江中央拉起帆，其余的船按次序也都紧跟着前进。曹操军队所有的官吏士兵走出营帐站在那儿观看，都用手指着说黄盖前来投降了。大约距离北岸曹军还有两里多路时，黄盖将所有的船同时点火，火烧得猛烈，风刮得急劲，船向前走得像箭一样快，将曹营的船烧光了，连岸上的营帐也烧着了。顷刻间，烟火漫天，军吏和战马被烧死和淹死的数不胜数。周瑜等人带领着精锐的军队紧紧地跟上来，战鼓敲得震天炸响，曹军大败。曹操率领着剩余军队从华容县的小路逃走，道路泥泞不堪，难以通行，天又刮起了大风，于是曹操命令老弱病残的士兵背草填在路上，骑兵才得以通行。那些老弱病残的士兵被人马踩踏，深陷在泥坑里，因此死的士兵非常多。刘备、周瑜水陆两军一起进发，一直把曹操追击到南郡，当时曹操的军队又加上饥饿和生病，死去了一大半。于是曹操就留下征南将军曹仁、横野将军徐晃驻守在江陵，折冲将军乐进驻守在襄阳，自己则率领军队返回北方。

周瑜、程普带领几万大军，与曹仁隔着大江对峙，没有交战。甘宁建议首先直接进攻直取夷陵，去了之后，很快就得到城池，因而进入城内驻守。益州的将领袭肃带领全军来投降，周瑜上表请求将袭肃的军队合并到横野中郎吕蒙的麾下。吕蒙大大地称赞"袭肃非常有胆识，而且袭肃是慕名德化远道来投降，在道义上应扩充他的军队，不应该剥夺他的军队"。孙权认同了他的话，将军队还给了袭肃。曹仁派军队围攻甘宁，甘宁被围困得紧急了，就向周瑜求助，众将领都认为军队人数太少，不能够分散开，吕蒙对周瑜、程普说："将凌公绩留下驻守江陵，我吕蒙和你们一同前去，解除甘宁被围困的紧急情况，看样子也不需要太久。我吕蒙保证凌公绩能固守十天。"周瑜就顺从了他，他们在夷陵大败曹仁的军队，缴获了三百匹战马。因此将士士气倍增，周瑜就渡过大江，屯兵驻守在北岸，和曹仁对抗。十二月，孙权亲自带领将士包围攻取合肥，派遣张昭攻打九江的当涂，却没有攻下来。

刘备上表举荐让刘琦做荆州刺史，自己率军向南征服四个郡邑，武陵太守金旋、长沙太守韩玄、桂阳太守赵范、零陵太守刘度都向刘备投降了。庐江军营的统帅雷绪带领军队的几万人归顺刘备。刘备命诸葛亮做军师中郎将，让他监察零陵、桂阳、长沙三个郡，调用这三个郡的赋税用来充实军队需要；派遣偏将军赵云做桂阳太守。

益州牧刘璋听闻曹操攻克了荆州，就派别驾张松向曹操表示敬意。张松长得短小而且行为放浪，却见识通达，聪明果决。当时曹操已经平息安定了荆州，驱逐了刘备，于是不再以贤士之礼录用张松。主簿杨修建议曹操起用张松，曹操不听取杨修的提议；张松因而恼恨曹操，回去之后，就劝说刘璋与曹操断绝往来，和刘备结好，刘璋采纳了他的意见。

◆习凿齿评价说：昔日齐桓公夸大他的功劳因而有九国叛变；曹操

顷刻的骄傲夸大功劳因而使天下形成三分的鼎足形势。都是数十年的勤奋却在瞬间就将它丢弃了，那不是很令人惋惜吗？◆

曹操回想起田畴的贡献，悔恨自己从前听从他推辞封爵，并说："这就是成全一个人的志愿却损害了王法制度。"于是又将从前的爵位封给田畴。田畴上奏表陈明意愿，发誓宁愿死也不接受封爵。曹操不同意，想把他引来授官，来回了四次，田畴仍不接受。有司官吏就上书弹劾田畴："田畴性情正直，洁身自好，却违背了道义，私自建立小节，应该免去官职，并加以惩罚。"曹操将这件事下移给世子及大臣广泛地商议这件事。世子曹丕认为"田畴和以前楚国的于子文推辞官禄、由胥躲避赏赐一样，应该不要强行更改他的志愿来嘉奖他的美好节操"。尚书荀彧、司隶校尉钟繇也认为可以顺从他的志愿。曹操仍然想封他为侯，田畴向来和夏侯惇交好，曹操让夏侯惇亲自把他的意思告诉田畴。于是夏侯惇就去田畴家住宿想劝他。田畴揣测知晓了他的来意，就不再说话。夏侯惇临离开时，固执地邀请田畴一同去，田畴说："我田畴只是一个违背道义逃亡的人罢了；承蒙恩赐，使我周全地活着，已经是非常幸运了，又怎么可以出卖卢龙塞口，用来交换赏赐官禄呢？纵然国家私下偏爱我田畴，我田畴难道在心里就不愧疚吗？将军向来是知道我田畴的为人，还仍然这样逼我，要是一定没有办法顺从自己的意愿，我宁愿求死，在你面前自刎。"话还没说完，眼泪和鼻涕就流了下来。夏侯惇把实际情形一一回报给曹操，曹操喟然感叹，知道田畴不会屈从，于是让他做议郎。

曹操的小儿子仓舒死了，曹操非常悲伤惋惜。司空掾邴原的女儿也是早夭了，曹操要求把邴原的女儿与仓舒合葬，邴原驳斥说："嫁一个还没有成年就死的人，不合乎礼法。我之所以能够在您面前得到重用、您之所以优待我，是因为我能够遵守古代的礼节而不更改。假如我顺从了您的命令，那么我就是一个平庸的人，您又怎么会重用我呢？"于是曹操就停止这个念头了。

孙权让威武中郎将贺齐征讨丹阳黟、歙两县的贼人。黟县的统帅陈仆、祖山等两万人屯扎驻守在林历山，山的四周像墙壁一样陡峭，不能得到攻打的办法，两军对峙了几个月。贺齐暗地里招募了行动轻捷的军士，在山隐秘险要的地方，于夜里用铁器凿山，偷偷地上去，然后从上面把布放下来，用来帮助下面的人上去。能够上去的有一百余人，贺齐命令他们分布在四周，击打战鼓，吹响号角；贼人十分惊慌，守路的人都逃跑了，奔回大营，大军趁机才能上山，大败贼人。孙权于是就将这个地方划分为新都郡，任命贺齐为太守。

资治通鉴卷第六十六　汉纪五十八

起己丑（公元209年），止癸巳（公元213年），共五年。

【题解】本卷记录了汉献帝刘协建安十四年至建安十八年间的历史。赤壁之战后，孙刘联盟进入蜜月期，南北势均力敌，三方忙于内政，没有大的战役发生。刘备入吴借得南郡，势力壮大。孙权建立并巩固江北防线，使岭南臣服。曹操破关西马超、韩遂，平息河北、关中民变，巩固北方，加紧篡汉步伐。刘备入蜀，从葭萌回军攻讨益州。

孝献皇帝辛

建安十四年（己丑，209年）

这年春季，三月，曹操军队到达谯城。

孙权围攻合肥，长时间攻打不下来。孙权带领轻装骑兵，想亲自前去袭击敌军，长史张纮劝谏说："兵器是凶器，战争也是凶险的事。今天您仗着强盛壮志的勇气，看轻强大残暴的敌人，三军的将士，没有一个不感到心寒的。纵然您也能斩杀大将、夺取军旗、威慑敌军，但这是偏将的任务，不应该是主将做的事。希望您能抑制住孟贲、夏育那样的勇气，心里怀着像霸王那样称霸天下的大计。"孙权这才打消了念头。

曹操派将军张喜带领军队去解除合肥的围困，却长时间没到来。扬州别驾楚国人蒋济暗地里建议刺史，假意收到了张喜的书信，信上说步兵、骑兵共四万已经来到了雩娄县，然后派主簿去迎接张喜。另外派遣三名使者带着这假信息的信去通告城中驻守将领，其中一人进入了城中，另外两人被孙权的部下所掳。孙权信以为真，马上就烧了栅围逃跑了。

这年秋季七月，曹操带领水军从涡水进入淮水，自肥水上岸，在合肥屯兵驻扎，修建了芍陂工程并在此屯田。

这年冬季，十月，荆州发生地震。

十二月，曹操军队返回谯城。

庐江人陈兰、梅成占领灊县、六安县，背叛曹操，曹操派荡寇将军张辽前去征讨，斩杀他们；因此下令让张辽和乐进、李典等人带领七千余人，驻守合肥。

周瑜围攻曹仁一年有余，被他们杀死重伤的人非常多，曹仁弃城逃跑了。孙权派遣周瑜做南郡太守，屯兵驻扎江陵；程普做江夏太守，设郡治所在沙羡；吕范做彭泽太守；吕蒙做寻阳令。刘备上表朝廷举荐孙权代当车骑将军，兼领徐州牧。碰巧刘琦逝世，孙权就让刘备兼职荆州牧，周瑜将长江南岸的地方分给了刘备。刘备在油口建了军营，更名为公安。

孙权将妹妹嫁给刘备为妻。他妹妹才思敏捷，要强严肃，有她兄长们的行事风格，侍奉的婢女有一百余人，都拿刀站立两旁，刘备每次进来，心里都害怕。

曹操暗地里派九江人蒋幹前去说服周瑜。蒋幹凭借才华、口才在江、淮间没有对手。于是蒋幹就穿上布衣，戴上葛巾，自称以私人交情前来拜谒周瑜。周瑜走出来欢迎他，周瑜站着对蒋幹说："蒋子翼你劳累了，长途跋涉，远道而来，是为曹操做说客吗？"因此邀请蒋幹一起去军营各处观看，参观完了仓库、军资、器仗之后，回来饮宴，向蒋幹展示侍者、服饰、珍玩等事物。因此对蒋幹说："大丈夫处于世间，遇到了解自己的主人，在外依托君臣之间的道义，在内交结了像骨肉一般的恩情，进言能得以实施，计策能得以采纳，祸福与共，纵然是苏秦、张仪重生，能转变他的意愿吗！"蒋幹只是干笑，始终没有说话。蒋幹回来告知曹操，夸赞周瑜胸怀高雅、节操高尚，不是说几句话就能离间的。

丞相掾和洽对曹操进谏说："天下的百姓，才华、品质各不相同，不能用一种标准选拔人才。过度节俭朴素，私下用来修身就可以了，用这种方法探究人才，失去的就多了。现在朝廷的议论下，官员中有穿新衣服，坐好车的人，就说不高洁；外貌不装饰、衣裘破旧的人，就说是清廉。这甚至让士大夫们有意弄脏损坏自己的衣服，藏起他们的车和衣服；朝堂府内的高级官员，有的人自带吃食来进入官寺。树立教化、视察风俗，要贵在处以中庸的办法，才能永不断绝。现在推行一样的让人不能容忍的举止，来检验不一样的人，强行实施，一定会有疲劳困窘。古代的大教化，旨在通顺人情罢了。只要是偏执、奇怪的行为，就会有欺瞒、作假的事。”曹操认为非常好。

十五年（庚寅，公元210年）

春季，曹操下令说：“孟公绰做赵、魏两国贵族的长官，才华有余，不能做滕、薛两国的大夫。假如一定要廉洁的人才能重用的话，那齐桓公凭借什么才能称霸世间呢！诸位辅助我推荐那些出身贫寒的人才，只要有才华就推举，我马上加以重用。”

二月，乙巳朔日（初一），发生了日食。

冬季，曹操在邺城建筑铜爵台。

十二月，己亥日（十二月份无此日，疑误。），曹操下令说：“我刚被选拔为孝廉时，自认为原来不是隐居山野中出名的人，恐怕被世人用平凡愚钝的眼光看待，就想好好地做出政绩，用来树立声名，因而在济南惩处残忍贪污的官员，公正地选拔人才。因为这被强门豪族所恼恨，我害怕导致家族祸端，因此谎称有病返回故里。那时候我年纪还很小，于是就在谯城东边五十里的地方建造房舍，想在夏季、秋季读书，在冬季、春季骑射打猎，这是二十年的规划，等到天下安定时再出来为官罢了。但是世事发展却不能如我所愿，我被征召为典军校尉，于是变成想替国家征讨奸贼，建功立业，我让人在墓碑上题字说：‘汉故征西将军曹侯之墓’，这就是我的志向。可当时正遭遇董卓之乱，我就举起义军；之后统领兖州，打败并降服了黄巾三十万士兵；又征讨袁术，让他穷窘沮丧而死去；摧毁打败袁绍，砍下他两个儿子的头颅示众；又平定了刘表，于是安定天下，我作为宰相，身为臣子的尊贵，已经到了极致，已远远超过自己的期望。如果国家没有我，不知应该有多少人称帝，多少人称王了！可能有人看见我强大，又天生不信天命，恐怕他们会妄自揣测，说我有不恭敬的心思，因而心中经常担忧，因此才对诸位说这些话，这都是我的肺腑之言。然而想让我放弃所带领的将士，还给管事的官吏，返回武平侯国，却实在是不行的。为什么呢？我确实恐怕自己离开了军队，会被人祸害，既是替我的子孙打算，也是怕自己失败，国家就有覆灭的风险，因此我不能贪慕虚名，而遭受现实的祸患！然而同时追封四县，三万户食邑，我有什么才德承受得起呢！江湖还没有安定，不能让位；得到的食邑封土，是能够推却的。今天还阳夏、柘、苦三县，两万户食邑，只留武平一万户食邑，暂且来减少非议，减少对我的责备。"

刘表以前的官员、谋士，大多数归降刘备，刘备因周瑜给的地方太少，不能容下众多人，于是就亲自去京口拜谒孙权，请求担任荆州都督。周瑜对孙权上奏说："刘备是枭雄，而且有关羽、张飞熊虎般的勇将协助，必不是长时间屈服、为他人所用的人。我认为最好的办法，应当迁走刘备，把他安放在吴国，为他建筑美丽的宫殿，多送美女、玩好，来娱乐他的耳朵和眼睛；把关、张两人分开，各自安排在一方，让像周瑜的人跟随一起攻战，大事就能安定了。如今多分给他土地，来资助他完成大业，把这三人同时聚集在边界上，唯恐就像蛟龙获得云雨，最终不是池中物了。"吕范也进言把刘备留下。孙权则认为曹操在北方，正四处招揽英雄人物，就没有采纳他们的意见。刘备返回公安，长久之后才听说这事，感叹说："天下有谋略的人，他们的见解大致一样。那时孔明劝谏我不要去，他心里也是担心这些。但我正值危难紧迫之时，不得不去，这确实是条凶险的路，差点儿逃不掉周瑜的手了！"

周瑜去京口拜见孙权说："现今曹操刚在赤壁遭遇大败，心中担忧，不能和将军交战；我请求可以与奋威将军一起前进，直取蜀郡而吞并张鲁，趁势留下奋威将军驻守那些地方，与马超交好，互相帮助，周瑜返回和将军驻守襄阳，来干扰曹操，北方就能谋取到手了。”孙权允许了。奋威就是孙坚的侄儿奋威将军、丹阳太守孙瑜。

周瑜返回江陵，整理行囊，在路上得重病，周瑜给孙权的信说：“寿命的长短，是命，确实不足以可惜；只是遗憾我微末的志向不能施展，不能再听从您的教谕、命令罢了。现在曹操占据北方，战场尚未安定；刘备寄宿国内，就好像养老虎一般；天下的事，不知道最终会怎样，这是朝中将士担忧勤于事务不能休息的时刻，是至尊帝王费心忧虑的时候。鲁肃忠心节操贞烈，遇事没有私心，可以代替周瑜的位置。倘若我所说的话值得采纳，周瑜死也会感激不尽的。”周瑜在巴丘逝世。孙权知道后非常哀痛，说：“公瑾有辅佐帝王的能力，现今突然短命去世了，我以后要仰赖谁呢？”就亲自到芜湖迎接周瑜的灵柩。周瑜有一个女儿、两个儿子，孙权替长子孙登娶了周瑜的女儿为妻；任命周瑜的儿子周循做骑都尉，并把女儿嫁给他做妻子；周胤做兴业都尉，也把宗室的女儿嫁给他做妻子。

起初，周瑜被孙策友善对待，太夫人又要求孙权用兄长的礼仪来侍奉他。那时孙权官位为将军，众将军、宾客对他的礼节还很简陋怠慢，只有周瑜独先做到尽职尊敬他，秉承着作为臣子的礼仪。程普认为自己稍微年长些，经常欺辱周瑜，周瑜却委屈自己，谦虚地对待他，终究不与他计较。程普之后由衷地敬佩他，并亲近重视他，于是就对别人说：“与周公瑾相交，就像喝醇酒，不自觉就醉了。”

孙权派遣鲁肃做奋武校尉，代替周瑜统领军队，让程普做南郡太守。鲁肃劝说孙权把荆州借给刘备，同他一块对抗曹操，孙权采纳了这个建议。于是就从豫章分出来土地当成番阳郡，从长沙分出来土地当成汉昌郡；又派遣程普做江夏太守，鲁肃做汉昌太守，驻守在陆口。

起初，孙权对吕蒙说：“你现今当官，掌管政事，不能不看书学习。”吕蒙以军中事情太多的理由推托了。孙权说：“我难道想要你钻研经书，成为博士吗！但也应当大致看看古书，通晓以前的事罢了。你说事情多，难道能和我相比？我经常读书，自己认为大有裨益。”吕蒙于是就开始学习。等到鲁肃经过寻阳的时候，与吕蒙谈论大事，非常讶异地说：“你现今的才能谋略，不再是‘吴下阿蒙’了！”吕蒙说：“士人别过了三日，就要另眼看待，大哥看事，是不是太晚了啊！”鲁肃于是就拜谒吕蒙的母亲，与他相交，成为朋友之后离开。

刘备派遣从事庞统做耒阳县令，庞统在县中不管理政务，被罢免了官职。鲁肃给刘备写信说：“庞士元不是管理百里之县的人才，如果处于治中、别驾的职务上，应该就开始展示他的长处了！”诸葛亮也这样说。刘备见庞统，与他谈论大事，大为器重他，于是就任命庞统做治中，对他的善待，只在诸葛亮之下，与诸葛亮一起做军师中郎将。

起初，苍梧人士燮当交趾太守。交州刺史朱符被夷贼杀害，州郡纷乱不堪，士燮于是上书，派他的弟弟士壹做合浦太守，士䵋做九真太守，士武做南海太守。士燮器量宽大，性格仁厚，中原士人大都前去投靠他。雄霸一州，在万里偏僻的地方，有至上的威严尊荣，出入的仪队、卫士非常多，震慑了各蛮族。

朝廷让南阳人张津做交州刺史。张津喜好奉侍鬼神，经常戴着红头巾，弹琴、烧香、读道家的书，说这样可以帮助成仙，被他的将领区景斩杀。刘表派零陵人赖恭取代张津做刺史。那时苍梧太守史璜死了，刘表又派了吴巨取代他。朝廷赏赐士燮玺印、文书，派遣士燮做绥南中郎将，监督统领七郡，依然管理交趾太守。后来吴巨和赖恭失和，吴巨领兵驱走赖恭，赖恭逃回到了零陵。

孙权派遣临淮人步骘做交州刺史，士燮带领兄弟接受节度。吴巨表面附会，背地里违抗，步骘诱捕斩杀了他，声名大振。孙权升士燮为左将军，士燮派儿子去做人质。此后岭南才开始降服，归属孙权。

十六年（辛卯，公元211年）

春季，正月，任曹操世子曹丕做五官中郎将，设立僚属，做丞相副手。

三月，曹操派司隶校尉钟繇征讨张鲁，让征西护军夏侯渊等人带领军队从河东出发，与钟繇会合。仓曹属高柔进言说："军队向西出兵，韩遂、马超定怀疑是攻打自己，必会相互鼓动。应当先招抚集合三辅，如果三辅平定了，汉中只需要传布檄令就能平定。"曹操没有采纳。

关中诸位将领果然怀疑了，马超、韩遂、侯选、程银、杨秋、李堪、张横、梁兴、成宜、马玩等十部都反叛了，他们聚有十万士兵，驻守在潼关；曹操派安西将军曹仁带领诸位将士抵御，下令坚守阵地，不要交战。令五官将曹丕留下驻守邺城，派遣奋武将军程昱协助曹丕的军务，门下督广陵人徐宣做左护军，留下统领各军，乐安人国渊做居府长史，处理留守的政务。秋季七月，曹操亲自带领军队攻打马超等人。商议的人大都说："关西军队惯用长矛，不精选的前锋，不能抵抗。"曹操说："战事掌控在我手里，不是在叛贼手里。叛贼既然惯用的是长矛，我就要让他们刺不出来，诸位只要观看就知道了。"

八月，曹操到达潼关，与马超等人隔着潼关屯扎军队。曹操表面上着急掌控形势，但暗地里派徐晃、朱灵，带领步兵、骑兵四千，渡过蒲阪津口，在黄河西面设立军营。闰八月，曹操自潼关向北渡过黄河。军士们先过河，曹操独自和一百多勇士留在南岸断后。马超带领步兵、骑兵一万多人攻打来，飞箭多得就像下雨一样，曹操仍安然地坐在胡床上不动。许褚扶着曹操上船，船工中流箭死了，许褚左手举起马鞍，遮挡住曹操，右手撑着船。校尉丁裴，放出牛马当诱饵引诱叛贼，叛贼大乱，捕捉牛马，曹操才得以渡过河。于是就从蒲阪渡过西河，沿着黄河，建筑甬道向南行走。马超等人撤兵，驻守在渭口，曹操于是就设置很多疑兵，暗地里利用船带着军队进入渭河，打造浮桥，夜晚的时候，把军队散开，在渭水南岸设立军营。马超等人夜晚攻击军营，伏击的将士将他们打败了。马超等人在渭水南岸驻扎，派使者前来，乞求用割让黄河以西地方的条件求和，曹操不应允。九月，曹操继续进军，全军渡过渭水；马超等人数次挑战，又不应战，马超坚定请求割地，并把儿子送去做人质；贾诩认为可以假意应允。曹操又问他有什么办法，贾诩说："只是挑拨他们罢了。"曹操说："知道了！"

韩遂要求与曹操会面，曹操与韩遂有旧交情，于是就骑马与其攀谈，虽谈了很长时间，却没有涉及军事，只是说些京都以前的事，拍着手大笑。那时关中人、胡人这些旁观的人，前后重叠，曹操微笑着对他们说："你们想看一下曹操吗？也是和其他人一样，并非有四只眼睛、两张嘴巴，只是有智慧罢了！"谈完之后，马超等人问韩遂："你们说了些什么？"韩遂说："没说什么！"马超等人都很怀疑他。之后，曹操又给韩遂写信，有多处被窜改的地方，就像是韩遂改写的一样；马超等人就更怀疑韩遂了。曹操于是定下交战日期，先用装备轻的军队战斗，战了很长时间，才派遣强勇的骑兵两面夹击，取得胜利，并斩杀了成宜、李堪等人。韩遂、马超逃到凉州，杨秋逃到安定。

诸位将领问曹操："起初，叛贼驻守在潼关，渭水北面的防御上有了缺口，我们不从河东攻打冯翊，却在潼关防守，拖延时间，之后向北渡河，这是为什么呢？"曹操说："叛贼驻守潼关，倘若我从河东进攻，叛贼必然带领军队守住各个渡口，那么就不能渡过西河了；我有意多派军队攻击潼关，叛贼就把全部军众防守南面，西河的防守就空虚了，因此二位将军能够容易地攻下西河；然后带领军队向北渡河，叛贼之所以不能和我争抢西河，那是因为二位将军的军队在那里驻守。连接车辆、建立木栅，建造甬道向南行走，不但做出不能战胜的姿势，而且示弱了。渡过渭水，建造坚固的壁垒，敌人来袭并不迎击，因此叛贼就骄傲起来；所以叛贼不建立营寨，而是要求割地。我顺他们说的话应允了，我之所以顺从他们，是要让他们感到安定并没有防备，因此储蓄兵力，突然攻打他们，这就是所谓'疾雷不及掩耳'。兵法的变化，原本就不是有规律的。"

起初，关中诸将每一部率军前来，曹操就有欢喜的神色，诸位将领问曹操原因，曹操说："关中土地广袤，假如叛贼占据险要的地方，征讨他们，没有一两年是平定不了的；现今都集合了，他们的军众虽多，但相互不服，军中没有统帅，一下子就能消灭，费的工夫就轻松多了，因此我心中高兴。"

冬季，十月，曹操从长安向北讨伐杨秋，围困安定。杨秋归降，曹操恢复了他的爵位，让他留下安抚百姓。

十二月，曹操从安定返回长安，留下夏侯渊驻扎长安。任议郎张既做京兆尹。张既招抚流民，复兴各个县邑，百姓都爱戴他。

韩遂、马超的反叛，弘农、冯翊的县邑大都响应了，只有河东的人民没有反叛的心思；曹操和马超隔着渭水建立军营，军中粮食都仰仗着河东供应。等到马超等人被打败，剩下的存粮还有二十多万斛，曹操于是就增加河东太守杜畿的俸禄为中二千石。

扶风人法正是刘璋的军议校尉，刘璋不提拔重用他，又因是州里人都被侨居人士所看不起，法正心中郁闷不高兴。益州别驾张松与法正交好，自认为有才华，揣测刘璋不能够有什么作为，经常暗地里感叹，张松劝谏刘璋与刘备结交联盟，刘璋说："谁能做使者？"张松于是就推举法正。刘璋派遣法正前往刘备处，法正推托了，佯装不得已这样做，之后返回来，向张松说刘备有雄志才华谋略，暗地谋划奉他做益州统领。

恰巧曹操派钟繇前来汉中，刘璋听说，心中害怕。张松因此向刘璋进言说："曹操的军队，天下没有敌手，假如凭借张鲁的资本来攻打蜀地，谁可以抵御他呢？刘豫州，是您的宗室，曹操的敌人，善于用兵；倘若派遣他征讨张鲁，张鲁一定败亡。张鲁大败，那么益州就强盛了，曹操纵然来了，也就没有什么作为了！现今州中诸将庞羲、李异等人，都仗着功劳，骄傲强横，有投靠外人的意思。得不到豫州的帮忙，那么在外面有敌人攻打，在内部有百姓内乱，是必然失败的。"刘璋认为很有道理。于是派法正带领四千人去迎接刘备。主簿巴西人黄权进言说："刘左将军英勇善战，假若现在请来了，要想以部下委屈对他，就不能让他心里满意；要想用宾客的礼节待他，那么一个国家不容两个君主。假如宾客有像泰山安稳的位置，那君主的地位就有累卵的危险，不如关闭边境来等局势的安定。”刘璋没有采纳，把黄权派去做广汉长官。从事广汉人王累，把自己倒挂在州中城门上来劝谏，刘璋一律不听从。

法正到达荆州，暗地里向刘备献计说：“凭借将军英明的才华，趁着刘璋懦弱；张松是州中栋梁之材，在内部响应您，直取益州，易如反掌。”刘备举棋不定。庞统对刘备说：“荆州荒凉破败，人才物资损毁殆尽，东面有车骑将军孙权，北面有曹操，很难实现抱负。现今益州拥有一百万户口，土壤肥沃，财资富裕，确实可以得到当作资助，伟业就能成功了。”刘备说：“现今与我势同水火的人，只有曹操。曹操急躁，我宽宏；曹操残忍，我仁厚；曹操诡异，我忠心；每件事都和曹操反着做，大业才能成功。现今因为小小的利益，而对天下人失去信义，这怎么可以？”庞统说：“混乱的时代，本来就不是依靠一种道义就能平定的。况且吞并弱小，攻击愚蠢，利用违反道义获取，利用和顺之法防守国家，是古代人所崇尚的事情。倘若大事安定之后，封赐大国，又有什么地方背负了信义呢！现在不攻取，最后会变成别人的利益罢了。”刘备认为很对。于是就留下诸葛亮、关羽等人驻守荆州，派遣赵云做留营司马，刘备统领几万步兵，进入益州。

孙权听说刘备西进了，派船去迎接妹妹；夫人想带着刘备的儿子刘禅回吴国，张飞、赵云安排军队去横堵长江，才把刘禅截回来。

刘璋命令各地沿途官员侍奉刘备，刘备进入境内就像回到家一样，前后送来的财物用亿来计算。刘备到达巴郡，巴郡太守严颜捶胸感叹说：“这就是所谓的‘独坐在深山里，却放出猛虎来保护自己’啊。”刘备从江州北方沿着垫江水前去涪县。刘璋带领三万多步兵、骑兵，车辆帷幔，光亮照日，前去会见刘备。张松让法正告知刘备，就在见面时偷袭刘璋，刘备说：“这件事不能太仓忙！”庞统说：“现今趁着见面捉拿他，那将军就没有用兵的劳苦，就能轻易地平定一州了。”刘备说：“刚进入别人的势力范围，恩威、信义都没有建立，这不可行。”刘璋推荐刘备代做大司马，兼领司隶校尉；刘备也推荐刘璋代做镇西大将军，兼领益州牧。他们所统领的官员、将士，更是相互来往，高兴地宴饮了一百余天。刘璋扩充刘备的军队，多增加战备物资，让他攻打张鲁，又命令他督统白水的军队。刘备合并了军队三万多人，车辆、盔甲、兵器、财物非常多。刘璋返回成都；刘备向北行进，到达葭萌，没有立即征讨张鲁，而是多多建立恩德来收服人心。

十七年（壬辰，公元212年）

春季，正月，曹操返回邺城。汉献帝下诏曹操参拜不需要司仪官称其名字，进入朝中不需要趋行，能带着剑穿着履上殿，就像丞相萧何先例一样。

曹操西征关中的时候，河间人田银、苏伯反叛，鼓动幽、冀二州百姓作乱。五官将曹丕想亲自征讨他们，功曹常林说：“北方的官员、百姓，喜好安定，讨厌战争，听从教化已经很久了，恪守善良的人多；田银、苏伯只是像犬羊那样聚在一块，终究不能导致祸害。现在大军所处偏远，在外有强势的敌人，将军您是镇守天下的人，轻易草率决定远行，纵然战胜也不威武。”于是就派将军贾信去征讨他们，立即就将他们歼灭了。剩余的一千多反贼请求归降，议论的人都说：“公侯有旧法例，被围攻之后投降的人不赦免。”程昱说：“这乃是混乱的时候权衡时势的办法。现今天下大致平定了，不能杀他们；纵然要杀，也应当先禀明朝廷知道。”议论的人都说：“军事有专命，不需要请求。”程昱说：“凡有专命的事情，是说有临时急迫的事情罢了；现今这些反贼制伏在贾信手中，因此老臣不希望将军您这样做。”曹丕说：“那好吧。”立即禀报给曹操，曹操果然没有杀他们。之后听闻是程昱的计策，非常高兴，说：“先生不只懂得军事谋划，又擅长处理别人父子之间的事。”

旧例：击败叛贼的文书，把一个报告成十个；国渊上交的首级，都是按照实际的数目。曹操问他什么原因，国渊说：“讨伐域外的敌人，增加他们斩获数目的缘由，是想夸大战功，耸人听闻。河间在境内，田银等人反叛，纵然打败他们有了战功，但国渊我私下认为是羞耻。”曹操听到之后非常高兴。

夏季五月，癸未日（五月份无此日，疑误。），斩杀卫尉马腾，祸灭三族。

六月，庚寅晦日（二十九日），发生了日食。

秋季，七月，有螟灾。

马超等剩余军队屯守蓝田，夏侯渊击败平定了他们。

鄜县贼寇梁兴，侵掠冯翊，诸县恐惧，都将县治寄放在邻近的郡治，商议的人都认为应该迁徙到险要的地方。左冯翊人郑浑说：“梁兴等人大败分散了，藏匿逃窜到山谷中，即使有跟随的人，大都是被迫跟着他们罢了。现今应该广开归降的渠道，宣传让他们知道威信，要是保守险要的地方，这是示弱的方法。”于是集合官员、百姓，整顿城墙，设立防守设备，征募百姓，驱走贼寇，缴获他们的财资、妇女，十分中用七分来做奖励。百姓非常高兴，都愿意捉拿贼寇；贼寇中失去妻子儿女的，都回来请求归降，郑浑责令他们送回所抢获他人的妇女，之后将他们的妻子儿女送还他们。于是转变为互相盗取攻打，梁兴党徒就分散了。郑浑又派官民中恩德诚信的人部署在山谷中，告诉贼寇，出山的络绎不绝；郑浑于是让各县的长官各自回到原本治理的县，来安定、聚集百姓及回归的叛民。梁兴等人恐慌了，带领残余部众在鄜县城集合。曹操让夏侯渊帮郑浑征讨他们，于是就斩杀了梁兴，残余的党羽全部平定了。郑浑，是郑泰的弟弟。

九月，庚戌日（二十一日），汉献帝册封皇子刘熙为济阴王，刘懿为山阳王，刘邈为济北王，刘敦为东海王。

起初，张纮认为秣陵山川地势险要，劝谏孙权将此当作治所；等到刘备东行，经过秣陵，也劝孙权占据这块地方。孙权于是建筑石头城，将治所迁移到秣陵，将秣陵更名为建业。

吕蒙听闻曹操想向东进军，劝说孙权夹着濡须水口建造坞堤。

诸位将领都说：“上岸攻打敌人，洗个脚就进船了，为什么要造坞堤呢？”吕蒙说：“兵器有锋利、驽钝之分，战争是没有百战不殆的，假如有偶遇的时候，敌人的步兵、骑兵逼近了，人都没有时间到达水边，难道还能够进船吗！”孙权说：“好。”于是就建立濡须坞。

冬季，十月，曹操向东攻打孙权。董昭对曹操说：“古往今来，臣子匡扶大事，从来没有像您现在的伟业；有您现在的伟业，也没有长时间处在臣子权势的人。现今您对于德行比不上古人，感到愧疚；希望保全自己的声誉、节操；但是处于大臣的地位，让人因大事而怀疑自己，这确实不能不慎重思考。”于是就与诸侯、各将领商量，都认为丞相应当加封爵位为国公，赏赐九锡之仪礼、准备威仪物品，来显示特殊的功劳。荀彧认为：“曹公原本兴起义兵是为了匡扶朝廷，安定国家，秉持忠贞的诚心，谨守谦让的美德；君子凭借美德爱人，不应当这么做。”曹操因而不高兴。等到攻打孙权的时候，上表请求派荀彧到谯城劳军，因此就留下荀彧，以侍中、光禄大夫、持节的官职，参与丞相军事。曹操军队前往濡须，荀彧因病留在寿春，喝毒药逝世。荀彧做事合乎理义，修治整顿，并且有谋略，喜爱推荐贤士，因而当时人都十分可惜。

◆司马光说：孔子说到仁义，也非常看重，从子路、冉求、公西赤优秀的弟子，让尹子文、陈文子等诸侯贤良的大夫，都不足以担当得上，却唯独赞扬管仲的仁义，难道不是因为他辅助齐桓公，对百姓的生活大有帮助吗！齐桓公的行为像猪狗一样，但管仲不觉得耻辱而来辅助他，他的志愿大概是想若没有齐桓公，那么百姓的生活就得不到帮助吧。汉朝末年，天下大乱，生灵涂炭，假如不是世间高超的人才，是不能帮助百姓的，然而荀彧放弃魏武，将要辅佐谁呢！

齐桓公时期，周室即使衰微，还比不上建安初年。建安初年，四海混乱动荡，尺寸之间的土地、每一个百姓，都不属于汉朝。荀彧辅助魏武而使他的名声兴起，选用贤良的人才，严厉训练士兵，决定时机，出谋划策，征讨四方，于是才能由弱变强，化混乱为有序，十分的天下，汉朝拥有其中八分，他的功劳难道比不上管仲吗！管仲不能为子纠而死，荀彧却能为汉室而亡，他的仁义居于管仲之上了。

然而杜牧仍然认为："荀彧劝说魏武攻取兖州的时候，就比成汉高祖、光武帝；在官渡之战的时候，不让他回到许县，于是就比成楚、汉相争。等到事情完成有了成就，就想在汉朝求得功名，就像是教强盗穿过墙破坏柜子，却不一起带着财物出来，得到了就不算是强盗了吗！"臣认为：孔子说："文胜质则史"但凡当史官的人，记录别人的言语，一定会用文字帮助修饰。那么将魏武帝曹操比成汉高祖、汉光武帝、楚国项羽、汉国刘邦，是作史的人记载的文字，难道都是荀彧所说的吗！用这诋毁荀彧，是于理不合的。况且假如魏武做了皇帝，那么荀彧就有辅助创业的大功，与萧何有一样的奖励；荀彧不将这个当作利益，却要把牺牲生命来取得的功名当作利益，难道这合乎人情吗！◆

十二月份，有彗星经过五诸侯星座。

刘备在葭萌，庞统对刘备说："现在秘密选取精兵，日夜兼程，直接偷袭成都，刘璋既不通晓军事，又向来对我们没有防备，等到大军突然到来，一下子就能平定成都，这是最好的计策。杨怀、高沛，都是刘璋的勇将，他们各自仗着强大兵力，驻守在关头，我听闻他们多次上书劝谏刘璋，让他打发将军返回荆州。将军派人让他们知道，说是荆州有紧急情况，想要回去救助，并且命人整装行李，在外面做出要回去的样子。这两人既钦服将军的英明，又高兴将军的离开，估计一定会轻骑来拜见将军，我们趁势捉拿他们，前去收服他们的军队，再直指成都，这是中等计策。退走返回白帝，接引荆州，再慢慢图谋，这是下等计策。如果犹豫不决，不离开的话，将会导致大麻烦，不能久留了。"刘备同意了他的中等计策。

等到曹操攻击孙权的时候，孙权向刘备求助。刘备给刘璋送信说："孙权和我本来就是唇齿的关系，而且关羽军队微弱，现今不前去救助，那曹操一定能攻下荆州，转过来侵略益州州界，这种担忧远胜于张鲁；张鲁是自我固守的贼子，不值得担忧。"因此要求刘璋增加一万士兵和财物、粮草。刘璋只给四千士兵，其他的都减少一半。刘备因此激怒他的士兵说："我替益州征讨强敌，军士辛劳病困；可是他积累财物却吝啬奖励，凭什么让士大夫尽全力打仗呢！"张松写信给刘备和法正说："现在大事快要成功了，怎么要放弃这里离开呢？"张松的哥哥广汉太守张肃，恐怕祸患连累到自己身上，因而揭发了他的阴谋；于是刘璋就逮捕了张松，斩杀了他，并下文书命令驻守边关的将领不要再让刘备通过关口。刘备大怒，召见刘璋的白水军督杨怀、高沛，责备他们没有礼貌，斩杀了他们；带领军队，直接到达关头，吞并了他们的军队，进兵占据涪城。

十八年（癸巳，公元213年）

春季，正月，曹操进军濡须口，号称四十万步兵、骑兵，攻破孙权长江西岸的大营，抓捕了他的都督公孙阳。孙权带领七万军队抵抗，互相对峙一个多月。曹操看到他们的船只、兵器、队伍整齐庄严，感叹说："生儿子就要像孙权那样；若像刘景升的儿子，猪狗罢了！"孙权给曹操写信说："春季快要发大水了，您应当速速离去。"另外一张纸上说："阁下不死，我就不能心安。"曹操对诸位将领说："孙权不会骗我。"于是就撤军返回了。

庚寅日（初三），朝廷诏令合并十四州，又恢复为九州。

夏季四月，曹操到达邺都。

起初，曹操在谯城，害怕临近长江的郡县会被孙权侵犯，想要迁移百姓，让他们接近畿内，因此就问扬州别驾蒋济，说："从前我和袁本初在官渡对战时，迁移燕、白马两地的百姓，百姓没有离散的，贼子也不敢掳掠。现在我想要迁移淮南的百姓，怎么样？"蒋济回答说："那时，我军兵力微弱，贼子兵力强大，不迁移必会失去百姓。自从败袁绍以来，您的威望，震慑天下，百姓没有其他的心愿，百姓心里怀念故土，实在不愿意迁移，我只是担心百姓必会惊恐不安。"曹操没有顺从。之后百姓一起恐慌起来，从庐江、九江、蕲春、广陵，十多万户人都向东渡过长江，于是长江西边就空虚了，合肥以南的地方，唯有皖城仅存一些百姓。之后蒋济奉使命，前去邺都，曹操迎接他，大笑着说：“我本意只是想让他们避开贼子，却把他们驱逐光了！”于是任命蒋济做丹阳太守。

五月，丙申日（初十），汉献帝将冀州十郡赐给曹操成为魏公，依旧让丞相署理冀州牧。又额外赐九锡之礼：大辂、戎辂车各一辆，八匹黑色牡马；衮冕的朝服，在上面镶上赤舄；轩县的音乐，六佾的舞蹈；住的房子用朱门；从内阶而上升；三百虎贲勇士；鈇、钺各一柄；朱红色的弓一把，朱红色的箭一百支，黑色的弓十把，黑色的箭一千支；黑黍酿的酒一坛，在上面镶上珪、瓒。

上天降临大雨。

益州从事广汉人郑度听说刘备兴起军队，就对刘璋说：“左将军率领很少的兵力深入来偷袭我们，士兵还没有一万人，众人还没有归附，军内没有辎重，野外谷米是他们的粮资，现在的计划，还不如把巴西、梓潼百姓，全部驱赶到内水、涪水的西面，把他们的仓库、外面的稻谷，全部烧了，加高壁垒，深挖沟渠，安静地等待他们。等到他们到了，如果请求交战，就不要答应他们，时间长了，失去了财物的资助，前后不超过一百天，一定带领士兵主动逃走，逃走就攻打他们，就一定能把他们捉住。”刘备听说了，很怨恨他，因此问法正，法正说：“刘璋最后不会采纳的，不用担心。”刘璋果真对属下们说：“我听过抵抗敌人来安定百姓，没有听过劳累百姓来躲避敌人的。”便不采纳郑度的策略。

刘璋派他的将领刘璝、泠苞、张任、邓贤、吴懿等人抵御刘备，都没有成功，于是就退兵戍守绵竹；吴懿前去刘备军营归降。刘璋又派南阳人李严、江夏人费观监督统帅绵竹各军，李严、费观也带领他们的军队向刘备归降。刘备的军队越来越强大，分别派诸将安定他们所属的县城。刘璝、张任与刘璋的儿子刘循退兵戍守雒城，刘备进军围攻他们。张任率领军队出城，与刘备在雁桥战斗，军队大败，张任战死。

秋季，七月，魏国开始建立社稷坛、祭奠曹氏先祖宗庙。

魏公曹操把三个女儿献给献帝做贵人。

起初，魏公曹操追赶马超，一直追到安定，听说田银、苏伯反叛，就带领军队回来。凉州参军事杨阜对曹操说："马超具有韩信、黥布的勇敢，非常得羌、胡等人心意；假如大军回去，没有建立防卫，那么陇上各郡就不属于国家了。"曹操回去，马超果真带领羌、胡攻打陇上各郡县，各郡县都响应了起来，唯有冀城奉州郡之所得以坚固防御。

马超吞并了陇右全部的军队，张鲁又派大将杨昂辅助他，共数万人，一道围攻冀城，从正月到八月，救兵都没有到达。刺史韦康派别驾阎温出城，告诉夏侯渊紧急情况，城外被敌人重重包围，阎温在夜里偷偷地从水中逃出去。第二日，马超的军队看到了痕迹，就派人前去追捕他。马超带着被捉到的阎温到达城下，让人告诉城中的人说："东方不会有救兵来了。"阎温向城中大喊说："大军不多于三天就来到了，要多多勉励！"城中的人都哭了，大呼万岁。马超即使愤怒，但因城池长时间攻打不下来，改变为慢慢地劝诱阎温，希望他更改心志。阎温说："辅佐君主的只有一死，不会有二心，你竟然想让一个长者说出不仁义的话吗！"马超于是就斩杀了他。

之后，城外救兵还未到来，韦康及太守想投降，杨阜哭号着劝谏说："阜等带领父兄子弟，用道义互相激励，唯有一死，并没有二心，认为能让君固守这座城池，现今为什么要放弃即将完成的大业，陷入不道义的声誉呢！"刺史、太守没有顺从他的建议，打开城门，迎接马超。马超进入城中，就斩杀刺史、太守，自封征西将军、兼领并州牧，监督管理凉州军事。

魏公曹操派遣夏侯渊救助冀城，还没有到达，冀城就已经沦陷了。夏侯渊在离冀城还有二百多里的地方，马超前去迎战，夏侯渊的军队战斗得不顺利。氐王千万起兵响应马超，屯驻在兴国，夏侯渊带领军队返回了。

恰巧杨阜的妻子去世了，就前去马超处请求假期来安葬妻子。杨阜的表兄天水人姜叙是抚夷将军，拥有军队，驻守在历城。杨阜见到了姜叙和他的母亲，号啕大哭，非常哀伤。姜叙说："你为了什么事这样呢？"杨阜说："守城却不能保全城池，君主死了，却不能和他们一块死，我又有什么脸面来对待天下人呢！马超背叛君主与其父，虐待斩杀州内将士，难道只是我杨阜一个人的忧愤、责任吗？全州的士大夫都受了羞辱！你拥有军队，专制一方，却没有征讨叛贼的心思，这就是赵盾之所以会在史书上被写成弑害国君的原因了。马超兵力强盛，却没有道义，有很多弱点，容易图谋。"姜叙的母亲感叹说："唉！伯奕！韦使君遇难了，也是你的罪过，难道只是义山一个人的过错吗！世人谁不会死，为忠义而死，就是死得有归属了。只要赶紧出发征讨，不要再顾及我！我自然会为你谨慎小心，不会因为年老而拖累你。"姜叙于是就与同郡人赵昂、尹奉、武都人李俊等合作谋划，征讨马超，又派人到冀城，联系安定人梁宽、南安人赵衢做内应。马超带走了赵昂的儿子赵月当人质。赵昂对他的妻子王异说："我的计策是这样的，事情一定非常周全，但赵月怎么办呢？"王异声音严肃地回答说："洗清君父的耻辱，失去脑袋都不重要，况且是一个儿子呢！"

九月，杨阜与姜叙进军，进入卤城，赵昂、尹奉驻守祁山，来征讨马超。马超听说了，非常愤怒，赵衢因此假装劝说马超，让他亲自出城攻打敌人。马超出了城，赵衢与梁宽关闭冀城城门，斩杀了马超全部妻子儿女。马超进退都丧失了依靠，于是就偷袭历城，捕获了姜叙的母亲。姜叙的母亲大骂他说："你是背叛父亲的逆子，斩杀君主的奸贼，天地怎么能长时间地容下你呢！然而你不早死，还敢拿什么脸面对待他人呢！"马超斩杀了她，又斩杀了赵昂的儿子赵月。杨阜与马超交战，受伤五处。马超军队大败，于是就向南投靠张鲁。张鲁派遣马超做都讲祭酒，想把女儿嫁给他为妻。有人对张鲁说："像他那样的人，都不爱他的亲人，又怎么会爱别的人呢？"张鲁才打消了这个念头。曹操封赏征讨马超有功的人，有十一人被封侯，封给杨阜的爵位是关内侯。

冬季，十一月，魏国开始设立尚书、侍中、六卿等官职；任荀攸做尚书令，凉茂做仆射，毛玠、崔琰、常林、徐奕、何夔等人做尚书，王粲、杜袭、卫觊、和洽等人做侍中，钟繇做大理，王修做大司农，袁涣做郎中令，代理御史大夫的政务，陈群做御史中丞。

袁涣得到的封赏，都分给了别人，家里没有积蓄，穷困了，就向别人借取，并没有佯做清明的事，但是当时的人都敬佩他的清廉。当时有人谣传刘备死了，群臣都去祝贺，唯有袁涣没有去。

魏公曹操想恢复肉刑，下令说："之前鸿胪陈纪认为死刑有可以胜过仁恩的地方，御史中丞陈群能讲述你父亲的观点吗？"陈群回答说："臣下的父亲纪，认为汉朝去掉了肉刑，却添加了笞刑，原本是要兴起仁义恻隐之心，却让死的人更多，这就是所谓的名义上刑罚轻，然而实际上责罚却加重了；名义上责罚轻就容易再犯，实际上责罚重就会伤害百姓。况且杀人偿命，合乎古代的法制；至于说伤害他人，有的损毁身体，剪断毛发，就不合乎法理了。假如用古代的刑法，让淫乱的人下蚕室，偷盗的人砍掉他的脚，那永远不会有淫邪放荡、穿洞翻墙的贼人了。刑法有三千多种，纵然不能完全恢复，但像上面所说的这几类，是当时的祸患，应当先实施。汉朝律法所要斩杀的罪人，是仁义顾及不到的；其他构成死刑的罪过，可以换成肉刑。这样，所斩杀的和所救活的，就足以互相抵消了。现今用鞭子打死的刑法，变成不斩杀的刑法，是看重人的肢体而轻视人的身体和生命了。"当时讨论的人，只有钟繇和陈群的看法一样，其他的人都认为不能实施。曹操因为军事尚未结束，且顾及众人的看法，就停止了。

资治通鉴卷第六十七　汉纪五十九

起甲午（公元214年），止丙申（公元216年），共三年。

【题解】本卷记录了汉献帝刘协建安十九年到二十一年间的历史。曹、孙、刘三方继续扩张，三国鼎立局面基本形成。曹操进兵汉中，扫荡关中势力，灭韩遂，退马超。此后曹操紧逼献帝，禅代条件成熟。刘备势力迅速发展，跨有荆、益。由于庞统战死，诸葛亮入蜀，荆州兵力不足。孙权进攻合肥受挫，与刘备争荆州，孙刘联盟破裂。由于曹操紧逼，刘孙平分荆州和解，但嫌隙已生。

孝献皇帝壬

建安十九年（甲午，公元214年）

春季，马超从张鲁那里求得军队，向北攻打凉州，张鲁派遣马超返回围攻祁山。姜叙等人向夏侯渊告急，诸将商量，想要等魏公曹操的命令调派。夏侯渊说："公侯在邺城，来回四千里，等到回来报告，姜叙等人一定失败了，这不是救急的办法。"于是就前去，命令张郃率领步兵、骑兵五千人做前锋。马超被打败逃跑了。

韩遂在显亲驻守，夏侯渊想偷袭攻取他，韩遂逃跑了。夏侯渊一直追到略阳城，距韩遂三十多里，诸将想前去攻打，有的人说应该攻击兴国氐族。夏侯渊认为："韩遂的军队精良，兴国城池坚固，攻打的话，不能马上攻取下来，还不如袭击长离的各羌族。长离各羌族大都在韩遂军中，一定会归来救助他们的家族。韩遂若放弃羌族，独自守御，就会孤独无依；若救助长离，那么士兵可以和他们在野外战斗，必能捕获他。"夏侯渊于是就留下督将看管辎重，亲自带领轻装军队到长离，袭击、烧坏羌人的屯库，韩遂果真救助长离。诸将看见韩遂士兵众多，想联结军营，建立堑壕才和他们战斗。夏侯渊说："我们转战千里，现在又建立军营、堑壕，那士兵疲劳，就不能再战了。叛贼虽多，容易应对。"于是就鸣鼓进军，大败韩遂的军队，进兵围攻兴国。氐王千万投靠马超，余部全部投降。转而攻打高平和匈奴屠各个部落，敌军全部被击败。

三月，汉献帝下诏魏公曹操的地位在诸侯王之上，改赐给他诸侯专用的金玺、赤绂、远游冠。

夏季四月，发生旱灾。五月，雨水。

起初，魏公曹操派遣庐江太守朱光驻守皖县，大力开垦稻田。吕蒙对孙权说："皖县土地肥沃，如果稻熟就收获了，他们的军队一定增加，应当早日除去此人。"闰月，孙权亲自攻击皖城。诸将想建立土山，增加攻城用具，吕蒙说："整理攻城用具和土山，一定经历很长时间才能完成；这样的话，城中的守备已经修复完成，城外的救援也会打来，就不能夺取这城池了。而且我们乘着雨水才得以入城，假如滞留数日，雨水一定快没了，回去的路上困难，蒙自认为非常凶险。现在观察这座城，不算很牢固，凭借三军的锐气，四面同时攻击，不一会儿就可攻打下来；再乘着雨水返回，这是全胜的办法。"孙权采纳了。吕蒙推举甘宁做升城督，甘宁手拿绸练，沿着城墙，身先士卒；吕蒙派遣精兵跟着他，并亲自拿着鼓槌鸣鼓，士兵都积极登城。早上的辰时攻击，等到吃饭时就突破了，虏获朱光与城中几万男女。之后，张辽到达夹石，听说城池已被攻破，于是就撤兵。孙权让吕蒙做庐江太守，回来驻守寻阳。

诸葛亮留下关羽驻守荆州，与张飞、赵云带领军队，逆流而上攻破巴东。到达江州，攻下巴郡，活捉了太守严颜，张飞呵责严颜说："大军既然到了，为什么不归降，却胆敢抵抗？"严颜说："你们没有什么情由，就侵略我们州土。我们州中只有断头的将军，没有归降的将军！"张飞非常恼怒，就下令左右将严颜拉出去砍头。严颜神态、举止不变，说："砍头就斫砍，为什么要发怒！"张飞因他的豪气释放了他，把他当成宾客。诸葛亮分别派赵云，从外水平定江阳、犍为；张飞平定巴西、德阳。

刘备攻打雒城近一年，且庞统被流箭射中，逝世了。法正给刘璋写信，向他讲述局势的强弱，并说："左将军自从兴兵之后，和以前的心思是一样的，确实没有薄待您的意思。我认为能谋求改变形势，来保全阁下家门。"刘璋不回复法正。雒城最终攻溃，刘备进军包围成都。诸葛亮、张飞、赵云带领军队，前往集合。

马超知晓张鲁不能共图大业，而且张鲁的将领杨昂数次妒忌他的才能，马超心里很不高兴。刘备派建宁督邮李恢前去说服，马超于是就从武都逃往氐族中，私下写信请求归降刘备。刘备让人阻挠马超，但暗地里派兵帮他。马超到了，命令他带领军队驻扎成都城的北面，城中都震惊惧怕。

刘备围攻城池几十天，派遣从事中郎涿郡人简雍进入城内劝说刘璋。那时成都城内还有精兵三万人，粮食、布帛足够维持一年，官民都想拼死战斗。刘璋说："我父子在州中二十余年，没有在百姓身上实施恩德，百姓打了三年仗，却死在荒野中，都是我的原因，我怎么能安心呢！"于是就打开城门，与简雍一起坐车出城投降，臣下们没有一个不哭泣的。刘备把刘璋迁移到公安，送还全部财资，且赏赐他佩挂振威将军印绶。

刘备进入成都，摆酒设宴，大赏士兵。取来蜀地金银，分别赏赐将士，送还粮食、布帛。刘备署理益州牧，命军师中郎将诸葛亮担任军师将军，益州太守南郡人董和担任掌军中郎将，一起管理左将军府中的政务，偏将军马超为平西将军，军议校尉法正为蜀郡太守、扬武将军，裨将军南阳人黄忠为讨虏将军，从事中郎麋竺为安汉将军，简雍为昭德将军，北海人孙乾为秉忠将军，广汉长黄权为偏将军，汝南人许靖为左将军长史，庞羲为司马，李严为犍为太守，费观为巴郡太守，山阳人伊籍为从事中郎，零陵人刘巴为西曹掾，广汉人彭羕为益州治中从事。

起初，董和在郡中，清廉朴素，公平正直，受到人民的爱戴、信任，蜀郡中推举他担任善良守法的官员，因此受到刘备的推举和重用。刘备从新野到江南时，荆楚的士人们追随他的很多，但是刘巴独自向北投靠魏公曹操。曹操推举他担任掾，派他招安和接收长沙、零陵、桂阳等地。恰巧刘备占据了这三郡，刘巴的任务就没有成功完成，想从交州借道返回京师。当时诸葛亮在临蒸，用书信招用他，刘巴不顺从，刘备深感遗憾。刘巴后来就从交趾进入蜀郡，投靠刘璋。等到刘璋迎接刘备，刘巴劝谏说："刘备是英雄人物，进来必招祸患。"进入之后，刘巴又进言说："假如派遣刘备征讨张鲁，就是放虎归山了。"刘璋没有采纳，于是刘巴谎称生病，闭门不出。刘备攻打成都，下令军中说："有杀害刘巴的，诛灭三族。"等到捕获刘巴，非常高兴。这时，益州郡县都看形势而归降，唯有黄权紧闭城门，坚守抵抗，等到刘璋叩头投降，才归降。这时董和、黄权、李严等人，本来是刘璋任官重用的；吴懿、费观等人，是刘璋的亲戚；彭羕，是刘璋所遗弃不录用的；刘巴，是刘备从前所恼恨的；刘备都让他们居处重要的位置，完全发挥他们的才智、能力，有志向的人士，没有不争相劝谏尽职的，益州的百姓因此大为顺服。起初，刘璋命许靖担任蜀郡太守。成都即将失陷，许靖曾经谋划越过城墙，向刘备投诚，刘备因此薄待许靖，不重用。法正说："天下有获得虚名，却没有才能的人，许靖就是了。但现今主公开始创大业；天下的人，不能一家家去解释，应当敬重他，来抚慰远近百姓的期望。"刘备这才礼遇、任用许靖。

围攻成都的时候，刘备和军士们约定："如果战事安定了，府库里各种财资，你们随意拿，我不会阻止你们。"等到攻下成都，军士们都放弃兵器，跑去各处府库，争夺财物。军队用度不够，刘备非常担忧，刘巴说："这很简单，只要铸造价值一百的钱币，抑制各种物价，下令官员设立官市即可。"刘备采纳了。几个月内府库就殷实了。

当时商议的人想把成都有名的土地、房屋分别赏赐诸将。赵云说："霍去病因匈奴还没有消灭，不愿成家。现今国家的奸贼不是匈奴可以比拟的，我们不能贪求安定。等到天下都太平了，各自返回故乡耕种家乡田地，才是合适的做法。益州的百姓，才遭到军事战乱，土地、房屋都可归还给他们，让他们恢复生产，安居乐业，之后就能纳税、服役，让他们心中高兴，不应当加以豪夺，来赏赐给偏心所爱的将士。”刘备采纳了他的建议。

刘备攻打刘璋，留下中郎将南郡人霍峻驻守葭萌城。张鲁派杨昂引诱霍峻，要求一起驻守城池。霍峻说：“小人的脑袋可以得到，城池不能得到。”杨昂才回去。之后刘璋的将领扶禁、向存等人带领一万多人，从阆水上游，攻打霍峻，将近一年。霍峻城中士兵才几百人，观察他们松懈的时候，选择精兵，出城袭击，大获全胜，并斩杀了向存。刘备安定蜀郡，就将广汉分出去为梓潼郡，命霍峻担任梓潼太守。

法正在外统领都畿，在内部成为主要谋划大事的人。一顿饭的恩情，怒目相视的仇恨，没有不报复的，私自斩杀好几个诋毁自己的人。有人对诸葛亮说：“法正太胡作非为，将军应当禀告主公，抑制他的威风。”诸葛亮说：“主公在公安之时，北面害怕曹操的强大，东面忌惮孙权的紧逼，近的害怕孙夫人会在身边制造混乱。法孝直像翅膀一样辅佐刘备，让他翻身翱翔高飞，不再受他人的控制；要怎样去阻止孝直，才能让他不能随意做事呢！”

诸葛亮辅助刘备管理蜀郡，崇尚严厉的刑罚，百姓大都愁怨感叹。法正对诸葛亮说：“昔日高祖进入关中，约法三章，秦地百姓知道他的恩义。现在先生借取威势威力，占领了全州，才拥有这个益州之地，不施行恩惠，加以抚慰；况且主、客的道理，客的地位应当相对下降一些，希望能宽大刑罚，来抚慰他们的期望。”诸葛亮说：“先生知道其中之一，却不知道其二。秦国因为不仁道，政法严苛，百姓怨恨，一个普通百姓振臂一呼，天下离散了；高祖继承之后，因此能宽大来管理国家，完成大业。刘璋昏庸懦弱，从刘焉之后，有累世的恩德使百姓受惠，典章、法度受到牵制，相互奉谀，德政不能实施，威刑不能严肃。蜀地百姓，专权恣意，君臣之礼，慢慢衰败。用地位宠爱臣子，地位到达极致，就轻蔑地位；用恩德宠爱臣子，恩德没有了，臣子就懈怠了。因此让国家破败的，实在是这个因素。我现在用刑罚来威慑他们，刑罚实施了，就明白恩德；用爵位来限制他们，得到爵位了，就明白荣耀。荣耀、恩德一起使用，上下就有了节礼，这是管理整治的重点，到这里就明显地看出来了。”

刘备派遣零陵人蒋琬担任广都县县长。刘备曾因出游赏玩，突然到了广都，看到蒋琬不管理各种政务，当时又醉得昏沉不醒。刘备非常愤怒，要把他治罪。诸葛亮为他解释说：“蒋琬有管理国家的才能，不适合担任百里之县县长。他管理政务来安定百姓是根本，不首先修饰政务，希望主公再重观看。”刘备向来敬重诸葛亮，才不治罪，在慌忙中只是罢黜他的官职罢了。

秋季，七月，魏公曹操攻打孙权，留下小儿子临菑侯曹植驻守邺都。曹操替各个儿子推选官属的标准很高，派遣刑颙担任曹植的家丞；刑颙用礼法阻止他，一点也不屈从，因此两人不和。庶子刘桢文采好，曹植亲近他。刘桢用书信劝谏曹植说：“君侯摘取庶子春季的花朵，却忘记家丞秋季的果实，代替君上招来责骂，罪责不小，我实在惊恐难安。”

魏国的尚书令荀攸逝世。荀攸深沉周到，有才智，又擅长保全自己，自从跟随魏公曹操打仗，经常筹谋军事，当时别人和子弟们都不知道他说的话。曹操曾说：“荀文举如果推举士人，不重用不作罢；荀公达铲除奸人，不铲除不罢休。”又说：“二荀令品评人物，时间越久，越觉得正确，我死了也不会忘他们。”

起初，枹罕人宋建趁着凉州的叛乱，自称河首平汉主，改年号，设立百官，达三十余年。冬季，十月，魏公曹操派遣夏侯渊从兴国去征讨宋建，围攻枹罕，攻下之后，斩杀宋建。夏侯渊另外派张郃等人渡过黄河，进入小湟中，河西各羌族部落都归降，陇右就平定了。

汉献帝从建都许昌以来，只是守住帝位罢了，左右侍卫没有一个不是曹操的人。议郎赵彦经常向汉献帝讲述当时的计谋，魏公曹操记恨他，就斩杀了他。曹操之后因为有事，进入殿中拜见，汉献帝忍不住害怕，因此说："先生假如能多辅佐我，就多多辅佐；不然的话，希望您实施恩德，放了我。"曹操失了神色，不住地鞠躬请求出宫。以前礼仪：三公率领军队，朝见时，命虎贲卫士拿着兵器挟持出去。曹操出了大殿，回头看左右，汗流浃背；从此之后，不再朝见汉献帝。

董承的女儿是贵人，曹操诛杀董承后，请求汉献帝交出贵人，斩杀了她；汉献帝因贵人怀孕的缘由，多次请求，都不得曹操的同意。伏皇后因此感到害怕，于是就给父亲伏完写信，说曹操杀害董贵人、威逼献帝的情形，让他暗地谋划，伏完不敢起事。到某一天，事情才败露，曹操非常愤怒，十一月，派遣御史大夫郗虑带着简策，没收皇后玺绶；派遣尚书令华歆担任副属，领导军队，进入宫中，捉拿皇后。皇后关上门，躲避在墙壁中。华歆打破门窗，凿开墙壁，立即拉着皇后出去。当时汉献帝在外殿，请郗虑坐下，皇后披头散发，光着双脚，边走边哭泣，经过汉献帝时诀别说："你不能救我吗？"献帝说："我也不知我能活到什么时候！"回头对郗虑说："郗公！天下有这样的事情吗！"郗虑于是就将皇后判下暴室，幽禁而死。她所生的两位皇子，都被毒杀了，兄弟与宗族死了一百多人。

十二月，魏公曹操到达孟津。

曹操命尚书郎高柔担任理曹掾。以前的法令规定：军中士兵逃跑，就拷问他的妻子儿女。然而逃跑的人还是没有停止。曹操想加重这种对士兵的刑罚，连同拷问他的父母、兄弟，高柔进言说："士兵从军中逃跑，确实可恨，但我听闻其中经常有后悔的人。我认为应当宽免他们的妻子儿女，或许能引发他们回来的心思。即使是从前的法例，本来就已经斩断了他们的希望；然而又加重刑罚，我担心今后军中的士兵，看见一人逃跑，诛杀将会连累自己，也将跟着逃跑，不能再有别的士兵可杀了。这种重刑，不是要来阻止士兵逃跑的，而是用来促使士兵逃跑的。"曹操说："好吧！"就停止不再斩杀。

二十年（乙未，公元215年）

春季，正月，甲子日（十八日），汉献帝立贵人曹氏做皇后；她是魏公曹操的女儿。

三月，魏公曹操亲自带领军队攻打张鲁，即将从武都进入氐地，氐人堵塞道路企图拦截，曹操派张郃、朱灵进攻将它打下来。夏季，四月，曹操从陈仓出去散关，到达河池，氐王窦茂拥有士兵一万多人，仗着地势险峻，不愿投降，五月，曹操打败他并加以屠灭。西平、金城诸将麴演、蒋石等人，一起砍下韩遂的脑袋，给曹操送了过来。

起初，刘备在荆州，周瑜、甘宁等人数次劝谏孙权攻下蜀郡。孙权派使者对刘备说："刘璋不通晓军事，不能自己防卫，如果曹操取得蜀郡，那荆州就凶险了。现今要先攻下刘璋，再攻下张鲁，然后统一南方，即使有十个曹操也不必担忧了。"刘备报告说："益州百姓富裕，地势险峻，刘璋虽然懦弱，也能够自己防守。现在进兵蜀、汉，转战万里，想要打败敌人，攻下城池，都不失利，这是让孙武、吴起都为难的事情了。商议的人看见曹操在赤壁战败，认为他的兵力弱，不再有长远的谋划；现在三分天下曹操已拥有其二，想要在沧海放饮马匹，在吴郡会稽阅兵，怎么会肯守在这些地方，坐等着老呢！况且结盟的人没有缘故就相互讨伐，让曹操有机会，让敌人有机可乘，这不是长久计划。而且我刘备和刘璋同为宗亲，希望凭借先祖神灵，来匡扶汉朝。现今刘璋得罪了左右邻邦，我个人感到恐惧，这事我不敢过问，希望您能原谅我。"孙权不顺从，派孙瑜带领水军前去夏口。刘备不许孙权军队通过，对孙瑜说："你要想攻下蜀郡，我就要披头散发上山居住，不能对天下人失去我的信义！"于是命令关羽驻守江陵，张飞驻守秭归，诸葛亮防守南郡，刘备亲自前去孱陵坐镇，孙权迫不得已，命孙瑜回来。等到刘备向西攻击刘璋，孙权说："狡诈的家伙，竟然敢如此奸诈！"刘备留下关羽驻守江陵，鲁肃与关羽相邻；关羽数次对鲁肃产生猜忌的心理，鲁肃经常用友好的态度来安慰他。

等到刘备已经取得了益州，孙权命令中司马诸葛瑾向刘备索要荆州各郡。刘备不允许孙权这样做，说："我正打算谋夺凉州，凉州安定了，再把荆州全部送还。"孙权说："这是借了不想归还，却想用虚假的话拖延时间罢了。"于是就设立长沙、零陵、桂阳三郡长官。关羽却将他们全部驱赶。孙权非常恼怒，派吕蒙带领二万军队攻打三郡。

吕蒙将官方文书发给长沙、桂阳，这两郡看形势都归降，唯有零陵太守郝普固守城池，不肯归降。刘备听说了，亲自从蜀郡到公安，派关羽夺取三郡。孙权进军驻在陆口指挥，作为各军的节度；派遣鲁肃带领一万人驻守益阳来抵御关羽；孙权快速地用书信召回吕蒙，要他放弃零陵，赶快回来帮鲁肃对抗关羽。吕蒙得到信后，保密不说，晚上，召集诸将领，讲述作战方略；早上，就要攻击零陵，回头对郝普的故人南阳人邓玄之说："郝子太听闻世间有忠义的事，也想做，但是不知道什么时候合适。现今左将军在汉中被夏侯渊围困了，关羽在南郡，我们尊敬的君主亲自到那里。他们是首尾困难不堪，救死都来不及，难道还有多余力量拯救这里吗？现在我估计力量，认真考虑，因此来攻击这里，不要多长时间，城池必能攻下，城破之后，郝普牺牲生命，对事情有什么益处呢？况且让百岁白发老母亲也遭受杀害，难道不痛心吗！我估计这个人在家里得不到外面的信息，认为有外援可以仰仗，所以才到了固守这种地步。先生可以去看他，向他说明祸福之间的道理。"邓玄之去见郝普，详细地将吕蒙的意思转告他，郝普惧怕了，因此出城归降。吕蒙前去迎接，拉着他的手，一起下船，说完了话，拿出信给他看，因此拍手大笑。郝普看到了信，知晓刘备在公安，而且关羽在益阳，非常愧疚恼恨以至于钻入地下。吕蒙留下孙河，将之后的事交托给他，当天就带领军队前去益阳。

鲁肃想与关羽见面说说话，诸将领狐疑害怕有变化，商议的结果是不能前去。鲁肃说："今天的事，应当加以开导说明；刘备背叛我们国家是非还没有定论，关羽又怎么敢再冲撞命令？"于是就邀约关羽见面相谈，各自兵马在大约百步处停留，唯有双方的诸将军单刀匹马见面。鲁肃因此呵责关羽，不把三郡送还，关羽说："乌林的战争，左将军亲自在行伍之中，奋力打败敌人，怎么只能白白辛苦，却没有一块土地呢，而现在您来是要收回土地吗？”鲁肃说：“不是的，刚开始与刘豫州在长阪见面，豫州的士兵，不能抵抗一支军队，智谋穷尽，思虑无方，士兵的意志、势力都微弱，想要逃向远处，不敢奢望到这个地方。我们主上可怜刘豫州没有容身之处，不吝惜土地、百姓、士兵的力量，让他有了荫庇的地方，来帮助他解决祸患；然而豫州行为自私自利，粉饰虚情，亏负恩德，毁坏盟好。现今已经得到益州的利益，又想吞并荆州的土地，这是正常人都不能做出来的事，更何况是领导众人的领袖人物呢！”关羽无法回应。恰巧听说魏公曹操即将攻击汉中，刘备害怕失去益州，派使者向孙权求和。孙权命诸葛瑾前去复命，另立盟约。于是分裂荆州，以湘水为界；长沙、江夏、桂阳以东属于孙权；南郡、零陵、武陵以西属于刘备。诸葛瑾每次奉命出使蜀郡，与他的弟弟诸葛亮只在公众场合会面，回去后没有私下里见面。

秋季，七月，魏公曹操到达阳平。张鲁想带领整个汉中归降，他的弟弟张卫不愿意，带领几万军队依据关隘坚强守卫，在山上建立十多里的城墙。起初，曹操采纳凉州从事和武都归降人的话，说：“攻取张鲁简单，阳平城南北山相距很远，不能防卫。”曹操相信是真的。等到亲自到来时，不像听说的那样，于是感叹说：“他人估计的事，很少能如愿的。”曹操下令攻击阳平山上各屯堡，但是屯堡地势险要，难以攀登，不但不能如预期中攻打下来，士兵死伤众多；军中粮草快吃完了，曹操意志沮丧，就想拔营、斩断山路返回。派大将军夏侯惇、将军许褚把山上的军队叫回来。恰巧前锋军队夜晚迷路了，错走进张卫的大营，张卫营中的士兵非常慌恐，退败而四处逃散。侍中辛毗、主簿刘晔等人在军队后面，对夏侯惇、许褚说：“士兵已经占领了叛贼的重点屯堡，叛贼已经逃散。”大家仍不信。夏侯惇亲自前去观看，才回来告知曹操，就进军攻击张卫，张卫等人夜里逃跑了。

张鲁听说阳平已沦陷，就想归降，阎圃说：“现在因紧急才去投降，功劳一定少；不如仰仗杜濩，投靠朴胡，与他们一起抵御，再派送人质，功劳一定多。”于是就逃向南山进入巴中。左右想烧毁全部宝物、仓库，张鲁说：“本来就想归附国家，然而心思无法传达。现在逃跑，躲避锋芒，并不是有恶意。宝货、仓库，是属于国家的。”于是安置封藏好之后离开。曹操进入南郑，十分赞赏张鲁。又认为张鲁本来就有善良的心思，派人去安抚让他明白知晓。

丞相主簿司马懿向曹操进谏说：“刘备用欺瞒的方法虏获刘璋，蜀郡人还没有归附，却又去远处争抢江陵，这个机会不能失去。现在攻下汉中，益州必定震惊，然后进军讨伐他，按照局势，他的势力必瓦解。圣人不能违抗时机，也不能丧失此良机。”曹操说：“人们的苦恼是不知足，已经得到了陇地，还奢望蜀郡吗！”刘晔说：“刘备是人中的英才，有气量而行事缓慢，然而得到蜀郡的时日短，蜀人还不能仰仗他。现在攻下了汉中，蜀人震惊害怕，势力自然衰退；凭借公侯的明智，乘着他们微弱来收服他们，没有不胜的。假如稍稍慢些，诸葛亮明白治国之道，并担任了丞相；关羽、张飞的英勇，超越三军，且担任了将军；蜀郡百姓安定之后，驻守险要，就不能再进犯了。现在不攻打，一定成为以后的祸患。”曹操没有采纳。逗留了七天，蜀中归降的人说：“蜀郡中人，一天恐慌几十次，守将即使斩杀作乱的人，也不能安定下来。”曹操问刘晔：“现在还能攻打吗？”刘晔说：“现今已经稍稍安稳了，不能攻打。”才返回。曹操派遣夏侯渊担任都护将军，监督指导张郃、徐晃等人驻守汉中；派遣丞相长史杜袭担任驸马都尉，留下管理汉中政务。杜袭安慰开化，百姓自己欢喜地迁移到洛邑、邺都的有八万多人。

八月，孙权带领十万军队攻打合肥。当时张辽、李典、乐进只带领七千多人驻守合肥；魏公曹操讨伐张鲁之时，留下教令给合肥护军薛悌，在教令信的边上写着：“叛贼到了，再打开看。”等到孙权到了，薛悌打开教令，教令说：“假如孙权来了，让张、李将军出战，乐将军防守，护军不能参加战事。”诸将领认为人数悬殊，质疑教令的话。张辽说：“公侯出外远征，等到援兵来了，他们一定战胜我们了。因此教令的意思，在他们没有相会之前，迎战上去，损耗他们的士气来安抚众人，之后可以守卫。”乐进等人不回答。张辽恼怒地说：“成败的时机，就在这一战。诸位要是疑惑，我张辽就独自与他们决战！”李典向来与张辽不和，却大方地说：“这是国家大事，只顾你的计划怎么做，我能因私人恩怨，就忘了公义吗？请求和你一块出战！”于是张辽夜里征召敢跟随的士兵，征召得八百人，杀牛宴请将士。第二天早晨，张辽穿上战甲，手持戈戟，率先进入阵地，砍杀几十个人，杀了两员大将，大喊自己的名字，冲入军营，到达孙权面前。孙权大惊，不知怎么应付，就逃到高土堆，用长戟护着自己。张辽叫骂着叫孙权下来战斗，孙权不敢动，看见张辽带领的人数少，于是就集合起来围攻张辽，包围了好几层，张辽慌忙冲出包围，带领几十个部下，冲了出去；被围剩下的士兵大喊着说：“将军要放弃我们吗？”张辽又向前突围，救了剩下的士兵。孙权人马后退散开，没人敢抵抗。从早上打到中午，吴国人失去了气势。张辽然后返回修整防卫，众人心里才安稳下来。

孙权攻打合肥十多天，城池攻取不下，就撤军返回。军队都在路上了，孙权与诸将领在逍遥津的北面，张辽远远看见了，立即带领步兵、骑兵快速出击。甘宁和吕蒙等人全力作战，抵抗敌人，凌统带领亲兵，带着孙权走出阵地，又返回与张辽打斗，左右都战亡了，他也受伤了，估计孙权已经逃走，于是返回。孙权骑着马，走上逍遥津的桥上，桥的南边已撤走木板，桥上有一丈多宽没有木板；亲兵监谷利在马后，要孙权紧握马鞍，放松缰绳，谷利在后面使劲鞭打，来帮助马的冲势，于是才能越过逍遥津。贺齐带领三千人，在逍遥津的南面迎接孙权，孙权因而才能脱险。

孙权进入大船宴饮，贺齐走下座位，哭着说：“人主至尊，经常要保护自己，今天的事，几近受到伤害。臣下们都震惊害怕，仿佛失去天地一样，希望把这个当作终身的警告。”孙权亲自上前，为他擦拭眼泪，说：“我很愧疚，已经谨慎地铭记心里，不仅要写在绅带上了。”

九月，巴、賨夷的首领朴胡、杜濩、任约，各自带领百姓，过来依附。于是朝廷分割巴郡，命朴胡担任巴东太守，杜濩担任巴西太守，任约担任巴郡太守，都封为列侯。

冬季，十月，开始设立名号侯爵，来奖励有功劳的将士。

十一月，张鲁带领家属出城归降。魏公曹操出去迎接，命张鲁为镇南将军，用宾客的礼节待他，封为阆中侯，食邑一万户。张鲁五个儿子和阎圃等人，都封为列侯。

◆习凿齿点评说：阎圃劝谏张鲁不要称王，然而曹操却封他为侯，以后的人，谁不想要归附呢！堵塞了源头，因此下游流水自然就能停下来，大概就是这个道理吧！如果不明白这个道理，只看重焦头烂额的功绩，高位封赏只送给全力作战的将士，那百姓就认为国家紊乱，对自己有益，世间于是就互相杀伐，仗着军力，战乱就不会停了。曹操的这种封赏，可以说是知晓赏罚的根本了。◆

程银、侯选、庞德都跟着张鲁归降。魏公曹操恢复程银、侯选的官爵，任庞德做立义将军。

张鲁逃向巴中之时，黄权向刘备进谏：“假如失去了汉中，那三巴就不会复兴，这就是割去了蜀郡的臂膀。”刘备于是派遣黄权担任护军，带领诸将去迎张鲁；张鲁这时已经归降，黄权于是就攻打朴胡、杜濩、任约，将他们一个一个地打败。魏公曹操派遣张郃监督诸将，巡视三巴，想将这里的百姓迁往汉中，向宕渠进军。刘备派遣巴西太守张飞与张郃互相抵御，达五十多天，张飞攻袭张郃，大败他。张郃逃跑，回到南郑，刘备也返回成都。

曹操迁出以前韩遂、马超等人的五千多士兵，令平难将军殷署等人监督率领，派遣扶风太守赵俨担任关中护军。曹操令赵俨派遣士兵一千二百名，帮汉中防守，殷署监督送去，前去的人都不高兴。赵俨送至斜谷口返回，还没有回到营地，殷署的军队就反叛了。赵俨带领的步兵、骑兵一百五十名，都是反叛的人的亲党，听说了反叛的事情，都很害怕，穿上战甲，手持兵器，不再安稳了。赵俨慢慢用成败的道理让他们明白，安抚鼓励，言辞诚恳，士兵们都慷慨说："生死都要追随护军，不敢有异心！"于是他们前去各军营，各自召集区分整理出各奸贼结成反叛的八百多人，分散在原野中。赵俨下令：只逮捕阴谋的罪首治罪，其他的人不问罪，郡县所逮捕送来的，都放了回去，于是大家立即相率返回归降。赵俨暗中上禀："应当遣送回大营，请求派遣旧部士兵驻守关中。"魏公曹操派将军刘柱带领两千人前去，需等军队到达，才遣送回来。不久，事情泄露了，各军营非常恐慌，不能用言辞让他们明白安定下来。赵俨于是就公开说："要选取新兵中温和敦厚的一千人留下，镇守关中，其他全都遣送到东方去。"立即召主管军籍的进去，送来各军营士兵名籍，马上区分留还是不留。留下的人心思安定，和赵俨一条心，那些应该送走的人也不敢妄动。赵俨在一天内，全部遣送他们离去，将留下的一千人在各处分布安置好。东方军队不久就到达了，于是就再次威胁告谕，同时迁走了一千人，让他们前后相接一起向东行。这次安全送达的，共有两万多人。

二十一年（丙申，公元216年）

春季，二月，魏公曹操返回到邺都。

夏季，五月，汉献帝晋升魏公曹操的爵位为王。

起初，中尉崔琰向曹操推举巨鹿人杨训，曹操按礼法征召他。等到曹操晋升爵位，杨训上表，歌功颂德。有人嘲笑杨训奉承世俗，浮躁虚伪，认为崔琰的推荐失误了。崔琰从杨训那里拿来表章观阅，写给杨训的信说："看上表的事，是好事，是时运啊！时运啊！应该会有变动！"当时崔琰的意思，是讽刺评论的人，喜欢指摘别人，却不遵照情理。这时有个平时就和崔琰不和的人，上告说："崔琰蔑视世人，恼怨诽谤，心意不恭敬。"曹操大怒，逮捕崔琰，交给刑狱，剪掉头发，成为囚犯。之前那个告崔琰的人，又告他说："崔琰作为囚犯，面对宾客，须髯卷曲，两眼直视，像是怒目而视的样子。"于是就下令崔琰自杀。

尚书仆射毛玠哀痛崔琰的无辜，心中不高兴。有人告毛玠恼恨诽谤，曹操逮捕毛玠，交给刑狱，侍中桓阶、和洽都向他讲述道理，曹操没有听从。桓阶要求调查事情的真相。魏王说：“是告密的人上告的，毛玠不仅诋毁我，竟然还替崔琰恼恨。这种抛却君臣恩义，胡乱替逝去朋友表达怨恨哀叹的做法，恐怕是不能容忍的！”和洽说：“像告密的人说的，毛玠罪责就大了，不是天地所能容忍的；臣下并不敢替毛玠曲解道理，来混淆纲理伦常，凭借毛玠多年承受的恩宠，刚毅正直，忠心主公，是众人所害怕的，不应当说这种话。然而人情难以保证，应当加以考验，考察两方面实际的情况。现在圣主恩德，不忍交给法律审理，更让是非分不清楚。”曹操说：“不考察的原因，是想保护毛玠与告密的人两方面罢了。”和洽回答说：“毛玠真有诋毁君主的话，就应当将尸体摆在菜市场面前；假如毛玠没有说过这样的话，告密的人陷害大臣，来蛊惑君主的判断，不加以查明，臣私下认为不安心。”曹操最终没对毛玠的惩治深究，毛玠于是被罢免官职，在家中逝世。

当时，西曹掾沛国人丁仪掌权，毛玠受到刑罚，丁仪是出了力的，因此臣下们害怕他，不敢直视。唯有尚书仆射何夔与东曹属东莞人徐奕不侍奉丁仪；于是丁仪诋毁徐奕，派出他担任魏郡太守，仰仗桓阶的帮忙才能幸免。尚书傅选对何夔说：“丁仪已经杀害了毛玠，先生应当稍稍谦卑些。”何夔说：“做出不仁义的事，正足够害他自己，怎么能害别人！而且怀着奸恶邪佞的心思，在圣明的朝廷立身，怎么能长久呢！”

崔琰的堂弟崔林，曾与陈群一起讨论冀州的人士，夸赞崔琰是第一人，陈群认为崔琰的才能不足够保全自己来贬低他。崔林说：“大丈夫是要遇到合适的机会罢了，就像诸位先生，又怎算可贵呢！”

五月，己亥朔日（初一），有日食。

代郡乌桓三大人都自称单于，仗着武力，骄傲狂肆，太守不能管理。魏王曹操派遣丞相仓曹属裴潜担任太守，想把精英军队交给他。

裴潜说："单于自己知道骄横放肆的时间长了，现在带领大批军队前往，他们一定恐惧，因此会在边境上抵御，少带一点去，就不会恐惧，应当用计策来谋夺。"于是就一人一车前去郡中，单于惊讶欢喜。裴潜用恩惠并威严安慰他们，单于就害怕归降了。

起初，南匈奴长时间住在塞内，与编户大致一样，但是不需上交贡赋。商议的人害怕他们的户口会不断增加，慢慢难以掌控，应该事先防备。秋季，七月，南单于呼厨泉进魏国拜见，魏王曹操因此将他留在邺都，派遣右贤王去卑管理他的国家。单于每年所享受绵、绢、钱、谷的礼仪，就像列侯，子孙代代世袭他的名号。将他的百姓分成五部，各自建设贵族当主帅，选择汉人担任司马，来监管他们。

八月，魏国派遣大理钟繇担任相国。

冬季十月，魏王曹操整饬军队攻打孙权；十一月，到达谯城。

资治通鉴卷第六十八　汉纪六十

起丁酉（公元217年），止己亥（公元219年），共三年。

【题解】本卷记录了汉献帝刘协建安二十二年到建安二十四年间的历史。建安二十四年，刘备北进汉中，称汉中王，势力达到巅峰。就在此时孙权偷袭荆州，关羽败走麦城，兵败被杀，刘备势力下降。曹操完成百官建制，曹丕争胜，被立为太子。孙权向曹操称臣，上尊号，曹操愿做周文王，发出曹氏代汉的信号。

孝献皇帝癸

建安二十二年（丁酉，公元217年）

春季，正月，魏王曹操驻守居巢，孙权保卫濡须，二月，曹操攻打孙权。

起初，右护军蒋钦屯军宣城，芜湖令徐盛逮捕蒋钦驻守官员，上表斩杀他。等到孙权在濡须时，蒋钦和吕蒙手握各军节度，蒋钦经常夸赞徐盛的美德。孙权问他，蒋钦说："徐盛忠心而且勤敏刚毅，有胆量智谋，气量好，是统率万人的人才。现今大事没有安定，臣下应该帮助国家求得人才，怎么敢带着个人恩怨，来埋没人才呢！"孙权认为非常好。

三月，曹操带领军队返回，留下伏波将军夏侯惇、都督曹仁、张辽等二十六支军队驻守居巢。孙权命都尉徐详前去曹操处请求归降，曹操派使者回复，与其修好，立下重誓与孙权结为姻亲。孙权留下平虏将军周泰管理濡须；朱然、徐盛等人都在他的管理内，因周泰出身贫寒，他们不服从他。孙权召集诸将领，大办酒宴，喝得半醉，大家高兴之时，命周泰脱去上衣，孙权亲手指着他的伤痕，问受伤经过的原因，周泰就回忆起从前战斗的地方，依次回答；回答完了，孙权命他再穿上。孙权拉着他的手臂，哭着说："幼平！你是我的兄弟，战斗的时候就像熊虎一样勇猛，不爱惜自己的身体、性命，受到创伤几十处，皮肤就像刻画的一样，我又怎么忍心不用骨肉的恩情来待你，把军事重务交给你呢！"宴席结束了，孙权暂时留步，让周泰带领兵马在前面开路，吹着鼓角，奏着鼓吹的乐器出去，于是徐盛等人才服从周泰的管理。

夏季，四月，汉献帝诏令魏王曹操设立天子旌旗，出入实行戒严和清理街道。

六月，魏国命军师华歆担任御史大夫。

冬季，十月，汉献帝命魏王曹操的冠冕配十二旒，坐金根车，车驾六马，设立五时副车。

魏国命五官中郎将曹丕做太子。

起初，魏王曹操迎娶丁夫人，没有子嗣；妾刘氏，生下儿子曹昂；卞氏生了四个儿子，即丕、彰、植、熊。魏王命丁夫人以母亲的身份抚养曹昂；曹昂死在穰县，丁夫人大哭没有节度，曹操盛怒之下就把她休了，让卞氏做继室。曹植生性机智警惕，多才多艺，才思敏捷丰富，曹操很喜爱他。曹操想把女儿嫁给丁仪为妻，曹丕因丁仪瞎了一只眼睛，劝谏阻挠了曹操。丁仪因而恼恨曹丕，与弟弟黄门侍郎丁廙和丞相主簿杨修，多次夸赞临淄侯曹植的才能，劝谏曹操立他做嗣子。杨修是杨彪的儿子。曹操用密函向外征询其他人的想法，尚书崔琰用没有密封的上书回答说："《春秋》的道义，立子要立年长的。再加上五官将仁义、孝顺、聪慧，应当承继大统，琰要以死坚守。"曹植是崔琰哥哥的女婿。尚书仆射毛玠说："以刚发生不久的事例来说，袁绍因嫡子、庶子不分，宗庙国家因此灭亡。废立太子是大事，这事是不应当发生的。"东曹掾邢颙说："用庶子取代宗子，是先世所警戒的事，希望殿下仔细明察。"曹丕派人去问太中大夫贾诩寻，找巩固地位的办法。贾诩说："希望将军恢复崇尚德行、气量，亲自学习寒素之士的学业，早晚孜孜不倦，不要违反做儿子的道理，就这样罢了。”曹丕采纳了，暗自深深地激励自己。一天，曹操屏退全部的人，问贾诩，贾诩沉默不答；曹操说：“与你说话，你却不答，这是为什么？”贾诩说：“心里正在思考一些事呢，因此不能马上回答。”曹操说：“思考什么事？”贾诩说：“想到袁本初、刘景升父子罢了。”曹操大笑。

曹操曾出征，曹丕、曹植一起在路边送别，曹植叙说功德，说出的话，条理分明，左右都为之侧目，曹操也非常高兴。曹丕心里感到沮丧，济阴人吴质在他耳边说：“魏王要走之时，只流眼泪就行了。”等到离别时，曹丕哭着拜别，曹操与左右都悲哀起来，于是就都认为曹植言辞华丽丰富，但心意却及不上曹丕。曹植既做事任性，自己又不加以遮掩，五官将用权术御制别人，小心谨慎，修饰自己，宫人、左右一起替他说情，因此最终决定立曹丕为太子。

左右长御恭喜卞夫人说：“将军任命太子，天下百姓没有不高兴的，夫人应当竭尽府中的财物来奖励他们。”夫人说：“王侯自己认为丕的年龄大，因此让他做继承人；我只是庆幸避免了没有好好教育的过错罢了，为什么应该重重地奖赏别人呢！”长御回来了，仔细地告诉曹操全部事情，曹操非常高兴，说：“恼怒之时不改变脸色，高兴之时不失节度，是最难的。”

太子曹丕抱着议郎辛毗的脖子说：“辛君知道我心里高兴吗？”辛毗告诉他的女儿辛宪英，宪英感叹说：“太子，是代替君主宗庙、社稷的人；代替君主，不能不忧虑；把持国政，不能不恐慌。本应当心里担忧又恐慌，却反而心里高兴，怎么能长久呢！魏国大概不会兴盛吧！”

过了一段时间，临菑侯曹植坐着车辆，在道路上疾驰，打开了司马门出去了。曹操非常愤怒，公车令被判死罪。因而加重诸侯法禁，并且曹植的宠爱也一天天衰败了。曹植的妻子穿着华丽的衣服，曹操登上楼台看到了，认为违抗了制命，遣送回家，赐令自杀。

法正劝谏刘备说：“曹操一举让张鲁归降了，安定了汉中，不乘着这种形势来谋夺巴、蜀，却留下夏侯渊、张郃屯兵防守，自己快速返回北方，这不是他的谋略不足，而是兵力不够，必定是国内有紧迫祸患的缘故。现在估量夏侯渊、张郃的才华、智谋，及不上我们的将帅，假若进兵前去征讨，必能获胜。获胜之后，大兴农业，积累谷米，观察敌人弱点而伺机而动，上可以消灭敌人，尊崇、帮助王室；中可以慢慢占据雍州、凉州，大大地开拓疆土；下可以坚守重要区域，作为维持长久的计划。这大概是上天帮助我们，这个机会不能失去！”刘备认为他的计策很好，于是就带领诸将进兵汉中，派张飞、马超、吴兰等人驻守下辨。魏王曹操派都护将军曹洪抵抗他们。

鲁肃逝世，孙权派遣从事中郎彭城人严畯取代鲁肃，监督且率领一万军队驻守陆口。众人都替严畯高兴，严畯用“朴素的书生，不通晓军事的理由”坚决推托，言语恳切、凄恻，一直说到流泪。孙权才派遣左护军虎威将军吕蒙，担任汉昌太守来取代他。众人称赞严畯能根据实际情况谦让。

定威校尉吴郡人陆逊向孙权进谏说：“现今打败敌人，平定混乱，没有军队是不能完成的；况且以往作恶的山贼，占据在险要地方。心腹大患没有去除，就很难图谋长远计划。平定他们，就能扩充部队，选择精锐的士兵。”孙权采纳了，命他在帐下担任右都督。恰巧丹阳盗匪首领费栈叛乱，鼓动山越。孙权命陆逊征讨费栈，陆逊将他们打败了。于是就组织了东部三郡，强壮的征为兵士，羸弱的补充民户，得到精锐士兵几万人；清除了从前的旧匪，经过的地方都加以清除之后，返回驻守芜湖。会稽太守淳于式上表说：“陆逊胡乱逮取百姓，所到的地方都混乱不安，百姓苦闷。”陆逊之后前来都城，交谈的时候，夸赞淳于式是好的官员。孙权说：“淳于式告你状，你却举荐他，为什么呢？”陆逊回答说：“淳于式的心思是想养护百姓，因此会告我状；假如我又诋毁淳于式来扰乱圣明君主的听闻，这种风气不可助长。”孙权说：“这确实是长者的做法，只是一般人做不到罢了！”

魏王曹操派遣丞相长史王必主管军队，督管许昌的政务。当时关羽势力强大，京兆人金祎看到汉朝国祚即将转移了，于是就与少府耿纪、司直韦晃、太医令吉本、吉本的儿子吉邈、吉邈的弟弟吉穆等人，谋划斩杀王必，挟持天子来攻击魏国，并联结南方的关羽当作援手。

二十三年（戊戌，公元218年）

春季，正月，吉邈等人带领党徒一千多人，夜里袭击王必，烧毁了大门，射中了王必的肩膀，帐下督扶着王必逃到南城，恰巧天亮了，吉邈等人溃败，王必与颍川典农中郎将严匡一起攻打，斩杀了他们。

三月，有彗星出现在东方。

曹洪即将攻打吴兰，张飞驻守固山，宣言说想要斩断曹洪军队后路，众人议论纷纷怀疑不定。骑都尉曹休说："叛贼真要斩断道路的话，应该会潜伏军队，暗地里前去；现在却先虚张声势，他们实际上做不到，这很明显的道理。我们应当在他们兵力尚未集中之前，赶紧攻打吴兰，吴兰失败了，张飞就会自动离开。"曹洪采纳了，继续前进，打败了吴兰并斩杀了他。三月，张飞、马超离开。曹休是魏王的同族子辈人。

夏季，四月，代郡、上谷乌桓无臣氏等反叛。在这之前，魏王曹操召代郡太守裴潜担任丞相代理曹掾，曹操夸赞裴潜管理代郡的功劳，裴潜说："潜对百姓虽然宽宏，但对各胡族却是严肃的。现今继任的人定会认为我的管理过分严厉，因此事事对各胡族都加以宽量，施加恩德；他们素来蛮横放肆，过分宽宏，必会松弛；松弛之后，就要用法例治理他们，这就是产生恼恨、反叛的原因了。以局势料想，代郡必会再叛变的。"于是曹操非常后悔急速地召回裴潜了。过了几十天，三单于叛变的消息果然到了。曹操派遣他的儿子鄢陵侯曹彰兼摄骁骑将军，命他前去征讨。曹彰年少的时候就善于射箭、驾车，膂力过人。曹操告诫曹彰说："在家时是父子之亲，接受了政事就是君臣之别，一举一动都要依据军法做事，你要引以为戒啊！"

刘备驻守阳平关，夏侯渊、张郃、徐晃等人与他相对抗。刘备派他的将领陈式等去斩断马鸣阁的道路，徐晃却将他打败了。张郃驻守广石，刘备攻打他，但攻取不下来，赶忙发信命令益州的军队来增援。诸葛亮因此问从事犍为人杨洪，杨洪说："汉中是益州的咽喉，存亡的关键，假如没有汉中，那就也没有蜀郡了，这是家门的祸患，派遣军队有什么疑问呢！"当时法正随着刘备前去北方，诸葛亮于是就上表举荐杨洪兼领蜀郡太守。杨洪所有事情都办妥了，于是命他正式担任蜀郡太守。

起初，犍为太守李严召杨洪担任功曹，李严没去犍为之前而杨洪已经担任了蜀郡太守；杨洪举荐门下书佐何祗有才华、谋略，杨洪还在蜀郡，而何祗已经担任了广汉太守了，因此西方人士都敬佩诸葛亮能完全发掘当时士人的才能。

秋季，七月，魏王曹操亲自带领军队攻打刘备；九月，抵达长安。

曹彰攻打代郡乌桓，亲自接近敌人战斗，战甲上中了几箭，意气更加被激发；趁着胜利，向北追赶败军，到达桑乾的北面，大败敌军，斩杀、活捉的人数以千计。当时鲜卑大人轲比能带领几万骑兵，观看谁强谁弱，看见曹彰全力奋战，所到的地方都攻克了，于是他就请求归降，北方就完全安定了。

南阳官员、百姓饱受劳役之苦。冬季，十月，宛城守将侯音叛变，南阳太守东里衮与功曹应余逃跑出来；侯音派骑兵追逐，飞箭交互射来，应余用身体挡住东里衮，受伤七处去世了，侯音的骑兵逮捕东里衮而归。当时征南将军曹仁驻守樊城来镇守威慑荆州，魏王曹操命曹仁返回征讨侯音。功曹宗子卿劝谏侯音说："您顺从民意，兴举大事，远近百姓没有不看形势起来响应的；但是捕捉郡中将领，这是叛逆的行为且并没有什么益处，为什么不遣送回去呢！"侯音采纳了。宗子卿借着夜里翻过城墙，跟随太守，征收剩下的百姓，围攻侯音，恰巧碰上曹仁军队到了，一起攻击侯音。

二十四年（己亥，公元219年）

春季，正月，曹仁屠灭宛城，斩杀侯音，回师驻守樊城。

起初，夏侯渊打仗即使数次取得胜利，魏王曹操却经常告诫他说："作为将领应该有害怕软弱的时候，不能只仗着勇敢。将领应该把勇气作为根本，而且也要把智慧、谋略表现出来；只知道一味地使用勇气，那是一人的敌人罢了！"等到夏侯渊与刘备互相抵抗超过一年，刘备从阳平向南渡过沔水，沿着山势，稍微前进，在定军山扎营。夏侯渊带领军队去争夺定军山。法正说："可以攻打了。"刘备派遣讨虏将军黄忠，登上高地，大声叫喊，向前攻去，夏侯渊的军队溃败，斩杀夏侯渊与益州刺史赵颙。张郃带领军队返回阳平。这时刚失去元帅，军中混乱不堪，不知道要做什么。督军杜袭与夏侯渊的司马太原人郭淮征收溃散的士兵，命各军说："张将军是国家著名的将领，是刘备忌惮的人；现在事情急迫，除了张将军是不能安定局势的。"于是就暂时推举张郃担任军中领导。张郃出来，安排军队，按照次序布阵，诸将领都接受张郃的节度，众人心里才安稳下来。第二天，刘备想渡过汉水前来攻打；诸将领认为寡不敌众，想沿着河水建造阵地来抵御刘备。郭淮说："这是显示势弱的办法，况且也不能打败敌军，不是好的策略。不如远离河水，建造阵地，引诱他们前往，渡过一半然后攻打，就能打败刘备了。"建造阵地之后，刘备怀疑，没有渡河。郭淮于是就固守阵营，表示没有返回的心思。并把局势告诉魏王曹操知道，曹操认为很好。派使者送给张郃符节，又让郭淮担任司马。

二月，壬子晦日（三十日），发生日食。

三月，魏王曹操从长安出来斜谷，派兵占据重要地区向汉中进军。刘备说："曹操即使来了，也不能有所作为，我必会拥有汉川。"于是就集合军众，据守险要地区抵御，始终不与曹操交战。曹操运输粮食到北山下，黄忠带领军队想争夺，过了时间还没有回来。翊军将军赵云带领几十个骑兵出营观望，恰巧碰上曹操大举派遣军队，赵云猛然与他们碰上，于是就前去偷袭他们的军阵，边战边退。魏国军队溃散了，又聚集在一块儿，追赶到赵云的军营前面，赵云进入军营，更是大开营门，偃倒军旗，停止鼓声。魏国军队狐疑赵云有埋伏，带兵撤退了。赵云擂鼓震天如雷，只用强有力的弓箭从后面射击魏国士兵，魏国士兵惊恐万分，互相踩踏，跌入汉水中死去的人很多，第二天早上，刘备亲自来了，到达赵云军营，看到昨天战斗的地方，说“子龙浑身都是胆”。

曹操与刘备互相对峙一个多月，魏国军士大量逃亡。夏季，五月，曹操带领全部攻打汉中的军队返回长安，于是刘备就拥有了汉中。

曹操惧怕刘备向北攻打武都氐族，进而迫近关中，就问雍州刺史张既的计策，张既说：“可劝说氐族他们，让他们出去向北谋取粮食，来避开敌人，先到的人多给点奖励，那先走的人就知道有好处，后走的人必会羡慕着跟去。”曹操采纳了，命张既到武都，把氐族五万多部落迁移出去，安顿在扶风、天水一带。

武威人颜俊、张掖人和鸾、酒泉人黄华、西平人麴演等人，各自占据他们的郡县，自称将军，又互相攻打。颜俊派使者将母亲与儿子送给魏王曹操当作人质，来谋取助力。曹操问张既，张既说：“在外面颜俊等人借着国家的威望，在内部产生了傲骄、叛乱的心思，计划安定了，势力足够了，之后就立即叛变。现今正要进行平定蜀郡的事，应当暂时两方面都保留下来，让他们相互打斗，就像卞庄子斩杀猛虎，等他们相斗而坐收渔利。”魏王说：“好吧！”一年多后，和鸾最终斩杀颜俊，武威人王秘又斩杀了和鸾。

刘备派宜都太守扶风人孟达从秭归向北攻击房陵，斩杀房陵太守蒯祺。又派养子副车中郎将刘封自汉中顺着沔江而下，统率孟达的军队，与孟达集合攻击上庸，上庸太守申耽带领全郡归降刘备。刘备加封申耽为征北将军，兼领上庸太守，派遣申耽的弟弟申仪担任建信将军、西城太守。

秋季，七月，刘备自封汉中王，在沔阳开设祭祀坛场，排列军队，臣子陪伴左右，辅助行事，宣读完奏章之后，于是就拜受印玺绶带，戴上王冠。派遣使者驾着驿车，向汉献帝拜上奏章，汉献帝归还刘备兼摄的左将军、宜城亭侯印章、绶带。册立儿子刘禅为王太子。加升牙门将军义阳人魏延担任镇远将军，兼领汉中太守，来驻守汉川。刘备返回治所成都，派遣许靖为太傅，法正为尚书令，关羽为前将军，张飞为右将军，马超为左将军，黄忠为后将军，剩余的人都加封官爵，各有差别。

派益州前部司马犍为人费诗去授予关羽印绶，关羽听闻黄忠官位与自己一样，怨愤地说："大丈夫始终不能与老兵同位！"关羽不愿接纳。费诗对关羽说："建国立业的人，所举用的人才不会只是一种。昔日萧何、曹参与高祖小时候就是亲近旧识，但是陈平、韩信是亡命天涯之后才来投靠刘邦的；说到他们在朝中班次，韩信是处于最高官位的，也没有听闻萧何、曹参因为这不满过。现今汉中王因一时的功劳加封汉升的官位；但情谊的轻重，难道会与您一样吗！况且汉中王与君侯就像一个整体，紧密相连，祸福共享，我认为：君侯不应当计较官位、名号的高低，爵位、俸禄的多少，我是一个使者，担有使命的人，君侯要是不情愿接纳官位，如果这样的话，我就回去，只是可惜你的举止，恐怕以后会后悔罢了。"关羽很快醒悟过来，就立即拜受官位。

汉献帝下诏封魏王曹操的夫人卞氏当王后。

孙权攻击合肥。当时各州军队驻守淮南。扬州刺史温恢对兖州刺史裴潜说："这里即使有盗贼也不足以担心。现在洪水即将发生，但是子孝孤军深入，没有远行的准备，关羽骁勇、狡猾，只恐怕征南将军会有变化罢了！"过后关羽果真派遣南郡太守麋芳驻守江陵，将军傅士仁驻守公安，关羽亲自带领军队到达樊城攻击曹仁。曹仁派遣左将军于禁、立义将军庞德驻守樊城北方。八月，天下大雨，汉水泛滥，平地积了数丈深的洪水，于禁等七军都被淹没了。于禁与诸位将领登上高处避开洪水，关羽乘坐大船前来攻打他们，于禁等人穷迫，于是就归降了。庞德在河堤上，身着战甲，手拿弓箭，箭不虚发，从早上开始全力奋战，过了中午，关羽的攻击更加猛烈；庞德的箭射完了就开始短兵相接，庞德越战越勇，意气更加昂扬，但是洪水慢慢大了，于是庞德的属吏、士兵都归降了。庞德坐着小船，想返回曹仁的军营，水太大，导致船翻了，失去弓箭，独自在水里抱着打翻的船，被关羽活捉，却站着不下跪。关羽对他说："你的哥哥在汉中，我想任你当将军，不快点归降做什么！"庞德大骂关羽说："小子，什么叫投降！魏王有士兵百万，威望震慑天下；你们的刘备只是个庸才罢了，怎么能是对手呢！我宁愿做国家的鬼，也不愿做叛贼的将军！"关羽就斩杀了他。魏王曹操听说后，哭着说："我与于禁相交了三十年，怎么也没想到他会在临难的时候，反而比不上庞德啊！"于是就封庞德的两个儿子做列侯。

关羽攻击樊城非常急迫，城墙因遭受雨水侵蚀，常常塌陷，大家都惊恐不安。有人对曹仁说："现在的危难，不是人力可以克服的，可以乘着关羽的围攻还没有聚合的时候，乘坐轻简的船在夜里逃跑。"汝南太守满宠说："山洪很急，希望不会太长时间停留。听闻关羽派别将，已到达郏县附近，从许县向南，百姓混乱不安，之所以关羽不敢前进，恐怕是因为我们军队在后面牵制罢了。假如现在逃走了，大河以南的地方，就不再属于国家了，您应当留下来。"曹仁说："好吧！"于是就将白马沉到河里，与士兵发誓，齐心协力，坚守防御。城中才几千人马，城墙没有被淹没在水里的只有几尺高。关羽乘着船到达城下，立即就重重包围，断绝内外的联系。关羽又派别将到襄阳围攻将军吕常。荆州刺史胡修、南乡太守傅方，都归降关羽了。

起初，沛国人魏讽有迷乱众人的才能，震动邺都，魏国相国钟繇召他担任西曹掾。荥阳人任览，与魏讽友好；同郡人郑袤是郑泰的儿子，经常对任览说："魏讽是个奸诈的人，最后必会叛乱的。"九月，魏讽秘密勾结党徒，与长乐卫尉陈祎计谋偷袭邺都；还没有到约定的时候，陈祎因恐惧而揭发了他。太子曹丕斩杀了魏讽，连同犯罪而死去的人有好几千，钟繇连坐被判罢黜官职。

之前，丞相主簿杨修与丁仪兄弟打算拥立曹植为魏国的继承人，五官将曹丕感到害怕，用载着废弃竹篓的车子，将朝歌长吴质秘密地带到家里，与他商议事情。杨修将这事告诉曹操，曹操还没来得及检查。曹丕恐慌了，告诉吴质，吴质说：“没有妨碍。”第二日，又用竹篓拉着丝绢进来，杨修又告诉曹操，但检查发现没有人；曹操因而起疑心了。之后曹植因傲横放肆，慢慢受到疏离，但是曹植仍旧不止地联系杨修，杨修也不敢自顾和他断绝来往。每当亲近曹植，考虑政务有了缺失，杨修就揣测曹操的心思，事先做十多条回答教令的话，命令曹植的门下：“曹操教令颁出来了，就随着他所问而作回答。”于是教令刚出来，答案就已送进去了；曹操讶异曹植回答得这么快速，经探查后，事情才泄露出去。

曹操又因杨修是袁术的外甥而讨厌他，于是发布杨修前后数次泄露教令、与诸侯来往的罪状，就将他逮捕起来，斩杀了他。

魏王曹操命杜袭担任留府长史，戍守关中。关中营帅许攸拥有军队，不愿归降，而且说了傲慢的话，曹操非常恼怒，想先攻打他。臣子们大都进言：“应当招降许攸，一起征讨强大的敌人。”曹操将刀横放在膝盖上，一脸不听从的愤怒神色。杜袭进来，想要劝谏，曹操抢先对他说：“我的计策已决定了，你不要再说了！”杜袭说：“若殿下的计策是对的，臣下理应帮殿下去完成；若殿下的计策是错的，纵然决心去完成了，也应当加以更改。殿下事先要臣不要进谏，对臣下是多么的不开明呢！”曹操说：“许攸怠慢我，怎么能放过他！”杜袭说：“殿下认为许攸是怎样的人呢？”曹操说：“平庸的人。”杜袭说：“唯有贤人了解贤人，圣人了解圣人，平庸人怎么能了解不平庸的人呢！现今豺狼当道，而且狐狸为先锋，别人会认为殿下避开强敌，攻击弱小；进攻不是勇猛，退避不是仁义。臣下听闻千钧的弓弩，不会因为一只鼷鼠而发射利箭；万石的巨钟，不会因为小草的撞击而发出声音。现在区区一个许攸，怎么能够劳烦英明神武的您呢！”曹操说：“好吧！”最后厚待安抚许攸，许攸立即归降了。

冬季，十月，魏王曹操到达洛阳。

陆浑县民孙狼等人叛乱，斩杀了县中主簿，向南归附关羽。关羽授给孙狼印信，并提供军队，让他返回陆浑继续成为贼匪，自许昌向南，经常遥遥地响应关羽，关羽的声威，震慑华夏。魏王曹操建议迁移许昌都城来避开他的锋芒，丞相军司马司马懿、西曹属蒋济向曹操进谏说："于禁等人被洪水淹没，不是打仗的过错，对国家大计不足够造成损失。刘备、孙权，外表亲近，心里疏离，关羽得志，孙权心里一定不情愿。可派人劝说孙权在他后面跟着，许诺割让长江以南的地方封给孙权，那樊城的围攻，自然就解除了。"曹操采纳了。

之前，鲁肃曾劝谏孙权，因曹操还存在，应当暂时安抚关羽，与他一起抵御仇敌，使他不能有所闪失。等到吕蒙取代鲁肃驻守陆口，认为关羽向来勇猛雄壮，有吞并天下的心思，况且居于国家上流，共存的情形难以长久，就暗中向孙权进谏说："现今命征虏将军驻守南郡，潘璋驻守白帝，蒋钦带领一万游击军队，沿着长江，上下移走，依据敌军所在与他纠缠，吕蒙为国家在前镇守襄阳，这样的话，为什么要担心曹操，为什么要依靠关羽呢！况且关羽君臣仗着他们的诡诈、武力而非常自负，所到的地方，反复无常，不能用心对待。现今关羽之所以没有立即向东进军，是因为至尊君主的神圣明察，吕蒙等尚在罢了。现在不趁着我们强大的时候图谋，一旦我们衰弱了，再想展示力量，又怎么能行呢！"孙权说："现在想首先攻打徐州，之后再攻打关羽，怎么样？"吕蒙回答说："现今曹操远在黄河北面，平定幽、冀地区，没有时间顾及东方，徐州驻守的士兵，听闻不值得一提，前去攻打，自然能攻下来。然而徐州地势平坦，四通八达，是骁勇骑兵奔驰的地方；至尊君主今天攻下了徐州，曹操在十天后必来抢夺，纵然用七八万人来镇守，仍旧是让人担忧。不如攻打关羽，占据整个长江，局势更加扩大，容易防守。"孙权认为很好。

孙权曾代替儿子向关羽求亲，关羽却大骂使者，不允许结成姻亲；孙权因而感到恼怒。等到关羽攻击樊城，吕蒙上书说："关羽征讨樊城，却留下很多防备军队，必是恐怕我会图谋他的后方的原因。我经常生病，请求散开士兵，以治病为名返回建业，关羽听说了，必会撤下防备军队，全部派去襄阳。我们大军乘船沿着长江，日夜奔驰西上，偷袭他们虚弱的阵地，那南郡就能攻取了，而且关羽也能捕获。”于是吕蒙就宣称病重。孙权用不密封的檄令召吕蒙回来，而秘密与他密谋。吕蒙东下到达芜湖，定威校尉陆逊对吕蒙说：“关羽迫近国境，你怎么能远远地东下呢？之后的事不是更让人担忧吗？”吕蒙说：“确实像是你说的那样，然而我病重了。”陆逊说：“关羽自恃有勇猛气概，看不起别人，才立了大功，意气骄傲，志向安逸，只是一心向北前进而不顾及我们；加上听说你生病了，一定更没有准备，现在出乎他的意料，自然能将他擒获。你东下见到至尊君主，要仔细商议一下。”吕蒙说：“关羽向来骁勇，不但很难对付，而且已经占据了荆州，恩义与声威大增，加上刚立了大功，胆量、气势更强盛，不容易图谋。”吕蒙到达都城，孙权问：“谁能取代你？”吕蒙回答说：“陆逊思虑长远，才能可以担任重大职务，看他的计划、思虑，最终可以重用；而且还没有远大的声誉，不是关羽所忌惮的人，没有比他更适合代替我的了。假如任用他，要让他在外隐蔽锋芒，在内观察局势，趁此便利，然后就能获胜。”孙权于是就征召陆逊，任命他为偏将军、右部督，来取代吕蒙。陆逊到达陆口，给关羽写信，夸赞他的功绩，自己则非常谦虚，表现出竭尽忠诚、自求依附的心思。关羽心里大为安定，不再有所怀疑，逐渐撤下留守军队，开赴樊城。陆逊详细地把情形禀告上去，陈说可以擒获关羽的重要策略。

因为关羽缴获了于禁的几万人马，粮食短缺了，就擅自用取孙权在湘关的米粮；孙权听说了，于是就发动军队，攻击关羽。孙权想任命征虏将军孙皎与吕蒙担任左、右部大督，吕蒙说：“假如至尊君主认为征虏将军能担任，应该任用他；认为蒙能担任，应该任用蒙。昔日周瑜、程普为左、右部督，督管军队攻击江陵，纵然事情是周瑜抉择的，但程普仗着自己长时间带兵，而且都是都督，于是就互相不和，差点坏了国家大事，这是当前要禁止的事情。”孙权领悟了，向吕蒙致歉说：“派遣你为大督，命孙皎为后援就行了。”

魏王曹操出兵汉中之时，派遣平寇将军徐晃驻守宛城去帮助曹仁；等到于禁兵败，徐晃前进到达阳陵陂。关羽派军队屯扎偃城，徐晃到达之后，经过秘密的小径，建设堑道，来表示要斩断他们的后路，关羽的军队烧毁军营逃跑了。徐晃得到了偃城，连接军营，慢慢前进。曹操派遣赵俨以议郎职位参与曹仁军事，与徐晃一起前进，其余救兵还没有到达，徐晃所带领的军队不足够解除围攻，然而诸将领高声呵责敦促徐晃解救曹仁。赵俨对诸将领说："现在奸贼的围攻一直坚固，洪水仍旧很大，我们兵士单弱，而且与曹仁隔绝，不能齐心协力，很显然的，这样做正好使内外遭受失败而已。不如现在军队前进，接近包围圈，派间谍知会曹仁，让他知道外面有援兵，来激励将士。估摸北军被围攻不超过十天，还能坚守，之后内外一起发动，一定能打败奸贼。假如有救援太慢的惩罚，我来替各位先生承担。"诸将领为此都感到高兴。徐晃军营在距关羽的包围圈三丈多远的地方，打造地道与飞箭传书给曹仁，数次传通消息。

孙权给魏王曹操写信，请求征讨关羽，自求报效国家，而且乞求不要泄露，让关羽有了防范。曹操问群臣，群臣都说应当保密。董昭说："军事崇尚权术，希望能合乎时机。应当允诺孙权保密，但是秘密泄露出去。关羽听说孙权进军，假如返回保护自己，那围攻很快解除了，就能获取利益。也能让双方贼人相互对峙，坐着等他们的败亡。假如保守秘密不泄露，让孙权得志，不是计谋中的上策。而且被围攻的城中将士、官员，不知道有援兵，估摸粮食的多寡而心中愈发害怕，若有了别的心思，会造成不小的祸患。泄露出去才是有利的。而且关羽为人，刚强自负，自己仗着两座城池防守坚固，必不会很快撤兵。"曹操说："好吧！"立即命徐晃把孙权的书信射到被围的城中和关羽的军营中，被围在城里的将士听说了，士气大增；关羽果然怀疑，没有离开。

魏王曹操自洛阳南面救助曹仁，臣下们都说："王侯不赶紧行动，就要失败了。"唯有侍中桓阶说："大王认为曹仁等人能不能够估量事情的局势？”曹操说：“能！”“大王害怕这两人不尽力吗？”曹操说：“不是。”“那为什么要亲身前往？”曹操说：“我恐怕敌军众多，徐晃等人情形不顺利罢了。”桓阶说：“现今曹仁等人居于重重包围中，却死命固守、没有二心的缘故，确实是因大王在遥远之处作为声援罢了。到了万死的地步，一定有拼死夺取的心理。内心怀着拼死争夺的心理，外面有强大的援兵，大王按住六军不动，显示还有多余的兵力，为什么担心失败，而想亲自前去呢？”曹操认为他的话很对，于是就驻守摩陂，先后派殷署、朱盖等人，总共十二营，前去徐晃那里。

关羽在围头屯有军队驻守，又另外在四座山丘上扎营，徐晃于是就宣称要攻击围头屯，却暗地里攻击四座山丘。山丘快要被攻破了，关羽亲自带领步兵、骑兵五千出去战斗；徐晃前去攻打，攻退了关羽。关羽包围圈的堑道部署了十层鹿角；徐晃追逐关羽，一起进了包围圈，打破了包围，傅方、胡修都战死了，关羽于是就撤下包围而退兵，然而船仍旧占据沔水，使襄阳隔绝不通信息。

吕蒙到达寻阳，将所有精兵潜伏在大船中，派遣白衣人摇桨，换上商人的衣服，日夜兼程，关羽在长江岸边设立的观察人员，全部都被逮捕了，因此关羽不知晓。麋芳、士仁向来都嫌关羽看不起自己，关羽出兵，麋芳、士仁提供军队资粮，没有全部能来资助，关羽说：“回去之后，就要惩治他们。”麋芳、士仁都惊恐不安。于是吕蒙就命前骑都尉虞翻，写信劝说士仁，向他陈说成败关系，士仁收到书信就归降了。虞翻对吕蒙说：“这能采用诡计出兵，应该带领士仁前去，留军队守卫城池。”于是就带领士仁到了南郡。麋芳守城，吕蒙叫士仁出来给他看，麋芳于是就打开城门，出城归降。吕蒙进了江陵，从监牢中释放了于禁，捕获关羽与将士们的家眷，都好好安抚，约束下令军中：“不得侵扰人家，也不能向他们谋取财资。”吕蒙麾下的士兵，与吕蒙是同郡人，拿走百姓家中一顶斗笠，来遮盖官员的战甲，官员的战甲即使是公家的，但吕蒙仍旧以他触犯了军令，不能因为同乡的原因而违反法令，最终哭着杀了他。于是军中惊动恐慌，路不拾遗。吕蒙早晚派遣亲近人员安慰老年人，问有没有不足的地方，生病的人提供治疗，饥寒的人给予衣食。关羽府库中的财资、宝物都封锁好，等着孙权到来。

关羽听说南郡被攻破了，立即逃跑，返回南方。曹仁集合诸将商量，都说："现在趁关羽危险恐慌之时，可追去将他擒拿。"赵俨说："孙权希望侥幸地在关羽与我们战斗的过程中，偷偷地在后面偷袭他，忌惮关羽返回援救，恐怕我们趁着他们双方都疲劳的时候加以袭击，因此说话谦让来获得利益，趁着事变的机会，来观察利弊罢了。现在关羽已经孤立逃跑了，更应当留有他，成为孙权的祸害。假如深入追赶败军，孙权就会更改防备他们的心理，对我们将产生危害了，大王必因为这而深深地忧虑的。"曹仁这才解除军事戒备。魏王曹操听说关羽逃跑了，恐怕诸将去追逐，果然快速地给曹仁下达命令，就像赵俨谋划的一样。

关羽数次派人与吕蒙通信，吕蒙总是厚待他的使者，让他游遍城中，到各家问候，或让关羽的属下家属亲自写信，表示事情的真相。关羽的人返回来了，许多将士暗中相互询问家里事情，都知晓家里平安无事，了解得到的待遇超过之前，因此关羽的士兵都没有打仗的心思了。

恰巧孙权到了江陵，荆州将士、官员全都归顺了；唯有治中从事武陵人潘濬称病不见，孙权就派人用床把他抬着送来，潘濬伏着头，趴在床不起，满脸是泪，哭得不能自已。孙权喊着他的字，与他交谈，安抚晓谕，言语诚恳，命亲近的人，用手巾擦干他脸上的泪。潘濬起身，走下来拜谢孙权，孙权立即派他担任侍中，荆州军务全都询问他。武陵部从事樊伷引诱各夷族，图谋凭武陵归附汉中王刘备。廷外的人禀告孙权，请选择将领，带领一万人前去征讨，孙权没有听从；特地召来潘濬询问，潘濬回答："派五千军队前去，足以擒获樊伷了。"孙权说："你为什么轻视他呢？"潘濬说："樊伷是南阳的旧姓，很能玩弄唇舌之能，但事实上没有才能。臣下之所以知道他，是因为樊伷之前曾为州中人士设宴，等到中午，还没有食物可用，因此十多个人自动起身离开。这就像观察侏儒，只要看他身体的一部分，就足够验证其他了。”孙权大笑，立即派潘濬带领五千人前去，果真将他平定，并斩杀了他。孙权派遣吕蒙担任南郡太守，封为孱陵侯，赏赐一亿钱，黄金五百斤；派遣陆逊担任宜都太守。

十一月，汉中王刘备所设置的宜都太守樊友，摈弃郡县逃跑，诸城的长官与蛮夷君长都向陆逊归降。陆逊请求将金、银、铜印授予刚归降的官员，让他们兼领官职，且攻打蜀郡将领詹晏等人与秭归大姓拥有军队的人，都将他们打败降服了，先后斩杀、归降的，一共好几万人。孙权派遣陆逊担任右护军、镇西将军，进封为娄侯，驻守夷陵，防守峡口。

关羽自己知道孤立穷尽，于是就向西守卫麦城。孙权派遣人劝说他，关羽假意归降，在城上树旗当成假人，因而逃跑，士兵都离散了，只有十多个骑兵追随。孙权先派遣朱然、潘璋斩断他逃跑的路径；十二月，潘璋的司马马忠在章乡逮捕了关羽与他的儿子关平，斩杀了他们，最终安定了荆州。

起初，偏将军吴郡人全琮上书陈说能取得关羽的计划，孙权恐怕事情泄露出去，放置下来没有答复；等到已抓获关羽了，孙权在公安置办酒宴，回头对全琮说：“先生之前陈说这个道理，我即使没有回答，但现今的胜利，那也是先生的功劳。”于是就册封全琮为阳华亭侯。孙权又任刘璋为益州牧，驻守秭归，不多久，刘璋逝世。

吕蒙还没来得及接受封赐，旧疾又复发了，孙权把他接过来，安放在自己馆舍的旁边，采用各种办法来给他医治。经常要加以针刺，孙权替他悲痛忧伤。想经常看看他的神色，又恐怕劳累他，就经常凿穿墙壁观看，看见他稍微能吃下饭，就高兴地回头与左右说笑，否则的话，就哀叹不止，夜里不能入睡。病情稍微好转，就为他下特赦令，臣子们都来祝贺，不多久，他竟然逝世了，年四十二岁。孙权非常哀痛，替他设立了三百家去给他看守坟墓。

孙权之后与陆逊讨论周瑜、鲁肃及吕蒙说："公瑾英雄节烈，胆量才能胜过别人，最终打败孟德，开拓荆州，极少有人能与他相比的。子敬是因公瑾推举到我这儿来的，我与他饮宴说话，就说到帝王的大业，这是第一件快慰的事。之后曹孟德因获取刘琮的兵力，夸大言辞说要带领几十万军队，水军、步兵一起南下，我请来全部将领，询问合适的策略，没有人说与曹孟德对战；甚至张子布、秦文表都说应该派使者，写好檄文，来迎接他。子敬立即反对说不行，劝谏我赶紧将周公瑾喊来，把军务重任托付给他，迎上攻打，这是第二件快慰的事。即使之后他劝谏我把土地借给刘玄德，是他的一个短处，然而不妨碍他的两个长处。周公不会对一个人吹毛求疵，因此我忽略他的短处，而重视他的长处，经常把他比作邓禹。子明年少的时候，我认为他不推托难易的事，只是果敢有胆量罢了；等到年长了，学识开阔增多了，想到的策略都不寻常，可说是仅次于公瑾的人，只是说话的飒爽奋发及不上罢了。谋夺关羽，超过了子敬。子敬答复我的信说：'帝王的崛起，都有人替他铲除敌人，关羽不足以担忧。'这是子敬内心不能做好的事，外边说出夸大的话罢了，我也宽容他，不随便加以呵责。但是他建立军队，屯扎军营，令行禁止，没有过错，统管的界内没有荒废职责，招来责罚，路不拾遗，他的法例也算是好的了。"

孙权与于禁乘坐马匹，一起前进，虞翻呵斥于禁说："你是归降的战俘，怎么敢与我们国君骑马并进呢！"扬起马鞭，要打于禁，孙权大声喝止了他。

孙权向曹操归降成为藩属之后，魏王曹操召张辽等诸军都返回救援樊城，还没有到，徐晃被围攻的情况就解除了。徐晃整顿军队，凯旋返回摩陂，曹操在七里外迎接徐晃，大摆宴席，大会将士。魏王举起酒杯，对徐晃说："护全樊城、襄阳，是将军的功劳。"也多多地赏赐桓阶，命他担任尚书。曹操猜忌荆州残余的百姓与在汉川屯扎开荒土地的人，想把他们全部迁移。司马懿说："我们在荆楚的势力还没稳固，易于变乱，关羽刚败亡，各个作恶的人，隐藏逃跑，纷纷在观望局势，迁移了善良的百姓，伤了他们的心之后，将会让离开的人不敢再返回。”曹操说：“是啊。”之后各个逃窜出去的人全都返还了。

魏王曹操上书，举荐孙权为骠骑将军、赐予假节，兼领荆州牧，封为南昌侯。孙权派校尉梁寓进朝上供，又将被俘虏的朱光等人送回，上书向曹操称臣，说是天命所属。曹操把孙权的书信给外面的人看，说：“这小子是想让我蹲在火炉上吗！”侍中陈群等人都说：“汉朝国祚已经终结，不仅是现在。殿下劳苦功高，百姓都注目盼望，因此孙权在远方称臣。这是天人的验证，所有百姓同声响应，殿下应当登上天子大位，还有什么迟疑的呢！”曹操说：“假如天命在我身上，我愿意当周文王啊。”

◆司马光说：教化，是国家的紧急要务，但世俗的官员却轻慢了；风俗，是天下大事，但是庸懦的国君却忽略了。只有睿智的君子，深谋远虑，之后才了解带来的好处广大，与收获的长远功效。汉光武帝遭逢到汉朝的半途衰败，各地豪杰都蠢蠢欲动，他凭平民的身份奋发而起，承袭前代的大业，加以扩张，征讨天下，每天忙碌不休，却能崇尚经术，以宾客的礼节，延请儒雅君子，广大地开设学校，明修礼、乐，武功完毕之后，礼节教化也普及了。接着孝明帝、孝章帝，遵照先人意思，亲自驾临天子太学，拜见老成之人，打开经书，请教道业。从公卿、大夫，一直到郡县的官员，都选用通晓经术、品德高洁的人。虎贲卫士，都学习《孝经》，匈奴的子弟，也到太学进修。因此处于上边统治地位者建立了教化，民间就形成了良好的风俗。国家中诚信仁厚、清雅高洁的人士，岂能单单受到朝廷公卿、大夫的尊重，也受到众民百姓的钦慕；愚蠢卑鄙、品德败坏的小人，岂能单单不能在朝廷公堂上容身，也遭受乡里的唾骂。从尧舜禹三代时期灭亡之后，风俗教化的美好，没有像东汉时期那样兴盛的了。等到孝和帝以后，亲族显贵，独揽大权，宠信奸佞，当政用事，奖惩没有章法，贿赂公然横行，贤愚混乱不清，是非颠倒不明，可以说是混乱不堪了。然而汉朝仍能延绵不绝，不至于灭亡的缘由，在上就有公卿、大夫袁安、杨震、李固、杜乔、陈蕃、李膺等，当面劝谏，当廷谏诤，用公正道理，来扶持国家的危亡；在下有平民贤士符融、郭泰、范滂、许邵等，创立个人的论说，来救赎国家的衰败之势。因此政治即使混乱不清，然而风俗并没有衰落，甚至有前面的人刚贞不阿敢触犯斧钺之罚，扑倒在前面，后来的人，还是把持忠诚、信义，鼓励奋发，接替赴难，虽然仍然被杀，却能视死如归。这怎么能只是上面几位贤士导致的呢？也是光武、明、章各位皇帝遗留下的教化的原因。当这个时候，假如有圣明的国君，振发起来，那汉代的国祚，仍不可估量。不幸接替衰亡衰败的时候，又加上桓、灵的昏庸残暴，保护和宠幸奸佞，超过骨血至亲；杀害忠臣贤良，比仇敌还厉害。朝廷众多的士子，积累了满心的怨恨，四海百姓，储蓄了多年的怨气。在这时候，何进召来兵祸，董卓趁机作乱，袁绍一班人接着导致祸乱，最终让天子车驾出处流亡，宗庙变成废墟，王室晃荡覆灭，百姓生活困难，伟大的皇朝天命断绝了，不能再次拯救。然而州郡拥有军队、专有领土的人，即使相互吞并，仍旧从没有不把尊重汉室当作借口的。以魏武的残忍凶暴，强横霸道，加上对天下，拥有大功，在他心中，孕育着没有国君的心思已经很久了，但是一直到身死，也不敢废弃汉朝，自己登基自立，难道是他心里不想要吗！仍旧是害怕名义，自己加以压制而已。从这里可以看出，教化怎么能轻慢，风俗怎么能忽略呢！◆

资治通鉴卷第六十九　魏纪一

起庚子（公元220年），止壬寅（公元222年），共三年。

【题解】本卷记录了魏文帝曹丕黄初元年至黄初三年间的历史。曹丕篡汉、刘备称帝、孙权被曹魏封为吴王、吴蜀交兵，发生夷陵之战四件大事。夷陵之战，蜀军大败，三国版图基本形成，鼎立局面正式形成，三分的国家建制已经完成。

世祖文皇帝上

黄初元年（庚子，220年）

是年十月受禅，方改年号为黄初。春季，正月，魏武王曹操到达洛阳；庚子日（二十三日），曹操逝世。魏武王活着的时候，知人善察，别人都难以用伪装让他信任。他善于识别提拔奇才，用人不局限轻贱，凡是有才华的人，都可按其高低，获取任用。与敌人对战时，心态悠哉安闲，仿佛不想战斗一样；等到决定时机，可获胜时，又气势汹汹、斗志昂扬的样子。将士有了勋劳与贡献应该赏赐的，他也不吝啬千金；然而对于没有功勋，却希冀获得奖赏的人，他是分毫也不给的。他立法严肃急切，有重罪必定斩杀，有时对着罪犯伤感流泪，也最终不予赦免。他喜好节俭，不喜爱奢侈，因此最后扫除群雄，除去吴、蜀之外，几乎安定了整个天下。

魏武王曹操逝世时，太子在邺都，军中发生骚乱。众人想隐瞒不发动丧事，谏议大夫贾逵，认为这件事不能隐瞒，于是将发丧的消息发布出去。有的人认为，应该把各城守将，都改为谯郡与沛郡的人。然而魏郡太守广陵徐宣却严厉地说："现今远近各地，都已统一，人人都怀有为国效劳心思，为什么要专用谯、沛两地的人，让他们保卫国家的诚心沮丧呢！”于是就停止那项偏颇的计策。青州有部分兵擅自鸣鼓，相互引兵离开；众人都以为应当阻止他们这种行为，假如谁不服从，就要征讨他们。贾逵说：“不能那么做。”于是写了一篇很长的檄文，命青州士兵所到的地方，官府发给他们行军所需的粮草。这时魏武王的另一个儿子，鄢陵侯曹彰，从长安赶到洛阳，问贾逵说：“先王的玺绶在哪儿？”贾逵严肃地说：“国家已经立储（太子），先王的玺绶，不是君侯应当问的。”武王逝世的消息传到邺都，太子曹丕立即大哭不已。中庶子司马孚进言说：“君王逝世，天下依赖殿下为生；殿下应当上对国家负责，下对百姓负责，怎么能效仿匹夫的孝行呢！”太子听说后想了很久，才停止痛哭，于是说：“你说的话很对。”那时群臣刚听说武王逝世，都相聚大哭，不再有整齐排列，非常狼藉。司马孚见了这情景，就在朝中严厉地说：“现今君王逝世，天下正处于震动骚乱的时候，应当早立嗣君，来安抚人心，只知道痛哭吗？”于是屏退群臣，准备禁卫及举办丧事。司马孚，就是司马懿的弟弟。群臣以为太子即位，必须等待汉帝的诏命。尚书陈矫说：“王死在外面，天下惊慌，太子应当忍住哀痛即位，以维持远近各地的期待；否则有鄢陵侯曹彰在洛阳，万一发生变动，那国家就危难了。”说完就立即准备棺木礼仪，在当天就要举办丧事。次日王后命令就到了，册封太子即王位，并特赦天下。不久汉帝也派御史大夫华歆奉策诏，授太子丞相印绶、魏王玺绶，兼领冀州牧。于是就尊王后为王太后。

汉改年号为延康。

二月，丁未朔日（初一），日食。

壬戌日（十六日），命太中大夫贾诩担任太尉，御史大夫华歆担任相国，大理王朗担任御史大夫。

丁卯日（二十一日），葬魏武王在邺城西的高陵。

魏王曹丕弟焉陵侯曹彰等，在丧礼之后，都返回自己的封地。临淄侯曹植没来奔丧，临菑监国谒者（使谒者监其国）灌均，迎合旨意禀告说：“临菑侯曹植当日和丁仪、丁廙兄弟二人畅饮，违背怠慢，而且劫持威胁使者。”魏王知晓这事后，降曹植为安乡侯，并将曹植的党派右刺奸掾（督奸猾）沛国丁仪与他的弟弟黄门侍郎丁廙，以及他们家的男人，全部杀光了。

◆鱼豢评论说：谚语说：“贫不学俭，卑不学恭。”这不是人性的差异，而是局势必然。如果太祖能在之前就防备阻止曹植等，有那样圣明的用心，曹植等人怎么会有非分的想法呢。曹彰怀有愤恨，还不至于到这地步；那曹植的性格，怎么会兴起灾难呢！竟使杨修因亲近曹植而被杀，丁仪、丁廙兄弟也因投靠曹植而被灭族了，这真是世间最悲凉的事啊！◆

起初设立散骑常侍、侍郎各四人，凡阉宦（宫中阉官）做官的，官位不能超过各署令；并将这一署令用金写在策书上，放置在宗庙的石函里。当时要选用侍中、常侍，魏王曹丕左右长期跟随的人就暗示主管选官的人，让他们担当官职，不要从他处选择。司马孚知晓后，立即进谏说：“现今嗣王新立，应该选举全国内的贤能，怎么能因一时的际会，就自相推荐呢！假如官制不依据才能，获得后也不足够珍贵。”魏王曹丕听到后，于是改正另行选用。

尚书陈群以为汉朝选举，还不能尽用贤能，于是就设立九品任官的办法；州、郡都设立中正之官，来决定选举，派遣州郡中贤能有见识的人担任此官，做这件区分人物高低的事。

夏季，五月，戊寅日（初三），汉帝追尊魏王曹丕先祖太尉曹嵩为太王，曹嵩的夫人丁氏为太王后。

魏王曹丕以安定太守邹岐担任凉州刺史。西平人麴演结交旁郡，共同作乱，以抵御邹岐；张掖人张进控制太守杜通，酒泉黄华也不接纳太守辛机的领导，都自称太守来呼应麴演；武威三个部落的胡人也起叛乱。武威太守毋丘兴紧急告知金城太守、护羌校尉扶风苏则，苏则打算前去援救，郡里的人都以为叛贼势力正强盛，应当派大军才能获胜。当时将军郝昭、魏平先驻军金城，接受诏命是不能西渡。苏则就去郡中见大吏和郝昭等，劝谏他们说：“现今叛贼势力虽然强大，但都是刚结合的，有些人是被迫胁从的，不一定齐心。我们趁机利用他们的矛盾攻打，那么善良的和邪恶的势必因此分开，分散的部分就会归我军，那时我军扩增，叛军就减弱了。既能获取更多的实力，也能有使士气倍增的形势，带领着这些人去征讨叛军，必能获胜。假如等待大军援救，会拖延太长时间，这样叛军之中的善良的人不能归属我军，一定与叛军结合，两军已经合作，其势力就难以分散，纵然现在有诏命不能西渡，倒不如权衡得失，专断即行是好。”郝昭等于是采纳苏则的建议，发兵去救援武威，征服三个部落的胡人，并且与毋丘兴在张掖攻打张进。麴演听说了这件事，就率领步骑三千去攻打苏则，表面上说是来帮助大军征讨判贼，其实是想叛乱，苏则就引诱他们来见并将他们斩首，并向全军宣布，他们的党徒这才都分开逃跑了。苏则于是与各军围攻张掖，之后攻破，把张进斩杀了；黄华害怕，就请求归降。于是河西才得以平定。

之前，敦煌太守马艾在任内逝世，郡人推举功曹张恭暂代任长史；张恭派他的儿子张就，进朝中请求派遣太守。恰巧遇到黄华、张进叛乱，想与敦煌势力联合，就虏获张就，用白刃威胁；张就最后没能回去，才私下写信给他的父亲张恭说：“大人率世厉俗，固守敦煌，忠义显然，怎么能因儿在危难中，就改变初衷帮叛军呢！现今大军快到了，应当带领自己的军队直至他们阵地牵制他们。盼望不要用父子私爱，让儿子张就含恨黄泉。”张恭得到这信，就带兵攻打酒泉，另外派铁骑二百及部分官属，沿着酒泉北塞，东迎太守尹奉。黄华本想救张进，然而怕西边张恭的军队攻打他的后方，因此没有去救援，之后看大势已去才归降。张就最终平安归来，尹奉也到达郡中，汉献帝下诏赐张恭关内侯的爵位。

六月，庚午日（二十六日），魏王引军南巡。

秋季，七月，孙权派遣使者奉献贡品。

蜀将军孟达驻军上庸，与副军中郎将刘封不和睦；刘封经常侵犯孟达，于是孟达带领部曲四千余家前来归降魏。孟达神态举止端正，魏王曹丕很看重他，并带着他同辇，任用孟达担任散骑常侍、建武将军，封平阳亭侯。魏王曹丕合并房陵、上庸、西域三郡为新城，令孟达担任新城太守，委托镇守西南的重任。行军长史刘晔进谏说："孟达有不轨的心，又仗着有才能，喜好权术，必不能感激怀义。并且新城和孙权、刘备两地相接，如果有变动，国家将产生灾患。"王不听从，并派征南将军夏侯尚、右将军徐晃和孟达一起攻打刘封。上庸太守申耽叛变投降，刘封不支而大败，于是就逃跑返回成都。

起初，刘封本来是罗侯寇氏的儿子，汉中王刘备刚到荆州时，因没有后嗣，才收养刘封做义子。诸葛亮顾及刘封刚强勇猛，刘备逝世之后，最终难以控制，才劝谏汉中王刘备趁机铲除他；汉中王刘备于是就赐刘封自杀了。

武都氐王杨仆带领部落归附朝廷。

甲午日（二十日），魏王曹丕行至谯地，在城东大摆酒席宴请六军与谯地父老，并设立伎乐百戏助兴，官兵百姓都来祝寿，日落才结束。

◆孙盛说：三年的丧期，从天子到庶人，都要遵循。就是三代的晚期，战国七雄的乱世，刚过十天，没有一个月，就丢弃衰斩（三年丧服），甩掉麻杖不哭的。到汉文帝时，改变古代制度，人道的纲常，竟然一夕之间作废，本来道德已薄待于当年，风俗颓败于百世。魏王既然因随汉制，代替他的礼仪，怎能在处于重大悲痛的时候，却设立饮宴行乐，这是放弃他们创业的开始，又堕落王化的基础，等到魏王即位，以二女公开嫔魏，这就知晓魏王年龄的不远，能算出期限的短暂了。◆

王以丞相祭酒贾逵担任豫州刺史。这时天下刚安定，刺史大部分不能管理郡政。贾逵说："州本是以六条诏书督察二千石以下，因此他们都说很能严威，有督察的才能，却不说能安静宽厚，有和睦安乐的德政。现在官员怠慢法律，盗匪公行，州里知道也不法办，天下到什么时候才能安定呢！"于是凡二千石以下的官员，将奉承放肆不执法的都举报上来，罢免他们的官职。并且在外修整军备，在内治理民事，大兴田地，开通运渠，官员百姓都说好。魏王曹丕于是说："贾逵真正是刺史啊！”通告天下，当以豫州为楷模；赐贾逵为关内侯。

左中郎将李伏、太史丞许芝上书说：“魏应当取代汉，见于图纬，事例众多。”群臣因而上书，劝谏魏王曹丕顺从天人的盼望，魏王曹丕不应允。

冬季，十月，乙卯日（十三日），汉帝告祠于高庙，派遣代行御史大夫张音持节奉玺绶诏书，禅位给魏王。魏王曹丕三次上表推辞，才在繁阳设坛，辛未日（二十九日），升坛接受玺绶，登皇帝位，火燎祭祀天地、岳渎，更年号为黄初，特赦天下。

十一月，癸酉（初一），魏王曹丕册封汉帝为山阳公，继续实行汉正朔历法，用天子礼乐；封山阳公的四个儿子为列侯。追尊魏太王为太皇帝；魏武王为武皇帝，庙号太祖；尊魏王太后为皇太后。以汉诸侯王做崇德侯，列侯做关中侯。众臣封爵、增位各有差异等。更改相国为司徒，御史大夫为司空。山阳公奉上二女为魏的妃嫔。

帝想更改汉正朔历法，侍中辛毗说：“魏氏遵循舜、禹的正统，顺应天民；至于商汤、周武王，是凭借战争平定天下，因此改正朔。孔子说：‘实施夏朝的历法。’《左氏传》说：‘夏朝的历法，最符合天地运行的规则。’为什么与汉朝的历法相反呢！”帝认为好，遵循这说法。当时众臣大都赞美魏王的品德，却讨厌损毁前朝；散骑常侍卫臻，独自叙说禅位的仁厚，称赞汉帝的美德。魏文帝屡次见到卫臻就说：“天下的贵重东西，应当与山阳公分享。”魏文帝想追封太后父母，尚书陈群上书说：“陛下以圣德顺应天命，创业变革，应当永为后人模范。按典籍书上的原话，没有妇人分土命爵的典制。在典礼上，妇人承袭丈夫的爵位。秦违反古法，汉代继承下来，然而不是先王的沿传下来的法典。”魏文帝于是说：“这话是对的，就不要实施它了！”仍按照先王制度，放置在台阁。

十二月，开始建造洛阳宫。戊午日（十七日），魏文帝住进洛阳。

魏文帝对侍中苏则说：“之前攻败酒泉、张掖，西域通使于敦煌，献奉的径寸大的珍珠，还能再买到吗？”苏则回答说：“假如陛下能和睦中国，美德远播沙漠，就是不去求取，宝珠就自然来了。如果靠求取获得，那就不足珍贵了。”帝于是就不说话了。

魏文帝诏命东中郎将蒋济担任散骑常侍。当时有诏赐征南将军夏侯尚说：“你是心腹重将，特当任使，能作威作福，随意斩杀或赦免人的特权。”夏侯尚将这事告知蒋济。蒋济到时，帝问他所见所感，蒋济回答说：“没有其他的好事，只听说亡国的话罢了。”魏文帝脸色大变，问他什么缘由，蒋济仔细地回答说：“所谓‘作威作福’，是《尚书》上清晰记载的戒语。天子不会戏言，古代的君主对此都很小心，愿陛下好好明察。”魏文帝听完之后，立即追回之前给夏侯尚的诏书。

魏文帝想迁移冀州士卒家属十万户，来充足河南。当时天旱又有蝗虫灾难，百姓饥饿不饱，朝廷各司事的人都以为不能这么做，然而魏文帝却想这么做。侍中辛毗和众臣都来求见，魏文帝知晓他们来会极力劝谏，就变脸对着他们，群臣都不敢说话，只有辛毗说：“陛下想迁移士兵家家属，是因为什么计策？”魏文帝说：“你认为我要迁移不对吗？”辛毗说：“确实是不对。”魏文帝说：“我不与你讨论。”辛毗说：“陛下不认为臣不贤，因此把臣放在您左右，作为谋论的官，有事怎么能不与臣讨论呢！臣说的话，都不是私事，全都是替国家来担忧的，怎么能恼怒臣子呢！”帝不回答，起身就走向内室；辛毗伸手就拉扯魏文帝后边的衣服，帝夺回衣服，头也不回就走进内室，滞留了很长时间才出来，于是说：“佐治（辛毗字），你把我逼得也太急了！”辛毗说：“现在迁移他们，既会失去民心，又没有什么食物给他们，因此臣不敢不据理力争。”于是帝应允迁移他们之间的一半。魏文帝曾外出射雉，回头看向左右，对群臣说：“射雉高兴吗？”辛毗回答说：“在陛下是很愉悦的，在群臣却很苦恼。”魏文帝不说话，之后就很少出去射雉了。

二年（辛丑，公元221年），

春季，正月，命议郎孔羡为宗圣侯，看管孔子的庙，并按时祭祀。

三月，加封远东太守公孙恭为车骑将军。

开始恢复使用五铢钱。

蜀中谣言相传汉献帝已经被杀害，在这时汉中王刘备为他举办丧事，穿孝服，谥号为孝愍皇帝。群臣都争着上疏说有祥瑞出现，劝谏汉中王刘备称帝。前部司马费诗却上疏说：“殿下认为曹操父子逼迫天子谋朝篡位，因此在万里之遥，联合有志群众，打算征讨曹贼。现今敌人还没剿灭，就要自立为皇帝，只怕全国的百姓会心有疑虑。昔日汉高祖与楚霸王订立条约，先攻破咸阳的可以为王，等到攻破咸阳，虏获子婴，仍然心怀推让；更何况现今殿下还没有出门去攻打曹贼，就想要自立呢！愚臣以为殿下确实不能采纳这种计策。”汉中王刘备听了很不喜欢，就把费诗降为永昌从事。夏季，四月，丙午日（初六），汉中王刘备在武担的南方，登皇位，大赦天下，改年号为章武。任用诸葛亮为丞相，许靖为司徒。

◆司马光说：天生众民，他们不能自我管理，必须要推荐一位君主来管理。如果能有一个为百姓除暴安良来保全他们的生活，又能赏善惩恶，让大家不敢犯乱，这就能算是君主了。回想三代之前，海内外的诸侯，何止万国；有百姓，有领土的，都称为君主。合并万国而称王使天下统一，建立法制，颁布号令，却让天下人不敢违抗的，才能说是王。王德衰败的时候，强盛的国君能率领诸侯，一起尊重天子，就能称作霸主了。因此古往今来，凡天下无道，诸侯就争夺，有时几世没有称王的人，本就有很多。秦朝焚书坑儒之后，汉朝奋起了，学者们开始采用阴阳五行相生相克的说法，用秦是闰位，在木火之间，是称霸而不是称王，在这时正闰的学说就兴起了。到汉室灭亡，三国鼎立。晋朝失去统治，五胡群起混乱。刘宋、北魏以来，南朝、北朝分离统治管理，各有各的国史，相互对立，南朝说北朝是索虏，北朝说南朝是岛夷。朱氏代替唐，天下分裂，沙陀人李存勖到了汴梁（开封），把朱温比成有穷篡夏、新室篡汉，运历纪年，都丢弃不说，这都是私人的偏见，不能算是公平的论说。臣愚昧，确实不能辨清前代的正闰，只是私下以为凡不能让天下统一，就是有天子的名分，也没有王的事实。纵然有华夏仁暴，大小强弱，或时代的不同，却都和古代的诸国没什么区别，怎么能独尊称一个国家是正统，把其他国家当作篡位或伪国呢？假如自己以为上代承袭的就是正统，那陈氏有什么人传授呢？拓跋氏有什么人传授呢？假如以为居于中夏就是正统，那刘渊、石勒、慕容廆、苻洪、姚苌、赫连勃勃所占据过的领土，都是五帝、三王的旧都。假如以为有美德的王就是正统，那么弹丸一样的小国，也有好的君主，三代之时，难道就没有荒淫的王吗？因此正统的说法，从古到今，就没有人能通晓它的理论，并没有能让后人不能辩论的解释。臣现今所讲的，只想叙述国家的兴衰，着眼百姓的安康或苦难，让看的人自己去判断是好是坏，是得是失，来当作自我激励或警醒，不像《春秋》那样，订立褒贬的原则，作为治理乱世让其归正的准则。正统与否，我没有方法判断，只依据他的功业实际来讨论。周、秦、汉、晋、隋、唐，都曾统一天下，把福祉传给他们的后代，他们的后代纵然有时软弱播迁，却仍然能继承他祖宗的大业，有继续恢复统一的期盼。天下与他争抢领土的，都是他的臣子，想借用天子的法制来统治。他们的领土大小没有差异，他们的品德又相等，谁也不能统一，名号也辨别不出来，不能说谁是君，谁是臣，都是列国的制度，都是势均力敌，没什么能够有意贬低或赞美的，这样就能不遮掩事实，也快接近公正了。然而天下离散的时候，也不能没有年、季、月、日来当作记事的先后。依据汉传给魏，晋又接替，晋传给刘宋，一直传到陈，又被隋接替，唐传给梁，一直到后周，又被大宋接替；因此不能不记录魏、刘宋、齐、梁、陈、后梁、后唐、后晋、后汉、后周的年号，并且记录他们国家的事情，不是在崇尚这个，贬低那个，也不是用这区分“正”与“闰”。昭烈皇帝刘备创立的蜀汉，纵使说其是中山靖王的后代，但亲缘很疏远，不能记载在他世代名位下，也就像刘宋高祖曾说他是楚元王的后代、南唐烈祖曾说他是吴王李恪的后代，是对或错，没有方法区别，因此不能用汉光武、晋元帝来相较，让他承继汉朝遗留下的正统呀！◆

孙权从公安迁都到鄂，之后把鄂更名为武昌。

五月，辛巳日（十二日），蜀汉之主刘备册立夫人吴氏为皇后。皇后就是偏将军吴懿的妹妹，已故刘璋的哥哥刘瑁的妻子。册立儿子刘禅为皇太子。娶车骑将军张飞的女儿为皇太子妃。

曹魏太祖曹操之前攻破邺都的时候，魏文帝曹丕正担任五官中郎将，他看到袁熙的妻子中山人甄氏长相美貌，心中很喜欢她，太祖于是就让他们结婚，之后生了个儿子叫曹叡。到曹丕做皇帝的时候，安平人郭贵嫔受宠，甄夫人却滞留邺都，不能去见面，所以心里不高兴，因此就把愤懑的话，讲给别人听。郭贵嫔就在魏文帝曹丕跟前讲甄氏的坏话，魏文帝曹丕知道后非常恼怒。六月，丁卯日（二十八日），派使者到邺都赐甄夫人自杀。

魏文帝曹丕认为宗庙在邺都，祭祀不方便，改在洛阳建造始殿祭祀太祖，采用家人礼仪。

戊辰晦日（二十九日），发生日食。有司按东汉制度上奏章罢黜太尉，魏文帝曹丕下诏书说："灾异的发生，是来谴责国家元首的，假如归罪在重要臣子的身上，怎么是大禹、商汤归罪自己的意思呢！希望百官各自尽忠职守，以后再发生天灾，免得又来弹劾三公。"

汉主刘备把刘永封为鲁王，刘理封为梁王。

汉主刘备对关羽的死感到耻辱，准备发兵攻打孙权。翊将军赵云说："汉朝的敌人是曹操，而不是孙权。假如先消灭曹魏，那孙权自然会归降臣服。现今曹操即使死了，他的儿子曹丕篡位，应该凭依众人的心，早点去争夺关中，我们屯守在黄河、渭水的上游，方便征讨叛贼曹魏，关东的仁人志士一定会携带食物赶着战马，来迎接我们这为仁义而战的部队。不应当把曹魏晾在一边，而去与东吴交战。部队的作战，不是一下就解决了的，因此先攻打东吴不是上策呀！"众臣劝谏的也很多，然而汉主刘备却不愿采纳。广汉一位隐士秦宓也来说明先攻打吴国都不合乎天时、地利，最后被关到监狱里禁闭起来，之后才赦免释放。

起初，车骑将军张飞，雄壮威猛仅次于关羽；关羽对待士兵非常好，在士大夫面前却很傲慢，张飞对于有才能的人非常礼让，却不体恤下属。汉主刘备经常警戒张飞说："你对下属刑罚杀惩太过了，日常鞭抽他们后又用在身边，这会让自己遭受祸患的。"张飞没有遵从刘备的话，依然不改其毛病。汉主打算攻打孙权，张飞随后率兵万余人从阆中到江州会合。即将出发之前，他的下属张达、范疆两人就将张飞杀死了，带着张飞的头，顺流而下去向孙权投降。汉主刘备听说张飞的下属营都督上书来，说："唉！张飞死了！"

◆陈寿评述说：关羽、张飞都是万夫莫敌的猛将，是当代的虎将。关羽在曹操军中立过大功，张飞也能义气放回严颜，两人都有国士的风度。然而关羽个性刚愎自负，张飞性格暴躁又对下属无恩，所以因自己的缺点而遭到丧命，这也是自然的道理。◆

秋季，七月，汉主刘备亲自率领大军攻打孙权，孙权立刻派使者请求和解。南郡太守诸葛瑾也写给汉主刘备一封信说："陛下以为对关羽与对汉帝，哪一个最亲密？荆州与天下比，哪一个最大呢？曹魏、东吴都是你的敌人，应当先进攻哪一个呢？假如能想清楚，就能轻易复兴了。"汉主刘备却不采纳诸葛瑾的意见。那时有人说，诸葛瑾曾派亲近的人与汉主刘备相互通信。孙权知晓后竟说："我与诸葛瑾，有生死相交的友谊，我知道他不会背叛我，就像我不会背叛他一样。"然而外面的传言却很多，陆逊就上书请求把诸葛瑾肯定没有反叛的事讲明，才能解释大家的疑虑。孙权回答说："诸葛瑾与我共事多年，我们情如兄弟，也都能了解对方。他的为人是不合道义他绝不会做的，不合乎仁德他不会说的。刘备之前派遣诸葛亮到吴国，我曾告诉他说：'你与诸葛亮是亲兄弟，弟弟随哥哥，是很合理的，为什么不留下诸葛亮呢？假如你弟弟孔明肯跟随你，我可写信跟刘备解说，我想他会同意的。'诸葛瑾回答说：'我的弟弟诸葛亮，他已跟从别人，按照他的忠心诚信的性格来看，一定没有二心。弟弟诸葛亮不留下来，就像我不去他那里一样。'他的这些话不就能说明吗！现今怎么会有这件事呢！之前得到的批评文件，立即就封好交给诸葛瑾，而且我也有亲笔信给他。我与诸葛瑾的友谊是内在的，不是外面的传言能挑拨的。你上书是好意，我也将你的奏表封好一起给诸葛瑾看，让他知道你的意思。”

汉主刘备派将军吴班、冯习在巫县打败孙权的将领李异、刘阿等，并进军到达秭归，有四万多士兵同去。武陵等地都请求派兵援助。孙权就任镇西将军陆逊为大都督，持节行令，率领将军朱然、潘璋、宋谦、韩当、徐盛、鲜于丹、孙桓等五万多人前去抵御。

魏文帝曹丕的弟弟鄢陵侯曹彰、宛侯曹据、鲁阳侯曹宇、谯侯曹林、赞侯曹衮、襄邑侯曹峻、弘农侯曹幹、寿春侯曹彪、历城侯曹徽、平舆侯曹茂都册封为公了；只有安乡侯曹植改封为甄城侯。

在洛阳城中建造陵云台。

之前，魏文帝曹丕与群臣讨论刘备会不会发兵替关羽报仇，大家都说：“蜀是个小国，大将只有关羽。关羽已死，军溃不成军，国内都很恐惧，再没有出兵的理由。”侍中刘晔却说：“蜀纵然狭小兵力又弱，然而刘备的计划，会用他的威武来自强，一定会集合全部力量，显示他还很强大。并且关羽与刘备在名分上他们是君臣，在恩情上却是父子之间的关系；关羽被杀，假如不举兵报仇，在名分上和情谊上也说不过去。”

八月，孙权派遣使者向魏国称臣，奏章的言辞谦卑，而且还将于禁等送回曹营。于是朝臣都来祝贺，刘晔却说：“孙权没有因由就归降，国内一定有急事。孙权才杀关羽不久，刘备一定聚兵征讨他。他外有强敌，众心不安，又怕我国乘机攻打他，因此才来归降，一方面想让我国退兵，另一方面要借我国的援助，让他们强大让敌人迟疑。现今天下三分，我国有十分之八的领土，吴国、蜀国也不过各保一州罢了。靠山水的阻隔，有急事就请求援助，这是小国生存的道理。现今两个小国相互攻打，这是上天要消灭他们啊！我们应当出兵，渡江攻击他。蜀由西攻其外部，我由北攻其内部，不出十天，吴国就亡了。吴国没有了，蜀国就会孤立，即使蜀国获得吴国一点土地，也不会久存的。何况蜀国得到的是外部，我们得到的是内部。”魏文帝曹丕说：“吴向我称臣，我还要攻打他，这是让归来的人迟疑，会影响天下人心的，不如暂时接受吴国投降，去攻打蜀国的背后吧！”刘晔又说：“蜀国远，吴国近，假如先攻蜀国，他听说我们去攻打他，就会将军队撤回，应对我们，那不知道打到什么时候，才能停呢！更何况现在刘备已发怒，要出兵攻伐吴国，假如听说我们也攻伐吴国，就会知晓吴国一定会灭亡，就会很高兴地攻伐，与我一起争抢吴国的土地，必不会更改他的怒气和援救吴国的打算了。”魏文帝曹丕不采纳他的意见，于是接受吴国的投降。

于禁的头发胡子都白了，形容枯槁，见到魏文帝曹丕后，叩头大哭。魏文帝曹丕用晋大夫荀林父、秦大夫孟明视的故事来安抚于禁，还拜他担任安远将军，让他向北去到邺都看守曹操的高陵。魏文帝曹丕却事先派人在高陵屋子的墙上，画上关羽获胜、庞德气愤、于禁乞降的画。于禁看见后非常愧疚，于是就生病而亡。

◆司马光评论说：于禁带领数万大军，打败仗不能立即自杀，却因偷生归降敌人，之后又回归魏国。魏文帝曹丕废弃他可以，斩杀他也可以，这两项都没用，而在高陵屋子墙上画图欺辱他，这确实不像个君主所为啊。◆

丁巳日（十九日），派太常邢贞带着策命前去册封孙权为吴王，并加赐九锡（天子赐诸侯有大功的衣物等九事）。刘晔劝谏说：“不能那么做。先帝（曹操）讨伐天下，领土已十有其八，威震海内，陛下受禅即位，品德与天地契合，名声也已远扬。孙权纵然有才能，也不过是之前汉时的骠骑将军、南昌侯罢了，官位低，势力弱。士兵百姓都怕我国，不能强迫他们一起共谋大事。迫不得已才来归降，我们晋升他为将军，做个十万户侯就行了，怎么就封为王呢？那王的地位与天子只差一阶而已，这样礼制服用会相互混淆的。他适合做侯，江南的士兵百姓不知有君臣的礼节。假如我相信他的假归降，就封给他领土，尊崇他的名号，决出君臣的礼节，是给虎加上翅膀一样凶险。

万一孙权接纳了王位，攻退了蜀兵，向他的国宣布，以礼侍奉我国，假如又对皇上不尊重的时候，皇上想征讨他，他就会自然地向国内百姓说：‘我依赖着魏国，不吝惜珍货重宝，随时都去上贡，又不敢失去礼节，魏国没有缘由来攻击我，一定是想灭亡我国，虏获我们的百姓去做奴役。’吴国的百姓没有理由不信，信他的话之后，就会群起愤恨，这样上下一心，战力就会增加十倍了。”魏文帝曹丕又不听从他的意见。很多将领以为吴国已经归降，心里就都懈怠下来了。唯有征南大将军夏侯尚更加紧他的攻战守备。山阳曹伟平时很有才华，听到吴国已成为藩属，就用平民的身份与吴王相互通信求取财物，想在京师结交官员，魏文帝曹丕知晓这件事后，就将曹伟斩杀了。

吴国又在武昌建城。

起初，魏文帝曹丕想任用杨彪担任太尉，杨彪推辞说：“我曾担任过汉朝的三公，当时正处于乱世的时候，没有立一点功勋，假如再做魏国的朝臣，对于国家选拔人才，也不荣光吧？”魏文帝曹丕听了之后，就停止了。冬季，十月，己亥日（初二），公卿在早上上朝之时，请杨彪也到朝，用接待客人的礼节对待他。还赐予他延年手杖，供身体依靠的小几，允许他穿单衣、皮弁（见尊者的古服）朝见，册封为光禄大夫，俸禄二千石。拜见天子，地位仅次于三公；又下令在他的府门前施用“行马”，还设置官兵，非常尊敬他。杨彪到八十四岁才逝世。

因谷价抬升，罢用五铢钱。

凉州卢水胡人治元多等叛乱，河西走廊因此混乱。魏文帝曹丕召回邹岐，任命京兆尹张既为凉州刺史，派护军夏侯儒、将军费曜等在他的后面跟进。卢水胡人用七千余骑兵在鹯阴口抵御张既，张既虽宣称大军前往鹯阴，暗中却自且次潜行到武威。卢水胡人以为是天降神兵，赶紧撤回显美。张既已占据武威，费曜也到达，夏侯儒还没有抵达。张既奖励将士后，想攻打卢水胡人，诸多将领都说：“士兵们太疲劳了，叛军众多并且士气强盛，只怕难以和他们争锋。”张既说：“现今我军粮草短缺，应当从敌军处获取。假如敌军看见我军力聚合，就会撤退深山中驻守，到那时追逐敌军，路途既险峻，我军也饥饿，退回则敌军又出来侵掠。如果这样，军队就没有解甲的一天，所谓'一日纵敌，患在数世'，说的就是这个道理。"于是就率领前面的部队攻打显美。十一月，卢水胡人的数千骑兵，想乘着大风纵火烧营，将士们都很害怕。张既在夜间选取了三千士兵作为伏兵，派遣参军成公英率领千余骑兵去挑战，告知他们要假意撤退；卢水胡人的军队果真争相追撵，因而被埋伏的军队斩断，首尾夹击，于是溃败，被斩杀与俘虏的人以万计数，河西走廊就全部安定了。

之后西平麴光叛乱，斩杀了西平的郡守。诸多将领都想要立即攻打他，张既说："唯有麴光部分人反叛，郡里的人不一定都赞同。假如我们立即攻打他们，官兵、百姓、羌人、胡人一定说我们不分是非，会让他们更团结，这等于给虎再添加翅膀一样有害。麴光等想利用羌、胡作后援，现今不如派遣羌人、胡人，让他们攻打麴光，重赏他们，所获得的东西，都给他们。这样在外面就失去他的势力，在内部再离间他的情谊，一定能不战而胜。"于是就向诸羌发出布告说，被麴光欺瞒的人宽恕，谁能把统领的头斩掉送来，就能加重奖赏。于是麴光的头被部下砍下送来，其余的都安然与以前一样。

邢贞抵达吴国，吴国人以为孙权能称作上将军或九州伯，不应当接纳魏的封爵。吴主孙权说："九州伯在古代没听过啊！昔日沛公也被项羽封为汉主，这是合乎时机的，又有什么损害呢！"于是就接纳了。吴主孙权出都亭等待邢贞，邢贞进入但没有下车，张昭告知邢贞说："自古礼没有不尊敬的，法没有不施行的。先生妄尊自大，难道是认为江南人少兵弱，就没有爱国志士刺杀你吗？"邢贞听了后赶紧下车。中郎将琅邪徐盛非常恼怒，看着左右一列的人说："我等不能奋斗牺牲，替国家攻下许昌、洛阳，吞并巴、蜀二郡，却让我君主与邢贞立盟，不是很羞耻吗？"于是就大哭流涕。邢贞听说这件事后，对他的随从说："江东的将相是这样情景，绝对不是久处人下啊！"

吴主孙权派中大夫南阳人赵咨入京回谢，魏文帝曹丕问说："吴王是怎样的人哪？”赵咨回答说：“是位聪慧、仁智、雄略的人。”魏文帝曹丕又问吴王的详情，赵咨又回答说：“在一般人中，任用鲁肃，这是他的聪明呀！在军人行伍中，重用吕蒙，这是他的圣明哪！虏获于禁，却不斩杀，这是他的仁义！争夺荆州，并没有杀戮，这是他的睿智啊！驻守三州，虎视天下，这是他的雄心呀！能屈居在皇上的名下，这是他的计策啊！”魏文帝曹丕又问：“吴王很爱读书吗？”赵咨又回答说：“吴王在江上浮有几万艘船，在陆地上有甲兵百万多，任用贤能，发挥才能，志在经略四方，然而吴王稍微空闲，就广览书传与历史典籍，采用书中的微妙深意，却不效仿一般书生的寻章摘句而已。”魏文帝曹丕又问：“我能征服吴国吗？”赵咨回答说：“大国有讨伐的军队，小国也有坚守的方法。”魏文帝曹丕又问：“吴国惧怕魏国吗？”赵咨又回答说：“有江、汉大江天险，退能防备，有百万甲兵，进能进攻，有什么惧怕的呢！”魏文帝曹丕又问：“像你这样的大夫，吴国有几人？”赵咨又回答说：“聪慧又特别通达的人，有八九十人；像我这样的人，可用车载斗量，简直数都数不清楚呀！”

魏文帝曹丕派使者到吴国要求进贡雀头香、贝壳、珍珠、象牙、犀角、玳瑁、孔雀、翡翠、斗鸭、长鸣鸡等物。吴国的众臣都说：“荆州、扬州进贡有它平常的规则，魏国所要求的珍贵奇玩，是不合乎道义的，应当不给他。”吴主孙权却说：“在西北刚发生过战事，吴国的百姓，正依赖别国休养生息。他们所要求的，在我国就像瓦砾而已，我何必吝惜呢！并且他正处于服丧的时候，却要求进贡这些物品，还能和他谈礼节吗！”都弄好如数送给他。

吴王立他的儿子孙登为太子，很用心地为他择取师友，任命南郡太守诸葛瑾的儿子诸葛恪、绥远将军张昭的儿子张休、大理吴郡顾雍的儿子顾谭、偏将军庐江人陈武的儿子陈表，都为中庶子，在宫中讲解诗书，外出学骑射，当时称他们为四友。太子孙登对待僚属之时，是用一般百姓的礼仪。

十二月，魏文帝曹丕向东巡狩。

魏文帝曹丕想封吴王的儿子孙登做万户侯，吴王以为孙登还年幼，上书推辞不愿接纳；又派西曹掾吴兴人沈珩入京回谢，并贡献地方的珍奇玩物。魏文帝曹丕问："吴国疑虑魏国向东发动进攻吗？"沈珩回答说："不怀疑。"魏文帝曹丕又问："怎么能看到呢？"沈珩回答说："依据着之前的盟约，归于欢好，因此不怀疑；假如魏国不遵从约定，吴国自有打算。"魏文帝曹丕又问："听闻太子应当来，为什么不来呢？"沈珩回答说："臣国在东方，既不上朝，也不参与宴会，还未曾听说这样的言论。"魏文帝曹丕听说后，认为沈珩说得很对。

吴主孙权在武昌去钓台喝酒，喝得烂醉，让人用水把众臣洒醒，之后再喝，他说："今天酣畅淋漓地喝，直到醉在钓台中，才能停下！"张昭正色不语，走到外边，坐在车上。吴主孙权派人叫张昭回来，对他说："为了一起欢乐罢了，你为什么生气呢？"张昭回答说："昔日殷纣王曾有糟丘和酒池，整夜畅饮，那时也以为欢乐，不觉得是坏事呀！"吴王听说后，沉默不语，自感愧疚，于是就停止喝酒。

吴王与众臣，亲自起身敬酒，虞翻趴在地上，装作醉了，不去接酒，等到吴王走过去，虞翻立即起身坐下。吴王很恼怒，拿起剑来想杀他，在座的人都很害怕。唯有大司农刘基赶紧抱紧吴主孙权，并劝说："大王因饮酒三杯过度后，就亲自杀善士，纵然是虞翻的错，然而天下的人怎么会知道呢！并且大王是容贤爱众的人，因此各地都望德而来；现今突然放弃之前的善举，这样行吗？"吴王说："曹操还杀过孔融呢！我斩杀虞翻有什么不对呢！"刘基说："曹操轻易斩杀士人，大家都批评他不对，大王是行仁义的人，能与尧、舜相比，哪能自己与曹操相比呢？"虞翻因而得以免死。吴王告诉左右说："从此以后，凡是醉酒所说的杀，都可不杀。"刘基，是刘繇的儿子。

之前，太祖（曹操）已攻克蹋顿，而乌桓日益微弱，鲜卑大人步度根、轲比能、素利、弥加、厥机等通过阎柔进贡，乞求相互通商，太祖都上书册封他们为王。轲比能原本是小种的鲜卑，然而他们勇健廉平，被大家信服，因此能威震诸部，是最强大的。从云中、五原往东到辽水，都是鲜卑的领土，轲比能与素利、弥加分割疆土统治，各有分界线。轲比能的部落接近塞内，中原的叛众大多依附他；素利等在辽西、右北平、渔阳，都在塞外，路途遥远，因此不会造成边患。魏文帝曹丕任平虏校尉牵招为护鲜卑校尉，南阳太守田豫为护乌桓校尉，来震慑安抚他们。

三年（壬寅，公元222年）

春季，正月，丙寅朔日（初一），发生日食。

庚午日（初五），魏文帝曹丕前去许昌巡幸。

魏文帝曹丕下诏书说："现在的计吏、孝廉，就是古代诸侯推举才学的人，给天子任用的人；假如限制年龄才取士，那吕尚、周晋在古代是不会被重用的。因此希望郡国选取人才，不要拘泥于年纪大小，只要做学术的人通晓经传，做官的人知晓文法，举荐来的都能试用。负责的人要改变之前不实际的做法。"

二月，鄯善、龟兹、于阗王各派使者来进贡。不久西域也再通行，设立了戊己校尉。

汉主刘备自秭归率领大军攻打吴国，治中从事黄权劝谏说："吴国人奋勇强壮，并且沿江都是水军，我军攻伐轻易，撤退就困难了。我请求担任先锋去攻打敌军，陛下应当在后坐镇。"汉主刘备不采纳他的建议，还派遣他担任镇北将军，去指挥江北的军队；汉主刘备亲自率领诸将，从江南翻山越岭前进，大军驻守在夷道猇亭。吴国的将领都建议去迎头痛击。陆逊却说："刘备的军队东下，士气正旺盛，并且占了高山据守险要，很难急攻。就是能攻上山，也不一定能获胜，假如有不利的时候，损害我的兵力，绝对不会小呀！现今唯有奖赏将士，用各种办法，来观看他们的变化。就是这地方是平原旷野，还害怕有交战不利的担忧；更何况现今沿山行军，大军不能展开，只能疲惫行走在木石的地区，我看还是慢慢地等待敌军有缺点显现出来，再来进攻吧！"诸将领不了解陆逊的心思，都以为他胆子太小了惧怕刘备，各自心中怀有愤恨。

汉人从佷山通往武陵，派侍中襄阳马良拿着金银布帛送给五谿那些蛮夷，还封他们官职和爵位。

三月，乙丑朔日（初一），魏文帝曹丕册立皇太子齐公曹叡为平原王，其弟弟鄢陵公曹彰等人都晋升做了王。甲戌日（初十），魏文帝曹丕册立儿子曹霖做河东王。

甲午日（三十日），魏文帝曹丕前往襄邑。

夏季，四月，戊申日（十四日），魏文帝曹丕册立鄄城侯曹植为鄄城王。那时，诸侯王都有个空名寄住在各地，并没有实权；王国都有一百多老兵在那里驻守；与京城相隔几千里，不参加国家政事，为了防止意外，还派遣监国的官吏，监视各王的举动。纵然有王侯的名声，却如同普通人一样，他们想做平民都不能做。法令非常严苛，诸侯王的过错罪责经常听说；唯有北海王曹衮谨慎爱学，没有过罪责。文学（王跟前的人）、防辅相互说："受皇上的命令，监察王的行为，有过失就告诉他，有好事也应当禀告他。"于是就一起上书陈说曹衮的美好的品德。曹衮知晓后，非常害怕，就斥责文学说："修身自守，是常人的行为罢了，各位竟禀告皇上，这样恰好是增添我的负累了。况且真有善行，怎么担心皇上不知道呢！却赶忙禀告给他，这是没有益处的。"

癸亥日（二十九日），魏文帝曹丕返回许昌。

五月，把江南八郡改为荆州，江北诸郡改为郢州。

汉人从巫峡建平连接扎营到夷陵地界，建造几十个屯兵所，任用冯习为大督，张南为前部督，从正月与吴国相对峙，到六月还没有解决。汉主刘备派吴班率领几千人在平地扎营，吴国将帅看见这样的情景，都建议攻打他，陆逊竟说："这一定有诈，暂时观看一下他的行为。"汉主刘备知晓他的计策不能实施，就命伏兵八千人从谷中冲出，陆逊说："我之所以不让诸位去攻打吴班的因由，是揣测他一定有诈啊！"陆逊上表吴王说："夷陵是国家险要的地方，与国家利益相关。即使容易获得，然而也很容易丢失；假如失去了，就不止损失一郡的领土，并且荆州也要遭受祸患，现今要抢夺它，一定让上下和睦。刘备违背常规，不固守他的根据地，竟然前来送死，臣纵然没有才能，但凭借上天的威灵，一定能名正言顺讨伐逆贼，战败他就在最近这段时间，没什么可担忧的了。臣刚开始怕他水陆一块前进，现今反而弃船在陆地立营，处处驻扎营地，仔细观看他们的部署，并没什么变动。希望吾王在上高枕没有忧愁，不要把这事记挂在心里。”

闰月，陆逊率领大军攻打汉营，诸将都说：“攻打刘备应该在刚接触的时候，现今让他进入吴地五六百里，驻守经过七八个月，他们占据的要塞都已经建得很坚固，攻打他一定没有好处！”陆逊说：“刘备是狡诈的敌人，又曾经历过很多事，他的军队开始集合，一定思考周全，不能进犯；现在驻守很久，没有获得我的好处，士兵已疲劳，士气也衰弱，不能再出什么计策了。攻打敌人，就是这个时候。”于是先攻打汉军一个营，结果没有获得好处，诸将都批评说：“白白地牺牲士兵罢了。”陆逊说：“我已经知道打败敌军的战略了。”于是命全军各拿一把茅草，用火进攻，击破营寨，在拔营的短时间，胜利局势成功，于是下令各军一起攻击，砍掉了张南、冯习与胡王沙摩柯等的头，击破四十多个营塞。汉将杜路、刘宁等被逼得请求归降。

汉主刘备登上马鞍山，把兵排列在自己周围，陆逊催促各军，四面紧迫包围，汉军土崩瓦解，死了一万多人。汉主刘备利用夜晚逃跑，依靠驿人自担所弃铙铠在隘道烧毁以断后，才得以回到白帝城，汉军的船、兵器、水陆所用的物资，瞬间都丢弃完了。而尸骨填满了长江，顺流而下。汉主刘备非常愧疚，于是埋怨地说：“我竟被陆逊所侮辱，难道不是天意吗！”将军义阳傅肜为他断后，很多士兵都战死了，傅肜意气更加猛烈。吴人告诉他让他归降，他大骂说：“吴狗！怎会有汉将军向你们归降的呢！”于是力战而死。从事祭酒程畿沿着长江逆流而退，大家都说：“敌军快追上来了，应该解开舫舟，乘小船逃跑。”程畿说：“我在军中，没有学过临阵脱逃的事啊！”也战死了。

之前，吴国安东中郎将孙桓在夷道袭击汉军前锋部队，被汉军围攻，向陆逊求助，陆逊说："不能派兵去营救。"诸将都说："孙桓是主公的族人，他被围攻，为什么不去援助呢？"陆逊说："孙桓赢得群众的心，城坚固粮草也充足，没什么可担忧的。等我的计策成功后，就是不去营救他，也自然就解围了。"等到陆逊的攻战方略得到有效实施，汉军果真溃败。孙桓之后见到陆逊说："之前确实曾怨恨你不派军救我；现在才知道你真是战事调度自有方略呀！"

开始时，陆逊担任大都督，诸将领有的是跟随讨逆将军孙策的旧将领，有的是公室贵族，各自以为了不起，不肯服从指挥。陆逊于是就拿着剑对大家说："刘备天下有名，连曹操都惧怕他，现今他率领军队到我国边境，这是非常强大的敌人哪！诸将都承受国恩，就理当互相和谐，一起铲除这强敌，以求上报得到厚禄，现在不服从，为什么呢？我纵然是书生，然而受命于主上，国家之所以屈辱诸位，却寄希望于我，大概我还有些值得称赞的地方，这是能忍辱负重的原因吧！诸位应尽自己的本责，怎么能推脱呢！军令有它的规则，任何人都不能犯啊！"等到把刘备打败，诸将知道计策都是陆逊谋划的，大家内心才顺服。吴王听说以上的事后就问陆逊说："你为什么在最开始的时候，不告诉我诸将不听命令呢？"陆逊回答说："因为受恩深重，关于诸位将领，有的是大王的心腹，有的是王左右的得力助手，有的是王昔日的功臣，都是应该与他们商议国家大事的人，臣暗中想学习蔺相如、寇恂的行为，期望能对国事有帮助。"吴王听完之后，大笑称好。加封陆逊辅国将军，领荆州牧，改封江陵侯。

起初，诸葛亮与尚书令法正两人的喜好崇尚都不一样，法正有公义的优点，诸葛亮经常赞扬法正的智术。等到汉主刘备讨伐吴国失利，那时法正已逝世，于是诸葛亮感叹说："假如法正在世，一定能阻止主上东行；就是东行，也不会失败到这样子。"汉主刘备驻兵白帝，吴将徐盛、潘璋、宋谦等各竞相上书说："能俘虏刘备，请求再攻打他。"吴王就以上的事询问陆逊，陆逊与朱然、骆统劝谏说："曹丕集结将士，假意帮助我国征讨刘备，事实上有谋取我国的歪心，希望暂时退军，不必进击。”

之前，魏文帝曹丕听说汉军建造七百多里营寨，就与群臣说：“刘备不通晓兵法，怎么有七百里以上营寨可以抵御敌军呢！‘在杂草丛生、地势平阔、潮湿低洼、艰难险阻的地方扎营，一定为敌所擒’，这是兵家的大忌呀！孙权报捷的上奏，现在就要到达了。”之后七天，吴军大败汉军的书信就到了。

秋季，七月，冀州蝗虫成灾，百姓大饥。

汉主刘备已经溃败撤退了，黄权在长江以北，因道路阻隔，不能撤回去，八月，带领他的军队归降魏国。汉有司请求要捉拿黄权的妻子儿女，汉主刘备说：“我辜负了黄权，黄权没有辜负我呀！”对待黄权的妻子仍与之前一样。魏文帝曹丕对黄权说：“先生放弃叛乱效顺正统，想效仿陈平、韩信的事吗？”黄权回答说：“臣过去受刘主的优渥对待，是不能归降吴国的，撤回蜀地又无路可走，因此才来效命。而溃败的将领，免于一死就够幸运了，怎么还能去效仿古代的贤能呢！”魏文帝曹丕以为他说得对，拜他担任镇南将军，封作育阳侯，加侍中，让他为陪乘。蜀地归降的人，有的说汉主斩杀了黄权的妻子，魏文帝曹丕告诉黄权举办丧事。黄权说：“臣与刘备、诸葛亮推诚相待，他们都明白臣的志向，我暗地里怀疑这件事不真实，请再等待几天吧！”之后获得确定的消息，果真就像黄权说的都没有被杀。这时候马良在五谿也去世了。

九月，甲午日（初三），魏文帝曹丕下诏书说：“妇人参加政务，是乱国的根本缘由。从今天开始，群臣不能奏报太后，后族的家属不能做辅政的官员，也不能做封土的列侯。把这诏书传给后世，假如有违抗的，天下就一起征讨他。”卞太后每次看见外戚，从来没有表现得太过亲热，经常说：“居家应该节约，不应该希望奖赏，心内有着享受的想法。外家会怪我对待他们太薄情，不知道我自有正常法理的原因呀！我侍奉武帝四五十年，实施节约的日子长了，不会自己再变得奢华。有违背法条所禁止的，我就要对犯罪的人加倍处罚，不要奢望我会向大家送钱米，甚至是宽免你们！”

魏文帝曹丕打算立郭贵嫔为皇后，中郎栈潜上书说：“后妃的德行，是国家盛衰治乱所发生的根本！因此古代圣贤对皇后的抉择很谨慎，一定在先代的世族家里，选择有美德的淑女，才能统领六宫，真诚地供奉宗朝。《易经》上说：‘家道正而天下定。’从家庭到国家，这是先王的美德呀！用《春秋》记录宗人衅夏的话说：‘没有用妾来当夫人的礼仪。’齐桓公在葵丘发誓也说：‘不能用妾来做妻。’让后宫受宠的婢女，经常仅次于皇后一等。假如因宠爱就让她们随意登上皇后之位，这是用低贱的人突然尊贵起来的行为。臣恐怕后世，在下的欺负在上的，还要取代在上的地位，开始不守礼法的行为，是从皇上开始的。”魏文帝曹丕不采纳这意见。庚子日（初九），魏文帝曹丕册立郭贵嫔为皇后。

起初，吴主孙权派于禁的护军浩周、军司马东里衮到魏去拜见魏文帝曹丕，表明真诚的心意，言语非常恭顺。魏文帝曹丕问浩周与东里衮说：“孙权能信吗？”浩周以为孙权一定会臣服，然而东里衮却以为不一定臣服。魏文帝曹丕非常喜欢浩周的说辞，以为他清楚这事，因此要册立孙权做吴王，还派遣浩周到吴国去。浩周对吴主孙权说：“陛下不信王会派儿子去入侍，我用全家百口的性命保证。”吴王替他痛哭流涕沾湿衣服，对天发誓要做到。浩周返回魏国，然而质子没去，而且都用虚辞应对。魏文帝曹丕想派侍中辛毗、尚书桓阶到吴国订立盟约，并请派质子，吴主孙权推辞不愿接纳。魏文帝曹丕非常恼怒，想攻打吴国。刘晔劝谏说：“吴国刚打胜仗，正上下团结，并且有江湖阻隔，不能匆忙中去攻打他们。”魏文帝曹丕不采纳刘晔的建议。

九月，魏文帝曹丕派征东大将军曹休、前将军张辽、镇东将军臧霸出洞口，大将军曹仁出濡须，上军大将军曹真、征南大将军夏侯尚、左将军张郃、右将军徐晃围攻南郡。吴国派遣建威将军吕范率领五军，用舟军抵御曹休等，又派遣左将军诸葛瑾、平北将军潘璋、将军杨粲去援助南郡，另外派遣裨将军朱桓前往濡须抵御曹仁。

冬季，十月，甲子日（初三），魏文帝曹丕发表文告，决定在洛阳附近首阳山东侧建立自己的陵墓，制作了关于葬礼的制度，一切廉俭，不用金银，全部用瓦器。将此诏书放在宗庙，副本放在尚书、秘书、三府。

吴主孙权因扬、越一带蛮夷尚未平定，用卑微的语言上表，请求改过自新自我勉励说："假如我的罪责难以免除，一定不会再被安置，那就返还领土百姓，寄身在交州以度余生吧！"又写信给浩周说："想替儿子孙登向宗室求娶。"又说："孙登年龄太小了。想派孙邵、张昭跟随孙登一块来。"魏文帝曹丕回复说："我与你的大义，已经确定了，怎么能乐意劳师动众，去征讨长江、汉水之间的地方呢！假如孙登早上到来，夜晚我就把兵召回来了。"在这时吴主孙权改年号为黄武，亲临长江抵御驻守。

魏文帝曹丕从许昌南征，将郢州再改为荆州。十一月，辛丑日（十一日），魏文帝曹丕到达宛县。曹休在洞口，自陈说："愿意带领精兵，踏向长江以南，从敌人中获取资援，这事一定能获胜，假如臣不幸死了，也不必记挂在心。"魏文帝曹丕恐怕曹休渡过长江，赶紧派驿马去阻挠他那样做。侍中董昭在旁侍候，于是说："我看陛下神色有些担忧，只因为曹休要渡长江吗？现今要渡过长江打仗，是人人都不情愿的，就算曹休有这志向，然而从局势来看，是不能独行的，应该让诸将同时行动。既然臧霸等富裕且高贵，不再有其他的奢望，只求安享晚年，保住他的禄位罢了，怎么肯冒险去自投死路呢，来得到侥幸的胜利呢？假如臧霸等不肯前往，曹休的意志自然会沮丧。臣只怕到那时，即使陛下下命令要他们渡长江去交战，也一定会迟疑，不见得会顺从命令的。"停下没多久，一阵狂风将吴国吕范战船的绳索吹断了，直漂到曹休的营地，一千多人被斩首和俘虏，于是吴国兵溃败。魏文帝曹丕听说这事，就催促诸军赶紧渡长江。军队没有立即攻打，吴国救援的船已到达，于是撤军返回长江南岸。曹休派遣臧霸追逐他们，没有获得好处，将军尹卢战死。

庚申晦日（三十日），发生日食。

吴王派太中大夫郑泉前往蜀汉去下聘，汉也派遣太中大夫宗玮回复，于是吴、汉又往来交好。

汉主刘备听说魏国军队向南进攻吴国，就向陆逊送信说：“曹贼已到达长江、汉水，我军假如再东进，将军还能抵御吗？”陆逊回信说：“恐怕贵军刚吃了败仗，伤势还没恢复吧？两国才开始交好；且应该自我补过，没有时间再穷兵黩武了。假如不算清楚，想再用残余的兵力，远道来此，只怕会没有办法逃跑了。”

汉汉嘉太守黄元叛乱。

吴国的将领孙盛率领一万多人，驻守江陵中洲，来当作南郡的外援。

资治通鉴卷第七十　魏纪二

起癸卯（公元223年），止丁未（公元227年），共五年。

【题解】本卷记录了魏文帝曹丕黄初四年到魏明帝曹叡太和元年间的历史。魏文帝为守成之君，丧失与蜀夹击吴国，攻下江南的时机，等到吴国局势稳定，才出兵江南，三次临江，无功而返，反使吴、蜀重新结盟。蜀国邓芝两次使吴修复旧好，诸葛亮平定南中，吴国也平定交趾，两国政局稳定，同时北伐。诸葛亮北驻汉中，上《出师表》。魏国文帝驾崩，明帝即位。

世祖文皇帝下

黄初四年（癸卯，公元223年）

春季，正月，曹真派遣张郃大败吴国军队，于是占据了江陵中洲。

二月，诸葛亮抵达永安。（前白帝改为永安）

曹仁派遣几万步兵骑兵朝濡须进发，而且先扬言想往东去攻打羡溪，吴将朱桓分兵前去抵御。兵已派出，曹仁派遣大军径直攻打，朱桓听说这信息，赶紧追回往羡溪的部队，然而大军还没回来，曹仁部队就到了。那时朱桓的手下才五千人，诸将都很恐惧，朱桓于是就对他们说："凡两军交战，胜负全在将领，并不在人的多少。诸位觉得曹仁与我朱桓谁比较会用兵打仗呢？兵法纵使说'客倍而主人半'，但那是指在平原打仗却没有城可守，也是指两军的士兵，勇敢战斗和但怯害怕的情况相等罢了。现今既然曹仁不是智勇的将领，他的士兵又很胆小，再加上千里奔波，人马困顿。我与诸位一起戍守着高大的城垣，南边有大江，北边靠山陵，以逸待劳，用地主打败来客，这是百战百胜的局势，就是曹丕亲自前来，也没什么可恐惧的，更何况曹仁他们呢！”朱桓命士兵将旗卸下停止鸣鼓，对外示弱，引曹仁来攻打。曹仁派遣儿子曹泰攻击濡须城，另派将军常雕、王双等乘油船分别攻打中洲。中洲是朱桓部下妻儿们住的地方。蒋济劝谏曹仁说：“敌人驻守西岸，船陈列在上流，我军进入中洲，就是自入地狱，死亡之路呀！”曹仁不采纳蒋济的建议，自己带领一万多人留守橐皋，当作曹泰等的后援。朱桓派遣别的将领攻击常雕等，自己亲自抵御曹泰，曹泰军营烧毁后撤退。朱桓于是就斩杀常雕，虏获王双，在阵前曹军的一千多人被杀死和淹死。

起初，吕蒙病重，吴王去问候说：“你如不病愈，谁能取代你呢？”吕蒙回答说：“朱然胆量过人并且有节操，愚认为能重用。”朱然是九真太守朱治姐姐的儿子；原本是姓施，朱治将他当作自己的儿子抚养长大，当时他正担任昭武将军之职。吕蒙去世后，吴王任用朱然持节担任使臣，戍守江陵。等到曹真等人围攻江陵，打败孙盛，吴主孙权派出诸葛瑾等率兵前去解救，夏侯尚将他们击退了。江陵和外界隔绝，城内的战士都得了肿病，还能够上战场的人只剩下五千多人。曹真等堆积土山，挖掘地道，搭建高架，把箭射入城中，守城的官兵都很恐惧；朱然则和平时一样，一点也不畏惧，不断鼓励官兵，趁敌人的间隙，攻下魏兵两个地方。魏国的军队围攻朱然已经有六个月，江陵令姚泰领兵守卫北门，他见城外的敌人众多，而城内的守军很少，粮食也快吃光了，只怕城是难以守住，因此想做敌人的内应，此事被朱然知道了，他立刻把姚泰杀掉。

当时长江的水浅而且窄，夏侯尚想把船在沙洲中间连起来成浮桥，这样步兵骑兵便可以南来北往，大家讨论这样就可以成功攻下城池。董昭上书启奏：“武皇帝聪慧过人，他在世时指挥作战，从没小瞧敌人，还常揣着怕敌人的心思，不敢轻易这样做。那么指挥作战，士兵前进冲锋容易，撤退就难了，这是大家都知道的事理。即使是在平地上作战没有天险和阻碍，要从容退兵尚且困难，就是要深入，退路也应该方便，战争中的前进与后退，不可能全然合乎人的心意。现如今我们屯兵在这沙洲之中，长江水深；想出用船连成的浮桥来袭击敌方，这么做非常危险；只能沿着一条道路前行，太窄了；这三条都是兵家极力避免的。倘若这样做，敌方一直进攻我方浮桥，不可避免会发生些失误，等到那个时候，位于沙洲上的我方的精锐不再属于我们，只怕要为敌方所有了。微臣在下边被这件事所困扰，夜不能寐食不知味，相反那些谈论的人，却兴致勃勃一点也不烦忧，这件事是不是太令人困惑了！再者来说，长江水，并不寻常，一旦遇上涨水，我们又怎样提防呢？就是我们不进攻敌方，也要有个完备的计划，为何即将要身处险境，还不感觉到恐惧呢！期望皇上能够仔细斟酌这件事。”魏文帝曹丕马上下达诏令，命令夏侯尚赶紧撤退。吴国军队从两头一起进攻，魏国军队沿着一条道路撤退，双方搅在一起，短时间内很难退出，直到最后才勉强得以退回。吴国的大将潘璋本来已经准备好了荻筏，要去烧毁浮桥，后来他见夏侯尚撤出回去了，才打消火攻的打算。过了十多天，长江涨水很大，魏文帝曹丕对董昭说：“先生对这件事的推断，实在是太正确了！”在这之后没过多久，江陵就发生了大瘟疫，魏文帝曹丕才下令大军全部撤回。

三月，丙申日（初八），魏文帝曹丕回到洛阳。

起初，魏文帝向贾诩询问：“朕想要讨伐世上不听从号令的人以便统一天下，吴国和蜀国，理应先伐哪个？”贾诩回禀说：“攻打领土首先要依靠武力和权谋，建立根本大业要崇尚道德教化。皇上已经按照天意接受禅让，抚慰全国百姓，假如用文化品德来感化他们，等候他们气质改变，平定就会简单多了。吴国和蜀国，两国都是依靠山水阻隔而建的小国家。但是蜀国的刘备具有雄才伟略，诸葛亮又很擅长管理国家；吴国的孙权能够了解自己的实力，陆逊又擅长打仗；他们或据守险要地势，或凭借江湖隔离，都不易攻克。依照用兵的谋略来说：先创造胜利的条件然后才同敌人作战，估量敌方实力继而挑选将领，这样攻打才不会失策。微臣在下边揣测，在群臣里边，还没有可以和刘备、孙权相抗衡的人，就算是皇上亲征，也不一定能大获全胜。以前虞舜利用干戚舞来使有苗降服，因此微臣以为现在的形势，适合用先文后武的计策。”魏文帝没有采用贾诩的计策，进攻以来，并没有什么战绩。

丁未日（十九日），陈忠侯曹仁辞世。

起初，黄元因为孔明讨厌他，之后听闻汉主刘玄德病重，恐将来孔明专权，后患无穷，于是率领全郡反叛，火烧勋临邛城。此时孔明正东行去看望刘备，成都防务有些松弛，黄元愈加胆大。益州治中从事杨洪，上告太子刘禅，太子指派陈曶、郑绰去讨伐黄元。众臣都讨论，觉得如果黄元没有围困成都，就派越嶲去镇守南中。杨洪说：“黄元平日性格残暴，没有什么恩情施及下属，怎能做到这地步？！他仅仅是想顺水东下，期望主公安好，就请命在当地受绑归死；假如其中有变化，就想投奔吴国去求活命了。现在只要下令让陈曶、郑绰在南安峡口阻挡，就可以大功告成了。”黄元军失败，果然沿青衣江东下，被陈曶、郑绰活捉，把黄元处决了。

汉主刘备的病很严重，于是下令丞相诸葛亮辅助太子刘禅，任命尚书令李严为副丞相。汉主刘备对诸葛亮说：“先生的才智超过曹丕十倍，一定能够使国家安稳，完成复国大业。假如太子可以辅佐就辅佐他；假如他扶不起，先生就可以自己取而代之。”诸葛亮流着眼泪说：“微臣怎敢不鞠躬尽瘁，报效国家，坚守节操，至死不渝呢！”汉主刘备又留诏命给太子刘禅说：“人活到五十岁死，就不能够叫作夭折了，我现在已过六十有多，没有什么遗憾了！只是放心不下你们兄弟罢了。我希望你们能够自我鼓励，不要以为罪恶不大就去做，也不要以为小善举很小就不去做。只有贤明和道德的人才可以安抚人心。你的父亲品德微薄，不值得你们跟随。你们和丞相共事，理应将丞相看作父亲一样。”夏，四月，癸巳日（四月无此日，疑误），汉主刘备在永安辞世，谥号为昭烈。

丞相诸葛亮奉命奔丧回到成都，任李严为中都护，留在永安守城。

五月，太子刘禅登基，当时年仅十七岁。尊称皇后为皇太后，大赦天下，改年号为建兴。封丞相诸葛亮为武乡侯，兼领益州牧，政务不论大小，都由诸葛亮来定夺。于是诸葛亮精简官职，修整法律，发教令给群臣说："做参署的人，要能集众人的想法，推广坚守忠益的事迹。假如因为小隔阂就彼此疏远，那就无法相互反驳而得到不同的建议，那将会有巨大的损失了。听到不同的建议就会容易得到中肯的建议，那如同扔掉破鞋后获得珠玉一样。然而人都马虎只怕很难做到，只有徐庶，他做事反复审核不困惑。还有董和，他在做参署的七年间，凡有不能决定的事，一定反复审核十次，才来告知。如果各位能学得徐庶十分之一，拥有董和的勤劳，并且都尽精忠报国，那么我诸葛亮的过错就可以减少了。"又补充说："以前刚与崔州平结交的时候，多次听到他指出我的优缺点；后来又与徐庶结交，经常受到他的开导和教育；之前和参事董和在一起做事，他每次都能知无不言，言无不尽；后来又跟从事胡伟度接触，他多次对我直言劝谏。我即使生性粗鲁愚笨，不能够全部领受他们的好处，不过我和他们四位在一起，一直都和睦相处，也能够知道我不会质疑直言劝谏的人了。"伟度这个人，就是诸葛亮的主簿义阳人胡济！

诸葛亮以前自己校对簿书，主簿杨颙就直接到他办公地上书劝谏："做事应该有个体制，上下不可以相互侵权。现在就用一个家庭来比喻：有个主人，派出他的仆人去耕田，要他的侍女去做饭，用公鸡来提醒时间，靠狗来预防窃盗，以牛来负重载物，让马来走远路；私产没有废弛，所需求的事情都得到满足，雍容华贵，无忧无虑，每天仅是吃饭而已。突然有天，他想要事事亲为，不再任用别人了，到头来他辛苦劳累，事务也零碎，精神也疲劳，事情还都没有做好。难道他的才智比不上奴婢鸡狗吗？是因为他丢掉主人应该做的事了。因此古人说'坐下来讲道理，是王公们应做的事；起身去实行，是士大夫们该做的事’。以前丙吉碰见道路旁死的人不去过问，但是看到牛呼吸不上却去询问，陈平不晓得国内有多少钱、多少粮，却说：‘有人负责管理。他们知道所在的位置和应该管理的事情相配合的道理。现在丞相您有您分内的事，却亲自去校对起簿书来，整日操劳辛苦，不是太累了吗？”诸葛亮很感激他。等到杨颙辞世的时候，诸葛亮哭了三天。

六月，甲戌日（十七日），任城威王曹彰辞世。

甲申日（二十七日）魏寿肃侯贾诩辞世。

发大水。

吴国大将贺齐进攻蕲春，俘虏太守晋宗后回来。

起初，益州郡一位豪霸雍闿杀害了太守正昂，通过士燮想要归顺吴国，之后他又将成都太守张裔抓起来送给吴国，吴国就任用雍闿担任永昌太守。永昌的功曹吕凯、府丞王伉带领众官兵闭关抵抗，雍闿不能够入城，于是派郡人孟获去引诱鼓动诸夷，诸夷出乎意料地都来跟随他。牂柯太守朱褒、越巂夷王高定也都背叛，来跟随雍闿。诸葛亮觉得国家刚遭遇汉主刘备丧葬，都只是抚慰他们，却不去征伐，重视农业生产，休养生息，待到人民安稳、丰衣足食之后，再让他们去征伐。

秋季，八月，丁卯日（十一日），魏文帝曹丕任用廷尉钟繇担任太尉，治书执法高柔暂代廷尉。此时三公无事可做，又很少参加朝政，高柔启奏说：“三公是辅助政务的，都是国家支撑的栋梁，是老百姓所瞻仰的对象，现在的三公，不让他们参与政务，于是都各偃以求自安，很少有进谏，确实不符合起初朝里任用三公的初衷，大臣是用来进谏意见的。古代刑罚和政务上有疑问的时候，以往都在三槐、九棘下议论。从现在开始，朝里的疑难要议论，有牢狱大事要决断，理应多去咨询三公。三公在每月初一、十五上朝理政，又可以在这时间外，专门请进朝堂讨论得失，广泛地知道各种事情，差不多也可以补充在上的见闻，以起到扩大教化作用了。”魏文帝曹丕很赞许高柔并采纳他的建议。

辛未日（十五日），魏文帝在荥阳的猎场狩猎，于是往东巡猎。九月，甲辰日（十九日），到达许昌。

汉尚书义阳人邓芝对诸葛亮说："现如今主上幼小，又刚刚登基，应该委派使臣到吴国重修旧好。"诸葛亮说："我思考这事很久了，就是找不到派往的人，今天才刚刚找到了。"邓芝问："那个人是谁呢？"诸葛亮说："当然是使君您呀！"于是派出邓芝以中郎将的身份去和吴国交好。冬季，十月，邓芝到达吴国，那时吴主孙权还没有和魏国绝交，对这事很踌躇，没有马上回应邓芝。于是邓芝上表求见说："臣现在来到这儿，是为了吴，而不仅仅是为了蜀呀！"吴主孙权说："我其实是很乐意跟蜀交好，只是怕蜀主幼小，国土狭小，势力弱小，被魏国趁机袭击，反而不能够保命了。"邓芝回答说："吴、蜀两国，坐拥荆、扬、梁、益四州。大王是当地的霸主，诸葛亮也是一代豪杰。蜀有许多险要地势可以坚守，吴国有吴松、钱塘、浦阳三江能够抵挡。集合这两种优势，交为唇齿联盟，进而可以雄霸天下，退而也可以三足鼎立，这道理是显而易见的。假设大王现在把质子送到魏国，魏国又要命令大王去入朝，或者命令太子担任内侍，假如不听从，就会以讨伐叛乱的名义，来攻击贵国，到那时，蜀汉也会调派大军顺流而下，攻打贵国。这样，只怕长江南方的土地，就再也不属于大王了。"吴王冥想了很久才说："先生说得有理。"于是跟魏国绝交，只跟蜀汉交好。

这一年，汉主刘禅，升张飞的女儿妃子张氏为皇后。

五年（甲辰，公元224年）

春季，二月，魏文帝曹丕由许昌回到洛阳。

汉献帝初平以来，《五经》课试的标准渐渐松弛。夏季，四月，开始设立太学；添设博士，根据汉制，重新设置《五经》课试的制度。

吴主孙权调派辅议中郎将吴郡人张温到蜀汉去联系，此后吴、蜀信使往来不断。要互通消息时，吴主孙权经常派陆逊直接和诸葛亮讨论；还有专刻的印章放在陆逊住处，吴主孙权每次写给汉主刘禅和诸葛亮的书信，常给陆逊先看，轻重缓急，或有不妥的地方，修改以后，再用印加封发出。

汉主刘禅再让邓芝到吴国去联系，吴主孙权给邓芝说：“假如天下太平，二主分庭治理，不是很愉快吗？”邓芝回应说：“就像天上不会有两个太阳一样，地上也不会有两个国王。如果我们联合起来将魏国吞并以后，大王不能够深刻地理解天命，到那时君王各自去加强德政，臣子也各自都精忠报国，将要重新敲响战鼓，开始征战了。”吴王听了哈哈大笑说：“先生真是实诚到这地步了。”

秋季，七月，魏文帝曹丕向东巡猎，到达许昌。魏文帝想要派出大军袭击吴国，侍中辛毗提议说：“现在天下刚刚稳定，地广人稀，却想要任用他们征战，臣看不到有什么益处呀！先帝多次派出精锐的军队，都是抵达长江边又退回来。现在六军阵容和以前一样没有增添，却再去挑起仇恨，这不见得简单呀！现在的打算，应该休养生息，准备十年之后再起用，那么便可一举拿下，就不再需要打仗了。”魏文帝曹丕说：“按照你的意思，把这个祸患留给我们的后代？”辛毗又回答说：“以前周文王也曾将殷纣王交给武王去打败，只因他了解时局呀！”魏文帝曹丕不听从辛毗的提议，留尚书仆射司马懿固守许昌。八月，派出水军，亲自御驾龙舟，顺蔡河、颍水进入淮河途经寿春。九月，抵达广陵。

吴国安东将军徐盛提出计谋，把木棍插入水中，再辅以芦苇包装，装成城楼，从石头到江乘，绵延几百里，一个夜晚就建成了；还在长江派出很多船舰，来回巡视。

那时长江的水大涨，魏文帝曹丕来到江边一看，于是叹息说：“魏国即使有武装骑兵几千群，也没有什么用武之地，不可能去袭击啦！”魏文帝曹丕所乘坐的龙舟，正遇上暴风漂荡，快要淹没。魏文帝曹丕询问群臣说：“孙权会亲自来吗？”大家都说：“皇上亲征，孙权肯定会担忧，必定携全国的兵力来抵挡。可是他又不敢将大军交托给臣下，因此必定会亲自来。”刘晔不同意他的观点，说：“孙权肯定认为陛下打算以亲自出征来引诱他，而他则会另派大将领兵渡江跨湖，所以他必定会部署军队等候攻击，不会亲征，他的部队也不会撤退。”魏文帝曹丕御驾停滞了许多天，吴主孙权还是没有前来，魏文帝曹丕准备班师回朝。此时，曹休上书说听闻投降的人说：“孙权已经到达濡须口。”中领军卫臻说：“孙权仰仗着长江，不敢与我军抵抗，这一定是掩盖惧怕的心理，假托的谎话而已。”后来审问俘虏，还真是守将假造的话。

吴国张温，自小就因为有才智而出名，顾雍觉得他在当时无人能比，诸葛亮也很器重他。张温举荐同郡暨艳为选部尚书。暨艳喜好清议朝政，弹劾百官，一遍遍审核奏议三署，很多都是贬高就下，降级就是几等，能守住旧职位的人不足十分之一；那些凭借职位贪赃枉法的人，和志向和节操卑劣的官吏，都被他贬去做了军吏，编排在营府；又多检举并张扬别人昏庸愚昧的不足，来显示他惩罚的得当。同郡陆逊还有他的弟弟陆瑁跟侍御史朱据都出言劝阻他。陆瑁和暨艳在信中说：“圣人都是夸奖的优点，怜爱别人的愚蠢；忘却别人的过错，牢记别人的功劳，以形成良好的风俗。再者说了，现在王业刚刚起步，以后会统一天下，这就到了像汉高祖忽视不足之处任用人才的时候了。假如好坏不同一流，只注重汝南许劭和颍川许靖的徒有虚名却无真本领的“月旦之评”，就是能够改变风俗让他们明白羞耻，只怕也很难实行。理应向远处去追逐并借鉴孔子的博爱；在近处可以学习郭泰能够宽容济世，这样大概就可以大行其道了。”朱据对暨艳说：“天下没有稳定的时候，任用清廉而且不能乱用次等的人，这样将会使阻碍行善举的人并且达不到教化的愿望；假如同时都罢免，只怕将有后患。”暨艳不听劝。于是积怨很多遍布于路途中，人们都说暨艳和选曹郎徐彪滥用私情，喜恶都不按照公理。暨艳和徐彪都被下令自杀。张温经常和暨艳以及徐彪意见一样，也被牵连降级回到本郡做些衙役，最终死在家里。起初，张温正值官运亨通之际，余姚虞俊叹息说："张温有才能但缺少智慧，华丽但不实在，怨恨积聚后，有覆灭家族的灾祸，我已经看到了他之后的征兆。"之后不久，张温果然遭遇祸患。

冬季，十月，魏文帝回到许昌。

十一月，戊申晦日（二十九日），发生日食。

鲜卑轲比能引诱步度根的哥哥扶罗韩，将他杀害，步度根由此记恨轲比能，于是互相攻打。步度根一方实力稍弱，带领一万多部落驻守太原、雁门；这一年，进京城进献。轲比能一方虽然强大，但是出兵东部大人素利时，护乌丸校尉田豫乘此时机，从背后牵绊他；轲比能另派将领琐奴对抗田豫，田豫大胜琐奴。于是轲比能开始怀有二心，多次在边境为寇，幽、并二地时常受他的骚扰之苦。

六年（乙巳，公元225年）

春季，二月，魏文帝曹丕下诏令让陈群担任镇军大将军，跟随车驾监视众军，录行尚书事；司马懿为抚军大将军，留在许昌，监督后台文书。三月，魏文帝曹丕到达召陵，打通讨虏渠来讨伐吴。乙巳日（二十八日），魏文帝曹丕返回许昌。

并州刺史梁习攻伐轲比能，打败轲比能。

蜀汉诸葛亮率领众将讨伐雍闿，参军马谡送行到几十里外。诸葛亮说："即使我们共同相处多年，现在请你再次提供一次好的计划。"马谡说："南中凭借天险地势，而且又距离我们很远，所以久不顺从了；纵然我们现在可以击败他们，过后他们又会再反抗了。现在丞相召集全国的兵力，向北征伐强敌，他们知晓我们国内空乏，一定会很快反抗。如果灭亡他们的遗族，以免后患，不仅不是仁人该做的事，而且也不是短时间内就可做到的。那么打仗的道理，攻心是为最上策，攻城是为最下策；心理战是最好的，用兵作战是最差的，我期望丞相能够让他们心悦诚服，这才是最好的解决办法。"诸葛亮接纳了他的提议。马谡，就是马良的弟弟。

辛未日（闰三月二十四日），魏文帝曹丕想用水军再去讨伐吴国，群臣都在参加讨论，宫正鲍勋提议说："朝廷率领大军屡次征战，却没有成功，也许是因为吴、蜀唇齿相依相存，又依靠山水的阻断，所以才难以攻克。前几年龙舟漂流，停靠在南岸，主上亲自去面临险境，臣下也都吓坏了，当时皇室几乎遭到灭族，这是留给百代后人引以为戒的事情啊。现在又兴兵去袭击远方，每天都要花费千两黄金，国内虚弱，敌人狡黠，却在显耀他们的威风，臣觉得不可以再去攻击了！"魏文帝曹丕听了非常恼火，马上将鲍勋降到治书执法。鲍勋是鲍信的儿子。夏季，五月，戊申日（初二），魏文帝曹丕到达谯县。

吴国丞相北海人孙劭辞世。起初，吴国要任命丞相，众人都推举张昭，吴主孙权说："现在国家事务繁多，职位高的人，责任也重大，这不是对他好的方法！"待到孙劭辞世，百官再推举张昭，吴王说："我哪里对张昭不喜爱呀！做丞相事多繁杂，只因他品行刚直，万一你们所言我不从，他的记恨过错由此而生，对他没有好处呀！"六月，任用太常顾雍为丞相、平尚书事。顾雍为人少言寡语，举止合时适当，吴王曾经赞叹说："顾先生不说则已，说出的话一定合适。"到饮宴娱乐的时候，旁边的人都害怕酒醉失礼，顾雍一定会看到，所以大家都不敢大胆。吴王也说："顾雍在这儿，使人都不能尽兴。"由此可见大家看到他后害怕到那种地步。刚开始做尚书令，封阳遂乡侯；拜侯后回到官邸，家里人都还不知晓，后来听闻，家人都很诧异。等到他做到了丞相，他所挑选的文武官吏，都能够依据他们的才能任用他们，并没有因亲疏远近而有差别。他经常到民间访查，看什么人适合重用，常私下里打听，如果任用，就归功于皇上；不能够起用的，最后也不会泄密；吴王因此很器重他。然而在朝上有所陈词的时候，言辞面色虽然温和，但是却秉公执法；军事国事上的得失，假如不是亲眼所见，嘴里绝对不会说出。吴王经常派中书郎去拜见顾雍商议咨询，假如符合顾雍的意思，觉得事情可以进行，就和中书郎互相商议反复议论，并由此为他设下酒饭。假如认为不合乎他的意思，顾雍就脸色一板，默不作声，也不摆酒席。中书郎回宫将这事告诉吴王，吴王说："顾雍高兴，是事情适当了；他沉默的时候，那是事情有不合适的地方，我应该再细想一下。"长江边的各位将军，都想要建立功业报效国家；又都能说出有利的方面，可以去攻击他国。吴王因此去拜访顾雍，顾雍说："臣听闻兵法上，一定不要贪图蝇头小利，那些所讲述的好处，是想要为他们自身邀功，并不是为国家！皇上应该制止，如果不能够光耀我国国威，或者让敌人有伤害，都不应该听从。"吴王听到后，就按照顾雍的话去做。

利成郡的部队蔡方等叛变，杀害太守徐质，推举郡人唐咨担任主帅。魏文帝曹丕下令屯骑校尉任福等前往将他们消灭了。唐咨走海道投奔吴国，吴主孙权委派他担任将军。

秋季，七月，魏文帝曹丕立皇子曹鉴为东武阳王。

蜀汉诸葛亮到南中，所途径的地方都打胜仗。诸葛亮从越嶲进入，斩杀雍闿和高定。让庲降督益州李恢从益州向南进发，门下督巴西马忠从牂柯向南进发，攻克各县，再和诸葛亮会师。孟获收编雍闿的散兵对抗诸葛亮。孟获一向被夷、汉人佩服，诸葛亮下令生擒他，捉到后，让他参阅军营的排列，问他说："你看这军中的形势如何呢？"孟获说："从前不晓得虚实，所以落败。现在多亏你让我观看营阵，如果只是这样，放我回去，我必定可以轻易战胜你们了。"诸葛亮笑笑，将他放回去，让他再来对战。这样地七次生擒他，七次又放他走，待到第七次时，孟获不走了，他说："先生真是有上天威助的人，南人不会再反抗了！"诸葛亮于是回到滇池。

益州、永昌、牂柯、越嶲四郡都已经平定下来了，诸葛亮就挑选他们的首领来任用。有的人提议诸葛亮要防患于未然，诸葛亮说："如果让外族人来管理，就得留下士兵，士兵留下来却没有食粮，这是第一个不当的地方；加上夷地刚战败，有的父兄在战争中受伤或死亡，让外族人留下却没有军队保护，必定要有灾祸，这是第二个不当的地方；还有，夷人常有废主杀上的行为，自然会有疑惑，如果留外族人在他们地盘，终于不会信服，这是第三个不当的地方。现在我想要不留兵，不运粮，只在此地大概制定个纲纪，夷、汉应该会平定罢！”于是诸葛亮全起用孟获等青年才俊做汉的官吏，上交他们的金、银、丹、漆、耕牛、战马给国家，以备军事和朝廷之用。从这时起到诸葛亮去世，夷地没有再叛乱过。

八月，魏文帝曹丕命水军从谯郡顺涡水进入淮阴。尚书蒋济上书说明水道不通，魏文帝曹丕不听从他的意见。冬季，十月，到达广陵旧城，魏文帝曹丕亲自前往长江边观兵，看见将士十几万，旌旗绵延几百里，很有渡江的大志。吴国调派士兵防守。当时天气严寒，江上结冰，战船进不了长江。魏文帝曹丕见到大江中间仍汹涌澎湃，不由得长叹一声说："唉！这是老天注定分限南北啊！”于是还朝。孙韶指派大将高寿等带领敢死队五百多人，在夜间小路上偷袭文帝，魏文帝曹丕大为受惊。高寿等掳掠副车、羽盖返回。在这时，千只战船都停下不得行进，许多人提议，要在此留兵屯田，蒋济觉得："此地东面靠近高邮湖，北边又和淮水比邻，假如水势涨起，敌人容易偷袭我军，不可以在此地安顿。”魏文帝曹丕听从他的意见，马上下令驾车出发。回到精湖，水渐变小，把船都留给蒋济。船连接起来有几百里长，蒋济再开凿出四五条水道，让船连在一起；并事先修筑土堤，阻拦湖水，把后船都拉进来，同时打开堤堰让水进入淮河，才得回去。

十一月，东武阳王曹鉴辞世。

十二月，吴国番阳盗贼彭绮攻克郡县，聚众有几万人。

七年（丙午，公元226年）

春季，正月，壬子日（初十），魏文帝曹丕班师回到洛阳，对蒋济说："凡事都得了解清楚。我在前方被困山阳湖（精湖），船无法行进，决定留一半船在湖中烧掉。先生紧随其后就把船都送到，与朕一同到谯郡。又经常上疏陈述，符合我的意思。从今以后征伐敌人的计策，理应好好讨论才是。”

蜀汉丞相诸葛亮想要出兵汉中，前将军李严应当担任后方事务，移兵驻守江州，留护军陈到镇守永安，由李严率领。

吴国陆逊认为所驻守的地方粮食缺少，上书想让诸将开垦农田。吴主孙权回应说："非常好！由我父子亲自耕田，分四耦八耜八牛，虽然不能和古代的帝王相提并论，也可以和大家一起劳作了。"

魏文帝曹丕做太子的时候，郭夫人弟弟犯了罪，魏郡西部都尉鲍勋处理这件案子；太子请求免罪，鲍勋不给免罪，因此他非常痛恨鲍勋。等到登基皇帝位，鲍勋多次直言劝谏，魏文帝曹丕都很气恼他。魏文帝曹丕征伐吴国回来，驻兵在陈留地方。鲍勋在那里做治书执法，太守孙邕要出来，路过鲍勋那里。当时营垒还未修成，仅仅立了个标牌，孙邕不走正道，走小道而行，军营令史刘曜想追查孙邕的责任，鲍勋觉得新垒还未完工，劝止了刘曜，没有上报。魏文帝曹丕听闻这件事就下令说："鲍勋指鹿为马，混淆是非，擒拿住他交给廷尉审判。"廷尉依法讨论，宣判五年刑期；廷尉正、监、平三官商议，按照法律规定，交罚金两斤；魏文帝曹丕勃然大怒说："鲍勋理应判处死刑，你们想要宽恕了他！将三官关押起来，移交刺奸，应当要他们如老鼠一般在一个坑里同流合污吧！"钟繇、华歆、陈群、辛毗、高柔、卫臻等一起上书说鲍勋的父亲鲍信在太祖时建有功勋，请求免除鲍勋的罪。魏文帝曹丕拒绝他们的恳求。高柔非常顽固，就是不服从诏令，魏文帝曹丕很气愤，传召高柔到尚书台，吩咐使者到廷尉监狱将鲍勋杀害。鲍勋赐死后，才允许高柔回去。

骠骑将军都阳侯曹洪，家财万贯，但是生性吝啬。魏文帝曹丕在东宫时，有次向都阳侯借过百匹绢，没有借到，就很记恨他；于是想以他的门客犯法，连坐来治他的死罪，群臣都来挽回曹洪，也不可能被赦免。卞太后怒斥文帝曹丕说："梁、沛地方，没有曹洪，就没有现在的富饶。"又告诉郭皇后说："如果今天曹洪死了，明天我就让皇上废黜你这个皇后。"于是郭后多次哭闹恳求魏文帝曹丕，曹洪才得以仅仅免掉官职，削去封地。

起初，郭后没有生儿子，魏文帝曹丕让她以母亲身份抚养平原王曹叡；因为曹叡的生母甄夫人被赐死，因此没有立作后嗣。曹叡侍奉郭皇后很是小心，郭皇后也非常疼爱他。有次魏文帝曹丕和曹叡外出狩猎，见到一对母鹿和子鹿，魏文帝曹丕将母鹿射杀了，要曹叡射杀那只子鹿，曹叡哭着说："皇上已经将母鹿射杀了，臣狠不下心再射杀子鹿。"魏文帝曹丕于是放下弓箭，非常悲怆。夏季，五月，魏文帝曹丕病危，于是册立曹叡做太子。丙辰日（十六日），集中中军大将军曹真、镇军大将军陈群、抚军大将军司马懿，并接受遗诏辅佐政务。丁巳日（十七日），魏文帝曹丕就辞世了，享年四十岁。

◆陈寿评价曹丕说：文帝的天赋，擅长文辞修饰，出笔成章，学识渊博，才华横溢。假如再有广阔的胸襟，公平公正的诚信，志存高远，克服不利因素并且使自己内心良善，那么与古代贤明的君主相比，就没有什么相当大的距离！◆

太子曹叡即皇帝位，尊皇太后卞氏为太皇太后，郭皇后为皇太后。

起初，魏明帝曹叡在东宫时，不与朝臣结交，也不过问朝中事务，只是潜心研读书籍；即皇帝位后，群下都想一睹他的风采。几天后，魏明帝曹叡单独召见侍中刘晔，谈了一天，众人都在偷听，刘晔出来后，大家都问他："怎么样啊！"刘晔说："皇上的志向是如秦始皇、汉孝武那一类的人，只是才能稍微不及些。"

魏明帝曹叡刚刚莅政之时，陈群上疏说："臣下随声附和，是非不分，这是国之大患呀！如果不和睦就会结下仇党，有仇党就会不断毁誉，不断毁誉就将失掉真伪，这都是不能不深入观察的啊！"

癸未日（五月无此日），魏明帝曹叡追封甄夫人为文昭皇后。

壬辰日（五月无此日，疑误），魏明帝曹叡立皇弟曹蕤做阳平王。

六月，戊寅日（初九），埋葬文帝于首阳陵。

吴王听闻魏国有大丧，秋季，八月，他亲自率领军队进攻江夏郡，太守文聘坚强防御，朝臣纷纷发表议论想要派兵前去援救。魏明帝曹叡说："孙权擅长水战，他之所以敢下船在陆地发起进攻的原因，就是希望乘对方没有做好准备呀！此刻他已和文聘相对抗，那么进攻的势力比防守势力须加倍，他绝对不会太久就要退兵了。”事前，朝廷曾派出治书侍御史荀禹去慰劳边方将士，荀禹到了江夏，就发动所经之地的步骑兵一千多人，爬到山上去放火，吴王见到火光，怀疑是大军前来解救，就赶紧逃走了。

辛巳日（十二日），魏明帝曹叡立皇子曹冏做清河王。

吴国左将军诸葛瑾等攻击襄阳，但都被司马懿击败了，并且将他的部将张霸斩首；曹真在寻阳也将别的将领击败了。

吴国丹阳、吴郡、会稽山民又一次成为盗寇，进犯沦陷附近的属县。吴主孙权划分三郡险要地方为东安郡，并任命绥南将军全琮担任太守。全琮到了之后，申明赏罚，招降纳叛，没过几年，就得到一万多人。吴主孙权把全琮召回牛渚，并取消了东安郡。

冬季，十月，清河王曹冏去世。

吴国陆逊陈述对国家有利的建议，劝谏吴主孙权，施行德政，减缓刑罚，放宽赋税，停止调兵。他又说：“忠善的话，不能全部说完；，求容身的小臣，就会屡次以利相闻。”吴主孙权回复说：“《尚书》说‘我有违误，你就可以匡正’，所说不敢全部陈述，怎么可以获得忠善之言呢！”于是下令有司全部写出将要实施的科条，派遣郎中褚逢送给陆逊和诸葛瑾，但凡有不妥之处，就叫他们斟酌修改。

十二月，魏明帝曹叡任用钟繇担任太傅，任用曹休担任大司马，和从前一样都监管扬州，任用曹真担任大将军，任用华歆担任太尉，任用王朗担任司徒，任用陈群担任司空，任用司马懿担任骠骑大将军。华歆要将自己的位置让给管宁，魏明帝曹叡没有许可。魏明帝曹叡征召管宁担任光禄大夫，敕令青州给安车吏从，并用礼仪发遣，然而管宁却没有到任。

这一年，吴交趾太守士燮死去，吴主孙权任用士燮的儿子士徽担任了安远将军，兼领九真太守，校尉陈时代士燮的交趾太守。交州刺史吕岱觉得交趾太过偏远，上表想分海南三郡为交州，并用将军戴良担任刺史；海东四郡为广州，吕岱自担任刺史；派出戴良和陈时向南进。士徽这时自署为交趾太守，发动宗党相聚的群众抵制戴良，戴良留在合浦。先前士燮在交趾所举用的柏邻，向士徽叩头劝谏，请他迎接戴良。士徽恼怒，就将柏邻鞭打致死，柏邻的兄长柏治就集合宗党的群众攻打士徽，可是没能取胜。吕岱上疏请求征讨士徽，率领士兵三千多人，利用拂晓浮海前行，有人对吕岱说："士徽的家人几代都在此地为官，一州的人都依附于他，千万不能轻易攻击呀！"吕岱说："即使现在士徽心怀叛逆，但是他还不知道我们突然到了；假如我军潜入交趾，趁他没有防备，就可以轻易将他打败。倘若停止而不尽快进攻，被他们发觉了，一定会严加防范，那时，就是用七郡百蛮，一起响应，再凭借有智谋的人来指挥，恐怕也不能攻下了！"于是就开始行动，经过合浦，和戴良一同前进。吕岱任命士燮的侄儿士辅为从事，并把他当作师友对待，派出他前去说服士徽。士徽率领他的兄弟六人出来归降，吕岱将他们全部杀掉了。

◆孙盛评论此事说：安定远人，四方来归，再没有比诚信更重要的了。吕岱将士辅当作师友，让他通信立誓；士徽兄弟诚恳地前来归顺，吕岱趁机却杀了他们以便邀功请赏，由此明白事理的人都知晓吕岱的福禄不会长久呀！◆

士徽的大将甘醴和柏治率领士兵袭击吕岱，吕岱奋起还击，将他们都击败了。于是撤销广州，又照旧恢复为交州。吕岱又去讨伐九真，斩杀并俘虏一万多人；又派出官员向南宣布威命，使得境外扶南、林邑、堂明诸王，都派出使者向吴国进贡。

烈祖明皇帝上之上

太和元年（丁未，公元227年）

春季，吴国解烦督胡综、番阳太守周鲂攻打彭绮，并且活捉了彭绮。

起初，彭绮自己说要起义，替魏国征讨吴国，议论的人都说，这样去征讨吴国，一定能够取胜。魏明帝曹叡就此事问中书令太原孙资，孙资说："番阳宗党的人，曾经有几次举义的情况，皆是人多而弱，计谋也浅显，没有多久就分散了，之前文皇帝在世之时，曾经秘密讨论过敌人的形势，说洞浦杀死了一万多人，缴获了一千多艘船，然而没过几天，船上的人又聚集在一起；江陵受困一个多月，孙权仅仅用了一千多兵驻扎东门，那里的土地没有不分崩离散的；所以法令严禁上下互相攻击，这是非常对的。根据上面的事例推断彭绮，恐怕不会成为孙权的心头大患呀！"没过多久，彭绮果然失败。

二月，魏明帝曹叡在邺都建造文昭皇后的墓园。王朗去看墓园时，看到当地的百姓都十分贫穷，可是魏明帝曹叡却正在修筑宫室，王朗就上疏劝谏说："先前大禹想要挽救天下的苦难，就先让自己的宫室简陋，衣食俭省。勾践想要拓展北部御儿的疆界，也是从自己的身家节俭，再施展于全国。汉朝的文帝、景帝，想要恢宏自己祖业，便放下用百金所建高台的念头，穿衣也用黑色厚棉替代丝织物品。霍去病不过是中才名将，尚且还因为匈奴未灭，不肯营建自己的房产。明示抚恤远方的，就忽略掉目前的享受。处理外边的事务，对内也能简约。而今建始殿的前面，完全可以用来排列早朝，崇华殿的后面，也足够站内官；华林园、天渊池更足够去游乐。假如先建观阙，修筑城池，其余的建筑皆等到丰年再行修建，先勤于农耕为主要工作，演练军事为紧迫之事，那么民富兵强，边疆的敌寇，自然会来归降了。"

三月，蜀汉丞相诸葛亮率领诸军向北驻扎在汉中，派遣长使张裔、参军蒋琬留于丞相府中，处理政事。他在临走之前，上疏说："先帝开创的大业，进行不到一半，就中途过世了。目前天下已被分为三个国家，我们益州又是百姓贫穷财物贫乏，这实在是处在危急存亡的关头啊！然而做侍卫的臣子们在内兢兢业业，忠贞的义士在疆场上拼死作战，他们这都是感念先帝在世之时给予他们的特殊待遇，打算报答在您的身上啊！陛下实在应该多听多闻，将先帝的遗德发扬光大，提升志士们的信心；不应当随意轻视自己，引证以及比喻不合义理的事情和道理，来堵塞了忠臣们劝谏的道路啊！

皇宫和丞相府，都是一个整体，擢升、惩罚、奖善、黜恶不应该区别对待，假如有做坏事犯法的人，或有尽忠行善，也应当交付主管官吏，定他的功与过，给予恰当赏与罚，才能够显示出陛下公平开明的政治作风，千万不能有所偏私，使得内外的法律有所差异啊！

侍中郭攸之、费祎、侍郎董允这些人，皆是善良忠诚，志向思虑一直都是忠贞纯一的人，因此先帝特别甄选出来，留给陛下。我觉得朝中之事，无论事大事小，都要询问他们，然后再做，必定可以补救其中的缺陷和漏洞，这是有非常大的益处啊！将军向宠，他的品格和行为，都十分善良和公正，又通晓军事，之前与吴国作战时，曾经试用过，先帝赞叹他很能干，所以大家一起推选他担任都督。我认为军营中的事务，都先要去问过他之后再去做，一定可以让军队和睦，无论是能力强的还是能力差的，都能够让能力有差的他们各得其所。

亲近贤臣，远离小人，这是汉朝初期兴盛的原因；亲近小人，远离贤臣，这是汉朝末年衰败的原因。先帝在世之时，每每与臣谈起此事，没有哪一次不叹息遗恨桓、灵二帝了，侍中郭攸之、费祎，尚书陈震，长史张裔，参军蒋琬，这些都是忠贞诚信能够为国捐躯的臣子，希望陛下亲近他们，信任他们，那么汉朝的兴盛就在眼前了。

臣原本是一个寻常百姓，亲自在南阳耕种，只求在乱世之中苟且偷生，并没有希望结识显要之人，使得自己的声名为诸侯听见。然而先帝却不以为臣地位卑贱，亲自屈驾，到草庐中亲自访问臣多达三次，询问臣当下的天下大势；因此令臣万分感激，于是答应先帝奔走效命。后来遭逢到兵败，在败军之时接受任务，在危难的关头接受任命，到现在已经二十一年了。先帝知道我很谨慎，所以临死之时，将国家重任交托于我。

自从我接受任务以来，日夜忧思勤奋，深怕辜负了先帝嘱托的心意，而令别人指责先帝不能知人。所以臣在五月渡过泸水，深入草木不生的蛮夷之地。现今南方已经平定，国内的军备也十分充足，就应当勉励三军将士，出师北伐中原，好让我尽自己的绵薄之力，消除叛逆，复兴汉朝，回到故都；这就是臣用来回报先帝和对陛下尽忠的职责所在啊！至于政治上的斟酌情理，应该发扬及应该革除的事项，随时进献好的建言，这是郭攸之、费祎、董允他们的责任。希望陛下把征讨汉贼、复兴汉朝的责任交给我去做，假如不能成功，就治臣的罪，以告先帝之灵；要是没有进德的善言，就责骂郭攸之、费祎、董允等人，以示他们的怠慢失职。陛下自己也应该多加考察，以访问谋求好的道理，明察和采纳忠臣们正当的劝谏，细细追思先帝临死时的诏书，我就无尽地感激陛下的深恩厚德了。此刻就要远离陛下，在写这张表时，我不觉涕泪交流，自己也不知该说些什么好了。”于是北行，诸葛亮将军队屯驻在沔水北阳平石马。

诸葛亮征召广汉太守姚伷担任丞相掾，姚伷举荐进用了不少文武人才，诸葛亮称赞他说：“在尽忠补益的事情上再没有比得上荐举贤人更好的了，举荐贤人各任其所长。现今姚丞相掾有刚柔并济的性格，还能广开文武的任用，可以称得上是学博道正的人了。希望各位参掾，都能把姚伷当作榜样以符合我对你们的期望。”

魏明帝曹叡听闻诸葛亮在汉中，想要用大兵来攻打，于是就问散骑常侍孙资，孙资说：“先前武皇帝讨伐南郑，夺取张鲁，阳平的那次战役，历经危险而后才得安稳，又自己前去调出夏侯渊的部队，并且时常说：‘南郑简直就像是天狱，中间的斜谷道简直是五百多里的石洞啊！’这是说那个地方十分危险，庆幸调出了夏侯渊的军队。又，武皇帝用兵如神，观察蜀国栖息在山岩之中，再看吴国窜扰在江湖之上，都能委屈地躲避，不批评将士们不用力，不争一时之气，实在是要等到胜利的形势来了才肯作战，自知无法抵抗就会后退。现在假如进到南郑去讨伐诸葛亮，道路不但险阻，而且我们估算要调集精兵、转运、镇守南方四州共用了十五六万人，这样还要更多的兵役。如果再征讨蜀汉，又要募集士卒，如此天下骚动，开销也扩大，这些皇帝都应当细细思考。那么守卫的力量，常常是攻击力量的三倍。假如现在都用大将守卫险要之地，力量足可以抵御强敌，让疆场平静，就是将士在虎帐睡大觉，百姓也不会遭到敌人的袭击。几年之后，中原日益强大，吴、蜀两个敌国，一定会自己就衰败下来了。”魏明帝曹叡就打消了动兵的念头。

起初，文帝曹丕停止使用五铢钱，改用谷帛作为交易的媒介，于是民间巧伪的人渐渐多了起来，争着将谷子浸在水里以增加重量，用薄的布帛和别人做交易，纵然国家使用严刑处罚，也禁止不了。司马芝等人在朝中谈论，认为：“钱币的使用不只为了让国家富足，而且是为了省去刑罚，目前不如重铸五铢钱会比较便利。”夏季，四月，乙亥日（初十），魏明帝曹叡又再次使用五铢钱。

甲申日（十九日），开始于洛阳建造宗庙。

六月，任命司马懿都督荆、豫两州的军事，统领所属军队戍守宛县。

冬季，十二月，魏明帝曹叡立贵嫔河内毛氏做皇后。起初，魏明帝曹叡做平原王之时，纳河内人虞氏做王妃；等到他即了皇帝位，虞氏却没有被立为皇后，太皇卞太后去安慰她。虞氏说：“曹家本来就喜好立地位低贱的妃子，不能用正义相举的情况。然后后职是安定宫内事，君主是管理外政的，这道理相辅相成的；假如在开始不能做好，到最后也难保有什么好结局，甚至还可能亡国呢！”于是虞氏黜退到邺宫。

起初，太祖、世祖都想要恢复肉刑，因军事频频没有做到。等到魏明帝曹叡即位，太傅钟繇上书说：“应当如孝景帝之时的法令，犯死刑的人可改为斩去右趾的，就应许他；犯黥面、劓鼻、砍左趾、宫刑的人，都像孝文帝之时的法令，改为髡笞，每年能够减少三千人的死刑。”魏明帝曹叡下诏书让公卿议论，司徒王朗以为：“肉刑废除以来，已经有几百年了，现在如果再施行它，恐怕条例在民间还不清楚之时，肉刑的事已宣布让敌人知悉了，这样会降低远方的信服呀！现在可以照钟繇的减轻死罪的建议方法，将死刑先减为髡刑，假如认为轻可以多加几年。这样做，在国内可以让那些受到死刑的人不责备政府，在国外也可以让人家听到我们没有斩杀的惊人声闻。”有一百多议论之人，大多数赞同王朗的说法。但是魏明帝曹叡以为吴、蜀还未铲除，暂且将此事搁下。

这一年，吴国昭武将军韩当死去，他的儿子韩综因为淫乱不轨，怕获罪于上级，闰月，带领他的家属和部队前来投降魏国。

起初，孟达已经受文帝曹丕宠爱，后来又与桓阶、夏侯尚亲善；等到文帝过世以后，桓阶、夏侯尚也都过世了，于是孟达心中惴惴不安。诸葛亮得知此事之后，就想方设法引诱他。孟达数次与汉通信，暗许归蜀；孟达和魏兴太守申仪有仇恨，申仪就向上告发他。孟达获知此事后，心中恐惧，想要起兵反叛；司马懿立即写信去安慰他，孟达还在犹豫不决时，司马懿竟想偷偷发兵征讨他。诸位将领都说：“孟达和吴、蜀汉都有通信，应当观望之后再做决定。”司马懿说：“孟达是没有信义的人，趁他正处于游移不定之时，应当立即解决他。”于是全速进军，八天就到达他的城下。吴、蜀汉各派出偏将向西城安桥、木阑塞来救孟达，司马懿分派诸将抵抗他们。起初，孟达和诸葛亮信中说：“宛县与洛阳之间有八百多里地，到我这里也有一千二百里。听说我要举事，应该先奏明天子，如此来往反复书信，就得一个多月，等到那时我的城防已经稳固，各种军备也皆可料理妥善。我猜测在如此险地，司马懿先生一定不会亲自来攻，其他诸将到来，我是不会有什么忧患的。”等至司马懿兵到之时，孟达又写信给诸葛亮说：“我举事刚刚八天，司马懿就兵临城下，为何如此之快呢！”

资治通鉴卷第七十一　魏纪三

起戊申（公元228年），止庚戌（公元230年），共三年。

【题解】本卷记录了魏明帝曹叡太和二年到太和四年间的历史。诸葛亮领军北伐，兴师动众，收效甚微。首次出兵，误用马谡，街亭失守，大败而归，丧失夺取关中的最佳时机。太和四年，曹真率兵反击，兵出斜谷，也无功而返，魏蜀对峙。孙权称帝，北攻合肥，也未能建功。曹魏取守势，疲弊吴蜀，积蓄力量。此外还记录了孙权经营台湾等活动。

烈祖明皇帝上之下

太和二年（戊申，公元228年）

春季，正月，司马懿攻击新城，只用了十六天，就将城池攻破，捕获了孟达，将他斩首。申仪驻守在魏兴很久了，他擅自刻印，假授官职于他人；因而司马懿召他过去，并将他捆绑着押送到洛阳。

起初，征西将军夏侯渊之子夏侯楙娶了太祖的女儿清河公主，文帝曹丕儿时同他十分亲善，等到即位了，便派遣他担任安西将军，都督关中，戍守长安，让他承继父亲夏侯渊的位置。

诸葛亮准备攻打魏国之时，和群臣们计划怎样攻法。丞相司马魏延说："听闻夏侯楙是魏武帝曹操的女婿，却胆小又无谋略。如今给我精兵五千，带粮五千，直从褒中出去，沿这秦岭向东，由子午道向北进，不出十日，便可抵达长安。夏侯楙听说我魏延突然来到，一定会弃城逃走，到那时长安城唯有督军御史和京兆太守了。打开横门的谷仓逃散的百姓留下的谷物，足以资给军粮了。等他们和东方的兵相聚，还得要二十多天，到那时丞相从斜谷也就可以抵达了。这样就能够一举占领咸阳以西的地方。"诸葛亮觉得那是一个危险的计划，不如安然地从平坦的大道上，直取陇右，有十全的计策攻打必胜而无一失，因此没有采用魏延的计策。

诸葛亮虚张声势说由斜谷道直取郿县，派镇东将军赵云、扬武将军邓芝作为疑兵，守卫箕谷。魏明帝曹叡派出曹真都督关右诸军驻扎郿县。诸葛亮亲自率领大军攻打祁山，军队整齐，号令严明。起初，魏国认为蜀汉昭烈帝刘备离世后，几年平平静静没有发生事端，所以疏于防备；忽然听闻诸葛亮出兵，朝野的人听说都很害怕，于是天水、南安、安定都反叛曹魏，响应诸葛亮，关中一时大为震动，朝臣都不知如何是好。魏明帝曹叡这时说："诸葛亮本来依靠山险固守，而今自投罗网，正符合兵法中引敌自入的战术，此次击败诸葛亮是必然的。"于是亲率领士兵马步骑五万，派出右将军张郃督率，向西去抵御诸葛亮。丁未日（二月十七日），魏明帝曹叡到达长安。

起初，越巂太守马谡，他的才能胜于一般人，又喜欢谈论兵法，诸葛亮十分看重他，但是蜀汉昭烈帝刘备临死之时，曾经对诸葛亮说："马谡言过其实，不能大用，先生可要好好观察他呀！"诸葛亮还是觉得未必不可用，于是就让马谡担任了参军，每次召见他谈论起来，常常从白天一直谈到夜晚。等到出兵祁山，诸葛亮没用老将魏延、吴懿等担任先锋，却用马谡统率诸军的前锋，在街亭同张郃对阵作战。

马谡违背诸葛亮的军事调度，行动举措都很烦乱，他抛却山脚有水的地方，而去据守山顶，不在山下据城而守。张郃却派兵阻绝了他的取水之道，进而攻击，于是马谡大败，士兵逃散。诸葛亮前进再也没有据点，于是拔西县千余家返回汉中。将马谡关到狱中，然后斩首。诸葛亮亲临丧祭，为他洒下泪来，又替他养育遗孤，待他的恩情和他生前一样。蒋琬对诸葛亮说："先前楚国杀掉能臣，晋文公面露喜色。天下还未平定就杀掉有智谋的人，难道不可惜吗？"诸葛亮流泪说："孙武之所以能制胜天下，就是因为依靠严明的法度啊！因此扬干乱法，魏绛就杀掉他的仆人。如今四海分裂，刚刚开始用兵，假如再废止处罚，那该如何讨伐贼人呢！”

马谡未吃败仗之前，裨将军巴西王平几次劝说马谡，马谡就是不听；等到吃了败仗，全军溃散，就唯有王平所带领的一千多人，击鼓自卫，张郃疑惑那是伏兵，才没有追赶，于是王平慢慢地重整各营余下的士兵等，才率领将士返回。诸葛亮既然斩杀了马谡和将军李盛，也收回将军黄袭等的军队。王平此次战役中，表现尤为突出，被加封为参军，统领五部兼当营事，升为讨寇将军，封为亭侯。诸葛亮上疏请求自降三级，蜀汉后主刘禅命诸葛亮担任了右将军，兼做丞相事。

此时赵云、邓芝在箕谷也被击败，赵云收敛群众坚守，还未有多大折损，赵云也由此降成镇军将军。诸葛亮问邓芝说：“街亭军退，兵将都不能重整，唯独箕谷军退，兵将之间却没有相互离散，这是什么原因？”邓芝说：“因为赵云亲自断后，所以军资杂物，皆未遭丢弃，兵将也未离散。”赵云军中有军资余绢，诸葛亮让分别赐予将士，赵云说：“军队吃了败仗，还有什么可赏赐的呢，将这物资全部存到赤岸库房去吧？等到十月时当作冬赐吧。”诸葛亮认为这样行事很好。

有人劝诸葛亮再次发兵，诸葛亮说：“大军在祁山、箕谷，皆较敌军多，却没能将敌人击败，反被敌方打败，从这可以看出发兵不在于兵士数目的多少，而在于一个人的指挥罢了。现今想俭省兵将，明罚思过，以待将来的变通之道，假如不这样做，即使兵多又有何益处呢！自此以后，诸位对国家有忠诚的思虑，时常来批评我的缺失，则大事可定，敌人也会灭亡。功业可以举足而待了。”于是考察微劳，甄别壮烈，引过自责，宣布所失在国内，并且要厉兵秣马，以作为日后图谋中原的规划，军士简练，百姓也将他的败绩忘却了。

诸葛亮出祁山之时，天水参军姜维前来归降。诸葛亮称赞姜维胆大又有智谋，用他担任仓曹掾，使他主管军事。

曹真征讨安定等三郡，都已平定了。曹真觉得诸葛亮在祁山失利，日后再出兵，一定会是陈仓，于是派遣将军郝昭等守卫陈仓，并修葺城池。

夏季，四月，丁酉日（初八），魏明帝曹叡还洛阳。

魏明帝曹叡用燕国徐邈担任凉州刺史。徐邈在该州务农积谷，立学明训，进善黜恶，和羌、胡人相处，不追究他们的小过错，可是犯了大的罪过，先告诉都帅，让他知道当死的原因，就斩首示众。因此都为他的威信所折服，州界里的不法分子才被肃清。

五月，大旱。

吴主孙权派鄱阳太守周鲂密求山里的旧族名帅，是从前北方都知道的人，命他们去欺骗引诱扬州牧曹休。周鲂说："流落在民间的名帅，都是小丑，不堪大任，若事情一旦被泄露，反而不能引诱到曹休。请派出亲信持笺去引诱曹休，就说是遭到责备害怕被诛，想要率郡来投降，请求出兵增援。"吴主孙权许可他如此行事，不时派出郎官去责问周鲂很多事，周鲂因此到达郡门下，剃发请罪。曹休听说此事后，就率领步骑十万向皖县去接应周鲂。魏明帝曹叡又派出司马懿向江陵，贾逵向东关，三路并进。

秋季，八月，吴主孙权到达皖县，用陆逊担任大都督，赏赐黄钺，亲自执鞭召见他；又任命朱桓、全琮担任左右督，各督统大军三万人，攻打曹休。曹休虽然发觉自己被骗，可是依靠自己士兵众多，想同吴国一决生死。朱桓对吴主孙权说："曹休本就是凭着亲戚而受到重用，并非有勇有谋的将领。现在和我作战，一定会失败逃跑，逃跑的路，唯有夹石和挂车两条道。这两条路都十分狭窄，假如派一万多兵用柴木堵住它，曹兵就会被杀光，也可以活捉到曹休本人。臣恳请率领所属部下前往，如若得蒙您天威，曹休自来送死，便可乘胜，长驱直入，攻下寿春，割占淮南的地方，可以再进攻许昌和洛阳了。这是一万年才能碰到的一次大好时机，万万不能失掉啊！"孙权询问陆逊这个方案是否可行，陆逊认为不可，于是这计划就停止了。

尚书蒋济上疏说："曹休深入敌军防地，同孙权的精兵对峙，而且朱然等在上游，身处曹休背后，臣实在看不出什么益处啊！"前将军满宠也上奏说："曹休即使精明果断，但很少用兵，现在看他的趋势，背湖傍江，容易进攻，却很难退却，这是兵家所忌讳的险地呀！假如再入无疆口，就更应当充分防备了。"满宠上的表还未送达，曹休已同陆逊在石亭开战。陆逊亲自统率中军，任命朱桓、全琮分任左右翼，三路并进，重破曹休的伏兵，并积极追击，直到夹石，斩杀俘虏万余人，缴获了几万匹牛、马、骡、驴，车也有几万辆，军用物资十分多。

起初，曹休上表请求深入吴地去接应周鲂，魏明帝曹叡下令贾逵率领士兵向东和曹休会合。贾逵说："敌方以为东关缺少防备，一定会在皖县并合军队，曹休深入对敌作战，一定会遭到失败。"于是部署诸将，水陆并进，行到二百里地时，捉到一个吴国人，那人说曹休已吃了败仗逃走了，吴国派大将阻断夹石。诸将不知如何应对，有人想等援军到来再做打算。贾逵说："曹休兵败，归路又被堵住，进不能战，退不能回，他们的安危，就在今天了。敌军认为后军还未到，因此到此，此刻我方从速进军，出乎对方的意料，这就是所谓的先人一步而挫敌之气，敌军见到我军已到，一定会退兵。假如等待后军到达，敌人已把路阻断，兵再多也没有用了！"于是快速行军前往救援，并且多设旗鼓作为疑兵。吴国人望见贾逵的军队到了，就惊慌失措四散逃走，曹休这才得以退回。贾逵守卫夹石，将兵卒和粮草给曹休，曹休军队的士气这才恢复。起初，贾逵和曹休不和睦，等到曹休战败，却是依靠贾逵的积极进兵，才免于死在战场。

九月，乙酉日（二十九日），魏明帝曹叡立皇子曹穆做繁阳王。

长平壮侯曹休上书谢罪，魏明帝曹叡认为他是宗室内的人，便没有过问。曹休自觉愧疚和气愤，后背的疽疮大发，在庚子日（十月十四日）那一天，死去了。魏明帝曹叡任用满宠都督扬州替代曹休的职位。

护乌桓校尉田豫袭击鲜卑郁筑鞬，郁筑鞬的岳父轲比能前来解救，用三万骑兵在马城将田豫团团围住。上谷太守阎志，是阎柔的弟弟，平时为鲜卑所信服，就前去说服他们，于是他们解围而去。

冬季，十一月，兰陵成侯王朗去世。

蜀汉诸葛亮听说曹休吃了败仗，魏兵正往东去，关中较为脆弱，想要发兵攻打魏国，群臣觉得祁山遭到败绩，就怀疑是魏国强大难于征伐。于是诸葛亮上言给汉后主刘禅说："先帝担忧汉朝同魏国势不两立，王业也无法偏安于四川一隅，所以才把讨贼之事托付于臣。凭先帝的英明，衡量臣的才干，本来也晓得让臣去讨贼，是臣的才能薄弱，而敌人的势力强大啊！然而不去讨伐贼人，王业也要灭亡，与其坐以待毙，倒不如主动出击。就是为这一缘故，所以将讨贼之事交托给臣，却毫无疑惑，自从臣受命以来，睡觉也不能安寝，吃饭也无法下咽，想到要北伐，应当先平定南方，所以才五月里渡过泸水，深入不能种植的荒芜之地，一日的食物要两日方能吃下，臣并非不知晓爱惜身体，只因想到王业不可偏安于蜀都，所以才冒着生命危险和艰辛，来履行先帝遗训，可是一般的人却议论说伐魏是不好的计划。如今的魏国，在西方刚与我国交仗，又得到东方去打仗，结果被吴国也击败。兵法上讲求要趁敌人疲乏之时，去袭击他是最佳时机。现在臣就把所要陈述的事情说明于下：高皇帝的明察，像日月一般，谋臣的计划，像潭水一样深；可是还遭遇艰验，受过创伤，经过许多危险，然后才安定。现在皇帝既比不上高皇帝，谋臣又比不得张良、陈平，却想用长久之计取胜，安逸地坐等天下安定，这是臣所不解的第一点。刘繇和王朗，两人都占据了州郡，讨论安危，畅谈谋划，动不动就引用圣人的话，可是一到用人上就妒贤嫉能，满腹疑虑；做事情又怕这怕那，每样事情都怕困难，今年也不战，明年也不争，使得那个孙策一天一天坐大了，终于吞并了江东，这是臣所不解的第二点。曹操的智慧与谋略，尤其超出常人，他的用兵之术好像是孙武和吴起在世，可是却先后在南阳被困，在乌巢遇险，在祁连危急，在黎阳受逼，屡次在伯山失利，在潼关差点死掉，遇到了诸多危险，才得一时的安定；更何况臣才能浅薄，怎能够不去冒险就得到安定呢？这是臣所不解的第三点。曹操五次都没有攻下昌霸，四次都没有成功越过巢湖；任用李服，李服却想要杀他；任用夏侯渊，结果夏侯渊失败被杀。先帝时常赞叹曹操的能力，还有这种种的败绩；更何况臣的能力低劣，怎能说一定会取得胜利呢？这是臣所不解的第四点。自臣来汉中之后，期间只隔了一年而已，然而赵云、阳群、马玉、阎芝、丁立、白寿、刘郃、邓铜等人都相继去世了，又死了曲长、屯将七十多人，还丧失了突将、无前、賨叟、青羌、散骑、武骑一千多人；这些都是几十年里所聚合的四方精锐，并非一州地方所有的；假如再隔几年，那就会损失三分之二了，还拿什么去同敌人作战呢？这是臣所不解的第五点。现在百姓虽然依旧穷困，军队依旧疲惫，但是讨伐贼人一事，是不能停下来的呀！讨贼既然不能半途而废，那么攻战和防守，劳苦和费用是一样的；却不肯及早去打击敌人，而想用一州之地与敌相持着，这是臣所不解的第六点。那么天下事情的变化是最难判断的。先前先帝在当阳长坂失败之时，曹操高兴地拍手，认为天下已经平定了；可是之后先帝东边联结吴国，西边攻下四川，再出兵北伐，将魏将夏侯渊也杀掉了，这是曹操的失算，却是汉朝的成功。后来吴国背弃盟约，关羽失败被杀，先帝在秭归又遇挫折，曹丕自立为帝。凡事都是如此，事前难以预料。臣唯有为国效力，到死方休；至于事情成功与否，策划之好坏，都并非臣的见识事先所能预知的了。”

十二月，诸葛亮率领士兵出散关，围攻陈仓，因为陈仓早有防备，所以诸葛亮不能攻下。诸葛亮就派郝昭同乡靳详，在城门外劝说郝昭，郝昭在城楼上回答说：“魏家的律法，先生是知道的，我的为人，先生也十分清楚。我受了国家太多的恩惠，而且门户重大，先生无须再多言了，我唯有以死报君了。希望先生回去告诉诸葛亮，让他来攻城吧！”靳详把郝昭的话告知了诸葛亮，诸葛亮又派靳详再去说服郝昭说：“你的士兵皆抵抗不了，白白守城，无非自寻死路吗？”郝昭对靳详说：“之前就曾对你说过了，虽然我现在认得你，可是箭却是不长眼睛的！”靳详只得返回。诸葛亮自以为有数万兵，郝昭的兵才一千多人，东边救援的军队一时还到不了，于是决定进兵攻打郝昭，架起云梯以登城，郝昭用火箭射击云梯，梯被燃烧，梯上人也都被烧死了；用冲车攻城门，郝昭用绳连接石磨，压打进攻的冲车，冲车也都折断了。诸葛亮用百尺高的井阑往城中射击，又拿土块填外壕，想要直接从城墙攀登，郝昭又在城内重建城墙。诸葛亮又命令挖掘地道，想从外面钻入城中，郝昭在城中横挖壕沟加以堵截。从白天到黑夜一直攻击达二十多天。

曹真派出将军费耀等前去求救郝昭，魏明帝曹叡召张郃从方城出发去袭击诸葛亮。魏明帝曹叡也亲自到河南城摆酒为张郃送行，并询问张郃说："待将军到达之时，诸葛亮还不会攻下陈仓吧？"张郃知道诸葛亮深入定会缺少粮草，掐指一算说道："待臣到达之时，诸葛亮已经退兵了。"张郃日夜兼程，还未到，诸葛亮因粮草已尽，已经带兵而还，将军王双急于追赶，诸葛亮还击，将王双杀死。魏明帝曹叡下诏令，封郝昭做关内侯。

起初，公孙康过世，他的儿子公孙晃、公孙渊等年龄尚幼，属官就立他的弟弟公孙恭。公孙恭品性恶劣又柔弱，无法治理一国，公孙渊长大以后，胁迫篡夺公孙恭的位置，还上书言明这情况。侍中刘晔说："公孙氏是汉朝时期所起用的，由那以后世代承袭，该地水路有海隔，陆路行山险，对外能联络胡夷，是个十分遥远的地方，平时难以制服，而且世袭权位已久，如果不趁此机会除掉他，以后一定会生出祸乱。假如他心怀异心，就会出兵阻绝，到那时再想杀他就非常困难了；倒不妨趁他新立为主，上下猜疑之时发起进攻，出其不意，兵临城下，开设赏募，可以不劳役军队就得以平定了。"魏明帝曹叡未接纳刘晔的劝谏，封公孙渊做扬烈将军、辽东太守。

吴主孙权任命扬州牧吕范担任大司马一职，印绶还未送到他就已经去世了。起初，孙策用吕范担任典财计，当时吴主孙权还很年轻，私下有求，吕范一定会先行禀告，不敢专许，那时以此责怨。吴主孙权担任阳羡县长官之时，有所私用，孙策有时要审查，功曹周谷常常为他作假附纸说明，使孙权不致被责问，那时吴主孙权很高兴。等到以后吴主孙权管理国事之时，因为吕范的忠诚，获得了厚爱和信任，因为周谷用伪书欺骗长上，所以没有被任用。

三年（己酉，公元229年）

春季，蜀汉诸葛亮派出他的将领陈戒进攻武都、阴平二郡，雍州刺史郭淮率领士兵去解救他们。诸葛亮亲自率领军队到建威，郭淮撤退了，诸葛亮占领二郡后返回。蜀汉后主刘禅又一次册封诸葛亮做丞相。

夏季，四月，丙申日（十三日）。吴主孙权即皇帝位，大赦天下，改年号为黄龙。众官员皆来朝会。孙权把功劳归到周瑜身上。绥远将军张昭，举笏想要歌功颂德，话未出口，吴主孙权就说："如果按照张先生的计划，今天还得向别人讨饭吃呢。"张昭深感惭愧，趴在地上流汗不止。孙权追封父亲孙坚为武烈皇帝，并追封兄长孙策为长沙桓王，立儿子孙登为皇太子，进封长沙桓王的儿子孙绍为吴侯。

吴主孙权任命诸葛恪担任太子左辅，张休担任右弼，顾谭担任辅政，陈表担任翼正都尉，而谢景、范慎、羊衜等都担任太子宾客，由此东宫被称为多士。太子让侍中胡综作《宾友目》说："英才卓越，出类拔萃的，是诸葛恪；明辨时机，达于幽微的，是顾谭；凝辩宏达，话可消结的，是谢景；究学察微，游夏同科的，是范慎。"羊衜暗地里驳胡综说："诸葛恪虽然有才华但是不太精密，顾谭虽然见识精纯但是十分凶残，谢景虽然能够雄辩但是太浮浅，范慎虽然深究事知，但是心胸狭隘。"羊衜最终因为这些话招致了诸葛恪等人的厌恶，但是后来这四个人都败落了，正与羊衜说的一样。

吴主孙权派出使者将他并尊二帝之事告知了蜀汉。汉人觉得同吴国再有交往已经毫无益处，而且名不正言不顺，倒不如彰显正义，同他们断绝盟好，丞相诸葛亮说："孙权心怀篡位之意已经很久了，我国虽然与他有些嫌隙，但为求掎角的相互帮扶，在情势上仍需和好。现在假如明显地与他断交，那么他们一定会记恨我们。我们又得向东移兵进行防守，或者同他作战，非得先将他们灭掉，方才能够谈及北定中原。吴国还有很多贤能之士，将相之间彼此也都和睦，并非短时间就能平定的。假如屯兵相守，坐而待老，让魏贼的奸计得逞，这就更算不上是上策了。先前孝文帝曾经使用谦卑的言辞来同匈奴和好，先帝也曾经优待吴国来和他结为同盟，这都是应权通变，深思远虑，并非一般匹夫的见解啊。此刻议论的人，都觉得孙权志在鼎立，不会与我们合力杀贼，而且他志得意满，不会再有登长江北岸作战的想法，细细推断，这都是些看似正确其实却并非如此的看法。那么原因何在呢？是由于他们的力量还不能够攻击，所以只能限于长江以求自保；孙权不能越过长江，也如魏国不能渡过汉水一样，并非有利不取，而是由于力量不够而已。假如我们大军前去讨伐魏国，他上策是将分些田地作为他广土聚民的策划，下策是掠夺百姓，开疆拓土，向国内炫耀兵力，一定不会静坐不动的吧！就是与我和睦而不动兵同时向北进军，我军北伐也可以没有东顾之忧啊！而且吴国还会对魏军有所牵制，不能够全部向西调派，如此对我军进攻也是十分有好处的呀！也已经够深远了。孙权篡位之过，不宜太过声张呀！”于是就派出了卫尉陈震出使吴国，恭贺孙权称尊号。吴主孙权和汉人订下盟约，将来将豫、青、徐、幽归于吴国，把兖、冀、并、凉归于蜀汉，关于司州之地，则以函谷关作为分界线。

张昭因年老体弱，上书请求归还官位和所统军队，吴主孙权改派他为辅吴将军，上朝仅亚于三公，改封娄侯，食邑之地，有人家万户。张昭每次上朝，辞气壮盛，义行于外貌，曾以直言违背圣旨，不再觐见。后来蜀汉派使者来朝，赞美汉的美德，朝中大臣都说不过蜀汉的使者。于是吴主孙权叹息说：“假如张昭先生在朝，汉使即使不被说倒，也要停止讲话，怎么能让他一直自夸呢？”第二天，吴主孙权派出使者去慰劳张昭，并恳请召见张昭，张昭离席谢罪，吴主孙权跪倒在前面阻止他避席。张昭坐定，仰头说道：“先前太后、桓王不把老臣归属于皇上，却把皇上归于老臣，所以老臣都想竭尽臣的节操以报厚恩，之前臣因为思虑浅薄，悖逆盛意，可是臣笨拙的心，只在事国，想一辈子尽忠心而已啊。假如改变思虑一心享受，这并非臣所愿做的啊。”吴主孙权连连向张昭辞谢不已。

元城哀王曹礼去世。

六月，癸卯日（二十一日），繁阳王曹穆去世。

戊申日（二十六日），魏明帝曹叡追尊高祖大长秋曹腾为高皇帝，夫人吴氏为高皇后。

秋季，七月，魏明帝曹叡下诏书说："按照礼制的规定，王后假如无子，就要挑选庶子来接替嫡长大宗。被选上的，就应当将大宗正统的传承作为自己的责任，这才是奉守公义，怎么可以再去考虑自己原来的出身呢！像汉宣帝入继昭帝大统之后，将自己的父亲刘悼，也加上皇考尊号，并且还立庙祭祀；之后汉哀帝也是如此行事，哀帝原本是定陶王刘康之子，他由外藩入继汉成帝大统，因而董宏等人说这是亡秦庄襄王的旧例，汉朝也模仿去做，这是令百姓疑惑而妨害国政的大事，既然已经尊崇定陶恭皇，在京师立庙祭祀；还要让他的妃子丁姬，比拟真正的皇后赵飞燕了。如此一来，并非定陶王就能够同汉元帝叙起昭穆（宗庙昭庙穆庙的体制）来吗？而且同时设立四位于东宫，这种违背体制的情况，简直无法形容，是人和神都无法接受，也不愿保佑的。那时还将忠心正谏的师丹处以重罪，最终导致了丁氏、傅氏后来突发的祸患。自哀帝之后，继承大统的皇帝，也是如此照做。从前春秋时期，鲁文公把僖公的灵位放于闵公的灵位上，他这种失礼的罪过，大家都归咎于夏父的歪言；再比如宋文公的葬礼过于丰厚，大家都批评华元。夏父、华元受后代批评的原因，就是他们不肯阻止失礼和违制的事情。因而下这个诏书，告知公卿大臣以及相关官吏们，大家要对前代的错误深以为戒。今后如若再有诸侯承继大统的情况发生，继承大统的国君一定要切切实实明白继承的大义；假如有人胆敢以巧言邪形恶意引诱国君，胡乱立下非正统的帝号，妨碍了传位正统的顺序，称已故的父为皇，称已故的母为后的，那么秉持政务的大臣，对那些邪谀的小人，就可以马上杀掉，绝不姑息。我这诏书，在金策上写着，在宗庙里收藏，在国家的法典中记载。”

九月，吴主孙权迁都到建业，全部按照以前的府第，不再增建或改变，将太子孙登与尚书九卿留在武昌，派出上大将军陆逊辅助太子，并且处理荆州和豫章三郡的政务，并监督军国大事。

南阳刘廙曾经写有《先刑后礼论》一文，有位同郡谢景在陆逊面前曾经称赞过这篇文章，陆逊就厉声呵斥他说：“礼仪为先为首的传统比刑罚已经实行了很久了，刘廙不明白圣贤之人的教导，用邪曲的道理诡辩，如今你侍奉东宫太子，理应恪守仁义，来彰显德音，像刘廙的言论，不要再谈论了。”

太子孙登给西陵都督步骘写信，恳请他给予自己一些教诲。于是步骘就将那时在荆州地区的事务和属员官吏，比如诸葛瑾、陆逊、朱然、程普、潘浚、裴玄、夏侯承、卫旌、李肃、周条、石幹这十一人，审察和区分各个人的行谊生平，报告上去，并上书嘉奖建言说：“臣听闻人君不亲自处理小事，让百官和小吏各自负起职责。所以舜任用九个贤人做官，就无须再煞费苦心，不必走出朝廷，天下就可以平治了。因此贤人在位，就可以御敌于万里之外，这实在是一个国家锐利的武器，和治乱兴衰的根源呀！希望太子留意一下，那就是天下的幸运了！”

张纮返回吴县迎接家眷，在路上不幸死去了。临别之时，将一封遗书留给他的儿子说：“从古至今，管理一个国家的人，都想通过使政治修明来与太平盛世媲美，然而他管理的方法，一多半都没有做好。并非没有忠臣和贤人辅助他，是因为君王克制不了私情，不知道运用贤臣的劝谏呀！那么人情却是畏惧困难又趋向容易，喜欢持相同意见的，反对持不同意见的，这恰恰同治国之道相反。《左传》说：‘从善比登天还难，从恶就如山崩一般。’这是说明好事不易做呀！君王接受祖上的基业，握有自然的势力，把持着爵、禄、予、置、生、夺、废、诛八种权柄的威武，对相同和易于执行的意见就喜欢，不需要询问别人的意见，那些忠臣和贤士怀抱着难行的方法和策略，道出逆耳的忠言，同君王意见相左，那是自然的了！如果远离贤臣了就会生嫌疑，巧言令色的小人就专等着这一时机，君王被忠于小事的人迷惑，贪恋于私情，如此好人同坏人混在一块儿，应当任命的和应当罢免的分不清楚，这种混乱的情况，都是被私情所扰乱的呀！因此一位真正能悟解的明君，想要求得贤才就如同口渴想喝水一样心急，喜爱听别人的劝谏却不会厌烦，克制私情，减少私欲，依靠正义用人，断绝私下的推荐，那么身处上位的没有因为偏爱错授官职，身处下位的也就没有非分之想了。”吴主孙权看完这封信之后，不由得落下泪来。

冬季，十月，改平望观为听讼观。魏明帝曹叡时常说：“能否使狱事清明平直，事关一个国家生死存亡的安危啊！”每次遇到重大案件审判，明帝时常亲自到听讼观去监督听听那件事。起初，魏文侯的老师李悝著有《法经》六篇，商鞅学习这观念以后前去帮助秦国。汉朝萧何将它定成《汉律》，增加到九篇，之后又增加到六十篇。又有《令》三百余篇，《决事比》九百〇六卷，后世也有增加或者减少，都错综复杂没有常规，后世之人又各为章句，马融、郑玄等十多家传述，直到魏朝，还经常用的有二万六千二百七十二条，七百七十三万多字，阅读起来实在是难上加难，明帝就下诏书，只用郑玄的章句。尚书卫觊上奏说：“说到刑法，是一个国家最宝贵、最重要的东西，假如私下去议论，就等同于轻贱了它；那么狱官，他的位置是关乎着人民生命的生死存亡，然而选出来充当狱官的却常常是卑下的人。君王行政的弊病，未必不是从此而来，臣恳请设立法律博士，专门教授法律的观念与知识。”明帝采纳了卫觊的劝谏。又下诏书，命令司空陈群、散骑常侍刘邵等删减汉法，制《新律》十八篇，《州郡令》四十五篇，《尚书官令》《军中令》合计一百八十多篇，虽然增加了《正律》九篇，但是却减少了很多旁章科令。

十一月，洛阳的宗庙建成了，魏明帝曹叡从邺都去迎接高皇帝曹腾、太皇帝曹嵩、武帝曹操、文帝曹丕的神位。

十二月，雍丘王曹植被迁徙封为东阿王。

蜀汉丞相诸葛亮把府营迁到南山下的平原上，在沔阳县修筑了汉城，在成固县修筑乐城。

四年（庚戌，公元230年）

春季，吴主孙权派出将军卫温、诸葛直率领一万多甲兵，漂洋过海去寻找夷洲和亶洲，想要俘获那两地百姓，来增加吴国的人口。陆逊、全琮都劝谏，认为："桓王（孙策）建立基业之时，兵众还不到一旅（五百人）。现今江东百姓众多。自然可以图谋国事，大可不必跑到那些不毛之地去。况且奔赴万里之外去伺机进攻，海上的风波危险也很难预料，兵民一旦换了水土，一定会遭遇疾病疠疫，想要增加民众，却又花费很大损失，想要收到好处，却反过来遭受害处，再说那边的人都如猛兽一样，即便是带了回来也不见得能够为我所用，即使没有他们我们也不见得会有什么亏损。"吴主孙权没有听他俩的劝谏。

尚书琅邪诸葛诞、中书郎南阳邓飏等，互相结为朋党，争着题品和吹捧，其中以散骑常侍夏侯玄等四人为四聪，之后又用诸葛诞作为首备补作八达。夏侯玄是夏侯尚的儿子。中书监刘放的儿子刘熙，中书令孙资的儿子孙密，吏部尚书卫臻的儿子卫烈三个人都没有被列入，由于他们的父亲身居显要之职，容三人得豫题品之中，所以他们三个被称为三豫。

掌理司徒的董昭上书说："举凡是获得天下的人，没有一个不是尊崇敦厚忠信之人，深切痛恨虚伪不真的人，因为他们毁坏教化，扰乱治安，败坏风俗呀！近有像魏讽在建安末年被处死，曹伟在黄初初年被斩首。伏念前前后后圣上的诏令，都深为痛恨虚伪浮华，常常是咬牙切齿想要铲除邪党；然而执法的官吏，却都惧怕那些有权势的邪党，不敢认真行事。因而败坏风俗欺凌枉法的坏风气愈演愈烈。臣私底下见到如今的年轻人，不再将学问作为根本，专门以结党营私为业；国士不将孝悌清修作为首要，却把趋炎附势和利己之事作为优先。群党联合起来，相互褒扬和赞美，把相互批评当作有罪有的处罚有的杀戮，将朋党的荣誉当作奖赏，附己的人就赞美不绝，对于不依附的人就要兴师问罪，并且还告知彼此说道：‘目前是何时代，何必忧虑生活过不去？只怕人际关系不够，党友交结的不多呀！人人都唯恐外人不晓得自己，只要吃了这个朋党的药丸，就会柔声附和我了。’又听说有人用自己的奴仆宾客充当在职的差役，进出宫禁，用书信沟通，探知询问各方的消息。凡是诸如此类的事情，都为律法所不容，在刑法上也是不能够赦免的，就是连魏讽、曹伟的死罪，恐怕也不及这大呀！”明帝采纳了董昭上述的劝谏，在二月，壬午日（初四），魏明帝曹叡下诏书说：“一个社会它的风气是朴实还是华靡，是根据教化来改变的。自从董卓造反以来，经学的研究就断绝了；之后读书进身求禄的人，不从经典册籍之中追求教训了。难道那些负责考核的人，没有尽善尽美，进用服公职的人，都着手于品德和表现吗？只要是尚书郎一类的官员，必须要通达一经，才能够担任地方官吏的职务，参加博士子弟考试，成绩特别优秀的，立刻录用；只要是浮华不务正道的官员，立即解除他们的职责和任务。”于是罢黜了诸葛诞、邓飏等人的官职。

夏季，四月，定陵成侯钟繇去世。

六月，戊子日（十一日），太皇太后卞氏死去。秋季，七月，明帝把太皇太后（武宣皇后）合葬在魏武帝曹操的陵园高陵（在今河南省临漳县内）。

大司马曹真以为：“蜀汉人屡次进犯，想请求从斜谷去征讨他们，假如诸位将领分几条道路，同时并进，一定能够大获全胜。”魏明帝曹叡接受曹真的劝谏，下诏书给大将军司马懿，命令他沿着汉水逆流而上，进入西城，与曹真在汉中会合，其他各个将领，有的从子午谷出兵，有的从武威出兵。司空陈群劝谏说：“先前太祖到阳平去攻击张鲁，多增收豆麦以补充军粮，还未将张鲁攻下，军粮就已经缺乏了。

此刻没有做什么准备，而且斜谷地势又十分险峻，无论是进还是退都不太容易，转运军粮又会被敌人堵截，多留兵守卫冲要，就会减少战力，不能不细细思考一下啊！”明帝采纳了陈群的劝谏暂不发兵。曹真再次上表要从子午道发兵，陈群又陈述了曹真的策略不便利，而且军事用度过多。明帝把陈群的劝谏书交给曹真，曹真根据这诏书就立即出兵。

八月，辛巳日（初五），魏明帝曹叡巡察东方各地，乙未日（十九日），抵达许昌。

蜀汉丞相诸葛亮听闻魏兵要来攻击，于是在成固、赤坂屯驻以等待魏军。又派李严率领士兵两万人赶赴汉中，而且让李严之子李丰担任江州都督，管理该州所有后勤军政事务。

恰在此时，下了三十天大雨，栈道都被断绝，太尉华歆上书说：“皇上的圣德足够与周成王、康王相媲美，希望您先专心政治，将征伐之事留待以后。百姓是治理国家的基础，而衣食是百姓最需要的，假如令他们无饥寒之忧，他们自然不会生出离乡背井的心理，到那时吴、蜀二贼一定会失败，皇上您就大可以坐等成功的到来了！”魏明帝曹叡回答说：“只不过贼寇依据险要的山川，两位皇祖曾辛劳征讨，还未能平定，我怎敢自大，说一定可以消灭他们呢？诸位将领认为不试探一下，他们就不可能自遭败绩，因此出兵看有无可乘之机。假如天时还未到，哪怕是周武王也会回师，我只是谨慎些，没有忘记所戒就是了！”

少府杨阜上奏章说：“先前周武王渡河伐纣之时，有白鱼一跃跳进船中，群臣大惊失色，原本在行军之时得到这件吉祥的事，然而愈加忧虑，深怕有灾祸降临，反而不愈加谨慎小心？而今吴国、蜀国还未平定，上天却常有变故，一开始进军，就遭遇大雨，再加上山地的阻拦，军队已多日没能前进了。况且各地的粮食要转运过去，其负担十分艰辛，耗费也特别大，假如不能保持畅通，一定会有严重的后果与起初所图相违背。《左传》说：‘察觉有利就进攻，知晓不利就撤退，这就是指挥部队作战的好原则。’（宣公十二年，随武子言）此刻我们平白无故地让大军受困山中，既没有前进的方法，也没有退却的决心，这并非用兵之道呀！”

散骑常侍王肃上奏章说：“前人的志书这样记载：‘从千里之外的地方向前方运送粮食，兵士们都会饿得面黄肌瘦，等着外出砍柴后再行烧饭，兵士们就无法吃饱饭了。’这还是一般平地的军事行动；更何况我们是在深山大谷之中呢？皆得先开路再前行，那么他们的辛苦就加重百倍了。再加上当下大雨下个不停，山路又陡又滑，很多人都拥挤在一块儿却开展不了，又粮食在外，难以为继，这实在是用兵的大忌呀！听闻曹真早已动身一个多月了，方才走了一半山谷，开路的工作，全由士兵动手。然而敌人却在安逸地等着这些辛苦人去攻击，这实在是兵家认为最可怕的事了。谈到以前，周武王伐纣，出了关又退回；再谈谈近代，武皇帝、文皇帝都讨伐过孙权，也都是到了长江却没有渡过，又回来了。难道他们不是顺应天意，晓得权变的吗？天下的百姓都会了解皇上因天雨困苦之故，让他们回来休息，等再遇时机使用他们，那么以后他们也会冒险犯难，舍生忘死替王效命了！”王肃就是王朗的儿子。

九月，魏明帝曹叡下诏书命曹真等，停止伐蜀，退出山谷。

冬季，十月，乙卯日（十一日），魏明帝曹叡返回洛阳。当时让左仆射徐宣留守总理全部留守事务，待魏明帝曹叡归来以后，各主管官员都呈奏文书，于是魏明帝曹叡就说：“我亲自察看公文和仆射看公文有何不同呢？”魏明帝曹叡居然一概不看。

十二月，魏明帝曹叡将文昭皇后改葬于朝阳陵。

吴主孙权扬言要出兵到合肥，魏国征东将军满宠，上表请求召集兖、豫两地各军，吴军不久又退还，魏明帝曹叡也下诏令不再集结两地的兵力。满宠以为：“现今吴贼突然大举撤退，并非他本来的意思；他们一定是想假装退兵，来使我们停下集结军队，之后趁我方空虚，攻打不备再进兵而已。”于是就上表分析敌情，请求皇上不让魏军停止集结。过了十多天，吴军果然再到合肥，没能攻克又撤回了。

蜀汉丞相诸葛亮任用蒋琬担任长史之职。诸葛亮时常用兵，蒋琬总是将足够的粮食和士兵供应给他。诸葛亮每每讲起话来都说："蒋琬是位特别能够信赖的忠贞雅量之士，他能和我一同出力去复兴王业啊！"

青州人隐蕃逃至吴国，上书给吴主孙权说："臣听闻商纣王由于无道，因此微子先行逃离本国；因为汉高祖宽厚圣明，所以陈平就先行投靠。臣今年二十二岁，扔掉封地，一心想归附于有道的君王，幸蒙上天庇佑，得以保全性命投靠吴国。臣到此也已经有几天了，然而招待客人的官吏，却将我同投降的人一般看待，没有详加区分，使得臣精密奥妙的话无法上传，唯有唉声再叹，有谁能了解我呢？谨用此章拜上，恳请皇上施恩召见我。"吴主孙权于是就召他入内，隐蕃进谢时，他回答问题和陈述时务，都很有见地。侍中右领军胡综陪坐在一旁，吴主孙权问他隐蕃的话如何？胡综回答说："隐蕃上书的大意，就好像是汉朝东方朔给汉武帝上的书一样，巧言诡辩又好像是汉朝的祢衡，可是这二人的才能是他所比不上的。"吴主孙权又问："那么可以给他什么官做呢。"胡综回答说："不能让他做治理百姓的官职，让他在朝廷附近当一个小官就行了。"吴主孙权认为隐蕃言语中多谈刑狱，就命他去担任廷尉监。左将军朱据、廷尉郝普常称赞隐蕃有辅佐帝王的才能，尤其郝普与他关系十分亲密，并经常为他得到的这个职位而叹息，于是隐蕃门前就车马云集，来来往往的宾客把室内都坐满了，自卫将军全琮等人都非常诚心诚意地接待；唯有羊衜和宣诏郎豫章杨迪拒绝和他往来。潘浚的儿子潘翥，也和隐蕃交往在一块儿，还给他赠送粮饷。潘浚听说此事之后，特别生气，就写信过去责骂潘翥说："我深受国恩，立志用性命报效国家，你们在朝廷中，理当心存恭顺，多多亲近仁德之人，多想着做些对国家有好处的事情，怎么能同一个投降过来的俘虏交往起来，并且还给他赠送粮饷呢！我在远处听说了此事，就羞愧得面红耳赤，发愁郁闷了有十几日。等你收到这封信以后，马上到我派出的信使那里领受一百杖，还要将送出去的粮饷催讨回来。”当时的人对潘浚的做法很奇怪。没过多久，隐蕃在吴国谋反，此事被朝里察觉，他想逃跑，被抓住之后杀了头。吴主孙权严厉责备郝普，赦普畏惧之下自杀了。朱据也被禁闭起来，过了一段时间，此事才得以平息。

武陵五溪的蛮夷背叛吴国，吴主孙权觉得南土的地方较为安全，就下诏命交州刺史吕岱回来在长沙沤口屯驻。

资治通鉴卷第七十二　魏纪四

起辛亥（公元231年），止甲寅（公元234年），共四年。

【题解】本卷记录了魏明帝曹叡太和五年至青龙二年间的历史。魏明帝励精图治，识刘晔之谄，纳曹植、杜恕之谏，准满宠之奏，休养生息，西守东攻，打破吴蜀夹攻，战略取守势，使吴蜀疲敝，但为殇女送葬，不合礼制。孙权此时刚愎骄纵，被公孙渊欺骗。诸葛亮全力北伐，星落五丈原，“鞠躬尽瘁，死而后已”。

烈祖明皇帝中之上

太和五年（辛亥，公元231年）

春季，二月，吴主孙权派遣潘濬持节，协同吕岱率领的五万多人的军队前去征讨五溪蛮。潘濬的姨兄蒋琬正在担任诸葛亮的长史，武陵太守卫旍上奏说潘濬派遣密使与蒋琬通信，他是想要有自我托身的打算。吴主孙权说：“潘濬是做不出这类事情的。”于是就把卫旍所上的表交予潘濬，却将卫旍召回，免了他的官职。

吴国卫温、诸葛直在海上乘船行驶了一年多，士兵因生病十个中有八九个都病死了，可是亶洲太远，始终无法抵达，只从夷洲带回来几千人。吴主孙权觉得卫温、诸葛直没有尽心竭力办事，就杀掉了他们。

蜀汉丞相诸葛亮命令李严以中都护署府事。李严改名为李平。诸葛亮率领大军入侵魏国，围攻祁山，用木牛运送粮食。那个时候大司马曹真身患重病，魏明帝曹叡就命令司马懿在西边驻军长安，督率将军张郃、费曜、戴陵、郭淮等人前去抵抗。

三月，邵陵元侯曹真死去。

自从十月天就不再下雨，一直到今年三月。

魏国司马懿派遣费曜戴陵留精兵四千守卫上邽，剩下的派出，往西去解祁山之围。张郃想要分兵驻守雍、郿二县，司马懿说："猜想前军可以独挡敌人，将军之言是正确的。假如抵挡不了，却分为前前后后几个队伍，这就好比汉朝初期楚国的三军之所以被黥布擒获一样。"于是向前进发。诸葛亮分兵留下来攻打祁山，自己却率领军队在上邽迎击司马懿。魏将郭淮、费曜等想攻击诸葛亮，结果却被诸葛亮击败，汉军趁机就在当地收割小麦，之后与司马懿遭遇在上邽以东。司马懿集结军队依靠险要之处进行防守，两军没法作战，诸葛亮这才率领士兵退回。

司马懿一直跟在诸葛亮后面抵达卤城。张郃说："敌人大老远来攻打我方，请战不能，认为我方利在不战，而是想以长久相持来制服敌方。而且祁山知悉我们大军将至，自然而然会固守，倒不如在此屯兵，将一部分奇兵分出来，袭击敌人的后方，而不该行至前方却不敢逼近，让守军失去希望啊！此时诸葛亮的军队孤立，粮草也贫乏，我们一旦从他的后方攻击他，他自然就会撤退了。"司马懿没有听张郃的话，仍然尾随在诸葛亮军队后面观察变化。已经到达祁山附近，司马懿又登上山去，安营扎寨，不肯出战。贾诩、魏平几次请求出击，还说："大将惧怕蜀汉就像惧怕虎一样，您恐怕会遭天下人耻笑啊！"司马懿以为他们不了解详情。很多将领都想出击，但都没有得到司马懿的允许。夏季，五月，辛巳日（初十），司马懿才派出张郃在南围攻汉军无当监何平，自己率中路大军攻打诸葛亮。诸葛亮派出魏延、高翔、吴班向魏兵迎击，于是大败了魏军，汉人斩获三千多名士兵的首级。司马懿就又撤退回来保卫他的营寨。

六月，诸葛亮因粮食短缺而退兵，司马懿派出张郃去追击他。张郃进到木门，同诸葛亮军发生战斗，蜀人借助高山设下埋伏，用弓箭乱射，张郃被射中右膝，并因此死掉。

秋季，七月，乙酉日（十五日），皇子曹殷出生，于是魏明帝曹叡大赦。

黄初以来，魏国对诸侯王施以非常严厉的法令，官吏督察也很紧迫，使得亲戚们都不敢相互沟通问询。东阿王曹植上奏章说："唐尧教化百姓，从最亲近的人们最先做起，然后再逐渐延展到疏远的人们的身上。周文王推崇古训，他先在家中给妻子做模范，渐渐在兄弟姐妹之间形成正直友爱的风气，然后再来管理整个国家。我认为陛下具有唐尧钦明的德行，又施行文王谨慎的仁心，德惠让子孙繁兴，恩情照耀九族，群臣百官，交替为陛下效力，在公朝上努力办理政务，在暗底下又能够体恤家人，亲戚间情理得以畅通，喜庆吊唁诸情也得以舒展，实在称得起以推己及人的心来治理国家，恩惠可以遍及众人了。至于我吧！人际间的来往几乎断绝，在如此圣明的朝代遭遇禁锢，我的内心实在是悲伤呀！我不敢奢望还能结交气味相投的朋友，整治人情事理，欢叙天伦之乐。如今连有婚姻关系的亲戚，都不能往来，兄弟之间的友爱也都快要断绝了。庆吉问凶的关心堵塞了，贺喜吊慰的礼仪也废弛了，恩情之间这样相离，形同街上过路人。亲戚之间相隔的距离，比南越北胡还要远呀！如今我的一切都被禁止，怕是再也没有上朝的希望了。我心系国家大事，情感结于兄弟之间，恐怕唯有神明才能了解吧？然而一切皆是天命，我能有什么法子呢！退一步反思自己，其他几位王也都怀有忧思之情吧？诚望陛下沛然降下一道诏书，允许王侯间可以相互往来慰问，四时节庆也都能够向陛下敬点礼仪，使得骨肉团聚，共叙天伦之乐，成全兄弟和睦相处的义理。也让那些妃妾，可以相互之间送些衣料或脂粉吧；年内如大家亲情相通，诸王在礼仪之间与皇亲国戚相齐，恩惠于百官相等。假如能够这样，那么即使是古人也会称赞的，《诗经》所歌颂的可贵亲情，又于这个圣世再现了。我自我反思，倍觉能力太小，没有锥刀之用；然而见到陛下提拔的官员来说，假如像授其他姓的官一样，我自己衡量一下，绝不会落于他们之后。假如让我脱下远游冠，戴上武弁冠，解下诸侯印绶，佩戴将军的符信，或做驸马都尉，或为奉车都尉，如此之类的名号。假如让我定居于京城，我甘愿做一名侍从或侍中，陛下出门时跟在车架旁边，回到朝里，随侍在侧接收陛下的问话，拾遗补缺，侍奉左右，这就是我衷心的愿望，这念头即使是在我梦中也没有离开过。我很羡慕《诗经·鹿鸣》贤主欢宴群臣嘉宾；在诵读《诗经·常棣》时，我心里又想起兄弟毕竟并非外人的告诫，再是《伐木》，说朋友故旧的义气；更不能忘记的，特别是《蓼莪》所讲我还没能回报父母的恩情，因而深感悲伤。每当四节来时的聚会，我总是心生极度的孤独感触。环绕在侧的只是些仆役，所面对的只是妻子儿女，想要高谈阔论也没有可以倾诉的对象，想要说出我的精要义理，也发愁没施展的局面，所以未曾不是听到音乐，常捶打胸膛感到内心悲痛，唯有握着酒杯感叹而已。我知晓狗马的忠心，不一定能够令主人感动；就好比人类的精诚，也未必能够感天动地。齐人杞梁的妻子，因为丈夫战死而哭倒城墙；邹衍尽忠于君，而燕惠王听信谗言把他下进牢狱，邹衍对天哭号，夏季就飘起霜雪。这些事，我原本笃信不疑，可是就我现在的心情来看，也不过都是弄虚作假编造出来的罢了！试看向日葵每天面向着太阳，虽然见不到回照，但是他的心却是诚恳的。而今我就是自比向日葵，那么天地施恩与否，日月垂照与否，就看陛下的决断了。我听《文子》这么说：‘不要抢先享福，但是也不要当个最先惹祸的人。’而今诸王之间相互隔离，兄弟们都为此一同忧心。而我大胆独自道出原因，实在是为了在这圣世的朝代里，不想有东西蒙受不到陛下的恩泽，想要陛下广施恩泽于万物，以彰显陛下的德政。”魏明帝曹叡回复诏书说：“大概教化的根由，常有它的隆盛或衰敝，并非都有好的开始，而以坏的结尾，实在也是时事使它如此。现在就令封地的几位兄弟们，尽可能精简那些不必要的人情事故往还，妃妾妇道人家也要减少奢侈装扮，原本就不存在禁止各侯国间互相问询的诏书呀！不过有些下属矫枉过正，害怕受责骂，才发展到如今这种情况啊！现在下令于相应部门，照你所述加以改进就是了。”

曹植再上奏折说：“先前汉文帝将从代地出发到长安称帝，怀疑朝中会发生变故。宋昌就安慰文帝说：‘现今朝里有朱虚侯、东牟侯这两个皇亲，外面又有齐、楚、淮南、琅邪各地的宗室血亲，他们就好像磐石一样保卫着汉室，希望王莫要加以疑虑。’我请陛下想一想，远古的像周文王，就曾借力于同母弟虢仲、虢叔的协助得以成就帝王事业。接着是周成王曾经起用召公、毕公他们两位来辅助自己，以达成太平的功业。从近代来看，宋昌勉励汉文帝，借助磐石一样的宗室血亲，来捍卫国家。我听闻披了虎皮的小羊，一见到草就高兴，一见到豺狼就浑身发抖。这是因为他无法忘记自己仅仅是披着虎皮的事实呀！现在假如挑选的将领不好，就等同于此例一样。有句老话说：‘怕只怕做事者不了解所做之事，而了解应当做事之人却不能够去做。’先前成王年龄尚幼之时，管叔、蔡叔因武庚而反叛，成王杀了管叔，流放蔡叔，却任用周公作师，召公为保，而相左右。晋国邢侯跟雍子争夺田产，这件事长时间都没有得到解决，韩宣子让叔鱼来判决这件老案子，罪过被定在雍子身上，雍子将女儿献于叔鱼，叔鱼便改判邢侯有罪，邢侯恼怒，就在朝中杀死了叔鱼和雍子，韩宣子问叔向这是谁的罪过，叔向说这三个人皆有过错。周朝三监的灾祸，我自当以之为鉴；周公、召公辅助成王之功，陛下如果想要谋得，也一定不会远的！在我们这华贵的宗族中，或许戍守各地的藩王中一定会有陛下可选拔任用的人才。能够让天下人注目的，一定是当权的人；因此有权谋的人，可以改变主人的地位；有名望的人，可以让下面的人服从。豪贵权门执政，不会屈从于王室亲戚之下，他们虽被疏远，但是却举足轻重，大势已不复存在了，即使宗亲也会被轻视。所以取代齐君位的并非吕姓而是田姓！分晋的并非姬姓而是赵氏、魏氏啊！希望陛下细细思考一下。假如一心为自己图谋有利的高位，一有灾祸就想赶紧逃离，这就是异姓臣子的行事之风。如果想要国家太平，家族富贵，生死与共，福祸同享，那唯有我们宗族的臣子了。而今陛下疏远皇宗族而亲近异姓，我真是倍感困惑。此刻我同陛下共踏薄冰，同踩热炭，齐登高山，跋涉深涧，身受冷暖干湿，都与陛下同甘共苦，哪里能够随意离开呢！我因为内心无比地愤懑，所以呈上表来，一诉衷肠。假如有不合陛下意思之处，请求您藏在书库，不要毁掉它，等臣死了以后，或许还能引发陛下的深思。假如这表有极小冒犯陛下的意思，请在朝堂上公布它，请那些博学多识的人，来纠正表内不合理之处，如此我就心满意足了。”魏明帝曹叡仅仅以文辞感人回复曹植而已。

八月，魏明帝曹叡下诏书说：“先皇帝在位之时，曾下令不准诸王留于京城的原因，是因为那时国君年龄尚幼，要依靠母后来摄政，以防微杜渐，这可是关系着国家纷争或盛衰的呀！而今我也有十二年没有见到诸王了，悠悠的心绪，怎能不思念他们呢！因此下令，诸王和宗室公侯各派一位嫡子于明年正月来朝吧，今后假如再碰到幼主而靠母后临朝的情况，当然还照先帝定下的法规去做了。”

蜀汉丞相诸葛亮攻打祁山之时，李平留守后方，主要负责运粮之事。不巧竟碰上天天下雨，李平担心粮无法运到前方，就派出参军狐忠、督军成藩去告知诸葛亮，说后主说运粮不济叫诸葛亮返回；诸葛亮承后主命退兵。李平听说大军已退回，又假装惊慌说：“军粮很充足，为何要退兵呢！”李平又想要杀掉督运粮的官员岑述，以免除自己失职运粮的责任。就又上表汉后主刘禅说：“军队假装撤退，是想要诱惑敌军。”诸葛亮把李平前前后后的手笔亲书看后，发现彼此矛盾重重。李平也无言以对，只好低头认罪。于是诸葛亮上奏李平的前后过错，免了他的官职，削去他的封土，迁到梓潼郡去了。又起用李平的儿子李丰担任了中郎将、参军事，并对他说：“我和先生的父亲，一同为汉室效命，上表让令尊担任都护主管汉中的事物，先生在东关，原以为诚心待人，能够保全始终，哪里能料到中途会生变故呢！如果都护能对国事一心一意，不再有诡变的举动，先生和蒋公琰诚心做事，那么闭塞的便能够通泰，失去的也能够再得到。请细细斟酌这番劝诫，也是我的用心了！”

诸葛亮又写信给蒋琬、董允说：“孝起曾经和我说过李平这人心怀鬼胎，乡里都说不可靠近他。我认为只要不让他有心生诡计的机会就可以无碍了，没想到再有像苏秦、张仪这样反复的举动，此事可以让孝起知道。”孝起就是卫尉南阳陈震。

冬季，十月，吴主孙权派出中郎将孙布用诈降的方法引诱扬外刺史王凌，吴主孙权又在阜陵附近埋伏下军队等待他。孙布派出人带着信去通知王凌说：“因路途遥远不能够凭一己之力前去投诚，恳请贵国派兵前来接应。”王凌将孙布的信递交上去，请求派兵过去迎接。征东将军满宠觉得其中一定有阴谋，为此不肯发兵，还代王凌给孙布写了一封回信说道：“我们能了解你已经辨别出邪恶与正道，想要避去祸患趋向顺利，背弃暴虐归向正统，我十分赞赏和钦佩你。此刻想出兵去迎接你，可是派出去的兵少又不能自卫，兵多又恐泄密于远处。你最好先认真秘密计划一番，等到时机来临再决定采取行动。”恰巧此时有命令召满宠回朝，满宠就留下命令给府中长史说：“假如王凌想要前去迎接，千万不可派兵给他。”王凌后来果然要去迎接，但是要不到兵卒，就单独派出一个督将，带领七百名步骑前去迎接孙布，孙布看见魏军来到，就在夜里发动突然袭击，督军虽然拼死逃出，但是折损了大半士兵。王凌是王允兄长的儿子。

起初王凌上表，说满宠年老体弱，又沉迷喝酒，不能处理边防大事，请求将他调回去。魏明帝曹叡准备召回满宠，给事中郭谋说：“满宠担任汝南太守、豫州刺史二十多年，有功于边疆；戍守淮南，吴国人也都害怕他。假如不像王凌表上所说的那样，将会被敌人窥探利用，就说让他回朝来，问一问东方的敌情而已。”魏明帝曹叡采纳了这个意见。等满宠回到朝中，只见他身体壮硕，精神饱满，魏明帝慰问他一番，就让他回去了。

十一月，戊戌晦日（三十日），发生日食。

十二月，戊午日（二十日），博平敬侯华歆去世。

丁卯日（二十九日），吴主孙权大赦，改明年年号为嘉禾。

六年（壬子，公元232年）

春季，正月，吴主孙权的少子建昌侯孙虑过世，太子孙登自武昌回京城看望吴主孙权，并自述说久离父母，未能早晚问安，没有尽到为人子的责任；又报告说陆逊在武昌，对王室忠心且勤勉，没有什么好忧虑的。于是他就留在了建业。

二月，魏明帝曹叡下诏令，将所有诸侯王的封地，由郡改称为国。

魏明帝曹叡的爱女曹淑死去，他悲伤不已，追封她谥号为平原懿公主，还在洛阳给她立了一座庙，将她葬于南陵，取甄后兄弟的孙子甄黄同她合葬于一处，并追封甄黄为列侯，还为他们找个后代，承袭官爵。魏明帝曹叡还想要亲自前去送葬，又要到许昌去。司空陈群劝谏说："八岁以下夭折的，礼仪尚且还不具备，何况还没有明确的日期，就要用成人的礼节送葬，又为其制服制，全朝百官穿着素衣，早晚前往哭泣，古往今来，没有像这样的事。何况陛下不仅要亲自视察墓地，还得随灵出葬。我希望陛下不要做些无益而有损的事，这也是万国所期望的。我又听说陛下因为悲伤要到许昌去，这样二宫上下，全都东迁，整个朝野大大小小的官员，没有不惊慌失措并以此为怪的。有的人就会说是想要避免灾害，有的人更猜想要移宫殿，有的人却不知道到底是什么缘故？臣认为吉凶有天命，祸福却是人控制的，用迁移的方法求平安，并没有什么好处。如果陛下一定要迁移来忘记伤心事，可以将洛阳城西北的金墉城西宫修葺一番，或者把孟津别宫稍稍修整一下，都可以暂时住一段时间，何必要整个宫里都搬迁到许昌呢？那样公私各处的浪费，数不胜数！况且贤人吉士，尚且不随意地搬迁他的家，就是为了使乡民的心能够安定，不至于使他们恐慌。何况帝王是万国之主，行为举止的动或静，哪里可以任意决定呢！"少府杨阜也劝谏说："文皇帝、武宣皇后去世之时，陛下您都没有去送葬，为的是以社稷安定为重，怕出什么意外啊！为什么今天却为了尚且在怀抱中的小孩子过世，而要去送葬呢！"魏明帝曹叡没有听从他们的建言。三月，癸酉日（初七），开始东巡。

吴主孙权派出将军周贺、校尉裴潜由海上前往辽东，去向公孙渊要战马。

起初，虞翻性情疏放正直，常因贪酒做错事，又喜好批评别人，因此常遭人谤毁。吴主孙权有次和张昭讨论神仙的事，虞翻指责张昭说："那些都是死人却被说成神仙，这世间哪里会有什么神仙呢！"吴主孙权对他的怒气不是一次了，于是把虞翻贬到交州。等到周贺等人到了辽东，虞翻却认为五溪可以征伐，辽东太遥远了，即使前来归附，尚且不足拥有，现在派人带了财物去辽东买马，既对吴国没有益处，又恐怕一无所获。虞翻想要劝谏吴主可又不敢，于是上表请求吕岱传送，吕岱不往上报。反被憎恶虞翻的人告诉上头了，虞翻此番又被贬到苍梧郡猛陵这地方。

夏初，四月，壬寅日（初六），魏明帝曹叡到达许昌。

五月，皇子曹殷去世。

秋初，七月，魏明帝曹叡用卫尉董昭担任司徒。

九月，魏明帝曹叡到摩陂，营缮许昌宫室，建造景福、承光殿。

公孙渊私下里怀有不轨之心，常和吴国暗中往来。魏明帝曹叡派遣汝南太守田豫率领青州的各部队由海上进兵，又命幽州刺史王雄从陆路进攻公孙渊。散骑常侍蒋济建议说："大凡不是互相吞并的国家，不侵犯叛逆的臣子，不宜于随意言及讨伐。攻伐他又不能控制他，是促使他成为自己的敌人呀！所以说'虎狼当路，不要去管那狐狸。'先除去大害，小害自然消失了。现在滨海这个地方，世世代代以来一直听命于陛下，每年都往京城上计簿和举孝廉，也不缺乏赋税、贡品，议论政事的人都首先提到辽东。就算是攻打他可以一战就取得胜利，得他的民众对国家也没有大好处，收他的财物也不能使国家富足多少。一旦我们不能取得胜利，反而结下怨恨使得我们多一个敌国，并且失去了他国的信任。"魏明帝曹叡不采纳蒋济的建言。田豫等人去征讨公孙渊也没有取得成功，魏明帝曹叡只好下诏命他们停止进攻公孙渊。

魏国的田豫预料吴国的周贺等人将由辽州返回，年末海上风大，必定担忧浪高，东方又没有岸可靠，应该会经过成山，而成山海边没有藏船的地方，他们将会上岸据守成山。周贺等人返回，果然在海上遭遇大风，就登上成山，这时田豫率兵袭击周贺等人，将他们全部斩首。吴主孙权听到这件不幸的事，这才考虑到虞翻奏章的建议是对的，于是想要把虞翻召回交州。但是这时虞翻已经过世了，就把他的灵柩接了回来。

十一月，庚寅日（二十八日），陈思王曹植去世。

十二月，魏明帝曹叡回到许昌宫室。

侍中刘晔是明皇帝最为看重的人，魏明帝曹叡即将讨伐蜀，内外的朝臣都说："不可以讨伐蜀。"刘晔进朝同魏明帝商讨，却说："可以讨伐蜀。"刘晔退朝后却和群臣说："不可以去讨伐。"刘晔是个有胆又有谋的人，谈起对蜀的可伐和不可伐，皆是有形有色的。中领军杨暨，也是魏明帝曹叡的近臣，他很敬重刘晔，但仍坚持蜀不可伐的原则，每次从朝中出来，都要去看刘晔，刘晔也把不能攻蜀的原因讲给他听。后来杨暨和魏明帝议论伐蜀的事，杨暨坚持认为不可攻蜀，魏明帝说："你是书生，哪里懂得带兵打仗这种事呢！"杨暨表示歉意说："臣的话实在不值得采纳，但是侍中郎刘晔，是先帝的谋臣，也常说蜀是伐不得的。"魏明帝曹叡说："刘晔当面和我讨论时，说是能够伐蜀的。"杨暨说："陛下大可以把刘晔召来，当面质问于他。"魏明帝曹叡将刘晔召过来以后，问他话，他始终一言不发。后来单独见召见时，就责怪魏明帝说："征伐别国，是很大的计划，臣有幸知道了这个大计划，睡觉时也总是害怕说梦话使其泄露出去，皇上就会增加我的罪名，又怎么敢随便向别人提起！用兵打仗是一种诡道，打仗的事还没有确定，就不要厌烦它并要一直保密。现在陛下自己已经泄露出去了，我恐怕敌国已经知道了这件事。"于是魏明帝曹叡向刘晔道歉。刘晔见过魏明帝曹叡出来后，就责怪杨暨说："钓鱼的人想将大鱼钓上来，就要让被钓到的鱼先拉着钩跑，等鱼没力了，就一定在制服它时，再把线拉回来，这样做的话就没有钓不上来的。

皇上的威望，岂止是为大鱼呀！您实在是个忠实的臣子，然而你的做法却不值得一用，应该再细细想想呀！”杨暨听到这番道理后，也向刘晔道歉。

有人对魏明帝曹叡说：“刘晔并非一位真正尽忠臣子，他不过是善于察言观色，趋于附和罢了。陛下您不妨试探着与刘晔对话，全用相反的意思问他，他如果都和陛下的问话相反，那么刘晔同皇上您的利益是相合的，如果每问都一样，那么刘晔的不忠的罪名就难避免了。”魏明帝照以上的做法去试探刘晔，果然得知刘晔凡事都迎合魏明帝的心意，于是魏明帝渐渐疏远刘晔。刘晔于是精神失常，被派遣为大鸿胪，后来刘晔忧愤而终。

◆《傅子》（晋傅玄著）评论说：巧妙的伪装不如笨拙的诚实，这是真的道理呀！像刘晔如果聪明明智，精于权计，安于德义，行为忠实诚信，古代的大贤，也不能和他相比呀！可是他只凭才智，不忠厚老实，在朝内失去皇帝的信任，在朝外又被别人看不起，终于郁郁而终，那不是很可惜的吗？◆

刘晔曾在魏明帝跟前批评尚书令陈矫过于专权，陈矫很恐惧，就将此事告诉他的儿子陈骞。陈骞说：“皇上是十分圣明的，您是大臣，现在假如和他人不合，不过不当三公罢了。”过了没几天，魏明帝曹叡果然明白其中的原因，事情便解决了。

尚书郎乐安廉昭依靠才能而得到魏明帝的喜爱，但是他却喜好挑取群臣的小错用来媚求魏明帝。黄门侍郎杜恕上奏说道：“我见到尚书令廉昭上奏称左丞相曹璠因为有罪而要惩罚应当向上禀告时，没依据皇上的命令，详加追究以处罪。又说：‘其他那些该连同治罪的人应另外奏上。’尚书令陈矫自己上奏称不敢逃避朝廷的责罚，也不敢陈述缘由，心中十分诚恳。臣私下觉得为朝廷感到可惜呀！古代的帝王，他们之所以能够维持世教，使百姓得以繁衍，无一不是远得百姓的爱戴，近得群臣的竭尽智慧和能力。现在皇上为天下万事操劳，有时更是夜以继日，但是很多琐事还是不尽完备，刑法禁令也日渐废弛。追究它的原因，不是下面的臣子不尽忠，而是皇上不能够使用他们啊！从前百里奚在虞国时很是笨拙，到了秦国却变成聪明人了；豫让在中行氏那里只是苟且偷安，等到了智伯跟前却名节彰显，这些都是古人明显的验证呀！如果皇上认为现在没有人才，朝廷缺少贤能的人辅佐，又怎么可以追寻稷、契的踪迹，而等待后世的才俊呢！现在所称的贤人，都已经做了大官享受着优厚的俸禄了，然而遵奉上级的操守却没有建立，拥护公家的心也不齐，这是由于任命他们的职务不专一，他们做事有很多忌讳的缘故！臣认为忠臣不一定是皇上所亲近的人，亲近的臣子也不一定是忠心的。现今有疏远的人非议别人而陛下怀疑是他私报憎恶之人，称赞别人之时而陛下又认为是他自己所喜爱的人，左右大臣就因此进言些陛下喜爱或讨厌的事，于是被疏远的人却不敢去称赞或是非议他人，以至于政事的好坏，也都有了疑惑。皇上应该去想如何宽广朝臣的心胸，深重地鼓励有道的节操，使他们自己做到和古人一般，名留青史。现在陛下反而用廉昭这样的人在朝廷里扰乱秩序，我害怕大臣们将会因此只求容身，保住官位，而坐观朝政的得失，却不去管理，成为后世的鉴戒。曾经周公警告鲁侯说：'不要让大臣怨恨你不去任用他们。'这就是说不贤的人不可以任用为大臣，任用他们为大臣就是要他们各尽其用。《尚书》中帝尧屡次谈及舜的功劳，总是称赞舜去除共工、驩兜、鲧、三苗四个恶人，不是只谈有罪就不问罪过大小一概斥退掉了。现在朝里的大臣，大都不承认自己没有才能，却觉得皇上没有重用他；也不承认自己不聪慧，只怪皇上不去垂询他。皇上为何不遵循周公用人的法则，大舜放逐恶人的态度呢！使侍中、尚书们在皇上静坐朝堂时，就侍奉在帷帐左右；出行在朝外时，就随侍于车架两旁，让他们亲自回答皇上的提问，将自己的见解陈说出来，那么群臣的行为，陛下自然而然就会知晓了。忠心又有才能的人，就重用他；昏庸愚昧的人，就斥退他，谁还敢犹疑盘桓而不竭尽自己的才能呢？像皇上这样贤明，亲自和群臣商讨政事，使他们都竭尽自己的能力，不论贤能、愚庸、有能力或是没能力，都能在皇上您的任用之下。这样子办事，还有什么事办不成呢？以这样去建立功业，什么功业不会成功呢？每次朝廷有了紧急军情，陛下就下诏书说：‘谁应当来忧虑这些事情呢？是该我自己来忧虑吧。’近来的诏令又说：‘能为公事忧虑，忘记掉一己私事的人，一定很难做到。大臣们只要能先公后私就不错了。’看了皇上的诏令，知道皇上将臣子们的状态了解得十分透彻，但仍要责怪皇上不从任用贤能的人这个根本着手，却去担忧事情办得好坏这样的细枝末节。一个人有能或是无能，这是他的本性，依臣看来朝里的大臣不都完全称职的。明主用人的方法，是要使有才能的人不敢对自己的才能有所保留；没有才能的人，不得担当他自己不能胜任的职务。大臣们推举出不合适的人，不见得就有罪；然而全朝都能容忍这个不合适的人，才是一件怪事呀！皇上明知道臣子没有尽力，却担忧他的职务；知晓臣子没有才能，却让他去处理政务，白白使皇上劳苦而臣子却安逸。就是圣贤同在世上，也不能这样将国家管理好。皇上又担心宫中的禁令不严密，人事请求托付不断，就制定迎客出入的规定，换凶恶的侍卫来把守宫门，这实在不是禁止此类行径的根本办法。先前汉安帝之时，少府窦嘉征召廷尉郭躬无罪的哥哥的儿子，尚且被大臣们纷纷上书弹劾。而如今司隶校尉孔羡征召大将军司马懿狂妄忤逆的弟弟，官吏们却沉默无言，更有些大臣，甚至奉迎大将军的态度，看起来比受过指示还更加顺从。这都是大臣不按实情选拔人才的结果。窦嘉有亲戚的尊宠，郭躬不是国家的重臣，尚且如此；拿现今的情形和古代相比，是皇上不监督必行的罪罚去杜绝结党营私的根源呀！制定出入朝堂的制度，和让凶恶的士兵把守宫门，都不是能有效治理天下的工具啊！如果我的话多少能被皇上您接受，又有何担忧奸恶的人不减少，养了些像廉昭这样的人呢。本来揭发奸恶的事，是忠诚人的事；但是世人憎恨小人去执行的原因，就是因为他们背弃道义，苟且偷安，谄媚进取。假如皇上不再监察他的因果，必定会让这些人认为违背众人，忤逆天下是奉公；窥视人家的过失，向上报告是尽节，为什么通人大才不会做这类事吗？只是顾及道理而不愿意做罢了。假如天下人都去做违背道义而趋向利益的事，这是做皇上最忧虑的事，如此皇上还有什么快乐呢？”杜恕是杜畿的儿子。

魏明帝曾经突然来到尚书台的门前，陈矫跪下向魏明帝问道：“陛下想要做什么？”魏明帝说：“想要考查文书罢了！”陈矫说：“这是我的分内之事，不适宜皇上亲自考查。如果您认为臣不称职，就可以将臣罢黜，请皇上回去吧！”魏明帝感到很惭愧，就乘车转回。魏明帝曾经问陈矫说：“司马懿先生忠君爱国，可以算是国家的有贤能的大臣吗！”陈矫说：“他很得朝内大臣的仰望，但是就国家社稷来说可能就不是如此了。”

吴国陆逊带兵前往庐江，很多朝臣议论应该出兵去庐江救援。满宠说：“庐江即使小，良将兵精，假如陆逊以兵围攻庐江，必然要经历长时间或许也不能攻下。再一点，吴国的士兵把战船舍弃了而驻扎在江上二百里外，后面又没可以援助的人，他不来攻我们，我们还想诱他来，现在就是我们让他前进，只怕他们将来无路可走呀！”于是魏国整备军队急速到杨宜口，吴人知晓魏军的行动后，急忙连夜退回去了。

那时，吴国每年都有攻打魏国的计划。满宠上奏章说：“合肥城南边面临长江、巢湖，北边距离寿春很远，如果敌人围攻它，就要依靠江与湖水面为根据，并在此形成强大的势力；而我军要前往解围，就要先击溃敌人的主力，然后才能解围。然而敌人乘船来攻打合肥是轻而易举的，但是我们前去解围，却会显得十分困难。所以我认为我们应当把合肥城中的军队抽调过来，向西移动三十里地，那里地形险恶，易于据守，我们在那里建立新的城池，并且固守不退，这才是把吴军引上岸来，同时控制住他们退路的好计策。”护国将军蒋济反对说：“照满宠所提的办法去做，不但是向天下示弱，而且像是我们看到了敌人的烟火，就自己毁坏城池，这可以说是不战而败。一旦到这种地步，将来我们必然会受到其他国家极严重的攻击和掠夺。所以我们的防线，必须坚守淮河北岸才好。”魏明帝曹叡不同意。满宠再次上奏：“孙子说‘战争的本质，就是讲究诡诈之术的。所以明明是战力高，却偏要让敌人看成弱；使敌人看到有利可取而轻敌，让敌人认为我们很怕他’。这就是内里和外在不必一致的战争策略呀！孙子又说过：‘善于诱敌的人，也是善于营造战场的形势的人。’现在我们在敌人没来之前，就转移了城池，把防线往后推移，这就是以战争的形势来诱导他们！我们引诱他们远离水域，深入陆地，然后选择有利的地形发动攻击，那么我们就取得外线胜利，内线也自然有利可图了。”在当时，尚书赵咨也认为满宠的计划很好，于是魏明帝曹叡就下诏令采用满宠的主张。

青龙元年（癸丑，公元233年）

初春，正月，甲申日（二十三日），一条青龙出现在摩陂的一口井中。当年二月，魏明帝曹叡到摩陂去看青龙，于是改年号。

公孙渊派出校尉宿舒、郎中令孙综奉上表册向吴国称臣；吴主孙权非常高兴，于是大赦天下。当年三月，吴主孙权派遣太常张弥、执金吾许晏、将军贺达率领一万多士兵，携带金银、珠宝、珍稀货物和天子赐予诸侯的车马、衣物等九种赏赐，经海路往东海赐给公孙渊，并且封公孙渊为燕王。吴国全朝的大臣自顾雍以下都劝谏说：“公孙渊是个不值得信任的人，而且赏赐他的东西也太优厚了。只应派遣官兵护送宿舒和孙综就可以了。”吴主孙权不听他们的建议，张昭说：“公孙渊叛离魏国，是怕魏国来讨伐他，才远道而来向我们求援，并不是真心顺服！如果公孙渊临时改变计划，不接受吴国封赐，用来向魏表明忠心，那么我们的两个使者就不能返回，吴国会被天下人所取笑！”吴主孙权反复诘难和张昭辩论这件事，但张昭还是更加坚持己见。吴主孙权不能按他的意思行事，吴主孙权就拿宝剑怒说：“吴国士人入宫就拜我，出宫就拜见你，我敬重你也到极点了，但为何你要在众人中使我做事不顺利呢！我常常害怕自己做出不愿做的事情。”张昭看着吴主孙权说：“臣即使知道这话不会被您采用，每每却是要想着尽愚忠，实在是因为太后将要去世的时候，把我叫到身边嘱咐，她遗诏中的话还在我的耳边啊！”张昭痛哭流涕；吴主孙权也把刀丢弃在地上，和张昭两人一起哭泣。最后吴主孙权还是派遣张弥、许晏去东海了。张昭怨恨自己的建议不被采纳，于是称病不再上朝；吴主孙权十分痛恨他的作为，就把张昭家的门从外面用土封起来，张昭也从里面用土把门封上。

夏季，五月，戊寅日（十八日），北海王曹蕤去世。

闰五月，庚寅朔日（初一），发生日食。

六月，洛阳宫鞠室发生火灾。

鲜卑的轲比能诱惑保塞鲜卑的步度根和他深交和睦，亲自带领万骑在陉岑以北迎接步度根的百姓和行李。并州刺史毕轨上表想要出兵打仗，认为这样对外可威胁轲比能，对内可以镇压步度根。魏明帝曹叡看完毕轨的上表后说：“步度根已经被轲比能所诱惑，他心中肯定会有疑惑。现在毕轨出兵打仗，我们一定要谨慎，不可越过边塞句注山。”等到诏令到时，毕轨的军队已经驻扎在阴馆，并且命令将军苏尚、董弼带兵追赶鲜卑人。轲比能派遣儿子率千余士兵去迎接步度根部落，和苏尚、董弼相遇，两军在楼烦发生激战，苏尚、董弼二将全军覆没。步度根和泄归泥部落也全部叛变，奔出边塞，和轲比能会合，他们在边境掳掠骚扰不停。魏明帝曹叡命令骁骑将军秦朗率领中军前去讨伐他们，轲比能等人这才逃到边远的漠北去了，泄归泥则率他的部下来投降魏国。不久之后步度根被轲比能杀死。

公孙渊了解吴国离自己的国家太远，无法依靠，于是就砍掉张弥、许晏的头，送到魏国京师，并将吴军的兵器珍宝等物全部没收。冬季，十二月，魏明帝曹叡下诏令拜公孙渊为大司马，并封乐浪公。

吴主孙权听到这些事大怒说：“我今年已六十岁了，世上难的或容易的事，都没有什么未曾尝试过。现在竟被这些无名小辈，诱斩我的使者，真是气愤得很。我若不亲自前去割下那些鼠辈的头颅，丢到海里去，就无颜面再做君临国家的人了，这次带兵攻打他就算遭受挫折，也不能就此罢休。”

陆逊上奏章说：“皇上以英明神武的姿禀，承受大命，曾在乌林击败过曹操，在西陵击败过刘备，在荆州擒住过关羽；这三个敌人，皆是当今时代的枭雄英杰，而陛下却都摧垮他们的锋芒。圣上教化安定，万里广土众民，全部都像草随风般地顺从。现在正是要平定全国成就统一大计的时候。若不能忍耐小的愤怒，而发生雷霆般的大怒，这是违反了‘千金之子，坐不垂堂’的警示，忽视了自己作为大国之君的贵重，这是臣不明所以的地方。臣曾听闻，立志行万里路的人，不会在半途中停下脚步；图谋天下的人，不会为了微小的事情而危害大局。现在我们国家的强敌还在边境上，荒远地方的蛮夷还没能前来顺服朝贡，皇上就要乘船远征，必会遭到他人的窥伺；当您碰到烦恼而忧心忡忡时，就来不及后悔了。一旦陛下完成了统一大业，那么处在海边的公孙渊不用征伐就会自行来降了。如今您为爱惜辽东的兵马，怎么就能弃江东的万世本业于不顾呀！”

尚书仆射薛综也上奏说：“从前汉元帝想坐楼船，薛广德为阻止此事将要自杀将血染在车前，这是为什么呢？水火是最危险的，不是皇上可以随便冒这个险的。现在辽东是个夷狄小国，没有坚固的城池，也没有防守的方法，兵器也不锋利，他们如同犬、羊一样没有秩序，大军一到就可以克服，这很符合圣上的愿望。但是他们的地方苦寒，五谷不容易生长。百姓都骑马，在各处奔走，也没有固定的住处，他们忽然听到大军到来，自己知道不能抵抗，就会像惊骇的鸟兽一样奔跑分散。到那时连一个人一匹马都无法见着，即使我们可以获得那片空地，但是守护着它又有什么用处呢？这是我认为第一个不能出兵的理由。再加上大海动荡不定，像登山一样难，海上航行的天气变化无常，风浪是难以避免的，可能瞬间人和船就会被风浪吞没，到那时陛下纵然有尧、舜那样的德行，也没有办法挽救了；就是有孟贲、夏育的勇武，也没有地方施展了。这是第二个不能出兵的原因。再加上迷蒙的雾气笼罩在天空，苦涩的海水在下边蒸发，将士们很容易生病或生疮，并且会相互传染。凡是在海上航行的人，都躲不过这些灾难。这是第三个不能出兵的原因。皇上是上天派遣的圣人，应该利用时机来削平动乱，使国家康盛百姓富足。现在的敌人将要灭亡，海内的局势将要平定；竟然违背自然的形势，去走那最危险的路子；忽略天下统一的大计，只为一时的愤怒。这既不是国家的大计，又是开天辟地以来从未有过的事，这才是群臣心不能安、食之无味、睡不安稳的事呀！”

选曹尚书陆瑁也上奏章说：“北边的魏国与我们土地相连，一旦有可乘之机，他会顺应时机而来。因此要越海求马匹，委曲心意厚待公孙渊的做法，无非是要除去眼前的危难和心腹之患罢了！现在您却要舍本求末、舍近求远，因恼怒就改变常规，因激动而用天子的近兵，这正是狡猾的敌人所想要听到的消息，因此这不是使吴国强大的最好计策呀！再说兵法上的原则主张‘以逸待劳’，这正好是敌人用智谋来使我军疲劳。得失之间，察觉与不能察觉，它们之间大不相同。而且沓渚距离公孙渊，路程还很远，现在要到公孙渊的岸上，军队势必要分成三部分，命令强壮的士兵去进攻，其次的守军船，再其次的运送粮草，去的人即使很多，真正能够用于作战的却很少；加上徒步背运粮食要经历很远的路，又是深入敌人的境内，敌人境内有许多的马，若被敌人在半路拦截，就会失去很多时间。假使公孙渊狡诈，同北方边寇没有断绝来往，和我们作战之时，他们必定如唇齿一样地相互帮助。如果各自作战没有外援，他们会因害怕而远逃，也不是我们能在短时间内可以消灭的。让皇上长时间留在北方的旷野上，山贼或俘虏若乘隙而起，恐怕就没有安全可以考虑了。”吴主孙权没有听取这个建议。

陆瑁再次上奏章说：“用兵作战，原是古时用来征讨暴乱、威慑四方蛮夷的行为。战事要在大的敌人已经消灭，天下太平之时，在朝堂上从容地讨论之后才可进行。现在是全国大乱，九州各自盘踞、相互争夺之时，应该深植根基，固守本土，爱惜国力，珍惜费用，此时陛下却舍弃近敌，而到远方去攻击敌人，使自己的军队疲惫。从前尉佗叛离汉朝，僭号称帝，那时天下太平，百姓富足，然而汉文帝尚且以为出征远方，是件不容易的事，就仅仅写信去警告尉佗罢了。现在奸恶的国贼我们还没有铲除，而且边疆还不断来警报，因此陛下不应把公孙渊作为首要攻打的目标。臣希望陛下能抑制愤怒，使用计谋，暂时安抚军队，暗藏神机，默默规划，来为以后做打算，这样才是天下的幸运。”吴主孙权看完这奏章后决定停止攻打公孙渊。

吴主孙权几次派遣人去慰问并向张昭致歉，张昭就是不理睬。有次吴主外出，经过张昭家的门前，就大声喊张昭的名字，张昭派人推辞并拜谢吴主说病重。吴主孙权派人把张昭家的门烧掉，想张昭一定会因恐惧跑出来，但是张昭居然不出门。吴主孙权又派人把火灭了，站在他门前很久。张昭的几个儿子就把张昭扶出来，吴主孙权把张昭拉上车去，载回宫中，并深深地自我批评一番。张昭不得已，之后才照常上朝了。

起初，张弥、许晏等到达襄平后，公孙渊想要图谋他们，于是就分散他们的官吏和士兵，把中使秦旦、张群、杜德、黄彊等和官兵六十人安放在玄菟这个地方。玄菟在辽东以北二百多里处，太守王赞领户二百家，秦旦等人都居住在老百姓家，饮食皆依靠当地的百姓，就这样过了四十多天。秦旦和张群等商量说：“我们背井离乡，辜负国家的恩义，来到这绝地，如同来送死一样。现在这地方，形势很弱，如果现在我们同心协力，焚烧这座城郭，杀死他们的长官，替国家洗雪耻辱，就算死了，也没有什么值得怨恨的。何必在这里苟且偷生，过着俘虏一样的生活呢！”张群等人都很赞成。于是私下里约定，在八月十九日夜间行动。然而那天中午，却被郡中张松把这件事密告给了王赞，王赞就集合士众，关闭了城门。但是秦旦、张群、杜德、黄彊还是都跳出城墙逃走了。当时张群的膝上还生着疮，因此没有办法跟上他们，杜德就扶着他同行，在崎岖的山谷中，走了六七百里地，但是张群的疮更加疼痛，没有力气再走，就躺卧在草中，杜德等人和他一起哭泣。张群说："我不幸负伤，离死不久了，各位赶快逃跑，希望有活的人能到达目的地，但空守在这里，大家都不能够活命，又有什么好处呢？"杜德说："我们在离国万里以外流亡，生死应该在一起，怎么能把你一人抛弃呢。"于是催促秦旦、黄彊先往前走，杜德单独守住张群，并每天采集野果子给他吃。秦旦、黄彊离开张群、杜德几天后，到达高句丽，就向高句丽王位宫及其主簿宣读吴主的诏书，骗他们说原本是有赏赐的，可是被辽东人抢走了。位宫等人听说后很高兴，就接受大吴的诏命，并且派人随秦旦去把张群接来，还派出皂衣二十五人，送秦旦等人回到吴国，奉表称臣，上贡貂皮千张，鹖鸡皮十件。秦旦等见到吴主孙权后，悲喜交加，不能控制。吴主孙权觉得他们非常勇敢，都封他们为校尉。

这一年，吴主孙权想要出兵围攻新城，因为该城距离江水很远，就等了二十多天，仍然不敢下船。魏国的满宠对各位将领说："孙权知道我们把城池移动了，一定在其部下面前说了大话，现在来到这里，只是求一时之功，即使他不敢到城前攻打，但也要上岸炫耀一番，表示他们很有实力。"于是满宠就偷偷派出步兵、骑兵共六千人，埋伏在肥水的隐蔽处，等待吴兵行动。吴主孙权果然上岸炫耀，满宠的军队突然发起攻击，斩杀和被水淹死的好几百人。后来，吴主孙权又派全琮去攻打六安这个地方，也没有攻打下来。

蜀国庲降都督张翼执法太过严苛，南夷土豪的将领刘胄叛变了。丞相诸葛亮派参军马忠去取代张翼，并召张翼回来。有人告诉张翼，应该马上回去接受处罚。张翼说："不能就这样走了，我是因为蛮夷不安分，而我没能力平息，所以才被调回去的。现在代替我的人还没到，我正面临战争，理应运粮积谷，作为消灭贼寇的时候所用，哪里能够因为自己被罢退，就荒废公家的事务呢！"张翼仍旧努力备战，并不松懈，等到接替他的人到了之后才离开。由于张翼准备得充足，马忠才击败刘胄，并且将刘胄斩首。

诸葛亮在蜀国奖励耕种，训练士兵，造木牛、流马，运送米粮集于到斜谷口，修建斜谷邸阁。让人民安宁，士卒休养，准备三年后使用。

青龙二年（甲寅，公元234年）

春季，二月，诸葛亮尽出士兵十万人，由斜谷向魏国进攻，并且派遣使者邀请吴国并同吴国约定同时进攻魏国。

三月，庚寅日（初六），山阳公汉献帝去世，魏明帝曹叡穿着素色的衣服送丧。

己酉日（二十五日），魏明帝曹叡大赦天下。

夏季，四月，有大瘟疫发生。

崇华殿发生火灾。

诸葛亮到达郿县，并驻扎于渭水的南面。司马懿率领军队渡过渭水，背靠水的地方做堡垒抵抗诸葛亮的军队，并且对诸位将领说："诸葛亮如果出兵于武功，顺着山势向东，那就值得忧愁了；如果诸葛亮往西到五丈原，各位就没有事了。"诸葛亮果然屯兵在五丈原这个地方。

雍州刺史郭淮对司马懿说："诸葛亮一定会争夺北原，我们应该先派兵据守。"但其他人都说不会，郭淮又说："如果诸葛亮跨过渭水到达北原，再出兵北山，把陇道隔离开，百姓和羌人就会动荡不安，这不符合国家的利益呀！"司马懿于是派出郭淮屯驻在北原。沟壕和堡垒还没有筑成，汉兵就攻来了，但是被郭淮击退。

诸葛亮认为几次出击失败，都是因为粮食没有运到，从而使他复兴汉室的志向不能够达成，于是就分兵屯田，作为久驻的根基，耕种的士兵杂处在渭水居民之间，对百姓既安全，对军队也没有害处。

五月，吴主孙权进入并驻扎在巢湖口，想要进攻魏国的合肥新城，兵众号称有十万人；孙权又派遣陆逊、诸葛瑾率兵一万多进驻江夏、沔口，准备进攻襄阳，并派遣将军孙韶、张承进驻淮县，以便向广陵、淮阴进攻。六月，满宠想要带领军队去救新城，殄夷将军田豫说："吴贼把他们的军队都带了出来，不是为了贪图小利，而是想用新城为质，来招引我们的大军，我们应该固守城池，用来挫伤他们的锐气，而不应该和他直接交锋。一旦吴国攻不下新城，众士兵一定会疲惫懈怠，等到他们士气低落的时候我们再进攻，就可以大获全胜了。如果吴国看透我方的对敌计划，一定不来攻击，必定将要到其他地方去。假使我们现在就进攻，刚好中了吴国的计谋。”

那时魏国东部方向防守的官兵，全在轮流休养，满宠上表请求朝廷派遣中军支援，另外召回休假的官兵，集结兵力准备反击。散骑常侍广平刘邵提议说：“吴贼很多，又是刚到，心一定很专一，气一定刚锐，满宠用少量的士兵，在这个地方作战，如果随意进攻，一定不能取胜。满宠请求等待兵力集中后再行进攻，是没有错的。我认为也可先派遣步兵五千，精骑三千，早早到达并声称要攻击他们，以虚张声势。骑兵到合肥的时候使队形疏散，多安置旌旗锣鼓，宣传说兵到了城下，然后把吴贼的大军引出来，以截断敌人的退路，并控制敌人运粮的道路。敌人听说我们大军已经到了，骑兵已经阻断他们的后方，必定会惊慌逃走，这就是不用作战而使敌人自己失败的好计策啊！”魏明帝曹叡听从了刘邵的意见。

满宠想要撤离合肥新城，以便把吴兵引到寿春这个地方，一举全歼，魏明帝曹叡不听他的建议，而且说：“从前汉光武帝时派兵驻守略阳（陕西省县名），最后终于击败了隗嚣；先帝在东方设立合肥城，在南方固守襄阳，在西方巩固祁山，前来攻击的敌人，常常被歼灭于三城之下，可见这三处有必争的道理。纵然是孙权进攻新城，也必定不能攻下。特此命令诸将士坚守新城，我准备亲自前去讨伐吴国，等我到那儿了，恐怕孙权也已经逃走了。”于是魏明帝曹叡派征蜀护军秦朗率领步骑两万多人去协助司马懿抵御诸葛亮，并命令司马懿说：“只许坚持守卫用以挫败对方的锐气，他们进攻不得志，即使是他们撤退也不要和他们作战，时间长了，他们没有粮食，又没有收获，自然就撤退了；等他们撤退时，再追击他们，这才是全胜的做法。”这年秋季，七月，魏明帝曹叡亲自登上龙舟向东方进行征讨。

满宠募集壮士，然后深入敌人后方焚烧吴国的攻击用具，还射杀了吴主孙权的弟弟的儿子孙泰；此刻吴国的官兵，又有很多人生病。魏明帝曹叡还没有行至几百里，满宠的疑兵已先到前方。吴主孙权起初以为魏明帝曹叡不会带兵亲征，现在知道魏的大军要来，就先撤退了，孙韶也同时撤退。

陆逊派遣亲信韩扁带上吴主孙权的奏章去拜见吴王，被魏国巡逻的人抓到，诸葛瑾听说这件事后很害怕，就给陆逊写信说："吴帝已经撤退，魏国又得到韩扁所带的奏章，我们准备的计划，让魏国全都知道了，而且这里水也快干了，我们应当赶快离开才好。"陆逊看后没有答复这件事，而是催促部下种蔓菁、豆子，和各位将领下棋、射戏等和平时一样。诸葛瑾说："陆逊是有智慧的人，这样做必定有他的道理。"诸葛瑾就亲自来拜见陆逊。陆逊说："魏国知道吴主孙权已退回，没有什么值得忧虑的了，现在必定会全力对付我们。而且他们已经守住要害，我们的兵将会心里害怕，所以自己应当安定下来以安稳士兵的心，再使用灵活多变的战术，然后才可以顺利撤出。现在立刻撤退，敌人就会看出我们恐惧他们，就会立刻进攻我们，那么我们一定会失败。"于是陆逊和诸葛瑾秘密订下计划，命令诸葛瑾带领舟船，陆逊在陆地上率军马向襄阳城进犯。魏国人向来最怕陆逊，急忙跑回城内防守。诸葛瑾催促舟船前进，陆逊慢慢整治队伍，虚张声势，步行登上舟船，魏人不敢逼近。走到白围的时候，借口说去打猎，却暗中派出将军周峻、张梁等攻打江夏、新市、安陆、石阳等地，斩杀俘虏一千多人而撤回。

众大臣都觉得司马懿正和诸葛亮相持不能战胜，希望魏明帝曹叡驱车到长安来接应司马懿。魏明帝曹叡说："孙权已撤退，诸葛亮也已经害怕我们，魏国的大军完全可以制住诸葛亮，我没有什么可以忧虑的。"于是魏明帝曹叡进军到寿春，登记诸将领的功劳，按功劳封官赏赐。

八月，壬申日（二十日），魏明帝曹叡将汉孝献皇帝葬于禅陵。

辛巳日（二十九日），魏明帝曹叡回到许昌。

司马懿和诸葛亮相持了一百多天，诸葛亮多次挑衅，司马懿就是不出兵。于是诸葛亮派人送给司马懿妇人的首饰等物品来羞辱他。司马懿很愤怒，上奏章给魏明帝曹叡请求出击，魏明帝曹叡派卫尉辛毗杖节做军师用来制止司马懿出兵。蜀汉护军姜维对诸葛亮说："若辛毗杖节到前方来，魏贼就不会再出击了。"诸葛亮说："司马懿本来就不准备出击，之所以请求出击，只是为安抚众人而准备用武而已。将军在军营中，君上的命令就不一定会执行，如果司马懿真能制压我军，难道还会相隔千里去请求出击吗？"

诸葛亮派出的使者到司马懿军中，司马懿不问汉军的事情，只是问到诸葛亮的吃饭、睡觉和每天办多少事情等问题。使者回答说："诸葛亮先生，起得早，睡得晚，受罚二十板以上的案件，都要亲自过目，所吃的不过数升而已。"司马懿对别人说："诸葛亮吃得太少，做的事情却很多，还能活很久吗？"

诸葛亮病情加重，蜀汉派尚书仆射李福去探视，并请教国家大事。李福到达后，和诸葛亮说完就分别了，没过几天又回来了。诸葛亮说："我知道先生您回来的意思，上次虽然说了一整天，但是话还没说完，所以再来让我决定。先生要问的事，蒋琬比较合适担任。"李福致歉说："以前没有来求教，实在是个错误，假若先生死后，谁可担当国家大任？之所以很快再回来是想请教蒋琬之后，谁可以担当此任？"诸葛亮说："费祎可以继任的。"又问到再以后谁可以担任，诸葛亮不再回答。

这个月，诸葛亮死在军中。长史杨仪整理军队回蜀汉。百姓把这件事告诉了司马懿，司马懿率兵追赶，姜维命令杨仪掉转旗帜鸣鼓行进，看起来要进攻司马懿的样子，司马懿收兵撤退，不敢再逼近。于是杨仪结束进攻，带领军队退回了，进入斜谷后才把诸葛亮死的事公布。百姓为此编谚语说："死的诸葛亮，吓走活的司马懿。"司马懿听到老百姓的话说："这是我能判断谁是活人，却不能判断谁是死人的原因呀！”司马懿到诸葛亮留下的营垒中去观察，不由得喟然长叹：“真是天下的奇才呀！”司马懿追蜀汉军到赤岸这地方，没能够追上，就退回了。

起初，蜀汉的前军师魏延，勇猛超出一般人，又善于管理士兵。每次随同诸葛亮出兵，都想要带兵万人，和诸葛亮分开行动，到潼关后再会合，想要模仿韩信的用兵之法，诸葛亮常常制止而不肯允许。魏延就常说诸葛亮胆小，并叹息自己怀才不遇，不能发挥作用。杨仪为人精干敏捷，诸葛亮出军，杨仪常常规划分部，或者筹划粮谷，不让诸葛亮忧愁，就可以做得很好，所以军队的调度，都由杨仪来完成。魏延性情高傲，当时的人都回避他，只有杨仪不惧怕魏延，魏延因此对杨仪不满，就如同水火一样不能够相容。但诸葛亮十分喜爱二人的才华，不忍心有所偏废任何一人。

费祎出使到吴国，吴主孙权喝醉了就问费祎说：“杨仪、魏延，不过像放牛的小人，即使现在有些鸡鸣狗吠的本事有益于时务，但是使用他们，就不可轻视他们了。假使有一天没有诸葛亮统驭他们，一定会发生祸事！各位心和感情看不清楚，所以不知道防患于未然，这难道就是为子孙谋划的做法吗？”费祎回答说：“杨仪、魏延的不和，是他们两个私下里不满罢了，并没有像黥布、韩信那样难以统御的心理。现在正是铲除强贼、统一中国的时候，建功立业都依靠贤才和良将，如果现在舍弃他们不用，只是为了以防后患，这就像防备风浪而不用舟楫，所以不能作为长久的计策呀！”

诸葛亮病重的时候，和杨仪以及司马费祎等人谈起他死后退军的调度情况，诸葛亮命令魏延断后，姜维紧随在魏延后面，如果魏延不服从命令，军队便自己决定撤离。诸葛亮死后，杨仪为了保密决定暂不发丧，拜托费祎去揣摩魏延的意思。魏延说：“丞相即使去世了，我魏延还在世。丞相府的亲属便可以去葬埋他，而我应当率领军队前去攻打敌人，又怎么可以因为一人死了，就抛下天下大事呢！而且我魏延是怎样的人，做杨仪的下属，做掩护撤退的将领呢！”于是魏延和费祎共同商议决定安排撤退的人和留守的人，请求费祎和自己联名写信，告诉各将领。费祎骗魏延说："我替您向杨仪解释，杨仪是文人出身，不太懂得行军打仗，一定不会违抗您的命令。"费祎出去后，骑马离开，之后没过多久，魏延感到后悔，但是已来不及了。

魏延派人探视杨仪等人，获悉他们想按诸葛亮原来的部署，各营按次序带领军队撤离，魏延十分生气，竟抢在杨仪的尚未出发之前面，率领所部径直向南后撤，而且将所经过栈道全部放火焚烧掉。魏延、杨仪两人都上表批评对方叛逆，一天之内，好几次上表到朝廷。汉后主刘禅就询问侍中董允、留府长史蒋琬这件事该怎样解决，蒋琬、董允都保杨仪而怀疑魏延。杨仪等人命令士兵砍掉山上的树木用来架筑通道，昼夜都不停歇，一直紧随魏延后。魏延先到蜀地，并据守南谷口，出兵迎击杨仪等人，杨仪等人命令将军何平在前方抵御魏延。何平率先上前去大声责骂魏延说："丞相刚死不久，尸体尚且温暖，你们敢怎么样呀！"魏延的部下都感到魏延没有道理，就没有再为他卖命，就都逃散了。只剩魏延和他的儿子等几个人逃走，他们逃到汉中这个地方，杨仪派将领马岱追上去将他们都杀了，于是杨仪又杀死魏延的三族亲人。蒋琬率宿卫诸营的军队，到北面去解决杨仪和魏延的争斗，走了几十里，就听说魏延被杨仪派人杀死了，于是带兵返回。先前，魏延想要杀死杨仪等人，希望大家让自己替代诸葛亮辅佐政事，因此不去投降魏国，欲回南方后攻打杨仪，实在没有反叛的意思呀！

各军都退到成都，汉后主刘禅就实行大赦，封诸葛亮为忠武侯的谥号。起初，诸葛亮上表给汉后主刘禅说："我在成都有桑树八百棵，薄田十五顷，我的儿子、兄弟的吃和穿，自有富裕就够了，我觉得没有再增加分毫的必要。如果我死后，不要使我家内有穿不完的布帛，外出有用不完的钱，如果是那样就是辜负皇上。"最后，果然如他所说的那样。

丞相长史张裔常常称赞诸葛亮说："丞相对疏远的人不会遗弃

也会奖赏，惩罚也不偏心自己所亲近的人，对于官位不会是没有功劳的人就任命他，刑罚也不会因为犯错的人是权贵就免除了，这就是有贤能的人和一般人都忘掉自己而全力为国的原因啊。”

◆陈寿评论说：诸葛亮作为相国，尽力安抚民心，明示各项法制规范，约束各种职位，依照权利职责所在定制度，开诚布公，坦坦荡荡。对国家忠诚且对时局有益的人，就是以前有仇怨，也一定会奖赏他。而那些触犯法律，不能尽职尽责的人，虽然是亲近的人，也必定会惩罚。那些接受罪刑，吐露实情的人，即使他所犯的罪过再严重，也会有得到释放的机会；而那些言辞狡诈，擅长说假话的人，虽然他们所犯过错很轻，必定受到诛杀。做好事的人，不因为他地位卑微而没有奖赏；做坏事的人，不能因为他犯的过错轻微而不受到贬斥。在处理事情方面，诸葛亮充分表现了精明干练的魄力，凡事都要探究根本，依着名分去查清实情，他最讨厌的就是虚伪了。在他所管辖的邦域内，百姓没有不敬畏又爱戴他的。刑罚施政即使严厉了些，然而却没有人埋怨他。这是因为他内心公平而又劝导明确的缘故。诸葛亮可以算得上是位有见识，又懂得治理国家的好的人才了。他可以与管仲、萧何相匹敌了。◆

最初，长水校尉廖立，自己以为无论是才能、名分，都可以担任诸葛亮的副手了，但是却常处于闲散的职位上，因此十分不高兴，常常说出怨恨毁谤的话，因此诸葛亮将廖立废为平民，并把他贬谪到汶山。诸葛亮死去后，廖立潸然落泪说：“现在我终于成为边疆民族的人了。”李平（李严）听到诸葛亮去世，也生病而死。李平常常希望诸葛亮可以再次使用自己，以得到自赎其过的机会，如今料想后人再不会任用自己呀！

◆习凿齿评论说：从前管仲夺取伯氏在骈地的采邑三百多家，伯氏一生都没有怨言，圣人认为这是件很难做到的事。诸葛亮之死能使廖立落泪，李平（李严）因他发病而死，岂止是没有怨言呢？因为水是最公平的，因此当有所倾斜的时候，就拿水来做准则；镜子是最明亮的，所以丑陋的人照过后就不再愤怒。水和镜子之所以能让物尽显而没有招致怨恨，是因为它们没有私心呀！水和镜子没有私心，才能免去毁谤，何况大人君子，常常有着喜爱生而厌恶死的心理，实行那些矜悯宽恕的德政，法律实行在不可以不实行的地方，刑罚施加在犯人自己所犯的罪行，封官而没有私心，杀人也不是因为恼怒，这样天下还有不服的人吗？◆

蜀人都主张为诸葛亮建立庙宇，汉后主刘禅不接受百姓要求建立庙宇的意见；于是百姓按时在道旁的高地上私自祭拜诸葛亮。步兵校尉习隆等人上奏说："请求在接近诸葛亮的墓旁，在沔阳建立一座庙宇，以断绝百姓的私下里祭奠。"汉后主刘禅接受了这个建议。

汉后主刘禅任用左将军吴懿担任车骑将军，并授予他符节，命令他到汉中去督师，任用丞相长史蒋琬担任尚书令，总管国家大事，不久又加封蒋琬行使都护的职权，并授予符节，担任了益州刺史。那时诸葛亮刚刚去世，全国上下都心有不安，但是蒋琬在群僚中间很是出类拔萃，处在百官之首，既没有悲泣，也没有喜色，神态举止，和平时一样，因此受到大家的推崇，大家都很顺服他。

吴国人听到诸葛亮死去的消息，担心魏国会乘时局变动而攻取蜀国，于是增派万人守卫巴丘一带，一方面像是救援，一方面却是想要分割部分蜀地。汉人听到吴军增援巴丘的消息，也增派人到永安用来防止吴国不合理的行动。汉后主刘禅派右中郎将宗预出使吴国，吴主孙权问他说："吴和蜀如同一家人，我听闻你们增兵到白帝，这是什么意思呢？"宗预回答说："我觉得吴国在巴丘增兵戍守，蜀增兵到白帝去防御，都是适应形势的行为，何必互相询问呢！"吴主孙权大笑，称赞宗预对话得体、不卑不亢，招待的礼仪仅次于早先蜀国派遣出使吴国的使者邓芝。

吴国的诸葛恪觉得丹阳山势险峻，百姓大都十分顽强勇猛，以前即使出兵平剿，只俘获山外的少数县的百姓而已，其余的百姓都住在深山，无法全部擒获，于是诸葛恪多次请求吴主孙权让他亲自担任官职，把这些百姓赶到山外去，只要三年，吴国就可以得到四万甲兵。但是大家商讨后，一致认为："丹阳地势险要，和吴郡、会稽、新都、番阳四郡相接壤，周围有几千里，山谷重重，深山里的人，从来就没有进过城，对于官吏根本不知道顺从，他们只是凭借武器在荒野逃亡，并老死在森林之中。逃犯和十分凶恶的人都流窜到这山中。山里又出产铜铁，他们自己能够制造武器。山中风俗又喜好武斗善于作战，崇尚强力。他们爬山涉险，行走于丛林荆棘中，就如同鱼在深渊里游，猿狖在树上爬一样。他们常常在树上观察时机，一有机会，就出来做盗贼，我们每次派兵讨伐，想寻找他们的巢穴，都无法找到。但是只要一有战争，他们就蜂拥而上，一旦他们被打败了，就立刻如鸟飞兽窜，追不到一个人。以前就一直没有办法控制他们。”大家都认为他们太难平剿了。诸葛恪的父亲诸葛瑾听说了这件事情，也觉得无法成功，就叹气道：“诸葛恪不但不能够振兴我们家族，现在恐怕整个家族都要毁在他的手中了！”诸葛恪却夸下海口说一定能够成功，于是吴主孙权就任命他抚越将军，兼任丹阳太守，让诸葛恪按自己的计划去做。

青龙二年冬，十一月，洛阳发生地震。

吴国潘浚讨伐武陵的蛮夷，几年以后，斩获好几万人。从那以后，所有的蛮夷都衰弱下去，整个地方变得安宁。十一月，潘浚回到武昌。

资治通鉴卷第七十三　魏纪五

起乙卯（公元235年），止丁巳（公元237年），共三年。

【题解】本卷记录了魏明帝曹叡青龙三年到青龙五年间的历史。青龙五年又改元为景初元年。本卷大段摘取曹魏大臣谏章，主要记录了魏明帝沉迷女色，大兴土木，多疑猜忌，用法严急，逼死郭太后。但明帝刚毅果敢，任用忠良，奸邪不入，政局稳定。明帝虽纳谏不足，但陈群、蒋济、辛毗、杨阜、高堂隆、王肃、卫觊、董寻、张茂、杜恕、傅嘏等大臣直言进谏，故多有补益。记录了蜀国杨仪冤杀魏延，骄纵傲慢，下狱自杀。吴国诸葛恪镇抚山越，别出心裁，成绩斐然。

烈祖明皇帝中之下

青龙三年（乙卯，公元235年）

春季，正月，戊子日（初八），魏明帝曹叡起用大将军司马懿担任太尉。

丁巳日（二月初八），皇太后郭氏去世。魏明帝曹叡多次向太后问起甄氏去世时的状况，因此太后忧愁而死。

蜀汉的杨仪杀死魏延之后，认为自己有大功，应该代替诸葛亮来执掌政权。但是诸葛亮生前常暗示，杨仪为人狭隘狷狂，心里认为蒋琬比较可靠。杨仪到达成都后，被蜀汉后主刘禅任命为中军师，没有什么可以统领的，只是很悠闲而已。起初，杨仪侍奉昭烈帝的时候，是担任尚书的，蒋琬那时才只是尚书郎。之后即使和蒋琬一同担任过丞相的参军、长史，但杨仪每次随从诸葛亮出行，都承担辛劳剧烈的差事，认为自己年龄和任官都比蒋琬早，而且觉得才能也超过蒋琬，于是他的怨愤表露在言语和态度上，不满的声音发自内心，所以当时的人惧怕他语言没有约束，就不敢和他往来。只有后军师费祎经常去慰问他。杨仪对费祎抒发他内心的怨恨，陈述自己前前后后遭遇不幸的原因，又跟费祎说："先前在丞相刚去世之时，我若率领全军投奔魏国，处在安定的国度里难道还会沦落到今天这样的下场吗？真是令人追悔，不可莫及！"费祎秘密向汉后主刘禅呈报了杨仪的话。汉后主刘禅把杨仪废为平民，并放逐到四川的汉嘉郡。杨仪到达放逐之地后，又上表说些毁谤的话，言辞非常激烈，于是汉后主刘禅就下旨到郡中命人逮捕杨仪，杨仪畏罪自杀。

三月，庚寅日（十一日），魏明帝曹叡安葬文德皇后。

夏季，四月，汉后主刘禅任用蒋琬担任大将军，兼任尚书的职务，费祎代理蒋琬为尚书令。

魏明帝曹叡喜好大兴土木工程，已经修建了许昌宫，又修建洛阳宫，还兴造昭阳太极殿，更大起总章观，高有十多丈，征调力役不断，把农业都荒废了。司空陈群上奏章说："从前大禹继承唐尧、虞舜的盛世，尚且住在简陋的宫室，又穿着粗劣的衣服。现今我们是处于战乱之后，人口稀少，相较汉文帝、汉景帝时代，只相当于一个大郡而已。再加上边境时常有战事，将士们来往征伐，也非常辛苦，如果再遇到水旱灾害，国家就更值得忧虑了。以前刘备从成都到白水，建造了许多传舍，十分浪费人力，我们的太祖皇帝，还知道他是使百姓疲劳呢！现在我们使百姓虚费精力，这也是东吴、西蜀所喜闻乐见的，这关系到国家的安危，希望皇上仔细考虑！"魏明帝曹叡回答他说："帝王的业绩和宫室，应该一同兴建，等到敌人消灭之后，就要停止修建转而守御了，难道还能够再征劳役吗？这固然是先生的职务，要有萧何的谋略才好呀！"陈群又说："先前汉高祖只和项羽争夺天下，项羽已经灭秦，宫室也都烧毁了，所以萧何不得不建筑武库、太仓，这都是紧急且重要的事务，可是汉高祖还是责怪太壮丽了。如今吴、蜀两个强敌尚未被平定，实在不适宜像古代那样兴建宫室呀！人有所欲求，没有不寻求某个理由的，何况既然是皇上的愿望，谁又敢违背呢！先前说要毁掉武库，就有臣子说不能不毁去；过后陛下说要建立武库，又有臣子说不能不建立。假如皇上一定要兴建宫室，当然不是臣下所说就能改变的。但是稍加留神教训，卓然悔意，也不是臣下所能影响的。汉明帝想要建筑德阳殿，钟离建议说不可以，尽管当时汉明帝采纳了他的建议，但是不久之后仍然建造了德阳殿。宫殿落成后，汉明帝对群臣说：'假如钟离尚书在此，这座宫殿是无法建成的。'做皇上的难道还怕一个臣子吗？不是的，主要是为了人民的安宁，现在我说的话，竟然不能够让皇上稍加留意，那就与钟离的意思相差太远了。"魏明帝曹叡听后，才稍微有所减省。

魏明帝曹叡过度喜好内宫的嫔妃，女官俸米的数目可以和百官相比，从贵嫔以下到后宫洒扫的妇女，共有几千人那么多，魏明帝选择女子中知书达礼可信任的六人，作为女尚书，让她们主持省察外奏的事务，区别处理，适者当奏。廷尉高柔上奏章说："先前汉文帝珍惜十家的资财，就不肯修筑一个小戏台给自己娱乐。霍去病考虑到匈奴的祸患尚未铲除，就无暇修建自己的房屋。更何况我们现在所消耗的不止百金的费用，所忧愁的也不仅仅是北狄的祸患呢！现在我们可以先粗略完成所营建的宫殿，当作朝晏仪式的地方，我恳请皇上让修建的劳役停工，让他们能回去耕种自己的田地。等吴、蜀两国平定后，可以再慢慢修建。《周礼》上说天子后妃以下有一百二十人，嫔嫱的仪式就已经足够了。臣听闻后宫嫔嫱的人数，或许已超过了这个数目，皇上的子孙不昌盛，恐怕与这措施也有关系吧？臣认为可选择少数淑媛，用以作为内宫的数目，其余的都可以送她们回家。这样可以育精养神，专求静心为宝。这样做，《诗经·螽斯》所说的子孙繁茂的景象，大概就能够出现了。"魏明帝曹叡回答说："你常常能够上奏好的言论，其他的事情再说给我听啊。"

当时有关狩猎的法令很严格，如果在皇家禁地内有杀死麋鹿的人，就要处以死刑，家产没收充公；有能告密的人，会加倍赏赐他。高柔再次上奏章说："近年来，百姓所要供给的各种劳役太多，能够亲自种田的人已经减少；再加上有关狩猎的禁令，群鹿猖狂凶暴，到处乱吃田苗，各地所遭受的的损失，不知道有多少。人民即使设置障碍来防止鹿吃田苗，但是薄弱的设施也抵挡不了。导致荥阳附近周围几百里，整整一年都没有收成。此刻各地粮食生产的少，被麋鹿损害的却很多；假如突然需要用兵，或遭遇水旱灾害，就没有办法应对了。希望皇上对百姓宽厚些，让他们能捕鹿，假如废除狩猎的禁令，那么老百姓的生活就可长久维持，没有谁会不高兴。”

魏明帝曹叡又想要铲平北芒山，在上面修筑个高台，可以向远处看到孟津。卫尉辛毗建言说：“天地的本质是，就是高高低低的形式。现在陛下却要把它反转过来，这样既不合乎道理，又浪费人力，百姓承受不了那么多的劳役。更进一层说，一旦九河泛滥，洪水成灾，而山丘都平了，那将用什么抵挡洪水呢！”魏明帝曹叡这才停止铲平北芒山。

少府杨阜上奏章说：“皇上能谨慎地遵行太祖武皇帝辛勤开拓出来的伟大基业，把握住文皇帝勤谨守护的大成就，实在是应该向古代圣贤的治国事迹看齐，考察以往各朝末代的恶政。从前假如汉桓帝、灵帝不废除汉高祖建立的规矩，而是像汉文帝、汉景帝一样勤奋节俭。我朝太祖武皇帝尽管有神灵般的武勇，也无法大行施展，而皇上又如何能处在如此尊位呢！现在东吴、西蜀还未平定，大军都在戍守边关，关于京城各项修葺的事情，我希望皇上要节俭些。”魏明帝曹叡用优渥的诏书答复了杨阜。

杨阜再次上奏章说：“尧用茅草盖房屋就觉得已经很好了，然而他却能让各国都安居。禹也只住低矮简陋的宫室，可是却能让百姓愉快地从事各人的本业。即使是到了商代、周代，堂屋的高度也只有三尺，宽度也只够摆得下九张席子那么大。夏桀建造璇室、象廊，殷纣修筑倾宫、鹿台，结果都因此使国家灭亡。楚灵王因为修筑章华台而被部下杀害，秦始皇因为建造阿房宫，王位只传了两代就丧失了。如果皇上不衡量百姓的力量，而只顾追求自己声色的享受，没有不导致亡国的。陛下应当以尧、舜、禹、汤、文、武作为效仿的榜样，以夏桀、殷纣、楚灵王、秦始皇作为警戒。如果再自我懈怠，一味贪图享受，一心向往着宫殿台阁的高大华美，那么必会有颠覆亡国的灾祸。国君好比是人的头脑，臣下好比是人的手足，存亡与得失是一体的，我纵然驽钝怯懦，但是也不敢忘掉做诤臣的职责！话要是说得不痛彻，就不能使皇上感动而觉醒；皇上如果不细细考虑我说的话，那么恐怕太祖和文帝传下来的福祚就要中途没落了。如果做臣子的牺牲掉性命，就能补救国家的存亡于万分之一，那么我即使死了的时候，也就像是活着一样，臣恭敬地准备好了棺木，沐浴洁净，匍匐在地，等着皇上诛杀的命令。”魏明帝曹叡看了杨阜的奏章以后，被他的忠心所感动，于是就亲自写诏书回复他。

魏明帝曹叡曾经戴了一顶像蛮夷的帽子，身着一件青白色纹帛的短袖衣衫。杨阜就问魏明帝说：“这在礼仪上是属于哪一种规定的服饰呢？”魏明帝没有回答。自此以后，魏明帝不穿合乎礼仪的服装，就不敢见杨阜。

杨阜又想上奏章，劝说明皇帝裁减后宫中他不喜欢的宫女，于是杨阜召见管理后宫事务的小官，询问他后宫宫女的人数，那小官就按照魏明帝的规定，回答说：“这是机密，不可以说的。”杨阜十分恼怒，就责打小官一百大板，并责骂他说：“国家的机密，难道不让大臣知悉，反而让你这样的小官知悉吗？”魏明帝曹叡听说这件事以后，就愈加敬畏杨阜了。

散骑常侍蒋济上奏章说：“先前越王勾践鼓励妇女生儿育女，用来准备复兴国家时使用，燕昭王怜悯百姓的疾苦，就准备攻打齐国来报仇，因此能使弱小的燕国征服强大的齐国，贫穷的越国灭掉强大的吴国。现在有两个敌国我们不去讨伐，如果陛下在位时不灭掉吴、蜀两国，那么将来会受到百代后世的批评。凭着陛下圣明神武的谋略，假如能够舍弃那些可以以后再做的事情，而专心去征讨贼人，我认为一定没有困难的。”

中书侍郎东莱王基上奏章说：“我听闻古人用水来比喻百姓‘水可以载舟航行，但水也可以使舟倾覆。’颜渊曾说：‘东野子驾驶车马，马的力气已经使尽了，他还不停地苛求马前进，终使马匹过度疲劳而死。’如今国内的事情多，百姓的劳役繁重，他们男男女女都背井离乡，精神也得不到安慰，所以我希望陛下能深深体会东野子的错误，留心水载舟覆舟的比喻，使奔跑的马，在力量还没有用完之时就能得以休息；使劳役的百姓在还没有困窘之时就能得到休养。先前汉朝统治天下的时候，到孝文帝时，诸侯全部都是刘姓的，于是贾谊就忧心地说：‘把火放置于堆积的薪柴之下，人却睡在薪柴之上，还说这样很安全。’现今我们敌人还未灭掉，勇猛的将领又拥有重兵，夺了他们的兵权又选不出将领来对敌，但是让他们掌握兵权太久，恐怕又会给后人留下祸患，现在我们正在圣明的时候，如果不专心除去祸患，将来子孙再不强大，恐怕国家就会有危险了。假如贾谊仍活着，他必定比以前更深切地忧虑了。”魏明帝曹叡一概不听。

营造宫室的殿中监督导劳役们工作，却擅自收捕御史台的兰台令史；右仆射卫臻上奏弹劾他。魏明帝曹叡下诏书说：“宫殿有没有筑成，才是我所留意的事，你现在弹劾殿中监，是什么意思？”卫臻说：“古代制度讲究百官互相不逾越，这并不是讨厌他们勤于办事呀！实在因为有助于宫殿建筑的事小、妨碍制度的事大啊！臣每次巡视郡下的事，诸如此类的事都是一样，一旦纵容他，恐怕群司都将会越职，甚至会欺凌上级啊！”

尚书涿郡人孙礼坚持请圣上免除劳役，魏明帝曹叡下诏说：“敬纳善言。”督促着遣散百姓回乡耕种。监工的官吏再次上奏请求留劳役一月，以利于大殿建成。孙礼就直接到工地上，不再上奏章，称说圣上诏命要百姓返乡种田，魏明帝才知道这件事，他对孙礼的处事方法很是称奇，却没有责怪于他。魏明帝曹叡即使并未全部接纳群臣的建言，但是他都能容忍他们。

秋季，七月，洛阳崇华殿被火焚烧。魏明帝曹叡询问侍中领太史令泰山人高堂隆说："这是由什么过错引发的呢？在礼仪上可有什么祈神降福的道理吗？"高堂隆回答说："《易传》说：'在上位的假如不能力行俭省，在下位的假如不能力行节约，妖火就会烧毁他的房舍。'又说'国君将亭台楼阁造得太高，天火就会给他降灾。'这就是国君专注于装饰他的宫殿，却不知晓百姓的贫苦，因此上天要给他降下旱灾，火灾也就从高殿先着起来了。"魏明帝曹叡下诏问高堂隆说："我听闻汉武帝在位时期，柏梁台出现火灾，汉武帝就铸造更大的宫殿来克制火灾，对于这种做法，你又有什么解释呢？"高堂隆回禀说道："这是蛮夷越人的巫觋的所作所为，并非过去圣贤们的明训哪！《五行志》上说：'柏梁台发生火灾，之后就产生了江充巫蛊事件。'根据《五行志》上的说法，那么越巫建造章宫以克制预兆的方式，是完全失败的。现在皇上应停止劳役百姓。宫室的规模和费用，也应力求节俭，将烧毁的崇华台打扫干净，此时不敢再兴建工程，如此上天一定会让蓂荚和嘉禾出生于京师。假如仍然要使百姓精疲力竭，使财富枯竭，这绝对不是带来吉祥以及安定远方的方法啊。"

八月二十四日，魏明帝曹叡册封皇子曹芳做齐王，曹询做秦王。因为魏明帝曹叡没有儿子，于是养以上两个王爷做儿子，内宫的事很保密，没有人知道他们的身世。有的人说曹芳是任城王曹楷的儿子。

十月十一日，魏明帝曹叡回到洛阳。

魏明帝曹叡又颁布诏书建造崇华殿，将其改名为九龙殿。打通榖水引过九龙殿前，用白玉做井，绮绣缠绕栏杆，蟾蜍口中含着水，神龙再将水吐出。派博士扶风人马钧制作指南车，制作以水为动力旋转活动的百戏车。

陵霄阙刚建好之时，就有喜鹊在阙上筑巢，魏明帝曹叡便问高堂隆这是什么征兆，高堂隆回答说：'《诗经》上说：'喜鹊辛辛苦苦地造好窝巢，却被鸠鸟霸占了去。'现在我国兴建宫室，刚造好陵霄阙，喜鹊就马上在上面筑巢，这是宫室还未建造完好，自身也不能居住的前兆。上天之意好像在对我们说，'宫室在未建成之前，就会落入异性人的手中了。’这是上天的警示呀！天道不一定区分亲疏，只不过常常降福给好人。太戊、武丁见了灾异之事，就十分恐惧而自我警惕，因此他们不仅兴盛而且福禄很大。现在假如停止各种劳役，多多给人民造福，多施行德政，那么三王的美称就会变成四王了，五帝的尊称就会变成六帝了。就不会只有殷中宗、高宗可以将祸害变为福禄了！”魏明帝曹叡听了之后很是感动，脸上的神色也改变了。

魏明帝曹叡性格严肃又很急切，对于督修宫室拖延日期的人，魏明帝曹叡曾经亲自召问他们，话刚说出口，他们的头和身体就已经分开了。散骑常侍领秘书监王肃奉上奏章说：“如今宫室还未建成，服劳役的人数已经有三四万。九龙殿已经足够皇上使用了，里边还可以排列六宫。泰极殿附近工作还有很多。希望皇上选取领取国家粮饷又无紧急用度的士兵，挑选其中身体强壮的人一万，留做一年后就替换一次。大家都知晓有轮替换班的日子，就能够高兴地工作，就是辛苦也不会有什么怨言了。应当一年完成的，延期到三年去完成。遣散剩余的士兵，让他们回乡耕作，这才是长远之计呀！取信于民，是国家的大法宝啊！之前，陛下驾车到洛阳，征用百姓营房，有司告诉民众，营房建成后就可以回家。但是营房建成后，还想利用他们，没有按时遣送百姓回家。有司只顾当前的利益，弃国家大体于不顾。愚臣认为打现在起假如再征用百姓，必须讲清期限，按时遣回。假如再有工作，可以再重新征召，千万不可以失信。还有皇上临时决定行刑之人，都是犯有罪过的官吏，或是应当受死刑的人，但是百姓不明白，以为事情有点仓促，因此请皇上将这些人交予法官，宣布他们的罪名。同样是死刑，但是既不会让朝廷蒙受冤情，又不会让大家怀疑。人的性命宝贵，生存很困难，杀死却容易，死了无法再活过来，因此古代圣贤都非常看重人的生命。先前汉文帝想要杀掉惊扰圣驾的人，廷尉张释之说：‘在那时，皇上将犯人杀掉也就算了，现在却将其交给廷尉，廷尉判决天下的案件的天平，不能有所偏差！’臣觉得张释之的话完全失去大义，好像并非忠臣所该讲出的话。然而廷尉，是天下的法官，都不可以公平，难道皇上本身能够犯错就可以迷惑吗！张释之的话，是注重自己而轻视君主，应该是最为不忠的了，可是皇上对此不能不明察秋毫！”

中山恭王曹兖患有重病，命令下属说：“男人不能死于妇人之手，赶紧修建一座东堂。”东堂建成之后，曹衮带病抬过去居住。又命令世子说：“你们年幼就做君王，只晓得乐而不了解苦，日后必然会因骄奢淫逸而遭受失败。兄弟中有恶行的人，就到他面前直接劝告他，他不听从劝告，就流着眼泪来劝说他，如果他再不改，就告知他的母亲，还不改就上奏给皇上，并且辞掉他的领土。假如让他受宠爱而遭受祸患，还不如令他贫穷或可保全性命呀！这是指大的过错，微小的过错，就遮掩起来不必说了。”冬季，十月，己酉（初三），曹兖死去。

十一月，丁酉（二十二日），魏明帝曹叡到许昌。

这一年，幽州刺史王雄派出勇士韩龙去刺杀鲜卑轲比能；自此之后鲜卑各种族都离散，又相互攻打，强的就逃远些，弱的就投降，这样边境就安定了。

张掖柳谷口的水漫出河槽，漂上一块宝石，上面有图案，形状好像灵龟，站在河西，有七匹石马和凤凰、麒麟、白虎、犀牛、璜玦、八卦、列宿、孛彗等形象，又有文字“大讨曹”三字。魏明帝曹叡将诏书颁布天下，说这是祥瑞。任县县令于绰拿这情形去请教张臶，张臶偷偷对于绰说：“神知道将来的事，不追求之前的事，吉兆先见而后废兴会接踵而来，如今汉朝已消失很久，魏国已经取得天下，还会有什么兴起的祥兆呢！这块宝石，应该是现代的灾变而是将来的祥瑞了。”

魏明帝曹叡派人用马匹与吴国交换珠玑、翡翠、玳瑁等物，吴主孙权说：“珍宝皆非我所需要的，却能够换来战马，我为什么还要爱惜它呢！”将珠玑等全都拿去交换战马。

四年（丙辰，公元236年）

春季，吴国人铸造大钱，用一个当五百用。

三月，吴国张昭过世，享年八十一岁。张昭容貌矜持端庄严整，有威仪，从吴主孙权以下的人，都畏惧他。

夏季，四月，汉后主刘禅到湔氐道，登上观阪，尽情欣赏汶水的风景，停留了十多天，才回去。

武都氐王苻健请求向蜀汉投降，他的弟弟不听命跟从，所以他只带着四百户来投降。

五月，乙卯（十三日），乐平定侯董昭死去。

冬季，十月，己卯（初十日），魏明帝曹叡回到洛阳宫中。

甲申（十五日），有彗星出现于大辰星群，后又出现于东方。高堂隆奉上奏章说："凡是帝王迁都建城，都要事先定好天地、社稷的正位，谨慎恭敬地供奉着，即将修筑宫室之时，要先建祖先宗庙，再行建造车马厩房府库，到最后才修筑居住的房屋。供奉天地的圜丘、方泽、南北郊、明堂、社稷等各项建筑都还未开始，天地神灵无处可以依附和接受祭祀，然而祖先宗庙的规模与礼不合，就是历代祖先也会非常不安。可是皇上的宫殿却建造得既高大又华丽，为了这些宫殿，让百姓丧失了最基本的生活，外人都批评说：'宫中妇女们的费用，几乎同国家养兵战争的费用相等。'人民都无法再承受国家对他们的要求了，他们都怀有极强的怨恨与愤怒。《尚书》中说：'天视听人君的行为，是用人民的智慧；天授予人君的威严，也是通过民众的行为来表现出来。'这就是谈到天的赏罚，就是跟随民众的批评，顺从民众的希望了。用制作成椽木，建造简陋的宫室，这就是唐尧、虞舜、大禹之因此百世流芳的缘故；建造玉台，修建琼室，穷奢极欲，这就是夏桀、商纣得罪上天的缘由。如今的宫室确实已经超过了礼制，因此长尾的大彗星出现，这就好像慈父对子女恳切的训示一样。皇上应当要推崇孝子恭顺地侍奉父亲的礼法，切不可有所疏漏，以免引发上天的怒意。"高堂隆屡次建言，魏明帝曹叡十分不悦。侍中卢毓进言说道："臣听闻皇上英明，那么做臣子就会正直；先代的圣王唯恐听不到自己的过错，这就是臣等比不上高堂隆之处。"魏明帝曹叡这才消解了怒意。卢毓是卢植的儿子。

十二月，癸巳（二十四日），颍阴靖侯陈群过世了。陈群前前后后数次陈述国家治理的得失，每次上呈给皇上的秘密奏章，往往马上将草稿销毁，当时的人及他的子弟都无从知晓其中的内容。议论者当中有人嘲笑陈群是身居高位却拱手而治、沉默无言的臣子。正始年间，魏明帝曹叡下诏书汇编群臣上书以成一本《名臣奏议》，朝廷中的人士这才看到陈群上书劝谏的奏章，都万分惊叹。

◆袁宏评论说：有人说："少府杨阜难道不是忠臣吗？看到人主的错误，就勃然地冒犯他，同他人说也没有不说过并加以隐瞒。"袁子回答说："有仁心之人是爱人的，给人君奉献称为忠心，给双亲奉献称为孝心。如今杨阜身为人臣，看到人君有失道之时，就诋毁他的错误而传扬他的坏处，这可说是位正直的人士，但算不上一位尽忠的臣子。前司空陈群就不一样了，整天谈论，不曾说过人君的错误，屡次向人君建议，然而都没让外人知晓。因此君子认为陈群是德行高的长者。"◆

乙未（二十六日），魏明帝曹叡又到许昌。

魏明帝曹叡下诏书让公卿们各推举才德兼备者一人，司马懿推荐兖州刺史太原王昶应选。王昶为人忠厚谨慎，他给哥哥的儿子命名一个叫王默、一个叫王沉，给自己的儿子命名一个叫王浑、一个叫王深，写信告诫他们说："我以默、沉、浑、深四字来为你们命名，是想要你们懂得名字的含义，不敢违犯。大凡普通之物，成功得快就会丧失得也快，晚成才可以长久，早上开花的草木，到夜晚就零落了；松柏的繁茂，即使经隆冬还不衰。因此君子以阙党童子的速成为警戒。因此一个人做事，假如要伸展就应当先抑屈，要获得就要先谦让，要强胜就要先柔弱，没有不会成功的。那么如果因为喜爱某人或厌恶某人，这是喜爱和厌恶和灾祸和福分的根由。孔子说：'我平日里待人，从来没诋毁哪一个人为坏，也从没有称赞谁人是好。'圣人的道德尚且这样，更何况平庸的平常人，却要任意诋毁人或赞誉人呢！假如有人毁谤自己，就应当退一步自省。假使自己有可毁之地，那么别人说的就是正确的；假如自己没有可毁之处，那么就是别人虚妄之言罢了。说得正确就不可怨恨他，虚妄之言对我并无什么害处，又何须去报复呢！俗语说‘抵挡寒冷莫如多穿件皮衣，防止别人诽谤莫如增加自我的修为’。这话是可信服的。”

景初元年（丁巳，公元237年）

春季，正月，壬辰（二十五日），山茌县报告发现有黄龙。高堂隆觉得：“魏得的是土德，因此会出现黄龙的祥兆，应当改用新的历法，服饰颜色也应当更换，以弘扬神明的政教，使得百姓耳目一新。”魏明帝曹叡采纳了这建议。三月，魏明帝曹叡颁布诏书改年号为景初，以这一月为孟夏四月，服饰上用黄色为正色，祭祀牺牲用白色，一切依照地正。改《太和历》为《景初历》。

五月，己巳（初二日），魏明帝曹叡回到洛阳。

己丑（二十二日），魏明帝曹叡大赦天下。

六月，戊申（十二日），魏国京都地震。

己亥（初三日），魏明帝曹叡封尚书令陈矫做司徒，左仆射卫臻做司空。

有司上奏以武皇帝为魏太祖，文皇帝为魏高祖，魏明帝曹叡为魏烈祖；三祖的宗庙，万世不毁。

◆孙盛评论此事说：谥号是用来表彰死者品行的，宗庙是用来留存死者遗容的。还从来没有在人活着之时，就预先制定为祖宗，还没逝世就事先显示自己尊荣的。魏国执事的群臣对于这件事实在有失正规！◆

秋季，七月，丁卯（初二日），东乡贞公陈矫过世了。

公孙渊屡次对国中的宾客恶言相向，魏明帝曹叡想要派兵讨伐他，任用荆州刺史毌丘俭担任幽州刺史。毌丘俭奉上奏章说：“自陛下即位以来，尚无功绩可载。吴国、蜀国都靠着山川险要，并非短时间就能平定的，暂时可以用此地尚未用武的士卒将辽东平定。”光禄大夫卫臻说：“毌丘俭的建议只不过是战事问题的细枝末节，并非统一天下的大事！吴国连年发兵，时常骚扰边境，而我们为此还是按兵不动，休养士卒，没有立即去追讨边寇，实在是因为百姓疲惫的缘故。公孙渊出生在海边，传承已经历了三代，对外安抚戎夷，对内加强战备，毌丘俭却想用一部分的军队，长驱直入，早上到那里，夜里就想荡平贼寇，实在是狂妄啊！”魏明帝曹叡不听卫臻的辩驳，派毌丘俭带领各军队及鲜卑、乌桓，进屯在辽东的南界，下诏书出征公孙渊。公孙渊于是出兵造反，在辽隧县迎击毌丘俭。正碰上连下十多天的雨，辽水大涨，毌丘俭接战不顺利，带领军队撤退到右北平。公孙渊由此自立为燕王，改年号为绍汉，设立百官，遣使送给鲜卑单于玉玺，册封边民官职，诱使鲜卑侵袭北方。

蜀汉张皇后过世。

九月，冀州、兖州、徐州、豫州水灾。

西平人郭夫人受到魏明帝曹叡的宠爱，毛皇后逐渐被疏远。魏明帝曹叡游后园，私下宴会十分愉悦。郭夫人想请毛皇后过来，魏明帝曹叡不允许，所以禁止左右侍从透露这游乐的事。毛皇后知晓了，第二天就问魏明帝曹叡说：“皇上昨天游乐北园，高兴吗？”魏明帝以为身旁的人泄露此事，于是杀掉十几个可疑的人。庚辰日（十六日），赐死毛皇后，事后又加封她谥号为悼。癸丑（十九日），将她安葬在愍陵。提拔她的弟弟毛曾担任散骑常侍。

冬季，十月，魏明帝曹叡采纳高堂隆的建言，在洛阳南边委粟山修筑圜丘，颁布诏书说：“以前汉朝初期，在秦国焚书坑儒以后，搜集残缺的文献资料，用来完备郊祀之用，四百多年来，祭祀祖先的礼制被废掉了。曹魏世系出自有虞氏，如今在圜丘祭祀皇皇天帝，以始祖虞舜配享，祭祀皇皇后地于方丘，以舜妃伊氏配享。祭祀皇天之神于南郊，以武帝配享，祭祀皇地之祇于北郊，以武宣皇后配享。”

庐江主簿吕习暗底下让人向吴国请求出兵，他想大开城门充当内应。吴主孙权派出卫将军全琮督率前军朱桓等发兵接应，即将到达之时，事情被泄露，吴军又退了回来。

诸葛恪来到丹阳，就发公文给吴郡、会稽、新都、鄱阳四郡属城的长吏，命令他们各守卫自己的疆界，组建部队，已经服从教化的平民百姓，命令他们全部屯田居住。又分别命令将领率领士卒进驻险阻之地，只需要整治营垒，无须同贼人交战，等粮食即将成熟之际，就带领兵士四处收割，不要留下一粒种子。去年的旧谷已经吃尽，新田毫无所获，平民屯田也毫无收获。于是山民饥饿困窘，就渐渐都来投降。此时诸葛恪又下令说："山民凡是不再做坏事，又甘心情愿接受教化之人，都理当加以安抚和慰问，迁移到外县，不能对他们加以嫌弃和怀疑，任意拘捕起来。"臼阳县县长胡伉获得投降的山民周遗；周遗过去是个大恶人，出于穷困所迫，暂时出来归降，胡伉就将他绑起来送至丹阳府。诸葛恪觉得胡伉违反命令，就将他斩首示众。山民听说胡伉因捕出降的人被杀掉，知晓官府只不过是希望他们出来而已，于是纷纷扶老携幼出山了，在一年以后统计他们人数，都同原来所计划的一样。诸葛恪自己带领一万人，余下的分给各将领。吴主孙权十分赞许诸葛恪的功劳，任命他为威北将军，封为都乡侯，移到庐江皖口屯驻。

这一年，魏国迁徙长安的钟簴、橐佗、铜人、承露盘到洛阳。承露盘折断，声闻几十里。铜人太重，无法搬到洛阳，就把它留在了霸城。大肆征集铜，铸造铜人两个，并将之命名为翁仲，摆放在皇宫司马门外。又铸造黄龙、凤凰各一个，黄龙高有四丈，凤凰高有三丈余，放在皇宫内殿前面。在芳林园的西北角起一座土山，下令让公卿群僚全部都去搬运泥土，栽种松树、竹子、杂木、美丽的花草在假山上，捕捉很多山上的禽鸟、走兽放在里边圈养。司徒军议掾董寻于是上奏章说："臣听闻古代的正直官吏，应当说的话完全告知国君，不怕因触怒君王而死去。因此周昌将汉高祖比作夏桀、殷纣，刘辅说赵后飞燕如婢女，天生忠直之臣，即使是面临白刃，跳进沸汤，也向来不顾其身体，实在是替当时的君主爱惜天下呀！建安以来，在旷野交战牺牲和逃亡的，有的门户尽亡，即使还有幸存的人，也是仅剩下孤寡老弱的。假如现在宫殿真的狭小，应该扩建它，也要看时间来决定，不能妨碍农人耕作，更何况做这件无法得利的事呢！黄龙、凤凰、九龙、承露盘，这皆是圣明的君王所不愿建造的，修建它们的工程是建造宫殿的三倍。皇上既然要尊敬群臣，就要让他们戴鲜明的礼冠，穿文绣的衣服，坐华美的车子，同普通民众不一样。然而您如今却要群臣钻进洞里去搬运泥土，使他们满脸污垢且乌黑，衣冠也破得不像样子，毁坏了国家的荣誉，去做那无益之事，这真正是大错特错了。孔子说：'君王役使臣子要遵照礼节，臣子侍奉君王要诚恳忠心。'假如臣子没有忠心，君王没有礼节，国家又如何存活于世呢？臣的话说出去知晓一定会死，然而臣自比于九牛之一毛，活着也于社会无益，死了也对国家没有什么损失！手握着笔，眼流着泪，心已经与人世脱离了。臣生养了八个儿子，等到臣死了之后，就恭请皇上辛苦照顾了！"上奏之前，就先沐浴好坐等死亡了。魏明帝曹叡说："董寻难道不怕死吗？"执事的人上奏要逮捕董寻，魏明帝曹叡有诏书下来，说不要追究他。

高堂隆上奏章说："如今一般见识短浅的小人，偏爱拿秦朝、汉朝的奢靡情形来打动皇上内心，追求那些使国家自取灭亡而且与法度不合的古物，劳役费用也有损德政，这并非以礼乐来兴起同睦，保养神明的美德呀！"魏明帝曹叡没有听从高堂隆的建言。

高堂隆又上奏章说："古时洪水滔天二十二年，唐尧、虞舜依旧朝南而坐，平安无事。如今没有那时的事情紧急，却将公卿大夫和劳役一同从事于力役，此种情形让四夷的人知晓，并非什么好的名声啊！而且记载到历史上，更并非好名声啊！如今吴国、蜀国两个敌人，既非北方寸草不生之地的敌人，也并非乌桓、鲜卑那些小虏，也非盗匪窃贼之流，他们是要越位称帝，想要同中原争取平等的地位。如今假如有人过来说：'孙权、刘禅都在修明德政，减轻租税田赋，每有行动都请教年老之人或贤能之人，做事都遵循礼节制度。'皇上听说后，难道不警惕而厌恶他们这样做吗？觉得不能尽快消灭他们，而为国家忧心吗？假如有人对皇上说：'吴、汉两个敌国都无道，穷奢极欲，奴役他们的士人和平民，加重赋税和征收，百姓都无法继续生活下去，哀叹声一日比一日厉害。’皇上听说这种情形，难道不高兴他们两国已筋疲力尽，攻取他们就不会很难了！假使这样，皇上可以这样换位思考一下，对义理的辨别也就不远了。亡国之君，自己常说不会亡，然而结果亡了。贤圣之君，常说自己即将亡，然而结果没有亡。如今天下凋敝衰败，百姓无一石存粮，国家也无一年的储蓄，在外边还有强劲的敌人，六军都长久戍守在边疆，朝内不断修筑宫殿，州郡又经常骚动，假如有大敌寇冒犯，臣恐怕那些兴修宫室的臣子是不可能对战场用心的。除此之外，大臣将士们的俸禄，也渐渐减少，同之前相比，只有五分之一；那些接受福禄的老臣，国家也不再给他们生活费用了；那些本不应当纳税的，如今也要出半税了。朝廷里的钱粮收入比从前多出了两倍，该支出的却比从前少了三分之一。然而如今每年财政上的预算，却反倒严重不足，菜蔬牛肉等小税捐，如今也一项接着一项开始征收。反复推算起来，这多出所有的费用必定有其他用处。再说官吏将士们的薪俸谷米、布帛等，是君王发给他们辛勤为国效力的酬劳，也是他们生存的依靠，如今也取消了，也等于夺去他们的生命啊！本已到手之物又被夺走，这就是愤怒发生的根源。”魏明帝曹叡读完这奏章之后，对中书监、中书令说：“看高堂隆的奏章，让我深感畏惧！”

尚书卫觊上奏章说：“如今大部分的人臣多说好听的建议，都是顺从君王的旨意，谈及国家政治大事，就把皇上比作唐尧、虞舜；谈起征战，就将吴、蜀两敌国比作狸猫和老鼠。臣却不这么觉得，四海之内分而为三，才士贡献智力，都是为了他们各自的君王，这同六国分治的局面没有什么不一样的。如今几千里内了无人烟，幸存的民众苦不堪言；如果皇上再不留心，国力就会很快衰弱下去，恐怕再也无法振作起来了。武皇帝在世之时，后宫每顿膳食不过只有一个荤菜，衣服也不用织锦刺绣，车席坐褥的边缘也不加以任何的修饰，所使用的器物就更不涂上丹漆了，他这种举措，而最终能将天下平定，造福后代子孙，这都是皇上所能看见的。当下紧要之事，应该是君臣上下同心协力策划，计算府库里的钱财，谨慎地量入为出，还恐怕不够。更何况如今民众劳役不断，奢靡的风气日渐增高，库藏的钱币也逐渐枯竭。先前汉武帝刘彻迷信神仙之道，说应该为了贮存云露配食玉粉，因此修筑了一座高台，台上塑了一个仙人手掌，端着盘子承接宝贵的露水，皇上贤明，时常笑话汉武帝的愚昧。汉武帝想求接露水还遭人耻笑，陛下不想求露水，然而空设承露盘，不也是没好处而且非常浪费财力吗？这些都是陛下所要克制节俭的。”

这时颁布诏书收夺天下仕女，凡是之前已嫁给官吏和民间的美女，都收回来配给出征的士兵，允许他们用奴仆来赎回，又挑选最美的女子，充当后宫的姬妃。而后太子舍人沛国人张茂呈书劝谏说：“皇帝是上天的儿子，而人民又好比皇帝的儿子呀！如今夺取民间的美女配给官吏，这同那夺了哥哥的妻子，配给弟弟没有什么两样，做父母的人对子女的恩情是有偏差呀！并且还下诏规定可用年纪、容貌与妻子相等的仆役来赎回其妻，那么富有的人就得倾家荡产，贫寒的人就要借贷赊欠，用高价买奴仆来赎回自己的妻子；天子就以配士的美名却实际上充实后宫的佳丽，其仕女丑陋色衰的却配给出征的士兵！获得妻子的人未必就欢喜而失去妻子的人一定会十分发愁。有的人因此贫穷，有的人因此发愁，大家都不顺心。那么纵然君王拥有天下的土地，然而却得不到百姓的欢心，极少有不危险的。而且身在边疆的军队有数十万人，一天的费用何止千金，将全国的赋税都用在军中，还显不够其花费；更何况还有后宫没有职位的妇女！皇后的母家，随意赏赐，宫廷内外交互引援，其花费也等同于一半的军费。以前汉武帝刘彻掘地为海，积土成山，幸亏那时天下统一，无人敢和他争夺王位而已。自从汉末衰败战乱之后，四五十年之间，马不敢卸下马鞍，士兵不敢解下盔甲，在边疆有强敌，常常想侵略魏国。皇上不战战兢兢，推崇节俭，却日趋奢靡为重，少府官员还在做赏玩之物，后园又在建承露盘，这真正是只为耳目的欢愉，让寇仇提高图谋我们的信心。可惜啊，舍弃唐尧、虞舜的节俭，却去模仿汉武帝的奢靡，臣暗自觉得这实在是不可以采取的啊!”魏明帝曹叡没有听从张茂的建言。

高堂隆患了重病,过世前时口述奏章说:“曾子曾经说过:‘人到将死之时,他说的话总是良善的。’臣的病如今只增不减,常常害怕突然死去,使得忠诚之心无法表达出来,我的一片丹心赤诚,希望皇上稍稍分一些精神,读读臣这篇奏章。臣观察古时三代的兴亡更替,圣贤相接承,历经几百年,那时没有哪一尺土地不是属于他们的,没有哪一个人不是服从于他们的臣民。可是夏桀、商纣那两位昏君,放纵之心与无边之欲,最终令皇天震怒,国家遭到灭亡。武王砍商纣的头,悬挂在太白旗上;商汤在鸣条之战将夏桀击败,将夏桀放逐到鸣条,天子尊敬的地位,被商汤、周武王所接替;难道说他们是奇特的愚笨之人吗?他们也都是先代圣王的后裔呀。黄初年间,上天曾经降下警示的征兆,一种十分奇异的怪鸟,在燕巢里长大,它的口、爪及胸部全部都是红色的,这是魏国当代遇到最奇异的事啊!应当防备像猛鹰般的凶悍大臣在萧墙之中发难;可以选拔一些亲王,让他们主持封国,掌握军权,星罗棋布,以镇压奸邪,使得朝廷安定,从而辅佐皇室。皇天并不亲近某个人,只帮助那些有德之人。凡是百姓所颂扬赞美的,皇天就福佑他永享天下;凡是遭到百姓怨恨悲叹的,皇天便停止他的福禄,将天下授给那些贤能之人。由这样看来,天下,是天下人共同享有的,并非皇上一人独享的呀!”魏明帝曹叡看了奏章后,亲自写下诏书恳切慰问高堂隆。过了没多久,高堂隆就过世了。

◆陈寿评论说:高堂隆的学术精深高明,他一心一意要辅助匡正国君,因此利用灾异奇怪的事件来提出劝诫,真诚而且中肯,实在是一位忠臣啊!只不过是必改正朔,使魏国认虞舜为始祖,那就是人们所常说的理想超越了学识而不够通达呀!◆

魏明帝曹叡痛恨浮华不实的官吏,颁发诏书给吏部尚书卢毓说:“选拔贤才,不要只注重他的名声,名声不过是画饼充饥罢了,那是不能吃的。”卢毓回答说:“靠名声用人尽管得不到优异之士,然而却可以录用一般的人士;一般人士敬畏教化,羡慕善行,然后才会获得名声，无须太过性急！愚臣的能力既不足够发现优异的人士，而执事之人又正以遵循名声依照常理任职，只不过是应当检验他在职之后的效用。古时用上奏陈事考察其言谈，然后再考验他的功绩；如今对官吏考绩的法令废除了，却拿众人的毁谤与赞誉当作进退的参照，因此会混杂真伪，虚实极易相互蒙蔽。”魏明帝曹叡接受了这一建议。于是颁布诏书命散骑常侍刘邵作考课法。刘邵作《都官考课法》七十二条，又作《说略》一篇，下达诏令颁发给百官先行讨论。

司隶校尉崔林说：“根据《周官》考课，里边的条文已经完备了。然而从周康王之后，就逐渐荒废了，从这能够看出考课之法在于人为！到了汉朝末期，政治上的过失不仅仅是佐吏的职责规定不够严密！如今军队中的考核，有的积压未行，有的仓促办理，增添考课减少考课没有常规，整齐划一当然会很难做到。当渔网还未张开之时，先提拉它的网绳；皮衣毛不整齐时，先振动它的领子。皋陶担任虞舜的官，伊尹担任商朝的大臣，那些没有仁爱之心的人都自动远离了。假如朝中的大臣都能恪尽职守，并且充当百官楷模，那么谁还敢不敬重其事，又何须要考课呢！”

黄门侍郎杜恕说：“公开地考核官吏的绩效，三年一次进行考绩，这真正是帝王用人最良善的制度呀！尽管历经了唐、虞、夏、商、周、汉六代，但考核官吏的方法却并不显明，越过尧、舜、禹、汤、文、武、周公七位圣人，然而考核官吏的条文却没有保留下来。臣确实觉得他们的方法大致可以参照，然而详细的条目却很难列举出来呀！俗语说：‘这世道上有扰乱国家的人，却没有暴乱的法律。’假如法律能够专门派人来负责，那么唐尧、虞舜就可以不用后稷与契的辅助了，商朝、周朝也不会任用伊尹、吕尚来辅助了。如今上奏考核功绩的人，陈述周代、汉代的方法，谈论汉人京房《考功课吏法》的本旨，这完全能够说对考核功绩的要义已经十分明白了。然而在崇尚谦让之风，同兴起许多治道方面，臣觉得还不十分完善。朝廷想让州郡考核官吏时，必分儒学、文史、孝悌、从政四科来考查，假如都有事实可以为证，然后再考查推选出来，试由公府征召，任用那些亲民的官吏，接着再按照功勋的大小升为郡守，或就原位增添俸禄，赏赐爵位，这是考课最为紧要之事啊！臣觉得经考核任用的官吏就应当让他们身份显达，接受他们的谏言，让他们制定出一套考核州郡官吏的法律规则，待这些法规推行之后，就要树立必信的奖赏，实施必行的惩罚。至于公卿与内职大臣，也应当根据他们的职位去考核他们。古时的三公，坐而谈论治国之道，朝中大臣传达王命，补正帝王的缺失，没有什么善行不被记载下来，没有什么过失不被纠举。况且天下广大，万事繁多，实非君王一盏明灯就能普遍照亮的。因此把君王称作元首，臣子就是四肢，这就非常明白地表示出他们是一个整体，相互之间必须协作才会成功。因而古人说建造廊庙的材料，并非只靠一根木头作为支柱，帝王完成大业，也并非只靠一个人的谋虑。以此来看，哪里有大臣守着职位，专门处理考核之事，就能够天下太平呢！实际上让他们在朝中得以容身，保全职位，而无放逐贬退的惩罚，然而那些为公事尽节的人，却常常处于遭人怀疑的情形之中，公义没有修好，私义却成了风气，这样纵然是请孔子来策划考课，也不会施展出个人的才华，更何况靠平常的人来做此事呢！”

司空掾北地傅嘏说：“册封官位分派职务，打理民众事务，这才是立本之道。按他的官位来要求他的实际工作，依据规章和制度去督导，这是治末的事情。根本纲领如果没确立却制定些细枝末节，治国大事不崇尚却以考课为先，只怕是分辨不出贤惠愚钝，也无法找到幽明之道呀！”考课问题，讨论很久都不能决定，最终没有实行。

◆司马光说：治国的要道，没有不是以用人为先的，然而了解人的方法，圣贤也觉得是最难的事了。因此在舆论之中求助毁谤与赞誉，那么喜爱与憎恨竞相争夺，善同恶常混淆不清；在功绩上考核，那么取巧欺诈横生，真伪混杂。最为重要的根本在于最公平最清明罢了。身居上位的人最公平最清明，那么身处下位的人有能同无能就很明显地在眼中，不会再逃脱掉了。假使身居上位的人，不公平不清明，那么考课用人的方法，正好被曲枉自私、欺诈不实之人利用罢了。

这是怎么说的呢？因为公明是在内心，功绩只是外在的表现呀！自己的内心不能修治，却去考核别人的表现，这不是很困难吗！一个身居上位的人，的确能够不因为亲疏贵贱改变他的心思，喜怒好恶扰乱他的作为，那么想要了解治世经国的人，就看他所记忆的与所阅览的是否广大普遍，讲论经典之时是否精通，这就能够知晓他是否擅长治经之术了；想要了解办理狱政的人士，就看他是否尽心竭力依据常理去推测是非曲直，有没有冤枉人或压制人而不敢声张，这就能够知晓是否擅长办狱政了；想要了解理财的人士，就要看他的仓库中钱粮是否充实，百姓是否富有，这就能够知晓是否擅长理财了；想要了解领兵的将士，就要看他战争是否胜利，出战是否可以取敌人的城池，敌人是否一听说他就恐惧，这就能够知晓谁是好的领兵官了。至于各种官吏的区分和辨别，大抵都是如此。尽管需要不断询问或与别人讨论任用某人，但最后的决定却是在自己。尽管需要从外在的事迹上去考核人，然而观察人却在自己的内心。细细考核所任用之人的实情，又要思量他是否合适，做到最精最微，而不能只在嘴上说说，也没有记载下来，怎么能事先立法又全部给办事的人去管理呢！

有的人因为亲近权贵的关系，即使没有才干，却也可担任职务；有的人尽管有才干，然而因为疏远贫贱的缘故，却遭到排斥不予录用。所喜欢、所爱好的人，尽管是些败坏的官吏，却不将他罢黜斥退。所恼怒、所讨厌的人，尽管有功绩，也不予录用。询问并与别人商讨，那么毁谤的、赞誉的各占一半，却无法做出决定；考查他的行迹，那么文件都齐全然而实质却也考核不清楚。即使再制定好的律法，增添更多条目，制定严密的簿册，又如何能获得真实的人才呢！

有人说：君王的统治，大的范围是整个天下，小的范围也是一个国家；内外官员上千上万，考查罢官升官，如何能够不用办事之人，却要独自一人管理这事呢？我说：并不是那样说的。但凡是身为别人上级的，不仅仅是君王而已；太守在一郡之上，刺史在一州之上，九卿在属官之上，三公在百执事之上，全部都用提拔罢免的办法考核他的下属，为人君的也使用这种提拔罢免的方法，去考查公卿、刺史、太守，哪里还有什么烦恼呢！

有人说：考查功绩的方法，是由唐尧、虞舜所创制的，京房与刘邵只是传述又稍加修订罢了，怎么可以废除呢？我说：唐尧、虞舜的官吏，他们在位的时间非常长，责任专一，立法很宽，职责所在之事规定的期限也十分的长。因此鲧去治水，九年还未获成效，后来才处罚他；派遣禹去治水，九州因而全部平定，人们能够定居于四海各地，然后奖赏他的功劳。而非像京房、刘邵的方法，只比较衡量他们琐碎的米盐事务，督责他们每一天的成果。一件事本来就有名义上一样而实质上却不一样的，因此不得不仔细考查呀！考绩不是能够实行于唐尧、虞舜，却不能实行于汉、魏的，实在是京房、刘邵没能将它的根本认清，却在细枝末节上去追求的缘故呀！◆

起初，右仆射卫臻管理官吏的选拔，中护军蒋济写给卫臻一封信说：“汉高祖刘邦碰到逃亡的敌人韩信，就册封他担任上将，周武王提拔渔父吕望担任太公，一般平民或砍柴的，烧饭的，都能够登上王公，为何一定要恪守先采用文字考试然后再任用呢！”卫臻说：“并非如此。先生想要将武王在牧野伐纣的开创时期等同于成王、康王的安宁之世；将汉高祖斩蛇起义的草创规略，等同于文帝、景帝的承平治世，偏爱不守常规的举动，开启奇特的选拔方法，这将会使得天下不安定。”

卢毓谈论用人及选举，都需先注意他的品质，然后再谈论他的才干，黄门侍郎冯翊人李丰曾经问过卢毓，卢毓说：“才干是能够用于行善的！因此大才行大善，小才行小善。如今称人有才，却无法行善，这是才干不适合他的职位的缘故呀！”李丰十分信服卢毓之言。

资治通鉴卷第七十四　魏纪六

起戊午（公元238年），止乙丑（公元246年），共八年。

【题解】本卷记录了魏明帝曹叡景初二年到齐王芳正始六年间的历史。曹魏休养生息，吴蜀志在保守，三国没有大的战事。只有二四一年，孙权趁魏主新立四路北伐，失败而返。孙权设校事官，实行特务统治，鲁王孙霸争太子之位，造成政局动荡，吴国元气大伤。孙权晚年，昏聩糊涂，但能及时醒悟。蜀国防魏战略失策，蜀国衰落。曹魏司马懿平定辽东，政治上得势，与曹爽共同辅政。曹爽平庸无才，伐蜀失败。

烈祖明皇帝下

景初二年（戊午，公元238年）

春季，正月，魏明帝曹叡召司马懿从长安返回，然后派遣他统领四万多士兵去征讨辽东。商议谋略的臣子有的觉得四万人太多，劳役费用恐怕难以供应。魏明帝曹叡说："四千里的远征，尽管说用兵贵在用奇，然而也应当依靠强大兵力，不应当计算劳役与费用啊！"魏明帝曹叡对司马懿说："公孙渊会用什么计策来抵抗你呢？"司马懿回答说："公孙渊如果抛下城池先行逃跑，这是上计。守在辽东，抵抗我军部队，这是其次。坐守襄平，那么他就一定会被我们抓住。"魏明帝曹叡说："那么在这三项中，哪一项会出现呢？"司马懿回答说："只有精明智慧的人，才会判断敌我力量，在事先有所割舍，这并非公孙渊所能做到的。他又认为我们孤军远征，无法久待，必然先到达辽水抗拒，然后再守襄平了。"魏明帝曹叡说："来回一共需要多少天？"司马懿回答说："去时一百天，进攻一百天，返回一百天，其中还要休息六十天，如此算来，一年的时间就足够了。”

公孙渊听说魏国快要动兵，就再次遣使者称臣，向吴国并求救。吴国人想要将使者杀死，替张弥、许晏报仇，羊衜说：“不能杀死使者，那样只是逞匹夫一时的愤怒，却丧失掉了霸王的策略呀！不如借此厚待他，并派出奇兵潜往，然后要挟他归附订立盟约。假如魏国的攻伐没能取得胜利，而我军远远地开赴前往，这是对远方的夷狄结下恩情，义风在万里传扬；假如双方兵力抵抗在一起无法分解开来，他们的首尾驻军相隔离，那么我们可以在他的傍郡，虏获劫掠而归，同样能够让他遭受上天的惩罚，洗雪从前我国张弥、许晏被杀之仇。”吴主孙权说：“这个计策很好。”于是就大肆整备军队，并对公孙渊的使者说：“请稍稍等待，我会前去慰问的，先带封简单的信回去，对燕王说我一定会同他荣辱与共的。”接着又说：“司马懿放眼望去无人可以匹敌，我为贤弟深感忧虑啊！”

魏明帝曹叡询问护军将军蒋济说：“孙权会出兵解救辽东吗？”蒋济回答说：“吴国知晓我国已经有万全的准备，无法得到利益，派大兵深入辽东并非他们力量所及，派少数兵去救援那么劳苦加倍却没有收获；孙权即便是儿子、兄弟遭遇危害，尚且不愿动兵，更何况是援救他国之人，他又曾经受到过公孙渊的羞辱呢！如今之所以要对外声明去救助辽东，实在是为了蒙骗使者，让我国困惑，假如我们攻打不顺利，他希望公孙渊能恭敬地去臣服于他。然而沓渚地方距离公孙渊十分远，假如大军相守，没有速战速决，那么孙权策划轻快地进攻，或许会对敌人发生掩袭作用，那就很难预料了。”

魏明帝曹叡问吏部尚书卢毓说：“谁能堪当司徒啊？”卢毓举荐隐居的处士管宁。魏明帝曹叡不想任用他，就又问其次是哪一位，卢毓回答说：“敦厚笃实、品行最佳的是太中大夫韩暨；节操清高，耿直方正的是司隶校尉崔林；坚贞正直、出类拔萃的是太常常林。”二月，癸卯日（十一日），魏明帝曹叡任用韩暨担任司徒。

汉后主刘禅册封皇后张氏，是前皇后的妹妹。册封王贵人的儿子刘璿为皇太子，刘瑶为安定王。

大司农河南人孟光询问秘书郎郤正有关太子读书的事情与品性以及太子的喜好趋向等，郤正说："侍奉双亲特别虔诚恭敬，从早到晚毫不懈怠，很有古代世子的风范；接待众位僚属，举止行为都是出于仁恕。"孟光说："像先生所说的，都是寻常家庭所应当有的品行呀！我如今问的，是想知晓太子的权略智谋如何啊！"郤正说："世子之道，在于承继君父的志向，和颜悦色以尽亲人的欢乐，不可以随意施为；智谋是藏在胸怀之中，权略顺应时势才会发出，权略智谋的有无，如何能够事先就知晓呢！"孟光知晓郤正言语谨慎，不敢畅谈，于是说："我喜欢直言，没有什么可回避的。然而目前天下时局还没有安定，智慧应当排在最前面，然而智慧是自然生成的，无法用力强迫而得的。太子读书，怎么可以效仿我们竭力博学来等待询问，像博士做对策讲试来谋求官位呀！努力学习才应是最为紧要的。"郤正深感孟光的话是正确的。郤正是郤俭的孙子。

吴国铸造值一千的大钱。

夏季，四月，庚子（初九），南乡恭侯韩暨过世。

二十九日，魏明帝曹叡大赦天下。

六月，司马懿的军队来到辽东，公孙渊就派出大将军卑衍、杨祚带领步骑好几万屯扎在辽隧，在周围修筑城墙挖壕沟二十余里。魏国的许多将领都主张即刻进攻，司马懿说："敌人之所以采用守势，是想要使得我军疲惫不堪，此时就进攻，正好中了他们的计谋。而且敌人大部分都在此地，他的老巢恐怕是空虚的；假如我军径直进攻襄平，一定能够将敌人击败。"于是张设许多旗帜，对外宣称将从他们的南面进军，卑衍等就率他的精锐部队前往阻拦。司马懿率领军队渡过了辽河，从敌人的北面出兵，径直前往襄平，卑衍等知晓了十分恐惧，急忙带兵连夜撤退。魏国各军来到首山，公孙渊又下令卑衍等迎战，司马懿向敌人发起猛烈攻击，击败敌人，于是将襄平围困起来。

秋，七月，大雨连绵不断，辽河暴涨，运粮船自辽河口直达襄平城下。大雨下了一个多月还不停，平地水深数尺；魏兵都在水中，坐立不安，想要将营垒移到高地上，司马懿给军队下命令："谁要是敢说迁徙就斩首。"都督令史张静违背了这一命令，于是将他立刻斩首，军心这才安稳下来。敌人凭借着水涨固守城池，樵夫砍柴，牧童放牧牛马依旧如故，魏军各将领全都主张将那些人捉住，没有得到司马懿的允许。司马陈珪说："先前攻打上庸之时，大军分为八部同时前进，昼夜不停，因此才能在十六日之内，攻克坚固的城池，斩杀孟达。如今大军远来，反倒更安稳缓慢，我私下感到很困惑呀！"司马懿说："孟达的守军人少，然而储存的粮食却可吃上一年，我军的将士多他四倍，然而粮食却不足吃一个月。想用仅有一个月粮食的军队和存有一年粮食的军队打仗，怎么可以不快速呢！以四比一来交战，就是损失掉一半人能攻克那城，也应当去做，因此不计伤亡，只为竞争食粮呀！如今敌人兵力多，我军兵力少，敌人粮食少会挨饿，我军粮食多，将士能够吃饱，雨水如此大，功力用不上，尽管应该逼近他们，然而又能有什么作为呢！自从京师出发至此，不怕敌人袭击，就是生怕敌人逃走了。如今敌人的粮食就要吃尽了，我们的包围圈还没有紧密合拢，假如劫掠他们的牛马，抄走他们的樵柴，这是要逼着他们逃走啊。兵法重视诡诈，能够因事而改易计划。敌人凭借兵多，又凭着雨大，所以即使饥饿穷迫，也不愿投降，应当向他们表现出我们的无能从而来诱惑他们。假如因为小利就惊动他们，这并非好的策略呀！"魏国朝里听到大军在外被大雨困住，许多官吏都建议要将军队撤回，魏明帝曹叡说："司马懿能够临危制变，擒获公孙渊指日可待了。"

雨过天晴，司马懿于是合拢围城的包围圈，堆积土山，挖掘地道，制作盾牌，建造楼车，制造云梯，装备冲车，日夜不停地攻城，箭石如同急雨射入城内。公孙渊紧迫穷困，而且城中粮食已尽，人相残食，死了很多人，他的将领杨祚等人向魏军投降。八月，公孙渊派出相国王建、御史大夫柳甫恳请解围退兵，君臣就自缚前去投降。司马懿下令将这两人斩首，并且用檄文对公孙渊说："先前楚国和郑国是地位同等的国家，郑伯肉袒牵羊迎接楚国。我是天子派来的太尉，而王建等人却要我解围退军，这哪里算是礼仪呀！二人年老，他们传错了话，已经将他们杀掉了，假如你还有请降的意思，就改换年轻而有决断的使者过来！"公孙渊又派出侍中卫演请求指定日期，立刻把世子公孙修送去作为人质，司马懿对卫演说："军事大要有五：能战则战，不能战则守，不能守则走，剩下的两项，就是投降和死了。你们不愿自缚前来投降，那就是决定要死了，又何必使用人质呢！"壬午（二十三日），襄平驻军溃败，公孙渊和儿子公孙修率领几百骑兵突围向东南逃跑，魏军急赴攻打他们，于是在梁水上将公孙渊父子斩首。司马懿攻入城内，杀掉他们的公卿和兵民七千多人，积尸封土于其上，筑成了一座京观。于是辽东、带方、乐浪、玄菟四郡都被平定。

在公孙渊即将反叛魏国之时，将军纶直、贾范等人苦苦劝阻，公孙渊将他们二人杀掉，司马懿封土推高纶直等的坟墓，还使他们的后人显贵，释放被公孙渊夺权后遭囚禁的叔父公孙恭。又命令中原人如有想要返回故乡的，也都按照大家自己的心思决定。于是班师回朝。

起初，公孙渊的哥哥公孙晃是替公孙恭担任人质住在洛阳，在公孙渊没有反叛之前，就经常说公孙渊要造反，想请国家尽快去征讨他。等到公孙渊造反之时，魏明帝曹叡不忍心将公孙晃拉出去斩首，想要他下狱中处死。廷尉高柔上奏说："臣私下听闻公孙晃数次请求自己归附，就述说公孙渊谋反作乱的迹象已经萌芽，他尽管属于我们敌人一族，然而推究他的本心却值得原谅啊！孔子曾经开解司马牛的忧虑，祁奚也明举叔向的过失，这都是前人美好的品德啊！臣觉得公孙晃假如真的先有告诫，应当免去他的死罪；假如没有公孙晃预先报告那件事，才应当将他斩首示众。如今进不能赦免他的死罪，退又没有显扬他的过错。只关在监狱中，让他自杀，那么四方正在观望的诸侯，就会有人疑惑此事了。"魏明帝曹叡没有采纳他的建议，竟然遣使持碎金属给公孙晃和他的妻子和儿女饮下自尽，然后赐给他们棺木、衣服，殡殓在公孙晃住宅里。

九月，吴国改年号为赤乌。

吴国步夫人死去。

起初，吴主孙权担任讨虏将军之时，驻守在吴地，娶了吴郡人徐氏。太子孙登生母出身平民，吴主孙权命徐氏当他的母亲将他抚养长大。徐氏十分妒忌，因此不受宠爱。吴主孙权西迁武昌之时，徐氏留在吴地；这时临淮人步夫人却在后宫特别受宠，吴主孙权想要立步夫人当皇后，然而群臣讨论，理当由徐氏当皇后，吴主孙权为此犹豫了十多年而无法做出决定。后来步夫人过世了，群臣奏请追赠步夫人皇后印绶。徐氏被废掉，后来死在了吴地。

吴主孙权让中书郎吕壹主管各官府及州郡的公文书。吕壹也由此逐渐仗势欺人，又时常用文辞诋毁别人，排斥和陷害那些无辜之人，诋毁大臣说大臣的缺点，就是些细枝末节的事情，也要上奏吴主孙权。太子孙登屡次向皇上直言劝谏，吴主孙权都不肯听太子的善言，群臣也都不敢上奏说吕壹，所以群臣都十分害怕他，侧目而视。

吕壹诬陷原江夏太守刁嘉，说他诋毁国家政策，吴主孙权非常生气，就下令将刁嘉逮捕入狱审查清楚。当时受刁嘉牵连之人都害怕吕壹，于是都说自己听说过刁嘉诋毁国政。唯有侍中北海是仪说从未听说过，于是被连连审问好几日，诏书变得更加严重，群臣都不敢出一声求情。是仪说："如今刀锯已经架在我的脖子上了，我哪敢替刁嘉隐瞒实情，自取灭门杀身之祸，做个不忠之鬼！只要我所知晓的都有头有尾，绝不敢乱说。"是仪都是如实作答，没丝毫偏差，于是吴主孙权就赦免了是仪，同时刁嘉也被免罪。

上大将军陆逊、太常潘浚二人都担心吕壹会扰乱国家，每每谈及吕壹的行为，经常泪流不止。吕壹上告丞相顾雍的过错，吴主孙权十分愤怒，于是责备顾雍。黄门侍郎谢厷闲谈之时问吕壹说："顾雍先生的事情怎么样啊？"吕壹说："不太好呀！"谢厷又说："假如顾雍先生被免了职，谁还能够接替呢？"吕壹没有回答。谢厷说："不会是潘浚取代他吧？”吕壹说：“先生说的意思接近了。”谢厷说：“潘浚对你的为人咬牙切齿，只不过没有机会告知君王。假如今日接替顾雍先生的职务，担心明日就要攻击你了！”吕壹听说后十分害怕，于是解散对顾雍的事情。潘浚请求上朝入见吴主孙权，亲自去建业，想将所要说的话尽力建议给吴主孙权，到了以后，听闻太子孙登都已经提过建议而吴主孙权都没有听取太子的正言。潘浚于是大摆宴席邀请百官，想借机杀掉吕壹，自己再前往顶罪，为的是替国家除去祸患。吕壹暗底下听到此事，称病不敢前去。

西陵督步骘上奏章说：“顾雍、陆逊、潘浚三个大臣，都是志节忠诚的人，他们寝食不安，日日思念着安国利民的事情，建立长久之计，可以称得上是国家的心腹股肱大臣了。君王应径直委任他们事情，不能用其他官员来监视他们主管工作，常在他们后面实施考核其政绩等次。这三位大臣最多思虑不到罢了，哪里还敢欺瞒和辜负君王呢！”

左将军朱据的手下应当领受三万串钱，工人王遂用欺诈的方式将那钱弄走了。吕壹怀疑是朱据实际上已经拿走的，于是查问管钱之人，就将管钱的人打死了。朱据可怜这个人无罪而死，就买下一副棺木厚葬了这个人。吕壹上奏书说朱据的部下帮朱据隐瞒，因此才将他的部下丰厚埋葬。吴主孙权屡次责问朱据，朱据都无法讲清楚，只得睡到草垫上等待接受处罚了。过了几日，典军吏刘助发觉了，说出是王遂私下取走了那钱的实情。吴主孙权才十分感动地说：“朱据都受了冤屈，更何况其他的官民呢？”于是将吕壹治罪，奖赏刘助百万钱。

丞相顾雍到廷尉那里审问犯人，吕壹以囚犯的身份出现。顾雍和颜悦色地问他的状词，临走之时，又对吕壹说：“先生意下如何，还有何话可说吗？”吕壹只是叩头没有话讲。当时尚书郎怀叙当面辱骂吕壹，顾雍就责备怀叙说：“国家有正当法律，为什么要如此无礼呢！”执事奏上去说吕壹应当判处死刑，有的说应当将他分解焚烧，以表明他是个元凶。吴主孙权去访问中书令会稽人阚泽，阚泽说：

"圣明的时代，国家不应当用这种酷刑。"吴主孙权采纳了阚泽的意见。

吕壹因为犯罪被杀以后，吴主孙权派遣中书郎袁礼向各位大将道歉，乘机询问国家大事应当怎样兴革。袁礼返回之后，又颁布诏书责备诸葛瑾、步骘、朱然、吕岱等人说："袁礼回来报告说：'曾经与诸葛瑾、步骘、朱然、吕岱等人见过面，并询问他们现时事务的轻重缓急，大家都用自己不管理民事作为借口，不愿发表意见，将责任全推到陆逊、潘浚的身上。等到陆逊、潘浚见到袁礼之时，都相互流泪恳诉，言谈之间也十分痛苦，有些恐惧不安的心理。'我听说这些话，内心惆怅极了，深感内疚和疑惑！为什么会这样呢？唯有圣人才不会犯错，聪明绝顶之人才能将自己看清。平常人的举止，怎么能够全部合乎情理呢？可能是我有伤害拒绝各位好意之时，只不过出于一时大意，自己没有察觉，因此各位有疑惑困难，不敢进言。假如不是这样，又如何会发展到现在这种情形呢！我和各位为国家政事共同出力，从年少到如今，头发已经白了一半，总觉得表里一致，能够坦诚相见，公私分明，就可以保全；名义上我们尽管是君臣，然而恩情上我们就像亲兄弟一般，福禄悲戚一起享受和承担哪！真正的忠心是不会藏匿私情的，真正的睿智也是不会遗漏计策的，凡事都有它的是非对错，各位怎么能够袖手旁观自在悠闲呢？同舟共济，还能同谁交换意见呢！齐桓公有好的地方，管仲无不赞美；齐桓公有了过错，管仲也绝不放过劝阻的机会，劝过不听，就一直不停地劝。如今我检讨自己没有齐桓公的德行，但是各位不出言谏诤，仍然怀着疑惑畏难之心；就拿这个诏书来说，我应当不差于齐桓公啊！不知晓各位和管仲相比又是如何！"

冬季，十一月，壬午日（二十四日），魏明帝曹叡任命司空卫臻担任司徒，司隶校尉崔林担任司空。

十二月，蜀汉蒋琬出兵屯汉中。

乙丑日（十二月无此日，疑误），魏明帝曹叡患病。

辛巳日（十二月无此日，疑误），魏明帝曹叡册立郭夫人为皇后。

起初，太祖曹操担任魏公之时，赞令刘放、参军事孙资都担任秘书郎。文帝即位以后，改秘书为中书，任用刘放担任秘书监，孙资担任秘书令，负责掌管机密。魏明帝曹叡即位以后，此二人更加宠爱及任用，都加封为侍中、光禄大夫，封作本县侯。此时，魏明帝曹叡亲自管理各项事务，又屡次向外征战，心腹之事，皆是他两个人处理，每每遇到国家大事，朝臣们会议，时常请他们来决定对错，选择是否执行。中护军蒋济上奏章说："臣听闻大臣权力集中，国家就危险；随从太过亲近，自己就会受到蒙蔽；这是古代君王最大的警告呀！先前大臣掌握政事，内外都被煽动；皇上如今亲自处理各种事务，无人不肃然稳定。大臣们并非没有忠心，只是因为权威在大臣手中，因此众心就对皇上怠慢，这情形是正常之道。皇上已经对大臣有明确的认识，希望不要忘记左右侍从造成的弊端，帝王左右之人忠正远虑，并不一定比大臣们贤能；然而奔走钻营，谄媚逢迎，却比大臣要强上许多。如今外人每每阐发议论，则常常说'中书'，尽管要他们恭敬谨慎，不让他们向外交往。然而空有这样的名义，就会引起世俗的疑虑，何况他们实际掌握权柄，又每日都在皇上跟前服，假如他们趁皇上一时的疲倦，分割大权，自作主张，众臣看见他们能转易事务，也就随着趋势顺从他们了。一旦这个端倪出现，他们就会私自招纳朋党，善恶毁誉，必定兴起，功罪赏罚，也一定会改移。通过正道向上承递的事务，有时会壅塞不通；攀附于帝王左右之人反而却很通达。借着细小的机会钻进去，借助有利的形势使出手段，就因为是皇上亲信之人，便不再猜疑了。这种情形，圣明的皇帝早该知晓了。假如皇上向外留意国事，那么这种形迹自然就会显露，无法藏匿了。

"或许朝臣害怕意见不一，又会遭到皇上左右人的怨恨，就不敢向皇上提建议了。臣私下想皇上一定会潜神默思，选取众言，观察各事，假如发现不合情理的事情，不合于使用的物件，就要改变曲调，让功绩可以和黄帝、唐尧遥相媲美，近则能够将武帝、文帝的功业发扬光大，哪里能够受皇上身边之人的牵制呢！然而君王无法一人独自管理全天下的事，一定有所托付于他人。假如委托于一个大臣，除非是有周公旦的忠心，管仲的公正，否则就会产生玩弄权术、败坏职务的弊端。如今能够担当重任的大臣尽管不多，然而品行称颂于一州，智慧可以担当一个官位，忠信为朝廷效力的却还有不少，分别派给他们一项职务，可以令他们去做事。不可以让圣明的朝廷之中有官吏专权的恶名。”魏明帝曹叡没有采纳蒋济的建议。

等到魏明帝曹叡卧病在床之时，方才想到自己身后之事，就任用武帝的儿子燕王曹宇担任大将军，和领军将军夏侯献、武卫将军曹爽、屯骑校尉曹肇、骁骑将军秦朗等人一同辅助朝政。曹爽是曹真的儿子，曹肇是曹休的儿子。魏明帝曹叡年幼之时和燕王曹宇最为要好，因此将后事托付给他。

刘放、孙资执掌国家机密很长时间，夏侯献、曹肇心中觉得不公平；殿中树上有鸡在休息，二人就互相说：“这情景也已经很久了，还会再看到几次呢！”刘放、孙资怕以后于己不利，暗底下想离间他们的关系。燕王曹宇性情比较善良，对魏明帝曹叡的嘱托真心实意地坚持辞让。魏明帝曹叡将刘放、孙资引入卧室，问他们说：“燕王曹宇真的是这样？”他们说：“燕王也知晓自己担当不了重任才这样！”魏明帝曹叡问：“那么又有谁可以做到呢？”那时只有曹爽在魏明帝身边，刘放、孙资于是就借机推荐曹爽，并且说：“最好传召司马懿来辅佐朝政。”魏明帝曹叡说：“曹爽可以担当起国家重任吗？”曹爽浑身流汗无法作答。刘放偷偷踩他的脚，在耳边告知曹爽说：“臣以身报效国家。”魏明帝曹叡听了刘放、孙资的话，想要任用曹爽和司马懿，接着中途又改变了主意，下令废止之前的命令。刘放、孙资再次入内拜见并劝说魏明帝曹叡，魏明帝曹叡再次接受了他们的建言。刘放说：“您应当亲手下诏书了。”魏明帝曹叡说：“我身体太困乏了，无法亲自写诏书了。”刘放就上床，自己扶着明皇帝的手强行写下诏书，于是拿出去宣读，并且高声说道："皇帝有诏书，免去燕王曹宇等人的官职，不可再在朝中停留。"于是曹宇等都流泪而出。甲申（十二月无此日，疑误），任用曹爽担任大将军。魏明帝曹叡又嫌弃曹爽的才干不足，再请尚书孙礼担任大将军长史来协助曹爽。

此时，司马懿在汲县，魏明帝曹叡命令给使辟邪（犹汉丞相仓头），送亲手写的诏书来传召他。之前，燕王曹宇帮助魏明帝策划，觉得关中的事较为重要，应当派遣司马懿顺便自轵关西返回长安，事情已在进行之中。司马懿先后接到两个诏书，前后大有不同，疑惑朝中必有变故，于是很快地返回朝中。

三年（己未，公元239年）

春季，正月，司马懿回朝，到内室觐见，魏明帝曹叡握着司马懿的手说："我将身后之事托付给先生，先生和曹爽一同辅佐太子。死居然都能够忍耐，我忍死等待先生回来啊！今得见，再无遗憾了！"于是召齐王曹芳、秦王曹询二王给司马懿看，并指着齐王曹芳给司马懿说："这就是他，请先生一定看仔细，不要错了！"又让齐王曹芳上前抱住司马懿的脖颈。司马懿叩头潸然泪下。当日，立齐王为皇太子。不久魏明帝曹叡就过世了。

魏明帝曹叡性格沉静有毅力又明快，只不过任性而行，能简选官员的功力和能力，排斥浮华和虚伪。兴师动众，通过论断决策国家大事，令谋臣将相都非常佩服，称赞他有大略。又记忆力特别强，即便是身旁的小臣，官簿所载性格品行、名字履历，甚至他的父兄子弟，一经耳目，终生不会遗漏和忘记。

◆孙盛评论说：听年长之人说，魏明帝曹叡姿态秀美，站立时头发可垂到地上，患有口吃而不经常说话，却沉静坚毅，擅长判断事情。起初，诸大臣受遗命辅助，魏明帝曹叡都派他们去担当某方面的重任，朝政全部由自己管理。待大臣优渥有礼，心胸广大可以容人，喜好直言，即使有冒犯极谏之人，也都不会遭到摧折和杀戮，他待人的雅量是宽宏伟大的。然而他没有想到树立仁德得以流传后世的风范，不巩固宗族使

他们团结作为立国的根基，导致最后国家大权旁落，国家不保，真是悲哀呀！◆

太子曹芳登基，年龄只有八岁，大赦天下。尊郭皇后为皇太后，加封曹爽、司马懿为侍中，假节钺，总领内外所有军事、录尚书事。将兴修宫室所召来的各地的劳役，都用遗诏的名义将他们遣散。

曹爽、司马懿各领兵三千人，在殿内轮流值班宿卫，曹爽觉得司马懿的年纪与地位本就高过自己，因此将他当父辈一样尊敬他，每遇事务必定先去请问，不敢独断专行。

起初，并州刺史东平人毕轨及邓飏、李胜、何晏、丁谧都非常有名气，而且急于追求富贵，趋炎附势。魏明帝曹叡在世之时十分厌恶他们的浮华作风，都抑制他们而不愿任用。曹爽平日里和他们十分亲善，等到自己辅政之时，很快对他们加以提拔，充当自己的心腹之人。何晏，是何进的孙子。丁谧，是丁斐的儿子。何晏等人都一起推荐曹爽，觉得重权不可以委托给旁人。丁谧替曹爽谋划，让曹爽请求皇帝下达诏书，转而任用司马懿担任太傅，在外表上对司马懿在名号上加以尊称，而实际上想要尚书奏事，先由自己过目，就能够掌控轻重缓急之事了。曹爽接受了丁谧的建议。二月，丁丑日（三月二十一日），任用司马懿担任太傅，任用曹爽的弟弟曹羲担任中领军，曹训担任武卫将军，曹彦担任散骑常侍、侍讲，其他诸位弟弟都以列侯侍从，出入皇帝所住之地，没有谁再比得上他们的高贵荣宠了。

曹爽侍奉太傅司马懿，礼貌即使与之前一样，然而各种改革的事情，就很少再由司马懿做决定了。曹爽变更吏部尚书卢毓担任仆射，而用何晏接替卢毓的位置，任用邓飏、丁谧担任尚书，毕轨担任司隶校尉。何晏等人仗着自己的权势管理事务，能附和自己的人就能够得到升迁，违抗或者忤逆自己的人就将他们贬职，因而朝廷内外望风而行，不敢违背他们的意旨。黄门侍郎傅嘏对曹爽的弟弟曹羲说："何晏的性格，外静而内躁，投机取巧，不考虑务力根本，我担心他会先将你的兄弟迷惑，那么好人将从此远离，朝政也将会被荒废了。”何晏于是对傅嘏不满，就以极其微小的事情作为借口将傅嘏免官。又将卢毓派出去担任廷尉，毕轨又冤枉上奏，于是卢毓被免官，大家多为卢毓鸣冤辩解，于是再用他担任光禄勋。孙礼正直亮节、不愿屈服权势，曹爽感到心有不便，就派孙礼出京去担任扬州刺史。

三月，任用征东将军满宠担任太尉。

夏季，四月，吴国督军使者羊衜攻击辽东守将，俘获当地百姓离开。

蜀汉蒋琬担任大司马，东曹掾犍为人杨戏，平时性情简略，蒋琬同他说话，他经常不做回答。有人对蒋琬说：“先生同杨戏说话，可是他时常不做回应，实在也太怠慢了！”蒋琬说：“人心不同，各如其面，即使当面听从，退后也会有言，这是古人所告诫之话。杨戏假如赞同我的意见，那就不是他的本心了；假如想要反对我的话，就又显示我的过错，因此默默无语，这正是杨戏的直快之处呀！”又有督农杨敏曾诋毁蒋琬说：“行事糊涂，实在是比不上前任的人。”有人告知蒋琬，主事的人想要治杨敏的罪，蒋琬说：“我本来就不如前任之人，如何能够治他的罪呢！”主事的人问蒋琬是如何糊涂的，蒋琬说：“假如比不上前人，那么事务就处理不好，处理不好事情，就是糊涂呀！”后来杨敏因为犯事被关进监狱，大家都为他担心，都说他一定会死，蒋琬的心却丝毫没有成见，杨敏也得以免去重罪。

秋季，七月，魏帝曹芳开始亲临朝政。

八月，大赦天下。

冬季，十月，吴国太常潘濬逝世。吴主孙权任用镇南将军吕岱接替潘濬的职位，和陆逊一同在荆州管理文书。吕岱当时年龄已经八十岁了，平日里体格很健壮，亲自治理国事，和陆逊同心协力，有功劳却相互推让，南方的人大力称赞他们。

十二月，吴国将领廖式杀掉临贺太守严纲等人，自称为平南将军，攻打零陵、桂阳，煽动了交州各郡，聚众有几万人，吕岱上书后就出发平乱，日夜兼程，吴主孙权遣使追上去册封吕岱担任交州牧，又调遣众将领唐咨等陆续赶去，征战一年，击败了廖式等人，杀掉廖式及其余党，郡县都平定了。吕岱才返回武昌。

吴国都乡侯周胤率兵一千多人驻扎在公安，因为有罪，又迁到庐陵。诸葛瑾、步骘为此事向上请示。吴主孙权说："先前周胤年幼时，并无什么功劳，无故却将精兵交予他，封他为侯爵并统率军队，那是因为思念周瑜因此才对周胤那样好呀！周胤就是依仗恩宠，酗酒淫逸，放荡不羁，前后告诫他，也不知晓改过。我同周瑜之间的情义，就如二位一般，希望周胤能有所成就，哪里有满足之时呢！迫于周胤的罪过太大，最好不要让他回来，想要苦一苦他，令他自己知晓反省呀！就凭公瑾的儿子，又有二位在中间，假如他能改过自新，还有什么可担心的？"

周瑜哥哥的儿子偏将军周峻死去，全琮请由周峻的儿子周护领他父亲的兵。吴主孙权说："先前击败曹操，开拓荆州的领土，这全部都是周瑜的功劳，我常常无法将他忘却。刚听说周峻去世，我也想让周护接替他父亲的职务。然而听说周护品性凶暴，假如用他反而是制造祸端，因而才更改不让他接替。我对周瑜的思念，哪里会终止呢！"

十二月，魏帝曹芳下诏书，再以建寅月（三月）为正月。

邵陵历公上

正始元年（庚申，公元240年）

春季，发生旱灾。

越巂蛮夷数次背叛蜀汉，杀掉太守，此后太守都不敢到郡里去任职，将治所寄居在安定县，离开郡有八百多里。汉后主刘禅派遣巴西张嶷担任越巂太守，张嶷招慰新来附从的人，铲除征伐称强或者狡诈之人，蛮夷畏惧而服从，郡内于是都安定下来了，各郡太守又都回到先前的治所办公。

冬季，吴国发生饥荒。

二年（辛酉，公元241年）

春季，吴国将要出兵攻打魏国。零陵太守殷札建议吴主孙权说："如今上天抛却曹魏，屡屡有君臣丧亡出现，正在纷争之时却让一个小孩执掌国事。皇上亲自领兵攻取混乱的魏国，应当尽出荆州、扬州，出动全部强弱兵丁，让强壮的握戟持刀，让体弱的负责转运粮草。西方命令蜀汉益州的军队，驻扎陇右，让诸葛瑾、朱然率领军队，径直攻打襄阳，陆逊、朱桓另外去征讨寿春，皇上大驾进到淮阳，向青州、徐州发兵。这样魏国襄阳、寿春要被我们围困；长安以西，又要抵御蜀汉的攻击，那么在许昌、洛阳的士民一定会分离，我们犄角并进，民众也必然会从内部接应。他们的将帅对向交战，有的会丧失优势，如此一来，一军遭遇败绩，就会引发三军离心。我们正好喂饱战马，整备车辆，攻城陷阵，再乘胜追击，将他们予以消灭，从而使得华夏安定。假如我们不全军出动，而像之前那样轻微举动，那就不会有大的成效，反倒容易退却，我们的兵民也疲惫了，威力也减弱了，时机过去了，力量也消失了，这不是上等策略呀！"吴主孙权没有使用这个计划。

夏季，四月，吴国全琮袭击淮南，挖开芍陂的堤防。诸葛恪攻打六安，朱然围攻樊城，诸葛瑾兵进相中。魏国征东将军王凌、扬州刺史孙礼和全琮在芍陂展开激战，全琮因为战败撤军而逃。荆州刺史胡质用轻兵去解救樊城，有人对胡质说道："敌人众多，不可太逼近。"胡质说："樊城的城墙低矮，守军又太少，因此要很快出兵作为他们的外援。假如不这样行事，樊城就会面临被敌人攻破的危险。"于是率兵迅速赶赴樊城，兵临外围后，城中才得以安定。

五月，吴国太子孙登过世。

吴兵尚停留在荆州，太傅司马懿说："相中有汉民和夷人十万之多，隔在沔水南岸，流离失散没人指挥，樊城遭受攻击，历时一个月了还未解围，这种危险的事情，请您派我去征讨他们吧！"六月，太傅司马懿督率众军去解救樊城。吴军听说司马懿率军前来，连夜就逃走了，司马懿督率大军追到三州口，大获全胜，然后撤回了军队。

闰月，吴国大将军诸葛瑾逝世。诸葛瑾的长子诸葛恪早已封侯，吴主孙权用诸葛恪的弟弟诸葛融承袭他父亲的爵位，统率他父亲的兵马，驻守于公安。

蜀汉大司马蒋琬觉得诸葛亮在世之时几次从秦川出兵，道路崎岖，运粮困难，因此都没有获得成功，于是就打算制造很多舟船，想要乘汉水、沔水东下，攻打魏兴、上庸两地。后来因为自己的旧病复发，没有趁魏衰乱时进兵。汉人都觉得假如在水道上攻击敌人不能取胜，退路十分艰难，不是上等的策略；汉后主刘禅调遣尚书令费祎、中监军姜维等人宣读旨意。蒋琬接受命令后，就上奏说："如今魏国横跨九州，根蒂还一直往外延伸，想要铲除并非易事，假如吴国和我们合力，保持首尾掎角之事，尽管不能马上将曹魏灭掉实现大志，也可以分割它的势力，蚕食它的领土，先摧毁它的部分党羽。然而吴国好几次和我们约定行动，却最终不能实现。我时常和费祎他们商议，都觉得凉州是胡人关卡的重要地方，一旦占据了那里，无论是进攻还是防守都能有所依靠。而且那个地方的羌人、胡人都心中思念汉朝如同口渴，应当派姜维去担任凉州刺史。假如姜维出兵之后，能将河右一带控制了，我就可以率军充当姜维的支援或后盾了。如今涪县水路陆路四面通达，应对紧急之事最为便利，假如蜀、吴有危险，赶去救援也不困难，请让我移兵驻扎到涪县吧！"汉后主刘禅采纳了蒋琬的意见。

魏国想要在扬州、豫州的那片地方广泛开垦田地，种谷和畜牧，调遣尚书郎汝南人邓艾去负责，并由陈县、项县向东直至寿春。邓艾觉得："先前太祖攻破黄巾之时，就进行屯田，在许昌积存谷物以控制四方。如今三方已定，军事行动皆在淮南。每次大军出动，运粮的兵士占战斗士兵的二分之一还要多，耗费的金钱也在万亿以上。陈、蔡附近，田地低洼又很肥美，大可以俭省许昌周围的稻田，让水合并起来向东流去。命令在淮水北岸派出两万士兵屯垦防御，在淮水南岸派出三万士兵屯垦防御，一年中按十分之二分班轮休，这样屯田防守的就有四万人了。更要开凿河渠，以扩大灌溉，疏通漕运。衡量一下，除去开支，每年可以储蓄五百万斛的军粮，六七年间，在淮水附近就可以积存三千万斛粮食，这是十万大军五年的粮食！用这种方式来攻打吴国，哪里还有攻克不了的呢？”太傅司马懿十分赞同这个计划。这一年，开始挖广漕渠，每当东南有战事之时，大举出兵，都是乘船而下，径直到达江、淮等地，粮食有剩余而且无水灾。

管宁逝世。管宁品行高洁，大家看见他，总是自觉比不上他，等到接近他之时，又觉得管宁平易近人。并且管宁还能因事教导人向善，没有谁不受到他的感化。等到他去世了，天下人认识他的还是不认识他的没有不遗憾的。

三年（壬戌，公元242年）

春季，正月，蜀汉姜维率领偏师自汉中还驻涪县。

吴主孙权立他的儿子孙和为太子，大赦天下。

三月，昌邑景侯满宠去世。秋季，七月，乙酉日（十九日），任用领军将军蒋济担任太尉。

吴主孙权派出将军聂友、校尉陆凯率兵三万攻击交州的儋耳、珠崖。

八月，吴主孙权封儿子孙霸为鲁王。孙霸是孙和的同母弟弟，并且对他异常宠爱，与孙和毫无差别。尚书仆射是仪录为鲁王傅，上奏章说：“臣暗自觉得鲁王有特别出众的才能和德行，还有文武两方面的禀赋，以如今的情形来看，应当让他守卫四方，充当国家的屏藩，弘扬美德，广耀声威，这才是国家的良规，也是海内所希望的。而且本应该在两宫中分出贵贱，以修正上下规矩的秩序，申明教化的根本。”上奏三四次，吴主孙权都没有听从他的建议。

四年（癸亥，公元243年）

春季，正月，魏帝曹芳举行加冠礼。

吴国诸葛恪攻打六安，捕获当地的人民后离开。

夏季，四月，魏国立皇后甄氏，大赦天下。甄皇后是文昭皇后哥哥甄俨的孙女。

五月，朔日（初一），发生日食，而后日全食。

冬季，十月，蜀汉蒋琬从汉中返回住在涪县，病情愈加严重，派遣汉中太守王平担任前监军、镇北将军，督师汉中。

十一月，汉后主刘禅任用尚书令费祎担任大将军、录尚书事。

吴国丞相顾雍逝世。

吴国诸葛恪派出谍报人员探视要道，想要进攻魏国的寿春。魏国太傅司马懿带兵进入舒县，想要攻打诸葛恪，吴主孙权徙诸葛恪驻扎兵队在柴桑。

步骘、朱然分别上奏章给吴主孙权说："从蜀汉返回的人，都说蜀汉想要违背盟约，他们和魏交往，还制造了很多舟船，营建城郭；又让蒋琬守卫汉中，听闻司马懿也不向南出兵，乘机摆出犄角之势，反而将汉中委托给他人，自己却返回成都附近。对我国不利的情形已经很明显了，不用再疑惑了，应当早做准备。"吴主孙权答复他们说："我对待蜀汉并不薄，聘问飨宴盟誓，从未辜负过他们，他们哪里会图谋我国呢！司马懿带兵来到舒县，不过十日就退了回去。蜀汉在万里以外，哪里会了解缓急就要出兵呢！先前魏国想要攻打汉中，我们严阵以待，也没有举动，到后来听到魏兵撤回而此事才算完结。蜀汉难道还为此怀疑我们吗？传言很不可信，我可以对你们破家保证蜀汉不会前来攻打我们的。"

征东将军、都督扬州、豫州各军事的王昶上言说："地势上常有坚固的险要之地，防守上却没有一定的形势。如今士兵驻扎在宛县，离襄阳三百多里，有急事不能够赶去救援。"于是迁移到新野屯驻。

宗室曹冏上奏章说："古代的帝王，必定册封同姓的人为藩国以表明宗亲的情义，立异姓的人为诸侯以表明尊贤的礼节。然而要是太过偏重亲属，国家就会变得微弱；反之过于信任贤人，大权也会旁落，最后遭到抢夺。先圣知晓这个道理，因此在亲和疏之间广泛并重地选用，如此才能保全他的国家，而且能够历经长久而不衰落。如今魏国在尊敬贤德上即使做得非常好，然而在亲近亲族方面却还是做得不够好，有的授予他职务却不予重用，有的放置而不予任用。臣私下想到此事，时常无法睡得安稳，于是将所了解的写了出来，谈谈他们的成败得失，先前夏、商、周都经历了数十代，然而秦却只历经两代就灭亡了，这是出于什么缘故呢？三代的君王同天下的百姓共同治理朝政，因而天下都共同为国操劳。秦王要高高在上，独自治理百姓，因此到了将亡之时，就无人挽救它。秦朝看见周朝的缺点，觉得周王领地小而薄弱，因此大权被剥夺，因而废掉公、侯、伯、子、男五等的封爵，设置郡县官吏，朝内没有宗亲的人来辅佐，朝外也缺少诸侯防备，就像割除手足，却只用心腹支撑，在旁观者看来真是心惊胆战，但是秦始皇却安然地自以为成就了子孙万世的基业，这难道不是违背常理吗！因此汉高祖挥动三尺之剑，驱动乌合之众，在五年之内，就完成了帝业。这是什么原因造成的呢？砍伐深根的树木，难以取得功效；摧毁枯枝烂木，却很容易见到成果，这是自然的道理。汉见到秦朝的过失，就到处分封他的子弟；之后内亲诸吕专权，妄图危及刘氏天下，但是没有取得成功，这是因为诸侯势力强盛，就如磐石胶漆一样坚固。然而汉高祖刘邦的封邦建国，地区超越了古制，因此贾谊认为若要天下太平治理安定，莫若多设诸侯去分散他们的力量；但是汉文帝刘恒并不听从他的建议。到了孝景皇帝当政时期，又错用晁错的计划，削减诸侯的兵力，于是引发了七国的反叛。这情形大概从高祖时就出现了，而祸衅却聚集在文帝、景帝当政时期，这是由于制度太过宽厚的缘故；想改正却不采用渐进的方法，又太过急迫了。所以说：'如果末梢大过根部，一定会折断；如果尾部大过头部，一定难以调动'，尾和身本是一体，尚且不听从；更何况不是自己的尾部呢！汉武帝刘彻因此采用了主父偃的计策，下推恩令，自从这措施施行以后，诸侯势力逐渐减弱，他们的子孙也渐渐微弱，只能靠着封地的租税衣食生活，再也不能干预朝政了。到了哀帝、平帝之时，王莽掌握政权，假装借着周公的事迹，却行使着田常的乱谋，宗室诸侯，有的竟然替他制造符命，颂扬王莽的恩德，这难道不够悲哀吗？在这样看来，并不是宗室的子弟在惠帝、文帝之时才忠孝，在哀帝、平帝之时就反叛忤逆了！这是权势轻弱，不能平定祸乱呀！幸亏赖光武皇帝刘秀以盖世的雄姿，把已经做皇帝的王莽抓住，才使汉朝的天下延续下来没有断绝，这难道不是宗子的力量啊？可是他又没有见到秦朝的失误，沿袭周朝的旧制，以至于桓帝、灵帝之时，阉官掌事，皇帝孤立于朝堂，群臣弄权于下；于是天下混乱，奸邪相互争夺，宗庙被大火烧光，宫室都变成了森林草地了。

“太祖皇帝有龙飞凤翔的英雄气度，消除了许多凶逆。大魏的兴起，到现在也有二十四年了；然而见到五代的存亡而没有选用其中明智的决策，见到前车的颠覆而没有改变后车的轨迹。子弟有封王的虚名但实际没有封地，有藩王的尊号在国民上面但不可以当臣来使唤。宗室的人都逃窜到乡间，不管国家的大事。他们的权力和匹夫一样，他们的势力就像是平民。朝廷内部没有根深蒂固般坚固，朝廷外边也没有像磐石一样的宗亲联合起来相助，这不是用来安定国家、成就万世基业的方法啊！而且现今的州牧、郡守，像古代的方伯、诸侯一样，横跨的土地都有几千里，有的同时兼管军国大任，有的一家好几个人就职高官，有的兄弟一块儿担任要职。而宗室子弟竟没有一个人在其间，和他们维持抗衡，这不是强干弱枝、以防不测的办法呀！现在任用有才智有能力的人，有的越级成为名城的长官，有的成为偏师的主帅。但是宗室有文才的只规定担任小县的主官，有武艺的只给百人以上的兵让他统领。这就不是劝进贤能、褒异宗室的正常礼法呀！俗话说：‘百足之虫，死了以后不会很快僵硬！’因为辅佐躯干的足太多的原因。这即使是句平凡的话，但是可以比作国家的大事呀！所以圣王在安定之时，不会忘记危险，也不会忘记灭亡，因此天下虽然有改变，却没有危机的患难发生啊！”曹冏希望用这篇上书来感化曹爽，但是曹爽却没有采用。

五年（甲子，公元244年）

春季，正月，吴主孙权任命上大将军陆逊担任丞相，原州牧、都护、领武昌事和从前一样。

征西将军、都督雍州、凉州诸军事的夏侯玄，是大将军曹爽姑母的儿子。夏侯玄征召李胜担任长史，李胜及尚书邓飏想要让曹爽在天下间立威，于是游说他去讨伐蜀汉。太傅司马懿阻拦这件事，没有阻挡住。三月，曹爽向西走到长安，发动兵卒十多万，和夏侯玄从骆谷进到汉中。

汉中守兵还不到三万人，很多将士都很恐惧，想要固守城池但不愿意出兵应敌，来等着涪县的兵支援。王平说："汉中离涪县几千里，敌人如果攻下关隘，那就酿成深灾大祸，现在不如先任命护军刘敏占据并守卫兴势，我王平在后抵挡；如果敌人分开行到黄金山谷，我可以带领一千多人去迎战敌人。到那时候，涪县支援的军队也差不多快到了，这是最好的计划。"很多将领怀疑这计策，唯有刘敏和王平的意见一样，于是带领自己的军队去镇守兴势，多张扬旗帜，连接起来有百余里长。

闰月，汉后主刘禅任命大将军费祎监督率领诸军去解救汉中，将要前进之时，光禄大夫来敏去给费祎送行，请求一起下围棋。这时征集来的士兵也先后到达，人马擐甲，严阵以待，费祎和来敏一块下棋，脸色没有一点厌烦。来敏说："只是随便探视一下先生罢了，先生实在是很适合的人，也肯定是可以对抗敌人的了。"

夏季，四月，丙辰朔日（初一），发生日食。

大将军曹爽的士兵被阻拦在兴势，没有办法前进，关中以及氐人、羌人转运供给不足，牛马驴骡死了很多，民众都在道路旁痛苦地哭泣，蜀汉涪县的军队和费祎带领的军队都快到了。参军杨伟向曹爽说明情形，应当迅速退走，不然就会遭到败绩。邓飏、李胜在曹爽面前与杨伟相争执，杨伟说："邓飏、李胜二人要破坏国家大事。可以拖出去杀了。"曹爽不高兴。

太傅司马懿给夏侯玄一封信说："《春秋》大概意思是说责任大的接受恩宠必然很大。先前武皇帝两次进军进入汉中，差不多每次都是大败，这你是知道的。现在兴势地势险峻，但是蜀汉先行据守，如果进攻敌方不应战，退又等于邀请敌人来侵占我方，全军必定覆没，这会是谁的责任呢！"夏侯玄听到了，非常恐惧，就告诉曹爽；五月，带着军队退走。费祎向前推进，镇守三岭，以阻击曹爽。曹爽在险要之地苦苦战斗，只是得以通过，逃散伤亡非常惨痛，关中为此也消耗不少。

秋季，八月，秦王曹询过世。

冬季，十二月，安阳孝侯崔林过世。

同一年，蜀汉大司马蒋琬因为生病，坚决辞掉州职给大将军费祎，汉后主刘禅于是任命费祎担任益州刺史，命令侍中董允担任尚书令，担任费祎的副主官。

当时的军国事情非常多，公务非常繁忙；费祎担任尚书令，知识觉悟超越常人，每次省视或者阅读文书，抬头一看，就知悉里边的旨意，他的速度超出常人几倍，到最后也不会忘记。经常在朝晚听事，其间接待宾客，饮食嬉戏，与别人下围棋等，常常让人都很高兴，事情也没有荒废。等到董允替代费祎，想要学费祎的行为，才不到十天，许多事都延误了。董允才感叹说："人的才力差距太大了，费祎的智慧，不是我能够比得上的。"于是整天处理事务，却还有打理不完之时。

六年（乙丑，公元245年）

春季，正月，魏帝曹芳任命骠骑将军赵俨担任司空。

吴国太子孙和与鲁王孙霸同宫，礼仪相同，群臣都觉得这样上下不分不好，于是吴主孙权才命令分开宫室各有僚属；两个人从此开始有间隔。

卫将军全琮任命他的儿子全寄去侍奉鲁王，写信将此事告知丞相陆逊，陆逊回信说："你的儿子假如有才能，不用担心不被任用，不应当依靠私门求荣利；假如你的儿子才能不好，最终会遭受祸害。而且听说两宫有敌对的趋势，肯定会分出彼此，这是古人最避讳的事呀！”全寄果然偏向于鲁王，轻易地结交他。陆逊写信和全琮说：“先生不学金日磾侍奉汉武帝，却要放纵容忍全寄呀！最后先生的家里肯定会遭到灾祸的！”全琮不回复陆逊的信，反而与陆逊产生了隔阂。

鲁王屈尊来交结天下名士。偏将军朱绩是个非常有胆识的人，鲁王亲自到他的公舍，和他挨着坐，想要与他结为好友。朱绩立刻下去站在地上，向鲁王推辞不敢当。朱绩，是朱然的儿子。

在那时自侍御、宾客，都分为两派，敌视敌党，怀疑二心，又牵连到大臣，全国分成两个部分。吴主孙权听说此事后，假装借着让孩子好好学习的名义，禁止宾客来往。督军使者羊衜上奏章说：“听说已下诏书节省两宫的守卫，断绝宾客，使各方的礼仪不再通行，远近之人都感到惊悚，大大小小的人也都觉得失望。有人说两宫不遵守法式；如果他们有嫌疑，也应当视察补救，秘密地加以斟酌，不让远近之人有疑心。臣只怕以后会遭到猜忌积累成了毁谤，时间一长肯定会流言散播，西方的蜀汉、北方的魏国距离我们不是很远，将会指责我们两宫不顺的过失，不知道皇上怎么对他们解释这件事呀！”

吴主孙权长女孙鲁班嫁给左护军全琮当妻子，小女儿孙小虎嫁给骠骑将军朱据当妻子。全公主鲁班与太子孙和的母亲王夫人关系有隔阂，吴主孙权一心想要立王夫人为皇后，全公主就阻止此事，又害怕太子孙和立定后埋怨自己，心里经常觉得不安，就屡次诽谤太子。吴主孙权病重在床之时，派出太子孙和到长沙桓王庙祈祷，太子妃的叔父张休的住所距离桓王庙非常近，就邀请太子孙和前去他那儿做客。全公主命令人去偷偷监视，因此就说：“太子并非是到庙里去，而是到妃子的家中去商量事情了。”又说：“王夫人见到皇上病重在床了，反而面上有高兴的脸色。”吴主孙权因而十分恼恨他们两人，夫人为此伤心而死，太子也不再受到宠爱了。

鲁王的同党杨竺、全寄、吴安、孙奇等人都一起诋毁太子，于是吴主孙权心中特别怀疑。陆逊上奏章劝谏说："太子是正统，理应像磐石一般坚固，鲁王是藩臣，受宠爱俸禄的情形，理当有所差别，这样彼此才会各得其所，上下才能获得安定。"奏章上了三四次，真是危言危行辞情急切；又想要亲自到建业，亲口讲述嫡子和庶出的义理。吴主孙权感到不高兴。

太常顾谭，是陆逊的外甥，他也上奏章说："臣听闻有国的君王，有家的诸侯，肯定都分明了嫡庶的区别，区分尊卑的礼仪，使得高下有差等，等级有分别。如此一来，才能够保全骨肉之间的恩情，也才能够断绝那些非分的指望。从前贾谊在《治安策》陈述治国安邦的计策时，谈及诸侯的形势，认为权势重即使是亲族的，一定会发生叛节的行为，权势轻即使疏远的，肯定会有保全的福祚。所以淮南虽然是汉文帝的亲弟弟，也没飨国到终年，这就是给他权太重的原因；吴芮是个不被重用的臣子，他被派往长沙反而得福了，这是因为势力轻微的原因。先前汉文帝让慎夫人同皇后坐在一起，袁盎将夫人的位置向后移，汉文帝刘恒见到有些生气，等到袁盎明确解释上下义理，讲述戚夫人变为人彘警戒之事，汉文帝刘恒才高兴起来，夫人也想到这其中的道理。如今臣所讲的，并无任何偏向，确实是想要保全太子，也是对鲁王有好处的呀！"因这项上奏，鲁王和顾谭两人之间产生了间隙。

芍陂的一次战争，顾谭的弟弟顾承和张休都有功劳；全琮的儿子全端、全绪和他们争抢功劳，暗地里在吴主孙权跟前诬陷顾承、张休，吴主孙权把顾谭、顾承、张休贬到交州，后来又还追赐张休死。

太子太傅吾粲请求任命鲁王孙霸出镇到夏口，驱逐杨竺等，不让他们留在京师，又几次把消息对陆逊说鲁王孙霸和杨竺都诬陷他。吴主孙权很生气，就把吾粲抓住投进监狱，并且把他杀死。又几次命令使者去责备陆逊，陆逊含恨而死。他的儿子陆抗是建武校尉，带领他父亲陆逊的兵众，送葬东还。吴主孙权用杨竺所密告陆逊二十件事情来问陆抗，陆抗都一条一条地回答了，这时吴主孙权的怒意才消除了。

夏季，六月，都乡穆侯赵俨死去。

秋季，七月，吴国将军马茂想要谋害吴主孙权及部分大臣来迎合魏国，然而事情泄露了，他与他同党的人都被抓起来诛杀。

八月，任用太常高柔担任司空。

蜀汉甘太后过世。

吴王任命校尉陈勋带领屯田兵和工程兵共计三万人，开凿句容中道，自小其至云阳西城，修建市肆来聚会商旅，并修筑邸舍和楼阁。

冬季，十一月，蜀汉大司马蒋琬死去。

十二月，蜀汉费祎到达汉中，充实兵员于诸围寨中，以防御敌人来犯。

汉尚书令董允逝世，任用尚书吕义担任尚书令。董允持心公正，可行的事，就献策给主君，行不通的事，就劝说主君废止，尽到了忠义，汉后主刘禅十分尊敬和畏惧他。宦官黄皓奸猾聪明，汉后主刘禅很喜欢他。董允对上常常正色规劝汉后主刘禅，对下则常常责备黄皓，黄皓害怕董允，因此不敢犯下错事，等到董允死去，黄皓的职位也不过升到一个黄门令丞而已。

费祎选用曹郎汝南人陈祇代替董允担任侍中，陈祇庄严有威仪，凭借小智慧，具备多技艺，因此费祎以为他很贤能，越级而提拔任用他。陈祇和黄皓在宫内外相互呼应，黄皓才开始干预政治，于是不断升迁到中常侍，手握威势的权柄，最终导致国家灭亡。自从陈祇被宠爱以后，而后汉后主刘禅常追思埋怨董允，认为他太轻视自己了，这是因为陈祇阿谀奉承迎合后主刘禅以及黄皓不断离间董允和后主刘禅。

资治通鉴卷第七十五　魏纪七

起丙寅（公元246年），止壬申（公元252年），共七年。

【题解】本卷记录了魏邵陵厉公正始七年至嘉平四年间的历史。主要叙述了魏、蜀、吴等三国的大事：魏国平定高句丽叛乱；费祎等与蜀后主耽于游乐；魏国曹爽把持朝政却志远才疏，司马懿装病韬光养晦；曹爽等陪皇帝谒陵，司马懿发动政变，轻易诛灭曹党，皇帝尽在其掌握中；王凌等图谋废曹芳，被司马懿所杀；司马懿病死，其子司马师续掌魏国大权；司马师不听进言，三路伐吴，大败于淮南；吴主孙权改立幼子孙亮为太子，孙权死后顾命大臣诸葛恪等辅佐幼主。

邵陵厉公中

正始七年（丙寅，公元246年）

春季，二月，吴国车骑将军朱然攻打魏国柤中，杀掉了几千人又退回吴国。

幽州刺史毌丘俭，因为高句丽王位宫屡次背叛侵略魏国边境，于是督率诸军去攻打他。位宫因为抵挡不住失败逃走，毌丘俭于是进入高句骊的首都丸都，杀掉及俘虏的数以千计。高句骊的臣子得来屡次建言位宫，位宫都没有听从，得来感叹说："没过多久这地方就会看到蓬蒿丛生的场景了。"于是绝食而死。毌丘俭给诸军下达命令，不可损坏得来的坟墓，也不可砍伐他坟上的树木，假如俘获得来的妻子和儿女，都要放他们回家。位宫只带领他的妻子和儿女逃跑，毌丘俭带军队返回；没有多久，又去攻打，位宫于是逃跑到买沟。毌丘俭任命玄菟太守王颀追杀他们，一直追过沃沮有一千多里，将近肃慎氏南界，将功绩刻在石头上作为纪念才回还，先后杀害或纳降八千多人。论功行赏，有一百多人被封为侯。

秋季，九月，吴主孙权用骠骑将军步骘担任丞相，车骑将军朱然担任左大司马，卫将军全琮担任右大司马。分荆州为二部，用镇南将军吕岱担任上大将军，督荆州右部，自武昌以西至蒲圻；任用威北将军诸葛恪担任大将军，督荆州左部，取代已经死去的陆逊，镇守武昌。

蜀汉大赦天下。大司农河南人孟光在众人中责怪费祎说："所谓大赦，犹如树木一半枯槁一样，不是圣明之世所应有的景象。而是国家到衰退贫困，真正不得已之时，才可以采取的权宜之计啊！如今主上贤能，百官也称职，哪有朝夕之急就数次施展如此大的恩惠呢？这是鼓励奸盗之人的恶行呀！"费祎只对孟光道歉，表示恭敬不安而已。

起初，丞相诸葛亮在世之时，有人说他太爱惜大赦，诸葛亮回答他们说："治世是用大德，而不是靠小恩小惠，因此匡衡、吴汉都不愿使用大赦。先帝也说：'我周旋在陈元方、郑康成之间，常听他们所谈治乱的道理，没有说过要大赦！如同刘表刘琮父子，每年都实行大赦，也不见得对治理有好处啊'。"因此蜀汉之人都夸赞诸葛亮的贤能，知道费祎比不上他。

◆陈寿评论说：诸葛亮治理国政，屡次兴兵不妄实行赦免，这不是他超凡出众的表现吗？◆

吴国人觉得大钱用起来不大便利，于是停止使用它。

汉后主刘禅用凉州刺史姜维担任卫将军，和大将军费祎并掌尚书事。汶山郡平康县夷人反叛，姜维前往将他们平定了。

汉后主刘禅屡次出去游玩观赏，逐渐倾向于声乐之上的享受。太子家令巴西人谯周上奏说："先前王莽的失败，豪杰群起争夺天下，有才智的人士思望所归向的主人，不是看他势力的大小或者土地宽窄，只不过拿道德的厚薄作为归附的依据。因此那个时候的更始皇帝、公孙述等多半都已经声势浩大，然而他们不知晓控制自己的放纵和欲望，又不太愿意行好事来体恤人民。因此世祖刘秀起初进到河北，冯异等人游说他说：‘应当做些其他人无法做成的事。’于是他就整治冤狱，尊崇节俭，因此北方州郡都赞颂他的功德，名声流传四方。于是邓禹从南阳跑来跟随他，吴汉、寇向原本不认识世祖，然而听说他的德行，也带兵前来帮忙。其他一些望风慕德的，有邳彤、耿纯、刘植等一群名人，还有老病躺在车中载着棺材的，有背负小孩之人，都前来投奔，不可胜数，因此能从微弱的势力而变为强大，终于完成帝业。之后在洛阳，他曾想微服出访，马车已经准备好了，铫期劝谏，世祖刘秀的车子马上就转了回来。等到颍川盗贼起来作乱，寇恂请求让他亲自去围剿，世祖听说了之后立刻就前去讨伐。因此为人君王没有紧急而重要之事，想要随便出去也还不敢；至于那些紧要之事，本可以自安，也不愿去享受。因此当皇帝之人，想要求得好名声就该如此啊！因此《传》上有句话说：‘百姓是不会白白地主动来依靠你的。’实在是因为德行放在首位。如今汉朝遭到厄运，天下已分成了三部分，此刻正是英雄明智之人渴求圣明的君主出现，臣殷切希望皇上再来做些人家所无法完成的事情，来符合人民的愿望，而且还能够继承奉事宗庙，带领臣民尊敬君上！如今四季的祭祀，有时皇上不亲自到达，然而池塘苑囿的观赏，却时常有皇上的足迹，臣较为呆傻愚笨，然而私底下却心中不安。责任在身能理国事之人，他无暇去作乐。先帝的志向伟业，犹如堂构未成，实在还未到高兴之时。希望皇上能减少乐官和后宫的费用，增建之物，只限于遵照修造先帝以前所建的，用这充当后世子孙勤俭节约的教训。”蜀汉后主刘禅没有听从谯周的建议。

八年（丁卯，公元247年）

春季，正月，吴国全琮逝世。

二月，发生日食。

当时尚书何晏等人勾结归顺曹爽，喜好改变法律制度。太尉蒋济上奏章说：“先前大舜协助尧治理国事，尤其警惕结党营私的举动；周公辅佐朝政，常常小心谨慎地防止朋党作怪。作为一个国家的法度，唯有才高一世的大智，才能建立纲纪以流传后代，难道是中下才干的官吏能够改变的吗？最后肯定对治理没有好处，却正好伤害到民众。应当让文武大臣，各自坚守自己的职位，皇上带领他们走向清静平和，那么和气祥瑞，自然会打动上天从而降临到自己身上了！”

吴主孙权下诏书，迁移武昌宫的木材砖瓦，准备修建建业宫。掌事之人上奏章说：“武昌宫早已历经二十八年了，怕是无法再使用下去了。应当下令就地取材，通知在吴国各地采伐材木。”吴主孙权说：“大禹认为简陋的宫室最美。如今各地战争尚未停止，所在赋税较为繁重，假如再命令全国砍伐树木，必将影响到农耕和蚕桑，将武昌的材瓦搬过来，就可以用了。”于是迁移到南宫居住。三月，改建太初宫，命令诸位将领和州郡之人，都来义务协助修筑宫室。

大将军曹爽采用何晏、邓飏、丁谧的策略，将太后迁居到永宁宫，独掌朝政，多树亲党，屡改制度。太傅司马懿没有办法禁止，就逐渐同曹爽产生了间隙。五月，司马懿开始假装称自己有病，不再参与政事。

吴国丞相步骘死去。

魏帝曹芳喜欢亲近许多的小人，时常在后园设宴游玩。秋季，七月，尚书何晏上奏说：“自从今天起，皇上要到式乾殿和后园游玩，应当有大臣跟随左右，询问谋划政事，讲解议论经义，作为万世的典范。”冬季，十二月，散骑常侍、谏议大夫孔乂上奏说：“如今天下已经太平了，皇上大可不必到后园游乐、习骑乘马，外出一定要坐辇乘车。这是天下人的福分，也是臣子的愿望啊！”魏帝曹芳没有听从他们的建议。

吴主孙权将兵众都聚集到建业，扬言说要攻打魏国。扬州刺史诸葛诞派人请安丰太守王基来谋划。王基说：“如今陆逊等人都已经死去了，孙权年纪已经老迈，宫中没有贤良的后代，朝中又缺乏谋臣。

孙权自己带兵出征但害怕内部突然出事，就好比是身上的痈疽突然溃烂一般。假如任命将领出征则老的将领都牺牲了，新的将领还不能够信任。因此只不过他们集中军队，不过是想要弥补自己的缺陷，为了求得自保而已。”过了一段时间，吴国果然没有动兵。

这一年，雍、凉两州的羌人、胡人背叛魏降汉，蜀汉姜维带兵到陇西去迎接他们，和雍州刺史郭淮、讨蜀护军夏侯霸在洮西发生战争。胡王白虎文、治无戴等带领他们的部落向姜维投降，姜维将他们迁徙蜀地。郭淮攻打羌胡的余党，将他们都收服了。

九年（戊辰，公元248年）

春季，二月，中书令孙资，癸巳日（三十日），中书监刘放，三月，甲午（初一），司徒卫臻各自退位，以侯爵的身份回到府第，位为特进。

夏季，四月，任用司空高柔担任司徒，任用光禄大夫徐邈担任司空。徐邈非常感叹说：“三公是讲论治国之道的官职，假如无那样之人就要空出来，怎么能够用个老病之人来充数呢！”于是坚决辞谢不愿意接受。

五月，蜀汉费祎出兵镇守汉中。自蒋琬到费祎，尽管他们都身处朝廷外部，然而朝中的庆功行赏，立威刑罚，都要从遥远之地，用书信问询商量请求做出决断，之后才能行事。费祎性格高雅，朴素谦虚，肩负国家大任的功绩名望，差不多可以和蒋琬相比。

秋季，九月，命令车骑将军王凌担任司空。

涪陵夷人发生叛乱，蜀汉车骑将军邓芝率兵将他们平定了。

大将军曹爽，骄傲奢侈无度，他的饮食和衣服，同皇帝一般；尚方署的宝物，充满了他的家；又暗地里留用先帝的才人作为伎乐。挖掘地下室，周围都雕刻上花纹，他常常在那里面与他的同党何晏等人喝酒取乐。他的弟弟曹羲觉得非常担心，屡次掉着泪规劝他，但曹爽就是不听。曹爽兄弟时常一同到外游玩，司农沛国人桓范对他说：“总理万机，又掌管禁兵，千万不要兄弟一同外出，假如有人关上城门，谁还能再进得来呢！”曹爽说：“谁敢如此呢！”

起初，清河、平原两地争疆界，八年没有解决。冀州刺史孙礼请求拿出天府所收藏的烈祖封平原的地图来解决双方的纠纷。曹爽相信清河的诉讼，说地图不可用，孙礼上奏章自辩，语气很是刚切。曹爽非常生气，弹劾孙礼说他对朝廷不满，判处他五年刑期。不久之后，再让他担任并州刺史，他去见太傅司马懿，脸上有些生气，然而却没有说话。司马懿说：“先生是嫌并州小呢，又或者是在为分地界那事生气呢？”孙礼说：“为什么明公说话这般乖戾呢！孙礼尽管没有什么才德，怎么会将官位和旧事记在心头呢！原本认为明公能够与伊尹、吕尚相媲美，可以匡正和辅佐魏国，对上能够报答魏明帝曹叡的嘱托，对下也能够建立万世的勋业。如今国家即将面临危险，天下形势汹汹，这就是我孙礼不高兴的原因哪！”话一说完就痛哭流泪。司马懿说：“请暂且停下哭泣，要能忍人所不可忍之事！”

冬季，河南尹李胜出为荆州刺史，去向太傅司马懿辞行。司马懿命令两个婢女侍奉他。拿衣服给他，而衣服竟然没有接稳掉地上了；司马懿指着口表示渴了，婢女拿来稀粥，司马懿不接杯就喝，粥都流出嘴边，沾在胸前。李胜说：“大家都说您以前的风湿病复发，没有想到是这么严重呀！”司马懿费力讲出几句话来：“我已经年迈，又常生病躺在床上，可能不久于人世了。先生应该在并州屈就，并州接近胡人，一定要好好防备呀！可能我们相见无期了，就将我的儿子司马师、司马昭兄弟两位托付给你了。”李胜说：“我在我的故乡荆州任职，而非并州。”司马懿于是用错乱的话说：“先生不是刚到并州吗？”李胜又说：“是任职到荆州。”司马懿说：“年老意乱了，不明白先生的话。如今返回故乡，盛德壮烈，可以好好地建立功勋啊！”李胜退回去后，将这件事告诉曹爽说：“司马懿先生就比尸体多一口气，身体和精神已经分开，不值得我们担心了。”等过了几日，又哭着向曹爽等人说：“太傅司马懿的病已经无可挽回了，真让人伤心啊！”因此曹爽等人对司马懿不再有所防备了。

何晏听闻平原人管辂尤其擅长术数，于是请求一见。十二月，丙戌日（二十八日），管辂前去拜见何晏，何晏和他谈起《易经》。当时邓飏也在座，对管辂说："先生自己说擅长《易经》，然而言语中却没有说《易经》中的辞义，这是什么缘故呢？"管辂说："真正懂得《易经》的，是不谈《易经》辞义的。"何晏面带笑容地夸赞他说："真可说是精辟的言语是不须烦琐呀！"接着又对管辂说："请占上一卦！算算我能否做到三公的地位？"又问说："我常梦到几十只青色的苍蝇，在我的鼻子上聚集，可是赶也赶不走，这是什么征兆啊？"管辂说："先前八元、八凯（苍舒、隤敳、梼戭、大临、尨降、庭坚、仲容、叔达为八凯，伯奋、仲堪、叔献、季仲、伯虎、仲熊、叔豹、季狸为八元）辅助虞舜，周公辅助周成王，都是以和睦恩惠谦恭，享有多福，这不是算卦就能够明白的。如今先生高居侯位，权势尊重，然而百姓所思念恩德的很少，害怕的却有很多，这并非小心求福的办法呀！再说，鼻子是天中上面的山，'高挺却不危险，因此能长守富贵'。如今梦到恶臭的青色苍蝇在那里，又聚集着赶不走，如果位高就会倾覆，如果是轻率豪奢之人就会死亡，一定要好好仔细想一想啊！希望先生除去多余的来弥补不足，与礼不合之事就不要去做了，那么三公的地位就能够达到了，苍蝇也就能够赶跑了。"邓飏说："这不过是老生常谈，没有什么稀罕的。"管辂说："年老书生看到那不能活之人，经常讲的话中包含着没讲过的内容。"管辂回到家里后，将此事告知他的舅父，他的舅父责怪他太过心急。管辂说："同死人说话，有什么好害怕的呢！"他的舅父非常生气，觉得管辂太狂妄。

吴国交趾、九真夷贼攻打城池，交州地方混乱。吴主孙权任命衡阳督军都尉陆胤担任交州刺史，安南校尉。陆胤进入境地以后，宣布吴国对他们的恩惠和信任，投降的人有五万多家，交州又重获安定的状态。

太傅司马懿私底下和他的儿子中护军司马师、散骑常侍司马昭策划杀害曹爽。

嘉平元年（己巳，公元249年）

是年四月方改年号为嘉平。春季，正月，甲午（初六），魏帝曹芳将要到洛阳城外九十里去拜祭魏明帝的高平陵，大将军曹爽和他的弟弟中领军曹羲、武卫将军曹训、散骑常侍曹彦都一同前往。太傅司马懿用皇太后的命令，将各个城门都关闭，带领士兵镇守武库，派遣兵士出屯守洛水浮桥，召司徒高柔授予符节代行大将军事，夺取曹爽的营地；太仆王观暂代中领军事，夺取曹羲的营地。于是上奏章给魏帝曹芳陈述曹爽的罪行说："臣先前从辽东返回，先帝下诏书命皇帝、秦王和臣到御床前，拉着臣的手臂，深以后事为念，臣说：'太祖、高祖也将后事托付过臣，皇上亲眼目睹此事，请不要担心痛苦。万一有不合心意之事，臣愿以死报效皇上的诏示。'如今大将军曹爽，违背先帝遗命，败坏国家的法典，在朝中做出僭越皇上的举动，对外也是大权独揽，破坏各军营，到处据有禁兵；群官要职，也全部都是任用亲信之人；殿中的守卫，也都换成他的亲信之人；根据盘互，放纵乱行一日比一日厉害。又任用黄门张当担任都监，偷偷监视皇上，想要挑拨两宫，伤害骨肉亲情，使天下无法安稳，百姓都感到害怕。皇上身居天子之位，就好像寄居似的，哪里能够得到长久的安定呢！这并非先帝诏令皇上和臣到御床时的本意啊！臣尽管年纪老迈，然而不敢忘记之前的忠言呢！太尉蒋济等觉得曹爽的行为都没有将皇上放在心里，他的兄弟也不应当典兵宿卫。司马懿的奏章上到永宁宫之后，皇太后命令臣按奏章实施。臣就专权敕令主管人员和黄门令：'罢免曹爽、曹羲、曹训的官职和兵权，让他们以侯爵就第退职，不可逗留，以阻止车驾，假如胆敢妨碍行动，就要用军法处罚他们。'臣已经将兵将屯在洛水浮桥，偷偷观察他们的违法举动。"曹爽收到司马懿的奏章后，不上报皇帝；窘迫得不晓得如何是好，于是留魏帝曹芳车驾住在伊水南岸，伐掉树木制成鹿角围成营寨，调动屯田的兵车几千人充当守卫。

司马懿命令侍中高阳人许允和尚书陈泰去劝说曹爽，应当及早前来服罪，又命令曹爽最亲信的殿中校尉尹大目去通知曹爽，只是免官罢了，以洛水立誓。陈泰是陈群的儿子。

起初，曹爽因桓范是乡里中的长辈，在九卿中特别对他用厚礼优待，然而不太亲近他。等到司马懿起兵，用太后的名义令召桓范，想让他代行中领军之职。桓范想要去应命，他的儿子阻止他说："皇上车驾在城外，倒不妨向南去。"桓范这才决定外出，行到平昌城门之时，城门已经紧闭。管城门的官吏司蕃，是经由桓范举荐才任官的，桓范将手中的版牍举起来晃了一下，假称说："有诏书召我，请先生让属下尽快将城门打开！"司蕃想要看他的诏书，桓范训斥他说："先生难道不是我的旧部下吗？为什么敢如此作为！"司蕃这才下令将城门打开让桓范出去。桓范出城后转过头来对司蕃说："太傅想要叛变，你就随我去吧！"司蕃徒步行走没有赶上他，于是就在道旁躲了起来。司马懿听到此事后，对蒋济说："智囊人物逃跑了啊！"蒋济说："桓范是一位智囊人物；然而就像驽劣的马只会贪恋旧槽，曹爽肯定不会采用他的计划啊！"

桓范到达时，劝说曹爽兄弟请皇帝曹芳到许昌去，然后将四方的兵卒聚集起来辅助皇帝。曹爽举棋不定，桓范又对曹羲说："此事已很明显了，先生读书有什么用呢？以先生此时的门户，想求贫贱可以再得吗？况且质押匹夫一人，尚且还希望要活着；先生伴随天子，向天下发号施令，谁敢不从呢！"曹爽兄弟都沉默不语。桓范又对曹羲说："先生的别营在城墙之中，洛阳典农的治所就在城外，呼叫也是易事。再说如今到许昌，也不过两三日，许昌别库所存的兵器装备，也能够用于扩充军队。我们所忧虑当是粮食，然而大司农的印章现在却在我身上啊！"曹羲兄弟还是沉默不从，从初夜到五更，曹爽才将刀丢到地下说："丢掉大将军，我也大不了当个富家翁而已。"桓范哭着说："曹子丹是一位聪明人物，但生下你们来却像猪牛一般，怎么会料到今日被你们牵累而使得全家灭亡呢！"

曹爽于是向魏帝曹芳通告司马懿奏章的事，上报魏帝曹芳降下诏书将自己罢官，接奉魏帝曹芳回宫。曹爽兄弟返回家中以后，司马懿派遣洛阳的官兵将曹爽兄弟的居所围住；府宅四角搭起高楼，并遣人在楼上观察曹爽兄弟的一举一动。曹爽带着弹弓往后园走，楼上的人就高呼起来："前大将军往东南行走啊！"曹爽听见喊声后，忧愁得不知如何是好。

戊戌（初十），有司上奏说："黄门张当私下将所挑选的美人送于曹爽，怀疑其中有奸伪。"于是将张当拘押起来，交付廷尉审讯查实，所得的供词说：曹爽同尚书何晏、邓飏、丁谧、司隶校尉毕轨、荆州刺史李胜等人密谋造反，准备在三月中施行。于是便将曹爽、曹羲、曹训、何晏、邓飏、丁谧、毕轨、李胜还有桓范都收押投进监狱，弹劾他们大逆不道，和张当都夷灭三族。

起初，曹爽要出城之时，司马鲁芝留在府里，听说有变乱发生，率领营骑砍开津门出城奔赴曹爽所去之地。等到曹爽解下印绶，将要出去之时，主簿杨综阻拦他说："先生挟持主上手握权柄，舍掉印绶要去赴死吗？"有司上奏要将鲁芝、杨综收押起来，判处他们重罪，太傅司马懿说："他们各自为他们自己的主人设想，应当宽免他们。"不久，任用鲁芝担任御史中丞，杨综担任尚书郎。

鲁芝将要冲出城门之时，曾呼喊参军辛敞想同他一同出去。辛敞是辛毗的儿子，他的姐姐宪英是太常羊耽的妻子，辛敞和他姐姐商谈说："皇帝在外，太傅将城门关起来，人们都说这将于国家不利，姐姐你以为如何呢？"宪英说："据我所知，太傅的这种举动，不过是想要除去曹爽罢了。"辛敞说："那么这事能成功吗？"宪英说："怎么不能成功呢！曹爽的才干不是太傅的对手啊！"辛敞说："那我辛敞就大可不必出城了。"宪英说："怎么可以不出城呢？坚守自己的本分，这是为人的大义行为。平常的人在困难之时，还有人怜惜他呢！为人部下犹如执鞭驾车却弃之不顾，这是大不祥啊！况且为人所用，能为人而死，这是最受宠爱者的事情啊！你不必这样，只要和大多数人一样就好了。"于是辛敞也冲出了城门。等事情平定以后，辛敞叹息着说：

“假如我没有和姐姐的商议，几乎就要背离大义啊！”

起初，曹爽想任用王沈和太山羊祜，王沈劝说羊祜去接受命令。羊祜说：“委身去侍奉人，谈何容易呀！”于是王沈就自己去了。等到曹爽败落遭到杀戮，王沈因为是曹爽旧属官吏的缘故因而免官，这时才对羊祜说：“我此生都不会将你先前的话忘记。”羊祜说：“这件事，并非开始之时就可以预料到的呀！”

曹爽的堂弟曹文叔的妻子夏侯令女，早年守寡却膝下无子，她的父亲夏侯文宁想要将她再度嫁人，夏侯令女用刀将自己的两只耳朵割下立誓表明从此不再嫁人，常常依靠曹爽而生活。等到曹爽被杀之后，她的家人上书同曹家断绝婚姻姻亲关系，强行接她回家，又要把她嫁给别人；夏侯令女偷偷进入卧室，又拿刀将自己的鼻子割掉，她的家里人都十分惊叹并惋惜地说：“人生在世，就如轻尘栖息在弱草上一般，你又何必如此苦你自己呢！何况你丈夫家中的人都被杀光了，你还为谁守节呢！”夏侯令女说：“我听闻仁德之人不会因为对方的盛衰而改易节操，义气之人不会因为对方的存亡就变心。在曹氏以前兴盛之时，还想要坚守节操直到终老，何况今日已经衰亡，又怎么忍心抛弃他呢！这和禽兽的举动有什么分别，我怎么能去做呢！”司马懿听说这件事后，觉得她是位贤德的女子，准许她自己觅得一个儿子养起来，以将曹氏的后代延续下来。

何晏等执管政事之时，自认为是一时的豪杰，别人都赶超不上他。何晏曾经评论当时的名人说：“‘唯有深刻因而能通天下的意志’，这是夏侯泰初啊！‘唯有细微因而能成就天下的事业’，这是司马子元啊！‘唯独神灵可以不费吹灰之力而使速度极快，不必行走就能到达’，我听过这类话，然而从未见过这类人。”大概何晏是想用神灵来比拟他自己吧。

选部郎刘陶是刘晔的儿子，年少时就有口才，邓飏那类人称他如伊尹、吕尚。刘陶曾经对傅玄说：“孔子并非圣人。如何知道呢？睿智之人在一群愚笨之人当中，就好似将一粒丸药玩弄在手掌中一样。然而不能得天下，又怎么算得上是圣人呢！”傅玄没有与他辩论，只是对他说：“天下的形势变化无常，如今却看到先生的窘困。”等到曹爽失败，刘陶就退居里舍，这时才羞愧于自己言语上的过错。

管辂的舅父对管辂说：“你先前是如何知晓何晏、邓飏必定会败落呢？”管辂说：“邓飏的行走，筋不束骨，脉不制肉，起立倾倚，像是没有手足似的，这是鬼躁。何晏看东西好像灵魂不在身上，面无血色，精神像是轻烟一样，面容好似槁木似的，这是鬼幽。他们二人都不是长寿的样子。”

何晏的性格是自怜自爱，化妆粉不离双手，就连走路的时候也常常看着自己的身影。他又喜好老子、庄子的书，同夏侯玄、荀粲、山阳王弼那一类人，竞相清谈，崇尚虚无，说《六经》是圣人的糟糠。于是天下的士大夫全都争先恐后地去效仿他们的举动，渐渐成了一种风尚，再也无法制止了。荀粲是荀彧的儿子。

丙午日（十八日），大赦天下。

丁未日（十九日），任用太傅司马懿担任丞相之职，加赐车马、衣服、乐则、朱户、纳陛、虎贲、弓矢、钺、柜鬯等九锡，司马懿坚决不接受。

起初，右将军夏侯霸受到曹爽的厚待，因为他的父亲夏侯渊在蜀汉作战时死去，因而时常咬牙切齿，一心为父报仇，被封为讨蜀护军，在陇西屯兵，属征西将军所统领。征西将军夏侯玄，是夏侯霸的堂侄，曹爽的表弟。曹爽被杀，司马懿召夏侯玄返回京师，用雍州刺史郭淮接任他的职务。夏侯霸平时与郭淮不和，以为祸患必定会降临身上，异常害怕，于是投奔蜀汉。汉后主刘禅说：“你的父亲自己在交阵中遇害，但他并非我的先人亲手所杀呀！”对待他十分优厚。姜维问夏侯霸说：“司马懿已经执掌了魏国的政治，他有没有兴兵讨伐的心意啊？”夏侯霸说：“司马懿正在营建自己家的势力，还来不及准备向外兴兵讨伐的事。有钟士季这个人，尽管他还年轻，假如让他去管理朝政，倒是吴、蜀两国的忧患了。”钟士季是钟繇的儿子尚书郎钟会。

三月，吴国左大司马朱然死去了。朱然身高不足七尺，气节清明，内在的品性操守都修整高洁。朱然整日忧劳不敢懈怠，就如同身处战场似的。每当面临危急之时，胆气镇定，更是超过别人。尽管平时无事，然而他每日早晚还是照常击鼓，在营的兵卒，都要全副武装，排成队伍。用这种方式来使敌人迷惑，让敌人不知作何准备，因此能够一出战就取得胜利。在朱然病重在床之时，吴主孙权为此白天吃不下饭，晚上不得安眠，一天之中派去探病的太监及送医药和食物的人，一路上连绵不绝。朱然每次派人将自己的病情奏明上去，吴主孙权都即刻召见这个人，并亲自询问，还在这个人进来时赐予酒食，临行时又送上布帛给这个人。等到朱然死去，吴主孙权十分悲痛。

夏季，四月，乙丑日（初八），魏国改年号为嘉平。

曹爽在伊水南岸之时，昌陵景侯蒋济给他去信，说太傅司马懿的意旨，只是免官罢了。等到曹爽被杀之后，蒋济被进封为都乡侯，他上奏章要坚决辞掉，然而未得许可。蒋济悔恨自己食言，于是忧思成疾，丙子（十九日），死去。

秋季，蜀汉将军姜维攻打魏国雍州，依傍着麴山筑起两个城，派遣牙门将句安、李歆等守备，又聚集羌胡为人质，进逼各郡。魏国征西将军郭淮和雍州刺史陈泰奋力抵抗。陈泰说："麴城尽管坚固，然而距蜀地很远，道路又很艰险，须运来粮食接继。羌夷怕姜维劳役，内心一定不愿附从。如今将他围困起来，等候时间久了攻取他，可以不用流血不用刀就将城攻下了。尽管他们也想要来救援，然而山道阻险，是不宜行军之地啊！"郭淮于是派出陈泰率领讨蜀护军徐质、南安太守邓艾用兵将麴城围住，还阻断了蜀兵的运粮道路和城外的流水。句安等人挑战，又不应战，上下的将士深陷窘境，分粮聚雪来拖延时日。姜维率领士兵前往解救，自牛头山出兵，与陈泰相对阵。陈泰说："兵法贵在不战而屈人之兵。如今截断牛头山，断了姜维的退路，他一定会被我军捉住的。"于是下达命令让各个军队就地坚守堡垒，不准出战，派遣使者告知郭淮，让郭淮急忙前往牛头山将蜀兵的退路截断。郭淮接受了陈泰的建议，进兵至洮水。姜维害怕，便逃跑了，句安等人孤立无援，于是投降魏国。郭淮接着向西进攻诸羌。

邓艾说："敌人跑不远，还有再次还击的可能，应当分出一部分军队防守，以备不测。"于是把邓艾留下来屯兵在白水以北。三日后，姜维派遣他的将领廖化从白水南岸向邓艾的营区进逼。邓艾对诸将说："姜维突然转回，而我方士兵很少，按照兵法常理应该渡河，却不构建桥梁，这是姜维派廖化牵制我军使我们不能回还，姜维一定会从东面袭取洮城。"洮城在水北，离邓艾屯兵之地有六十里，邓艾就趁着天黑潜行先到。姜维果然来渡，然而邓艾已经先行据守城池，因此没有失败。汉军于是撤退。

兖州刺史令狐愚，是司空王凌的外甥，在平阿屯兵，甥舅同时握有重兵，专权于淮南，王凌和令狐愚暗底下计议，觉得魏帝曹芳暗弱，又受到强臣的控制，听闻楚王曹彪有智谋和勇敢，想要一同立他当皇帝，还都于许昌。九月，令狐愚派出他的部将张式到白马，告知曹彪。王凌又派了舍人劳精去洛阳，告诉他的儿子王广，王广说："但凡事做大的事情，一定得以人情为本。曹爽由于骄奢淫逸而丧失民心，何晏又虚骄浮华而不通政治，丁谧、毕轨、桓范、邓飏等人尽管都有宿望，都是专在世上竞争名利，外加改易朝典，又经常修改政令，虽然志存高远，然而不切实际。因为民众习惯于旧法，所以其中很多人都无法遵从。因此权势倾四海，声震天下，然而一旦同日遭到杀戮，所谓一时名士也就几乎散去了一大半，可是民众安定依旧，没有谁会为他们悲伤，那是因为丧失民心的缘故啊。现如今司马懿的性情尽管很难测量，然而他对国事并无什么违逆，而且又能够擢拔贤才，任用胜过自己之人，他修改先朝的政令，也都符合民众的心愿。但凡曹爽所犯下的坏事，司马懿无不一概抛掉。从早到晚勤勤勉勉毫不懈怠，是以爱护百姓为先，他们的父子兄弟，都手握重兵，而且据有险要之地，要灭亡他并非易事。"王凌不听他儿子王广的建议。

冬季，十一月，令狐愚再派遣张式去进见楚王曹彪，张式尚未回还，令狐愚就因病死去了。

十二月，辛卯（初九），就拜寿春王凌为太尉。庚子（十八日），任命司隶校尉孙礼担任司空。

光禄大夫徐邈逝世。徐邈以清廉有气节著称于世。卢钦曾著书称徐邈说："徐邈先生志行高洁，才气博猛，所表现出来的，是高而不狷，洁而不介，博而守约，猛而能宽。圣人以清为最难之事，然而徐邈先生做起来，却很容易。"有人问卢钦说："徐邈先生在武帝当政时期，大家都称赞他很通达；然而自从他担任凉州刺史，到返回京师之后，有很多人都指责他气量狭小，这是什么道理呢？"卢钦回答说："先前毛玠、崔琰执掌政事，重视谦洁朴素之人，那时的官吏都改易自己的车服，像似俭朴，实为求得高名，而徐邈先生却一切如常，因此人们都称他是通达之士。后来天下风俗奢靡，大家也争相仿效，而徐邈先生雅洁自如，没有附和奢靡之风俗。因此别人对他的看法，由之前的通达，变成今日的小气呀！这是凡俗之人没有常规，而徐邈先生有常规的原因。"卢钦是卢毓的儿子。

二年（庚午，公元250年）

夏季，五月，魏帝曹芳任命征西将军郭淮担任车骑将军。

起初，会稽人潘夫人深受吴主孙权的宠爱，生下小儿子孙亮，吴主孙权十分疼爱他。全公主和太子孙和产生隔阂以后，想要用讨好的方式来交结孙亮，就屡次夸赞孙亮高尚的品德，将她丈夫的哥哥全尚的女儿嫁给孙亮当妻子。吴主孙权因为鲁王孙霸私结朋党要害他的哥哥，心中也就十分厌恶他，对侍中孙峻说："子弟相互之间不和睦，臣下又相互分立派系，必定会招致袁绍、袁术一样的败绩，被全天下人耻笑。假如在此立一人为嗣君，又如何会不生祸乱呢？"于是有废掉孙和册立孙亮的意思，然而又犹犹豫豫好几年。孙峻是孙静的曾孙。

秋季，吴主孙权最终幽禁了太子孙和。骠骑将军朱据上谏说："太子是国家的根本；而且性情雅正又仁孝，天下都归心于他。先前晋献公听信了骊姬的话，使得太子申生丢掉性命。汉武帝信了江充的话，使得戾太子含冤而死。臣私底下怕太子承受不了过重的忧愁，尽管事后可以仿效汉武帝立思子之宫，但那都是于事无补的。”吴主孙权没有听从他的建言。朱据同尚书仆射屈晃带领诸位将官在额头涂上泥土并自我绑缚，连着几日到宫阙替太子孙和求情；吴主孙权登上白爵观，看见他们这种举动，心中倍感厌恶，并且斥责朱据、屈晃等人说：“无事自己找事做，急急忙忙地做什么。”无难督陈正、五营督陈象各上奏急切诤谏太子一事，朱据、屈晃也不停地直言劝谏；吴主孙权勃然大怒，将陈正、陈象及其家族全部杀掉。牵绑朱据、屈晃到殿上，朱据、屈晃还要口头直谏，叩头直到流血，语气也不屈服，吴主孙权各打了他们一百杖，将朱据降为新都郡丞，将屈晃斥退回乡里，郡司有十多人因直谏而遭杀戮或外放。于是将太子孙和贬为普通之人，迁徙到丹阳郡故鄣县，将鲁王孙霸赐死。将杨竺杀死，并将尸首扔到长江上漂走，又杀死了全寄、吴安、孙奇，因为他们皆是孙霸的同党，这是平日里专门讲太子孙和坏话的缘故。起初，杨竺年轻时获得名声，陆逊说到最后他必定会败亡，劝杨竺的哥哥杨穆和他的弟弟分居。杨竺失败之时，因为杨穆曾屡次劝说他的弟弟杨竺因此得以免除死罪。朱据还没到达新任所，中书令孙弘就下诏书追赐他死。

冬季，十月，庐江太守文钦伪装背叛魏国，想通过这个举动诱使吴国偏将军朱异，想要他动兵迎接自己。朱异知晓这是诡诈，给吴主孙权上表，以为不可以去迎接文钦。吴主孙权说：“现在正值魏国混乱不堪之时，文钦心中想要弃暗投明，应当前往迎接他。假如你怕他有诡诈的行为，可以设计网罗逮捕他，派重兵防守就行了。”于是派遣将军吕据率领两万多士兵和朱异并力到魏国边界，文钦果然是假意投降。朱异是朱桓的儿子，吕据是吕范的儿子。

十一月，大利景侯孙礼过世。

吴主孙权立孙亮担任太子。

吴主孙权派遣十万大军，进驻堂邑、涂塘二县，以占据通往北部的道路。

十二月，甲辰日（二十七日），东海定王曹霖过世。

征南将军王昶上书说："孙权流放良臣，嫡子和庶子纷争，我们大可乘吴国的政局动荡而进攻他们。"魏国朝廷采纳这个建议，派出新城太守南阳人州泰攻打巫县、秭归，荆州刺史王基向夷陵进兵。王昶攻打江陵，用粗竹大绳索充作浮桥，渡水进攻吴国。吴国大将施绩，趁夜潜入江陵，王昶想将他引到平地再与他作战，于是先行派遣五军从大道上退还，让吴军见到之后心中喜悦，又把所缴获的铠甲马匹在城墙的周围摆开来激怒吴军，并埋伏下军队等待吴军出城，施绩果然出来追赶，王昶于是与之交战，大破吴军，并将吴将领钟离茂、许曼斩杀。

汉将军姜维，又发兵攻打西平，未能取胜。

三年（辛未，公元251年）

春季，正月，王基、州泰进攻吴国军队，都攻破了，投降的有数千人。

三月，任命尚书令司马孚担任司空。

夏季，四月，甲申（初九），任命王昶担任征南大将军。

壬辰（十七日），大赦天下。

太尉王凌听闻吴人占据涂水，想要借此出兵，大整诸军，上表请求兴兵讨伐，朝里诏报不许。王凌派出将军杨弘将废立之事告知兖州刺史黄华，黄华、杨弘给司马懿联名上报，司马懿率领中军乘水道讨伐王凌，先行下达一道赦免令将王凌赦免，再写信告知王凌叫他知晓大义，接下来大军掩至百尺。王凌自己知晓势穷，便独自乘船去迎接司马懿，派遣掾属王彧前往谢罪，并且奉上印绶、节钺。司马懿兵临丘头，王凌当着司马懿的面在水边捆绑自己，司马懿按照诏书派出主簿去解下王凌的绳索。

王凌蒙赦之后，他又凭借旧时和司马懿要好，不再有疑心，就径直乘着小船想要接近司马懿。司马懿就派人阻拦他，命令他把船停在淮水中，之间距离十多丈远。王凌这才了解到因为有罪而被见外，他便遥遥地对司马懿说：“先生直接拿简册来召我就行了，我又敢不返回京城呢！但先生带了军队前来又是为何？”司马懿说：“因为先生不是光凭一道简册就能够召来的缘故呀！”王凌说：“先生这就对我不起了！”司马懿说：“我宁肯对不起初生，也不愿对不起国家。”于是派了六百步骑送王凌向西返回京师，王凌请求棺木钉子来试探司马懿的心思，司马懿命令将棺木钉子交给他。五月，甲寅（初十）王凌走到项县，就喝毒药而死。

司马懿来到寿春，张式等人都前来自首，司马懿追根究底，但凡是有所牵连之人都灭掉三族。挖掘王凌、令狐愚的坟墓，在周边人多之地剖开棺木并暴尸三日，烧毁他们的印绶、章服，最后将他们裸葬。

起初，令狐愚还是白衣平民之时，时常志存高远，大家都说令狐愚一定能让令狐家门兴盛起来。惟独同族父辈弘农太守令狐邵觉得：“令狐愚性格放荡不拘，不修德而志向高大，将来必会使得我族灭亡。”令狐愚听说这话，时常心中愤愤不平。等到令狐邵担任虎贲中郎将时，令狐愚已担任过多个官职，四处都有人称赞他的名号。令狐愚从容不迫地对令狐邵说：“之前听大人说我无法承继前人之志，如今您怎么看我啊？”令狐邵认真地看着令狐愚，只是并不答话，他私底下对妻子说：“令狐愚的个性还同之前一样。以我之见，他最后必会败灭，然而不晓得我是否会受到牵连，恐怕将来也会牵累到你们！”令狐邵过世不到十年，令狐愚就遭到灭族之祸。

令狐愚在兖州，任用山阳人单固担任别驾，他和治中杨康都是令狐愚的心腹之人。等到令狐愚过世，杨康被任命为司徒，回到洛阳，说了令狐愚的若干私人事件，令狐愚就是为此而失败的。司马懿到寿春，见到单固之后，问他说：“令狐愚反叛吗？”单固答：“没有。”杨康所说的事，都与单固有关联，于是逮捕了单固及其家人，交付廷尉，审出有几十条切实之事，单固都坚决予以否认。司马懿将杨康召来，同单固面对面诘问，单固词穷，就骂杨康道："老奴！已经对不起使君了，还要想方设法使我族灭亡，看你还能活到几时！"先前杨康，自己希望能封到公侯，后来因为言辞出错，也被斩首了。临刑之时，他们两人一同出狱，单固又骂杨康道："老奴！死是你应该的事。假如可以让死去的人都知道你，你还有什么脸面在阴曹地府行走呢！"

下诏书任用扬州刺史诸葛诞担任镇东将军，都督扬州诸军事。

吴主孙权立潘夫人当皇后，大赦天下，改年号为太元。

六月，魏帝曹芳将楚王曹彪赐死。将各王公全调到邺郡，并派有司监视，让他们不得同外人来往。

秋季，七月，壬戌日（十九日），皇后甄氏过世。

辛未日（二十八日），魏帝曹芳任命司马孚担任太尉。

八月，戊寅日（初五），舞阳宣文侯司马懿过世。魏帝曹芳下达诏书任命司马懿的儿子卫将军司马师担任抚军大将军，掌管尚书事。

起初，南匈奴自以为他们的祖先是汉室的外甥，所以冒姓刘氏。魏太祖曹操将单于呼厨泉留在邺郡，又将他们分作五部，在并州境内居住。左贤王刘豹，是於扶罗单于的儿子，担任左部帅，是部族中最为强大的。城阳太守邓艾上书说："单于居住在国内，羌夷丧失统制，他们会合与离散都无人管理。如今单于对我国的尊敬一日较一日疏远，而且外来的威胁也一日比一日严重，那么对胡人不能不深加戒备呀！听闻刘豹部属有的背叛胡人，可能会因而分为两个国家，以分散他们的势力。去卑在前朝之时有功于我国，然而他的儿子不能继承，应当加封他儿子显赫的名号，让他居住在雁门。这样分离其国又削弱其势力，又追禄他以前的功绩，这才是防御的长久之计啊。"又上书陈说："羌人、胡人与普通民众住在一起，应当慢慢将他们遣出，住到边区，还要教他们崇尚礼义廉耻，禁绝奸伪之行。"司马师都采纳了他的意见。

吴国立节中郎将陆抗在柴桑屯兵，返回建业治病。疾病痊愈了，他理当回去，吴主孙权哭着同他分别，还对他说："我之前听信了别人的谗言，和你的父亲陆逊没有在君臣大义上笃行，因此非常对你不起；将前前后后一切责问你父亲的文件，用火烧掉不可叫旁人看见。"

此时，吴主孙权也悟出太子孙和并无什么过错。冬季，十一月，吴主孙权到南郊外祭祀后归还，患了中风病，想要叫太子孙和回来。全公主和侍中孙峻、中书令孙弘都竭力争辩说不能这样做，这才停止。

吴主孙权认为太子孙亮年纪尚幼，商议寻找可以托付国事的人，孙峻推荐大将军诸葛恪能够担此托付大任。吴王嫌弃诸葛恪常常刚愎自用，孙峻说："现如今朝中的臣子，没有谁可以比得上诸葛恪的。"于是下诏书到武昌召诸葛恪回朝。诸葛恪即将起程之时，上大将军吕岱告诫他说："如今正是多难之时，先生每做一件事，都必须得思考十次。"诸曹恪说："先前季文子三思而后行，孔子说'再思可矣！'今天先生要我凡事都要思考十次，这是说我诸葛恪才能低下！"吕岱没有回答，当时许多人都以为是他失言。

◆虞喜评论说：把天下托付给人，这个责任是最为重大的；以人臣行使主上的权威，这是最难的；兼理上述两项又要管理万般的事务，能够胜任的人真的太少了。吕岱是国家的元老，宽宏大量，经略远大，刚用十思告诫诸葛恪，诸葛恪就表示自己才能低下而加以拒绝；这就是诸葛恪的才疏，缺少机智和深思呀！假如拿这十思之道，普遍请教当时事情的要务，采用好的见解如雷动一般就马上去做，迅速采纳规劝直谏的话比风吹还快，又如何会在殿堂丧身，做了凶暴之人的刀下鬼呢！一般世人都惊奇诸葛恪擅长辩论，仓促之间就有可观的言辞，而讥笑吕岱无言以对是浅陋的表现，不知晓思考安危终始的深谋远虑；这就是喜欢春季草木的花美，却忘记秋季后果实的香甜啊。从先前魏国伐蜀汉，蜀人奋力抵抗，精兵强将整装待发，费祎还在与来敏下棋，毫无厌倦的神态。来敏以为费祎必能将敌人击败，说费祎精明的策略决定于内心，脸上看上去没什么可忧虑的啊。何况长宁以为君子遇到大事都有一种畏惧心理，好用计谋来决定胜利。蜀国是一个小国，他所面临的全部都是强大的敌人，应当规划的是防守或攻击，怎能觉得自己的战力绰绰有余，竟然安然无忧呢？这就是费祎性格宽宏简略而轻视细节，最终遭投降的郭循害死的缘故，难道不是在之前显露预兆，而在之后遭遇祸难吗？过去听说长宁甄别费祎，今日见到诸葛恪拒绝吕岱的告诫，这两件事前后大致相同，都足以充当后世的警戒了。◆

诸葛恪来到建业，于卧室之中面见吴主孙权，在床前受诏，以大将军兼领太子太傅，孙弘兼领少傅；下诏给有司由诸葛恪统一管理各项事务，至于生杀大事，先行处理再来禀报就可行了。并定立群官百司的拜揖之礼，各有不同的规定秩序。又任用会稽太守北海人滕胤担任太常。滕胤，是吴主孙权的女婿。

十二月，魏帝曹芳任命光禄勋荥阳郑冲担任司空。

汉费祎返回成都，看风水气数的人说："都城里并无宰相的位置。"于是再向北去汉寿县屯兵。

这一年，蜀汉尚书令吕义过世，任用侍中陈祇为尚书令。

四年（壬申，公元252年）

春季，正月，癸卯（初二），魏帝曹芳任用司马师担任大将军。

吴主孙权立原太子孙和为南阳王，让他在长沙居住；立仲姬的儿子孙奋为齐王，让他在武昌居住；立王夫人的儿子孙休为琅邪王，让他在虎林居住。

二月，魏帝曹芳立皇后张氏，大赦天下。张后是原凉州刺史张既的孙女，东莞太守张缉的女儿。召张缉来朝，拜他为光禄大夫。

吴国改年号为神凤，大赦天下。

吴国潘皇后性情刚强暴戾，吴主孙权染病之时，潘皇后派人去问孙弘关于汉吕后执掌朝政的旧例。吴主孙权左右侍从无法忍受她的虐待，趁潘氏昏睡之时，用绳索将她勒死，假称她是中毒而死，后来事情泄露，因罪而死的有六七人。

吴主孙权病危之时，召集诸葛恪、孙弘、滕胤和将军吕据、侍中孙峻进入卧室，嘱咐他们身后之事。夏季，四月，吴主孙权过世。孙弘一向与诸葛恪不和，又怕受到诸葛恪管理，于是秘不发丧，想要假借诏书将诸葛恪诱杀。孙峻将此事告诉给了诸葛恪。诸葛恪派人去请孙弘过来商讨事情，并在席间杀掉了孙弘，这样才发丧，定吴主孙权谥号为大皇帝。太子孙亮即位，大赦天下，改年号为建兴。闰月，任命诸葛恪担任太傅，滕胤担任卫将军，吕岱担任大司马。诸葛恪于是下令罢除充当朝廷耳目的官员，宽免欠税和逃犯，免除关税，给人民施予多重恩惠，大家没有不高兴。诸葛恪每次外出或归来，都有老百姓在路旁伸长脖子想一睹他的容貌。

诸葛恪不想让诸王住在长江岸边兵马要塞之地，于是将齐王孙奋迁到豫章，将琅邪王孙休迁到丹阳。孙奋不想迁走，诸葛恪就写信给孙奋说："帝王的尊贵，是与天相等的地位，因此以天下为家，以父兄为臣；即便是仇人有善行，也不得不举用，即便是亲戚有罪恶，也不得不诛伐。这是承顺天意而治理万民，先国事而后家事。因为圣人所立下来的制度，历经数百代也不会改易的呀！从前在汉朝初年，将子弟都封为王，日后他们变得强大起来，便常常不遵循朝廷的正规行事，对上近乎危及国家社稷，对下则骨肉相残，后来想要惩戒兴兵讨伐，认为诸侯强大是国家的大忌。自从汉光武之后，诸王都有一定的制度，只能在宫内自行娱乐，不能去治理人民，干预政事，同外界往来，有诸多严格的限制，因此可以安全，各保福祚，这是前代的得失证验之事。大行皇帝借古戒今，防芽于未萌，虑患于千载，因此在重病在床之时，分遣诸王各自及早就封国，诏策勤下，科条严峻，他所告诫和训敕的，无所不到。实际是为了对上使宗庙安定，对下使诸王得以保全，各早回封国，以使得百世子孙相承，而不至于有损国家的悔事啊。大王应当对上学习周朝时吴太伯顺从父亲之意，对中学习汉朝河间献王刘德、东海王刘强尽到恭顺之礼，对下把前代骄傲放任荒乱的藩王当作警戒。又听闻您最近到武昌之后屡次违背诏令，不愿受国家制度的约束，擅自征调兵将修治保护宫室。而且左右的侍从犯下过错之时，应当上表奏闻，交由有司处理，然而您却私自将其杀害，事理不明。中书杨融，亲受先帝诏书，理当对他恭敬肃睦，可是您却对他说：‘我就是不听禁约，你能拿我怎么办！’听了这样的话，大大小小都非常惊怪，无人不感到心寒。俗话说：‘明镜是用来照形貌的，古代的兴衰是今日的参考。’大王应当切实地将鲁王孙霸作为借鉴，改变像他一样的言行，战战兢兢，对朝廷尽礼，这样去行事，就可以有求必应。假如将先帝在世时的法教遗忘抛弃，心怀轻慢，那么臣下宁肯辜负大王，也不愿辜负先帝的遗诏，宁肯惹得大王怨恨，又怎么敢忘记尊主的威严而使得诏令无法在藩臣实行呢！先前鲁王孙霸假如早些接纳忠直的建议，心怀畏惧，就会享有无穷的福气，又哪里会遭到灭亡的灾祸呢！良药是苦口的，唯有患病之人才会觉得它是甜的；忠言是不顺耳的，唯有通达事理之人才会乐意采纳。如今我诸葛恪等恭恭敬敬地，想要大王把即将萌芽的危险消除掉，广开福庆的根基和源流，因此臣下不自知言辞激切，也希望您能再三思考而后行事啊！”齐王孙奋看到这封信后，心生畏惧，就连忙迁到南昌。

起初，吴大帝孙权筑东兴堤想要阻遏巢湖之水外流，后来因为攻打魏国淮南，反为魏国所击败，就把巢湖当作停泊船只的场所，于是将以往的工程废止不再修建。冬季，十月，太傅诸葛恪将众多的人聚集在东兴，重新改作大堤，连接左右两山，中间筑起两城，分别将一千多人留下，派遣将军全瑞在西城守卫，都尉留略在东城守卫，就领兵而还。

魏国镇东将军诸葛诞给大将军司马师报告说：“如今因为吴国进犯我国，假如派出王昶进逼江陵，毌丘俭开向武昌，以将吴国上流的军队牵制住，然后选出精兵锐卒前去攻打他们的两城，等救兵到时，可以取得大的胜利。”此时，征南大将军王昶、征东大将军胡遵、镇南将军毌丘俭等人各自献出一条征讨吴国的计策。朝廷认为三条征讨吴国的计策不同，于是下诏书询问尚书傅嘏。傅嘏回答说：“如今发表议论之人主张直接率船渡江，横行于江南。有的主张分兵四路，攻取他们的城池。有的主张大力在疆界上屯田，然后趁对方有空隙之时，再伺机而动；这些实际都是攻克敌军的正常策略啊！然而自从我国集结训练征吴军队之后，进进出出有三年的时间，根本算不上是借着掩护才出兵的军队了。吴国与我国相为敌，将近六十年了，君臣相互守卫，吉祥凶灾一起承担，现下又丧失了元帅，上下忧心忡忡，一旦他们在各个重要渡口都设置军船守备，再加上占据险要的地势坚守城池，我军横行之计，大概就难以取胜了。目前边界上的防守，和敌人相距很远，敌人所设下的情报联络站，又极为严密，无法安插间谍进去，我方就好比没有耳目一般。军中如果缺少耳目，视察不够详尽，就大举动兵去深临巨险，这是希望侥幸有功，先行作战然后求胜，而非大获全胜良策呀！唯有在疆界边沿驻兵屯田，算得上是较为完善的策略。可以降下诏书命王昶、胡遵等人择地居险，审查各处措置，让三方面一起防守驻地。然后夺取敌人的肥沃田地，使得敌人退居贫瘠的土地，这是第一要务。士兵到民众中去，进攻敌军而不使百姓受到伤害，这是第二要务。安抚近处的百姓，自然会有人前来归降，这是第三要务。远设哨兵，使得间谍进不来，这是第四要务。敌人退后防守，必定减少哨兵，耕种容易确立，这是第五要务。安稳地就地吃自己生产的粮食，大可不必分派士兵输送，这是第六要务。敌方内部混乱矛盾的情况及时得知，就迅速进兵解决，这是第七要务。上述七件就是军事上最为紧急的事务。假如我们不去据守，那么敌人就会利用当地的资源，假如据守在此，利益就归于我国，这是不可不明察的呀！屯垒相逼，形势已交，智勇得以施展，巧拙得以运用，谋划可以了解计策的得失，相互争夺则可以知晓我有盈余而敌军匮乏，敌人的情况真伪，又如何能藏得住呢！用小国对抗大国，就会劳役繁多、财力亏空；用贫弱的国家对抗富强的国家，就会使税收加重、财力枯竭。因此兵法上说：‘敌人安逸就让他劳苦，敌人温饱就让他挨饿’，大概就是这个意思。”司马师没有采纳这个建议。

十一月，魏帝曹芳下诏命令王昶等人兵分三路进攻吴国。十二月，王昶进攻南郡，毌丘俭领兵指向武昌进发，胡遵、诸葛诞率众七万攻打东兴。甲寅（十九日），吴国太傅诸葛恪率兵四万，日夜兼行去救东兴。胡遵等人命令军队建造浮桥渡河，陈列军队于堤上，分兵攻打两城；城墙高峻，无法很快攻克。诸葛恪派遣冠军将军丁奉和吕据、留赞、唐咨作前部，从山西而上。丁奉对诸将说："如今各军行动都十分缓慢，假如敌人守住要地，那时就很难与之抗争了，我请求从速前进。"于是请各军让出路来让他先过。丁奉亲自率领所属三千人迅速赶路。这时北风正大，丁奉扬帆行船两日，就抵达东关，于是占据徐塘。当时天正下雪，十分严寒，胡遵等人正摆出酒来聚会。丁奉看见魏兵先头部队兵力很少，就对部下说："获得封侯的时候，就在今日了！"于是命令兵士都将铠甲解下，将矛戟扔掉，只是头戴帽盔手持刀和盾，裸身沿堤而上。魏人见到这种情形，都哈哈大笑，没有严加防守。吴兵登上堤岸，便击鼓大声呼叫，大破魏军前屯营垒，这时吕据等人也率兵赶到。魏军惊慌四下逃走。魏军争相渡过浮桥，压断了浮桥，大多魏兵竞相投入水里，相互踩踏逃亡。前部督韩综、乐安太守桓嘉等人都阵亡了，有数万人身死。韩综是吴国以前的叛将，数次危害吴国，吴大帝孙权常常咬牙切齿地痛恨于他，诸葛恪就下令将韩综的头送到大帝庙去祭祀。分别缴获了车辆、牛马、骡驴都数以千计，物资兵器堆积如山，于是很高兴地整军而还。

起初，蜀汉姜维攻打西平时，俘获了中郎将郭循，汉人任用他担任左将军。郭循欲刺杀汉后主刘禅，无法亲近于他，便时常借着敬酒祝寿，一面拜一面向前，被汉后主刘禅的左右阻拦，无法成事。

资治通鉴卷第七十六　魏纪八

起癸酉（公元253年），止乙亥（公元255年），共三年。

【题解】本卷记录了魏邵陵厉公曹芳嘉平五年至高贵乡公曹髦正元二年间的历史。主要叙述魏、蜀、吴等三国大事：蜀国大将军费祎被魏诈降者所杀；蜀将姜维两次攻魏陇西，均败；诸葛恪攻魏淮南，兵败，后被孙峻所杀；司马师打击曹氏势力，将李丰等多家灭族；司马师等废魏帝，立曹髦；毌丘俭等于寿春讨伐司马师，兵败，毌丘俭被杀，文钦父子降吴；司马师病逝，司马昭继续执掌魏国大权。

邵陵厉公下

嘉平五年（癸酉，公元253年）

春季，正月，朔日（初一），蜀汉大将军费祎与诸将在汉寿大聚会，郭循也在席位；费祎喝酒欢饮以致喝得酩酊大醉，郭循举起剑来就将费祎刺死。费祎生性广施仁爱，从不对任何人心生怀疑。越巂太守张嶷就曾经写信劝诫他说："从前岑彭带领军队袭击公孙述，来歙手持权杖和符节，都被刺客杀害。如今将军位尊权重，对待和信任新来投降的人太过了，应当把前事作为鉴戒，稍微加以谨慎。"费祎不采纳，因此遭遇杀身之祸。

魏帝曹芳下诏书追封郭循为长乐乡侯，让他的儿子承袭他的官位。

王昶、毌丘俭听闻魏国东路军失败，各自焚烧了屯寨撤退。朝臣都议论想要贬低或罢免诸将，大将军司马师说："我因为没有听从诸葛诞的意见，才会落得今天这个地步。这是我的过错，诸位将领又有什么罪过呢？"于是全部原谅了他们。司马师的弟弟安东将军司马昭，当时担任监军，只是降低司马昭的爵位罢了。以诸葛诞担任镇南将军，都督豫州；毌丘俭担任镇东将军，都督扬州。

这一年，雍州刺史陈泰向上请命与并州合力讨伐胡人，司马师采纳了这意见。兵力还未集中，新兴、雁门这两个郡的胡人由于要远征之故，于是都惊恐而反叛。司马师又向朝里的人士谢罪说："这是我的过错，并非陈泰的责任。"因而人人都十分惭愧而对他心悦诚服。

◆习凿齿评论说：司马大将军将两次失利的责任都揽在自己身上，过错没过多久就会消失，然而事业却日渐隆盛，这才是真正的智慧。假如忌讳失败，将过错全推在别人身上，或归罪于各种原因，常常夸耀自己的功绩却藏匿自己的缺点，那就使得上下离心离德，贤人和愚人分散解体，那错误就更大了！身为人君的，假如能够利用这个道理来治理国家，行为有损失却使得声名远扬，兵力虽暂时受挫折却最终也能战胜，即便是失利一百次也无妨，何况只有两次呢！◆

光禄大夫张缉对司马师说："吴国诸葛恪尽管取胜了，可能不久就会被杀戮。"司马师说："这是什么道理呢？"张缉说："威仪震动了他的国王，功绩盖过了举国上下，想要不死，怎么可能呢！"

二月，吴军返回东兴，进封太傅诸葛恪为阳都侯，加荆州、扬州牧，督率内外诸军。诸葛恪有轻敌之心，想要再度出军，诸位大臣都觉得屡次动兵会使得士兵疲乏，一同劝谏诸葛恪暂停用兵；诸葛恪不听大家的意见。中散大夫蒋延坚决争论，诸葛恪下令将他拉到外边，于是著文来告谕大众："只要是敌国都会互相侵吞，既是仇人就要彼此铲除。有仇却长久搁置下来，祸若不在己，却在后人，不能不思虑长远呀！从前秦国只是占据函谷关以西而已，尚且想要吞并六国之心。如今魏国比古时的秦国，土地数倍于它；要拿现在的吴国和蜀国，来同古代的六国相比，连一半也比不上呢。然而今日我们还能抵抗魏国的原因，只是因为曹操时期魏兵众多，可现如今都刚好消耗殆尽，然而后起的人还没有成长起来，正当他们衰败不强之时。再加上司马懿先杀掉了王凌，接着他自己也已经暴毙身亡，他的儿子幼弱却执掌魏国大任，尽管有智慧谋略的人士，并不能被任用。假如此刻前去攻打他们，正是最佳时机；圣明的人要急于把握时机，实在就是眼前。假如顺从众人的心思，怀着偷安之计，以为凭借长江这一天险就能够长久传于后代，却不替魏国的将来做打算却拿当下的情形就轻视他们的后来的发展，这是我长叹的原因啊！如今众人有的认为百姓还很贫穷，想要先让百姓休息，这是没有考虑到大的危险却爱惜小的事务。先前汉高祖有幸获得三秦的地方，为何不紧闭关口守卫险要来自作享乐，却要全部军队出关前去攻打楚国，数次身受创伤，介胄上也生过虮虱，将士也厌倦困苦，哪里是心甘情愿冒着锋刃而不晓得安宁呢？这是由于从长远考虑两者无法并存的缘故啊！每次看到荆邯劝说公孙述的进取计划，和近来我家叔诸葛亮《出师表》中陈述与敌竞争的计划，无不喟然叹息的！早晚无法安心，全为思虑此事，因而姑且将我的愚见，抒发给一二君子。假若一朝我逝世，志向计划没有完成，希望来世之人了解我所忧虑的，可以思患之后的事情罢了。”众人尽管在心中都觉得他不对，然而无人敢再驳难于他。

丹阳太守聂友一向与诸葛恪交好，也用书信劝诸葛恪说：“大行皇帝孙权原本就有遏阻东关的计划，可是还没实施；魏兵远道而来自会送死，将士依赖先帝的威德，舍生忘死，一旦有非常卓著的功绩，难道不是宗庙神灵和国家的福气吗？当下应当按兵不动，养精储锐，等发现敌人的矛盾混乱再行进攻。假如今日趁着胜利之势就要大规模动兵，天时未必对我方有益却只凭着自己的盛意去做，这是我私底下深感到不安的。”诸葛恪就题论于后，作为书信并给聂友回信说：“先生尽管能够懂得自然的道理，然而却不懂得输赢存亡的大道理，您仔细看我上述的论断，就可以开通觉悟了。”

滕胤对诸葛恪说：“先生接受了如同伊尹、霍光的托付，返朝就能使国家安定，出征就能将强敌摧垮，名声震慑海内，天下也无不震动，在人民的心中，也都希望蒙受先生的恩泽得以稍事休息。如今却在劳役之后，再度兴师出征，人民困乏，财力不支，而且远方的敌人会有所防备。假如攻城没有取胜，在郊野一无所得，便会将之前的功劳也丧失掉却遭到后来的指责呀！不如先按兵不动，休养军队，等看到敌方有可乘之机再行出兵。况且动兵是一个国家很大的事情，需要靠大家齐心协力，此刻大家都不乐意这样做，先生又何必独自如此行事呢！”诸葛恪说：“大家都说不可以，是大家都不会谋划，只是心怀苟且偷安罢了。然而先生居然也是这样想的，我还有什么希望呢！就以魏帝曹芳昏庸才弱，而政治又在司马私门，他们的臣民，固然都有了离心之象。目前我借助国家的资源，凭借战胜的余威，又如何进攻而不会取得胜利呢！”三月，诸葛恪发动州郡二十万大军再次进攻魏国，任命滕胤担任都下督，掌管留守事务。

夏季，四月，大赦天下。

蜀汉姜维自以为习惯西方风俗，而且兼具才智和勇武，常常想要引诱诸羌人、胡人，作为他的羽翼。他曾经说自陇以西，可断地而为我所用。每次想要大举进军，费祎却常常阻止他不准那样行事，分配给他不过一万人，他说：“我们这些人和丞相诸葛亮的才能和智慧相差甚远；丞相在世之时都没能平定中原，更何况我们了！不如暂且保国治民，谨守社稷，至于统一功业，以等待有才干的人出现，不可妄想有什么侥幸，在一件事上定成败；假如不能得偿所愿，后悔也就来不及了。”等到费祎死后，姜维得以施行他的志向，于是率领数万士兵出了石营，围攻狄道。

吴国诸葛恪进攻魏国淮南，驱遣和掠夺百姓。诸将有人就对诸葛恪说：“如今率军深入敌境，边疆的百姓，一定会不断远逃，这样我们会令将士疲惫，收获的成效却很微小。倒不如只围新城，新城一旦被困，救兵必定前来，等兵来后我们再猛攻，就会大获全胜了。”诸葛恪采纳了这计划，五月，回师围攻新城。

魏帝曹芳下诏命令太尉司马孚率军二十万前去抵御吴军。大将军司马师问于虞松说：“现在东西有战事，两方都很急迫，而诸将意志又都很消沉，这该如何是好呢？”虞松说：“古时周亚夫坚守昌邑而吴国、楚国自己就败下阵来，情势似乎衰弱但实际却很强，不能不做审察呀！如今诸葛恪用尽他全部的精兵，足可以进行一次猛攻，但是他却围困新城，这是他想把我军召去做一次决战了！如果他的军队攻城不下，请战不可，这样过不了几天他们的士气就会衰退，大军也就开始变得疲惫起来，势必就会撤退了，诸将对用兵不积极，这对您来说是好事。姜维拥有大军却深入我国来和诸葛恪遥相呼应，趁机从我国掠夺粮食，不是因为敌寇有深厚的根基。只是他认为我方全力对付东方，西方自然防守空虚，所以他向我方径直出兵。现在如果派遣关中各路兵马兼程赶赴那里，出其不意，最终也会撤退！”司马师说：“好！”于是任命郭淮、陈泰聚集关中全部的兵士，解除狄道的包围；命令毌丘俭按兵不动，固守营地，将新城丢弃给吴国。陈泰率兵进入洛门，姜维的食粮已经吃尽吃光，他就退回去了。

扬州牙门将涿郡人张特守卫新城，吴国的士兵连月攻打，城里面的魏国兵士共有三千多人，因为疾病和战死超过一半，诸葛恪在城外堆起土山，猛烈攻打，城快要被攻下，无法保住了。张特就站在城上对吴国的军队说：“虽然现在我不想作战了，但是魏国接到的军令是，如果被攻打超过了一百天但救援的军队还没有到达，即使是向敌军投降，家人也不会因此受到连坐的处罚；自从受到敌军攻击到现在，已经过去九十多天了，这城里本来有四千多人，战死的人已经超过一半，即使城被攻下，也有一半人不愿意投降，倒不如我回去说服他们，分辨善恶，明天把做好的名册早些送上来，现在就把我的印绶拿去证明吧！”于是把他的印绶投给吴国军队。但是吴国军人听到了他的讲话却没拿走他的印绶。于是张特连夜用拆掉的许多房屋木材，把城墙缺口补了两层，第二天，张特告诉吴国的军队说：“我现在只有和你们战死罢了。”吴国的军队听后非常恼怒，立即攻城，但是还是没有把城攻打下来。

这时候的天气酷暑难耐，吴国的士兵都非常疲劳，喝水之后，就会腹泻、浮肿流行，生病的人超过一半，遍地都是死伤的士兵。各军营的官吏因为每天报告生病的人数太多，诸葛恪认为兵士在欺骗，想要斩杀他们，于是他们没有再说。诸葛恪内心反省这次失策的原因，再加上对攻不下新城感到羞耻，愤怒的情绪渐渐表露出来。将军朱异在军事上不服从诸葛恪的命令，诸葛恪立刻把他的兵权收了回来，并且命令他回到建业。都尉蔡林数次陈述军事计策，诸葛恪都没有接受，于是蔡林骑马离开投奔魏国。魏国各将领观察到吴军士兵疲惫，于是就带领着军队前去救援。秋季，七月，诸葛恪率军撤退，士兵很多都受伤生病了，流落在道路上，有的人跌倒了就死在沟渠和丘壑，有的竟然被敌军俘获，全军充满哀痛、大小长叹之声。但是诸葛恪仍然安然自得，外出江上沙洲住了一月，并且计划在浔阳囤积田地；因为吴主的诏书不断下达，他才慢慢地退回本土。从这次战役起，民众对诸葛恪失望，并且怨恨的言语兴起来。

汝南太守邓艾对司马师说："虽然孙权已经去世，但是大臣的心还没有归附新朝，吴国许多有名的大族都拥有自己的军队，拥兵自重，倚仗权势，足以违抗朝廷命令。诸葛恪刚掌握国政，但是对内没把主上看在眼里，也没有抚恤上下臣民来培养治国根基，却热衷对外挑起战事，役使人民，带领全国之众，在新城受到挫折，死亡之人数以万计，带着灾难退回国内，这是诸葛恪获罪之日。从前伍子胥、吴起、商鞅、乐毅虽然都曾被当时主上信任过，但是主上去世以后，依旧失败了。更何况诸葛恪的才智远比不上四贤，但是却没有考虑后患，他的灭亡已经近在眼前了。"

八月，吴军回到建业，诸葛恪把兵列阵作为导从，回到府邸，到家立即召中书令孙嘿，大声责备他说："你们怎么可以数次随便下诏书？"孙嘿慌乱地告辞，就以生病为借口回家了。

诸葛恪征讨魏国后，对于选曹所奏署的令长职司，全部罢免重新委任，管理更加严格，很多人受到责备，进谏的人无不心惊胆寒的。并且还更换了守卫，全部任用他的亲信；还下令准备军队，想要征讨青州、徐州。

孙峻因为百姓都怨恨诸葛恪，众文武官员也都嫌疑他，所以就在吴主孙亮面前设计陷害诸葛恪，说他想要叛变。冬季，十月，孙峻和吴主孙亮计谋设酒筵宴请诸葛恪。诸葛恪准备参加宴会的前天夜里，精神躁动失常，整夜都没有入睡；而且家里也出现了几次怪异的现象，诸葛恪非常奇怪。第二天早晨，诸葛恪将车停在宫门，孙峻已经把兵埋伏在布幔中，害怕诸葛恪没有按时进宫，事情就会败露，于是走出来见诸葛恪说："先生如果身体不适，以后再来也可以，我孙峻会向主上说明情况的。"他想要试探诸葛恪对参加宴会的态度，诸葛恪说："我尽力进去拜见主君。"散骑常侍张约、朱恩等写密信给诸葛恪说："今天的设宴不正常，恐怕这里面有其他阴谋。"诸葛恪把这张密信给滕胤看，滕胤也规劝诸葛恪回府。诸葛恪说："这些人可以做什么事情！最多恐怕是在酒食中下毒害人罢了。"诸葛恪就进宫门了，带着佩剑不脱鞋上殿了，进去拜见过吴主孙亮以后仍旧坐在自己位置。酒摆好了以后，但是诸葛恪却怀疑并不喝酒。孙峻说："先生最近病还没有完全好，如果有经常喝的药酒，可以拿来饮。"诸葛恪的心才安定下来。于是把自己送来的酒喝了，吃过几巡以后，吴王孙亮走到内室去；孙峻也站起来去厕所，然后脱下长衣，换上短服，出来说："主君下诏书，要缉拿诸葛恪。"诸葛恪惊慌地站起来，还没拔出剑的时候，孙峻的刀已经不断砍下，张约从旁边用刀袭击孙峻，砍伤了他左手，孙峻立即还手刀劈，把张约的右臂砍断了。武卫人都立刻跑上殿，孙峻说："所要捉拿的是诸葛恪，他现在已经死了！"孙峻命令大家把剑重新装进剑鞘内，打扫地面后重新开始了酒宴。诸葛恪的两个儿子诸葛竦、诸葛建听到父亲遇难，准备用车带着母亲逃亡魏国，孙峻命人去追捕他们并把他们都杀死了。用草席把诸葛恪的尸体裹起来，用竹条从中间系起来，并且扔到石子冈。还派遣无难督施宽去将军施绩、孙壹的军队，去公安把诸葛恪的弟弟奋威将军诸葛融杀死，还有诸葛融的三个儿子。诸葛恪的外甥都乡侯张震、常侍朱恩，也全部被杀死，并且都诛杀了三族。

临淮人臧均上书请求埋葬诸葛恪说："滚雷和闪电，不会一直持续整个早晨；大风猛吹，很少一整天都在吹的；接下来仍然是和云细雨，因而可以润泽万物。就是上天的盛怒，不可能终日十二时辰不停施展；帝王的怒气，也不会毫无约束地无情无义。臣狂妄愚钝，不知忌讳，敢顶着破家灭身的罪过来邀约和风细雨聚会。追思前太傅诸葛恪，罪过积累非常的多，自己招致灭族之灾，父子三人的头颅，在市街的木杆上已经悬挂多日了，看到的人数万计，骂他的声音也如风一样普遍；国家的大刑，所有的地方没有不被震慑到，老人和小孩子，也全部都看到了。人类的常情对于万物，乐极而生悲。看到诸葛恪高贵兴旺的时候，世间没有第二个与他相比肩，位居宰辅地位，中间经历多年，而如今受到了诛杀灭族之灾，却无异于禽兽被宰杀一样，看到这种人情反复的情况，怎么会不痛心呢？而且已死的人，和土壤是一样的，凿挖砍刺，怎么也不会感到疼痛了。希望英明的朝廷，仿效天地之间的规则，发怒不会超过十天，就允许诸葛恪的乡亲们或者他的以前的部下给他穿上普通士卒的衣服掩埋了吧，再施惠他三寸的棺木！以前项羽也受到了殡葬的施予，韩信也有收敛入棺的恩惠，这都是汉高祖精神感召的声誉呀！盼望皇上能施行三皇的仁义，垂下哀矜的心情，让国家的恩惠施加到已经因罪被诛杀的骨骸上，并且让他获得无尽的恩情，这样能够把仁义的声名发扬到远方，普遍勉励天下黎民百姓，这样不是非常光明正大吗？从前栾布违背诏命而抚摸彭越尸体而哭，我私下非常讨厌这种行为，不先请求主上就肆意发泄情感，这样反而没有被诛杀，实在是太幸运了。现在臣不敢上奏章说明我的感情来显露皇帝的恩泽，恭敬地把手书呈上去，冒昧地说明，哀求圣上可以可怜明察。"于是吴主孙亮和孙峻就放任诸葛恪的旧部下把他入殓安葬。

起初，诸葛恪年轻时就有盛名，吴大帝孙权很看重他，但是诸葛恪的父亲诸葛瑾却经常因为这件事情而发愁，他说过："诸葛恪不是能够保住家业的人啊！"诸葛恪父亲的朋友奋威将军张承同样认为诸葛恪一定会把诸葛家族给败坏掉。陆逊曾经对诸葛恪说："在我前面的人，我一定会尊敬他并且一起升官，在我后的人，我就培养引荐他；看先生现在的行为，气势好像要凌驾在你之上的人，得意时蔑视你之下的人，不是安定仁德的根本！"蜀汉侍中诸葛瞻，是诸葛亮的儿子。诸葛恪第二次进攻淮南时，越巂太守张嶷给诸葛瞻写信说："吴主孙权刚刚去世，现在吴主孙亮还非常幼小，太傅诸葛恪接受托付的重任，谈何容易呀！从前周公有亲戚关系且有能力权摄朝政，还避免不了管叔、蔡叔的流言蜚语和叛变，汉朝霍光受命辅助昭帝，也有燕王、盖公主、上官陷害叛乱的阴谋，所幸依赖周成王、汉昭帝的英明才能避免那些灾难。从前常听说吴主孙权杀人、奖赏和惩罚的大权，从来没有交给属下，如今却在临死之时，突然诏令太傅诸葛恪，把后事托付给他，实在是很值得思虑的。再加上吴、楚这些地方，人民的性格轻浮急躁，这是从以前的记载得知的，而且太傅诸葛恪离开少主，远往敌境，恐怕不是非常好的计划和长久的安排呀！即使说吴国有很好的纪律，朝廷内部肃然，上下级之间非常和睦，但是百有一失，不是英明的人可以思考到的。利用古时的事情来看待今天的事情，那么今天的事情也和古时的事情一样。除非先生（诸葛瞻）进谏忠言给太傅诸葛恪，还有谁可以讲这话呢！请他把大军撤退回来，大面积种植农业，致力于施行仁德恩惠，几年之后，我们东西两国一起进攻魏国，实在不算晚，希望您能深深考虑和采纳我的意见。"最终诸葛恪果然如张嶷所言而失败。

吴国群臣一起议论上奏，推选孙峻为太尉，滕胤为司徒。有讨好孙峻的人说："所有政务应该由公族来任职，假如用滕胤做亚公，名声向来都卓著，群众一定会从心底依附，他的势力不可限量啊！"于是上表请命孙峻做丞相、大将军，监督内外各军事，还不设置御史大夫；因此士人对朝廷失望。滕胤的女儿是诸葛恪的儿子诸葛竦的妻子，滕胤用这个理由辞掉了司徒职位。孙峻说："鲧和禹的罪是没有关系的，滕侯为什么这样做呢！"孙峻和滕胤即使内心不很融洽，但是外表却相互容忍，进封滕胤做高密侯，像以前一样共同办事。

齐王孙奋听说诸葛恪被杀了，于是迁移驻扎芜湖，想去建业观察变局。傅相谢慈等直言进谏，孙奋反而杀了谢慈。孙奋因此触犯了朝廷大法，被贬为平民，迁移到章安县。

南阳王孙和的妃子张氏，是诸葛恪的外甥女。以前诸葛恪有迁都的意思，命孙和修建武昌宫，民间就谣传说诸葛恪要把孙和迎回去立为皇帝。等到诸葛恪被杀之后，丞相孙峻因此夺取孙和南阳王的印绶，把他迁移到新都，又委派使者将他赐死。起初，孙和的妾何氏生一个儿子叫孙皓，其他的妃姬生有孙德、孙谦、孙俊。孙和快要死的时候，和张妃告别，张妃说："无论吉凶我都会跟随你，不能留我一人苟活啊！"于是也自杀了。何姬说："如果大家都死去，谁来抚养遗孤呢？"于是孙皓和他的三个弟弟，因此都依赖她而获得存活。

高贵乡公上

正元元年（甲戌，公元254年）

是年十月始改年号为正元。春季，二月，中书令李丰被杀。起初，李丰十七八岁的时候，已经拥有清高的名声，海内人士全部赞扬他。他的父亲太仆李恢不愿意让他很早就有名声，命令他关门谢客。曹爽专制朝政，司马懿称病没有上朝，李丰当时任职尚书仆射，在两位中间周旋，所以没有和曹爽一起被杀。李丰的儿子李韬，被选中和娶齐长公主为妻。司马师掌管朝政，任命李丰为中书令。这时，太常夏侯玄在天下声望很大，但因为是曹爽的亲戚，不能担任权势的官职，平常总是怏怏不乐；张缉因为是皇后的父亲也返回故乡去居住，也不得意；李丰和他们关系都很融洽亲密。司马师即使提拔任用李丰，但是李丰私底下经常思念着夏侯玄。李丰任职中书有两年时间了，魏帝曹芳虽然屡次召见李丰谈话，但是却不知道说什么。司马师清楚他们在讨论自己，于是邀请李丰来见面并且责问李丰，李丰没有回答出实话；司马师大怒，就用刀镮把李丰弄死，把遗体送交廷尉，于是缉拿李丰的儿子李韬和夏侯玄、张缉等，全部交给廷尉，钟毓负责审讯他们，说："李丰和黄门监苏铄、永宁署令乐敦、冗从仆射刘贤等谋划说：'拜见贵人的那一天，各营都在宫门前屯着，皇上临近轩门的时候，借机共同恭迎皇上，率领百官兵士，在殿前杀害了大将军，皇上如果不同意，就把皇上挟持离开。'"还说："谋划任用夏侯玄做大将军，张缉做车骑将军；夏侯玄、张缉全部都清楚这计划。"庚戌（二十二日），把李韬、夏侯玄、张缉、苏铄、乐敦、刘贤都诛杀了，而且还把他们的三族全部杀害。

夏侯霸投降蜀汉的时候，曾经想邀请夏侯玄和他一起去，但是夏侯玄没有同意。等到司马懿去世以后，中领军高阳人许允对夏侯玄说："不用再忧愁了！"夏侯玄叹息一声说："许先生还没有看明白以后的事情吗？司马懿活着的时候，还能把我们当作普通的世交晚辈对待，司马师、司马昭就容不下我们了。"等到被关进监狱之后，夏侯玄不愿意招供了，钟毓亲自审理，夏侯玄用严肃的面色斥责钟毓说："我有什么罪？你做令史却进入公府责问我，你就代替我把罪状写下来吧！"钟毓把夏侯玄当作当世的名士，气节高尚，不能屈服，可是监狱事应该了结，于是连夜写了狱词，把所做的事大致写了下来与之相符，面带眼泪拿给夏侯玄看，夏侯玄看完之后，轻轻颔首。在去东市刑场之时，面色没有变化，举止与平常无异。

李丰的弟弟李翼，任职兖州刺史，司马师命人去缉拿他。李翼的妻子荀氏对他说："你哥哥中书令的事情败露了，我们可以在诏书没有来到之前赶紧投奔吴国，怎么能够坐以待毙呢！左右能够与你共同患难的是哪些人？"李翼思虑良久，没有回答，荀氏还说："先生在这大州，不知道能够共生死的人，即使逃跑了也不能免罪！"李翼说："两个儿子还小，如果我不逃走，当下就只有自己遭受到连坐被处死，两个儿子还可以保全。"于是决心不逃走，后来就被处死了。

起初，李恢和尚书仆射杜畿及东安太守郭智关系都非常好，郭智的儿子郭冲，有真实的学问但是长相却不好，州里的人都不称赞他。郭冲曾经和李丰一起去拜见过杜畿，他们离开后，杜畿叹息说：“李恢没有儿子；不但没有儿子，恐怕将来连家都不能保护下来。郭智不但不会因为灾祸而死，反而他的儿子能够继承他的家业。”当时的人都觉得杜畿说错了。等到李丰去世之后，郭冲任职代郡太守，最终继承了他父亲郭智的事业。

正始年间，夏侯玄、何晏、邓飏都是名声很大的人，想要和尚书郎傅嘏交往，傅嘏却不接受他们。傅嘏的朋友荀粲觉得非常怪异就去询问他，傅嘏说：“夏侯玄志向比气量还要大，但是却徒有虚名没有真才实干。何晏看起来非常有远见但是实际上是非常浅显的，喜欢辩论但是却不诚实，这就是所谓的‘利口覆邦国’的人。邓飏做起事来虎头蛇尾，表面想要名利而在内却没有节制，喜欢和自己相似的人，厌恶和自己不同的人，喜欢讲话且妒忌能力比自己强的人；话越多失误越多，妒忌能力超过自己的人就会失去亲朋好友。在我看来这三个人，将来都会败家失去性命，离他们远点还怕灾祸延到自身呢，更别说去与他们亲近呢！”傅嘏还和李丰的关系不好，曾经和同僚说：“李丰表面虚伪而且经常猜疑，喜欢利用他的小聪明却衷心于权利，如果担任重要官职，他一定会丧生的！”

辛亥日（二十三日），魏帝曹芳大赦天下。

三月，皇后张氏被废掉；夏季，四月，册立皇后王氏，是奉车都尉王夔之的女儿。

狄道长李简写密信给蜀汉请求投降。六月，姜维攻打陇西。

中领军许允平时和李丰、夏侯玄关系非常友好。秋季，许允任职镇北将军、持符节、都督河北各军务。魏帝曹芳因为许允要离京外出，所以下诏命令召集群臣，魏帝曹芳特意把许允接到身边；许允即将和魏帝曹芳告别的时候，泪流满脸。许允还没有离开，有司上奏章说许允以前随意发散朝廷的物品，缉拿交给法官廷尉来判罪，被判迁移到乐浪，还没有抵达，在路上就去世了。

吴国孙峻非常骄横傲慢淫暴，全国人侧目而视。司马桓虑想谋害孙峻，册立前太子孙登的儿子吴侯孙英；失败了，全部被杀害了。

魏帝曹芳因为李丰被杀，心中感到非常不平。安东将军司马昭镇守许昌，于是魏帝曹芳下诏书派遣他去攻打姜维。九月，司马昭带领士兵回朝入见，魏帝曹芳到平乐观去视察军队。曹芳身边的人全部奉劝他趁司马昭来告辞之时，把他除掉，然后带领士兵击退大将军司马师；虽然已经拟好诏书，但是魏帝曹芳畏惧了，不敢发出诏书。

司马昭带领军队进入京都，于是大将军司马师谋划废掉魏帝曹芳。甲戌（十九日），司马师奉皇太后懿旨召集大臣商议，认为魏帝曹芳淫乱无节制，还经常靠近女乐，不能够继承天子的事业；群臣都不敢违背他。于是呈上奏折没收皇帝的玺绶，派他到藩境齐郡。派遣郭芝进宫去向太后禀告，太后当时正和魏帝曹芳相对而坐，郭芝告诉魏帝曹芳："大将军想要废除皇上，拥护彭城王曹据登上帝位了！"魏帝曹芳于是起身离开。太后很不高兴。郭芝说："太后有儿子但是却没有将他教育好，现在大将军的意思已定，又带领士兵在宫门外预防不寻常的变动，那么只有遵从旨意了，还有什么话好讲呢！"太后说："我想要与大将军相见，当面告诉他。"郭芝说："怎么能够去见大将军呢！应该立即将玺绶拿出来！"太后不再坚持，于是派遣旁边的侍卫把玺绶取出来就坐在那玺绶旁边。郭芝离开去报告司马师，司马师非常高兴，又派遣使者把齐王的印绶送给魏帝曹芳，派他出来到西宫去。魏帝曹芳和太后都垂泪而分离，于是坐上齐王规格的车，从太极殿向南出发，送他的群臣有几十个人，司马孚悲痛不已，剩下的人也都痛哭流涕。

司马师又派遣使者去向太后收取玺绶，太后说："彭城王曹据是我的小叔，现在想要立他为皇上，那么我是什么呢？况且魏明帝曹叡永远断子绝孙了吗！高贵乡公曹髦是文帝曹丕的长孙，明帝曹叡弟弟的儿子，从礼上来说，小宗有后代沿袭大宗的道理，希望可以自此仔细地讨论吧！"丁丑日（二十二日），司马师重新召集群臣，把太后的旨意告诉大家，才决定到元城去把高贵乡公曹髦迎来做皇帝。曹髦是东海定王曹霖的儿子，当时才十四岁，派遣太常王肃携带符节去把高贵乡公迎到京城来。司马师又命人去拿玺绶，太后说："我想见高贵乡公曹髦，他小的时候我就认识他了，我想要亲手将玺绶交给他。"冬季，十月，己丑（初四），高贵乡公曹髦抵达玄武馆，群臣上奏请他住在前殿，高贵乡公曹髦因为是先帝以前的住处，暂时居住在西厢；大臣们又请求用朝廷法驾来迎接，高贵乡公曹髦不接受他们的建议。庚寅（初五），高贵乡公曹髦抵达洛阳，群臣在西掖门南迎接，高贵乡公曹髦下车谢礼，傧相的人报告说："按礼仪规定，不需要下车答礼。"高贵乡公说："我也是人臣！"于是就下车答礼。到达止车门后再次下车，左右的人都说："按照以前的规矩皇帝进门，您可以进去。"高贵乡公说："我被皇太后召集来，还不知道做什么呢。"于是徒步到太极东堂，上拜皇太后。当天，在太极前殿登上皇位，出席的百官都觉得非常开心。赦免天下，改年号。于是又帮助齐王曹芳在河内建造宫殿。

蜀汉姜维从狄道攻打河间、临洮。将军徐质与他作战，杀死蜀汉荡寇将军张嶷，于是汉军撤退。

起初，扬州刺史文钦骁勇善战，超出常人，曹爽因为和他是老乡所以尤其喜欢他。文钦就仰仗着曹爽的势力，经常欺压他人。等到曹爽被杀之后，他还想增加俘虏数目来邀功求赏，司马师经常压制他，所以他有了怨恨。镇东将军毌丘俭平时和夏侯玄、李丰非常友好，夏侯玄等被杀以后，毌丘俭内心也觉得非常不安，所以谋划着要厚待文钦。毌丘俭的儿子治书侍御史毌丘甸对毌丘俭说："父亲大人有任职边防的重大责任，如果朝廷倾覆您却安然自守，将来会遭受到天下的斥责啊！"毌丘俭觉得他的儿子说得非常正确。

二年（乙亥，公元255年）

春季，正月，毌丘俭、文钦假借太后的旨意，在寿春发动起兵，传发檄文到州郡来共同征讨司马师，于是上奏说："相国司马懿，一生忠诚正直，对国家有很大的贡献，应该对他的后代宽恕，请求罢免司马师的大将军职位，将他贬为侯退居乡里，换成他的弟弟司马昭任职。太尉司马孚，忠孝谨慎，护军司马望，忠公亲事，都应该和他们亲近宠爱，给他们重要的职位。”司马望是司马孚的儿子。毌丘俭又派遣使者去邀请镇南将军诸葛诞，但诸葛诞立即杀死了他派遣的来使。毌丘俭、文钦领兵五六万人渡过淮水，向西到项城；毌丘俭防守坚固，派文钦在外进行游击战。

司马师向河南尹王肃询问计谋，王肃说：“从前关羽在汉水之滨俘虏了于禁，拥有北向夺取天下的伟大志向。后来孙权进攻他部下的亲属，关羽的士兵一朝就解散了。现在淮南将士的父母妻子全部在内地各州，只要迅速派遣保护这些将士的家属，使得军队无法前进，不久必定会和关羽一样解散了。”当时司马师刚摘除眼睛里面的肉瘤，创口很大，有的人认为大将军不应该亲自带兵前去，还不如命令太尉司马孚去抗击他们。只有王肃与尚书傅嘏、中书侍郎钟会劝司马师自己带兵前去，司马师犹豫不定。傅嘏说：“淮南和楚地的士兵很勇猛，并且毌丘俭等又依仗力量远去作战，他们的锋锐很不容易抵挡。如果诸将战争失利，大势一去，大将军的事情就败露出来了。”司马师突然就起来说：“我要带病登车东征。”戊午（初五），司马师带领内外大军征讨毌丘俭、文钦，任用他的弟弟司马昭兼领中领军，留下来镇守洛阳，征召三方面军队在陈、许等地聚集。

司马师问计于光禄勋郑袤，郑袤说：“毌丘俭善于计谋但是不清楚情理，文钦非常勇猛却没有计谋。现在大军出其不意，江淮的士兵，有士气但不能长久，应当建造深沟高垒来把他们的士气挫败下去，这是汉代周亚夫的好计谋。”司马师称赞这个好计。

司马师任用荆州刺史王基做行监军，持符节，统领许昌军队。王基对司马师说：“淮南的叛乱，并不是吏民都想要叛乱，那仅仅是毌丘俭等的利诱欺骗罢了，他们害怕眼下被杀害，因此才暂时聚集起来。如果大兵一到，一定会土崩瓦解，毌丘俭、文钦的头用不了一天就会被送到军门来了。”司马师听取了他的计划。任用王基为前军，后来又命令王基的军队停下驻扎。王基认为："毌丘俭等带领大军可以深入，可是很久都没有进来，这是因为他的骗局已经败露了，众人已经开始怀疑了。现在不发扬我军的威武来迎合人民的希望，仅仅停兵建造高垒，似乎对敌人害怕，这样不是用兵的形势呀！如果毌丘俭、文钦俘虏更多的人民来壮大自己，又有州郡的官兵的家属被他们俘获，也全部产生叛乱之意，毌丘俭等所威胁的那些人，自认为罪孽深重，不敢再回到我军，这是将士兵放置无用之处反而成为奸恶的源头，如果吴国趁这时出兵，则淮南之地就不再是我国家所有，同时谯、沛、汝、豫四郡面临危险也会不安宁，这是计策的最大错误。军队应该立即前进占领南顿，南顿有大邸阁，估计足有军人食用的四十天军粮。守住坚城，依靠它的囤积谷物，比别人先动手就会夺取别人的士气，这是解决贼寇最重要的方法。"王基数次上奏，司马师才听从他的意见，进兵据守㶏水。

闰月，甲申（初一），司马师进军到㶏桥，毌丘俭的将领史招、李续相继来投降。王基又对司马师说："兵闻拙速，没有见过求巧而能久的。现在外有强敌，里面有乱臣，如果不早些解决，那么事情的深浅变化还不可预测呀！讨论的人全部都觉得大将军稳重。大将军稳重是对的，但是不进军是不对的。持重不是说不要采取措施，而是说进而不可犯呀！现在固守壁垒，用仓库的粮食帮助敌人，却从远处运军粮，这是不好的计划啊！"司马师还是不答应他出兵。王基又说："将在军中，君王的命令有所不受。敌人占领它有好处，我们占领它也有利，这是必须争夺的地方呀，这个地方就是南顿！"于是占据南顿，毌丘俭等从项县发兵也想夺取南顿，发兵才十多里，听说王基已经到达了，于是再撤退守卫项县。

癸未日（闰正月无此日，疑误），征西将军郭淮去世，任用雍州刺史陈泰代替他。

吴国丞相孙峻带领骠骑将军吕据、左将军会稽人留赞攻打寿春，司马师下令各军都深壁高垒，以等待东路军到这里聚集。许多将领都请求首先进攻项县，司马师说："各位将军只知其一，不知其二。淮南的将士本来没有谋反的心，只是因为毌丘俭、文钦引诱他们，他们才出兵反叛的，而且说远近一定有人响应他们；但是从造反之后，淮北不响应随从，史招、李继也先后都瓦解前来投降，这是他们内部分离，外部也有叛乱，所以他们知道自己一定会失败。困兽还想继续争斗，速战速决，那就正合他们心意，纵然说一定能获胜，但是一定会伤很多人。而且毌丘俭等欺诈将士，诡计多端，和他稍微对峙久一点，骗局一定会暴露，这是不战而胜的计策啊！"于是命令诸葛诞带领豫州诸军自安风县前往寿春；征东将军胡遵带领青州、徐州诸军，从谯县、睢阳等地前进，断绝对方的后路；司马师屯兵在汝阳。毌丘俭、文钦进不能战斗，撤退又害怕寿春被袭击，黔驴技穷又不知道怎么做；淮南将士的家属全部在北地，人心分散，投降的人持续不断，只有淮南刚归顺的农民被他们利用。

毌丘俭在刚开始起事的时候，曾派遣最会行走的使者前往兖州去传递文书，兖州刺史邓艾立即就把使者杀害，并且带领士兵一万多人，兼程并进，急速行军先行到达乐嘉城，搭建浮桥来等待司马师。毌丘俭派遣文钦带兵去攻打他。司马师从汝阳秘密行军来到乐嘉城去援助邓艾。文钦突然发现大军已至，慌乱失措而不知道该怎么办才好。文钦的儿子文鸯，才十八岁，非常勇猛，武艺过人，这时对他的父亲文钦说："正值他们部署没有确定之时，攻击就可以获胜。"于是分为两队，趁着夜晚袭击。文鸯带领壮士首先击鼓喧哗，魏军于是惊慌失措。司马师感到恐慌。发病的那只眼睛突出来了，害怕众人知道，为了忍住疼痛被子都咬破了。文钦没有按期来得及接应，恰逢天亮，文鸯见魏兵很多，就带领士兵撤退了。司马师告诉诸将领："敌人已经撤退了，赶紧去追赶他们！"诸将都说："文钦父子英勇骁战，还没有战败，怎么会撤退呢？"司马师说："打仗是一鼓作气，再而衰。文鸯击鼓喧哗却没有人回应，他的士气已经消退了，不撤退还等什么呢！"文钦要带兵向东去，文鸯说："不首先挫败敌人的士气，不能撤退啊！”于是带领了十几个骁勇善战的骑兵冲入魏兵阵营，到达的地方没有一个人抵挡，然后才撤退。司马师命令左长史司马班带领勇猛的骑兵八千多人去追击他。文鸯掉过头以单枪匹马冲入几千骑兵中，还杀伤了一百多人才撤退出去，这样的情况有六七次之多，追击的骑兵都不敢靠近。

殿中人尹大目幼时担任过曹氏家里的奴仆，经常在天子的左右伴随，司马师想与他一起同行，尹大目知道司马师一只眼睛掉出来了，提醒他说："文钦原本是先生的心腹，只是因为别人引诱才走入歧途罢了；他又是皇上的老乡，平时和尹大目相互信任，请求代替先生追赶并向他解释，令他与先生重修旧好。"司马师同意了这件事。尹大目只身骑一只大马，穿上铠甲，去追赶文钦，远远地和他讲话，尹大目的内心其实是为了曹氏，但是却假装说："君侯何苦不再忍几天呢？"期盼文钦能明白他内心的意思。文钦一点也没有悟出来，于是更加大声地骂尹大目说："你是先帝的亲属，没有去想着报恩，却在司马师门下做叛徒，没有理会上天之德，天不会保佑你呀！"把箭搭在弓上准备射尹大目，尹大目痛哭流涕说："世事已经败坏了，你自己好好地努力吧！"

这一天，毌丘俭听说文钦撤退，害怕得连夜逃跑，于是众兵大为溃逃。文钦撤回项县，认为孤军没有援兵，不可以在此自守，准备回到寿春，寿春也已经溃败了，于是向吴国投奔。吴国孙峻抵达东兴，听说毌丘俭等已经战败，壬寅（十九日），进军橐皋，文钦父子带领士兵投降。毌丘俭逃跑，向北抵达慎县，跟随他的人和士兵逐渐和他分离逃亡到其他的地方去了，毌丘俭躲藏在水边的草中。甲辰（二十一日），安风津的人张属就把毌丘俭杀害了，把他的头颅送到京城，于是皇帝封张属为侯。诸葛诞抵达寿春，寿春城中有十多万人，害怕被杀，有的就逃到荒山野岭的地方去，有的逃亡去吴国。皇帝下诏书任命诸葛诞为镇东大将军、仪同三司，都督扬州各军事。

铲除了毌丘俭三族。把毌丘俭同党的七百多人全部关进了监狱，侍御史杜友办理这件案子，仅仅杀了十几个头目，其余的都上奏请上级免除他们的罪。毌丘俭的孙女嫁给刘家，本来应该处死，但是她因为怀孕就交给廷尉。司隶主簿程咸议论说："女子嫁给他人后，如果已经生育孩子，就成了别人的母亲，对于禁防来说杀了她不能够以惩治奸淫的根本，按情理来说杀了她就伤孝子的恩情。男子不是因为别族犯的罪而牵连，但是女子却因为自己家与夫家两处遭到杀害，这不是可怜较弱的女子，使法律公平的方法呀，臣认为还在自己家的女子，可以按父母的刑罚算起，已结婚的女子，就要按夫家的刑罚。"朝廷听从这个意见，于是明确写在法律条文上了。

舞阳忠武侯司马师病重，所以返回许昌，留下中郎将参军事贾充监管各地军营事务。贾充是贾逵的儿子。卫将军司马昭从洛阳到许昌去向司马师探病，司马师命司马昭率领各军。辛亥（二十八日），司马师在许昌过世。中书侍郎钟会跟从司马师管理机密事务，皇帝下诏敕给尚书傅嘏，认为东南地区才刚刚稳定，暂时留卫将军司马昭驻兵在许昌做朝内与边防的支援，派遣傅嘏带领各军回朝。钟会和傅嘏谋划，让傅嘏上奏，钟会和司马昭随后一起出发，返回洛水南屯居住。二月，丁巳（初五），皇帝下诏任命司马昭为大将军、录尚书事。钟会因此经常露骄傲面色，傅嘏警告他说："先生志气大于气量，而事业很难持久，一定要谨慎啊！"

吴国孙峻听说诸葛诞已占领了寿春，于是带兵返回。任命文钦做都护、镇北大将军、幽州牧。

三月，册立皇后卞氏，赦免天下。卞皇后，是武宣皇后弟弟卞秉的曾孙女。

秋季，七月，吴国将军孙仪、张怡、林恂准备谋害孙峻，事情没有获胜，被杀有几十个人。全公主向孙峻诽谤朱公主，说："朱公主和孙仪曾一起谋划。"孙峻于是杀死朱公主。

孙峻派遣卫尉冯朝在广陵建城，所花费人力和费用很大，满朝官员都不敢说话，只有滕胤建议理应停下来，但是孙峻没有听，可是最终也没有完成。

蜀汉姜维再次讨论出征，征西大将军张翼在朝堂力争，认为："国小民劳，不应该滥用武力。"姜维没有听从，带领车骑将军夏侯霸和张翼一起出征。八月，姜维带领数万人到枹罕，奔向狄道。

征西将军陈泰命令雍州刺史王经带兵驻扎在狄道，一定要等到陈泰军抵达，东西合力才能够进攻。陈泰军屯守在陈仓，王经所带领的各军在故关和汉军作战不如意，于是王经就渡过洮水。陈泰认为王经没有固守狄道，一定会发生其他事端，于是带领大军一起前进接应他。王经已经在洮西和姜维战斗，最终大败，剩一万多人撤退守卫狄道城，剩下的都逃跑了，战死者数以万计。张翼向姜维建议说："是时候停下来了，不应该再向前，万一没有成功毁掉这次大功，等于画蛇添足。"姜维大怒，于是派兵包围狄道。

辛未（二十二日），皇帝下诏派遣长水校尉邓艾暂行安西将军之职，和陈泰一起对抗姜维，戊辰日（八月无此日，疑误），又任用太尉司马孚做后方援助。陈泰向陇西进军，诸将都说："王经刚刚战败，敌人很多而且士气很旺盛，将军带领这些乌合之众，在败军的后面，去抵抗乘胜而战的勇猛敌人，恐怕这是必定不行的。古人有句话说：'手被毒蛇咬到，壮士都要把手臂砍断。'《孙子》说：'军队有时不能进攻的，地方有时不能固守的。'原因是小有所失而大有所全的道理呀！不如占据险峻地方以求自保，观察敌方的失误和漏洞，等候时机再次出兵，这是很好的计谋呀！"陈泰说："姜维带领轻兵深入，正想要和我军在原野作战，期望一战就可以获得胜利。王经应该筑造壁垒，挫败敌人的士气，现在却和敌人作战，让敌人的计策得以实现。王经已经失败逃亡了，姜维如果运用获胜的威势，向东进军，固守栎阳屯粮的地方，放出士兵收下投降的士兵，招纳羌人、胡人，向东再夺取关、陇等地，又传檄于陇西、南安、天水、略阳四郡，这正是我所担心的。而他竟然使乘胜的军队，在高城下边受挫，勇猛的士卒，拼命攻占城池，攻守的情况不一样，客主的情况也不会一样。兵书上说：‘攻城需要的大橹，要三个月才能准备好，把城外的壕沟填好，也要三个月。’确实不是轻军深入的好处呀！现在姜维自己远地为客，粮食也不能供应，这是我军急速进攻敌人的时机，正所谓疾雷来不及遮住耳朵，是自然的趋势啊！洮水在他的外面环绕，姜维等在洮水以内，现在趁着高山地势险要，好像控制住敌人的脖子，不和他作战敌人一定会逃跑。敌人是不能够纵容的，包围也不可以时间太长，你们怎么讲这样的话呢！”于是越过高城岭进军，悄悄行进，夜晚抵达狄道东南的高山上，多举燃放烽火，敲鼓吹号。狄道城中的将士，看到援兵已经抵达，都非常兴奋。但是姜维却没有想到援兵这么快就抵达了，于是沿着山快速进攻，陈泰与他应战，姜维才撤退。陈泰带兵前行并且宣称要把蜀兵退路给切断，姜维于是非常害怕，九月，甲辰（二十五日），姜维带兵急忙逃跑，狄道城中将士才得营救。王经感叹说：“粮食已支持不到十天了。如果不是援兵来得及时，全城人民将被杀害，又会丢掉一州了！”陈泰于是慰劳将士，前后调回返城，另外派遣军队防守，并建造城墙，然后返回驻扎上邽。

陈泰经常因为一方有事，有人往往虚张声势扰乱天下，所以极少又简略地上书言事，驿站传递的文书经常不用六百里加急。大将军司马昭说：“征西将军陈泰沉着勇敢，遇事能判断，担负一方的重任，营救将陷的边城，但是却没有请求增加兵力，又能简略地上书言事，是一定能打败敌方的将领。都督大将军不正需要这样的吗！”

姜维撤退后，驻扎在凉州钟提地方。

起初，吴大帝孙权不立太庙，因为他的父亲孙坚即武烈皇帝曾担任长沙太守，所以在长沙临湘县立庙，派遣太守供奉祠祀而已。冬季，十二月，吴主孙亮开始在建业建造太庙，把吴大帝孙权尊为太祖。